lonely planet

LANGUEDOC ET ROUSSILLON

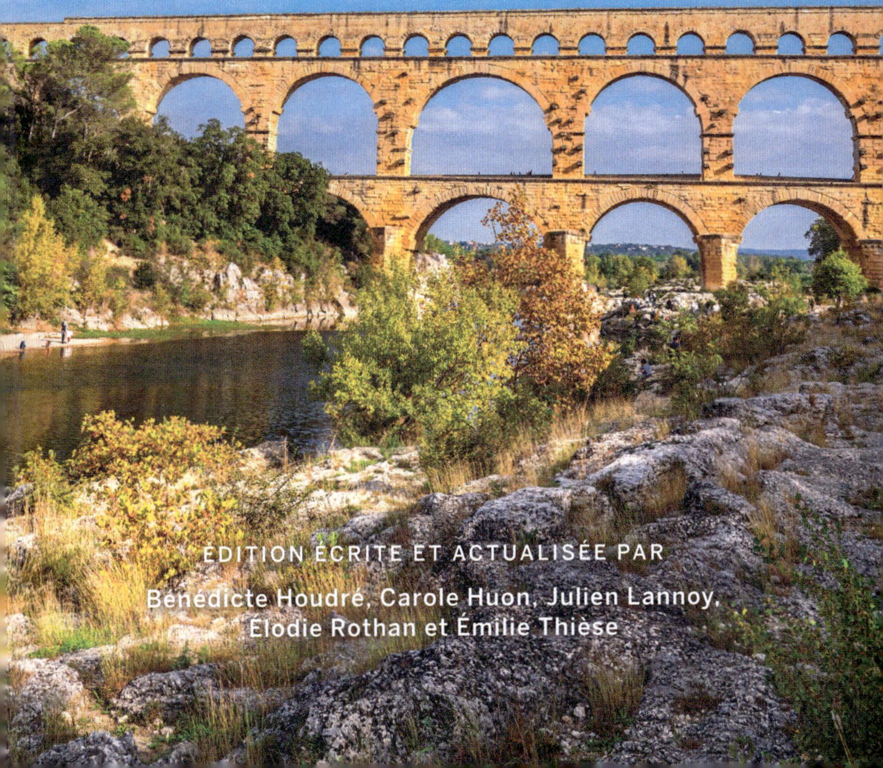

EDITION ÉCRITE ET ACTUALISÉE PAR

Bénédicte Houdré, Carole Huon, Julien Lannoy, Élodie Rothan et Émilie Thièse

SOMMAIRE

Page précédente : le pont du Gard (p. 158)
Ci-dessus : Roquebrun (p. 118)

SOMMAIRE

Cap de Peyrefite (p. 338)

PHB.CZ / ADOBE STOCK ©

En savoir plus

Carnet pratique

Lozère et terres cévenoles (p. 196)

Causses, vallées cévenoles ou méandres du Tarn sont autant de paysages grandioses à découvrir au gré des routes et des sentiers.

Pays nîmois et Petite Camargue (p. 138)

Nîmes, Aigues-Mortes, Uzès ou le pont du Gard reflètent un riche patrimoine architectural. Côté nature, les gorges du Gardon, la vallée de la Cèze ou la Camargue invitent à la baignade ou à la randonnée.

Hérault (p. 66)

On y vient pour ses villes et son littoral : Montpellier, Béziers, Sète ou l'étang de Thau. Mais dans l'arrière-pays, le cirque de Navacelles ou les gorges de l'Hérault raviront les randonneurs et les amateurs de plein air.

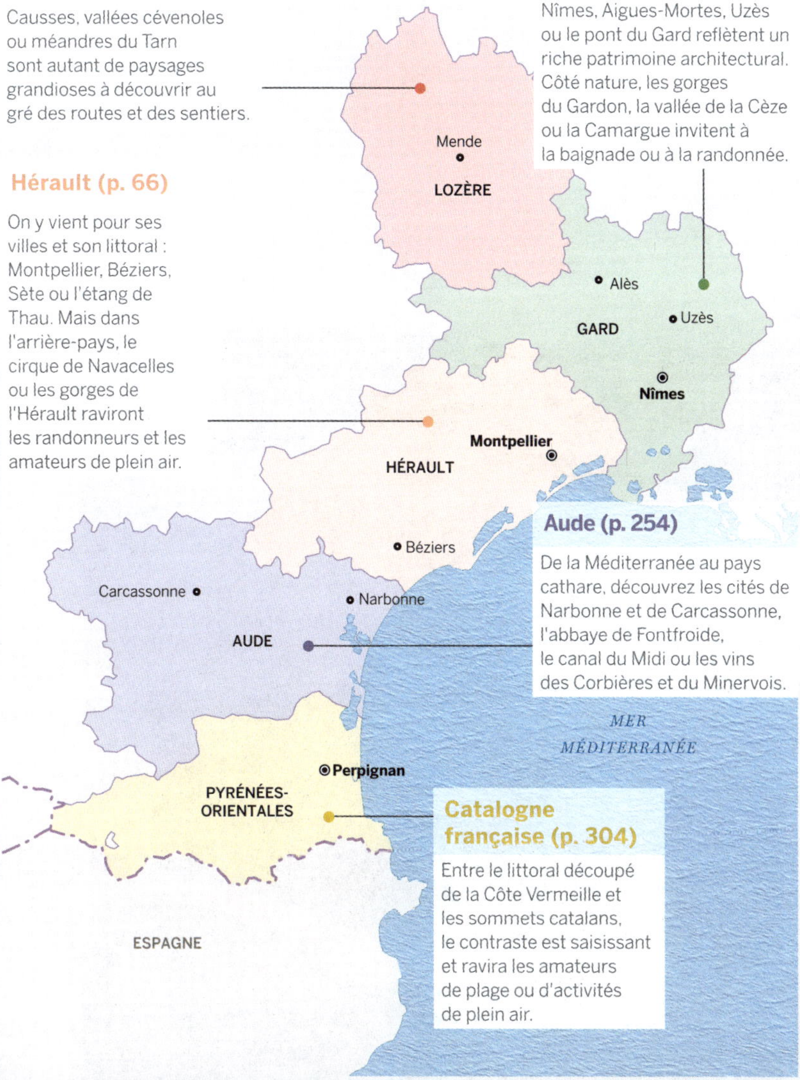

Aude (p. 254)

De la Méditerranée au pays cathare, découvrez les cités de Narbonne et de Carcassonne, l'abbaye de Fontfroide, le canal du Midi ou les vins des Corbières et du Minervois.

Catalogne française (p. 304)

Entre le littoral découpé de la Côte Vermeille et les sommets catalans, le contraste est saisissant et ravira les amateurs de plage ou d'activités de plein air.

BIENVENUE DANS LE LANGUEDOC ET LE ROUSSILLON

LE CANAL DU MIDI D'AVIGNONET-LAURAGAIS À SÈTE / PORT-LA-NOUVELLE

Avignonet-Lauragais – Bram – Marseillette – Le Somail – Béziers – Sète – Port-la-Nouvelle

LA MÉDITERRANÉE À VÉLO, DE BEAUCAIRE AU PERTHUS

Beaucaire – Saint-Gilles – La Grande-Motte – Sète – Béziers – Le Somail – Leucate – Argelès-sur-Mer – Le Perthus

Pour avoir le plaisir de mettre une roue en Espagne, nous vous proposons cette boucle jusqu'au Perthus, avant un retour sur Argelès d'où vous pourrez organiser votre retour. Une vingtaine de kilomètres à travers un paysage agricole vous conduit à Maureillas-las-Illas, au cœur du Vallespir. De là commence une grimpette dans le massif des Albères, sur une douzaine de kilomètres, jusqu'au fort de Bellegarde. C'est sportif, mais fort plaisant car on roule sous un couvert de chênes-lièges et de châtaigniers, le long d'une petite route. L'arrivée au col et la vue sur toute la plaine du Roussillon récompensent l'effort. Après Le Perthus, village frontalier avec l'Espagne, on redescend sur Maureillas-las-Illas par un itinéraire qui offre de jolis panoramas le long de la vallée de la Rome. Puis le retour sur Argelès-sur-Mer s'effectue par le même chemin qu'à l'aller.

FEUILLE DE ROUTE *D'Argelès au pont du Boulou, on roule sur une voie peu fréquentée en bordure d'une 4 voies (D618). Certaines sections sont dotées d'aménagements cyclables. Après avoir enjambé l'autoroute A9 (la Catalane), on rejoint par des petites routes de campagne Maureillas-las-Illas. De là, commence l'ascension sous couvert végétal vers le col de Panissars avec des passages entre 6 et 10%. La route est étroite, prudence avec la circulation. Un dernier effort et on rejoint le fort de Bellegarde. Le retour sur Maureillas-las-Illas par la vallée de la Rome est rapide sur une route large mais sans accotement pour les vélos.*

À voir et à faire

LACS DE SAINT-JEAN-PLA-DE-CORTS

Pour une pause rafraîchissante, à l'aller ou au retour (6 km A/R)

CHAPELLE SAINT-MARTIN-DE-FENOLLAR

Remarquable pour ses fresques intérieures (2 km A/R).

MAUREILLAS-LAS-ILLAS

Avant d'effectuer l'ascension vers Bellegarde, profitez des charmes de ce bourg du Vallespir : placettes, musée du Liège, chapelles...

FORT DE BELLEGARDE

Dominant la plaine du Roussillon côté français et l'Empordà, côté espagnol, cette position qui abrite un fort de garnison à l'architecture Vauban est le verrou historique des Pyrénées orientales. En contrebas, un cimetière militaire de poche et les vestiges d'un camp romain (site de Panissars).

Un peu plus loin, la localité du Perthus est à cheval sur la France et l'Espagne.

CÔTÉ PRATIQUE

Maison Chêne Liège (06 89 60 93 43 ; Maureillas-las-Illas). Des appartements à la nuitée dans le centre du bourg.

Camping Les Bruyères (04 68 83 26 63). Camping 3-étoiles à Maureillas-las-Illas.

66 sur vins (Maureillas-las-Illas). Une table savoureuse dans le centre du bourg, tenue par un jeune couple.

La Taverne (Riunoguès). Cette auberge perchée, entre Maureillas-las-Illas et Le Perthus, fera le bonheur du grimpeur.

8 ARGELÈS – LE PERTHUS – ARGELÈS
72 KM

Envie de rouler en maillot de bain au bord de la Méditerranée ? Profitez de cette étape le long du littoral pour pédaler en toute liberté. Entre Leucate et Argelès-sur-Mer, s'étire un long cordon de sable parfois interrompu par un grau, une entrée où se mélange mer et étangs. Parfois, le littoral se résume à une simple dune à la végétation rare, mais qui offre la vision d'un désert infini bordé par la Grande Bleue. Si l'itinéraire longe la mer, il prend parfois la tangente pour pénétrer dans les terres et se rapprocher des étangs et des lagunes où niche une avifaune riche et facilement visible. L'arrivée sur Argelès-sur-Mer, dominé par le massif des Albères, renseigne sur le programme du lendemain : on troquera son maillot de bain pour le maillot de grimpeur.

FEUILLE DE ROUTE *Une étape qui se déroule le plus souvent sur de belles pistes cyclables, heureusement protégées de la circulation. Dans les stations balnéaires, on perd parfois la véloroute, mais le réseau cyclable local est dense et l'orientation, en parallèle du littoral, simplifie l'avancée. Avant l'arrivée sur Argelès-sur-Mer, la piste est parfois étroite, coincée entre les étangs et la route. Très peu de couvert végétal (hormis Le Barcarès), mais de nombreuses possibilités de ravitaillement.*

À voir et à faire

PARC NATUREL DES DOSSES

Accessible à vélo, cet espace naturel sillonné de sentiers pédestres sert de nichoir à une cinquantaine d'espèces d'oiseaux.

VOIE VERTE DE L'AGLY ET ACCÈS À PERPIGNAN

Au pont de l'Agly, cette splendide voie verte pénètre dans les terres pour rejoindre Rivesaltes (26 km A/R) avec pour toile de fond la chaîne des Corbières et le massif du Canigou. Au niveau de Sainte-Marie-la-Mer, une voie verte permet de rejoindre Perpignan (12 km).

LE BARCARÈS

L'une des stations balnéaires qui ponctuent cette étape : grande pinède rafraîchissante, 8 km de plages et un ancien paquebot des années 1920, comme échoué le long de la mer (p. 323).

VILLAGE DE PÊCHEURS

Un ancien village de pêcheurs constitué de huttes en roseaux. Situé le long de l'étang de Canet-Saint-Nazaire, réserve naturelle à la riche avifaune.

ARGELÈS-SUR-MER

Longue plage bordée de pins pignons, petit centre charmant et jolies vues sur le massif des Albères, Argelès-sur-Mer offre une belle étape (p. 323). Juste avant l'arrivée, le site protégé du Mas Larrieu, constitué de dunes, roselières et forêts riveraines est remarquable.

CÔTÉ PRATIQUE

Le village d'Argelès-sur-Mer et les plages sont distants de 3 km.

Camping Bouix (04 68 81 11 75 ; www.campingbouix-argeles.com ; av. du Général de Gaulle ; Argelès-plage). Ombragé et à deux pas de la plage.

Hôtel Le Nid (04 68 81 27 37 ; www.hotel-lenid.com ; Argelès ; d 41-105 €). Économique et dans le centre du village.

Ferme aux Grandes Oreilles (www.lafermeauxgrandesoreilles.com ; Toreilles). Un goûter à prendre avec des enfants au milieu des chèvres et des ânes de cette ferme familiale.

La Quête (04 68 08 23 19 ; 9 place Gambetta, Argelès). Restaurant bistrot sur l'une des places du village d'Argelès.

Alberabike (09 81 28 36 00 ; 55 Ch. de Palau ZAC, Argelès). Atelier de réparation et matériel, dans le village.

7 LEUCATE – ARGELÈS-SUR-MER
51 KM

Entre Sète et Leucate, nous vous invitons à suivre plusieurs étapes du canal du Midi. D'abord dans l'autre sens, les étapes 5, de Sète à Béziers (51 km ; p. X), et 4 de Béziers au Somail (42 km ; p. VIII). Ensuite, vous prendrez, dans le même sens, l'étape 5bis, du Somail à Port-la-Nouvelle (44 km ; p. XII), en la prolongeant d'une quinzaine de kilomètres pour atteindre Leucate. Nous ne donnons des indications que pour cette dernière portion.

À Port-la-Nouvelle, on retrouve la mer, l'occasion de se rafraîchir en posant sa serviette sur la plage des Montilles avant de repartir. Passé la plage, on roule entre voie ferrée et étangs. L'arrivée sur La Franqui change la perspective, car les premiers dénivelés apparaissent. On serpente le long du charmant plateau de Leucate, entre vignes, champs d'oliviers et murets de pierre. Un vrai régal ! Le village historique de Leucate, avec ses placettes bordées de maisons de vignerons, permet de se remémorer en douceur cette longue étape.

FEUILLE DE ROUTE *Après Port-la-Nouvelle, les derniers kilomètres avant Le Franqui sont abominables, avec une piste caillouteuse presque impraticable. Pour éviter une chute, grimpez dans le TER Port-la-Nouvelle/Leucate-La Franqui (13 min). En sortant de la gare, joli raidillon pour rejoindre le plateau en surplomb de Leucate-village.*

À voir et à faire

LA FRANQUI

Le berceau du kitesurf français accueille des compétitions depuis 1996. Sur la plage des Coussoules (Leucate-Plage) on pourra tirer des bords terrestres dans un char à voile.

CHÂTEAU DE LEUCATE

Les ruines de ce château occupent une position stratégique et offrent un panorama remarquable de la région.

MAISON DE L'ÉTANG

Découverte de l'écosystème des étangs de Leucate-Sales, son centre conchylicole et ses techniques de production respectueuses de l'environnement.

CÔTÉ PRATIQUE

Camping Cap Leucate (04 68 40 01 37 ; www.camping-capleucate.com ; Leucate-Plage). En arrière du littoral.

La Galerie (04 68 40 82 46 ; www.lagalerie-leucate.fr ; Leucate). Cinq chambres dans une maison de vigneron du village, restaurée et décorée avec goût. Petit-déjeuner sublime et accueil charmant.

Entrez Libre (04 68 40 18 16 ; facebook.com/entrez.libres ; 12 av.Francis Vals, Leucate). Une pause sucrée-salée-lecture dans cette libraire-salon de thé à l'accueil charmant et aux canapés confortables.

Le Petit Bigorneau (06 16 94 39 10 ; facebook.com/lepetitbigorneau). Huîtres et poissons tout juste sortis des casiers, à déguster attablé le long des cabanes en bois du port conchylicole de Leucate.

4 5 6
SÈTE – LEUCATE
143 KM
HÉRAULT
AUDE
A Sète
B Béziers
C Le Somail
D Leucate
(p. 288)
Marseillan
Agde
Cap d'Agde
Bassin de Thau
Orb
Canal du Midi
Canal de Jonction
Canal de la Robine
Aude
Orbieu
Lézignan-Corbières
Narbonne
Port-la-Nouvelle
(p. 288)
Sigean
Étang de Bages
Étang de Sigean
Étang de l'Ayrolle
Étang de la Palme
Plage Les Coussoules
la Franqui
Maison de l'étang
MER MÉDITERRANÉE
Pour l'étape Sète-Béziers voir l'itinéraire canal du Midi p. X
Pour l'étape Béziers-Le Somail voir l'itinéraire canal du Midi p. VIII
Pour la portion de l'étape Le Somail-Port-la-Nouvelle voir l'itinéraire canal du Midi p. XII
Téléchargez la trace GPX
D909
N9
A9
A75
D51
D612A
D612
D64
D36
D5
D11
D611
D607
D1118
D609
D6113
A61
0
20 km

Entre Grande Bleue, étangs à perte de vue et fragile cordon dunaire, voici une étape qui plonge au cœur des paysages de l'Hérault. En outre, elle permet, à mi-parcours, de jolies escapades jusqu'au centre de Montpellier ou, pour se rapprocher des flamants roses, à l'ancienne cathédrale de Maguelone. Gardez facilement accessible dans la sacoche votre serviette de bain pour profiter, au départ, des belles plages entre La Grande-Motte et Palavas-les-Flots ou, peu avant d'arriver, de celle encore plus somptueuse des Aresquiers. À Sète, il faut grimper (à pied !) au mont Saint-Clair. Depuis ce promontoire, le film de la journée entre La Grande-Motte et Sète se déroule devant vous. Magnifique !

FEUILLE DE ROUTE *Alternance de belles pistes cyclables en dur, aménagées le plus souvent le long de routes départementales et bordées par les étangs ou la mer, de petites routes souvent étroites et de zones péri-urbaines. Si les infrastructures sont plutôt bien sécurisées (passage de pont, rond-point, croisement…), la circulation routière ne se relâche guère. Le marquage au sol et les autres cyclistes aident à se repérer. L'arrivée sur Sète n'est guère conviviale et son centre-ville est un embouteillage permanent. Prudence !*

À voir et à faire

LE PHARE

Prenez de la hauteur au départ de l'itinéraire. L'ancien château d'eau de Palavas-les-Flots a été transformé en tour de vigie (p. XX).

ÉTANGS DU MÉJEAN

Zone typique et protégée des étangs palavasiens. Au départ de la Maison de la nature, parcours pédestre (7 km) et sentiers sur pilotis (2,5 km).

CATHÉDRALE DE MAGUELONE

Perchée à 10 m au-dessus du niveau de la mer, entre roselière et sansouïre, ce bijou de l'art roman (p. 87) se rejoint par la variante sud de l'itinéraire. De Palavas-les-Flots, longer le littoral. Pour retrouver l'itinéraire, suivre Villeneuve-lès-Maguelone, via la passerelle du Pilou (accessible en journée seulement).

MONTPELLIER

Après Palavas-les-Flots, une piste cyclable très fréquentée rejoint le centre de Montpellier (p. 70) par Port Ariane (24 km A/R). Restaurants de style guinguette le long du Lez.

PLAGE ET BOIS DES ARESQUIERS

Une plage de 7 km et une zone boisée protégée (itinéraire pédestre de 8 km), remarquable pour sa flore caractéristique du littoral méditerranéen.

SALINS DE FRONTIGNAN

Entre terre et mer, ces anciens salins se caractérisent par une grande diversité de milieux aquatiques et d'espèces végétales appréciées des oiseaux.

CÔTÉ PRATIQUE

Domaine de Selhac (06 60 89 65 64 ; Frontignan-Plage). Chambres, table d'hôtes et gîtes dans une propriété à l'écart du centre-ville.

Camping Tamaris (04 67 43 44 77 ; Frontignan-Plage). À une dizaine de kilomètres avant Sète, le long de la plage des Aresquiers.

Il Porto (04 48 08 13 67 ; ilporto.fr ; 14 impasse Gaffinel, Sète ; d 55-70 €). 4 chambres dans le centre de Sète.

La Banane (Palavas-les-Flots). Table savoureuse et vue sur la mer. Voir p. 89.

Le MG (07 82 62 97 98 ; Frontignan). Le long de la véloroute pour une pause face au port de plaisance.

Le Passage (1 quai du Mistral, Sète). Dans le quartier de la Pointe-Courte.

Cycloloc (04 67 68 55 84 ; Palavas-les-Flots). Location et réparation.

3 LA GRANDE-MOTTE – SÈTE 40 KM

De la Petite Camargue à la Méditerranée ! Voici le programme de cette journée qui débute en beauté par les étangs de Scamandre, de Charnier et de Crey. Des paysages lagunaires à perte de vue et une faune d'exception. Un univers qui invite à mettre pied à terre, pour parcourir les sentiers pédestres de la réserve du Scamandre notamment. Puis, après une pause au port de Gallician, on roule le long du canal du Rhône à Sète. Mais la lumière est aveuglante et on est soulagé de se mettre à l'abri du soleil à Aigues-Mortes… La mer est enfin en vue et un bain s'impose à la plage de l'Espiguette (hors itinéraire) ou sur le cordon dunaire vers le Grau-du-Roi. Après avoir franchi le Vidourle, voici l'univers vertical de la Grande-Motte, qui risque de décontenancer plus d'un cycliste.

FEUILLE DE ROUTE *Prudence au départ de Saint-Gilles sur la D179 où circulent quantité de camions agricoles. À partir de la réserve de l'étang de Scamandre, la D779 est moins passante. Après le port de Gallician, on roule détendu (mais sous le soleil implacable) sur la piste cyclable qui longe la rive droite du canal du Rhône à Sète, presque jusqu'à Aigues-Mortes (plusieurs changements de rive pas toujours bien indiqués). Autour du Grau-du-Roi, on profite d'une belle piste qui longe les plages. Munissez-vous de cartes ou d'un GPS pour vous orienter dans La Grande-Motte, ou vous aurez du mal à retrouver l'itinéraire.*

À voir et à faire

RÉSERVE NATURELLE DU SCAMANDRE

Explorez cette **réserve naturelle** (p. 175) à travers ses 3 sentiers pédestres. Au programme héron pourpré, butor étoilé, cigogne, martin pêcheur… des dizaines d'espèces qui nichent dans les roselières et les marais que l'on parcourt sur chemin sur pilotis.

GALLICIAN

Deux itinéraires permettent d'explorer le territoire autour de Gallician : la boucle des Costières (23 km) et la boucle de la Camargue gardoise (17 km). On peut aussi rejoindre Vauvert par une agréable voie verte (26 km A/R) qui longe un canal d'irrigation.

AIGUES-MORTES

Tour carbonnière, canal maritime, salins du midi, quartier historique abrité de hauts remparts, Aigues-Mortes (p. XXX) offre une jolie pause culturelle. Côté nature, on visitera la Marette, la maison du site de la Camargue gardoise.

PLAGE DE L'ESPIGUETTE

Depuis Le Grau-du-Roi, on rejoint l'une des plus belles plages de la côte méditerranéenne (p. 183).

CÔTÉ PRATIQUE

Camping de La Petite Motte (www.camping-lapetitemotte.com ; 195 allée des Peupliers, La Grande-Motte). Entre plage et centre-ville.

Maison du Môle (07 85 29 81 60 ; la-maison-du-mole.business.site ; rte du Mole, Aigues-Morte). Une propriété charmante le long du canal. À 3 km avant Le Grau-du-Roi.

À Gallician, 20 km après le départ, une pause est de mise au **Café du Pont** ou au **Mas du Notaire** (vins et produits régionaux).

Restaurant Boem (04 34 28 42 30 ; 253 av. pont de Provence, Aigues-Mortes). Sur la rive du canal, à l'arrivée sur Aigues-Mortes, une pause gustative subtile.

La Guinguette des Pieds Nus (04 66 77 69 21). Un resto les pieds dans l'eau sur la plage du Boucanet au Grau-du-Roi.

Grau vélo (09 73 23 45 15 ; facebook.com/legrauvelo ; Le Grau-du-Roi). Location et réparation sur la rive gauche du canal.

2 SAINT-GILLES – LA GRANDE-MOTTE
39 KM

Besoin d'une mise en jambe sur la Véloméditerranée ? Cette première étape à travers la Camargue gardoise est une opportunité. On traverse une campagne agricole délaissée par les visiteurs qui lui préfèrent les étangs de la Petite Camargue. Pourtant, le charme opère à la vue des champs d'eucalyptus, des vergers de pommiers ou des platanes qui cachent des mas élégants. Sur la carte, fleuve et canaux sont annoncés et peuvent servir de cap pour s'extraire de l'itinéraire. À mi-parcours, Arles attire comme un aimant posé le long du Rhône, et on s'y rend facilement. À l'arrivée, Saint-Gilles, avec sa belle abbatiale est aussi la porte d'entrée privilégiée vers le parc de Camargue. L'occasion de mettre au programme du lendemain la boucle de l'étang de Vaccarès ou l'aller-retour vers les Saintes-Maries-de-la-Mer.

FEUILLE DE ROUTE *Une étape qui se déroule le long de routes agricoles sans ravitaillement possible, sauf à Arles. La première moitié entre Saint-Gilles et le Mas François (Fourques) ne pose guère de problème, le long de routes peu fréquentées. La seconde moitié, le long de la D179, est plus délicate. Une route "partagée" à 70 km/h avec parfois peu de visibilité pour les conducteurs et le passage de nombreux engins agricoles. Aux alentours de Fourques, le balisage est manquant et la signalétique locale vers Saint-Gilles n'est pas pertinente. Munissez-vous de cartes ou d'une trace GPS.*

À voir et à faire

BEAUCAIRE

Au départ de cette étape, des sites à visiter : forteresse, abbaye troglodyte de Saint-Roman et cave gallo-romaine (p. 186)…

ARLES

À mi-parcours, Arles est une étape incontournable pour son amphithéâtre antique, son cloître ou sa fondation d'art contemporain. Le détour ne représente que 9 km A/R.

SAINT-GILLES

L'ancienne abbatiale Saint-Gilles (p. 175) est un joyau de l'art roman avec sa façade classée au patrimoine mondial de l'Unesco.

PNR DE CAMARGUE

Prévoyez une journée supplémentaire pour découvrir ce parc, qui s'étend entre le Grand et le Petit Rhône jusqu'à la Méditerranée. Par les itinéraires cyclables, comptez 100 km environ pour effectuer le tour complet de l'étang de Vaccarès, jusqu'au phare de la Gacholle ou 70 km jusqu'aux Saintes-Maries-de-la-Mer, en incluant le parc ornithologique du Pont de Gau. Troquez votre vélo contre un canoë ou un cheval chez **Le Vélociste** (04 90 97 83 26 ; www.levelociste.fr ; Saintes-Maries-de-la-Mer).

CÔTÉ PRATIQUE

L'Abri Cosy (07 68 72 75 93 ; Saint-Gilles). Chambres grand standing et espace bien-être. À 4 km avant Saint-Gilles.

Le Cours (04 66 87 31 93 ; hotel-le-cours.com ; Saint-Gilles). Hôtel-restaurant à Saint-Gilles (à 1,3 km).

Camping La Chicanette (04 66 87 28 32 ; www.campinglachicanette.fr ; Saint-Gilles). À 1,5 km de l'itinéraire, près du centre-ville.

Épicerie de Cécile (pl. de la République, Beaucaire). Pour composer son pique-nique au départ.

Domaine du Petit Mylord (04 66 59 55 32 ; domaine-du-petit-mylord.com ; Beaucaire). Produits du terroir et auberge de campagne, le long de l'itinéraire, 6 km après le départ.

L'Ouvre Boîte (22 rue du Cloître, Arles). Une adresse discrète sur une placette secrète. Pour l'apéro, les tapas et la petite épicerie.

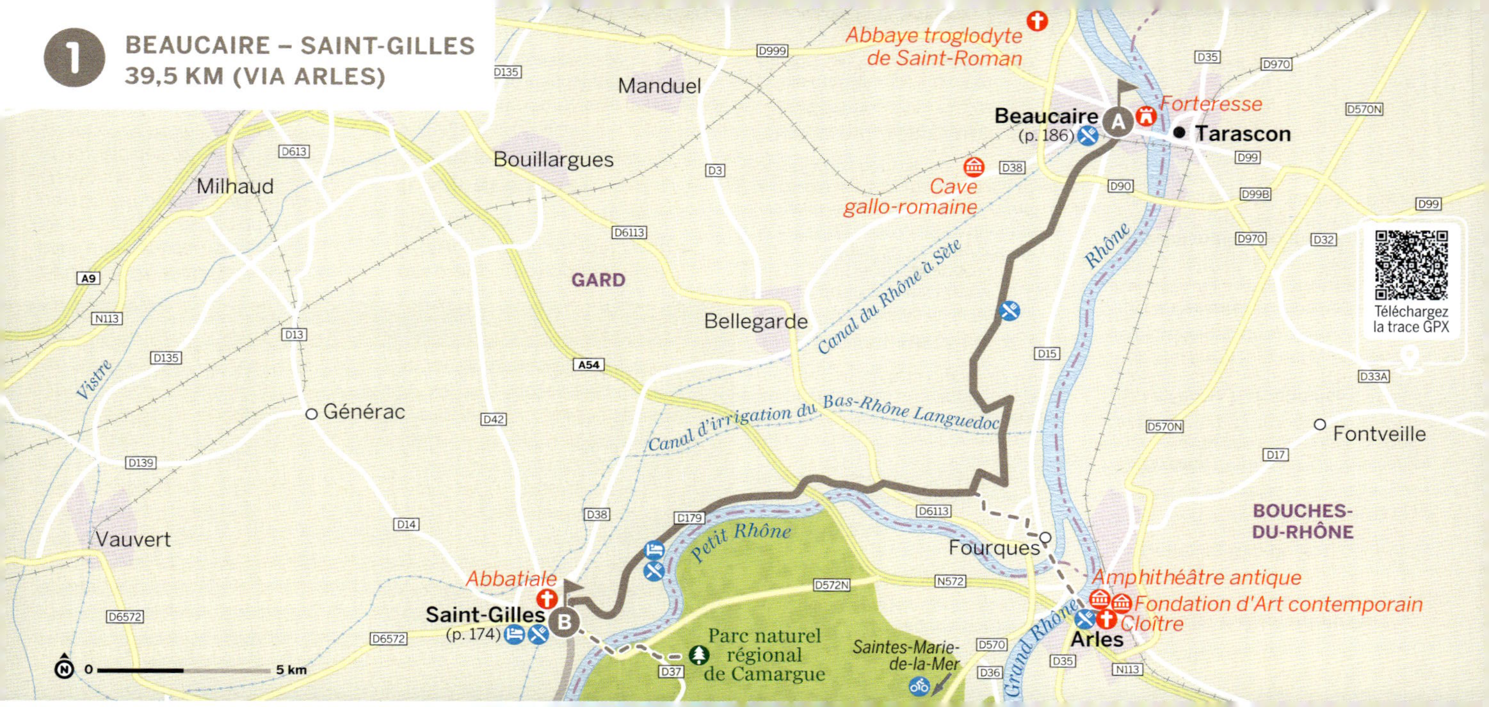
1
BEAUCAIRE – SAINT-GILLES
39,5 KM (VIA ARLES)
Abbaye troglodyte de Saint-Roman
Forteresse
Beaucaire
(p. 186)
Tarascon
Manduel
Bouillargues
Milhaud
Cave gallo-romaine
GARD
Bellegarde
Canal du Rhône à Sète
Rhône
Téléchargez la trace GPX
Vistre
Générac
Canal d'irrigation du Bas-Rhône Languedoc
Fontveille
BOUCHES-DU-RHÔNE
Vauvert
Fourques
Petit Rhône
Abbatiale
Amphithéâtre antique
Fondation d'Art contemporain
Cloître
Saint-Gilles
(p. 174)
Parc naturel régional de Camargue
Saintes-Marie-de-la-Mer
Grand Rhône
Arles
0
5 km
D999
D35
D970
D135
D570N
D613
D3
D38
D99
D90
D99B
D6113
A9
D970
D32
N113
D13
D135
A54
D15
D33A
D42
D570N
D139
D17
D38
D6113
D14
D179
D572N
N572
D6572
D6572
D570
D35
D37
D36
N113

Raccourci pour rejoindre les plages de la Méditerranée, cette étape se déroule le long du canal de la Robine et traverse la ville de Narbonne à mi-parcours. Souvent rectiligne, le tracé devient plus fluvial jusqu'aux environs de Narbonne. Le chemin de halage lorsqu'il est planté de pins maritimes offre un cocon d'ombrage et de senteurs enivrants. À mi-parcours, Narbonne, avec sa dizaine de ponts qui enjambent le canal, est la promesse d'une pause gastronomique et culturelle. Lors de la seconde moitié de l'itinéraire, on se faufile dans une ambiance de plus en plus iodée, entre les étangs lagunaires, les salins et les rizières. Au loin, les combes calcaires du massif de la Clape et le cordon dunaire sonnent la fin du voyage. À l'ultime écluse du canal, avant qu'il ne se jette dans la Méditerranée, on parcourra les sentiers de l'île de Sainte-Lucie. Magnifique !

FEUILLE DE ROUTE *Une étape sans difficulté particulière. On se méfiera du chemin de halage qui n'échappe pas, surtout après Narbonne, au revêtement caillouteux et aux racines des pins maritimes. La seconde moitié se caractérise pas le manque d'ombre et le vent marin qui peut donner le sentiment d'avancer avec peine. Faites des provisions à Narbonne car le ravitaillement est rare jusqu'à Port-la-Nouvelle.*

À voir et à faire

MUSÉE AMPHORALIS

Au départ de l'étape (4 km A/R), ce site archéologique d'un village potier gallo-romain abrite un musée et propose des animations en été.

NARBONNE

Palais des Archevêques, cathédrale, maison de Charles Trenet, Narbonne (p. 281) mérite une pause à mi-parcours.

GRUISSAN

Ancienne cité lacustre, Gruissan est une belle escapade hors itinéraire (10 km A/R). Au programme, terrasses dans le vieux village et bain de mer. Pour retrouver le goût de l'ascension, grimpez jusqu'à la chapelle des Auzils dans le massif de la Clape (10 km A/R).

RÉSERVE SAINTE-LUCIE

À la dernière écluse de la Robine, boucle de 7 km dans la réserve. Depuis le roc Saint-Antoine, vue inoubliable sur les étangs du Narbonnais. Un peu avant la réserve, on peut rejoindre la plage de la Vieille-Nouvelle, dont l'accès à travers les anciens salins est réservé aux piétons et cyclistes.

RÉSERVE AFRICAINE DE SIGEAN

À une douzaine de kilomètres de Port-La-Nouvelle (voir p. 288).

CÔTÉ PRATIQUE

Hôtel-restaurant du Port (04 68 48 65 59 ; www.hotelduport-11.fr). Chambres à Port-la-Nouvelle.

Camping Cap du Roc (04 68 48 00 98 ; www.camping-cap-du-roc.com ; route de la Palme). En arrière de la plage de Port-la-Nouvelle.

En face (Narbonne). Dans le centre et le long du canal, une table bistrot avec formule à l'ardoise. Voir p. 285.

La Ferme Narbonnaise (04 68 49 57 01 ; 21-23 rue Droite, Narbonne). Épicerie fine pour confectionner le pique-nique du cycliste.

LV L'escale (2 rue Barbès, Port-la-Nouvelle). À l'arrivée à Port-la-Nouvelle. Resto-bistro face au port de commerce.

Véloland Narbonne (04 68 91 11 11). Atelier de réparation à la sortie sud de Narbonne. Également Décathlon et Intersport.

5 BIS LE SOMAIL – NARBONNE – PORT-LA-NOUVELLE
44 KM

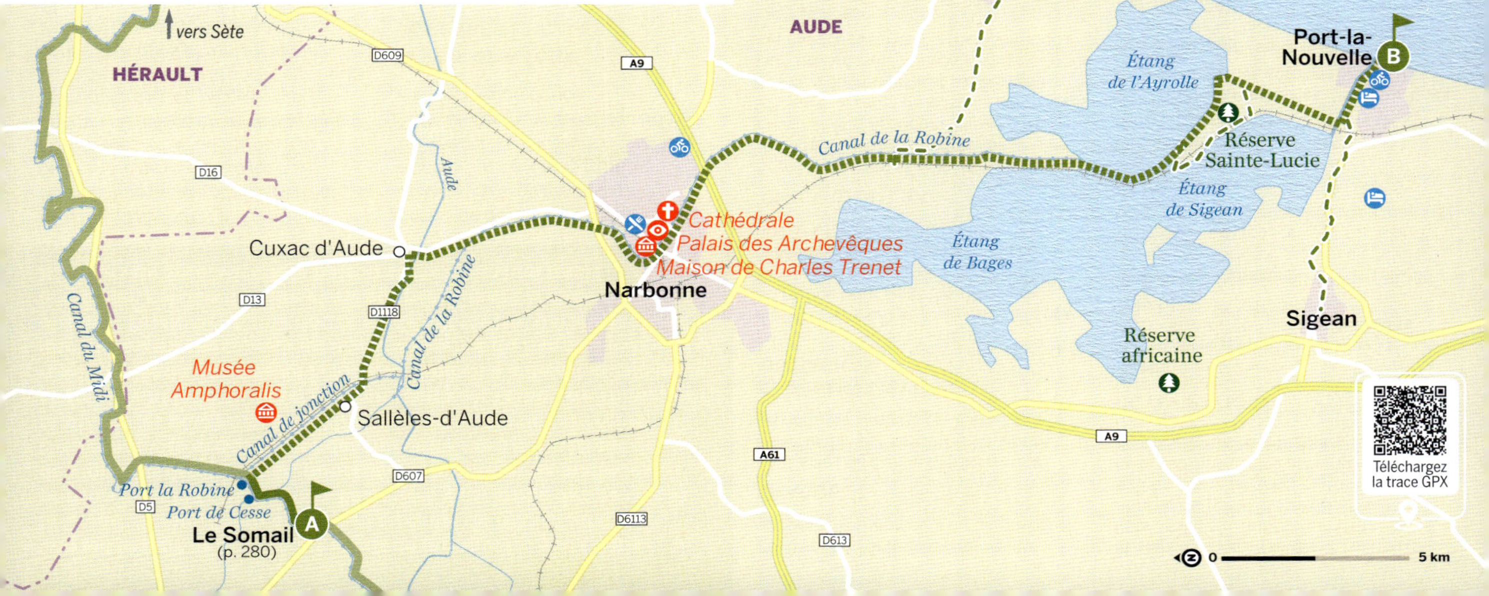

Cap sur le port de Sète ! Mais avant de plonger les yeux dans la Grande Bleue, il faut dire adieu au canal du Midi. Sa dernière portion pour le cycliste, entre Béziers et Vias, longe des paysages de vignes et de prés salés, ponctués de fermes et de manades. On avance vite et des escapades hors itinéraire permettent de rejoindre les plages du littoral. À Vias, on quitte définitivement le chemin de halage du canal (qui poursuit vers l'étang de Thau) pour rejoindre Agde, la perle de la Méditerranée. La ville est idéale pour une halte à mi-parcours. Puis, c'est la réserve du Bagnas, livrée aux oiseaux. Finalement, une douzaine de kilomètres paradisiaques entre mer, cordon dunaire et étangs précèdent l'arrivée sur les hauteurs de Sète, véritable balcon sur la mer. Quel final !

FEUILLE DE ROUTE *À partir de Béziers, une piste cyclable permet de prendre de la vitesse jusqu'à Portiragnes. Puis, on retrouve le chemin de halage en terre qui peut se transformer en piège par temps humide. L'entrée et la sortie sur Agde sont chaotiques et mal indiquées, et la portion jusqu'à Marseillan-Plage harassante. À partir de là, on suit la superbe voie verte sur une douzaine de kilomètres jusqu'aux portes de Sète, le long de la plage du Lido. Puis, de grandes pistes tracées sur de larges trottoirs rejoignent les hauteurs du port de Sète. Le centre-ville est peu adapté à la circulation douce.*

À voir et à faire

PLAGES ET CAVES

De Villeneuve-les-Béziers, on rejoint aisément les plages du littoral en traversant des paysages de vignobles qui furent à l'origine des premières coopératives vinicoles du Languedoc.

AGDE

La "Perle noire de la Méditerranée", comme elle est surnommée, abrite un riche patrimoine (p. 100).

RÉSERVE NATURELLE DU BAGNAS

À la sortie d'Agde et le long de l'itinéraire, les étangs du Bagnas sont un refuge pour quantité d'oiseaux. Sorties accompagnées au départ de la **Maison de la réserve** (04 67 01 60 23 ; www.adena-bagnas.fr).

PLAGE DU LIDO

Entre Marseillan et Sète, le cordon dunaire offre une multitude de possibilités d'accéder à la mer. Depuis 20 ans et le recul de la route, cet univers fragile a été replanté et sauvegardé. Dorénavant, seule une voie verte sillonne cet espace réservé à la mobilité douce.

SÈTE

À l'arrive sur Sète (p. 90), grimpez au mont Saint-Clair (182 m). De là, la ville et ses environs se révèlent : canaux, îlots artificiels, ponts tournants, pont-levis, ports, canal du Rhône à Sète, étang de Thau, montagne de la Gardiole... Une admirable leçon de géographie et d'histoire.

CÔTÉ PRATIQUE

Nombreux campings le long de la voie verte (plage du Lido) avant l'arrivée sur Sète, dont le **Castellas Tohapi** (04 30 63 38 80).

Hôtel Venezia (04 67 51 39 38 ; 20 corniche de Neuburg, Sète ; d 69-100 € selon saison). Avant l'arrivée sur le port. Une vingtaine de chambres bon marché.

L'Explorateur (04 48 17 78 75 ; 6 pl. Jean-Jaurès, Agde). Une déco amusante et une cuisine rafraîchissante. Dans le centre d'Agde.

Cianni-Marcos (Sète). Chaussons aux moules et tourtes sétoises. Voir p. 97.

Le Passage (1 quai du Mistral, Sète). Quartier de la Pointe-Courte, près des fresques dédiées à Agnès Varda.

Thau Cycle (07 82 37 03 31 ; Agde). Location de vélos et livraison.

5
BÉZIERS – SÈTE
51 KM
N9
A9
D909
A75
D18
D18
D51
HÉRAULT
Florensac
Bessan
Marseillan
Mèze
Mont-Saint-Clair
Sète
(p. 90)
Bassin de Thau
Plage du Lido
Béziers
(p. 109)
Hérault
D13
Réserve naturelle
du Bagnas
D612A
Villeneuve-lès-Béziers
D612
Vias
Portiragnes
Marseillan-Plage
A9
Orb
Canal du Midi
MER MÉDITERRANÉE
D64
Sauvian
Vias-Plage
Agde
Cap
d'Agde
Cap d'Agde-Plage
Sérignan
Portiragnes-Plage
Valras-Plage
Téléchargez
la trace GPX
0
5 km

C'est sans conteste l'une des plus belles étapes car le canal du Midi jusqu'à Béziers effectue de larges boucles qui multiplient les points de vue. C'est aussi une rupture avec les étapes précédentes car on roule dans un environnement plus serein, avec moins d'activités autour du canal. Le ton est donné après le port de la Robine où le chemin de halage planté de pins maritimes est somptueux. Ensuite, le canal s'élargit, les rives s'ouvrent et on découvre de beaux panoramas de collines plantées de vignes. Les petits ponts en dos-d'âne qu'il faut grimper ajoutent au charme des paysages. Capestang, à mi-parcours, est une étape chaleureuse. Enfin, l'arrivée sur Béziers qui se dresse devant l'échelle d'écluses de Fonseranes vient conclure en beauté cette étape riche et facile.

FEUILLE DE ROUTE *À la fourche entre le canal de Jonction (vers Narbonne) et le canal du Midi (vers Sète), ne manquez pas la petite passerelle qui enjambe le premier pour continuer sur le second (aucun marquage vélo). Avant l'arrivée sur Argeliers, traversez prudemment la D5. Jusqu'à Capestang, le chemin de halage s'élargit et on peut rouler plus vite. À partir de Colombiers, on profite d'une belle piste cyclable en surplomb de la rive du canal. Après les écluses de Fonseranes, il faut poursuivre tout droit pour rejoindre le centre de Béziers.*

À voir et à faire

CAPESTANG

À mi-parcours, la collégiale Saint-Étienne de Capestang est un superbe exemple de l'architecture romane et gothique du Languedoc. Grimpez en haut de son clocher pour la vue et visitez le château des archevêques de Narbonne pour son plafond peint (XVe siècle). Les berges de Capestang sont animées, avec de nombreuses péniches et bateaux dont une ancienne barque de poste (p. 117).

TUNNEL DU MALPAS

Long de 170 m, ce tunnel perce la montagne d'Ensérune (p. 116). Descendez de vélo et rejoignez son étroit accès piéton pour profiter des voutes où nichent quantité d'oiseaux.

COLOMBIERS

Charmantes berges en surplomb du canal pour pique-niquer.

ÉCLUSES DE FONSERANES

Pas moins de 9 écluses s'étagent sur environ 300 m pour un dénivelé de 35 m (p. 115). L'ancienne maison éclusière héberge un office du tourisme où on peut voir une vidéo sur l'histoire de la construction du canal.

BÉZIERS

Depuis Fonseranes, la silhouette de la cathédrale Saint-Nazaire attire comme un aimant. Ne snobez pas Béziers (p. 109) et rendez hommage à la statue du créateur du canal du Midi, Pierre-Paul Riquet, natif de la ville. En été, un petit train relie les écluses au centre-ville.

CÔTÉ PRATIQUE

Entre Midi (04 67 93 53 52 ; d à partir de 65 € ; Capestang). Jouxtant la mairie de Capestang, de belles chambres dans une maison de ville.

Hôtel des Poètes (04 67 76 38 66 ; Béziers). À 1 km du pont-canal de l'Orb.

Le Pourquoi Pas (06 79 36 05 33 ; pont de Malviès). Une étape à l'ombre des murs d'une jolie maison, avant l'arrivée sur Capestang.

La Galinière (04 67 26 14 77 ; Capestang). Sans doute la meilleure table de Capestang.

Restaurant Le 9 (04 67 36 85 64 ; le9.fr ; Béziers). Juste avant l'arrivée sur les écluses de Fonseranes. Agréable terrasse avec vue sur Béziers.

LVR Cycles (04 67 37 17 52 ; 21 rue Claude-Nougaro, Béziers). Dépannage et réparations dans la zone commerciale.

4 LE SOMAIL – BÉZIERS 42 KM

Voici une étape sinueuse rendue possible par un canal plus fluvial, ponctué de petits bourgs posés dans les paysages agricoles du Minervois. Juste après les étangs asséchés de Marseillette, accordez-vous une pause à l'écluse de l'Aiguille, jardin d'art d'un éclusier-sculpteur. De retour en selle, on rejoint Puichéric, où le canal joue à cache-cache avec l'Aude, tandis qu'un élégant château vient coiffer le petit bourg. Plus tard, on longe le lac de Jouarres et sa base de loisirs, une halte rafraîchissante. Homps avec son grand bassin fut dans le passé un port important pour le transport des vins du Minervois. C'est l'occasion de faire une dégustation, avec modération ! L'arrivée au port du Somail, avec son adorable pont en dos d'âne et ses rives accueillantes bordées de terrasses est la promesse d'une fin d'après-midi oisive et gustative.

FEUILLE DE ROUTE *Le chemin de halage de cette 3ᵉ étape se résume le plus souvent à un sentier terreux, caillouteux, ponctué de racines que le vététiste passera sans s'en rendre compte, mais qui crispera le cycliste de route. Les rares portions avec revêtement sont bien dégradées. On redoublera d'attention aux abords de Paraza car le chemin de halage disparaît et l'on doit rouler sur la D124 sans accotement. Heureusement, les derniers kilomètres avant Le Somail sont plus reposants.*

À voir et à faire

ÉPANCHOIR DE L'ARGENT-DOUBLE

L'épanchoir est un aqueduc qui régule le niveau en eau du canal. Pour le cycliste, il se franchit comme un pont, parallèle au canal. Celui-ci a été construit au XVIIᵉ siècle sur les plans de Vauban et il est revêtu de gros pavés polis souvent glissants à vélo. Prudence !

LAC DE JOUARRES ET HOMPS

Arrondi comme un ballon, le lac est une escale fraîcheur bienvenue (baignade en été), tandis que le port de Homps abrite des restaurants sur ses rives. La production vinicole du Minervois est à tester, avec modération, à la Maison des vins.

ARGENS-MINERVOIS

Entre les écluses de Pech Laurier et d'Argens, ce village coiffé d'un château à deux tours laisse voir sa silhouette depuis le canal. Un univers à explorer, idéal pour la pause déjeuner.

LE SOMAIL

Construit pour répondre à l'activité du canal, Le Somail (p. 280) est synonyme d'étape gourmande et reposante et attire la foule. Librairie, croisière en bateau, terrasses ombragées le long des rives...

CÔTÉ PRATIQUE

Le Neptune (06 40 97 01 20 ; www.chambresleneptune.com ; Le Somail ; d 75-89 €). Cinq chambres logées dans une maison de maître du XIXᵉ siècle.

Bateau Mariance (06 33 69 01 06 ; Le Somail). Péniche chambres d'hôtes et table aux saveurs asiatiques.

Camping Marvilla Parks (04 42 16 89 90 ; Mirepeisset). Un camping arboré à 4 km du Somail.

Les Tonneliers (04 34 44 20 19 ; Homps). Quelques tables pour une déjeuner à l'ombre d'un parc arboré.

La Guinguette (laguinguette-restaurant.com ; Argens-Minervois). Sous les lampions et la végétation, ambiance gaie et colorée.

Le Comptoir Nature (04 68 46 01 61 ; comptoirnature.free.fr ; Le Somail). Café de pays-restaurant, au bord du canal. Voir p. 280.

Vélos du Somail (06 03 62 93 01 ; lesvelosdusomail.com). Location de VTC et de VTT.

3 MARSEILLETTE – LE SOMAIL 38 KM

Au départ du port de Bram, les paysages du Lauragais défilent sans effort et l'on rejoint calmement Carcassonne. À sa construction, le canal passait au nord de la cité et il faudra attendre deux siècles pour que celle-ci soit intégrée au parcours. Le cycliste peut aujourd'hui rejoindre son centre historique sans obstacle. La merveilleuse cité médiévale et le quartier animé de la bastide Saint-Louis s'explorent respectivement à pied et à vélo. Entre Carcassonne et Marseillette, l'ambiance change grâce aux pins magnifiques qui bordent les rives. En quelques kilomètres, on a le sentiment d'avoir fait un pas de géant vers la Méditerranée. En se dressant sur sa selle, on peut apercevoir quelques rizières et champs d'oliviers. À l'arrivée, le canal est un joli balcon avec vue sur les vignobles du Minervois. La nuit s'annonce calme.

FEUILLE DE ROUTE *Le début de l'étape est un peu cahoteux avec une alternance de piste dégradée en goudron et de chemin de halage étroit. Les nids-de-poule sont parfois si profonds que l'on pourrait tomber dedans, tandis que le chemin de halage se résume souvent à un étroit tracé pédestre, envahi de part et d'autre par la végétation. Il faudra aussi se méfier des glissades si le temps est humide. Heureusement, 5 km avant Carcassonne, le sentier s'élargit et on roule plus aisément pour rejoindre Trèbes, puis Marseillette.*

À voir et à faire

MONTOLIEU

À 10 km du canal, Montolieu (p. 272) abrite une cinquantaine de librairies et d'ateliers d'arts graphiques ainsi qu'un musée des métiers du livre.

CARCASSONNE

À mi-parcours, Carcassonne (p. 258) est incontournable. À une dizaine de minutes du canal, la plus grande forteresse d'Europe résume 2 500 ans d'histoire, de l'époque romaine au Moyen Âge. Le château comtal et les rues à angle droit de la bastide Saint-Louis, en particulier la place Carnot les jours de marché (mardi, jeudi et samedi) sont à privilégier si vous manquez de temps.

LAC DE CAVAYÈRE

Un plan d'eau avec une plage pour se baigner, s'initier au ski nautique ou explorer les rives sur un paddle (p. 265). Accessible depuis Carcassonne (16 km A/R) ou Trèbes (8 km A/R).

MARSEILLETTE

Blotti entre le canal du Midi et l'Aude, le petit bourg posé sur un vallon offre des vues charmantes sur les collines alentour.

CÔTÉ PRATIQUE

La Halte Romaine (09 61 60 17 61 ; Villesequelande). Envie de vous endormir dans un tonneau ? Également épicerie et camping.

Épanchoir de Foucaud (07 83 99 99 06 ; www.epanchoirdefoucaud.com ; Carcassonne ; 12,50 €/nuitée). Gîte dans la maison éclusière, lodge et tentes le long du canal. Petite restauration.

Maison de l'Écluse (06 52 33 92 99 ; Trèbes ; d 75 €). Charme et jardin privatif.

O Fil de l'Ô (04 68 79 20 90 ; www.fildelo.fr ; Marseillette ; d 70-75 €). Hôtel-restaurant familial. En surplomb de l'écluse de Marseillette.

La Grande Bouffe (38 route Minvervoise, Carcassonne). Grillades au bord du canal.

Domaine des pères et **Confiturerie de l'écluse** (épicerie). Pour préparer son pique-nique. À Trèbes.

Le Moulin (04 68 78 97 57 ; Trèbes). Déjeuner à l'ombre d'une tonnelle.

Evadeo Cycles (Carcassonne). Location de vélos. Voir p. 265.

2 BRAM – CARCASSONNE – MARSEILLETTE
46 KM

Comment rêver meilleur prologue ? À peine a-t-on franchi la ligne du départ à Avignonet-Lauragais que l'on rejoint le seuil de Naurouze qui marque le "sommet" (à 189 m) du canal et la ligne de partage des eaux. Ici, l'ingénieur en chef du canal, Pierre-Paul Riquet, édifia le réseau qui rendit possible la mise en eau du canal à partir des rivières de la Montagne Noire. Sur cette étape on profite également à mi-parcours de la gourmandise de Castelnaudary, capitale du cassoulet, avant d'atteindre le paisible petit bourg de Bram. Le tout à travers les paysages et les collines du Lauragais dans une ambiance agricole et tranquille.

FEUILLE DE ROUTE *Si vous êtes un habitué des pistes cyclables enrobées ou en dur, profitez de ce prologue non chronométré pour expérimenter le chemin de halage en terre, typique du canal du Midi. Une étape qui s'avère moins coriace que celles à venir. Entre Avignonet-Lauragais et Bram, le chemin est même large et certaines sections sont empierrées. Pas de souci côté dénivelé car, après le seuil de Naurouze, on suit la pente de l'eau. Peu de possibilités de ravitaillement, hormis à Castelnaudary pour la traditionnelle pause cassoulet.*

À voir et à faire

SEUIL DE NAUROUZE

À 189 m d'altitude, Naurouze marque le partage des eaux du canal, alimenté par la rigole de la Plaine qui va puiser dans les ruisseaux de la montagne Noire. En suivant la rigole, on peut rejoindre Revel (80 km A/R) et le lac de Saint-Ferréol dont le barrage fut le plus grand d'Europe à sa construction au XVIIe siècle.

LAC DE LA GANGUISE

Entre Avignonet-Lauragais et Castelnaudary, ce lac-réservoir abrite une agréable base nautique, pour une pause pique-nique et baignade (20 km A/R).

CASTELNAUDARY

Musée du Lauragais, bastide, grand bassin, échelle des écluses Saint-Roch (10 m de dénivelé), Castelnaudary (p. 269) est aussi la capitale du cassoulet. Une étape évidente à mi-parcours.

BRAM

Tournez comme sur un circuit dans le village circulaire (*circulade*) de Bram, remarquablement conservé, dont le centre est l'église Saint-Julien-et-Sainte-Basilisse ou visitez le Musée archéologique qui témoigne de la richesse du site. Au port-canal, location de bateau sans moteur.

CÔTÉ PRATIQUE

FastHotel La Couchée (05 61 27 17 12 ; Port-Lauragais). Pour une arrivée la veille.

Black Mountain (www.peniche-blackmountain.fr ; d 160 €). S'endormir sur le canal dans une élégante péniche entre Castelnaudary et Bram.

Domaine de la Capelle (04 68 94 91 90 ; www.domaine-la-capelle.fr ; Saint-Martin-Lalande). Camping à la ferme, chambres d'hôtes et petite restauration, à 3,5 km du Canal.

Camping L'Escale Occitanne (04 68 76 90 47 ; Alzonne). Camping 3 étoiles, restaurant, accueil vélo et dog *friendly*.

Maison de la Haute-Garonne (05 61 81 69 46 ; Port-Lauragais). Produits du terroir pour un pique-nique.

Maison du Cassoulet (04 68 23 27 23 ; Castelnaudary). Menus de spécialités.

L'île aux Oiseaux (04 68 24 53 66). Restaurant-terrasse à l'écluse de Bram.

Intersport Castelnaudary (04 68 23 05 00). Réparation.

1 AVIGNONET-LAURAGAIS – BRAM
32 KM

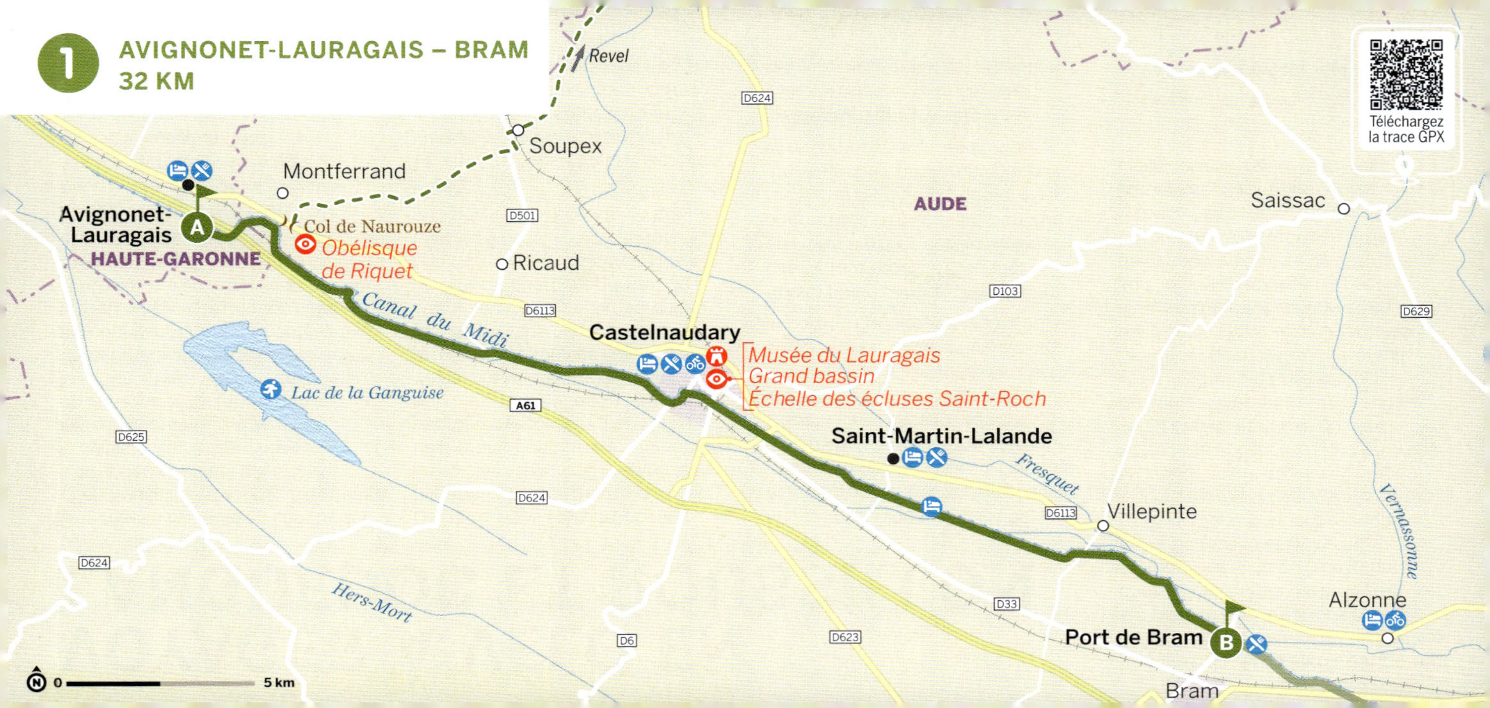

VOYAGER À VÉLO EN LANGUEDOC ET ROUSSILLON

Si le réseau cyclable en Languedoc et en Roussillon n'est pas très dense, il offre deux pépites qui attirent le cycliste. Le plus prestigieux est sans conteste l'itinéraire du canal du Midi, tandis que la Méditerranée à vélo est un itinéraire récent mais prometteur. Ces deux parcours sont interconnectés et offrent au cycliste une formidable synthèse, qui conjugue campagne méridionale, littoral méditerranéen et contreforts pyrénéens.

Portion du canal des Deux-Mers à vélo, qui relie l'Atlantique à la Méditerranée, de Royan à Sète, le **canal du Midi** (www.canaldes2mersavelo.com) s'étend de Toulouse à la mer Méditerranée (Sète ou Port-la-Nouvelle). Dans ce guide, nous vous proposons 6 étapes (de 32 à 51 km) d'ouest en est, vers le littoral méditerranéen. La première démarre à Avignonet-Lauragais (accessible en TER) qui marque le début du chemin de halage historique du canal, à proximité du seuil de Naurouze, bief de partage des eaux et point culminant du canal. Au Somail, un embranchement permet de rejoindre la mer à Sète via Béziers (étapes 4 et 5, 209 km au total) ou Port-la-Nouvelle via Narbonne (étape 5bis, 160 km au total).

Le canal du Midi offre une expérience unique. Malgré la disparition de la plupart des platanes atteints par la maladie du chancre coloré, on parcourt des paysages de plus en plus méridionaux au fil des étapes. Dans une ambiance fluviale, le canal rejoint des villes à l'histoire millénaire (Carcassonne, Narbonne, Béziers...) en passant par des villages-ports cernés de vignobles et plantés de pins centenaires. L'arrivée sur la Grande Bleue, entre étangs et cordon dunaire, est inoubliable.

Rouler sur le canal du Midi n'est pas de tout repos. L'essentiel de l'itinéraire se déroule sur un chemin de terre souvent ponctué de racines et de nids-de-poule, parfois étroit, glissant par temps humide et encombré par la végétation.

La **Méditerranée à vélo** (www.francevelotourisme.com/itineraire/la-mediterranee-a-velo) est la section française de l'EuroVelo 8, qui permet de rouler entre Menton et Le Perthus sur plus de 800 km. Nous avons choisi d'explorer la partie la plus méditerranéenne de ce parcours entre Beaucaire et Le Perthus (338 km), à la frontière espagnole. Cet itinéraire est décrit sur 8 étapes : entre Beaucaire et Sète (3 étapes), entre Sète et Leucate (via Le Somail, soit 2 étapes et demie du canal du Midi) et 2 étapes entre Leucate et Le Perthus via Argelès-sur-Mer. Traversant le Gard, l'Hérault, l'Aude et les Pyrénées-Orientales, chaque étape est un voyage en soit : étangs camarguais, rives de canaux, voie verte de littoral, villes et ports historiques (Arles, Béziers, Narbonne, Sète...), stations balnéaires (La Grande-Motte, Le Barcarès, Argelès-sur-Mer...).

À SAVOIR

Téléchargez sur votre Smartphone une appli météo, comme celle de Météo France, vous pourrez ainsi disposer de prévisions de pluviométrie dans l'heure.

Pour un bulletin météo complet à 9 jours sur un département, composez le 08 99 71 02 + le n° du département concerné. Ce service de Météo France est payant.

Le soleil et le vent peuvent être redoutables, surtout sur l'itinéraire de la Méditerranée à vélo qui offre peu de couvert naturel. Sur le canal du Midi, lorsque le vent est violent, les chutes de branches sont fréquentes, notamment à cause du chancre coloré, maladie qui affaiblit les platanes.

Une distinction importante à retenir :

- Une voie verte est réservée à la circulation non motorisée, ce qui inclut, outre les vélos, les piétons, les trottinettes, les rollers, les chevaux, etc. Elle peut être bitumée ou non, parfaitement entretenue... ou non.
- Une véloroute est un itinéraire balisé, qui emprunte autant que possible des aménagements en site propre (voies vertes) et des petites routes tranquilles (30 et 50 km/h).

Pour circuler le long du chemin de halage de certaines portions du canal du Midi, le cycliste est censé remplir une demande d'autorisation auprès des Voies navigables de France (www.sudouest.vnf.fr, rubrique "Au bord de la voie d'eau" > "Se balader à vélo"

Prendre le train avec son vélo pour rallier le point de départ de l'itinéraire cyclable envisagé depuis chez soi, puis regagner son lieu d'habitation, nécessite d'anticiper, notamment si vous voyagez à plusieurs. Les règles varient en fonction des trains et selon que votre vélo est rangé ou non dans une housse. Pour inclure le vélo avec votre billet utilisez un ordinateur ou adressez-vous au guichet d'une gare (impossible avec l'app sur un mobile).

- TGV INOUI : en housse, c'est un bagage, aucune démarche à faire ; sinon, réservation obligatoire, 10 €, nombre de places limité, et certains TGV n'en ont pas
- TGV Ouigo : obligatoirement en housse, réserver un bagage supplémentaire ou volumineux, 5 €
- Intercités : en housse, c'est un bagage, aucune démarche à faire ; sinon, réservation obligatoire, 5 €, nombre de places limité
- TER : en housse, c'est un bagage, aucune démarche à faire ; sinon, accepté gratuitement dans la limite des places disponibles. Selon le département, il faut l'inclure dans votre billet

Quelques infos sur les housses pour le train :

- Leur taille ne doit pas excéder 120 cm de longueur et 90 cm de hauteur
- Il faudra au minimum démonter la roue avant pour faire rentrer votre vélo dans la housse, plus probablement les deux roues
- Un sac poubelle de 100 l ou autre expédient ne sera pas considéré comme une housse
- Qui dit housse pour le transport en train, dit housse à transporter une fois sur la route

Le picto Accueil vélo désigne les hébergements proposant un accueil et des services adaptés aux voyageurs à vélo.

lonely planet
ITINÉRAIRES À VÉLO
Le canal du Midi d'Avignonet-Lauragais à Sète/Port-la-Nouvelle
La Méditerranée à vélo, de Beaucaire au Perthus
TRACES GPX À TÉLÉCHARGER

Amphithéâtre naturel au climat doux et ensoleillé, le Languedoc et le Roussillon impressionnent d'abord par la richesse de leur patrimoine historique et naturel.

Le Languedoc et le Roussillon arrivent en tête pour le nombre de sites inscrits au patrimoine mondial par l'Unesco. Qui ne connaît pas le pont du Gard, le canal du Midi ou la cité fortifiée de Carcassonne ? Les citadelles cathares, les paysages des Causses et des Cévennes, ou les forteresses de Vauban complètent cette liste prestigieuse.

Découverte du patrimoine certes, mais aussi activités nature. On peut tout aussi bien sillonner la région à pied ou avec un âne sur les pas de Stevenson, en bateau au fil du canal du Midi, en kayak dans les gorges du Tarn, voire à bord de trains pittoresques, dans les Cévennes ou sur les hauts plateaux catalans.

Un long ruban de sable s'étire entre le delta du Rhône et la plaine du Roussillon. De longue date, c'est le terrain des plaisirs balnéaires. Plus intime, la Côte Vermeille fut la terre d'élection des peintres fauvistes. Son littoral découpé fait alterner villages préservés et criques isolées.

Voie de passage depuis l'Antiquité, le Languedoc et le Roussillon sont tiraillés entre plusieurs influences culturelles. Si Montpellier est sa capitale incontestée, Carcassonne regarde vers Toulouse ; le Roussillon s'agrippe à sa grande sœur catalane ; Nîmes, Uzès et la vallée de la Cèze respirent encore un peu la Provence ; quant à l'Aubrac et la Margeride, ils annoncent la rudesse de l'Auvergne.

Enfin, tous les bons vivants adorent cette terre généreuse pour la chaleur de ses villes, la ferveur de ses fêtes et sa cuisine de terroir.

Phare du môle Saint-Louis, à Sète (p. 92)

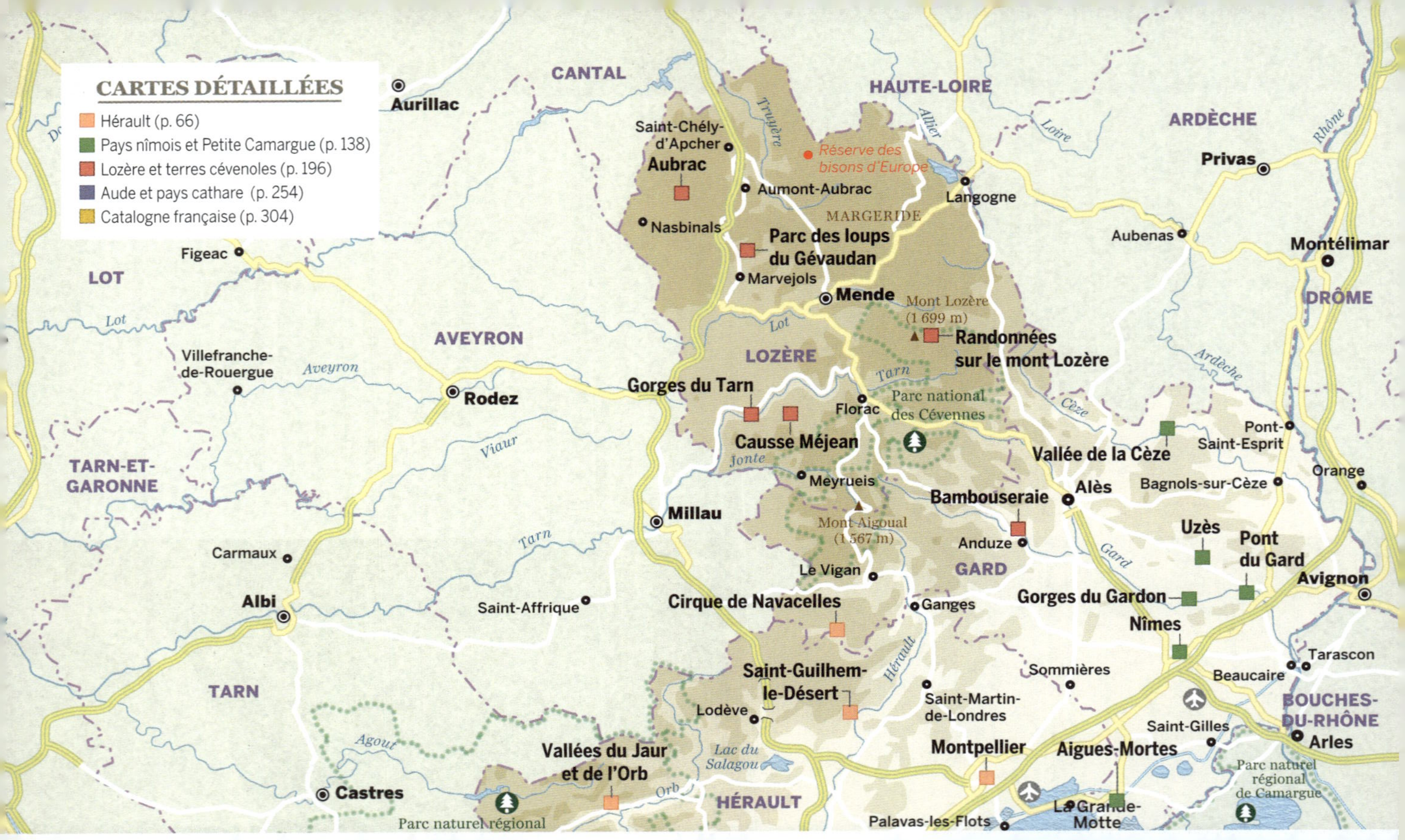
CARTES DÉTAILLÉES
Hérault (p. 66)
Pays nîmois et Petite Camargue (p. 138)
Lozère et terres cévenoles (p. 196)
Aude et pays cathare (p. 254)
Catalogne française (p. 304)
CANTAL
HAUTE-LOIRE
ARDÈCHE
LOT
AVEYRON
LOZÈRE
TARN-ET-GARONNE
GARD
DRÔME
TARN
HÉRAULT
BOUCHES-DU-RHÔNE
Aurillac
Figeac
Villefranche-de-Rouergue
Rodez
Millau
Carmaux
Albi
Castres
Saint-Affrique
Saint-Chély-d'Apcher
Aubrac
Nasbinals
Aumont-Aubrac
Réserve des bisons d'Europe
MARGERIDE
Parc des loups du Gévaudan
Marvejols
Mende
Langogne
Mont Lozère (1 699 m)
Randonnées sur le mont Lozère
Gorges du Tarn
Causse Méjean
Florac
Parc national des Cévennes
Meyrueis
Mont Aigoual (1 567 m)
Le Vigan
Cirque de Navacelles
Saint-Guilhem-le-Désert
Lodève
Lac du Salagou
Vallées du Jaur et de l'Orb
Parc naturel régional
Ganges
Anduze
Bambouseraie
Alès
Vallée de la Cèze
Privas
Aubenas
Montélimar
Pont-Saint-Esprit
Orange
Bagnols-sur-Cèze
Uzès
Pont du Gard
Avignon
Gorges du Gardon
Nîmes
Tarascon
Beaucaire
Sommières
Saint-Martin-de-Londres
Montpellier
Aigues-Mortes
Saint-Gilles
Arles
Parc naturel régional de Camargue
La Grande-Motte
Palavas-les-Flots
Truyère
Allier
Loire
Rhône
Lot
Aveyron
Viaur
Tarn
Jonte
Ardèche
Cèze
Gard
Hérault
Orb
Agout

HAUTE-GARONNE
du Haut-Languedoc
Jaur
MINERVOIS
CABARDÈS
Caune-Minervois
Minerve
Canal du Midi
Béziers
Pézenas
Agde
Sète
Le Cap d'Agde
Castelnaudary
Carcassonne
Canal du Midi
LAURAGAIS
Balade sur le canal du Midi
Abbaye de Fontfroide
Narbonne
Narbonne-Plage
Gruissan
Gruissan-Plage
Lagrasse
Parc naturel régional de la Narbonnaise en Méditerranée
ARIÈGE
Limoux
AUDE
Foix
Château de Peyrepertuse
CORBIÈRES
La Franqui
Cap Leucate
Golfe du Lion
Aude
Quillan
Aguilar
Fort de Salses
MER MÉDITERRANÉE
Axat
Ariège
Puilaurens
Quéribus
Rivesaltes
Ax-les-Thermes
CONFLENT
Perpignan
Canet-Plage
Villefranche-de-Conflent
Têt
CAPCIR
Parc naturel régional des Pyrénées catalanes
Prades
PYRÉNÉES-ORIENTALES
ANDORRE
Argelès-sur-Mer
Côte Vermeille
Andorra la Vella
Col de Puymorens
Font-Romeu
Pic du Canigou (2 784 m)
Col du Perthus
Port-Vendres
Banyuls-sur-Mer
Cerbère
Tech
Collioure
Céret
Lac des Bouillouses
Le Train Jaune
Ascension du Canigou
ESPAGNE
ALTITUDE
2 000 m
1 000 m
500 m
200 m
0
N
0
50 km

↗ PONT DU GARD Dominant le Gardon du haut de ses 47 m, le pont du Gard (p. 158) est le plus haut aqueduc connu de l'Empire romain. Adossé à un superbe espace muséographique, il est aussi un lieu de détente et de loisirs le long de berges aménagées.

1 L'HÉRITAGE ROMAIN

Si, pendant l'Antiquité, Narbonne et Béziers furent des colonies romaines d'importance, en raison de leur positionnement stratégique et des richesses de leur arrière-pays, celles-ci n'en conservent que peu de traces. Nîmes, en revanche, peut se targuer d'avoir su garder, quasi intacts, les magnifiques monuments érigés au Ier siècle av. J.-C. par l'empereur Auguste, fondateur de la ville.

↑ ARÈNES DE NÎMES
L'amphithéâtre de Nîmes (p. 141), où se tenaient jadis combats et jeux du cirque et qui accueille aujourd'hui corridas et concerts, est l'un des mieux conservés du monde romain.

↓ MAISON CARRÉE
Édifice classique aux lignes harmonieuses, la Maison carrée (p. 143) fut construite entre l'an 3 et l'an 5 pour le culte impérial.

Du côté de la préhistoire

- ▶ **Village néolithique de Cambous** (p. 135)
- ▶ **Site mégalithique du Cham des Bondon** (p. 239)
- ▶ **Centre européen de la préhistoire, Tautavel** (p. 318)
- ▶ **Musée des Dinosaures d'Espéraza (Dinosauria)** (p. 300)

↖ CÔTE VERMEILLE
Avec ses petits ports de caractère, telle Collioure (p. 294), ses criques aux eaux claires et ses vignes en cascade, la Côte Vermeille (p. 290) possède un charme incomparable.
Plage de Collioure

2 LE MEILLEUR DE LA CÔTE

Si le littoral languedocien a moins de succès que son voisin azuréen, en raison de stations balnéaires bâties sans grand charme, il jouit cependant, grâce à sa géographie singulière, d'une exceptionnelle variété de paysages. Le long de ses 220 km s'égrènent formations dunaires, lagunes, salins, longues plages sablonneuses, côtes rocheuses émaillées de criques, ainsi que des ports de caractère, comme Sète ou Collioure.

→ SÈTE

À mi-chemin entre tourisme balnéaire et culturel, Sète (p. 90) dénote sur les côtes de l'Hérault. Les canaux de cette petite Venise du Languedoc laissent place, à ses confins, à des plages et aux vastes étendues de l'étang de Thau.

UNCLESAM / ADOBE STOCK ©

BERNARD GIRARDIN /ADOBE STOCK ©

← LE GRAU-DU-ROI

Enserré par la mer, les marais salants et un maillage de voies vertes, le Grau-du-Roi (p. 183) mène à la plage sauvage de l'Espiguette et aux sites naturels de la Petite Camargue.

RICHARD SEMIK / ADOBE STOCK ©

↑ GRUISSAN

Outre ses belles étendues de sable léchées par la Méditerranée, propices aux activités nautiques, Gruissan (p. 289) offre de nombreuses possibilités de balades à pied ou à vélo : dans la ville ancienne, surmontée par la tour Barberousse, sur l'île Saint-Martin, entre étangs et salins, ou au cœur du massif de la Clape.

Les meilleurs spots pour les activités nautiques

- **Plongée et snorkeling** : réserve marine de Cerbère-Bayuls (p. 336)
- **Kitesurf :** La Franqui (p. 288), Gruissan (p. 289), pointe de l'Espiguette (p. 183), La Grande-Motte (p. 85)
- **Paddle :** lac de Salagou (p. 125), Gruissan (p. 289) ; Argelès-sur-Mer (p. 323)

3 CITÉS ET VILLAGES DE CARACTÈRE

Carrefours d'influences cosmopolites, riches d'une histoire qui remonte bien avant l'Antiquité, le Languedoc et le Roussillon sont constellés de cités et de villages à l'identité marquée, dotés d'un beau patrimoine bâti. Au charme des vieilles pierres s'ajoutent souvent une atmosphère animée - marchés, artisans, festivals, tables de choix... - et une campagne environnante propice aux balades.

DE GAUCHE À DROITE : UNCLESAM / ADOBE STOCK ; WALLACEWEEKS / ADOBE STOCK ©

↑ **ANDUZE**
Porte d'entrée des Cévennes, Anduze (p. 203) attire les visiteurs pour sa célèbre bambouseraie. C'est aussi le point de départ du train à vapeur des Cévennes.

↑ **UZÈS**
Cossue et animée, Uzès (p. 164) se découvre à travers ses ruelles bordées de façades anciennes et autour de la place aux Herbes, lieu idéal pour prendre l'apéritif et théâtre d'un marché hebdomadaire haut en couleur.

→ **CÉRET**
La capitale du Vallespir (p. 344) fut le laboratoire du cubisme avant 1914. Si Picasso, Braque e Juan Gris y prenaient alors pension, d'autres peintres, comme Chagall et Soutine, l'ont aussi fréquentée par la suite. Une visite s'impose donc au très beau musée d'Art moderne.

7HORSES / ADOBE STOCK ©

↗ LAGRASSE

Avec ses ruelles pavées, sa halle ouverte du XIVe siècle, ses échoppes d'artisans et son abbaye bénédictine, Lagrasse (p. 291), blottie au cœur de paysages verdoyants, est très séduisante.

↓ PÉZENAS

Patrimoniale et culturelle, Pézenas (p. 105) s'enorgueillit tout autant de ses majestueux hôtels particuliers et excellents artisans en métiers d'art que du génie de Molière, dont elle fut le fief.

Au palmarès des plus beaux villages de France

- **Lussan** (p. 171)
- **Olargues** (p. 119)
- **Saint-Guilhem-le-Désert** (p. 129)
- **Villefranche-de-Conflent** (p. 360)
- **La Garde-Guérin** (p. 214)
- **Minerve** (p. 278)

ALAIN VERMEULEN / ADOBE STOCK ©

4 DÉLICES D'EAU DOUCE

Gorges escarpées, rivières vivifiantes, canaux tranquilles, lacs aux belles eaux... La mosaïque de paysages du Languedoc et du Roussillon permet de tourner le dos à la Grande Bleue pour se mettre au vert, sans délaisser les plaisirs aquatiques. Qu'il s'agisse d'une virée en canoë-kayak, d'un périple en bateau électrique, de sports de glisse ou de simples baignades, les marins d'eau douce y ont la vie facile.

↙ GORGES DU TARN

Profondes de plus de 600 m, les gorges qui encadrent le Tarn (p. 226) recèlent des paysages sauvages de toute beauté qui se découvrent aisément en canoë-kayak. La descente au fil de l'eau dévoile également des villages de charme qui raviront les amoureux de vieilles pierres. **Saint-Chély-du-Tarn**

LIANE M / ADOBE STOCK ©

← LAC DU SALAGOU

Paddle, planche à voile, catamaran, canoë, baignade... Le lac du Salagou (p. 125), aux rives couleur terre de Sienne hérissées de verdure, fait chaque année le bonheur des estivants.

Les meilleurs spots de baignade

- **Vasques du Tarn** (p. 238)
- **Gorges du Gardon** (p. 161)
- **Vallée de l'Orb** (p. 118)
- **Lac de Villefort** (p. 248)
- **Gorges de Galamus** (p. 302)

HÉRAULT TOURISME / E. BRENDLE ©

← CANAL DU MIDI

Sur le tracé paisible du canal du Midi (p. 115 et p. 280) s'égrènent villes gourmandes et de caractère, trouées vertes et ouvrages d'art. Marins novices, ou avertis, y goûtent une certaine douceur de vivre.

↓ GORGES DE L'HÉRAULT

Les gorges de l'Hérault (p. 132) qui, à leur passage le plus étroit, voient s'élever le pont du Diable, se prêtent idéalement au canoë-kayak et à la baignade.

FRED / ADOBE STOCK ©

5 BIJOUX ROMANS ET GOTHIQUES

De l'histoire mouvementée de la région et de sa position frontalière subsistent des pépites architecturales mêlant les styles, pour certaines classées sur la liste du patrimoine mondial par l'Unesco. L'art roman, parfois teinté de gothique, est particulièrement bien représenté, notamment en Catalogne française, qui compte plusieurs œuvres d'un mystérieux sculpteur virtuose, le maître de Cabestany.

↑ ABBAYE DE VALMAGNE
Surnommée la "cathédrale des Vignes", l'abbaye cistercienne de Valmagne (p. 104), parfaitement conservée, enchante par la grâce de ses lignes et sa pierre rosée.

↑ ABBAYE DE GELLONE
C'est autour de l'abbaye de Gellone (p. 129), pépite de l'art roman, classée par l'Unesco, que s'est édifié le village de Saint-Guilhem-le-Désert, qui a la faveur des Français.

→ ABBAYE DE SAINT-GILLES
Récemment (et brillamment) restauré, le portail sculpté de l'abbatiale Saint-Gilles (p. 175), chef-d'œuvre de l'art roman, servait au Moyen Âge de "livre de pierre" aux pèlerins venus de toute l'Europe.

↗ ABBAYE DE FONTFROIDE
Nichée au creux des collines boisées des Corbières, l'abbaye cistercienne de Fontfroide (p. 287), du XIIe siècle, aux épais murs de grès rose, a su garder son atmosphère envoûtante.

↓ SAINT-MARTIN-DU-CANIGOU
Juchée sur les premiers reliefs de la montagne sacrée des Catalans, l'abbaye Saint-Martin-du-Canigou (p. 358) mérite amplement la petite demi-heure d'effort à pied.

Les plus belles cathédrales

- **Cathédrale Saint-Just-et-saint-Pasteur, Narbonne** (p. 282)
- **Cathédrale Saint-Privat, Mende** (p. 241)
- **Cathédrale Sainte-Eulalie-et-Sainte-Julie, Elne** (p. 341)
- **Cathédrale de Maguelone** (p. 87)
- **Basilique Saint-Nazaire, Carcasonne** (p. 261)
- **Cathédrale Saint-Jean-Baptiste, Perpignan** (p. 344)

6 MONTS ET MERVEILLES

Cernés, au nord, par les reliefs méridionaux du Massif central et, au sud, par les Pyrénées, le Languedoc et le Roussillon abritent des sommets parfois auréolés de légendes, souvent gardiens de traditions ancestrales. Ils sont aussi l'occasion de magnifiques randonnées qui s'ouvrent sur des vues à couper le souffle, ou, plutôt, oxygénantes, du fait de l'air pur et de la déconnexion qu'elles procurent.

DE GAUCHE À DROITE : CHARLES LIMA / ADOBE STOCK ©, JACKDAN66/ADOBE STOCK ©

↑ MASSIF DU CANIGOU
Montagne sacrée des Catalans, culminant à 2 784 m, le massif du Canigou (p. 362) offre une vue splendide sur la plaine du Roussillon fardée de Méditerranée.

↑ LAC DES BOUILLOUSES
Le site classé des Bouillouses (p. 370) est émaillé de plusieurs sentiers de randonnée, dont ceux des lacs du pic Carlit, où sublimes paysages de haute montagne, air pur et chevaux en estive sont de mise.

→ MONT LOZÈRE
Au cœur du parc national des Cévennes, le mont Lozère (p. 236), haut de 1 699 m, ravit les marcheurs l'été et les adeptes de poudreuse l'hiver. Il constitue une des étapes du mythique chemin du Stevenson (p. 237).

M. HAEMISCH / ADOBE STOCK ©

ATERROM / ADOBE STOCK ©

↗ CIRQUE DE NAVACELLES
Merveille de la nature semblable à un cratère géant, le cirque de Navacelles (p. 124) réserve, en plus d'une vue vertigineuse depuis ses belvédères, d'innombrables possibilités de randonnée.

↓ MONT AIGOUAL
Le mont Aigoual (p. 200) jouit d'une faune et d'une flore exceptionnelles, gages de randonnées de choix. Par temps clair, depuis son sommet, le panorama est grandiose.

GEORGES MAURICE / ADOBE STOCK ©

Les meilleures sorties sous terre

- **Grotte des Demoiselles** (p. 136)
- **Abîme de Bramabiau** (p. 214)
- **Grotte de Clamouse** (p. 131)
- **Grotte de la Cocalière** (p. 202)
- **Grotte de la Salamandre** (p. 194)
- **Gouffre de Cabrespine** (p. 274)
- **Aven Armand** (p. 220)

JENIFOTO / ADOBE STOCK ©

7 BASTIONS ET NIDS D'AIGLE

Le sud du Languedoc et du Roussillon abrite des bastions d'importance, qui témoignent, tantôt du génie de Vauban, tantôt de la créativité de Viollet-le-Duc, ou qui titillent l'imaginaire, à l'instar de la sentinelle aérienne des cathares. Depuis ces promontoires, les panoramas sont grandioses, et dans les enceintes, les ruelles se prêtent à la flânerie... à condition d'éviter les périodes de forte affluence touristique.

↙ CARCASSONNE

Joyau architectural, la plus grande cité médiévale d'Europe (p. 258) attire chaque année des millions de visiteurs. Ses deux rangées de remparts crénelés, ses 52 tours dressées vers le ciel, son château comtal et la basilique Saint-Nazaire, n'auront aucun mal à vous transporter au Moyen Âge.

← CHÂTEAUX CATHARES

Sur les pitons rocheux du massif des Corbières, les châteaux cathares (p. 294 et 296), ancienne ligne de défense contre l'Aragon, combinent plongée dans l'histoire et panoramas vertigineux.

Château de Peyrepertuse

Les châteaux les plus imposants

- **Château comtal, Carcassonne** (p. 261)
- **Château de la Baume** (p. 245)
- **Château de Flaugergues, Montpellier** (p. 85)

↓ VILLEFRANCHE-DE-CONFLENT

La cité de Villefranche-de-Conflent (p. 360), fortifiée par Vauban, est reliée à son fort défensif, enchâssé dans la montagne, par une "volée" de 734 marches.

← AIGUES-MORTES

Cité fortifiée due à Saint Louis, Aigues-Mortes (p. 178) est une ville animée. Depuis ses remparts, on prend la mesure des étendues sauvages de la Petite Camargue.

FRED / ADOBE STOCK ©

↘ MONTPELLIER

Un centre historique remarquable, d'excellents musées, de bonnes tables et une vie nocturne trépidante : difficile de s'ennuyer à Montpellier (p. 70) !

Musées d'art

- **Musée Fabre, Montpellier** (p. 71)
- **Carré d'art, Nîmes** (p. 143)
- **Musée Rigaud, Perpignan** (p. 312)
- **Musée des Beaux-Arts, Carcassonne** (p. 263)
- **Narbo Via** (p. 283)

↓ NÎMES

Entre son musée d'art contemporain, les sentiers des jardins de la Fontaine, ses restaurants de cuisine de marché et ses bars animés, Nîmes (p. 141), réputée pour ses vestiges romains, est aussi une ville solaire où il fait bon musarder.

GUILLAUME NAVARRO / ADOBE STOCK ©

8 VIRÉES CITADINES

Que la nature généreuse du Languedoc-Roussillon ne vous détourne pas de ses villes ! Façonnées par l'Histoire, elles sont d'excellentes entrées en matière pour découvrir la région. Elles possèdent chacune un caractère qui leur est propre et rivalisent d'arguments pour séduire : monuments remarquables, musées d'intérêt et quantité d'adresses où goûter aux excellents produits locaux.

HORVATH BOTOND / ADOBE STOCK ©

↑ **NARBONNE**
Avec son palais des Archevêques, ses ruelles médiévales et ses terrasses sur les quais, Narbonne (p. 281), la Méditerranéenne, ne manque pas d'attraits.

JACKF / DOBE STOCK ©

← **PERPIGNAN**
Profondément catalane, l'ancienne capitale du royaume de Majorque (p. 308) recèle, en plus de son palais ouvert sur les Pyrénées, un centre historique à la personnalité bien marquée, un riche musée des Beaux-Arts et quantité de restaurants gastronomiques.

OLIVIER TABARY / ADOBE STOCK ©

9 ÉCHAPPÉES SAUVAGES

Aux quatre coins du Languedoc et du Roussillon subsistent des terres restées sauvages, où l'homme et la nature cohabitent encore en harmonie. Ces espaces naturels protégés, à la large palette de paysages, traversés par des chemins mythiques (Saint-Jacques-de-Compostelle, Stevenson), sont le haut lieu des activités de plein air, mais aussi le berceau de traditions séculaires bien vivaces. Le dépaysement y est garanti.

↙ LES GRANDS CAUSSES

Vastes plateaux calcaires percés de gorges spectaculaires, les causses Méjean (p. 219) et de Sauveterre (p. 216) déroulent des paysages de bout du monde, à la faune et à la flore uniques, qui semblent n'avoir pour limite que l'horizon. Ils sont une promesse de randonnées magnifiques.

GILLES PAIRE / ADOBE STOCK ©

← CAMARGUE GARDOISE

Pays des gardians, qui veillent sur les chevaux et taureaux sauvages, la Petite Camargue (p. 174) étire ses vastes étendues trouées d'étangs, de canaux et de marais salants, jusqu'à la mer.

Rencontre avec la faune sauvage en Lozère

- **Chevaux de Przewalski** (p. 220)
- **Réserve des bisons d'Europe** (p. 253)
- **Parc des Loups du Gévaudan** (p. 248)
- **Maison des vautours** (p. 218)

↓ AUBRAC ET MARGERIDE

Terre plate et pelée, parsemée de burons aux toits de lauze, l'Aubrac (p. 243) s'offre aux randonneurs et aux pèlerins lancés sur le chemin de Saint-Jacques-de-Compostelle. À l'est, la Margeride (p. 247) dévoile une autre facette de la Lozère, plus verte et vallonnée.

B. PICCOLI / ADOBE STOCK ©

CRISTIAN IONUT ZAHARIA / ADOBE STOCK ©

← HAUTS PLATEAUX CATALANS

Plaines d'altitude toisées par les sommets pyrénéens et mouchetées de lacs et de sources d'eau chaude, la Cerdagne (p. 365) et le Capcir (p. 371) offrent une déconnexion totale.

10 DE VIGNES ET DE VIN

Longtemps considérés comme de moindre qualité, les vins du Languedoc et du Roussillon ont pris un virage qualitatif et quantitatif dans les années 1980 et révèlent aujourd'hui de belles surprises. La plus grande région viticole au monde, qui se convertit progressivement au biologique, possède désormais une vingtaine d'AOC, dont il est possible d'apprécier la diversité directement au cœur des domaines.

↙ VIGNOBLE DES COSTIÈRES

Les domaines du vignoble des Costières (p. 177), qui se déploie entre Nîmes et la Camargue, permettent non seulement de déguster cet AOC et de le célébrer lors d'événements dédiés, mais aussi de se promener ou de pique-niquer au cœur des vignes, voire de (très confortablement) y dormir.

UNCLESAM / ADOBE STOCK ©

← VIGNOBLE DU PIC-SAINT-LOUP

Cet AOC reconnu qui voit ses cépages grandir sous la vigilance du pic Saint-Loup (p. 134) se goûte entre deux randonnées dans la garrigue et la découvertes de villages médiévaux.

Vins doux et autres élixirs

- **Muscat** (p. 276 et p. 317)
- **Banyuls** (p. 335)
- **Rivesaltes** (p. 317)
- **Byrrh** (p. 321)
- **Noilly Prat** (p. 98)
- **Blanquette de Limoux** (p. 298)

↓ VIGNOBLE DE BANYULS

À Banyuls-sur-Mer (p. 335), après un bain dans la Grande Bleue, dans les caves de dégustation comme dans les restaurants, le vin doux local se fait connaître, et apprécier.

WARPEDGALERIE / ADOBE STOCK ©

PATRICIA RAVACHOL / ADOBE STOCK ©

← CORBIÈRES

Ce vin réputé a pris le nom du massif des Corbières (p. 291), aux sols argilo-calcaires, sur lesquels ses fruits s'épanouissent en partie. On découvre ce territoire au gré de balades dans de jolis villages, comme Lagrasse ou Cucugnan.

LE LANGUEDOC ET LE ROUSSILLON
SANS VOITURE

Dans le Languedoc et le Roussillon, les voyageurs non motorisés pourront s'éloigner des grandes villes grâce à un réseau de bus et de trains qui sillonne le territoire. Il permet de rejoindre facilement les stations balnéaires du littoral comme les villages de l'arrière-pays.

Les transports à la carte

Bus LiO (lio.laregion.fr), le réseau de transport régional, couvre tout le territoire et permet de se déplacer facilement dans chaque département. Un billet coûte entre 1 € et 1,60 €. Pour rayonner sur plusieurs départements, vous pouvez combiner le bus et le train. Lignes et horaires sur le site www.mestrajets.lio.laregion.fr. Voir aussi p. 422.

Trains Il est possible d'utiliser plusieurs types de trains pour circuler dans la région. Le TGV permet de relier Nîmes, Montpellier, Béziers, Narbonne et Perpignan. Des TER (www.ter.sncf.com/occitanie) circulent également entre ces villes en desservant plus de gares. Parmi les nombreuses lignes régionales, l'une se prolonge jusqu'à la frontière espagnole, lors d'un parcours pittoresque, notamment entre Argelès-sur-Mer et Cerbère. Une des autres lignes d'importance suit le même axe que le canal du Midi, au départ de Narbonne et en direction de Toulouse, en passant par Carcassonne. De cette dernière, il est possible de rejoindre Limoux via une petite ligne de TER. Depuis Béziers, une ligne permet de rejoindre le Haut-Languedoc. Enfin, le train permet même de rejoindre les Pyrénées, en combinant TER et train touristique (le fameux Train Jaune, voir ci-contre). Voir aussi p. 422.

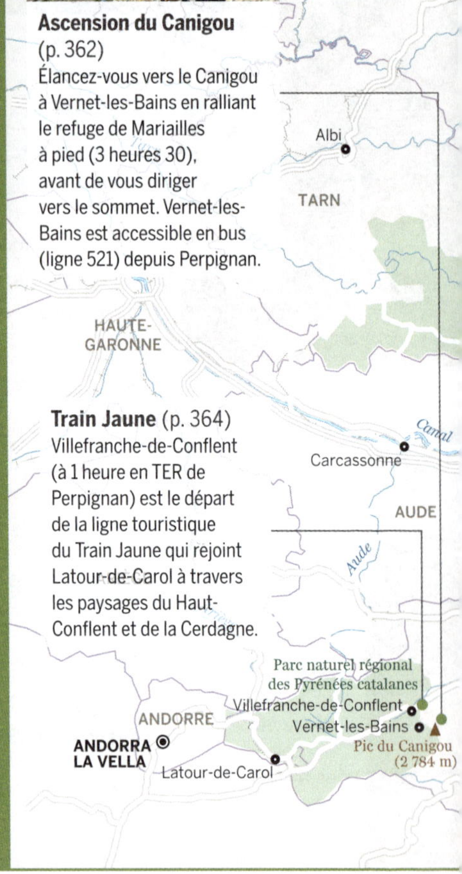

Ascension du Canigou (p. 362)
Élancez-vous vers le Canigou à Vernet-les-Bains en ralliant le refuge de Mariailles à pied (3 heures 30), avant de vous diriger vers le sommet. Vernet-les-Bains est accessible en bus (ligne 521) depuis Perpignan.

Train Jaune (p. 364)
Villefranche-de-Conflent (à 1 heure en TER de Perpignan) est le départ de la ligne touristique du Train Jaune qui rejoint Latour-de-Carol à travers les paysages du Haut-Conflent et de la Cerdagne.

Anduze (p. 203)
À Anduze, montez dans le train à vapeur des Cévennes pour rejoindre la Bambouseraie et les berges du Gardon. Anduze est à 1 heure 15 de Nîmes en bus (ligne 112) .

Pont du Gard (p. 158)
Venez contempler le pont du Gard, héritage de l'Empire romain, qui domine le Gardon de ses 49 m. Il est relié en bus à Alès, Uzès et Nîmes (lignes 115 et 121).

Aigues-Mortes (p. 178)
Venez parcourir ses salins rougeoyants à pied, à vélo ou en petit train. La cité médiévale est reliée à Nîmes en TER (40 min) ou en bus (ligne 132).

Collioure (p. 327)
Suivez les pas des grands peintres fauves dans cette ville à la lumière et aux couleurs exceptionnelles de la Côte Vermeille. Collioure est reliée en train à Perpignan (20 min).

ITINÉRAIRE 15 JOURS

La Catalogne française entre mer et montagne

Art roman, art moderne, paysages de montagne, lumière méditerranéenne, forêts de chênes-lièges... Un condensé des richesses de la Catalogne française, en deux semaines.

❷ Rivesaltes (p. 317)
Faites un saut au Mémorial du camp de Rivesaltes. Son musée vous éclairera sur un pan tragique de l'histoire de la Catalogne. Retournez à Perpignan pour rejoindre le Conflent.
🚆 50 min de Perpignan à Ria, puis à pied (9 min) jusqu'à Villefranche-de-Conflent
ou 🚌 bus direct ligne 560 (1 heure)

❸ Le Conflent (p. 352)
Après un tour à Villefranche-de-Conflent, prenez le bus (ligne 522) pour Vernet-les-Bains, et vos chaussures de marche, pour monter à l'abbaye Saint-Martin-du-Canigou, ou vous mesurer au Canigou.
🚆 2 heures de Villefranche/Vernet avec le Train jaune à Font-Romeu

❹ Font-Romeu (p. 365)
Prenez-en plein les yeux à bord du Train Jaune, puis plein les poumons à Font-Romeu, réputé pour ses superbes randonnées. Repassez par Perpignan pour partir sur la côte.
🚆 15 min de Perpignan à Argelès-sur-Mer

❼ Céret (p. 344)
Suivez les cubistes, tombés en amour pour Céret, au fil de ses rues et de son musée d'Art moderne. Repassez par Argelès pour aller à Collioure.
🚆 5 min d'Argelès à Collioure

DE GAUCHE À DROITE : GÉRALD VILLENA / ADOBE STOCK ; FLORENCE PIOT / ADOBE STOCK ; BERNARD GIRARDIN / ADOBE STOCK ; LAURE F / ADOBE STOCK

SANS VOITURE

1 Perpignan (p. 308)
Passez deux jours à Perpignan où vous découvrirez l'histoire du royaume de Majorque, l'attrait des artistes pour la région et le brio des jeunes chefs catalans.
5 à 15 min de Perpignan à Rivesaltes

5 Argelès-sur-Mer (p. 323)
Faites une halte à Argelès-sur-Mer, le temps de succomber au charme de la plage du Racou et d'y goûter la pêche du jour, puis filez vers le massif des Albères.
52 min d'Argelès-sur-Mer à Sorède

6 Massif des Albères (p. 324)
Les villages du massif des Albères offrent des bijoux d'art roman et d'infinies possibilités de randonnées. Poursuivez en bus, ou en VTT via la route des Cols, vers le Vallespir.
1 heure 47 de Sorède à Céret (avec 2 ou 3 bus !)
25 km de Sorède à Céret

8 Collioure (p. 327)
Autre coup de cœur des modernes, le séduisant village de Collioure. Empruntez le sentier littoral en quête d'une plage, ou pour rallier Banyuls.
8 min de Collioure à Banyuls
16 km de Collioure à Banyuls

9 Banyuls (p. 335)
La Méditerranée cernée de vignes en coteaux, des caveaux de dégustation, les sculptures de Maillol, une réserve naturelle sous-marine...

10 Anse de Paulilles (p. 334)
De Banyuls, faites un aller-retour en bus ou via le sentier littoral jusque l'anse de Paulilles, pour du snorkeling et un déjeuner gourmand. Pour rentrer, reprenez le train pour Perpignan.
6 km de Banyuls à l'anse de Paulilles
15 min de Banyuls à l'anse de Paulilles

ITINÉRAIRE
15 JOURS

La côte par le train

De villes d'importance en petits ports ou stations balnéaires, découvrez le Languedoc et le Roussillon en train, en longeant le littoral jusqu'à la frontière espagnole.

❶ Montpellier (p. 70)
Initiez votre périple par un bain de culture à Montpellier, ponctué de haltes gourmandes et de shopping, puis prenez le tram pour un bain de mer et d'architecture.
20 min de la gare Saint-Roch à Pérols-Étang de l'Or
12 km de Pérols-Étang de l'Or à La Grande-Motte

❹ Étang de Thau (p. 98)
Longez l'étang de Thau à vélo par le sud, via la voie verte du Lido, puis remontez par le nord via Marseillan, Mèze et Bouzigues. Dégustez quelques huîtres avant de retourner à Sète.
45 min de Sète à Narbonne

❺ Narbonne (p. 281)
Embrassez Narbonne des yeux depuis le palais des Archevêques, foulez les pavés du centre médiéval et visitez l'évocateur musée Narbo Via. Puis partez prendre l'air à la plage.
20 min de Narbonne à Leucate-La Franqui
36 km de Narbonne à La Franqui

❼ Perpignan (p. 308)
Consacrez 2 jours à Perpignan – le palais des rois de Majorque, le musée Hyacinthe Rigaud, son centre historique et ses bons restaurants – avant de filer sur la Côte Vermeille.
20 min de Perpignan à Collioure

❽ Collioure (p. 327)
Appréciez les charmes de Collioure tôt le matin, et, dès que l'affluence touristique se fait sentir, échappez-vous vers Argelès-sur-Mer ou Port-Vendres, par le sentier du Littoral.
8 min de Collioure à Banyuls

SANS VOITURE

❷ La Grande-Motte (p. 85)
Pour admirer les édifices de La Grande-Motte, enfourchez un vélo en libre-service à la descente du tram et suivez la piste cyclable du Petit Travers. Retournez à Montpellier pour rejoindre Sète.
16 min de Montpellier à Sète

❸ Sète (p. 90)
Vagabondez dans la "petite Venise du Languedoc": ses quais colorés, ses musées, son vieux port, puis partez explorer l'étang de Thau à vélo.
54 km autour de l'étang de Thau

❻ La Franqui (p. 288)
En train, ou via l'EuroVélo 8, cap sur La Franqui, et sa belle étendue de sable qui fait le bonheur des mordus de glisse. Revenez à Narbonne pour rallier Perpignan.
45 min de Narbonne à Perpignan

❾ Banyuls-sur-Mer (p. 335)
Faites la tournée des caves et des bonnes tables de Banyuls-sur-Mer, et profitez de ses sentiers de randonnée pour éliminer vos excès.
6 min de Banyuls à Cerbère

❿ Cerbère (p. 340)
Dernière étape avant l'Espagne : Cerbère, petit port encaissé aux airs de bout du monde, qui arbore une curiosité Art déco, le Belvédère du Rayon Vert. Pour repartir, reprenez le train pour Perpignan.

ITINÉRAIRE
7 JOURS

SANS VOITURE

Culture et nature languedociennes

Après une perfusion de culture à Montpellier, Sète, Béziers et Pézenas, prenez le vert dans l'arrière-pays, au cœur du parc naturel régional du Haut-Languedoc.

Montpellier (p. 70)
En plus de sa mosaïque d'architectures et de son musée Fabre, Montpellier ravira également les amateurs d'art contemporain, d'art brut… et les noctambules.
16 min de Montpellier à Sète

Sète (p. 90)
Entre ses canaux aux façades colorées et son vieux port animé, Sète pourrait n'inviter qu'à la flânerie. Mais ce serait manquer ses intéressants musées, comme le CRAC, le MIAM ou le musée Paul-Valéry.
25 min de Sète à Béziers

Béziers (p. 109)
En plein renouveau, Béziers possède de beaux musées et d'excellentes tables. Faites également un saut à Sérignan pour son musée régional d'Art contemporain.
14 min de Béziers à Sérignan (ligne E)
35 min de Béziers à Pézenas (ligne 656)

Pézenas (p. 105)
Au gré des ruelles de Pézenas, vous pourrez apprécier hôtels particuliers et boutiques d'artisans… Et suivre le sillage de Molière, en assistant à une pièce de théâtre en plein air. Retournez à Béziers pour gagner le parc du Haut-Languedoc.
35 min de Béziers à Bédarieux

Parc du Haut-Languedoc (p. 118)
Louez un vélo à Bédarieux et, via la voie verte Passa Païs, enfoncez-vous dans le parc naturel du Haut-Languedoc, aux paysages de montagne jalonnés de villages médiévaux.

ITINÉRAIRE 7 JOURS

SANS VOITURE

Florilège gardois

Mer, marais salants, monuments antiques, paysages de garrigue... Offrez-vous un florilège d'ambiances en pays gardois.

1 Le Grau-du-Roi (p. 183)
Sillonné de voies vertes, le Grau-du-Roi permet d'explorer la Petite Camargue en un tour de roue : la plage de l'Espiguette, les salins d'Aigues-Mortes, la réserve naturelle régionale du Scamandre...
55 min du Grau-Du-Roi à Nîmes

2 Nîmes (p. 141)
Entre ses vestiges romains parfaitement conservés, son musée d'art contemporain et les bonnes adresses qui animent son centre ancien, Nîmes constitue une étape urbaine agréable.
45 min entre Nîmes et Uzès (ligne 152)

3 Uzès (p. 164)
Difficile de ne pas succomber au charme latin de la vieille ville d'Uzès. Ses venelles pavées recèlent des tables et hébergements de choix, et sa campagne environnante, de superbes balades.
10 min entre Uzès et Saint-Quentin-la-Poterie (ligne 152)

4 Saint-Quentin-la-Poterie (p. 170)
Saint-Quentin-la-Poterie, petit village pépite, au charme intact, où les férus de céramique trouveront largement leur bonheur...

5 Pont du Gard (p. 158) **et Collias** (p. 161)
À pied, à vélo ou en bus, rejoignez le plus haut aqueduc de l'Empire romain, et faites halte, en chemin, dans les jolis villages alentour, ou bifurquez par Collias, pour descendre le Gardon en canoë-kayak.
30 min entre Uzès et le pont du Gard (ligne 115)
18 km entre Uzès et le Pont du Gard

ITINÉRAIRE 8 JOURS

SANS VOITURE

Lozère et Cévennes par le chemin de Stevenson

À pied, accompagné (ou non) d'un âne, partez sur les traces de l'auteur écossais et de Modestine, en remontant le chemin de Stevenson par le Sud...

Florac (p. 223)
Dans les ruelles de Florac, préparez-vous à la traversée du signal du Bougès et des cols attenants avec, comme récompense, de sublimes vues sur les Cévennes.
28,5 km de Florac à Pont-de-Montvert

Pont-de-Montvert (p. 236)
Ultime étape : Pont-de-Monvert, petit village de charme en bordure du Tarn, d'où vous pourrez tenter l'ascension du mont Lozère... Pour rentrer, repartez vers Florac (en navette, l'été) pour prendre un bus pour Alès.

Alès (p. 200)
Faites une halte rapide à Alès, pour son passé minier et son musée d'Art moderne, puis engagez-vous sur le chemin de Stevenson.
24,1 km d'Alès à Saint-Jean-du-Gard

Cassagnas
Un peu avant le village de Cassagnas et jusqu'à Florac, la marche se fait plus bucolique et tranquille.
17,6 km de Cassagnas à Florac

Saint-Étienne-Vallée-française
Après le col de Saint-Pierre et avant les derniers dénivelés, Sainte-Étienne-Vallée-française et sa cascade du Martinet vous offriront un repos bienvenu.
24,9 km de Sainte-Étienne-Vallée-Française à Cassagnas

Saint-Jean-du-Gard (p. 210)
Traversez la magnifique et sauvage vallée des Camisards, et découvrez son histoire à Mialet, avant d'atteindre Saint-Jean-du-Gard.
12,7 km de Saint-Jean-du-Gard à Sainte-Étienne-Vallée-Française

ITINÉRAIRE 8 JOURS

SANS VOITURE

YVON52 / ADOBE STOCK ©

Au fil de l'eau, de l'Aude à l'Hérault

Naviguez sur le canal du Midi en bateau électrique et, depuis l'Aude, ralliez l'Hérault aux portes de la Méditerranée.

1 **Castelnaudary** (p. 269)
Prenez des forces avant les premiers passages d'écluses, et louez d'abord un vélo pour emprunter la route du Cassoulet de Castelnaudary...
40 km environ de Castelnaudary à Carcassonne.

2 **Carcassonne** (p. 258)
Débarquez quelques jours pour admirer la cité médiévale de Carcassonne et vous attarder dans sa ville basse, la bastide Saint-Louis, plus authentique.
47 km environ de Carcassonne à Argens-Minervois

3 **Argens-Minervois** (p. 115)
À Argens-Minervois, suivez le Grand Bief qui file sans écluses jusqu'aux portes de Béziers et déroule des paysages de vignes et de pinède, propices à d'agréables balades.
56 km environ d'Argens-Minervois à Béziers

4 **Les écluses de Fonséranes** (p. 115) **et Béziers** (p. 109)
Ce remarquable ouvrage d'art pensé par Riquet, conclut le Grand Bief et annonce Béziers, l'occasion d'une halte culturelle et gourmande.
26 km environ de Béziers à Agde

5 **Agde** (p. 100)
À Agde, louez des vélos et suivez le canal jusqu'à l'étang de Thau pour découvrir ses villages et déguster des huîtres. Depuis Port Cassafières, rentrez en bus jusqu'à Béziers.
30 km d'Agde à Bouzigues
10 km d'Agde à Port Cassafières

ITINÉRAIRES
2-3 JOURS

Idées week-end

Avec la nature à leurs portes, les plus belles villes du Languedoc et du Roussillon permettent de conjuguer énergie citadine et bouffée d'air, sans trop avaler de kilomètres. Idéal pour une escapade de 2 ou 3 jours.

Narbonne (p. 281)
Offrez-vous une escapade culturelle et hédoniste, ponctuée d'une échappée en bord de mer. Des vestiges antiques aux ruelles médiévales, en passant par le palais-musée des Archevêques et la cathédrale, ouvrez-vous l'appétit en parcourant les deux versants du canal de la Robine… avant de faire bonne chère sous la charpente des Halles.Rejoignez Gruissan, au pied du massif de la Clape, qui offre, en plus de sa belle plage des Chalets, de nombreuses possibilités de balades entre mer et étangs.
20 min entre Narbonne et Gruissan (ligne 8)

Perpignan (p. 308)
Avec son centre ancien bigarré, Perpignan permet une immersion dans la catalanité… Mesurez l'envergure de la région au palais des rois de Majorque, où la vue porte jusqu'aux Pyrénées. Perdez-vous dans les ruelles du centre ancien, admirez la collection du musée Rigaud et goûtez aux produits du cru célébrés par des chefs de talent. Arrivez tôt pour apprécier les charmes de Collioure avant l'affluence touristique. Puis, empruntez le sentier littoral en quête d'une crique isolée.
20 min de Perpignan à Collioure

DE GAUCHE À DROITE : RH2010 / ADOBE STOCK ; STÉPHANE RAMILLON/VILLE DE NÎMES ; CATALINA / ADOBE STOCK ; FRED / ADOBE STOCK

SANS VOITURE

2

Nîmes (p. 141)
Ville solaire, Nîmes se prête à une déambulation joyeuse sur les traces de la Gaule romaine. Initiez votre exploration antique par les classiques (Arènes, Maison carrée et musée de la Romanité), entrecoupés de haltes : gourmande dans le centre historique, artistique au Carré d'art, nature aux jardins de la Fontaine. Pour parfaire votre découverte, poussez jusqu'au pont du Gard. Admirez le plus haut aqueduc de l'Empire romain, remontez le temps dans son espace muséographique, ou adonnez-vous aux plaisirs de la baignade dans le Gardon.
50 min de Nîmes au pont du Gard (ligne 121)

1

Montpellier (p. 70)
Goûtez au dynamisme culturel de Montpellier, et profitez-en pour piquer une tête dans la Méditerranée. Flânez dans le centre historique, et appréciez placettes de charme, hôtels particuliers, bars à vins et à tapas...sans oublier la collection du musée Fabre. Partez à vélo vers Antigone et Port Marianne, pour la curiosité architecturale, avant de filer jusqu'à la mer via la voie verte du Lez. Une promenade ponctuée d'observations ornithologiques, jusqu'à Palavas-les-Flots et ses 7 km de plages.
12 km de Montpellier à Palavas-les-Flots (1 heure environ)

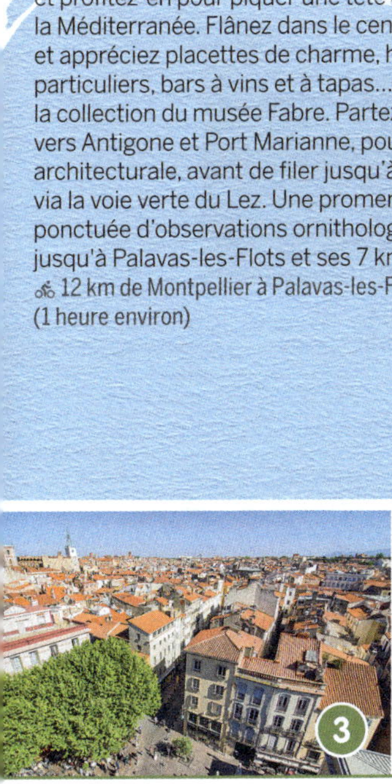

10 RANDONNÉES DANS LE LANGUEDOC ET LE ROUSSILLON

Ces 10 randonnées vous mèneront de vallées en corniches, à travers garrigues et pâturages, ou sur un ancien chemin de transhumance. Vous approcherez les gorges du Tarn ou du Gardon, le cirque de Navacelles, le mont Lozère ou le Canigou. Ces itinéraires en boucle se font sur une demi-journée, mais libre à vous de prendre plus de temps, surtout en cas de fort dénivelé.

Partir en randonnée avec la FFRandonnée

La FFRandonnée La Fédération française de la randonnée pédestre, c'est près de 250 000 adhérents, 3 500 associations affiliées, 215 000 km de sentiers balisés GR® et PR, 110 comités régionaux et départementaux, 20 000 bénévoles, animateurs et baliseurs.

Les baliseurs-collecteurs Pour que chacun puisse cheminer sereinement, 8 500 bénévoles passionnés s'activent toute l'année, garants d'un réseau d'itinéraires, sélectionnés et aménagés selon des critères de qualité.

Les types de balisage

- *GR® (Grande Randonnée®) : blanc et rouge*
- *GR® de Pays (Grande Randonnée® de Pays) : jaune et rouge*
- *PR (Promenade & Randonnée) : jaune*

La FFRandonnée dans le Languedoc et le Roussillon Pour plus d'informations, consultez les sites Internet des comités départementaux (herault.ffrandonnee.fr, lozere.ffrandonnee.fr, gard.ffrandonnee.fr, auderando.fr, randonnee-occitanie.com).

Les balcons de l'Orb (p. 46)

Le belvédère du Diable (p. 54)

Sur le chemin des Estives (p. 56)

FFRandonnée
CANTAL
LOZÈRE
AVEYRON
DRÔME
VAUCLUSE
VAUCLUSE
GARD
HÉRAULT
BOUCHES-DU-RHÔNE
PYRÉNÉES-ORIENTALES
ESPAGNE
Les corniches du Tarn (p. 53)
Le Finiels et le signal des Laubies (p. 55)
La dent du Serret (p. 48)
Les gorges du Gardon (p. 52)
Notre-Dame-du-Carla (p. 50)
Les Rajols (p. 44)
La batterie de Santa-Engracia (p. 57)
Mende
Montélimar
Rodez
Mostuéjouls
Millau
Alès
Méjannes-le-Clap
Uzès
Russan
NÎMES
Saint-Maurice-Navacelles
MONTPELLIER
Arles
Bédarieux
Béziers
Sète
Narbonne
Lagrasse
PERPIGNAN
Arles-sur-Tech
(1 699 m)
Sommet de Finiels
Parc national des Cévennes
Mont Aigoual (1 567 m)
Parc naturel régional du Haut-Languedoc
Parc naturel régional de Camargue
Parc naturel régional de la Narbonnaise en Méditerranée
Lac du Salagou
MER MÉDITERRANÉE
Lot
Tarn
Jonte
Allier
Rhône
Cèze
Gard
Orb
Hérault
Midi
0
50 km
Ma Rando
Scannez pour plus de randos dans la région

LES RAJOLS

Cette randonnée caussenarde traverse une végétation qui s'est adaptée à la rudesse du climat et ouvre des points de vue uniques sur les méandres de la Vis et sur la dépression du cirque de Navacelles.

DURÉE 4 heures 30
DISTANCE 14 km **D+** 325 m
DÉPART Saint-Maurice-Navacelles (parking à l'entrée du village, à droite, entre le tennis et la salle polyvalente), à 61 km au nord-ouest de Montpellier par les N 109, A 750 (sortie Gignac), D 9 (à Gignac), D 152 (à La Vacquerie) et D 25
BALISAGE jaune

FFRandonnée

1 Du fond du parking, descendre par la droite dans la ruelle et remonter à gauche vers la D 25. Traverser la route, prendre en face vers la place du château (eau potable) et se diriger à gauche. Prendre la route à droite. Elle quitte le village, passe devant le cimetière puis une ancienne glacière. À La Clastre, emprunter la D 152E à gauche jusqu'à la chapelle, puis s'engager sur la piste à gauche.

2 Atteindre la D 25 (⚠ **prudence !**), puis la longer vers la droite sur 100 m en marchant sur le bas-côté, avant de bifurquer sur la piste à gauche. Plus loin, franchir une barrière et continuer par la piste principale en ignorant plusieurs départs de sentier.

3 À l'intersection, obliquer à gauche et continuer tout droit en ignorant la piste à gauche. Monter, franchir la barrière et descendre par la piste principale. Emprunter la D 130 à droite jusqu'à l'entrée du mas de Gay.

4 Quitter la route pour s'engager de suite à gauche dans un chemin bordé de buis (contournement du hameau). Poursuivre (⚠ **bien suivre le balisage**) et atteindre un carrefour. Se diriger à droite par un sentier qui serpente dans la végétation. Descendre une légère combe, remonter, franchir la clôture et cheminer à travers les buis. Monter par la piste caillouteuse, puis la quitter peu après pour pénétrer à droite sous les chênes, le long d'une clôture. Croiser une piste à deux reprises et parvenir au Ranquet.

5 Emprunter la route à gauche (GR®74) sur 1 km.

6 Dans un virage, s'engager sur le sentier à droite. Il chemine en balcon au-dessus des gorges de la Vis **[vue panoramique ; de droite à gauche : la montagne de la Séranne et le roc Blanc, les gorges de la Vis, le pic d'Anjeau et le causse de Blandas ; en arrière-plan, les contreforts des Cévennes]**. Il franchit plusieurs combes et arrive en vue de Saint-Maurice-Navacelles. Rejoindre la piste qui traverse des bosquets puis des prés en direction du village. Juste après le terrain de tennis, retrouver le parking.

CREATIVENATURE.NL /STOCKADOBE.COM ©

Le cirque de Navacelles vu des gorges de la Vis

LES BALCONS DE L'ORB

Ce circuit en balcon serpente à travers les pins et la garrigue sur les hauteurs de Bédarieux, offrant des vues sur la vallée et le Caroux. Rafraîchissante fin de parcours le long de l'Orb.

DURÉE 4 heures
DISTANCE 13,5 km
D+ 385 m
DÉPART Bédarieux (parking au jeu de boules), à 34 km au nord de Béziers par la D 909
BALISAGE jaune

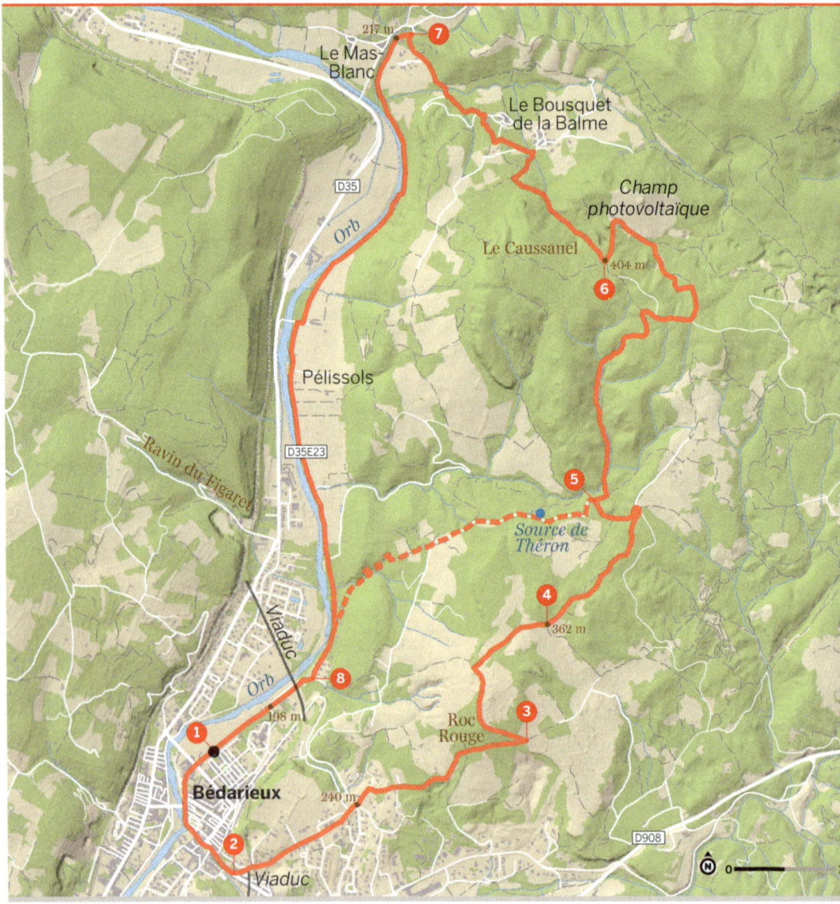

La vallée de l'Orb

1 Du parking, suivre la promenade de la Perspective à gauche, puis le chemin du Vignal. Face à l'office du tourisme, monter à droite et, avant le pont, longer à gauche l'Orb. Traverser la place et monter l'avenue Auguste-Cot.

2 100 m avant le viaduc, gravir les marches à gauche, continuer par la rue du Puech-du-Four puis par le chemin des Theulès. Monter à droite vers les falaises. Passer sous la ligne électrique. Au panneau "site du roc Rouge", monter à droite.

3 Au carrefour, gravir à gauche le sentier bordé de murets, passer au bord des falaises et atteindre le plateau. Longer le mur et, plus loin, poursuivre à droite par la piste caillouteuse puis herbeuse.

4 Dans un virage, prendre le sentier à gauche **[sable dolomitique]** sous les pins. Descendre par la route à gauche sur 300 m jusqu'au virage.

> *Variante du roc Rouge (7 km ; 3h) : continuer vers la source de Théron.*

5 Descendre le chemin à droite, passer les maisons et remonter dans la combe à droite sous les pins. Au pylône, prendre la piste à droite sur 150 m, descendre à gauche par le sentier couvert et, face au champ photovoltaïque, monter par la piste à gauche sur 500 m.

6 À la patte d'oie, tourner à droite en lisière de la pinède, passer à droite d'un terril de ruffes rouges et dévaler la combe. Plus bas, continuer à droite et prendre le chemin de la Calade. Descendre la route à gauche sur 200 m, monter à gauche sur 20 m et descendre par le sentier à droite. Aux maisons, poursuivre la descente, emprunter la route à gauche et, au calvaire, plonger à droite par le sentier caillouteux. Retrouver la route et la descendre à droite sur 500 m.

7 Avant Le Mas-Blanc, prendre à gauche le chemin au bord de l'Orb. À travers la ripisylve, il mène à Pélissols. Continuer par la D 35E23.

8 Passer sous le viaduc, poursuivre à droite, emprunter les escaliers à gauche et, par l'allée de platanes à droite, rejoindre le parking.

LA DENT
DU SERRET

Sur les chemins de traverse du plateau de Méjannes (espace naturel sensible départemental), profitez du cadre enchanteur des gorges de la Cèze avant de grimper à la dent du Serret.

DURÉE 6 heures
DISTANCE 16,3 km
D+ 412 m
DÉPART Méjannes-le-Clap (parking devant l'office du tourisme), à 30 km au nord d'Uzès par les D 979 et D 16
BALISAGE jaune

FFRandonnée

1 Suivre la direction “Dent du Serret” et traverser la route de la Genèse.

2 À “Les Coronilles”, prendre la direction “Les Lombards” et s'engager sur un sentier qui traverse cades et chênes et rejoint une piste ; la prendre à droite sous la ligne électrique.

3 À “Les Lombards”, partir à gauche vers “Le Clap”. Le chemin se transforme en agréable sentier à travers bois, puis suivre “Le Mas du Clap”.

4 À “Mas du Clap”, suivre la direction “La Rabasse”, traverser le DFCI L7, puis longer la clôture d'un parc à moutons.

5 À “La Rabasse”, continuer vers “Caporie” par un sentier pierreux et ombragé qui descend **[à droite, un sentier mène en A/R à l'aven de Peyre Haute]**, puis rejoindre “Chemin des Bûcherons”. Dans la courbe d'un DFCI, prendre tout droit “Combe de Bel Euze” **[traces de charbonnières]**.

6 De “Combe de Bel Euze”, continuer tout droit direction “Blacassine”. Le dépasser de quelques mètres puis tourner à droite. Marcher vers la Cèze jusqu'au “Plan de Quittard”. Prendre le sentier à droite.

7 À “Combe de la Verrière”, tourner à gauche et, par un sentier qui grimpe fortement, arriver à “Dent du Serret” **[au sommet, vue sur la Cèze, le plateau de Méjannes et les Cévennes]**. Continuer tout droit à travers les arbousiers jusqu'à “Paillère” puis “Combe de Bertrand”. Prendre à droite et suivre la direction “Méjannes-le-Clap” par “Pied du Grand Serre”.

> *Possibilité à droite de faire le tour de ce petit plan d'eau (puits).*

8 À “Lac de Cournirau”, prendre direction “Combe Étroite”, marcher 600 m et quitter la piste à droite par un petit sentier **(bien suivre le balisage)**.

9 Arriver à “Mas Crémat”, traverser la D 167, suivre en face un sentier herbeux vers “La Bergerie” puis “La Crespine”. Longer à gauche la clôture d'une réserve de chasse. À la clairière, prendre à droite, puis suivre sur la gauche la piste jusqu'à “Le Civadou”, puis “Danse des Fées”. Continuer vers “Méjannes-le-Clap”. Au “Lac de Trépadone”, traverser la route, suivre en face le sentier qui serpente entre les arbustes et qui conduit à “Les Dolines”. Traverser la route de la Genèse pour aboutir au parking.

ON-PHOTOGRAPHY/STOCKADOBE.COM ©

Le village de Montclus, dans une boucle de la Cèze

NOTRE-DAME-DU-CARLA

Ici, le calcaire est roi et accueille une végétation typiquement méditerranéenne. Une excursion récompensée par la découverte d'une petite chapelle sur les hauteurs de Lagrasse dans un cadre amphithéâtral à l'aplomb des gorges de l'Alsou.

DURÉE 3 heures 30
DISTANCE 10 km
D+ 305 m
DÉPART Lagrasse (parking gratuit, et obligatoire, à l'entrée de Lagrasse, route de Lézignan/Corbières), à 40 km au sud-est de Carcassonne par les N 113 et D 3
BALISAGE 1 à 3 > blanc-rouge, 3 à 7 > jaune, 7 à 2 > blanc-rouge, 2 à 1 > jaune

FFRandonnée

> *Rejoindre l'entrée de la route menant à l'abbaye, après le pont Neuf enjambant l'Orbieu.*

1 Emprunter le sentier situé à gauche d'un calvaire abrité sous un pin. S'élever au-dessus du village **[vue remarquable sur Lagrasse]**. Le chemin pénètre dans un bois de pins à pignons, pins d'Alep et cyprès, puis arrive à une dépression caillouteuse **[les "Fesses de Charlemagne"]**. Continuer jusqu'à un replat **[capitelle écroulée puis grand cairn ; point de vue sur la combe Payrol ou combe du Chaudron, au fond de laquelle serpente l'Alsou]**. À une intersection, prendre à gauche jusqu'à la route forestière principale.

2 Bifurquer à droite pour cheminer sur le plateau du Lauza, à travers les reboisements de la forêt communale **[cèdres et pins à pignons]**. À l'intersection suivante, continuer sur le chemin en laissant à droite la piste qui file vers les gorges de l'Alsou.

3 À la patte d'oie, choisir la voie la plus à droite. Traverser le plateau à travers chênes verts et pinède.

4 100 m après avoir dépassé le reboisement, un cairn à droite indique le départ d'un petit sentier s'enfonçant à travers la pinède. Cheminer sur le versant du Grand Bac. Ignorer la bifurcation à gauche et plonger sous la frondaison des pins et des chênes.

5 À l'intersection avec une piste, tourner à droite pour rejoindre la chapelle de Notre-Dame-du-Carla.

> *Aller-retour possible jusqu'à la croix en fer surplombant les gorges de l'Alsou.*

6 Revenir sur ses pas, poursuivre vers le plateau. À l'embranchement suivant, continuer tout droit et retrouver la route forestière principale.

7 Tourner à gauche et traverser une agréable allée de cyprès. Dépasser un puits couvert avant d'arriver au lieu-dit du Lauza **[vue sur les Corbières et les Pyrénées]**. Emprunter à gauche la piste principale bordée de cyprès, de cèdres et de pins. Ignorer les chemins secondaires et retrouver la patte d'oie de l'aller **[en face, vue sur la montagne d'Alaric]**.

8 Prendre la deuxième piste à gauche et suivre l'itinéraire de l'aller jusqu'au point 2. Au panneau "Forêt communale de Lagrasse", continuer sur la route forestière qui descend vers le village ; ignorer les voies secondaires. Après une capitelle, la piste s'infléchit vers la gauche **[point de vue sur le village et l'abbaye]**. Longer quelques murets et oliviers et déboucher sur la route qui rejoint le village.

L'abbaye de Lagrasse

LES GORGES DU GARDON

FFRandonnée

C'est à Russan que le Gardon quitte sa large vallée alluviale pour traverser les garrigues de Nîmes, dans un canyon étroit et sauvage long de 29 km, aux méandres encaissés où les eaux disparaissent l'été.

DURÉE 4 heures
DISTANCE 12,1 km
D+ 267 m
DÉPART Russan (parking place du village), commune de Sainte-Anastasie, à 15 km au nord de Nîmes par les N 106 et D 418
BALISAGE jaune

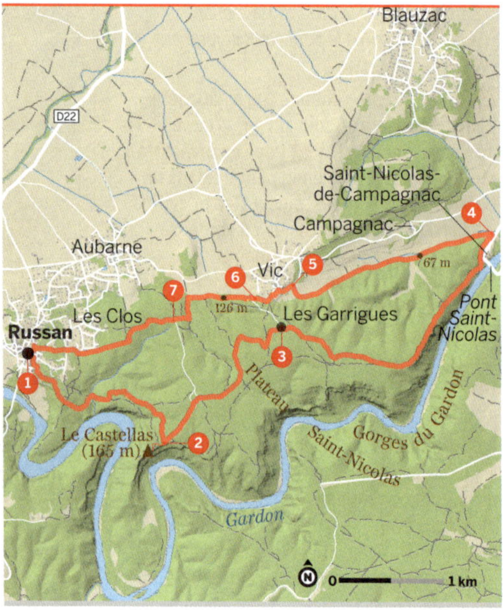

❶ À Russan, monter par la Grand- Rue en direction de "Castellas". À la première intersection, aller tout droit ; à la seconde, à droite sur 100 m, puis à gauche. Grimper jusqu'au chemin de crête au-dessus du village que l'on traverse pour s'engager dans une combe par une sente qui, ensuite, grimpe jusqu'à l'éperon rocheux du Castellas **[ruines ; point de vue]**.

> *Possibilité de se rendre jusqu'au panorama à 500 m* **[intéressante table de lecture du paysage à découvrir]**.

❷ À Castellas, prendre vers le nord-est la piste DFCI en direction de "Combe de l'Abbé" puis "Les Garrigues".

❸ À "Les Garrigues", quitter la piste qui se poursuit à gauche vers Vic, pour prendre à droite le sentier qui remonte vers le plateau, puis serpente en corniche jusqu'au pont Saint-Nicolas. Laisser la tour de Saint-Nicolas-de-Campagnac sur la droite. S'engager dans le pré en contrebas, le traverser en diagonale en évitant de rejoindre la route.

❹ À "Pont Saint-Nicolas", emprunter le chemin carrossable qui part à gauche vers Vic.

❺ Juste avant la route, grimper à gauche par une sente pentue qui amène dans Vic. En haut du sentier, aller à gauche, passer sous le porche, devant l'église. S'engager dans la rue de l'Église.

❻ À "Le Réservoir", juste avant l'amorce d'un virage à gauche prononcé, poursuivre tout droit dans un sentier bordé de buis sur 600 m. À "Station de pompage", s'engager à gauche dans un vallon étroit sur un chemin herbeux et carrossable sur 150 m. À l'orée d'une clairière, grimper à droite sur un sentier caillouteux très pentu.

❼ À "Les Clos", à l'intersection avec la piste carrossable, continuer tout droit jusqu'aux premières maisons de Russan. Traverser une petite route. Emprunter le sentier en face qui ramène à Russan.

LES CORNICHES DU TARN

Parcourir les gorges du Tarn en suivant les corniches permet de découvrir des sites impressionnants et surprenants, ainsi qu'une flore et une faune bien spécifiques.

DURÉE 5 heures
DISTANCE 13,70 km
D+ 930 m
DÉPART Rue du Forgeron à Liaucous, commune de Mostuéjouls (parking de l'église en haut du village), à 21 km au nord-est de Millau par les N 9, D 907 et D 192
BALISAGE 1 à 5 > jaune-rouge, 5 à 1 > jaune

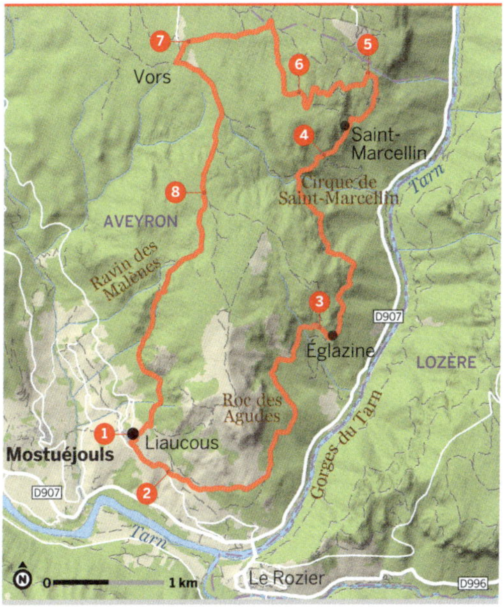

1 Depuis l'arrière de l'église, au niveau du calvaire, descendre à gauche par une calade [rue empierrée] vers la rue principale ; la suivre à gauche, puis continuer tout droit sur la route sur 500 m.

2 Obliquer à gauche par le sentier qui monte à flanc à travers bois sous le roc des Agudes. Atteindre une intersection 200 m avant le hameau fantôme d'Eglazines [adossé et bâti sous la falaise].

3 Dépasser le hameau. Sous les falaises, le sentier à niveau contourne le cirque de Saint-Marcellin et arrive dans un talweg.

4 Poursuivre à niveau vers les maisons troglodytiques bien restaurées de Saint-Marcellin. Après le hameau [source à la sortie], monter vers le causse de Sauveterre.

5 En cours de montée, laisser le GR® de Pays à droite, puis une large piste. Atteindre une grotte et des falaises en forme de "coque de navire", puis une agréable clairière à la fontaine des Paillasses (eau potable).

6 Quitter le chemin sablonneux et obliquer sur la gauche. Au premier croisement, virer en épingle à gauche. Après 800 m, à l'entrée de la clairière, obliquer à gauche.

7 Continuer en face puis à gauche, traverser le large chemin. 130 m après, obliquer à gauche dans un petit chemin bordé de buis. Laisser à droite le hameau de Vors. Se diriger parallèlement au chemin sablonneux sur 200 m. Prendre ensuite la piste sur 500 m. Laisser à gauche le chemin venant du cirque de Saint-Marcellin. Continuer sur 600 m et obliquer à gauche.

8 Traverser le chemin sablonneux et prendre en face un chemin dominant le ravin des Malènes, puis descendre un sentier très escarpé et rocailleux, rejoignant Liaucous.

LE BELVÉDÈRE DU DIABLE

FFRandonnée

Marchez dans une remarquable alternance de végétation méditerranéenne et montagnarde. Le belvédère du Diable permet d'admirer dans toute leur splendeur les gorges de la Pierre-Lys et en particulier les murailles du Diable.

DURÉE 3 heures
DISTANCE 8 km
D+ 320 m
DÉPART Belvianes (parking de l'église, en haut du village), à 6 km au sud de Quillan par la D 117 (à Quillan)
BALISAGE jaune

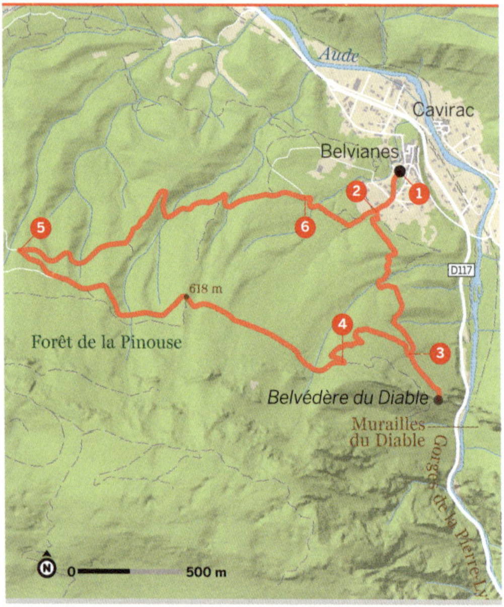

1 De l'église, prendre le chemin goudronné de la Loubatière qui monte vers le sud. Au croisement, continuer tout droit dans la rue de la Saradeille sur 20 m.

2 Suivre la rue à gauche sur 10 m, puis monter par le chemin à droite. Il zigzague sur 1 km et atteint un croisement.

3 Emprunter le chemin de gauche pour rejoindre le belvédère du Diable [**vue sur les gorges de la Pierre-Lys**], puis revenir sur ses pas jusqu'au croisement.

3 Monter par le chemin à gauche. Il s'élève en larges lacets jusqu'à une intersection.

4 Prendre à droite le chemin qui s'élargit et traverse la pente boisée à flanc. Descendre par la piste forestière de Carach sur 200 m.

5 Quitter la piste forestière et descendre par le chemin à droite en direction de Belvianes. Après 1 km, le chemin s'élargit. Poursuivre encore sur 1 km avant d'arriver dans une épingle.

6 Quitter le chemin pour prendre tout droit le petit sentier qui ramène dans la rue de la Saradeille.

2 Rejoindre le parking.

Les gorges de la Pierre-Lys

LE FINIELS ET LE SIGNAL DES LAUBIES

FFRandonnée

Au départ du parking du Chalet du Mont Lozère, une belle boucle sur le sommet de la Lozère.

DURÉE 4 heures 30
DISTANCE 15,96 km
D+ 365 m
DÉPART D20 à Cubières (départ du parking du Chalet du Mont Lozère, à 5 km du Mazel par la D20)
BALISAGE jaune

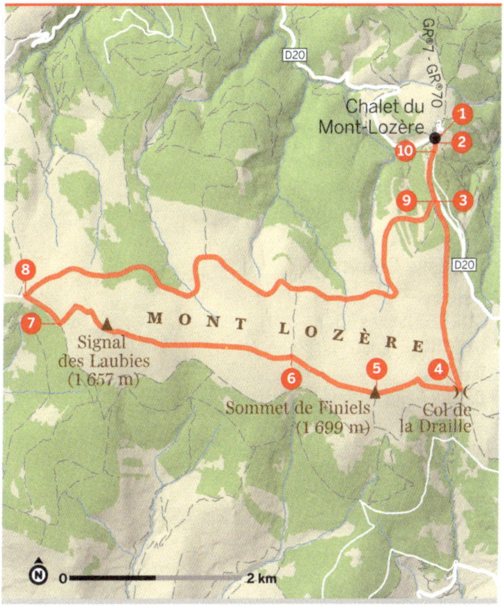

1 À la sortie sud du parking prendre la contre-allée côté gauche.

2 À l'intersection du GR®7 et GR®70, traverser la D 20, puis suivre le sentier entre la route et la piste de ski.

3 Au carrefour du sentier et de la piste à gauche (dit parking des Chômeurs) prendre tout droit et suivre les montjoies jusqu'au col de la Draille (1 633 m).

4 Tourner à droite, atteindre une antécime (1 688 m) puis le sommet de Finiels, point culminant du massif (1 699 m) [plus haut sommet du département, reconnaissable au point géodésique] ; **[panorama sur les Cévennes au sud]**

5 Continuer tout droit sur la ligne de crête en direction du signal des Laubies.

6 Laisser le chemin sur la droite et continuer tout droit. Au signal des Laubies, descendre jusqu'à la clôture. Suivre cette clôture par la gauche jusqu'à la route forestière des crêtes.

7 Prendre la route forestière des crêtes jusqu'à la "route des chômeurs" (large piste).

8 Prendre la piste par la droite jusqu'au parking des Chômeurs.

9 Prendre la piste empruntée au départ pour rejoindre le parking du Chalet du Mont Lozère.

LAMAX / STOCKADOBE.COM ©

Sur les pentes du mont Lozère vers le Finiels

SUR LE CHEMIN DES ESTIVES

FFRandonnée

Les troupeaux de Llívia, enclave espagnole, ont le passage libre pour se rendre aux pâturages du Carlit. Empruntez cet ancien chemin de transhumance qui domine la vallée d'Angoustrine et la Basse Cerdagne.

DURÉE 3 heures 30
DISTANCE 10 km
D+ 374 m
DÉPART Angoustrine (parking face à l'église, à côté des tennis), à 99 km à l'ouest de Perpignan par les N 116, D 29 (après le col de la Perche) et D 618 (à Odeillo)
BALISAGE jaune

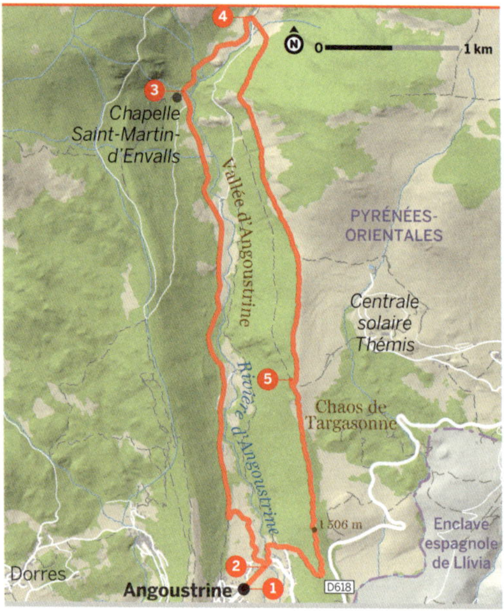

1 De l'espace multisport, face à l'église, suivre la D 618 en direction de Targasonne.

2 Juste avant le pont, prendre à gauche le chemin carrossable qui mène, en 4 km, à la chapelle Saint-Martin-d'Envalls. Il remonte la rive droite du vallon.

3 Laisser la chapelle à gauche et poursuivre le long du vallon. Continuer par la route dallée, emprunter le pont mégalithique en granit et accéder à la prise d'eau. Traverser la retenue sur la passerelle en caillebotis.

4 Négliger le chemin le plus à droite longé par la conduite forcée et monter sur le talus (pâturages) pour suivre le muret à droite, puis traverser la prairie en direction d'une des cabanes de berger. Monter sur le sentier à travers bois et franchir un collet (1 693 m) dominant la vallée d'Angoustrine. Longer le flanc de la montagne (en contrebas, conduite forcée). Passer dans une prairie **[vue sur la centrale solaire Thémis et le chaos de Targasonne]**, puis descendre en ligne de crête et arriver à une intersection.

5 Poursuivre la descente sur la crête jusqu'à la borne 1506. La pente devient plus raide. Le sentier s'oriente vers la droite et traverse un bois. Emprunter la rue de la Filature à droite, puis la D 618 à droite.

2 Par l'itinéraire de l'aller, rejoindre l'église.

DIDIER SAN MARTIN/STOCKADOBE.COM

En route vers le Carlit

LA BATTERIE DE SANTA-ENGRACIA

FFRandonnée

De nombreux points de vue jalonnent cette visite, vestiges d'un passé tumultueux. La batterie offre un large panorama au sud, vers la crête frontière et au nord, sur le massif du Canigou.

DURÉE 4 heures
DISTANCE 10 km
D+ 630 m
DÉPART Arles-sur-Tech (parking place Joseph-Monin, à 300 m à gauche du rond-point de l'entrée d'Arles), à 42 km au sud-ouest de Perpignan par les D 900 et D 115 (au Boulou)
BALISAGE 1 à 3 > blanc-rouge, 3 à 7 > jaune, 7 à 8 > non balisé, 8 à 2 > jaune

❶ Rejoindre le Tech, franchir la passerelle et atteindre une intersection.

❷ Se diriger à droite et grimper par le sentier en rive gauche d'un petit ravin. Le franchir, couper deux fois la route et monter sous les châtaigniers. Passer plusieurs embranchements de sentiers **(⚠ bien suivre le balisage)**, puis près de la verdoyante Font de les Amors (maintenant à l'abandon). La pente s'atténue. Contourner un mamelon et arriver à un embranchement.

❸ Suivre le chemin de gauche (fléchage "Amélie"). Il mène aux ruines du Mas Nou d'Eixena, noyé sous le lierre et entouré de grands houx, puis aboutit dans le lacet de la route stratégique desservant la batterie **[◎ par où arrivaient canons et munitions]**. Monter par la route stratégique à droite et atteindre l'emplacement de la batterie **[◎ qui défendait le fort d'Amélie ; la borne 887 se trouve un peu plus haut]**.

❹ Revenir sur ses pas et descendre par la route stratégique en ignorant deux sentiers à gauche. Arriver à l'embranchement avec le troisième sentier à gauche (pierre portant l'inscription "Arles").

❺ Poursuivre la descente par la route stratégique, puis prendre rapidement à droite le sentier qui conduit à la chapelle Santa-Engracia **[◎ XIIe]**.

❻ Faire demi-tour jusqu'au sentier repéré précédemment en direction d'Arles.

❺ À la pierre portant l'inscription "Arles", descendre par le sentier à droite sous les châtaigniers, chênes verts, cistes, acacias (et ronces parfois).

❼ Au Mas d'en Draguines, emprunter la route à gauche **(⚠ pas de balisage)**. Au carrefour, descendre à droite.

❽ Dans le lacet (pancarte "stade, fontaine des Buis"), se faufiler à gauche entre les maisons, puis longer le canal d'arrosage pour retrouver la bifurcation de l'aller.

❷ Franchir la passerelle sur le Tech et regagner le parking.

FÊTES ET FESTIVALS
L'AGENDA

Course camarguaise lors de la fête votive (p. 61)

DR ©

★ Les grands rendez-vous

Carnaval de Limoux, janvier
Fête de la Cerise, mai
Festival de Carcassonne, juin
Montpellier Danse, juin-juillet
Fête de la Saint-Louis, août
Visa pour l'image, septembre

Janvier

Carnaval de Limoux

(tous les week-ends de janvier à mars). Célébré depuis 1604, le "plus long carnaval du monde" ne dure pas moins de 10 semaines. Le samedi et le dimanche, les "fécos" (carnavaliers) sortent déguisés dans les rues de Limoux. Le carnaval se termine par la Nuit de la blanquette de Limoux (voir p. 298).

Fête de la Truffe

Uzès (3e week-end de janvier). Marché de terroir, animations, dégustations, menu en accord mets et vins et soirée vigneronne. Pendant 3 jours, on fête le célèbre or noir.

Février

Fête de l'Ours

Prats-de-Mollo (mi-février). Cette fête traditionnelle met en scène le réveil de l'ours au printemps. Le plantigrade, symbolisé par un homme déguisé en ours, descend de sa montagne pour se frotter aux villageois, en les enduisant de suie. Suivent des joutes avec les chasseurs d'ours, dans une ambiance festive (voir aussi p. 349).

Avril

Les Grands Jeux romains

Nîmes (un week-end en avril ou en mai). Une reconstitution grandiose des jeux romains aux arènes.

Procession de la Sanch

Perpignan (vendredi précédant le dimanche de Pâques). Ce défilé de pénitents cagoulés symbolisant la Passion du Christ est l'un des temps forts de la culture catalane.

Salon du livre ancien et de collection

Montolieu (week-end de Pâques). Grande foire aux livres, expositions et rencontres avec les auteurs. Incontournable pour les bibliophiles.

Festival Cuivrée spéciale

Limoux (fin avril-début mai). Un festival de musique placé sous le signe des instruments de la famille des cuivres.

Mai

Feria de l'Ascension

Alès (week-end de l'Ascension). Chaque année, près de 300 000 personnes envahissent les rues de la ville et les arènes. Bodegas, concerts et spectacles tauromachiques.

Feria de Pentecôte

Nîmes (week-end de Pentecôte). Très animée, elle rassemble depuis 1952 les aficionados du monde entier : corrida dans les arènes, mais aussi bodegas, sangria et flamenco animent la ville. Nîmes compte deux autres ferias : celle de Primavera en février et celle des Vendanges, en septembre.

Images Singulières

Sète (mai-juin). Un festival qui se consacre à la photographie documentaire. Pendant 2 à 3 semaines, expositions et rencontres avec des photographes.

Fête de la Cerise

Céret (fin mai ou début juin). Le temps d'un week-end, les cartes des restaurants font honneur à la cerise, les *bandas*

MAIRIE DE LIMOUX ©

Carnaval de Limoux (page ci-contre)

envahissent les rues de Céret et des compétitions loufoques sont organisées.

Juin

Les Féeries du Pont

Pont du Gard (deux 1ers week-ends de juin). Spectacle pyrotechnique dans un cadre grandiose.

Festival de Carcassonne

(fin juin-fin juillet). Pendant plus d'un mois, 120 spectacles se succèdent, dont 80 gratuits (le Off), sur 11 scènes dans la Cité et la bastide, dont le théâtre Jean-Deschamps ou la place Carnot. Au programme : opéra, danse, théâtre, cirque ou concerts (rap, métal, variété, classique...).

Festival Uzès Danse

(fin juin). Cinq journées consacrées à la danse, avec un programme varié dans différents lieux de la ville.

Fête de la Transhumance (ci-dessous)

☆ Fête de la Sculpture et du Marbre

Caunes-Minervois (juin). Pendant 2 jours, les sculpteurs s'attaquent aux blocs de marbre de Caunes ou présentent leurs œuvres.

☆ Printemps des comédiens

Montpellier (juin). Lancé en 1987, ce festival de spectacle vivant, organisé dans le cadre majestueux du château d'Ô, est devenu un rendez-vous incontournable.

Fête de la Transhumance

L'Espérou, mont Aigoual (mi-juin). Il sera difficile de vous frayer un chemin au milieu des troupeaux colorés qui rejoignent leur estive, mais l'ambiance vaut le détour.

Feux de la Saint-Jean

Catalogne (23 juin). Des centaines de porteurs de torches gravissent le Canigou pour alimenter un feu, avant d'en porter les braises dans toute la Catalogne (voir aussi p. 344).

☆ Montpellier Danse

(fin juin-début juillet). Ce festival international de danse met à l'honneur des compagnies venues du monde entier.

Juillet

☆ Les Déferlantes

Argelès-sur-Mer (début juillet). Tous les ans, les grandes pointures du rock et de la variété internationale déferlent au parc Valmy pour quelques jours de concerts.

Céret de Toros

Céret (2e week-end de juillet). L'Espagne pousse un peu sa corne pour ce rendez-vous tauromachique qui rassemble les aficionados céretans dans les arènes.

Fête nationale

Carcassonne (14 juillet). Un feu d'artifice le 14 juillet ? Rien d'étonnant ! Oui, mais celui de Carcassonne est l'un des plus féeriques – et accessoirement l'un des plus courus avec ses 700 000 visiteurs.

☆ Nuits musicales d'Uzès

(fin juillet). Ce festival de musique classique compte parmi les plus importants en France.

Estivales de Beaucaire

(fin juillet). Beaucaire perpétue l'esprit de la foire qui l'a rendue célèbre. Clou des festivités, l'*encierro*, au cours duquel une centaine de taureaux sont lâchés dans les rues de la ville. Également, *abrivados* (accompagnement des taureaux jusqu'aux arènes par les gardians à cheval), courses camarguaises, concerts, bodegas...

☆ Fiesta Sète

Sète (fin juillet-début août). Un festival des musiques du monde sur fond de Grande Bleue, dans le cadre magnifique du théâtre Jean-Vilar, à ciel ouvert.

☆ Festival de sardanes

Céret (fin juillet). Trois jours de fête avec des concours de sardanes qui réunissent des groupes venus de toute la Catalogne.

☆ Festival Pablo-Casals

Prades (juillet-août). Le violoncelliste catalan Pablo Casals avait fait de Prades sa seconde patrie après avoir fui l'Espagne franquiste. Ce festival, qu'il a lancé en 1950, illumine les soirées de Prades et des environs. Nombre de concerts ont lieu dans l'abbaye Saint-Michel de Cuxa à l'acoustique exceptionnelle.

✩ Festival Terralha

Saint-Quentin-la-Poterie (juillet). Un superbe festival pour les amateurs de poterie, avec une vingtaine d'artistes internationaux présentant leurs créations et de nombreux ateliers et animations.

Août

Les Médiévales de Peyrepertuse

(mi-août). Au pied du château, des troupes de spectacles de rue vous plongent au cœur de l'époque médiévale.

✩ Festival de céramique

Anduze (mi-août). La tradition du vase d'Anduze se prolonge à travers ce festival dédié à la création céramique contemporaine (expositions, ateliers).

Feria de Béziers

(6 jours autour de la mi-août). Haut lieu de la tauromachie, Béziers accueille tous les ans une feria qui réunit pas moins d'un million de personnes autour de son arène. Concerts et spectacles divers y sont programmés.

Fête du Cassoulet

Castelnaudary (mi-août). La capitale du cassoulet s'enflamme pendant 5 jours avec concerts, animations et cassoulet à gogo.

Feria de Carcassonne

Carcassonne (fin août, début septembre). Une fête à l'accent espagnol avec spectacles musicaux et *bandas*. Le square André-Chénier se transforme en bodega géante. Bière et sangria coulent à flots !

Fête de la Saint-Louis

Sète (fin août). Une semaine de festivités rythmée par les spectacles de rue et les joutes nautiques. Gradins installés sur les quais du canal Royal.

Septembre

✩ Visa pour l'image

Perpignan (début septembre). Le plus grand festival de photojournalisme français investit chaque année la cité avec une multitude d'expositions, de rencontres et des soirées-projections en plein air dans le cloître du Campo Santo.

Foire de la Saint-Michel

Meyrueis (29 septembre). Fêtée depuis près de 800 ans, la Saint-Michel est aujourd'hui l'occasion de célébrer les produits lozériens.

Feria des Vendanges

Nîmes (mi-septembre). Un temps fort de l'année nîmoise, légèrement moins touristique que celle de la Pentecôte.

Assemblée du désert

Mialet (1er dimanche de septembre). Ce grand rassemblement de la communauté protestante réunit plus de 15 000 personnes.

Octobre

Fête votive

Aigues-Mortes (3 jours en octobre). Une dizaine de jours de festivités marquées par des *abrivados*, des *bandidos* et des courses camarguaises.

✩ Cinemed

Montpellier (fin octobre). Ce festival international du cinéma méditerranéen s'étend sur 10 jours et assure plus d'une centaine de projections entrecoupées de débats, de conférences et de soirées thématiques.

Novembre

✩ ZAT "Zone Artistique Temporaire"

Montpellier (mi-novembre). Un week-end d'interventions artistiques dans l'espace public.

VOYAGER
EN FAMILLE

ÉRIC ISSELÉE/FOTOLIA ©

Plusieurs atouts majeurs font du Languedoc et du Roussillon une destination familiale idéale : des kilomètres de plages, mais aussi des rivières ou des lacs, pour des baignades impromptues ; une nature grandiose, riche en grottes et avens ; et de multiples occasions de rencontre avec les animaux, sauvages ou apprivoisés.

Les plaisirs de la baignade

Bien sûr, il y a avant tout le littoral et ses kilomètres de plages de sable, ponctués de stations balnéaires familiales et populaires. Citons, au palmarès des plus belles, les anses de **Collioure** (p. 327), celles du **Petit et du Grand Travers**, à Carnon-Plage (p. 89), la plage sauvage de l'**Espiguette**, au Grau-du-Roi (p. 183), l'agréable **plage du Racou** (p. 325), à Argelès-sur-Mer, ou encore la base nautique de **Gruissan** (p. 290). L'été, de nombreuses activités nautiques sont organisées par les clubs ou les bases nautiques (voile, kitesurf, planche à voile, etc.).

Mais la région regorge aussi de rivières et de lacs, propices à la baignade. Le **Tarn** (p. 226), le **Gardon** (p. 161), la **Cèze** (p. 191) sont chacun bordés de plages naturelles, tandis que les **vasques du Tarn** (p. 238), en Lozère, forment des piscines naturelles. Certains lacs, comme les **lacs de Lozère** (voir l'encadré p. 248) ou le **lac du Salagou** (p. 125), invitent à passer un après-midi au bord de l'eau. Terrains de jeu infinis, ces espaces naturels permettent de pratiquer de nombreuses activités nautiques : voile, canoë-kayak (à partir de 6 ans, à condition de savoir nager) ou simplement balade au fil de l'eau – ce que proposent par exemple les **Bateliers du Tarn** (p. 231) ou certaines

Ci-dessus : promenade à cheval en Camargue (p. 194)

croisières sur le **canal du Midi** (p. 115 et p. 280), notamment entre les écluses de Fonseranes et Argens-Minervois.

Découvertes et aventures nature

La nature languedocienne est d'une grande diversité. En premier lieu, elle permet de partir à la découverte des entrailles de la terre : grottes et avens sont ici spectaculaires et parfaitement mis en valeur. Certains sont plus accessibles que d'autres : vous pourrez choisir le bon site en fonction de l'âge de vos enfants. La **grotte des Demoiselles** (p. 136) est sans doute l'une des stars de cette catégorie, mais l'**aven Armand** (p. 220), avec son funiculaire et ses illuminations, est aussi un choix excellent. Citons encore la **grotte de la Salamandre** (p. 194), un de nos coups de cœur, avec ses éclairages multicolores, ou le **gouffre de Cabrespine** (p. 275), un vaste réseau de galeries que l'on peut aborder en safari souterrain.

La nature grandiose et sauvage permet aussi de découvrir des merveilles naturelles grâce à des randonnées faciles. Autour d'**Aigues-Mortes** (p. 178) par exemple, marche ou vélo se pratiquent sur des chemins plats, plus accessibles aux enfants. À **Céret** (p. 344), les balcons forment un environnement idéal à la promenade en famille. Les **causses** sont aussi de superbes terrains naturels, propices aux pique-niques bucoliques, aux promenades à travers les puechs, aux jeux de cascade ou même à un arrêt près de **vasques naturelles** (comme à Pont-de-Montvert, p. 236).

À la rencontre des animaux

S'il y a bien une activité qui ravit à coup sûr les enfants, c'est celle de la rencontre avec les animaux. La région possède parmi les plus fameux parcs animaliers à thème : l'un des plus célèbres de France est sans doute la **réserve africaine de Sigean** (p. 288), où l'on peut admirer lions, girafes, gazelles ou rhinocéros en semi-liberté. Le **parc des Loups du Gévaudan** (p. 248) est aussi une occasion unique d'approcher ce farouche animal. Non loin, la **réserve des bisons d'Europe** (p. 253) propose de (re)découvrir cet animal massif et la **Maison des vautours** (p. 218) permet d'observer ces superbes rapaces en totale liberté. Dans le Capcir, le **parc animalier des Angles** (p. 373) invite à observer les animaux sauvages des Pyrénées (cerfs, bouquetins, mouflons, etc.), dont quelques ours et loups. Autre terre sauvage, la **Camargue** (p. 174) permet d'approcher une faune particulière vivant en totale liberté, dont ses plus emblématiques occupants, les flamants roses.

Sur le causse Méjean, en Lozère, les **chevaux de Przewalski** (p. 220), dont une association s'occupe pour la sauvegarde et la réintroduction de l'espèce sur les terres sauvages de Mongolie, sont une espèce unique. Citons aussi le **haras national d'Uzès** (p. 166), qui ouvre ses portes au public. Enfin, une des activités phares des Cévennes est la **randonnée avec un âne** (p. 278), que vous pourrez aussi pratiquer dans le Minervois (p. 278).

Les découvertes marines sont aussi à l'honneur, avec quelques **aquariums** : Seaquarium au Grau-du-Roi (p. 184), Mare Nostrum à Montpellier (p. 77) ou l'aquarium de Banyuls (p. 336). Au Cap d'Agde et dans la réserve de Cerbère-Banyuls (p. 336), des **sentiers sous-marins** permettent d'aborder les fonds marins avec masque et tuba. Enfin, une **croisière en vision sous-marine** à Argelès-sur-Mer (p. 325, dès 5 ans) n'est pas à exclure.

Activités à thème

Les Pyrénées-Orientales et la Lozère possèdent quelques stations de ski familiales à taille humaine, parfaites pour l'initiation aux joies de la neige. Les stations de **Font-Romeu** (p. 365) et des **Angles** (p. 372) organisent ainsi de nombreuses activités gratuites pour les enfants. Les petites stations de Lozère, comme **Les Bouviers** (p. 253), proposent des espaces réservés aux enfants, des pistes

ALEXANDRE LENOIR ©

Les meilleures visites avec des enfants

La réserve africaine de Sigean (p. 288)
Les Loups du Gévaudan (p. 248)
Le vallon du Villaret (p. 241)
La grotte des Demoiselles (p. 136)
Le musée du Bonbon Haribo (p. 166)
Dinosauria (p. 300)

Ci-dessus : chantier de fouilles à Dinosauria (p. 300)

en pente douce et des activités de chiens de traîneau.

Vous trouverez de nombreux parcs de jeux, jardins, parcours dans les arbres et visites à thème détaillés dans nos pages. Citons en premier lieu le **musée des Dinosaures d'Espéraza** (Dinosauria, p. 300) qui aborde de façon ludique cette thématique toujours spectaculaire pour les enfants. Le **Moulin à papier de Brousses** (Montolieu, p. 273) est un des derniers moulins à papier en activité ; on peut y tenter soi-même la fabrication de feuilles. Dans un autre genre, le **musée du Bonbon Haribo** (Uzès, p. 166) est indispensable pour tout amateur de sucreries. Côté jeux, le parcours du **vallon du Villaret** (p. 241), en Lozère, vaut vraiment le détour. La **Bambouseraie d'Anduze** (p. 205), dans le Gard, constitue aussi une agréable promenade en famille.

Musées, monuments et autres espaces thématiques proposent des tarifs spéciaux pour les enfants, voire la gratuité en dessous d'un certain âge. Certains possèdent des espaces dédiés ou des visites adaptées aux enfants. Durant les vacances scolaires, nombre d'entre eux organisent des activités ou des ateliers spéciaux pour les enfants.

Hébergement et restauration

Hôteliers, propriétaires de chambres d'hôtes et restaurateurs ont aujourd'hui l'habitude de recevoir les familles. Beaucoup disposent de chambres familiales ou proposent, par exemple, l'installation d'un lit supplémentaire dans la chambre. N'hésitez pas à demander et à réserver un lit bébé – souvent gratuit. Si vous le pouvez, préférez les adresses avec jardin, voire piscine, particulièrement agréables aux beaux jours. Notez que certaines chambres d'hôtes (surtout dans le haut de gamme) n'acceptent pas les enfants en bas âge : vérifiez bien les conditions avant de réserver. Notez aussi que la plupart des maisons d'hôtes ne fournissent pas de repas le soir et mettent rarement une cuisine à disposition : il vous faudra donc sortir pour dîner. Par contre, la grande majorité des restaurants proposent des menus enfant. Même s'il est difficile de sortir de l'éternel steak-frites-glace, de plus en plus d'adresses font des efforts de ce côté. Même les restaurants gastronomiques ou semi-gastronomiques savent désormais s'adapter aux besoins des familles.

LIRE, ÉCOUTER, VOIR
EN AVANT-GOÛT

Livres

Les Fous de Dieu (Jean-Pierre Chabrol, 1961). Une plongée dans l'histoire des camisards racontée par le grand écrivain cévenol.

Histoire des cathares (Michel Roquebert, 1999). Une synthèse dressant le portrait de la société cathare, ainsi que son histoire, couvrant près de 3 siècles, et celle de sa répression.

Labyrinthe (Kate Mosse, Jean-Claude Lattès, 2006). À la fois fresque historique et thriller ésotérique, ce roman se déroule en grande partie dans la Cité de Carcassonne.

Films

37°2 le matin (Jean-Jacques Beineix, 1986). Au détour des scènes de ce film culte, on peut reconnaître la plage des Chalets, à Gruissan, mais aussi Narbonne, Marvejols ou Nasbinals.

La Graine et le mulet (Abdellatif Kechiche, 2007). Le César du meilleur film 2008 a été tourné sur le port de Sète.

Métamorphoses (Christophe Honoré, 2014). Pour cette adaptation du grand ouvrage du poète latin Ovide, Honoré ne pouvait que choisir une terre profondément marquée par la culture antique.

Musique

Carcassonne (Stephan Eicher, 1993). Le chanteur suisse a collaboré avec l'écrivain Philippe Djian pour ce disque enregistré à Carcassonne.

Georges Brassens L'enfant de Sète évoque sa ville dans sa chanson *Supplique pour être enterré sur la plage de Sète*.

Manitas de Plata Né à Sète en 1921, le guitariste a grandement contribué à faire connaître la musique gitane camarguaise.

Charles Trenet *Narbonne, mon amie* est une ode à la ville natale du chanteur.

Pour d'autres livres, films et musiques, voir le chapitre Culture et patrimoine p. 390.

Retour de pêche à Narbonne-Plage (p. 286)

HÉRAULT

La première ambassadrice de l'Hérault est sans nul doute Montpellier, capitale régionale énergique dont l'art de vivre dépasse les frontières de son centre historique, l'Écusson.

En dehors d'elle, le département, trop souvent résumé à son littoral malmené, recèle pourtant des merveilles naturelles et architecturales que ses plages ne sauraient faire oublier. Du cirque de Navacelles aux gorges de l'Hérault, de ses villages de charme à ses cathédrales souterraines, en passant par le canal du Midi fendant ses plaines, l'Hérault est une pépite en grande partie méconnue, dont les chemins de traverse réservent des surprises.

Randonneurs, kayakistes, vététistes autant qu'amateurs de sports nautiques, d'œnotourisme ou de farniente trouveront là, au gré de sites parmi les plus beaux de France, matière à s'enthousiasmer.

Pont du Diable, gorges de l'Hérault (p. 132)

Géolocalisez l'ensemble des adresses du chapitre
Saint-Affrique
D999
AVEYRON
Sorgues
Causse du Larzac
D7
A75
Dourdou
Prieuré Saint-Michel-de-Grandmont
Lodève
Soumont
Lunas
Lacaune
TARN
Sommet de l'Espinouse (1 124 m)
Orb
Octon
Celles
Lac du Salagou
Mont Liausson
Bédarieux
D908
Mourèze
Cirque de Mourèze
Agout
La Salvetat-sur-Agout
Monts de l'Espinouse
Douch
Gorges d'Héric
Mont Caroux (1 040 m)
Lamalou-les-Bains
Mons-la-Trivalle
Moulin de Tarassac
Vallée de l'Orb (p. 118)
Faugères
Parc naturel régional du Haut-Languedoc
Vallée du Jaur
Olargues
Vieussan
Jaur
Ceps
Roujan
D908
Saint-Pons-de-Thomières
Vallée du Jaur (p. 118)
Roquebrun
D612
HÉRAULT
Pézenas
Saint-Chinian
Orb
D612
A75
Minerve
Canal du Midi (p. 115)
Cesse
Capestang
Étang de Montady
Béziers
Béziers-Cap d'Agde
D11
Oppidum d'Ensérune
Colombiers
Écluses de Fonséranes
D612
D5
D6009
A9
Sérignan
D11
AUDE
Aude
Lézignan-Corbières
D6113
N113
Orbieu
Narbonne
A61

Le Vigan
D999
Cirque de Navacelles (p. 124)
Saint-Hippolyte-du-Fort
GARD
D999
Ganges
Laroque
Grotte des Demoiselles
Quissac
Saint-Bauzille-de-Putois
Vis
Montagne de la Séranne
Saint-Maurice-Navacelles
D986
Saint-Martin-de-Londres
Pic Saint-Loup (658 m)
Valflaunès
Sommières
Saint-Guilhem-le-Désert (p. 129)
Hérault
Cazevieille
Saint-Marthieu-de-Tréviers
Les Matelles
Gorges de l'Hérault
Grotte de Clamouse
Pont du Diable
Saint-Jean-de-Fos
HÉRAULT
D610
A9
Lunel
N113
Gignac
D65
Clermont-l'Hérault
A750
Montpellier (p. 70)
Flaugergues
Mauguio
A75
Montpellier-Méditerranée
La Mogère
Étang de Mauguio
Lattes
Pérols
D62
Montagne de la Moure
Étang de Pérols
Carnon-Plage
La Grande-Motte
Le Grau-du-Roi
Villeneuve-lès-Maguelone
D613
Palavas-les-Flots
Port-Camargue
Abbaye de Valmagne
Étang de l'Arnel
Cathédrale de Maguelone
D612
D613
Bouzigues
Frontignan
Villa Loupian
Mèze
Bassin de Thau
Sète (p. 90)
Marseillan
Agde
Marseillan-Plage
Golfe du Lion
Le Grau-d'Agde
Le Cap-d'Agde
N
0
20 km

MONTPELLIER

La capitale de l'ancienne région Languedoc-Roussillon a plus d'un atout à faire valoir. En perpétuel mouvement, la septième ville de France, forte de presque 300 000 habitants et jouissant d'un rôle économique, culturel et universitaire de premier plan, s'ancre dans son époque sans renier son passé. Établie sur une colline en 985, à seulement quelques kilomètres de la mer, la seigneurie de Montpellier est acquise aux rois d'Aragon, puis aux rois de Majorque au XIIIe siècle, avant d'intégrer le royaume de France en 1349. À cette période, la cité s'épanouit sous l'impulsion de sa faculté de médecine ; pôle intellectuel majeur, sa vitalité universitaire ne s'est depuis jamais démentie. Les XVIIe et XVIIIe siècles apportent à ce fief protestant, devenu capitale administrative du Haut-Languedoc sous Louis XIV, une prospérité qui s'inscrit sur les murs de ses hôtels particuliers. Au "magasin de belles demeures", cher à Mme de Staël, répondent les constructions nées de la politique de grands travaux initiée au XIXe siècle, et les folies architecturales du XXe, grandioses extensions qui continuent de la modeler : l'architecture néoclassique du quartier Antigone pensé par Ricardo Bofill et l'hôtel de ville indissociable de la figure de Jean Nouvel, pour ne citer qu'eux.

À voir

Centre historique

Communément appelé l'**"Écusson"** en raison de sa forme, le centre historique de Montpellier suit les contours des anciens remparts construits au XIIIe siècle, dont il ne subsiste que deux tours, celle des Pins et celle de la Babotte. L'enchevêtrement des ruelles médiévales qui dévalent sa colline demeure, de même que les romantiques placettes et esplanades postérieures, écrins de majestueux hôtels particuliers érigés aux XVIIe et XVIIIe siècles. La ville en compte plus de 80 ! L'actuel centre névralgique de ce bijou plein de vie, entièrement piéton et bordé par les lignes de tramway, est la grandiose et très animée place de la Comédie (p. 74), point de jonction entre les quartiers modernes

La place de la Comédie, cœur battant de Montpellier (p. 74)

PICTARENA/ADOBE STOCK ©

et anciens. La marche est le meilleur moyen d'en prendre toute la mesure (reportez-vous à la promenade p. 74).

Musée Fabre — Beaux-arts

(☎04 67 14 83 00 ; museefabre.montpellier3m.fr ; 39 bd Bonne-Nouvelle, entrée par l'esplanade Charles-de-Gaulle ; tarif plein/réduit 9/6 €, avec expo temporaire 12/9 € ; ⏲mar-dim 10h-18h). C'est la visite phare de la ville. L'histoire du musée, créé en 1828 grâce à la donation, en 1825, de François-Xavier Fabre, est intimement liée à celle de ses donateurs, au nombre desquels Bruyas, Valedau et Bazille, initiateur de l'impressionnisme et enfant de Montpellier. Initialement installé dans l'hôtel de Massilian (XVe-XVIIIe siècle), il a annexé l'ancien collège des Jésuites (du XVIIe siècle) et s'est ensuite offert une extension au XIXe siècle. L'ensemble a été intelligemment réagencé il y a quelques années. Une allée pavée, en marbre et granit, de Buren, *La Portée*, lui confère une entrée magistrale.

Le musée Fabre présente, désormais sur un espace de plus de 9 000 m^{2}, l'une des plus importantes collections de beaux-arts de France. Les œuvres d'artistes célèbres comme Rubens, Ribera, Ingres, Delaunay, Courbet et Viallat, Delacroix, Degas ou Matisse, s'y relaient pour retracer toute la richesse d'une histoire de l'art filant de la Renaissance italienne à nos jours. Ne manquez pas la spectaculaire galerie des colonnes, créée en 1875 et emblématique du musée, regroupant quelques œuvres très académiques du XVIIIe siècle, ou le magnifique espace consacré à Soulages, qui fit un don important au musée.

Les 800 peintures, 900 gravures et 3 500 dessins exposés pâtissent cependant d'une scénographie parfois complexe et chargée, où le regard peine à se fixer. Le musée étant par ailleurs assez labyrinthique, n'hésitez pas à vous munir du plan gratuit, disponible à l'entrée.

Le musée organise des ateliers pour enfant, des cycles de conférences et des expositions temporaires de grande qualité.

À une encablure, l'**hôtel de Cabrières-Sabatier d'Espeyran** (6 bis rue Montpellieret, entrée incluse dans le billet du musée Fabre), construit fin XIXe et arborant des décors Napoléon III, accueille le département des Arts décoratifs du musée Fabre. Il peut se visiter seul, ou être inclus dans le billet d'entrée du musée Fabre.

Les billets d'entrée sont valables pour la journée entière, avec la possibilité de sortir du musée et d'y revenir pour reprendre la visite.

INSOLITE

Le Conservatoire d'anatomie

Âmes sensibles s'abstenir ! Rattaché à la faculté de médecine (p. 75), le **Conservatoire d'anatomie** (☎04 67 60 60 60 ; www.umontpellier.fr/patrimoine/musees/musee-danatomie ; 2 rue de l'École-de-Médecine ; visites guidées organisées par l'office du tourisme, voir p. 83 ; adulte/12-18 ans 15/11 €) recèle une collection de cires, plâtres, squelettes et préparations de dissection, ainsi qu'une vitrine de tératologie – autrement dit, des spécimens de fœtus anormaux, de malformations congénitales et autres difformités conservées dans des bocaux. Sinon, le musée, construit en 1851, jouit d'un cadre exceptionnel, avec colonnades, murs et plafonds aux somptueux décors peints. L'occasion de se replonger dans l'histoire de la médecine, intimement liée à la ville de Montpellier depuis le XIIIe siècle.

Accessible seulement dans le cadre de visites guidées organisées par l'office du tourisme (p. 83), le musée est interdit aux moins de 12 ans, aux femmes enceintes et aux personnes allergiques.

Place royale du Peyrou — Promenade Grand Siècle

(⏲juin-août 7h-minuit, mars-mai et sept-oct 7h-21h30, nov-fév 7h-20h). À la lisière de l'Écusson, sur son flanc ouest, la place royale du Peyrou, représentatif du grand urbanisme des XVIIe et XVIIIe siècles, est aussi un lieu de promenade apprécié des Montpelliérains, qui investissent

Montpellier

Montpellier

Les incontournables
1 Musée Fabre D3

À voir
2 Hôtel de Cabrières-Sabatier d'Espeyran D3
3 Jardin des Plantes A1
4 La Panacée – MoCo C2
5 Mikvé B3
6 Mo.Co. C5
7 Musée Atger et conservatoire d'Anatomie A2
8 Musée du Vieux-Montpellier C3
9 Pharmacie et chapelle de la Miséricorde C3

Où se loger
10 Royal Hôtel C5

Où se restaurer
11 Joy Healthy Food B5
12 Joy la Guinguette A2
13 Leclère A4
14 La Canourgue B3
Le Jardin des Sens .... (voir 14)
15 Le Petit Jardin A2
16 Les Bains de Montpellier C5
17 Les Canons B2
18 Pastis A4
19 Reflet d'Obione A2

Où prendre un verre et faire la fête
20 Aperture B4
21 Black Sheep D1
22 Clara Jung B3
23 Rockstore D5

Où sortir
24 Le Corum/Opéra Berlioz D2
25 Opéra Comédie C5

Achats
26 Halles Laissac D2

Renseignements
27 Office du tourisme D4

Transports
28 Gare ferroviaire D6

les pelouses encadrant sa vaste allée aux beaux jours. L'espace, tout en perspective, abrite en son cœur la monumentale statue équestre de Louis XIV. À son entrée, sur l'emplacement de l'ancienne porte du Peyrou, se dresse l'**arc de triomphe** (1691). À son autre extrémité, le **château d'eau** est un promontoire dont la vue dégagée fut favorisée par les édits royaux qui limitèrent la hauteur des bâtiments alentour. Sa construction en surplomb du réservoir d'eau commença en 1766 sous l'égide de Jean-Antoine Giral, architecte phare de l'époque qui finalisa la promenade dans les années 1770.

Derrière, filent les 880 m de long de l'**aqueduc Saint-Clément** (Henri Pitot de Launay, 1754), construit sur le modèle du pont du Gard.

Jardin des Plantes — Jardin

(mar-dim, juin-sept 12h-20h, oct-mai 12h-18h ; entrée libre). Au nord de la place du Peyrou, le jardin des Plantes, qui s'étendait à l'origine jusqu'au Peyrou, est le plus ancien jardin botanique de France. Propriété de l'université Montpellier-I, classé monument historique, il a été voulu en 1593 par Henri IV, et établi par celui que l'on considère comme le père fondateur de la botanique, Pierre Richer de Belleval (vers 1555-1632). Au centre des innovations en botanique depuis sa création, il s'étend aujourd'hui sur 4,5 ha et recense plus de 2 000 espèces végétales cultivées en plein air, au sein d'une mosaïque de biotopes qui sont autant de sites de promenades agréables.

Si la "Montagne" de Richer de Belleval, l'orangerie et l'École systématique constituent le cœur historique du jardin, c'est bien le jardin anglais (1860) et son étang bordé par la serre Saint-Martin (1861) qui remportent tous les suffrages.

Musée Atger — Dessins et estampes

(04 34 43 35 81 ; faculté de médecine, 2 rue de l'École-de-Médecine ; entrée libre ; se renseigner). Dans l'enceinte de la faculté de médecine (p. 75), une belle collection de dessins des écoles flamande, italienne, française et hollandaise, léguée par le collectionneur Xavier Atger (1758-1833), parmi lesquels des Rubens, Watteau, Tiepolo ou Fragonard. Fermé pour rénovation lors de notre passage, il devrait avoir rouvert lorsque vous lirez ces lignes.

Promenade dans le vieux Montpellier

Faites de jolies rencontres avec l'histoire en arpentant l'Écusson, ses placettes de charme, ses ruelles médiévales et ses majestueux hôtels particuliers.

Distance : 3 km

Durée : 2 heures

Départ Place de la Comédie

❶ Place de la Comédie

On la surnomme l'Œuf, en vertu de l'ovale originel figurant au sol, autour duquel les voitures circulaient autrefois. Née au XVIIIe siècle, elle déploie une grandiose architecture haussmannienne, dont le théâtre devenu opéra (1888) et la fontaine des Trois Grâces.

❷ Tour de la Babotte

Vestige des remparts du XIVe siècle, elle accueillit au milieu du XVIIIe siècle l'Académie des sciences, puis le siège de la Société royale des sciences.

❸ Ancien amphithéâtre Saint-Côme

Élevé en 1757 pour le collège de chirurgie, il est l'œuvre de Jean-Antoine Giral. L'arrière du monument donne sur la petite place Saint-Côme, très animée.

❹ Église Saint-Roch

De style néogothique, datant du XIXe siècle et restée inachevée, elle porte le nom du saint protecteur de la ville. Installez-vous sur ses marches pour disposer du recul nécessaire sur le magnifique trompe-l'œil qui lui fait face, avant de vous fondre dans le décor, attablé à une terrasse.

Rue de l'Ancien-Courrier

❺ Rue de l'Ancien-Courrier

Cette artère médiévale est l'une des plus anciennes de la ville. Appelée autrefois route de l'Anellerie, en référence aux anciens modes de circulation, elle doit son nom actuel à la présence d'une poste aux XVIIIe et XIXe siècles. Accueillant aujourd'hui enseignes de luxe et galeries d'art, elle abrite la **galerie de l'Ancien Courrier** (☎04 67 60 71 88 ; www.galerieanciencourrier.com ; 3 rue de l'Ancien-Courrier ; ⏲été mar-jeu 14h-18h30, ven-sam 10h-12h30 et 14h-18h30, variables hors saison).

❻ Église et Carré Sainte-Anne

Dotée d'une flèche culminant à près de 70 m, l'église gothique du XIXe siècle abrite le **Carré Sainte-Anne** (☎04 67 60 88 21 ; 2 rue Philippy ; ⏲variables ; entrée libre), un espace d'art contemporain, en cours de rénovation. La place en pente, qui structure ses extérieurs, accueille des terrasses de café, comme celle du Bistrot Sainte Anne (p. 81).

❼ Place de la Canourgue

Une des plus belles places de la ville est bordée de majestueuses façades, dont

celle d'un hôtel particulier du XVIIe siècle, aujourd'hui annexe du tribunal mais qui abrita longtemps l'hôtel de ville. Au centre, se déploie un jardin à la française dominé par la fontaine de la Licorne, en hommage au maréchal de Castries. La place offre un joli point de vue sur la **cathédrale Saint-Pierre**, aux allures de forteresse médiévale, en contrebas.

8 Cathédrale Saint-Pierre et faculté de médecine

Commanditée par le pape Urbain V en 1364, d'abord une église rattachée à l'abbaye Saint-Benoît, dont les murs abritent aujourd'hui la faculté de médecine, Saint-Pierre ne devient cathédrale qu'en 1536. La **faculté de médecine**, née officiellement au XIIIe siècle (mais des écoles y étaient attestées depuis le XIIe), est la plus ancienne du monde toujours en activité (visite guidée à réserver à l'office du tourisme ; adulte/12-18 ans 15/11 €). De là, vous pourrez faire une pause au **jardin des Plantes** (p. 73) et admirer la **tour des Pins**, ultime vestige avec la tour de la Babotte de l'enceinte fortifiée.

9 Musées et belles demeures

La **pharmacie** et la **chapelle de la Miséricorde** font partie d'un ensemble muséographique (voir l'encadré p. 76) permettant de découvrir l'**hôtel de Varennes**. En poursuivant dans la rue de la Monnaie, on débouche dans la rue Jacques-Cœur, du nom de l'argentier du roi Charles VII, instigateur d'un commerce florissant pour la ville. Revenez sur vos pas et prenez la rue Fabre, qui mène à l'**hôtel de Cabrières-Sabatier d'Espeyran** (p. 71), adjacent au **musée Fabre** (p. 71).

10 Esplanade Charles-de-Gaulle

L'esplanade Charles-de-Gaulle est un espace de verdure cerné au nord par le **Corum**, vaste ensemble comprenant l'**Opéra Berlioz** (p. 83). À l'autre extrémité, ne manquez pas les expositions du **Pavillon populaire** (☎ 04 67 66 13 46 ; ⏲ mar-dim mi-nov à fin juin 10h-13h et 14h-18h, juil à mi-nov 11h-13h et 14h-19h ; entrée libre), galerie d'art photographique de la ville.

Arrivée Esplanade Charles-de-Gaulle

SI VOUS AIMEZ... Le patrimoine

Les deux musées suivants sont logés dans des édifices historiques majeurs. Quant au Mikvé, c'est une vraie curiosité !

Pharmacie et chapelle de la Miséricorde (04 67 67 93 32 ; 1 rue de la Monnaie ; entrée libre ; juil-août mar-dim 11h-13h et 14h-19h, sept-juin mar-dim 10h-13h et 14h-18h). Élément clé du patrimoine médical local, cette pharmacie du XVIIIe siècle présente près de 300 faïences. La chapelle adjacente, établie en 1830 dans les anciens ateliers de la Monnaie, est ornée de peintures illustrant l'histoire de la charité montpelliéraine.

Musée du Vieux-Montpellier (04 67 66 02 94 ; 2 pl. Pétrarque ; entrée libre ; juil-août mar-dim 11h-13h et 14h-19h, sept-juin mar-dim 10h-13h et 14h-18h). Ce capharnaüm d'objets relatifs à l'histoire de la ville vaut le coup d'œil pour une statue de Vierge noire à l'Enfant du XIIIe siècle. Mais son intérêt réside surtout dans le magnifique **hôtel de Varennes** qu'il occupe. Le porche et la cour de l'entrée affichent de splendides croisées d'ogives, qui se retrouvent dans la salle Pétrarque, du XIVe siècle.

Mikvé (04 67 60 60 60 ; 2 rue de la Barralerie ; visite guidée 3 €, gratuit - 6 ans, sur réservation). Seule une visite guidée avec l'office du tourisme (p. 83) ou les Journées européennes du patrimoine permettent d'admirer le Mikvé. C'est un des rares bains rituels juifs médiévaux retrouvés en Europe. Datant du XIIIe siècle, il témoigne de l'importance de la communauté juive dans le développement de Montpellier.

Musée d'Arts Brut, Singulier & Autres Arts brut et singulier
(04 67 79 62 22 ; www.musee-artbrut-montpellier.com ; 1 rue Beau-Séjour ; tarif plein/réduit 8/6 € ; mer-dim 10h-13h et 14h-18h). Outre l'atelier et les œuvres du sculpteur Fernand Michel, décédé en 1999 et surnommé "l'artiste zingueur" en raison de sa prédilection pour le zinc comme matériau artistique, vous pourrez admirer dans ce musée privé près de 800 pièces signées par des artistes surréalistes américains et européens des XXe et XXIe siècles, allant de l'art brut au *mail art* (art postal), en passant par le folk art, la figuration libre, l'art singulier...

La Panacée – Mo.Co. Art contemporain
(04 99 58 28 00 ; www.moco.art ; 14 rue de l'École-de-Pharmacie ; mar-dim, juin-sept 11h-19h, oct-mai 11h-18h ; entrée libre). Aménagé dans l'ancien collège royal de médecine, totalement réhabilité par la ville, ce centre culturel, ouvert en 2013, est conçu comme un lieu d'exposition, de production et d'expérimentation autour de l'art contemporain, et accueille une exposition par saison réunissant plusieurs artistes. Sur place, le **Café de la Panacée** (04 99 63 45 68 ; formule/menu midi 18/20 €, tapas soir 5-10 € ; mer-sam 10h-1h, dim 10h-18h), très apprécié des étudiants, propose un menu simple et frais le midi, des tapas le soir et un brunch le dimanche (20-23 €). Avec sa cour calme et ombragée, il offre une pause de rêve, à toute heure.

La Panacée fait partie du Mo.Co. (pour Montpellier contemporain), une institution multisites dédiée à l'art contemporain. Lancée en 2017, elle inclut aussi l'**école des beaux-arts de Montpellier** (04 99 58 28 20 ; 130 rue Yehudi-Menuhin) et, près de la gare Saint-Roch, l'anciennement nommé hôtel des collections, simplement rebaptisé **Mo.Co.** (13 rue de la République ; tarif plein/réduit 8/5 €, gratuit - 26 ans ; mar-dim, juin-sept 11h-19h, oct-mai 11h-18h), un espace de 3 500 m² qui accueille chaque année plusieurs expositions d'envergure, et s'ouvre sur le **petit Jardin des 5 continents** (mar-dim 11h-1h, juin-août jusqu'à 2h), plantés d'essences venues des quatre coins du globe. **Faune** (☎04 99 58 28 96 ; 🕒mar-sam 11h-1h, dim 11h-18h ; formule/menu déj 24/28 €, plats 13-23 €, tapas 5-11 €, brunch 23 €), le bar-restaurant situé sur place, est particulièrement agréable lors des chaudes journées d'été, même si ses tarifs sont légèrement surévalués.

Dans les deux centres d'exposition, des visites commentées, gratuites, sont proposées tous les jours : consultez les horaires sur le site Internet.

Quartier Odysseum

Aux portes de Montpellier (terminus de la ligne 1 du tramway), le quartier Odysseum est un ensemble moderne à ciel ouvert, entièrement dédié aux loisirs et aux commerces, au sein duquel s'élèvent les statues de la très polémique **place des Grands-Hommes** (Lénine et Mao y côtoient notamment Gandhi et Mandela...).

Avec son faux air de Miami, ce quartier a la faveur des familles qui plébiscitent notamment l'**aquarium Mare Nostrum**, où voir des raies pastenagues, et le **planétarium Galilée**, réunis au sein du nouvel espace **Planet Ocean** (www.planetoceanworld.fr ; allée Ulysse ; tarif plein/junior 5-12 ans/mini 3-4 ans 19/13,50/6,50 €, gratuit - 3 ans ; 🕒vac scol tlj 10h-18h, jusqu'à 19h mi-juil à fin août, hors vac scol avr-juin tlj 10h-18h, sept-mars mer-dim 10h-18h). Jetez un coup d'œil à la rubrique "actualités" du site Internet pour consulter les animations proposées (nourrissage des animaux, soirées astronomiques...). Vous trouverez aussi dans ce quartier restaurants et boutiques, une salle d'escalade, une patinoire, un centre commercial et un cinéma.

Au nord de Montpellier

Zoo de Lunaret et serre amazonienne Parc zoologique

(☎04 67 13 05 50 ; zoo.montpellier.fr ; 50 av. Agropolis ; zoo en accès libre, serre adulte/6-18 ans 6,50/3 €, gratuit - 6 ans ; 🕒mar-dim, juin-août 9h30-18h30, fév-mai et sept-oct 10h-18h, nov-jan 10h-17h). Ses 80 ha et 1 500 animaux venus du monde entier font du zoo de Lunaret le deuxième **parc zoologique** de France. Il est aussi, avec sa réserve naturelle et ses 11 km

Château d'eau dans le jardin du Peyrou (p. 73)

HÉRAULT TOURISME/E. BRENDLE ©

de sentiers, l'espace vert le plus grand de Montpellier. Il comprend également la **serre amazonienne** la plus grande de France (fermée pour travaux lors de notre passage), pourvue d'une remarquable scénographie. Pour rejoindre le site, empruntez la ligne 1 du tram jusqu'à l'arrêt Saint-Éloi, puis "La Navette" direction Agropolis Lavalette, arrêt "Zoo".

Où se loger

Royal Hôtel — Central €€

(☎ 04 67 92 13 36 ; www.royalhotelmontpellier.com ; 8 rue Maguelone ; d/fam 95-210/135-235 € selon confort et saison, petit-déj adulte/enfant 14/7 € ; wifi). Extrêmement bien situé – à quelques mètres de la place de la Comédie dans la rue qui descend vers la gare –, cet hôtel a récemment bénéficié d'un lifting plutôt réussi. Il déploie depuis la réception et la salle du petit-déjeuner jusqu'aux chambres, tout confort, une décoration moderne aux teintes chaudes. Autre avantage des lieux (en plus de l'emplacement) : l'accueil, charmant.

Hôtel Ulysse — Rapport qualité/prix €€

(☎ 04 67 02 02 30 ; www.hotel-ulysse.fr ; 338 av. de Saint-Maur ; s/d/tr 88-130/98-130/130-150 €, petit-déj 12,90 € ; wifi P 15 €). Dans le quartier des Aubes, non loin du Corum et du centre historique, ce 3-étoiles discret est une bonne surprise. Assez éloigné des standards de déco contemporains habituels, il cultive un petit côté rétro sans trop en faire, et se distingue par la qualité de son accueil, de son petit-déjeuner, par son calme et la propreté de ses chambres. Labellisé accueil vélo (local dédié, outillage, borne de recharge VAE...).

Les 4 Étoiles — Chambres d'hôtes €€

(☎ 04 67 02 47 69 ; www.les4etoiles.com ; 3 rue Delmas ; s/d avec petit-déj 72-108/94-135 € ; wifi P 10 €). Dans une maison des années 1930, rénovée avec brio, ce petit havre de paix offre 4 chambres personnalisées mariant contemporanéité et charme de l'ancien (coup de cœur pour les carreaux de ciment !). Une très belle adresse pour qui souhaite être un peu à l'écart tout en profitant rapidement du centre. Agréable terrasse commune.

À gauche : Pierresvives, Montpellier ; À droite : quartier Antigone, Montpellier (voir l'encadré page ci-contre)

HUGUES DEROUARD ©

MARC RIGAUD/ADOBE STOCK ©

Mas de Lafeuillade Chambres d'hôtes €€€

(☎06 77 18 29 69 ; www.mas-de-lafeuillade.com ; 281 rue Fra-Angelico ; d 110-200 € avec petit-déj ; ❄ 📶). À 10 minutes du centre-ville, ce mas niché dans un parc planté d'arbres centenaires dispose de 5 chambres plus que confortables décorées dans un esprit rétro chic. Au petit-déjeuner, le pain bio cuit au feu de bois est un pur délice ! Le **restaurant** (plat midi/soir 15/25 €, menu midi/soir 25/35 € ; 🕐sur réservation) situé sur place rappelle quant à lui l'ambiance des bistrots parisiens. Une escale romantique à souhait !

Où se restaurer

Pour un déjeuner à la fraîche, dans un cadre arty, voir aussi Le Café de la Panacée (p. 76) et Faune (p. 77).

Joy Healthy Food Végétalien €

(☎06 99 27 49 53 ; joy-yoga-healthyfood.fr ; 54/55 rue Estelle ; formule midi 19 €, plats 14-16,50 € ; 🕐lun-ven 10h-16h, sam 9h-16h, dim 11h-16h). Les adeptes de l'alimentation saine, végétale et bio s'attableront ici les yeux fermés, dans la jolie salle bohème chic ou sur la microterrasse tranquille. À l'ardoise, le midi, des suggestions toutes fraîches qui rendent les papilles et le corps heureux. Également petits-déjeuners (9,90-16,50 €), brunch (28 €), jus pressés à froid, gâteaux maison... Et cours de yoga dans le studio attenant. L'adresse possède aussi une annexe, **Joy La Guinguette** (☎07 72 27 37 26 ; 32 rue Jean-Jacques Rousseau ; 🕐mar-sam 11h30-18h), un peu plus haut dans l'Écusson.

Les Canons Cave à vins et à manger €€

(☎04 99 61 82 09 ; 28 rue de Candolle ; plats/formule/menu (midi uniquement) 16/16/19,50 €, assiettes (soir uniquement) 4-20 € ; 🕐fermé dim-lun et mar midi). Dans leur ruelle tranquille, la joyeuse équipe de cette cave à vins naturels mitonne midi et soir des assiettes du marché, goûteuses et créatives, à partager (ou pas). Et c'est un franc succès ! La salade sicilienne aux fenouil, pomelo, orange et anchois fumés, que nous avons goûtée ce jour-là, nous fait encore saliver. Réservation conseillée.

SI VOUS AIMEZ... L'architecture contemporaine

Sous la houlette de Georges Frêche (1938-2010), maire de Montpellier puis président de l'agglomération et de la région, la ville s'est métamorphosée en dehors du centre historique. Découvrez de nouveaux quartiers sortis de terre, qui surprennent par leur monumentalité et leur audace stylistique.

- **Antigone** (🚊1, arrêt Antigone). Signé Ricardo Bofill, ce spectaculaire ensemble néoclassique, créé dans les années 1980, puise son inspiration dans l'architecture antique. Antigone se déploie le long d'une perspective qui court du centre commercial du Polygone (à l'est de la place de la Comédie) jusqu'à l'hôtel de la région, arc de triomphe à la façade de verre surplombant le Lez. Ces "Champs-Élysées montpelliérains" s'organisent autour de vastes places ponctuées de fontaines et de reproductions de sculptures antiques.
- **Port Marianne** (🚊1 et 3, arrêt Port-Marianne). Ce quartier, qui a poussé à partir des années 1990 au sud-est de la ville (et au sud d'Antigone), s'orchestre autour de l'**hôtel de ville** (☎04 67 34 70 00 ; www.montpellier.fr ; pl. Georges-Frêche), édifié par Jean Nouvel et François Fontès (2011) au bord du Lez. Tapissé de panneaux photovoltaïques, ce dernier, monumental "cube bleu" en verre, a été conçu comme "le phare d'une ville portuaire".
- **Pierresvives** (🚊1, arrêt Halles-de-la-Paillade). Dessinée en 2012 par Zaha Hadid, cette **Cité du savoir et du sport pour tous** (☎04 67 67 30 00 ; pierresvives.herault.fr ; 907 rue du Pr-Blayac) surprend par son allure de paquebot futuriste. Ce vaisseau de verre et de béton tout en courbes, long de 195 m, est conçu comme le monument central d'un écoquartier, à l'ouest de la ville (visite guidée pour les groupes uniquement).

Les étoilés de l'Écusson

Destination gastronomique par excellence, Montpellier compte plusieurs tables étoilées, dont 4 en plein centre historique :

- **Leclère** (04 67 68 96 95 ; restaurantleclere.com ; 8 rue André Michel ; menu midi/soir 50/75 € ; jeu-sam midi, mar-sam soir). Dans son nouveau fief intimiste, à l'entrée futuriste, Guillaume Leclère continue de régaler ses convives de sa "cuisine d'arrivage" impeccable.
- **Pastis** (04 67 66 37 26 ; pastis-restaurant.com ; 3 rue Terral ; formule/menu midi 26/40 €, menu soir 62 € ; mar-sam midi et mar-ven soir). Dans la belle salle aux pierres et poutres apparentes ou sur la petite terrasse en contrebas de la place du Petit Scel, on se laisse délicieusement surprendre par ces mets d'auteur, qui suivent les humeurs du marché.
- **Reflet d'Obione** (04 99 61 09 17 ; reflet-obione.com ; 29 rue Jean-Jacques Rousseau ; menus midi/soir 51-85/80-110 € ; jeu-ven midi et mar-sam soir). Des compositions pointues, locavores, souvent bio, et bien ancrées dans l'époque – cuisine sans gluten, propositions végétaliennes/végétariennes le midi et menus dédiés le soir (65-80 €)...
- **Le Jardin des sens** (04 99 66 18 18 ; hotel-richerdebelleval.com ; pl. de la Canourgue ; menu midi 120 €, menus soir 10/15 services 190-240 € ; ven-sam midi et mar-sam soir). C'est au cœur d'un sublime écrin aux plafonds classés – un hôtel particulier du XVIIe siècle –, qu'officient désormais les très réputés frères Pourcel. Une renommée qui se goûte dans l'assiette autant que sur la note ! Heureusement, sur place, à La Canourgue (plat 26 €, formule/menu 39/50 € ; tlj), une version bistronomique et plus abordable dexleur cuisine est aussi proposée.

Braise — Cave à vins et bistrot €€

(04 99 62 64 25 ; 42 av Saint-Lazare ; formule/menu midi sem 21/26 €, plats 19-30 € ; mar-mer 10h-19h30, jeu-sam 10h-23h, dim (cave uniquement) 9h30-12h30). Dans le quartier du musée d'Arts Brut, Singulier & autres (p. 76), cette cave à vins contemporaine est aussi un joli (et sympathique) bistrot qui travaille les produits du cru principalement à la braise, pour les grosses et petites faims. Et pour tester l'une de leurs 500 références en vin d'artisans (majoritairement bio), tous les soirs, entre 17h30 et 19h, le verre de vin (et ses grignotages d'apéro) est à 5 €.

Les Bains de Montpellier — Au calme €€

(04 67 60 70 87 ; 6 rue Richelieu ; formule midi 32 €, menu soir 42 €, plats 19-29 € ; tlj sauf dim). À deux pas de la place de la Comédie, derrière l'opéra, l'adresse est sise dans le cadre majestueux des anciens bains du XVIIIe siècle. Espace de fraîcheur au cœur de la ville, son patio à l'ombre des palmiers, agrémenté de fontaines, se prête à merveille à un déjeuner. Dans l'assiette, les plats de type brasserie améliorés – faux-filet de bœuf d'Aubrac, sèche en persillade à la plancha... –, côtoient des compositions plus exotiques : carpaccio de mangue et betterave, fromage de chèvre frais ou *pad thaï* de crevettes et cacahuètes grillées...

Le Petit Jardin — Gastronomique et bistrot €€-€€€

(04 67 60 78 78 ; www.petit-jardin.com ; 20 rue Jean-Jacques-Rousseau ; formule midi sem 36 €, menus 43-59 €, plats 24-44 €, bistrot formule midi sem 27 €, plats 18-22 € ; restaurant juin-oct tlj, nov-mars mar-sam, avr-mai mar-dim, bistrot mar-sam tte l'année). Un des points forts du Petit Jardin : son élégante terrasse arborée, en surplomb de la cathédrale, que se partagent un restaurant gastronomique et un bistrot. Intime et romantique à souhait avec ses tables rondes drapées de blanc, le restaurant est réputé pour sa cuisine fine d'inspiration méditerranéenne (lotte rôtie, sauce coques et Noilly Prat ; agneau

CAROLE HUON ©

Placette dans l'Écusson

confit du Pays d'Oc et son jus de thym…) et ses desserts de haute volée, dont un fabuleux paris-brest aux noisettes caramélisées. Côté bistrot, on choisira parmi des classiques élaborés, comme le tataki de bœuf Black Angus, sauce menthe coriandre ou l'aile de raie à la grenobloise.

Où prendre un verre et faire la fête

Pour organiser vos sorties et connaître les programmations de cinéma, théâtre, concerts, etc., consultez **La Gazette de Montpellier** (www.lagazettedemontpellier.fr) et **Sortir à Montpellier** (www.sortiramontpellier.fr).

Les nombreuses places du centre historique constituent souvent des épicentres de vie nocturne. Ainsi, la **place Jean-Jaurès**, repaire très prisé des étudiants, la **place Saint-Roch** et ses ruelles attenantes, à la population plus éclectique, ou la place du Petit Scel, où se tient le sympathique **Bistrot Sainte-Anne** (☎ 09 80 58 57 54 ; bistrot-sainte-anne.com ; 7 pl. du Petit Scel ; 🕓 tlj 10h-minuit), dont le grand choix de bières locales est issu de microbrasseries artisanales.

Si vous êtes motorisés, n'hésitez pas à vous rendre au marché du Lez (p. 82), les adresses festives de son rooftop sont une invitation à se déhancher…

Clara Jung — Pâtisserie salon de thé

(☎ 06 27 69 78 10 ; clarajung.fr ; 21 rue du Palais des Guilhem ; 🕓 mar-ven 11h-19h, sam 10h-19h). Les gourmands feront halte sans complexe dans cette jolie pâtisserie de l'Écusson. Les créations de saison y sont fines, originales… et modérées en sucre ! Quelques tables sur la mezzanine cosy ou en terrasse permettent d'y goûter en sirotant une citronnade maison ou un café. Également au marché du Lez (p. 82).

Le Parfum — Bar à cocktails et dimsums

(☎ 04 67 84 86 15 ; www.barleparfum.com ; 55 bis rue de la Cavalerie ; 🕓 mar-sam 19h-1h). Dans l'ancien quartier des Abattoirs, une excellente adresse pour les amateurs de cocktails, à assortir de fondantes bouchées vapeurs (*dimsums*). Le bar propose 25 créations originales, comme le Rasta

FIEDELS/ADOBE STOCK ©

SI VOUS AIMEZ... Les produits frais et l'esprit brocante

Pour faire des emplettes gourmandes ou chiner des objets de seconde main, notez bien ces deux endroits ouverts même en semaine.

- **Halles Laissac** (angle bd de l'Observatoire et bd Victor-Hugo ; tlj). Ouvertes en décembre 2018, ces halles se situent en plein cœur de ville. Elles ont été démolies pour être reconstruites dans le style Baltard et accueillent 24 étals dont une buvette et un espace de restauration central. Un cuiseur permet de faire cuire les produits achetés sur place en les accompagnant de garnitures au choix.
- **Marché du Lez** (1348 av. Raymond-Dugrand ; brocante mar-dim 10h-19h, restaurant – hors food trucks – lun-dim 12h-14h30 et 20h-23h30 ; P gratuit). Un peu excentré, installé dans d'anciens locaux industriels et agricoles, en bordure du Lez, ce tiers-lieu prolifique offre un immense *food court* d'une quarantaine de bars, commerces et restaurants, surmonté d'un *rooftop* dansant. On y trouve aussi brocanteurs, *food trucks*, espace bien-être, skate-park et loueur de vélo. Le lieu développe une programmation culturelle et festive bouillonnante.

Roquette, à base de rhum jamaïcain (un coup de cœur), ou le Heart and Soul, parfait en hiver. On s'installe sous une nuée de lampions rouges ou dans le joli patio verdoyant d'inspiration orientale. Certes, les cocktails ont un prix (14-25 €), mais la qualité est là.

Aperture — Bar à cocktails

(09 87 17 44 33 ; 2 rue des Trésoriers-de-la-Bourse ; cocktails 12-14 €, tapas 7-10 € ; mar-sam 18h-1h). Ouvert par Julien Escot, maître ès cocktails et ancien du Papa Doble, ce bar au design lumineux est très vite devenu un *must* des nuits montpelliéraines. Parmi les cocktails stars, citons l'Aperture Spriz (Lillet blanc au basilic, agrumes et cardamome, prosecco, soda) à agrémenter d'un Bánh-Mì (sandwich vietnamien) ou de brochettes de poulet snackées à la japonaise.

Black Sheep — Bar à bières, concerts

(04 67 58 08 65 ; theblacksheep.fr ; 21 bd Louis-Blanc ; tlj 18h-1h). À la fois bar à bières (15 bières pression) et salle de concerts, cet établissement doit son succès à son atmosphère décontractée et à une programmation musicale innovante, idéale pour découvrir de nouveaux talents.

Rockstore — Concerts

(04 67 06 80 00 ; www.rockstore.fr ; 20 rue de Verdun). Pulp, Placebo, Noir Désir, Radiohead, FFF, Sébastien Tellier, ou récemment Manu Chao... En 25 ans, cette salle de concerts mythique a vu passer des pointures de la scène internationale. Soirées clubbing en seconde partie de nuit (mer-sam minuit-6h). Pas de concerts l'été.

Le Temple de la Danse — Danse

(09 52 82 14 11 ; templededanse.com ; 260 rue Puech-Radier, Lattes ; lun-sam). Salsa, tango, rock, bachata, timba, zouk brésilien... Chaque soir, cet établissement dédié aux danses du monde entier suggère un nouveau voyage. Cours de danse également et restauration de type cuisine du monde.

Où sortir

Gérés par la même institution, ces 2 établissements permettent d'écouter l'**orchestre national de Montpellier** (04 67 60 19 99 ; www.opera-orchestre-montpellier.fr). Outre la programmation lyrique et symphonique, un bel effort de décloisonnement permet par exemple aussi d'assister à des "concerts famille" pour tous les âges ou à des ciné-concerts.

Opéra Comédie Musique
(pl. de la Comédie). Un opéra à l'italienne de mille places environ, tourné vers les musiques du XVIIIe siècle.

Le Corum/Opéra Berlioz Musique
(espl. Charles-de-Gaulle). Plus moderne, cette bâtisse dotée d'une très grande scène fait principalement entendre les répertoires des XIXe et XXe siècles.

Renseignements

Office du tourisme (04 67 60 60 60 ; www.montpellier-tourisme.fr ; 30 allée Jean-de-Lattre-de-Tassigny). Situé à la jonction de la place de la Comédie et de l'esplanade Charles-de-Gaulle, il propose de nombreuses visites guidées à Montpellier (comme la Faculté de médecine ou le Mikvé, p. 76) et dans sa périphérie (dont les châteaux p. 85), que vous pourrez réserver directement sur le site Internet. Les visites guidées sur le thème du *street art* sont aussi très appréciées.

Avantageuse si vous prévoyez beaucoup de visites, la **City Card** (24/48/72 heures à partir de 15/22/28 €) permet d'obtenir nombre de réductions, voire la gratuité, dans les transports, les musées, etc.

Depuis/vers Montpellier

AVION

L'**aéroport international de Montpellier-Méditerranée** (04 67 20 85 00 ; www.montpellier.aeroport.fr) est situé à 8 km au sud-est de la ville. En vol direct, il dessert de nombreuses villes en France grâce aux compagnies *low cost* : Volotea, easyJet, Transavia... Air France assure aussi quelques liaisons. Les vols réguliers vers la Suisse et la Belgique changent d'une année sur l'autre.

La **navette aéroport** (ligne 620 ; www.herault-transport.fr ; ticket navette 1,60 €, navette + tram 2,60 €) dessert la gare Montpellier Sud (ttes les 30 min de 8h30 à 20h30 ; 25 min de trajet) puis permet de rejoindre le centre-ville via la ligne 1 du tramway (correspondance au niveau de l'arrêt place de l'Europe).

Pour un taxi jusqu'au centre-ville, contactez l'Association des taxis aéroport de Montpellier au 04 30 96 60 60. Comptez environ 35-40 € pour une course en journée et 40-45 € la nuit.

BUS

La **gare routière** (2, arrêt Sabines) est située au sud-ouest de Montpellier. **Hérault Transport** (04 34 888 999 ; www.herault-transport.fr ; ticket 1,60 €, carte 10 voyages 10 €) peut se prévaloir d'un réseau étendu de 68 lignes qui permettent, grâce à de nombreuses correspondances, de rejoindre les sites majeurs du département. Une véritable aubaine vu les prix pratiqués ! Depuis Montpellier, on peut notamment rejoindre Sète avec la ligne 602 au départ de la gare routière, ou Carnon et La Grande-Motte avec la ligne 606 au départ de la station de tramway Place de France (ligne 1), ainsi que Palavas-les-Flots par la ligne 631. La ligne 681 Express permet d'aller même jusqu'à Millau au tarif de 2 €.

Si vous comptez voyager dans des départements limitrophes, sachez que la région Occitanie a mis en place **liO** (lio.laregion.fr), un service régional de transports collectifs à prix doux comprenant divers modes de transport sur l'ensemble de la région. Vous pouvez rechercher des itinéraires et consulter les horaires sur www.mestrajets.lio.laregion.fr.

TRAIN

La **gare Montpellier-Saint-Roch** (36 35 ; pl. Auguste-Gibert) (TGV, Intercités et TER), située à seulement 500 m au sud de la place de la Comédie, a fait l'objet d'importants travaux de modernisation. Elle fait office de point de jonction des 4 lignes de tramway et est desservie par les lignes de bus 6, 7, 8, 11, 12 et 16. Des loueurs de voitures sont installés sur place.

En juillet 2018 a été inaugurée la **gare TGV Montpellier-Sud de France** (1521 rue de la Fontaine-de-la-Banquière), également nommée gare de Montpellier-Odysseum ou gare de La Mogère, et située dans le quartier Odysseum, à 6 km du centre-ville. Dans l'attente de l'extension de la ligne 1 du tramway, une ligne de bus dédiée, **La Navette Gare Montpellier-Sud de France** (tlj, ttes les 10 à 15 min),

TIBOR BOGNAR / PHOTONONSTOP ©

Gare de Montpellier Saint-Roch

assure la liaison jusqu'à la station Place de France, en correspondance avec la ligne 1.

Le **TGV** relie Montpellier à Paris (3 heures 20), et le **TER** permet de rejoindre de nombreuses villes d'Occitanie : Sète (20 min), Nîmes (35 min), Béziers (45 min), Narbonne (1 heure), Avignon (1 heure 10), Carcassonne (1 heure 30), Perpignan (1 heure 40) et Collioure (2 heures 10).

Comment circuler

Bus, tramway, vélos et parkings sont gérés par la **TaM** (Transports de l'agglomération de Montpellier ; ☎ 04 67 22 87 87 ; www.tam-voyages.com ; 6 rue Jules-Ferry ; ⏰ lun-ven 7h30-18h30, sam 9h-12h), qui offre de multiples possibilités de billets combinés. Les lignes de tramway et de bus TaM se combinent notamment pour un tarif unique de 1,60 € le ticket (forfait 1 jour 4,30 €). La carte 10 voyages est à 10 €.

Un conseil : garez votre voiture en périphérie, car le centre de Montpellier est largement piéton et circuler en voiture est un casse-tête. Seize parkings baptisés les **P+Tram**, situés en périphérie à côté d'arrêts de tramway, proposent près de 5 000 places de stationnement. Renseignez-vous sur le forfait aller-retour en tram valable pour une journée, qui peut être avantageux (5,20 €/voiture).

BUS

Les 41 lignes de bus de la TaM circulant de jour sont relayées le soir par la navette nocturne **Amigo** (⏰ jeu-sam minuit-5h, 6h juil-août).

TRAM

Le tram, véritable institution à Montpellier, qui arbore des lignes harmonieuses, dispose de 4 lignes (une 5e est prévue pour 2025) organisées en étoile, la gare faisant office de point de jonction.

Ligne 1 : Mosson à Odysseum,
Ligne 2 : Saint-Jean-de-Védas à Jacou,
Ligne 3 : Juvignac à Lattes ou Pérols,
Ligne 4 : Saint-Denis à Place-Albert-Ier

VÉLO

Quelque 150 km de pistes cyclables et un système de vélos en libre-service, le **Vélomagg** (0,50 €/heure), doté de 57 stations, la plupart équipées de lecteurs de CB. Pour l'utiliser sans abonnement, télécharger l'appli M'Ticket.

VOITURE

Quelque 35 stations de véhicules en libre-service sont installées en partenariat avec la société **Modulauto** (www.modulauto.net ; à partir de 2,70 €/heure et 0,41 €/km, assurance et carburant compris).

GOLFE DU LION

Parsemé d'étangs et de cordons lagunaires, le littoral du golfe du Lion n'est trop souvent considéré qu'au prisme de son histoire récente. La mission Racine eut pour objectif de l'aménager pour le tourisme dans les années 1960-1970, après une vague de démoustication et d'assèchement des marais qui ont complètement transformé le paysage. Sa côte sablonneuse et ses stations balnéaires affichent une façade bétonnée qui semble ne jamais vouloir s'arrêter. Belles plages propices au farniente, choix d'activités nautiques inégalé, parcs d'attractions géants... Il va sans dire que la région se prête à merveille aux bains de soleil. Mais elle ne s'y résume pourtant pas. Sète, ses canaux et ses joutes languedociennes, l'étang de Thau, un écosystème d'une grande richesse, de petits ports de pêche, Agde la grecque... autant de pépites aux origines plus lointaines, qui gratifient d'un riche volet culturel cette portion de côte, admettons-le, quelque peu malmenée.

La Grande-Motte

Première ville à s'être vu décerner le label "Patrimoine du XXe siècle" dans son intégralité, La Grande-Motte, ville nouvelle et station balnéaire créée *ex nihilo* (ou peu s'en faut), à l'instar de ses voisines, se distingue cependant de ces dernières. Car elle est aussi une ville globale qui s'appréhende comme telle, œuvre de l'architecte Jean Balladur qui y consacra pas moins de 30 années de sa vie. Partant du principe que "toute verticale poignarde

SI VOUS AIMEZ... Les "folies"

Si les belles demeures de Montpellier vous ont plu, ne manquez pas les majestueux domaines qui parsèment la périphérie de la ville, résidences d'été des notables qualifiées *a posteriori* de "folies".

Château de Flaugergues (04 99 52 66 37 ; www.flaugergues.com ; 1744 av. Albert-Einstein, Montpellier ; visite guidée château tarif plein/réduit 11,50/8 €, visite libre jardin 8/5 €, gratuit - 12 ans ; château se renseigner sur les visites, jardin accès libre juin-sept lun-ven 9h30-19h, sam-dim 13h-19h, oct-mai lun-ven 9h30-18h, sam 14h-18h, fermé dim). Construit au XVIIe-XVIIIe siècle sur un domaine de 4 ha, ce château servira de modèle à nombre d'autres "folies". À l'intérieur, un escalier monumental et un bel ensemble de tapisseries flamandes. **Visites guidées thématiques** (tarif plein/réduit 11,50/8 €) dans les jardins et la cave. Son restaurant **Le Folia** (plat/formule/menu 18/22,50/25 € ; lun-ven midi) vaut aussi le détour. À 4 km à l'est de l'Écusson.

Château d'Ô (1, arrêt Château d'Ô ou Malbosc ; av. des Moulins). Entièrement dévolu à la culture, ce château, propriété du conseil départemental, sert notamment de magnifique écrin au **Printemps des comédiens** (www.printempsdescomediens.com ; juin), festival de spectacle vivant existant depuis 1987. Le parc de 23 ha est public. À 4,5 km au nord-ouest de l'Écusson.

Château de la Mogère (06 61 14 72 01 ; www.lamogere.fr ; 2235 rte de Vauguières, Montpellier ; château et jardin adulte/enfant 7/3 €, jardin seul 3,50 € ; juin-sept tlj 14h30-18h30, oct-mai sam-dim et jours fériés 14h30-18h30 et autres jours sur rdv ; 1, arrêt Odysseum). Dessinée par l'architecte Jean Giral en 1715, la façade austère de ce château se dresse au cœur d'un jardin ponctué d'essences méditerranéennes. Remarquez le buffet d'eau classé monument historique. À 5 km au sud-est de l'Écusson.

La Grande-Motte

le ciel et le sol", il édifia des pyramides de béton (1968), devenues l'emblème de la ville. Mais La Grande-Motte, c'est aussi une ville-jardin, avec 70% d'espaces verts et 7 km de plages, qui mérite, au-delà de ses infrastructures touristiques et de ses activités nautiques, le détour. Les **visites guidées** (7 € au guichet, 6 € en ligne) proposées par l'office du tourisme en offrent une excellente clé de lecture.

Activités

Yacht Club de la Grande-Motte – École française de voile — Voile

(☎ 04 67 56 19 10 ; www.ycgm.fr ; esplanade Jean-Baumel). Voile légère, kitesurf, paddle, kayak... sur deux bases, côté mer ou côté étang du Ponant, plan d'eau dédié au nautisme et creusé artificiellement dès 1966.

Lucile 2 — Sortie en mer

(☎ 06 08 78 92 61 ; www.catamaranlucile2.com ; quai d'honneur ; ⏲ avr-sept). Sorties découvertes, repas en mer ou apéro au champagne au coucher du soleil : ce catamaran rouge et blanc propose diverses formules afin de découvrir le golfe d'Aigues-Mortes, le large, son littoral et les côtes de Camargue.

Espace Grand Bleu — Piscine

(☎ 04 67 56 28 23 ; La Plaine des Jeux, 195 rue Saint-Louis ; adulte/4-17 ans 12,50/9 €, gratuit - 4 ans ; ⏲ juil-août tlj 10h-18h30, horaires variables reste de l'année). Un parc aquatique s'étendant sur près de 2 ha, en extérieur et en intérieur, pour une ouverture à l'année. Shorts de bain interdits.

Où se restaurer

Le Tandem — Poissons et fruits de mer €€

(☎ 04 67 56 24 25 ; restaurantletandem.com ; 220 pl. des Tritons ; plats 22-28 €, formule/menu 27/32 € ; ⏲ juil-août mar soir et mer-dim, hors saison mer-sam et dim midi, fermé nov-fév). Une petite adresse discrète, orchestrée par un duo père-fille, mais qui fait largement son effet ! Dos de lieu noir en croûte d'herbes, moules gratinées, couteaux, encornets farcis, seiches à la persillade... Simple, goûteux et ultra frais.

Si vous n'arrivez pas à choisir, optez pour la parillada (34 €) et vous ne saurez plus où donner de la fourchette !

Renseignements

Office du tourisme (04 67 56 42 00 ; www.lagrandemotte.com ; 55 rue du Port). Organise des visites guidées "À la découverte des tortues marines" (1 heure 30, 8 €, gratuit - 7 ans) ayant lieu au CESTMed, un espace dédié aux soins et à la réadaptation de ces animaux recueillis sur tout le littoral méditerranéen. Demandez le programme des animations pour enfants (atelier naturaliste, hôpital des tortues...).

Depuis/vers La Grande-Motte

La ligne 606 relie Montpellier (station de tramway Place de France, sur la ligne 1) à Aigues-Mortes, en passant par La Grande-Motte.

Palavas-les-Flots et ses environs

À seulement 10 km de Montpellier, cette station balnéaire, prisée des citadins pour ses 7 km de plages, tire également son épingle du jeu grâce à son port, qui adjoint la pêche à la plaisance, et à son étonnant musée, consacré au caricaturiste Albert Dubout. Bordée d'étangs formant un complexe lagunaire de charme, qui se visite aisément à vélo, elle est aussi connue pour ses richesses ornithologiques. Des tables d'orientation vous aiguilleront tout le long des étangs en direction de **Carnon**, là où les flamants roses se donnent en spectacle.

D'avril à octobre, si vous venez en voiture, sachez que le tarif du stationnement urbain est plutôt excessif (y compris le dimanche). Un parking gratuit est situé à l'entrée de la ville près de la Salle Bleue (parc des expositions, juste avant le Luna Park).

À voir et à faire

C'est autour de la pêche que s'est d'abord développé le village de Palavas. Près de la capitainerie du port de plaisance, vous pourrez ainsi apercevoir quelques jolies barques catalanes restaurées témoignant de cet héritage. Avec leur faible tirant d'eau, elles étaient parfaites pour naviguer dans le canal, souvent ensablé. L'office du tourisme (p. 90) propose, en saison, des visites guidées à la découverte du littoral à travers les métiers de la pêche (adulte/ 3-12 ans 5/3 €).

Pour louer un vélo, adressez-vous à **Cycloloc** (04 67 68 55 84 ; www.cycloloc-palavas.fr ; 49 rue Sire-de-Joinville ; juil-août tlj 9h-13h et 14h-19h, sept-juin mar-sam).

Phare de la Méditerranée — Panorama

(04 67 07 72 56 ; pl. de la Méditerranée ; adulte/3-12 ans 3/1 € ; tlj 10h-minuit). Symbole de Palavas, illuminé de toutes les couleurs à la nuit tombée, cet ancien château d'eau réhabilité en phare et situé en pleine ville n'est pas une merveille architecturale (loin de là), mais offre la possibilité, à travers son ascenseur vitré puis de son pont-promenade s'élevant à 34 m de hauteur, d'embrasser du regard tous les environs, du golfe du Lion à l'arrière-pays. Toutefois, le tarif d'entrée en découragera plus d'un, et à juste titre... Restaurant panoramique au dernier étage (mais les prix s'envolent un peu, eux aussi).

Musée Albert Dubout — Caricatures

(04 67 68 56 41 ; Redoute de Ballestras ; adulte 5 €, gratuit - 19 ans ; juil-août tlj 10h-13h et 16h-19h, mars-juin et sept-nov mar-dim 14h-17h, déc-fév sam-dim et vac scol mar-dim 14h-17h). Dans un fortin élevé en 1743 et reconstruit sur l'île du Levant, au cœur de l'étang éponyme, ce musée est consacré à Albert Dubout (1905-1976), célèbre caricaturiste et croqueur invétéré de saynètes du quotidien, pour lequel les habitants de Palavas furent une prolifique source d'inspiration. Tous les ans, une nouvelle exposition thématique a lieu au printemps.

Cathédrale de Maguelone — Art roman

(04 67 50 63 63 ; www.compagnons-de-maguelone.org ; audioguide de 45 min 4,50 € ; point accueil visiteurs tlj 9h-18h). À 4 km de Palavas, aux confins d'une langue

de terre bordée de plages et de marais, la cathédrale de Maguelone, bijou de l'art roman érigé au XIe siècle sur un îlot, se dresse au milieu des pins parasols et des vignes. Elle fut conçue comme une véritable forteresse, robuste et dépouillée. Ses murs atteignent par endroits 2 m d'épaisseur. Succédant à une première cathédrale détruite par les Francs, elle fut le siège des évêques du VIe au VIIIe siècle et du XIe au XVIe siècle, et le refuge de plusieurs papes à ses heures. L'ensemble du site s'étend sur 30 ha, mais seule la partie circonscrite à la cathédrale, habitée par de jolis paons blancs, se visite. La cathédrale accueille des concerts toute l'année, notamment au mois de juin, lors du festival de musiques anciennes, ou à l'automne-hiver lors du festival Les Voix de Maguelone. Les Compagnons de Maguelone cultivent 18 ha de vignes en bio et font découvrir le fruit de leur production au cours de **balades commentées** (adulte/6-18 ans 15/8 € ; sur réservation), dans le bar-restaurant **Le Comptoir des Compagnons** (☎04 67 50 49 88 ; plats 12-18,50 €) ou dans la boutique dédiée, installés sur le site. D'avril à septembre, impossible de rallier directement la cathédrale en voiture ; vous devrez la laisser au **parking du Prévost** (🕒avr-sept 8h-18h/18h-20h 5/2,50 €), 2 km en amont, et emprunter un petit train gratuit (toutes les 15 min de 9h15 à 19h).

Étangs palavasiens

Ornithologie et balade à vélo

Composé de 4 sites Natura 2000, le complexe des étangs palavasiens est composé de **9 étangs** traversés par le canal du Rhône à Sète et s'échelonne de Pérols à Frontignan. C'est une mosaïque de milieux naturels remarquables, entre eaux saumâtres et salées, et d'une grande richesse écologique. On peut y observer de magnifiques oiseaux : tadorne de Belon, flamant rose, mouette rieuse, goéland leucophée, sterne pierregarin, sterne naine... L'ensemble se découvre sans effort sur la portion de voie verte

Plage du Petit et du Grand Travers (page ci-contre)

CAROLE HUON ©

allant de Palavas à Lattes, dite **voie verte du Méjean** (6 km, accès au lieu-dit Quatre-Canaux), parfaite pour les familles.

Activités

Centre nautique municipal Pierre-Ligneuil

Voile

(04 67 07 73 33 ; 1 bd Joffre ; lun-ven 8h30-12h et 13h-16h30, tte l'année). Catamaran, Optimist, planche à voile... en initiation ou en perfectionnement, à partir de 6 ans.

Où se loger

Hôtel Gédéon

Bon plan €

(04 67 68 10 05 ; www.hotelgedeon.com ; 159 av. Grassion-Cibrand, Carnon-Plage Est ; s/d/qua 60-75/65-90/95-110 €, selon vue et saison, petit-déj 12 € ; fermé fin déc à mi-fév ;). Un petit hôtel-restaurant à Carnon-Plage, à seulement 5 minutes de Palavas, face à une venelle débouchant sur la plage. Les chambres, assez simples, dotées pour certaines d'une petite vue sur la mer, arborent une décoration cosy à l'esprit rétro. Un excellent rapport qualité/prix, compte tenu de l'emplacement et du très bon accueil. Au rez-de-chaussée, le restaurant-bar à vins, avec petite terrasse, propose une cuisine fraîche, plus que correcte (plats 8-18 €). Location de paddle (12 €/heure, 15 € pour les clients extérieurs) et salle de gym (5 €/heure).

Le Brasilia

Central €€

(04 67 68 00 68 ; www.brasilia-palavas.com ; 9 bd Joffre ; d/tr/qua 69-132/89-150/119-171 € selon vue et saison, petit-déj 12 € ;). Face à la plage de l'Hôtel-de-Ville, ce 3-étoiles propose des chambres modernes et sobres, toutes avec balcon. Les plus intéressantes sont évidemment celles qui s'ouvrent sur la mer ; les moins chères ont, quant à elles, vue sur le vrai-faux "phare" de Palavas, nettement moins dépaysant.... À deux pas – et dépendant de la même maison –, le restaurant **Sur la Braise** (04 67 17 08 73 ; plats 15-25 €, menu 25 € ; juil-août tlj, sept-juin mar-dim) jouit d'une bonne réputation.

Les plages du Petit et du Grand Travers

À l'est de Palavas, **Carnon-Plage**, station balnéaire de moindre envergure, est le point de départ de ce qu'il reste de cordon dunaire sur cette côte allègrement bétonnée. L'immense étendue de sable bute contre La Grande-Motte et son architecture parfois décriée. Reste que les **plages du Petit et du Grand Travers**, situés respectivement sur la première et la deuxième station, demeurent de magnifiques spots. Dépourvues de toute construction en dur et plutôt éloignées de la route, ces plages sortent un peu du lot. Une piste cyclable reliant Carnon à La Grande-Motte permet de s'y rendre, et vous trouverez des parkings tout au long. Le bus 606 permet d'y accéder depuis l'arrêt de tramway 1 Place de France.

Où se restaurer

Mimosa

Restaurant et cocktails €€

(06 11 34 32 82 ; 191 av. Saint-Maurice ; plats 16-31 € ; juin à mi-sept tlj, avr-juin et mi-sept à mi-oct mer-sam et dim midi, fermé mi-oct à avr). Avec sa grande terrasse ombragée et sa déco pimpante, cette adresse tendance, sise au rez-de-chaussée de l'hôtel du Midi, bouscule les classiques de bistrot par ses saveurs exotiques : gaspacho de pastèque ; crevettes et bouillon thaï ; faux-filet d'Aubrac et pommes de terres au paprika ; dorade et choux à l'asiatique... Et pour se mettre en appétit, un choix de cocktails création (10-14 €) à accompagner de planches et tapas (8-14 €).

La Banane

Produits de la mer €€€

(04 67 50 73 93 ; www.restaurantlabanane.fr ; 37 bd Sarrail ; plats 24-32 € ; été soir mar-sam, hors saison midi mar-dim, soir ven-sam). Dans une salle tout en baies vitrées ouverte sur la plage, à l'écart de l'agitation estivale, la clientèle d'habitués déguste ici couteaux et petits calmars à la plancha,

Abbaye Saint-Félix-de-Montceau sur le massif de la Gardiole (ci-contre)

carpaccios de la mer créatifs (loup au citron vert, gingembre et coco ; gambas mangue passion ; daurade aux fraises ; thon au yuzu...) ou encore la pêche du jour cuite à la plancha. Déco sobre et design, personnel attentif et souriant. Pour une *zarzuela* ou un couscous de la mer, commandez 2 jours à l'avance.

Renseignements

Office du tourisme (04 67 07 73 34 ; www.ot-palavaslesflots.com ; pl. de la Méditerranée). Situé à l'entrée du phare de la Méditerranée. D'avril à fin septembre, y sont programmées plusieurs balades commentées, à pied ou à vélo, à la découverte des étangs (adulte/3-12 ans 5/3 €).

Depuis/vers Palavas

Depuis Montpellier, prenez la ligne 3 du tramway jusqu'à son terminus (étang de l'Or à Pérols), d'où la ligne 1 du réseau de bus du Pays de l'Or vous conduira à Palavas-les-Flots via Carnon. Autre possibilité, la ligne de bus 631 de liO Transport qui relie Montpellier (arrêt Garcia-Lorca) et Palavas.

Sète

L'"île singulière" chère à Paul Valéry et à d'autres enfants du pays comme Georges Brassens ou Jean Vilar, qui à leur tour la célébrèrent à travers leur art, fait figure de perle rare dans l'océan de béton qui borde le littoral héraultais. C'est que la petite Venise du Languedoc, née en 1666 de la volonté de Louis XIV d'offrir un débouché maritime au canal du Midi, conserve le charme immuable de ses origines : des canaux bordés de façades anciennes, des ponts propices aux enjambées d'île en île, un vieux port rythmé par le va-et-vient des thoniers, des joutes nautiques ancestrales (voir l'encadré p. 92), des ruelles escarpées rappelant la *dolce vita* italienne, et l'adorable mont Saint-Clair, qui offre un fabuleux panorama sur la mer et l'étang de Thau du haut de ses 183 m... Bordée sur son flanc sud par de grandes étendues de sable, leur lot de plages privées et de paillotes festives, au nord par l'étang de Thau, ses ports de pêche traditionnels et ses parcs conchylicoles, Sète, entre tourisme balnéaire et culturel, est une étape de charme sur cette portion de côte, et cela se sait de plus en plus !

À voir

Depuis 2008, le **festival K-Live** (k-live.fr ; 1re quinzaine de juin) invite régulièrement des artistes de *street art* de renom pour enrichir ce qui est devenu avec le temps le **MaCO** de Sète, pour Musée à ciel ouvert. Ouvrez l'œil en vous promenant le long des quais, sur les canaux ou dans les ruelles du quartier haut, et vous verrez sans doute des œuvres de M. Chat, Poch, Pablito Zago, Epsylon… Un dépliant est disponible à l'office du tourisme. Ou optez pour les **visites guidées** (adulte/6-12 ans 7,50/3 € ; juil-août jeu 10h, vac scol Pâques et Toussaint jeu 14h30, voir p. 98).

Canal Royal et vieux port

Sète s'est construite autour du canal Royal, et ses quais, bordés de cafés et de restaurants aux terrasses bondées à la belle saison, font encore aujourd'hui office de cœur de ville. Au total, **6 ponts** permettent de passer d'une rive à l'autre et de prendre toute la mesure de ce paysage de carte postale, qui ne se révèle jamais mieux que sous la lumière du soir, quand les couleurs chatoyantes de ses édifices anciens et de ses bateaux amarrés semblent peu à peu plonger et s'éteindre à leur tour dans les eaux. Au va-et-vient des plaisanciers et des barques de joute font écho, à son extrémité sud, le vieux port et le ballet savamment orchestré des pêcheurs, entre ses phares et sa halle. À son extrémité nord, la **Pointe-Courte** (p. 92), petit port typique cher à Agnès Varda, qui s'avance sur l'étang de Thau, vaut également le détour.

MIAM – musée international des Arts modestes — Arts modestes

(04 99 04 76 44 ; www.miam.org ; 23 quai Maréchal de Lattre de Tassigny ; adulte/10-18 ans et étudiants 5,60/2,60 €, gratuit - 10 ans ; avr-sept mar-dim 11h-18h, oct-mars mar-dim 9h30-12h et 14h-18h). Le musée international des Arts modestes, fondé par Hervé Di Rosa et Bernard Belluc, n'a de cesse d'interroger la notion d'art et ses frontières. Les arts modestes, ce sont tous ces objets simples, bon marché et non intellectualisés, produits manufacturés accumulés par souci esthétique, ou objet unique qu'un faiseur de sens anonyme façonne comme tel. En l'absence de panneaux explicatifs, on ne saurait trop vous conseiller de prendre part aux **visites guidées** (avr-sept mar-ven 14h30 et 16h), essentielles

---

VAUT LE DÉTOUR

Abbaye Saint-Félix-de-Montceau et massif de la Gardiole

Entre Palavas-les-Flots et Sète, juchée sur un promontoire émergeant dans la garrigue du massif de la Gardiole, on peut admirer les vestiges de cette ancienne **abbaye bénédictine** (04 67 43 34 81 ; Gigean ; accès libre, abbatiale 1 € ; visite de l'abbatiale lun 9h-16h), vraisemblablement fondée au XIe siècle, et qui a été, après son pillage par des mercenaires, abandonnée par les moniales au XVIe siècle. L'édifice fut ensuite largement exploité comme carrière de pierres par les habitants des environs. Ses ruines romantiques, dominant l'étang de Thau, sont spectaculaires et laissent deviner l'ampleur de l'ensemble. À ciel ouvert, l'église abbatiale gothique, du XIIIe siècle, a conservé encore de puissants et hauts pans de murs et sa magnifique rosace sur la façade occidentale. Église primitive de l'abbaye, la chapelle romane constitue le monument le mieux préservé de l'ensemble. L'abbaye est entretenue et restaurée depuis 45 ans par une association de bénévoles passionnés qui y a notamment créé des jardins d'inspiration médiévale. Vous trouverez deux parcours de randonnée balisés au départ de l'abbaye : l'un de 2 heures, autour du site (niveau facile) ; l'autre de 4 heures 30 (niveau moyen), qui ménage de beaux points de vue. À éviter toutefois par fortes chaleurs.

Les joutes de Sète

L'événement de l'année, pour les Sétois, est incontestablement la **fête de la Saint-Louis**, à la fin du mois d'août. Durant 6 jours, fanfares, spectacles de rue, bodegas et joutes nautiques investissent rues et canaux. Le lundi qui suit est tout simplement décrété férié ! Chaque été, depuis 1666, ces festivités transforment le canal Royal en terrain d'un tournoi passionnel dont le vainqueur verra sa mémoire longtemps célébrée. Debout sur la tintaine (saillie à la proue) d'une barque propulsée par 10 rameurs, les jouteurs, protégés d'un pavois et armés d'une épure (lance en bois de 2,80 m de long), s'affrontent au son des hautbois et des tambours. Des gradins sont installés le long des quais pour assister aux combats, et les soirées se prolongent jusque tard dans la nuit.

à la compréhension de la démarche – qui risque sinon de vous laisser perplexe. Le musée organise également des expositions temporaires. La **Petite Épicerie** propose des ateliers (5,50 € par enfant ; dès 2 ans) pour les enfants ou les familles, assurés par des professeurs des Beaux-Arts de Sète. Très ludiques, ils remportent un joli succès ; réservez le plus tôt possible.

Musée de la Mer Traditions de la mer

(☎04 99 04 71 55 ; 1 rue Jean-Vilar ; ⏲mer-lun mai-sept 10h-19h, oct-avr 9h30-18h ; entrée libre). Juste en dessous du cimetière marin, ce petit musée, ouvert en 2014, raconte l'histoire du port de Sète et de ses joutes. Belle collection de maquettes de bateaux en bois qui ravira les amateurs du genre.

CRAC – Centre régional d'art contemporain Art contemporain

(☎04 67 74 94 37 ; crac.laregion.fr ; 26 quai Aspirant-Herber ; ⏲lun, mer-ven 12h30-19h, sam-dim 14h-19h ; entrée libre). Installé dans un ancien entrepôt frigorifique de poissons, le Centre régional d'art contemporain Occitanie offre, grâce à ce caractère industriel, un cadre privilégié à ses 4 expositions annuelles. Visites guidées fortement recommandées (le week-end à partir de 16h ; visites "flash" de 15 min certains jours de la semaine également).

Vieux port Criée et halles

Le premier port français de pêche de la Méditerranée vit au rythme de la **criée**, rendez-vous quotidien incontournable (accessible uniquement aux professionnels). La magie opère avant même l'ouverture des halles (à 16h, sauf le lundi à 15h30), quand les bateaux de pêche chargés de poissons rentrent au port, escortés par une nuée de mouettes. À partir de 15h, baladez-vous sur le **môle Saint-Louis**, premier ouvrage construit lors de la fondation de la ville, dont la jetée s'enfonce sur 650 m dans la mer, et admirez le spectacle, avant de grimper les 126 marches de son **phare** (⏲juil-août tlj 10h30-13h et 15h30-19h, hors saison se renseigner ; 3,50 €, gratuit - 12 ans) et d'embrasser des yeux le paysage.

À l'autre extrémité du môle, le fort Saint-Pierre (saint patron des pêcheurs), devenu le **théâtre de la Mer Jean-Vilar**, a été construit après l'invasion anglaise de 1710. Initialement prévu pour des représentations théâtrales à ciel ouvert, il est finalement surtout utilisé pour des concerts lors des festivals d'été, notamment lors de Jazz à Sète. Il a été baptisé en l'honneur du créateur du festival d'Avignon, né et mort à Sète.

Pointe-Courte Quartier

(quai du Mistral). Village dans la ville, immortalisé par la cinéaste Agnès Varda en 1954 (*La Pointe courte*, avec Philippe Noiret et Silvia Monfort), ce quartier de pêcheurs attachant se niche au pied d'un pont ferroviaire, entre le canal de Sète et l'étang de Thau. Ce ne sont que quelques travées piétonnes bordées de petites maisons colorées et fleuries, mais leur charme, quasi insulaire, est très fort, surtout tout au bord de l'étang. S'y alignent un fouillis de barques, de filets qui sèchent et de casiers de pêche, de cabanons faits de bric et de broc ornés de panneaux humoristiques apposés par les "Pointus", comme on appelle les habitants de la Pointe-Courte. La meilleure période pour sentir l'âme du quartier ? Le mois de septembre, grande heure de la pêche à la dorade : des centaines de pêcheurs en goguette attendent de part et d'autre du canal le fameux poisson, qui passe de l'étang à la mer.

Mont Saint-Clair et quartier Haut

Le **mont Saint-Clair** domine la ville du haut de ses 183 m et offre, depuis son **belvédère**, une vue imprenable sur les alentours, notamment l'étang de Thau et ses parcs à huîtres. L'ensemble a été aménagé, et vous trouverez une table d'orientation sur le toit du presbytère.

Vous pourrez également pénétrer dans la **chapelle Notre-Dame-de-la-Salette** (1861), dont les murs sont couverts d'étonnantes fresques dédiées au monde de la mer et aux pêcheurs. Le belvédère est accessible en voiture (parking sur place), mais rien ne vaut la découverte du panorama après une rude montée de 30 minutes au gré des venelles et des escaliers qui serpentent sur le mont.

À l'ouest du belvédère, les **Pierres Blanches**, bois de pins de 20 ha parcouru de sentiers, sont l'occasion d'une agréable promenade le soir venu et d'un coucher du soleil magistral. Depuis la table d'orientation, la vue, quelque peu obstruée par la végétation, est moins spectaculaire que depuis le belvédère du mont.

Le **quartier Haut**, sur le flanc du mont Saint-Clair et en surplomb du port, est dominé par l'église Saint-Louis, la plus ancienne de la ville (1702). Celui que l'on surnomme le "Petit Naples", quartier des ouvriers œuvrant à la construction du port à l'époque de Riquet, est aujourd'hui celui des pêcheurs autant que des artistes,

Barque sur le canal lors des joutes de Sète

séduits par son côté bohème, et dont bon nombre d'ateliers ont pignon sur rue.

Musée Paul-Valéry Musée d'art

(☎04 99 04 76 16 ; www.museepaulvalery-sete.fr ; rue François-Desnoyer ; tarif adulte/10-18 ans 9,90/5,30 €, gratuit - 10 ans ; ⏲mar-dim 10h-18h, jeu d'été jusqu'à 22h). Entre les collections Beaux-Arts, Arts et traditions populaires et Paul Valéry, cet excellent musée possède quelque 4 000 pièces. Essentiellement composés d'œuvres allant du XIXe siècle à nos jours, son importante collection graphique (Matisse, Cézanne, Degas...) et son fonds faisant la part belle aux influentes écoles sétoises valent le détour.

Le **fonds Paul Valéry**, circonscrit à une seule pièce d'exposition à laquelle s'ajoute un modeste espace de projection, est émouvant et contrebalance l'image d'intellectuel austère et inaccessible de celui qu'elle honore. Son intérêt pour les arts plastiques mis en exergue à travers esquisses, gouaches et aquarelles, sa relation épistolaire avec Jeanne Loviton et ses premiers manuscrits aux envolées lyriques, qui couvrent la pièce de son écriture graphique, mettent en avant l'homme Paul Valéry (1871-1945).

Deux expositions temporaires sont programmées annuellement, ainsi que des manifestations culturelles (théâtre, concerts, conférence...), la plupart gratuites, qui se prolongent jusque dans le jardin. Café-restaurant sur place Midi Là-Haut (voir p. 96), agrémenté d'une jolie terrasse. En saison, **visite guidée** (⏲tlj sauf dim, juil-août à 11h et 15h30, sept-oct mar-ven à 15h et sam à 11h et 15 h ; 1 € supp). À l'extrémité sud du quartier Haut.

Cimetière marin Mémoire et panorama

(40 chemin du Cimetière marin). À l'origine cimetière Saint-Charles, créé aux alentours de 1680 pour accueillir les ouvriers morts lors de la construction du môle, il ne prendra le nom de cimetière marin qu'en 1946, en référence au poème le plus célèbre de Paul Valéry, *Le Cimetière marin*, monument de la littérature moderne publié en 1922 (pour en écouter la lecture, reportez-vous p. 398).

Cimetière marin, Sète

De nombreux Sétois célèbres, dont Paul Valéry et Jean Vilar, y reposent au milieu d'anonymes. Il offre un magnifique panorama sur le vieux port.

Espace Brassens Musée sonore
(04 99 04 76 26 ; www.espace-brassens.fr ; 67 bd Camille-Blanc ; tarif plein/réduit 6/2,50 €, gratuit - 10 ans ; mar-dim avr-oct 10h-18h, nov-mars 10h-12h et 14h-18h). Les passionnés de chanson pourront rejoindre cet espace muséographique, où l'on fait, casque stéréophonique sur les oreilles, une plongée dans la vie et l'œuvre de Brassens, autre enfant du pays. Les inconditionnels de l'artiste resteront toutefois un peu sur leur faim.

Georges Brassens, à qui l'on doit une *Supplique pour être enterré à la plage de Sète*, repose non loin de là, au **cimetière Le Py** (bd Camille-Blanc), dit cimetière des pauvres, au bord de l'étang de Thau.

Environs de Sète

Jardin antique méditerranéen Nature et mythologie
(04 67 46 47 92 ; rue des Pioch, Balaruc-les-Bains ; patrimoine.agglopole.fr ; tarif plein/réduit 5/3,50 €, pass 3 sites 9 € avec musée de l'Étang de Thau et Musée gallo-romain ; mar-dim juil-août 10h-13h et 15h-19h, mars-juin et sept-oct 10h-12h et 14h-18h, nov 10h-12h et 14h-17h, fermé déc-fév). À 9 km au nord de Sète, dans la ville thermale de Balaruc-les-Bains, ce joli jardin, dédié à la connaissance des essences végétales méditerranéennes et à leurs usages, s'étale sur 7 aires différentes (agriculture et horticulture, le sacré, la médecine, la magie, la cuisine, la cosmétique et les plantes utilitaires). D'agréables pergolas, des fontaines et un petit amphithéâtre agrémentent l'ensemble, qui revient sur les croyances gréco-romaines liées aux plantes, aux divinités et à la nature.

Circuits organisés

La ville peut se découvrir à bord du **petit train** (tarif adulte/3-12 ans/étudiant 7/4/5 € ; départ quai du Général-Durand en contrebas de l'office du tourisme ; 40 min). Vous pouvez aussi l'appréhender depuis la mer et ses canaux, sans les désagréments liés à la circulation, et même vous aventurer un peu au-delà avec la compagnie **Sète Croisières** (04 67 46 00 46 ; www.sete-croisieres.com ; tarif adulte/3-12 ans 11-16/6-8 € ; avr-oct), qui propose 3 circuits découvertes : canaux et Pointe-Courte, étang de Thau et, enfin, port et sortie en mer avec vision sous-marine. Sorties nocturnes également.

Où se loger

Le Georges Hostel & Café Auberge de jeunesse €-€€
(04 67 19 39 30 ; georgeshostel.com/fr ; 8 rue Gabriel-Péri ; dort 25-35 €, d/qua avec sdb commune 50-72/100-130 €, d/qua avec sdb privative 70-92/130-180 €, petit-déj 6 € ; café 7h-22h, établissement fermé jan-fév ;). En plein centre-ville, cette auberge de jeunesse à la déco soignée est tenue par une équipe de joyeux lurons survitaminés et constitue une excellente halte ! On aime le design lumineux des chambres et des dortoirs, la cuisine tout équipée, le petit patio, et le bar-snack ouvert à tous avec concerts réguliers. Location de vélos et label accueil vélo.

Hôtel Venezia Côté plage €
(04 67 51 39 38 ; www.hotel-sete.com ; 20 La Corniche de Neuburg ; s/d/tr/qua 57-95/65-102/78-120/85-145 € selon saison, petit-déj 7,50 €, inclus en juil-août ; P). Très excentré mais en bordure de plage, le Venezia offre le meilleur rapport qualité/prix de Sète. Proche du Casino, ce deux-étoiles familial dispose de 18 chambres au confort simple mais impeccables et, surtout, toutes dotées d'une terrasse – même si la vue y est dépourvue de charme. Parking gratuit.

Hôtel de Paris Central €€
(04 67 18 00 18 ; www.hoteldeparis-sete.com ; 2 rue Frédéric-Mistral ; s 90-120 €, d 100-140 €, ste 130-225 € selon confort et saison, petit-déj 12 € ; P 15-18 €). Un hôtel idéalement placé, au cœur de la ville, à deux pas du canal. Les chambres,

aux tonalités neutres, affichent une déco contemporaine un peu triste, mais restent confortables. Préférez celles orientées sur le patio andalou pour plus de calme. Possibilité de **massages** (☎06 35 38 74 76, 06 82 34 63 53 ; ⏲tlj 10h-20h, sur rdv), ouverts aux clients extérieurs.

Le Grand Hôtel Belle Époque €€€

(☎04 67 74 71 77 ; www.legrandhotelsete.com ; 17 quai Maréchal-de-Lattre-de-Tassigny ; d/ste 120-160/190-250 € selon confort et saison, petit-déj 12 € ; menu midi 28 €, menus soir 36-50 € ; ⏲restaurant fermé sam midi et dim, et tous les midis en août ; ❄ 📶 P15 €). Au bord du canal Royal, un hôtel magnifique doté d'un splendide patio étagé sous verrière, autour et au-dessus duquel s'ordonnent les chambres. Décor classieux et très XIXe siècle. Chambres lumineuses et spacieuses, certaines avec balcon et vue sur le canal. Un excellent choix.

Où se restaurer

Les **Halles de Sète** (www.halles-sete.fr ; rue Gambetta ; ⏲tlj 7h-13h30) constituent une halte incontournable pour des emplettes gourmandes (poissons, coquillages, vins, boulangerie, fruits et légumes...) et vous pourrez déjeuner sur place. Sachez toutefois que les producteurs de fruits de mer ne prennent aucune réservation. Il faut donc venir tôt !

Autre option : faites quelques courses dans les magasins de bouche de la rue Mario Roustan – plus spécifiquement à La Crémerie Marie-Anne Gros (au n°3) et à la boucherie-charcuterie Le Gascon (au n°9), qui proposent des produits de premier choix –, puis attablez-vous avec vos victuailles autour d'un petit ballon sur la terrasse de la **Cave au Vin Vivant** (p. 97). Et pour finir sur une note sucrée, croquez dans l'un des délicieux esquimaux glacés de **Maison Gouin** (15 rue Mario Roustan).

Midi Là-Haut Cuisine fine avec vue €€

(☎04 67 18 81 04 ; 148 rue François-Desnoyer ; plats 16-23 € ; ⏲lun-dim midi, l'été jeu soir également, fermé lun nov-mars). Le café-restaurant du musée Paul-Valéry dispose d'une magnifique terrasse ombragée dont la vue a de quoi faire des envieux, dominant le cimetière marin, le brise-lames, l'entrée du port et la Méditerranée... Côté papilles, une carte courte mais efficace, à l'image des queues de lotte meunières et leur écrasé de pommes de terre, ou des légumes farcis servis avec riz de Camargue et sauce *salsa verde*. En dessert, le clafoutis aux cerises avec glace yaourt pistache nous a laissé un divin souvenir.

Paris-Méditerranée Bistronomique €€

(☎04 67 74 97 73 ; 47 rue Pierre-Semard ; formule/menu 32/37 €, menu dégustation 52 € ; ⏲mar-sam). Dans une rue calme, parallèle à la rue de Tunis qui fait le bonheur des amateurs de *street art*, ce petit restaurant est un incontournable. Dans la salle tout en longueur, égayée des tarots de Sète, ou dans l'adorable patio éclairé de lampions, on déguste des plats ensoleillés, composés au gré du marché, faisant la part belle au terroir, comme l'escalivade de légumes grillés, féta et pistaches, la poêlée d'encornets à la soubressade ou la pêche rôtie au miel, framboise et soupe de basilic.

La Coquerie Cuisine d'auteur €€€

(☎06 47 06 71 38 ; restaurantlacoquerie.com ; 1 chemin du Cimetière marin ; menu (6 services) 65 € ; ⏲juin-sept lun-sam, oct-mars jeu-sam et dim midi). Un microrestaurant ceint de baies vitrées et une petite terrasse en surplomb du vieux port, pour un menu surprise, à tendance iodée, tout en finesse, les yeux rivés sur la Grande Bleue. L'adresse étant réputée, la réservation est de rigueur !

The Marcel Étoilé et bistronomique €€€

(☎04 67 74 20 89 ; the-marcel.fr ; 5 rue Lazare-Carnot ; menus 90-145 €, plats 34-52 € ; ⏲mar-sam soir et jeu-dim midi). Orchestré par le chef Denis Martin, ce restaurant étoilé, à l'atmosphère élégante dans l'esprit des années 1930, sublime les produits locaux, plus spécialement issus de la pêche, avec finesse, créativité, et, de-ci de-là, une touche d'exotisme. Pour goûter à sa version bistronomique (et plus abordable), rendez-vous à quelques mètres de là, sur les quais, à **The Rio** (04 67 74 21 10 ; 7 quai Léopold-Suquet ; plats 20-26 € ; juil-août tlj le soir, midi mer-dim, hors saison mer-dim 11h-23h), qui programme en sus happenings culturels et concerts. L'établissement possède aussi un comptoir aux **Halles de Sète** (06 07 94 77 01 ; plats 23-28 €, menu sem 29 €).

Où prendre un verre

Cave Au Vin Vivant — Cave et bar à vins

(04 48 17 00 56 ; 6 rue André Portes ; mar-sam 10h-14h et 16h30-minuit, dim 10h-14h). Midi et soir, à l'heure de l'apéro, cette petite cave à vins naturels (600 références tout de même !) plante ses tables colorées devant sa boutique, dans la joyeuse rue André Portes. Ses habitués y dégustent les sélections du moment, qu'ils agrémentent d'huîtres, fromages, charcuteries ou petits plats, achetés dans les commerces et restaurants alentour.

Aïoli — Bar à tapas

(06 12 52 26 17 ; 2 quai Maximin-Licciardi ; mar-sam 15h-2h, dim 12h-2h). Récemment ouvert par de jeunes et sympathiques Sétois, ce joli petit bar à tapas (murs blancs, bois blond, terrasse sur le port illuminée de loupiottes) remporte déjà un franc succès ! En cause, ses tapas maison fraîches, à tendance marine (huîtres, *ceviche* de muge, poulpe à la galicienne, tartare de thon...), son choix de vins locaux et de bières artisanales, ses cocktails et sa bonne ambiance.

Achats

Cianni-Marcos — Tielles

(04 67 74 16 23, 04 67 74 52 28 ; 24 rue Honoré-Euzet et aux Halles ; tourtes 6/8 pers 20 € environ ; tlj 8h-20h, jusqu'à 21h en été). Pour goûter à la tielle, cette délicieuse tourte typiquement sétoise fourrée à la tomate et aux petits poulpes, c'est ici que vous trouverez les plus fraîches et les plus fondantes, préparées le matin même. Petits chaussons aux moules également.

Barques de joutes sur le canal Royal, Sète (p. 91)

Vous trouverez aussi votre bonheur chez **La Cettoise** (04 48 08 44 36 ; 2 rue du Palais ; mer-dim 8h-14h), **Paradiso** (04 67 74 26 48 ; 11 quai de la Résistance ; mer-dim 8h30-19h) ou **Giulietta** (04 67 74 68 90 ; 29 av. Victor-Hugo et aux Halles), connue pour ses délicieuses *giuliettas* (pâte à tielle, sauce tomate, aubergines et parmesan) et ses tielles à la mozzarella.

Renseignements

Office de tourisme (04 99 04 71 71 ; www.tourisme-sete.com ; 60 Grand-Rue Mario-Roustan). Propose des visites guidées. Accès Wi-Fi gratuit. Boutique de produits locaux et de souvenirs.

Depuis/vers Sète

La **gare de Sète** (78 pl. André-Cambon) est bien reliée aux grandes villes de la région par des TGV, des trains Intercités et des TER.

Étang de Thau

Il est le plus grand des lagons de la côte languedocienne. Cette petite mer intérieure, longue de 19 km et large de 4,5 km, relie le canal du Midi à celui du Rhône à Sète. Ses 7 500 ha sécurisés sont propices à l'apprentissage de la voile, et vous verrez ici et là des kitesurfeurs à l'œuvre. Mais la magie des lieux est bien ailleurs. Sur son versant nord parsemé de vignes, la viticulture est à l'honneur quand, au sein même de son bassin, la conchyliculture se fait reine. L'élevage des moules, des coquillages et des huîtres, dont les parcs affleurent à perte de vue depuis 1908, mobilise 800 exploitations familiales et des milliers de jardiniers de l'eau qui animent les petits ports pittoresques jalonnant les berges. Classé Natura 2000, il constitue la plus grosse zone conchylicole de la Méditerranée avec 10% de la production nationale d'huîtres et quelque 3 000 emplois.

Marseillan et Marseillan-Plage

Au typique petit port de Marseillan, posé sur l'étang de Thau, s'adjoint une extension balnéaire moderne ouverte sur la mer, Marseillan-Plage, conférant à l'ensemble une physionomie comparable à celle d'Agde et du Cap d'Agde. En quête de sports nautiques et de farniente ? Direction **Marseillan-Plage**, qui déroule jusqu'à Sète 12 km de plages de sable fin et possède toutes les infrastructures requises.

La ville abrite un joli port vivant au rythme des embarcations de pêcheurs et de plaisanciers. Ses quais sont jalonnés de petits restaurants et abritent le siège de l'**usine de vermouth Maison Noilly Prat** (04 67 77 20 15 ; www.noillyprat.com ; 1 rue Noilly ; visites avec dégustation 9,50-15 € ; mai-sept tlj 10h-12h et 14h30-19h, avr et oct jusqu'à 18h, nov-mars lun-ven 10h-12h et 14h30-17h), qui a fêté ses 200 ans d'existence en 2013. La visite de ses chais vaut le détour, ne serait-ce que pour découvrir les 200 barriques alignées en extérieur, dans l'optique d'une oxydation naturelle.

Où se restaurer

Tarbouriech Le Saint-Barth Maison ostréicole **€€**
(04 99 43 97 58 ; www.lestbarth.com ; chemin des Domaines, Maison des Pêcheurs ; 6 huîtres de Bouzigues/3 huîtres spéciales 9,30-11/9,60-12,90 €, plats 6,90-14,90 € ; variables, se renseigner). Pour trouver cet éden perdu au bout d'une piste, suivez les panneaux qui émaillent la D51 depuis Marseillan (ou votre GPS). Vous dégusterez ici, face à l'étang de Thau, des huîtres fraîches en pagaille – les classiques de Bouzigues ou les spéciales de la maison, plus onéreuses –, mais aussi palourdes, oursins ou moules en sauce, cuites au barbecue ("brasucade"). Réservation indispensable. Des visites de l'étang sont proposées l'été (adulte/enfant 15/8 €) : vous y apprendrez notamment comment la production s'appuie sur des marées solaires (et non lunaires…).

JEAN BERNARD CARILLET ©

Étang de Thau, Mèze

Bouzigues

Emblématique des villages de pêcheurs qui bordent l'étang de Thau et célèbre pour son huître, Bouzigues mérite une halte pour son **musée ethnographique de l'Étang de Thau** (04 67 78 33 57 ; www.agglopole.fr ; quai du Port-de-Pêche ; adulte/7-12 ans 5/3,50 €, gratuit - 7 ans, pass 3 sites 9 € avec Jardin antique et Musée gallo-romain ; juil-août tlj 10h-13h et 15h-19h, mars-juin et sept-oct mar-dim 10h-12h et 14h-18h, nov-fév mar-dim jusqu'à 17h), humble introduction aux métiers de la pêche et de la conchyliculture voulue par les différentes communes composant le territoire. Présentation historique, introduction aux nouvelles technologies (passage du filet en coton au synthétique), aux modes de pêche oubliés et aux oiseaux de l'étang, sensibilisation à un écosystème exceptionnel et fragile sont autant de thématiques abordées au fil des salles, aquarium, maquette, reconstitution et vidéo à l'appui.

Où se restaurer

Le Grand Bleu Produits de la mer **€€**
(04 67 78 72 09 ; 13 av. Louis-Tudesq ; menus 27,50-66 €, plats 14-35 € ; fermé lun-mar).
Parmi la foule de restaurants qui longent cette avenue face à l'étang, celui de la Maison Benezech est une valeur sûre appréciée pour ses moules gratinées à l'aïoli, sa rouille de seiches à la sétoise, son poulpe grillé et ses généreux plateaux de fruits de mer (28,50-152 €). Le rapport qualité/prix reste convenable, et un bel effort est fait pour s'adapter aux appétits des enfants et des ados.

Mèze

Mèze est un autre de ces jolis ports, prisé des touristes pour ses quais, ses ruelles et les effluves de son marché du dimanche matin. Vous y débusquerez la **chapelle des Pénitents**, édifiée à partir du XIIe siècle et inscrite à l'inventaire des monuments historiques, dont on prend toute la mesure depuis la rive.

VAUT LE DÉTOUR
Musée du site gallo-romain Villa-Loupian

Le **musée du site gallo-romain Villa-Loupian** (04 67 18 68 18 ; patrimoine.agglopole.fr/musee-villa-loupian ; tarif plein/réduit 5/3,50 €, gratuit - 6 ans ; pass 3 sites 9 € avec Jardin antique et musée de l'Étang de Thau ; juil-août tlj 10h-13h et 15h-19h, mars-juin et sept-oct mar-dim 10h-12h et 14h-18h, nov-fév mar-dim 10h-12h et 14h-17h, fermé déc-jan) offre une plongée passionnante dans l'histoire des grandes exploitations agricoles de l'époque romaine. La visite commence dans un modeste espace muséographique qui permet d'aborder l'histoire de la villa et son rôle économique avant de gagner le site archéologique, correspondant à la partie résidentielle de la **villa du Ve siècle**, parée de magnifiques **mosaïques polychromes** de l'Antiquité tardive. Mises au jour en 1930, elles sont présentées sur leur emplacement d'origine et témoignent de la richesse du propriétaire. Sur le thème récurrent des quatre saisons, elles entremêlent les motifs figuratifs et géométriques attestant de l'influence syrienne, représentent un jardin luxuriant… Une très belle visite.

Depuis Mèze, prenez la D603 en direction de Bouzigues, puis bifurquez sur la D158E4 en direction de Loupian. Le site est à mi-chemin.

À 5 km au sud de Mèze, **Le Mourre Blanc** est le plus grand port conchylicole d'Europe, avec 130 exploitants. Allez donc y flâner tôt le matin pour rencontrer les paysans de l'étang ! Pour de la vente au détail ou une dégustation les pieds dans l'eau, direction **La Noisette d'Oc** (06 89 84 41 23 ; www.lanoisettedoc.com).

Sur la D613 en direction de Montagnac, le **musée des Dinosaures et de la Préhistoire** (04 67 43 02 80, 06 89 72 16 78 ; dinosaure.eu ; adulte/5-11 ans/3-4 ans 13,50/11,50/8 € ; juil-août tlj 10h-19h30, fév-juin et sept-oct 14h-18h, vac Toussaint et Noël 14h-17h) est implanté sur l'un des plus grands gisements paléontologiques d'Europe. Il permet de découvrir, au gré d'un parcours de 6 ha à la *Jurassic Park*, squelettes et reconstitutions de dinosaures en situation. Le site retrace aussi l'histoire de l'évolution humaine. Une bonne sortie en famille.

Où se restaurer

Le Mas Soula Chez le producteur **€€**
(06 80 10 03 93 ; zone conchylicole du Mourre Blanc ; 6 huîtres 8-10 €, plats 6-15 €, menu dégustation 25 € ; Pâques-Toussaint soir jeu-sam, midi mar-dim). À l'étage de cette cabane ostréicole qui semble perdue au bout du monde (mais bien référencée sur les GPS), sur une terrasse idyllique en surplomb de l'étang, on se régale d'huîtres élevées avec patience, crues ou gratinées, et autres coquillages ultra frais. Atmosphère conviviale et service avenant. Réservation fortement conseillée. Visites commentées de l'étang possible (10€/pers, sur réservation).

Agde et ses stations

On réduit trop souvent Agde à son célèbre cap. S'étalant au pied du **mont Saint-Loup**, un ancien volcan réservant un beau panorama (accessible seulement à pied ou à vélo), toute la région d'Agde s'inscrit dans la pierre de lave. Vous découvrirez à la fois une cité d'origine grecque forte de son patrimoine, une station balnéaire, le Cap d'Agde, aux infrastructures modernes, un village de pêcheurs traditionnel, le Grau-d'Agde, et un écrin de verdure préservé propice à la baignade, la Tamarissière.

Agde

On la surnomme la Perle noire de la Méditerranée. C'est qu'Agde, cité d'origine grecque implantée vers 650 av. J.-C. en bordure de l'Hérault, s'est construite au pied d'un ancien volcan et a su tirer parti de sa pierre de basalte. Façonnée par le commerce maritime au point de devenir, de l'Antiquité au XVIIIe siècle,

En partant de la gauche : clocher de la cathédrale Saint-Étienne d'Agde ; centre historique d'Agde

l'un des plus grands ports de commerce de Méditerranée, cette ville est aujourd'hui loin d'être pimpante, mais demeure pleine de charme.

Pour apprécier sa singularité architecturale, le mieux est d'entamer la balade le long des quais de l'Hérault pour découvrir sa massive cathédrale, puis d'explorer, jusqu'à la promenade aménagée sur les anciens remparts, son lacis de ruelles pavées et escarpées, bordées d'anciennes demeures Renaissance en pierre volcanique. Parmi ces dernières, ne manquez pas la **Maison consulaire** (11 rue Jean-Roger), avec ses arcades en plein cintre et sa porte d'entrée finement ouvragée. Entre mer, canal du Midi et Hérault, Agde est une étape agréable, qui ravira les passionnés d'histoire.

À voir

Cathédrale Saint-Étienne — Art roman

(rue Hôtel-du-Cheval-Blanc). Massive et dépouillée, cette cathédrale romane culminant à 35 m de hauteur et construite en pierre de lave fut édifiée à partir du XIIe siècle. Le donjon, qui date du XIVe siècle, lui confère une allure de forteresse médiévale dont l'austérité se retrouve à l'intérieur.

À une encablure, admirez les tons pastel qu'arbore le magnifique trompe-l'œil du square Picheire.

Villa Laurens — Art nouveau

(parc de Belle Isle). Propriété de la ville d'Agde, cette superbe demeure de la fin du XIXe siècle était l'objet d'importants travaux de rénovation lors de notre visite. Sa réouverture au public est prévue à l'été 2023. L'histoire des lieux est étroitement liée à Emmanuel Laurens (1873-1959), personnalité fantasque aux goûts éclectiques qui dilapida l'immense fortune dont il avait hérité d'un lointain cousin dans la construction d'une opulente villa, où plusieurs grands noms de l'Art nouveau exercèrent leurs talents : le peintre Eugène Dufour, le décorateur Léon Cauvy et l'artiste Eugène-Martial Simas. Point d'orgue de l'édifice, le magnifique salon de musique, où les toiles d'origine, très dégradées, ont cédé la place à des peintures murales d'artistes contemporains.

Plage du Cap d'Agde

Musée agathois Patrimoine local

(04 67 94 82 51 ; www.museeagathois.fr ; 5 rue de la Fraternité ; tarif plein/réduit 6/4 €, gratuit - 16 ans et 1er dim du mois ; juil-août lun-sam 10h30-13h et 15h-19h, mai-juin et sept-oct mar-sam 10h-12h30 et 13h30-17h30, ouvert 1er dim du mois, hors saison se renseigner). Ce vaste capharnaüm de 27 salles, consacré à l'histoire d'Agde, vaut surtout le coup d'œil pour l'édifice en lui-même, un hôtel particulier du XVIIe siècle typique de l'époque, et pour ses tableaux des frères Azéma (fin XIXe-début XXe), originaires de la cité agathoise. Il expose aussi provisoirement le mobilier Art nouveau, signé par l'artiste Léon Cauvy, provenant de la Villa Laurens (voir plus haut), en attendant sa réouverture.

Activités

Baladez-vous, à pied ou à vélo, le long des rives de l'Hérault, et rejoignez en 9 km le Grau-d'Agde et la Tamarissière (p. 104), point de fuite sur la mer. Pour louer des vélos, contactez **Les vélos du Grau** (04 49 06 81 21 ; heraultvelodugrau.fr) au Grau-d'Agde (p. 104) ou **Thau Cycle** (07 82 37 03 31 ; www.thaucycles.com ; livraison gratuite dès 3 jours de location).

La **réserve naturelle nationale du Bagnas** (04 67 01 60 23 ; www.adena-bagnas.fr ; domaine du Grand Clavelet, route de Sète ; lun-ven 9h-12h et 14h-17h) vaut le détour, surtout si l'on s'intéresse aux oiseaux, dont on recense quelque 250 espèces sur place. Renseignez-vous sur les sorties et animations avec un guide naturaliste.

Renseignements

Office du tourisme (04 67 31 87 50 ; www.capdagde.com ; pl. de la Belle-Agathoise). Il organise des visites guidées du centre historique de la cité et de la cathédrale (gratuit).

Depuis/vers Agde

Des TGV de la ligne Paris-Perpignan s'arrêtent en gare d'Agde, de même que plusieurs lignes de TER. De la gare SNCF partent également des bus du réseau de l'agglomération agathoise (www.capbus.fr ; billet 1 €) en direction du Cap d'Agde (ligne 3) et de Pézenas (ligne 5).

Le Cap d'Agde

Station balnéaire typique de la côte languedocienne, créée *ex nihilo* dans les années 1970 au pied du mont Saint-Loup, le Cap d'Agde et ses 8 ports de plaisance sont entièrement dédiés au tourisme et aux plaisirs balnéaires, en prenant ici et là des allures de parc d'attractions géant. Constituée en différents quartiers, la station est surtout connue pour abriter le plus grand site de naturisme au monde, une ville dans la ville.

(Petits) pieds dans l'eau

En juillet-août, la ville d'Agde propose des **sorties pour les enfants** (06 45 96 78 81 ; à partir de 6 ans ; enfant 10 €, accompagnants gratuit ; lun-ven 9h-12h) d'initiation à la pêche à pied et de sensibilisation au milieu marin sur la plage de la Grande Conque, encadrées par des animateurs nature. Départ depuis le point d'accueil du sentier sous-marin (voir ci-dessous).

À voir

Musée de l'Éphèbe Antiquité
(04 67 94 69 60 ; www.museecapdagde.com ; av. des Hallebardes ; adulte/réduit 6/4 €, gratuit - 16 ans, audioguide/visite guidée 2/2,40 € ; juil-août tlj 10h30-13h et 15h-19h, avr-juin et sept-oct mar-dim 10h-12h30 et 13h30-17h30). Consacré à l'archéologie sous-marine, le musée, installé dans un bâtiment moderne, vaut la peine de s'y attarder, en raison notamment de sa splendide collection de bronzes antiques, dont le célèbre **Éphèbe d'Agde**, découvert dans les eaux de l'Hérault en 1964. Longtemps exposée au Louvre avant de retrouver ses terres d'origine, cette statue grecque du IVe siècle av. J.-C. figurerait Alexandre le Grand. À voir également, la statue de Cupidon et celle de l'enfant romain, représentation supposée de Césarion, fils de Cléopâtre et de César. Belle scénographie.

Activités

Les 14 km de plages du Cap d'Agde ont le mérite d'être à l'abri du brouhaha de la route, mais on ne saurait trop vous conseiller de rejoindre celles du **Grau-d'Agde**, plus familiales, ou de la **Tamarissière**, préservées (p. 104). Au Cap d'Agde, une plage de moindre envergure se démarque néanmoins, celle de la **Grande Conque**, bordée de falaises d'essence volcanique et dont les eaux translucides contrastent avec son sable teinté de noir. Elle est célèbre pour son "rocher des deux frères", sculptures basaltiques formées par les éléments.

Toutes les activités sont envisageables au Cap d'Agde (golf, parcours aventure dans les arbres, karting, spa, squash, tir à l'arc, marche nordique, équitation...), mais ce sont les plaisirs nautiques qui tiennent le haut du pavé (voile, ski nautique, kitesurf, canoë-kayak, plongée, parachute ascensionnel, aviron, pêche en mer...).

Sentier sous-marin Snorkeling
(06 79 46 78 31 ; app.amp-agde.fr/accueil ; stand du sentier sous-marin, la Plagette, avant-port ; mi-juin à mi-sept lun-sam 9h-17h, balades commentées 9h15, 10h45, 13h30 et 15h). Le sentier sous-marin géré par l'AMP, balisé en mer, permet de découvrir les fonds marins d'origine volcanique, sa faune et sa flore, sur 200 m et jusqu'à 5 m de profondeur. Le tout au cœur d'un site protégé classé Natura 2000. Possibilité d'explorer les lieux en autonomie, ou en sortie guidée (vivement recommandée) en compagnie d'un animateur nature (15 €/pers, palmes, masque et tuba compris ; réservation au moins 24 heures à l'avance ; dès 8 ans).

Centre nautique du Cap d'Agde Activités nautiques
(04 67 01 46 46 ; www.centrenautique-capdagde.com ; av. du Passeur-Challiès ; mi-jan à mi-déc). Basé sur la plage Richelieu est, il propose des cours de voile légère et de plaisance, ainsi que la location de matériel (catamaran, planche à voile, canoë,

ALBILLOTTET/FOTOLIA ©

VAUT LE DÉTOUR
Abbaye Sainte-Marie de Valmagne

Inscrite dans les vignobles et surnommée à juste titre la Cathédrale des Vignes eu égard à l'excellent vin bio qu'elle produit, l'**abbaye cistercienne de Valmagne** (04 67 78 06 09 ; www.valmagne.com ; Villeveyrac ; tarif plein/réduit 8,50/6,50 €, gratuit - 4 ans ; mi-avr à sept mar-dim 10h-19h, juil-sept tlj, oct à mi-avr mar-ven 14h-18h, sam-dim, ponts et jours fériés 10h-18h, jan fermé sam-dim matin), édifiée entre les XIIe et XIVe siècles, période où elle connut son apogée, est considérée comme l'une des plus belles de France. Admirablement préservée, sa pierre rosée conserve des stigmates de la Révolution et des guerres qui l'ébranlèrent. L'église gothique du XIIIe siècle, inspirée des cathédrales du Nord, signe le début de la visite. Haut, élancé (83 m de long, 24 m de haut), ce joyau a la particularité d'avoir servi de chais, comme en témoignent ses immenses foudres en chêne. S'ensuit un splendide cloître épuré, ponctué d'une romantique fontaine-lavabo, une salle capitulaire et un jardin médiéval où il fait bon flâner. Une dégustation des vins du domaine clôt la visite. Sur place, la **Ferme Auberge** (04 67 78 13 64 ; plat/formule 20/25 €, menus 30-35 € ; mi-avr à sept tlj midi sauf lun, certains soirs de concert, oct à mi-avr midi sam-dim, ponts et jours fériés, fermé jan) propose une cuisine méditerranéenne locavore.

stand up paddle...). L'été, le Pass O'Spot est un forfait qui permet d'essayer tous les supports à des tarifs avantageux.

Où se restaurer

Une bonne option pour fuir l'agitation : les **cabanons de pêcheurs** qui se regroupent tous les matins face à la capitainerie de l'avant-port. Ces baraques de dégustation vous permettront d'acheter du poisson frais et de consommer sur place des coquillages accompagnés d'un verre de vin.

La Cabane du Pêcheur Kiosque de coquillages €
(06 52 22 80 84 ; rue de la Capitainerie ; coquillages et fruits de mer 9-13 € ; poissons grillés 16-25 € ; tlj en saison). Dans le vieux port, un petit kiosque sympathique où l'on se pose, à l'heure de l'apéro, pour déguster tourteaux, crevettes ou huîtres, avec un verre de picpoul. L'imbattable formule "6 huîtres, 3 moules, 3 crevettes, un verre de vin" à 12 € fait des heureux.

Renseignements

Office du tourisme (04 67 01 04 04 ; www.capdagde.com ; impasse de la Bienvenue)

Le Grau-d'Agde et la Tamarissière

À l'embouchure de l'Hérault, sur sa rive gauche, le Grau-d'Agde conserve le charme d'un authentique village de pêcheurs, frangé d'une jolie plage familiale, et d'une digue appréciée des promeneurs. Sur la rive opposée, qu'un système de passeurs (aller/retour 6-10 €, gratuit - 5 ans, vélo 1 € supp) permet de rallier, la Tamarissière promet de belles baignades à l'ombre d'une pinède.

L'intéressant **belvédère de la criée du Grau-d'Agde** (06 16 07 09 62 ; www.crieeagde.com ; 43 quai Commandant Méric ; adulte/6-12 ans 7/6 €, gratuit - 6 ans, sur réservation par tél ; avr-oct lun-ven) propose des visites et balades guidées permettant de s'immerger dans le monde de la pêche professionnelle au chalut, de découvrir les coulisses de la criée, et de tout savoir sur la pêche au thon rouge.

Le **Bunker 638** (06 22 60 51 83 ; près du château d'eau, fléchage depuis le parking du front de mer ; tte l'année, visite gratuite de 40 min sam 9h-12h), peu attendu sur cette partie de côte française, rappelle qu'un débarquement avait été envisagé par l'occupant en Méditerranée lors de la Seconde Guerre mondiale.

Où se loger et se restaurer

Mon P'tit Hôtel Sur le port €
(04 67 21 49 88 ; monptithotel.fr ; 12 quai Commandant Méric ; d/fam 50-175/90-165 € selon confort, vue et saison, petit-déj 10 € ;). Récemment repris et entièrement rénové, cet établissement pimpant, aux couleurs vives, situé à seulement quelques mètres de la plage, est une bonne surprise ! Les chambres, à la déco moderne et au confort simple, donnent soit sur le port, soit, au calme, sur l'arrière. Agréable terrasse commune (équipée d'une kitchenette) avec vue sur la Tamarissière. Garage à vélo. Excellent accueil.

L'Ardoise du marché Bistrot €€
(04 30 72 47 11 ; www.lardoisedumarche.com ; 3 rue Lambert Maurel ; plats 18-23 €, formules/menus 18-30/25-40 € ; poissons grillés 16-25 € ; juil-août soir lun-dim, sept-juin soir mer-sam, midi sam-dim). L'adresse idéale pour se sustenter à l'écart de la foule, après une journée de plage : une carte courte et efficace de plats à tendance bistrot (avec option végétarienne) composés au gré du marché, et joliment présentés. Attention, peu de tables : mieux vaut réserver !

Les Vagues Sur la plage €€
(04 67 39 08 63 ; chemin des Dunes ; plats 36 €, formule/menu 46/56 € ; juil-août mar-dim, mai-juin et sept mar-sam et dim midi). L'emplacement est rêvé, sur la plage, face à la mer, et le lieu est beau. Dans l'assiette, des plats frais, travaillés sans en faire trop, et agréables à regarder, comme le carpaccio de maigre, saint-pierre sauce vierge ou la tarte au citron meringuée et zestes de combawa. Ajoutez-y des cocktails originaux et un personnel prévenant : l'équation fait mouche.

Renseignements

Office de tourisme Cap d'Agde Méditerranée (04 67 01 04 04 ; www.capdagde.com ; Bulle d'Accueil, impasse de la Bienvenue, Le Cap d'Agde).

Office de tourisme d'Agde (04 67 31 87 50 ; www.capdagde.com ; îlot Molière, pl. de la Belle Agathoise, Agde).

BÉZIERS ET PLAINE LANGUEDOCIENNE

La plaine languedocienne, c'est un horizon sans fin de champs de vignes, de garrigue et de pinèdes, percé d'un emblématique canal et bordé au loin par les majestueuses envolées montagneuses de son parc régional. Et la sublime carte postale méridionale ne s'arrête pas là. Au bijou antique d'Ensérune répondent les médiévales Olargues et Valmagne, le canal du Midi et ses ouvrages, et l'architecture héritée d'une activité viticole prospère. Balades fluviales sur le canal, canoë-kayak en rivière, randonnées en montagne et baignade au cœur de gorges escarpées complètent cette destination de choix.

Pézenas

Petit bijou d'histoire niché dans la plaine viticole, Pézenas est indissociable de l'image de Molière. C'est que la ville fut entre 1650 et 1656 la scène de prédilection du génialissime homme de théâtre et de sa troupe nomade, protégés par le prince de Conti. Ville de foires depuis le XIIIe siècle, siège des états généraux à plusieurs reprises à partir de 1456, résidence de gouverneurs depuis le XVIIe siècle, Pézenas n'est pas en mal d'héritage ni d'arguments touristiques. Au gré de ses ruelles médiévales, truffées de boutiques artisanales de qualité, et devant ses majestueux hôtels particuliers des XVIIe et XVIIIe siècles, les fruits de cette histoire se lisent avec bonheur.

Les soirs d'été, renseignez-vous sur la programmation du **festival L'Illustre Théâtre** (04 67 98 09 91 ; www.illustretheatre.fr) – du nom de la compagnie de Molière : l'occasion de voir jouer une pièce de l'enfant adoptif du pays sous les étoiles, dans le jardin d'un théâtre.

À voir

Pézenas s'appréhende au gré de sa ville ancienne classée et des majestueux **hôtels particuliers** qui parsèment sa ville moderne, laquelle s'est développée au sud de la place de la République aux XVIIe et XVIIIe siècles. Découvrez la très animée **place Gambetta**, dominée par la **Maison des métiers d'art-Ateliers d'art de France** (ci-contre), dont les terrasses vous font de l'œil pour le déjeuner. La **porte Faugères** (XIVe siècle, remaniée au XVIe siècle) est l'un des derniers vestiges de l'enceinte médiévale. Elle mène aux rues Émile-Zola, de la Foire et de Triperie vieille, bordées d'ateliers d'artiste et de petites boutiques avenantes. Dans la ville moderne, l'**hôtel Alfonce** (32 rue Conti) signale à même sa façade qu'"ici Molière joua la comédie pendant la session des états généraux du Languedoc, nov. 1655-fév. 1656", tandis que l'**hôtel de Malibran** (47 rue Denfert-Rochereau) déploie une remarquable façade ornée de mascarons. L'office du tourisme (p. 109) propose le plan d'une promenade très détaillée de la ville.

Musée de Vulliod Saint-Germain — Arts décoratifs

(04 67 98 90 59 ; 3 rue Albert-Paul-Alliés ; tarif plein/réduit 3/2 €, gratuit - 18 ans ; juil-août 10h-12h et 15h-19h, fermé lun et le matin jeu et dim, mi-fév à juin et sept à mi-nov 10h-12h et 14h-17h). Exposés dans le très bel **hôtel Saint-Germain**, demeure aristocratique du XVIe siècle, les mascarons, sculptures et autres médaillons concentrent, avec les tapisseries d'Aubusson à l'étage, l'essentiel de l'intérêt du musée. C'est pourtant autour de Molière, auquel 3 salles sont consacrées, que le musée fait sa publicité. Il exhibe en effet "l'autre fauteuil", qui serait, selon la légende, celui de Molière chez son barbier et ami Gély. Un fauteuil "observatoire", dans lequel il serait venu s'asseoir régulièrement pour observer les caractères des personnages qu'il mettrait ensuite en scène dans ses comédies. Toujours selon la légende, l'emplacement de l'échoppe du barbier serait à deux pas, au n°1 de la jolie place Gambetta (où se situe l'actuel musée Boby-Lapointe). Vous trouverez par ailleurs toute une collection de faïences et de mobilier, ainsi que quelques reconstitutions. Expos temporaires (en saison).

Maison des métiers d'art — Artisanat

(Maison consulaire ; 04 67 98 16 12 ; 6 pl. Gambetta ; juil-août tlj 10h-21h, avr-juin et sept-déc mar-sam 10h-18h ; entrée libre). Cette bâtisse, dont la façade massive domine la place Gambetta, résulte de 3 phases de construction, du début du XVIe à la fin du XVIIIe siècle. Si elle abrite les vestiges de la chapelle Saint-Roch (1652), la Maison consulaire, devenue Maison des métiers d'art, fait surtout écho à la tradition artisanale de Pézenas. Associée aux Ateliers d'art de France, elle est aujourd'hui conçue comme un espace d'exposition-vente. Arts de la table, bijoux, mobilier... On y découvre les créations contemporaines de quelque 200 artisans d'art, dont un espace consacré aux artistes régionaux.

L'A-Musée Boby Lapointe — Chanson

(04 67 21 02 87 ; www.bobylapointe.fr ; 1 pl. Gambetta ; adulte/12-18 ans 2/0,50 €, gratuit - 12 ans ; juil-août lun 14h-19h, mar-dim 10h30-12h30 et 14h-19h, avr-juin et sept lun 14h-18h mar-dim 11h-12h30 et 14h-18h, fév-mars et oct-déc mar-dim 14h-18h, fermé jan). Les amoureux de la chanson française apprécieront de parcourir ce petit musée géré par une association qui entretient

Ci-dessus : hôtel de Lacoste, Pézenas ; à droite : hôtel des commandeurs de l'ordre de Saint-Jean de Jérusalem, Pézenas

la mémoire de Boby Lapointe (1922-1972), né et mort à Pézenas. À travers photos, vidéos et sons, on revient sur sa vie et son œuvre, dans le même esprit que ses textes, avec légèreté et humour. Le billet est valable pour plusieurs visites. Petit quiz disponible à l'entrée pour égayer la visite.

Où se loger

Maison 1634 Chambres d'hôtes €€

(06 71 83 46 81 ; www.maison1634.com ; 5 rue Louis-Blanc ; d/ste 90-140/130-150 € selon confort et saison, avec petit-déj ;). Tenue par une famille adorable, cette jolie maison, à quelques minutes à pied du centre historique, abrite 3 chambres cocooning, où se marient cachet de l'ancien et modernité. L'une d'entre elles est adaptée aux personnes à mobilité réduite, tandis que la suite dispose d'une baignoire balnéo. Espace cuisine à disposition des hôtes, petit jardin avec piscine, et, ô luxe à Pézenas, 3 places de parking (gratuites !) devant la maison.

Où se restaurer

Ciboulette et Chocolat Sur le pouce €

(09 67 89 20 55, 06 15 73 89 51 ; cibouletteetchocolat.wordpress.com ; 8 pl. Ledru-Rollin ; formule 16-19 €, plats 14-16 € ; mar-ven 9h30-18h, sam 8h30-18h, juil-août lun 19h-22h30, mar et jeu 9h30-18h, mer et ven 9h30-15h et 19h-22h30, sam 8h30-18h). Juste à l'entrée du centre historique, cet accueillant salon de thé propose des assiettes simples et gourmandes (tarte salée, fromages et charcuterie, soupe froide…) composées à partir de produits locaux et bio, servies en continu. Ainsi que des douceurs maison, glaces et sorbets artisanaux… Idéal pour les faims tardives, ou se mettre au frais les jours de fortes chaleurs.

Maison Conti Comme à la maison €-€€

(04 99 41 11 12 ; 27 rue Conti ; formule/menu midi 16/20 €, plats 11,50-25 € ; juil-août fermé dim, hors saison lun-ven 11h45-15h et 18h45-21h30, sam 12h-15h et 19h-22h). Une adresse prisée des habitants pour ses recettes fraîches à prix tenus, dont on se régale sur la petite terrasse donnant sur une rue

Maison des métiers d'art, à Pézenas (p. 106)

tranquille. Il y en a pour tous les goûts – régimes végétariens et végétaliens compris –, même si les plats de poisson tiennent le haut de l'affiche (bar au pesto, duo lieu et Saint-Jacques au vermouth, lieu à la crème d'olive...).

L'Amphitryon Méditerranéen €€
(04 67 90 11 84 ; facebook.com/cuisine.micka ; 5 rue Maréchal-Plantavit ; plats 19-32 € ; juil-août tlj sauf lun, fermé dim-lun hors saison). Dans la salle ornée de voûtes en pierre ou sur l'agréable terrasse couverte, on déguste ici des plats aux influences méditerranéennes, goûteux, copieux et bien présentés, tels les pâtés de Pézenas, les tentacules de la mer cuisson basse température, le magret de canard sauce foie gras ou le filet de dorade sauce safranée. Réservez.

Achats

Mosaïstes, ferronniers, potiers... le vieux Pézenas est émaillé de **boutiques-ateliers d'artisans** perpétuant un savoir-faire ancestral. Le boulevard de Verdun et la rue Montagne sont jalonnés d'**antiquaires** et de **brocanteurs** de qualité, propices à d'excellentes affaires. Dans la tradition des foires médiévales, le mercredi et le vendredi soir en saison, les artisans du centre-ville ouvrent leur boutique en **nocturne** jusqu'à minuit. Démonstrations et spectacles de rue.

La grande vedette des lieux est incontestablement le **petit pâté de Pézenas** (ou bobine), dont on doit la recette sucré-salé au cuisinier anglais du vice-roi des Indes, lord Clive, venu ici en villégiature au milieu du XVIIIe siècle. Viande d'agneau, graisse de rognon, zeste de citron, sucre... Chaque pâtisserie y va de son dosage pour confectionner les meilleures bobines. Mais nos divers tests à l'aveugle ne nous ont pas laissé un souvenir impérissable...

Bien plus convaincant, le réputé coteaux-du-languedoc, issu des meilleures vignes entourant la ville, mérite le détour. Pour en déguster à la cave, on recommande l'œno-rando "Parcours d'art et de nature" de Montagnac, un village situé à 7 km de Pézenas. Cette boucle de 16 km vous fera cheminer au fil des vignes et des paysages de garrigue, tout en admirant 14 statues de pierre sur le thème de la viticulture. Au retour, vous pourrez faire une halte à la **cave de Montagnac** (☎ 04 67 24 03 74 ; www.lesvignoblesmontagnac.com), située au départ et à la fin de la boucle.

Renseignements

Office du tourisme (☎ 04 67 98 36 40 ; www.capdagde.com ; hôtel de Peyrat, pl. des États-du-Languedoc). Délivre gratuitement un plan de la ville et un plan-circuit de visite plus détaillé et très complet. Également des **visites guidées thématiques** (tarif plein/réduit/8-18 ans 8/6/4 €) et, en juillet-août, des **visites théâtralisées** (12/9/4 € ; ⏲ mar soir).

Depuis/vers Pézenas

Pour rejoindre Pézenas depuis Montpellier ou Béziers en transport en commun, empruntez les lignes n°603, 604 et 656 du réseau de transport régional **liO** (lio.laregion.fr).

Béziers

Construite sur un promontoire en surplomb de l'Orb, bordée par le canal du Midi et berceau de son génial inventeur Paul Riquet, la capitale du Languedoc viticole conserve un faible héritage de son histoire ancienne (elle fut saccagée pendant la croisade contre les albigeois en 1209). À la fin du XIXe siècle, la prospérité née de l'essor de la culture de la vigne se concrétise par des aménagements prestigieux portant la marque de grands noms comme celui du sculpteur Injalbert (voir l'encadré ci-contre). Mais la crise viticole de 1907, dont Béziers est l'épicentre, annonce un déclin dont la ville se remet peu à peu. Aujourd'hui, la ville s'est largement réinventée, à l'image du renouveau de la place Jean-Jaurès, reverdie et agrémentée d'un miroir d'eau et de jolies fontaines, ou du colossal chantier de réhabilitation du site des écluses de Fonseranes.

Injalbert, le maître sculpteur

Jean-Antoine Injalbert (1845-1933), né à Béziers et fils d'un tailleur de pierre, fut l'un des sculpteurs les plus prolifiques et les plus connus de sa génération. Il fut gratifié du prix de Rome en 1874, puis membre de l'Académie des beaux-arts. Béziers demeure sa plus grande vitrine. En plus des collections de l'hôtel **Fayet** (p. 111), le **cimetière Vieux** (av. du Cimetière-Vieux ; ⏲ tlj 8h-18h), le plateau des Poètes et, par-dessus tout, les **jardins publics de la villa Antonine** (pl. Injalbert ; ⏲ avr-oct mar-sam 9h-19h, nov-mars 10h-18h), sa résidence d'été, offrent au regard et à ciel ouvert une belle concentration de sculptures de ce maître resté très classique.

Béziers, avec d'excellentes tables, une hôtellerie de plus en plus raffinée, et plusieurs musées dignes d'intérêt, fera une halte très pratique pour partir à la découverte du formidable musée de Sérignan (p. 114), de la vallée de l'Orb (p. 118) et du canal du Midi (p. 115) – certains des plus beaux ouvrages d'art de ce dernier sont d'ailleurs situés aux portes de la ville. Mais tout cela a un coût, et ces dernières années, les habitués de Béziers n'auront pas manqué d'observer une belle flambée des prix allant de pair avec une certaine envie de figurer dans le cercle des destinations languedociennes qui comptent...

À voir

Les **allées Paul-Riquet**, promenade créée en 1827 filant sur 600 m, bordée de platanes et abritant en son cœur la statue du constructeur du canal du Midi, constituent le centre névralgique de la ville. L'endroit a récemment été rénové et a regagné de sa superbe. Le **marché aux fleurs** qui s'y tient tous les vendredis de 7h à 18h est particulièrement agréable.

Pont Vieux sur l'Orb, Béziers

Profondément rénovée, la place Jean-Jaurès offre une belle respiration dans la ville, même si les pelouses sont interdites. Les estivants pourront assister au joli spectacle nocturne de sa **fontaine musicale** (été à partir de 22h ; gratuit), avec illuminations et effets sonores.

En haut de l'allée, jetez un coup d'œil au **Théâtre municipal**, classé au titre des monuments historiques. Ce théâtre à l'italienne, au décor d'origine, dit "en bonbonnière", a ouvert ses portes en 1844. Les hauts-reliefs de la façade sont signés David d'Angers et les colonnades grecques ont récemment été rénovées. Une fresque plus récente réalisée sur la façade arrière rend hommage à la commedia dell'arte. Sur le flanc sud se déploie le **plateau des Poètes** (1870), jardin public à l'anglaise conçu par les frères Bühler, et orchestré par la fontaine du Titan d'Injalbert.

Au sud-ouest des allées Paul-Riquet se déploie le centre ancien, avec son dédale de ruelles, ses musées et ses principaux monuments. Le **quartier des arènes romaines** (rue du Moulin-à-l'Huile), datant du Ier siècle après J.-C. et seul témoin de l'époque antique, a été réhabilité et s'est ouvert au public. Il ne demeure que peu de vestiges, mais le quartier médiéval restauré sur son pourtour semble inaugurer une reconquête des quartiers anciens encore en cours. Béziers est à découvrir depuis le **pont Vieux** (XIIe siècle) enjambant l'Orb : la vue sur la ville y est saisissante. À ses abords, un parking gratuit y a été aménagé, et il est désormais possible de rejoindre la cathédrale et le centre historique à pied, via une belle promenade... tout en montées certes, (218 marches), mais également adaptée aux personnes à mobilité réduite et aux vélos, et jalonnée d'ascenseurs.

Cathédrale Saint-Nazaire-et-Saint-Celse

Gothique

(mi-mai à mi-oct tlj 10h-19h, reste de l'année 9h30-12h30 et 13h30-17h30). Siège épiscopal à partir du VIIIe siècle, cet édifice bâti dans le style roman paya un énorme tribut au sac de Béziers en 1209. Aux XIIIe et XVe siècles, des travaux lui donnèrent son allure de forteresse gothique, symbole du triomphe sur les cathares. Le guide de la visite – en format papier ou disponible sur smartphone grâce au QR code situé à l'entrée –, ainsi que le petit film (6 min) de la salle des Acolytes, vous en faciliteront la lecture : phases de construction, historique et éléments clés de son intérieur (rosace monumentale, orgue de Guillaume Ponchet, scènes de la vie de saint Étienne, voûte gothique de la sacristie...). Inachevé, le cloître situé au sud de l'église date du XIVe siècle et permet de rejoindre un jardin à la française, dit des Évêques (XVIIIe siècle). Celui-ci offre une vue splendide sur la vallée de l'Orb, à admirer également du haut du clocher de la cathédrale, au prix d'une ascension de 165 marches.

Église Sainte-Madeleine — Histoire locale

(pl. de la Madeleine). Dans le quartier Saint-Jacques, l'église de la Madeleine, malgré son style roman épuré, a beaucoup à raconter. Le 22 juillet 1209, elle fut le théâtre du plus sanglant épisode de l'histoire de la ville : le massacre de Béziers, associé à la terrible phrase "Tuez-les tous, Dieu reconnaîtra les siens !", prononcée par Arnaud Amaury, abbé de Cîteaux et légat pontifical. Menée par Simon de Montfort, l'armée catholique de la croisade contre les albigeois se livra à un massacre systématique de la population biterroise (hommes, femmes et enfants), soupçonnée d'hérésie cathare. Le carnage continua jusque dans l'église, où des milliers de personnes venues se réfugier furent exécutées. On peut encore y observer les traces de l'incendie déclenché par les croisés.

Hôtel Fayet — Sculptures et beaux-arts

(☎ 04 67 49 04 66 ; 9 rue du Capus ; tarif plein/réduit 3/2 € ; ⏲ juin-sept mar-sam 11h-18h, oct-mai 9h30-12h et 13h30-17h30). Ce très bel hôtel particulier construit entre le XVIIe et le XIXe siècle retrace la vie et l'œuvre du célèbre sculpteur biterrois Jean-Antoine Injalbert (voir l'encadré p. 109), à travers photos d'archives, esquisses et travaux préparatoires, exposés dans les salons du XVIIIe siècle. L'hôtel est organisé autour d'un agréable jardin intérieur dévolu à des représentations culturelles. Au dernier étage, on peut admirer une partie de la prestigieuse collection du musée des Beaux-Arts, qui couvre ici le XIXe siècle, dans un parcours explicatif très réussi – en attendant la réhabilitation du palais épiscopal (voir encadré ci-dessus).

BON À SAVOIR

Un futur musée d'art et d'histoire à Béziers

Deux des principaux musées de la ville sont actuellement fermés. Il s'agit de l'**hôtel Fabrégat**, antenne majeure du musée des Beaux-Arts, riche d'une collection allant du XVe au XIXe siècle, comprenant des toiles de Géricault, Delacroix ou Daubigny, ainsi qu'un incroyable fonds d'art moderne, avec des œuvres de Dufy, Chirico, Soutine ou Kisling. C'est aussi le cas du **musée du Biterrois**, consacré à l'histoire locale, qui recèle de précieuses pièces issues de l'Antiquité (sarcophages en marbre blanc, chapiteaux, bas-reliefs et vases d'Ensérune). Si certains tableaux du musée des Beaux-Arts sont actuellement visibles à l'hôtel Fayet (ci-contre) et au Musée taurin (ci-dessous), il faudra attendre la réhabilitation de l'ancien palais épiscopal, jouxtant la cathédrale, en structure muséale, pour réunir ces deux entités et en apprécier toutes les œuvres. Un projet d'envergure – Béziers possède la deuxième plus importante collection d'œuvres d'art d'Occitanie, après Montpellier – dont l'inauguration est actuellement prévue en 2027.

Musée taurin — Culture taurine

(☎ 04 67 28 44 18 ; 7 rue Massol ; tarif plein/réduit 3/2 € ; ⏲ juin-sept mar-sam 11h-18h, tlj lors de la Feria 11h-17h). Situé dans l'ancien couvent des dominicains, ce musée, ouvert en 2015 et dévolu à la culture taurine, réunit photographies, collection d'affiches, costumes de lumière de toreros, mais aussi des toiles provenant du fonds du musée des Beaux-Arts de la ville (voir encadré p. 111)... Sans oublier l'étonnante série de gravures de Francisco de Goya intitulée *La Tauromaquia*. Expositions temporaires.

Activités

Pour goûter aux plaisirs balnéaires, cap sur **Valras-Plage**, à seulement une quinzaine de kilomètres au sud de Béziers, port de pêche devenu port de plaisance et station propice aux échappées des Biterrois. On y trouve tout un panel d'activités, dont une école de voile. Sur les communes de Valras et de Sérignan, le **site protégé des Orpellières** (passeur de mi-juin à mi-septembre ; tlj 9h-22h ; 1 € par pers et par vélo), sur l'autre rive de l'Orb, déploie 150 ha de cordon dunaire et abrite une jolie plage préservée.

Les Bateaux du Midi — Croisières

(04 67 36 51 24 ; lesbateauxdumidi.com ; 14 rue des Écluses ; adulte/4-12 ans 12-55/8-35 €). Excursions en péniche sur le canal du Midi à Béziers à la découverte des 9 écluses de Fonseranes (p. 115), du tunnel du Malpas (p. 116), du pont-canal sur l'Orb (p. 115), avec ou sans repas. Plusieurs départs par jour.

Où se loger

Le XIX — Chic et central €€

(04 67 48 04 00 ; www.hoteldixneuf.com ; 19 pl. Jean-Jaurès ; d 100-150 € selon confort et saison, petit-déj 12 € ;). Ce petit 3-étoiles classieux, faisant face à l'agréable place Jean-Jaurès, offre l'avantage de pouvoir découvrir Béziers à pied. On aime ses chambres à la fois sobres, élégantes et design, l'accueil très professionnel, ainsi que son bar à tapas à l'esprit Art déco et son **glacier artisanal** (été tlj 14h30-20h30), pour les petites faims improvisées.

Villa Guy — Chambres d'hôtes €€€

(04 67 35 26 49 ; lavillaguy.com ; 2 rue Giuseppe-Verdi ; d/ste 160-300/185-360 € avec petit-déj ; P). Cette élégante bâtisse des années 1860, de style flamand, recèle 4 chambres et 2 suites spacieuses, au confort haut de gamme, alliant charme de l'ancien et design contemporain. Coup de cœur pour la suite située sous les toits, avec ses poutres apparentes et ses touches de couleur jaune citron. Le petit-déjeuner est servi dans le grand salon de style napoléonien qui ouvre sur un superbe parc classé, ponctué d'œuvres d'Injalbert et de Magrou, et d'une adorable fontaine. Un ravissement inattendu à deux pas du centre-ville, tout près des arènes... Piscine, salle de sport, spa et bar également.

Où se restaurer et prendre un verre

Les Halles de Béziers (voir p. 113) peuvent constituer une belle option à l'heure du déjeuner. Vous y trouverez notamment un excellent traiteur italien.

Le Kiosque à Coquillages — Produits de la mer €-€€

(04 67 28 05 87 ; 32 pl. Jean-Jaurès ; assiette de fruits de mer 21,95 € ; tlj 8h30-22h en saison, 8h30-20h hors saison). Ce kiosque de fruits de mer, proche des allées Paul-Riquet, est une institution à Béziers. Autour de quelques tables, réunies sous un auvent, on savoure une assiette d'huîtres, de gambas, d'escargots de mer ou d'énormes tourteaux, avec une délicieuse sauce aïoli maison et un verre de vin blanc. Très convivial par beau temps.

Pica Pica — Tapas et bistronomie €€

(04 48 11 03 40, 07 85 98 96 24 ; www.pica-pica.fr ; 20 bd Jean-Jaurès ; formule/menu midi 20-25 €, tapas 7-23 €, brochettes 6-14 €, plats 19-26 € ; tlj). Cochon ibérique grillé au feu de bois, *bocadillo* de thon rouge, avocat et pomme verte... On voyage autant que l'on festoie dans ce restaurant élégant, au style

brasserie contemporaine, orchestré par le chef réputé Fabien Lefebvre. Si, à la carte, tout vous fait de l'œil, partagez alors tapas (ceviche d'huîtres, poulpe à la gallega, caviar d'aubergine, moules à l'escabèche...) et brochettes cuites au feu de bois (loup de ligne et courgettes, agneau catalan façon kebab...), relevées de saveurs méditerranéennes. Sympathique terrasse avec vue sur la fontaine musicale en soirée. En prime : carte des vins riche en pépites à tarif honnête et service souriant.

La Maison de Petit Pierre — Cuisine d'auteur €€

(04 67 30 91 85 ; www.lamaisondepetitpierre.fr ; 22 av. Pierre-Verdier ; menus 4/6 plats 45/75 € ; jeu-sam midi et soir). Juste à côté des arènes, cette belle maison à la façade pêche, aux airs d'hacienda, abrite une adresse de choix, incontournable à Béziers. Dans une atmosphère campagne chic, on déguste une cuisine de saison créative, mitonnée avec le cœur par le chef Pierre Augé, gagnant, amplement mérité, d'une émission culinaire à succès. L'été, le service se fait dans un agréable jardin méditerranéen prolongé par un patio. Tout cela a un coût bien sûr, mais l'expérience en vaut la peine. Réservation indispensable. Service traiteur également.

Achats

Les Halles — Marché couvert

(pl. Pierre-Semard ; mar-sam 7h-13h30, dim jusqu'à 15h). Bâties entre 1889 et 1891, ces halles de style Baltard abritent un marché couvert faisant la part belle aux produits du terroir.

Renseignements

Office du tourisme (04 99 41 36 36 ; www.beziers-mediterranee.com ; 1 av. du Président-Wilson ;). La Maison du tourisme et des vins, située à deux pas du plateau des Poètes, borde les allées Paul-Riquet. Elle organise des visites guidées et fournit un plan succinct mais pratique de la ville, avec des visites thématiques (comme sur les fresques qui ornent la ville).

Place ombragée face à la cathédrale, Béziers

CAROLE HUON ©

À NE PAS MANQUER

Le musée régional d'Art contemporain de Sérignan

La petite ville de Sérignan dissimule un insoupçonnable musée, aménagé dans une ancienne cave viticole. Au cœur de 2 700 m² se déploie une collection d'art contemporain d'envergure internationale auxquelles font écho des expositions temporaires de haute volée, programmées tous les 4 mois. Ses extérieurs donnent le ton : la *Rotation* de Buren (créée en 2006 pour l'ouverture du musée) encercle le musée et distille à travers ses vitrages une lumière évolutive qui se propage à l'intérieur, quand les *Femmes fatales*, fresque narrative d'Erró, empruntent à l'univers des *comics* pour colorer tout un pan de sa façade. Le fonds permanent, fort d'environ 400 œuvres, tourne tous les ans selon une scénographie très accessible et savamment pensée (des médiateurs se tiennent par ailleurs à disposition), avec *La Cabane* de Buren en guise de chef d'orchestre perpétuel. L'espace comprend aussi un atelier d'arts graphiques, où les œuvres se détachent sur un fond lumineux. N'hésitez pas à prendre part aux passionnantes visites guidées (jours et horaires variables, se renseigner) ou à inscrire vos enfants à ses nombreux stages et ateliers (compris dans le tarif d'entrée ; réservez bien à l'avance). Programmation de performances et de concerts.

Pour prolonger le rêve, gagnez à la nuit tombée la salle de spectacle La Cigalière (www.lacigaliere.fr) pour admirer, sur son pourtour, la douce symphonie de lumière que composent les colonnes du *Rayonnant* de Buren.

Infos pratiques

MRAC ; ☎ 04 67 17 88 95 ; mrac.laregion.fr ; 146 av. de la Plage ; tarif plein/réduit 5/3 €, gratuit - 18 ans ; ⏲ juil-août mar-ven 11h-19h, sam-dim 13h-19h, sept-juin mar-ven 10h-18h, sam-dim 13h-18h

Depuis/vers Béziers

BUS

Depuis la gare SNCF, la ligne E du réseau d'autobus de Béziers **beeMob** (beemob.fr) rejoint Sérignan et Valras-Plage. Plusieurs lignes du réseau de transport régional **liO** (lio.laregion.fr) partent de Béziers, comme la ligne 643, qui dessert le village de Roquebrun (p. 118).

TRAIN

Au sud du centre-ville, la gare de Béziers est desservie par les TGV de la ligne Paris-Perpignan, des trains Intercités de la ligne Bordeaux-Marseille et plusieurs TER. Montpellier, Sète et Agde sont directement accessibles par le rail, comme Nîmes, Carcassonne et Narbonne.

Le canal du Midi, de Béziers aux confins de l'Hérault

Les 240 km du canal du Midi reliant Toulouse à Sète sont émaillés de 328 ouvrages d'art qui portent en eux le génie de Riquet, Biterrois d'origine et instructeur génial du canal. Portion la plus grande sans écluses, le Grand Bief coule entre les écluses de Fonseranes, prouesse architecturale en amont de Béziers, et Argens-Minervois, dans l'Aude, sur 54 km. C'est l'occasion de balades fluviales ménageant des paysages de carte postale. Ses berges, bordées de peupliers et de platanes en enfilade, et, au-delà, de vignes, de garrigue et de pinèdes, invitent à de belles promenades.

À voir

Les 9 écluses de Fonseranes — Ouvrage d'art

(☎ 04 99 41 36 36 ; parking haute/basse saison 7/4 €, audioguide inclus, audioguide seul 2 € ; maison du site juil-août tlj 10h-19h, avr-juin et sept-oct tlj 10h-18h, nov à mi-mars sam-dim 10h-17h). Rouvert en juillet 2017 après une profonde rénovation, le troisième site le plus visité du Languedoc-Roussillon est une attraction en soi. Sa prouesse architecturale le consacre comme l'un des ouvrages les plus spectaculaires du canal. Pensé par Riquet pour pallier un dénivelé séparant le site de l'Orb, le projet donna naissance à cet hypnotique escalier d'eau baptisé "l'escalier de Neptune", dont les portes, actionnées manuellement, s'ouvrent et se referment au gré d'un ballet de bateaux savamment orchestré par les éclusiers. S'étirant sur 312 m de long, les 9 écluses sont en fait une seule et même écluse composée de 8 bassins et de 9 portes. Près de 21 m de dénivelé séparent le haut des écluses (devant le Coche d'eau-Maison du site) et le niveau de l'Orb, où le canal du Midi se jetait initialement. Embelli d'une promenade aménagée, d'un restaurant (Le 9) et d'une scénovision de 14 minutes (adulte/6-12 ans 3/2 €), le site ne désemplit pas. Dans l'ensemble, la visite vaut vraiment le coup, mais on déplore toutefois un tarif de stationnement qui a explosé avec la rénovation. Sur place, profitez-en pour rejoindre à pied le Pont-canal sur l'Orb (ci-dessous). Comptez une dizaine de minutes, via un agréable chemin au bord de l'eau, partiellement ombragé.

Du centre de Béziers, prendre la direction de Narbonne et, une fois le pont Neuf passé, emprunter les rues du Canal puis des Écluses. De la gare, la ligne TAD 2 des **bus urbains** (☎ 0800 81 81 81) permet de rallier les écluses de Fonseranes (transport à la demande, à réserver par téléphone au plus tard la veille à 16h).

Pont-canal sur l'Orb — Ouvrage d'art

Au pied de Béziers, dans le quartier du Faubourg, cette œuvre monumentale et classique d'Urbain Maguès, inaugurée en 1857, fut pensée *a posteriori* pour permettre aux bateaux naviguant sur le canal de franchir l'Orb plutôt que d'en emprunter le cours, à un endroit réputé jusqu'alors périlleux. Larges de 15 m, ses arches se succèdent sur quelque 240 m de longueur.

De la gare, la ligne TAD 2 des **bus urbains** (☎ 0800 81 81 81) dessert le pont-canal (transport à la demande, à réserver par téléphone au plus tard la veille à 16h). On peut aussi y accéder à pied depuis les 9 écluses de Fonseranes en longeant le canal du Midi (voir plus haut).

Les 9 écluses de Fonseranes (p. 115)

Tunnel du Malpas
Ouvrage d'art

Ouvrage unique sur le canal du Midi, situé au pied de l'oppidum d'Ensérune, le tunnel du Malpas (accessible par la D162E3 depuis Colombiers ou Nissan-lez-Ensérune) perce une montagne, celle d'Ensérune, caractéristique qui lui a valu son nom (Malpas signifie "mauvais passage"). À l'époque, Riquet, passant outre les interdictions de Colbert, fit venir des ouvriers pour assurer une percée à même le roc sur près de 200 m. Le tunnel fut achevé en 1680. Ce fut le dernier grand chantier de Riquet, qui mourut quelques mois plus tard. Aujourd'hui, 3 tunnels s'y rejoignent : au point le plus haut, celui du canal du Midi, au milieu, la voie de chemin de fer (1854-1856) et, au niveau le plus bas, les canalisations œuvrant à l'évacuation des eaux de l'étang de Montady.

Oppidum d'Ensérune
Site archéologique

(04 67 32 60 35 ; www.enserune.fr ; Nissan-lez-Ensérune ; tarif plein/réduit 6/5 €, gratuit - 18 ans ; avr-sept mar-dim 9h30-12h30 et 14h-18h30, oct-mars mer-dim 9h30-12h30 et 14h-17h30). L'oppidum d'Ensérune est l'un des sites archéologiques les plus importants de la région. Perché sur une colline, il fut habité dès le VIe siècle av. J.-C. avant d'être délaissé au profit d'un habitat de plaine au Ier siècle de notre ère. L'ensemble du site permet de découvrir les différentes phases d'habitat, d'un bâti dispersé à l'élaboration d'une véritable ville dotée de sa nécropole. L'ensemble du site est jalonné de panneaux explicatifs. Un document de visite est aussi remis à l'entrée, mais n'hésitez pas à prendre part à la visite guidée (à 10h et 16h, sans supplément). Toutes les fabuleuses découvertes archéologiques réalisées sur le site ont été rassemblées dans un très beau musée, fraîchement rénové.

Le site se situe à 15 km au sud-ouest de Béziers, en empruntant la D11. En saison, vous devrez garer votre voiture sur des parkings aménagés en contrebas de l'oppidum, avant de le rejoindre à pied.

Depuis l'oppidum d'Ensérune, de magnifiques vues se dégagent sur la voie Domitienne et sur l'étang de Montady.

Il est également possible de faire le tour d'Ensérune à pied, avant de prendre toute la mesure du site depuis les hauteurs de l'oppidum. Un sentier (balisage jaune, 8,5 km, 3 heures) longe la voie Domitienne, le canal du Midi, l'étang de Montady et le tunnel du Malpas. Renseignez-vous à la Maison du Malpas (ci-contre).

Étang asséché de Montady — Site naturel

Le découpage géométrique, semblable à une immense roue, de l'ancien étang de Montady ne s'apprécie vraiment que depuis les hauteurs de l'oppidum d'Ensérune ou le village de Montady – que l'on peut rejoindre via la D162E1. Dans la vague d'assèchement des étangs que connut la France au XIIIe siècle, celle de l'étang de Montady intervint entre 1250 et 1270, dans l'optique de sa mise en culture. Aux confins de ses 430 ha de terre, des fossés de drainage ramènent l'eau jusqu'à un fossé central, le Redondel. Un aqueduc souterrain représentant 10 km de canalisation œuvre ensuite à l'écoulement des eaux. C'est ce système qui confère au site son aspect géométrique si particulier.

Collégiale Saint-Étienne — Gothique

(☎04 67 37 85 29, 06 52 42 67 37 ; Capestang ; visite guidée et ascension du clocher avr-oct sur rdv adulte/enfant 5/2,50 € ; ⏱visite libre tlj 9h-19h). Massif, surmonté par un clocher-tour fortifié qui culmine à 44 m, cet édifice construit à partir du XIIIe siècle domine spectaculairement le village de Capestang, au bord du canal. La collégiale, dotée de puissants contreforts, est considérée comme un joyau du gothique méridional… bien qu'elle soit inachevée. L'église ne présente ainsi pas de transept, d'où une silhouette trapue, qui, paradoxalement, renforce l'impression de puissance de l'ensemble.

En comparaison, le **château de Capestang** (☎07 87 75 08 99, 06 52 42 67 37 ; visite libre/guidée 2/4 € ; ⏱visite libre lun 14h-18h, mar-ven 9h-12h et 14h-18h, visite guidée tlj sur rdv), ancien palais des archevêques de Narbonne, du XIVe siècle, situé légèrement en contrebas, paraît presque petit. Ses plafonds peints datant du XVe siècle sont splendides (armoiries, animaux réels ou imaginaires, scènes de danse…).

Activités

Pour partir à la découverte du canal, en navigant sur ses eaux ou depuis ses berges, cap sur **Capestang**, centre névralgique des activités qui lui sont liées. Vous trouverez d'ailleurs un excellent office du tourisme consacré au canal, dans son charmant port de plaisance.

Bateau

Le Grand Bief se prête idéalement à une première navigation, puisqu'il évite les frayeurs habituelles liées au passage des écluses. **France Fluviale** (☎04 67 39 21 66 ; www.francefluviale.fr ; quai Élie-Amouroux, Capestang ; ⏱avr-oct) et **Sunboat** (☎04 67 37 14 60 ; www.sunboat.fr ; port de plaisance, Colombiers ; ⏱avr-oct) louent des bateaux sans permis, à la semaine ou pour le week-end.

Pour des croisières thématiques commentées, adressez-vous aux Bateaux du Midi (p. 112), à Béziers.

Vélo

Les 240 km de chemins de halage qui bordent le canal sont accessibles aux vélos. Vous pourrez en louer chez **Les Vélos du Brennus** (☎06 46 48 74 67 ; ⏱avr-oct) implanté sur le site des 9 écluses de Fonseranes (voir p. 115).

Renseignements

Maison du Malpas (☎04 67 32 88 77 ; www.ladomitienne.com ; rte de l'Oppidum, Colombiers). Basée en amont de l'oppidum d'Ensérune, organise des visites guidées, fournit un plan du site et saura vous aiguiller sur le sentier de randonnée. Également expositions, manifestations et conférences.

Office du tourisme du canal du Midi au Saint-Chinian (☎04 67 37 85 29 ; www.tourismecanaldumidi.fr ; quai Élie-Amouroux, Capestang). Situé à Capestang, dans la maison cantonnière, un ancien relais de poste.

Parc naturel régional du Haut-Languedoc

Au nord-ouest de Béziers, au cœur du parc régional du Haut-Languedoc, les **vallées de l'Orb et du Jaur** sont des étapes de charme, propices aux activités sportives et baignées d'histoire. Aux paysages montagneux exceptionnels et façonnés par l'eau qui les caractérisent, répondent de typiques villages médiévaux fleuris, aux ruelles tortueuses, qui s'étagent sur leurs berges. En toile de fond, omniprésent, le **plateau du Caroux** (voir l'encadré p. 121), arborant la forme d'une femme allongée, semble toiser les vallées du haut de ses 1 091 m, tout en les teintant de sa légende, celle de la déesse Cébenna, condamnée par Zeus, et venue y mourir par amour.

Un excellent moyen de découvrir ce parc naturel est sans conteste d'emprunter à vélo les 75 km de la voie verte Passa Païs, à cheval sur le Tarn et l'Hérault (voir p. 120). Vous pouvez également le parcourir à pied, en effectuant la randonnée "Les balcons de l'Orb", au départ de Bédarieux, décrite p. 46.

À voir

Roquebrun

Roquebrun, dont les maisons typiques s'étagent en bordure de l'Orb, se targue d'un microclimat qui favorisa l'émergence d'un vignoble d'exception, autant que l'implantation d'un charmant **Jardin méditerranéen** (04 67 89 55 29 ; www.jardin-mediterraneen.fr ; rue de la Tour ; adulte/6-16 ans 6/3,50 € ; juil-août tlj 10h-19h, avr et sept-oct lun-ven 10h-12h30 et 14h-17h30, dim 14h-17h30, mai-juin lun-ven 10h-12h30 et 14h-17h30, sam-dim 14h-17h30) qui recense notamment de nombreuses variétés d'agaves, de cactus et de succulentes, au pied de sa tour médiévale (Xe-XIe siècle).

Au fil de la D14

Empruntez la D14 qui suit le cours de l'Orb et réserve d'extraordinaires points de vue sur la vallée (possibilité d'y garer sa voiture). Au fil de la route, vous longerez le pittoresque hameau de **Ceps**, puis l'immanquable village de **Vieussan**.

Le village de Roquebrun, au bord de l'Orb (ci-dessus)

HÉRAULT TOURISME/GILLES DELERUE ©

Étagé sur un promontoire à la manière d'un amphithéâtre, il fait face à la vallée et surplombe les vignes. Le village conserve de nombreux vestiges médiévaux des XIIe et XIIIe siècles, dont une tour, visible depuis la route, qui ménage de splendides points de vue sur le mont Caroux. Vous ne pourrez y accéder qu'à pied, au gré de ses ruelles tortueuses agrémentées d'anciennes variétés de roses. Vous parviendrez au **moulin de Tarassac** après avoir franchi le pont éponyme (1870), point de jonction avec les gorges escarpées d'Héric (voir l'encadré p. 121), en face, desquelles on accède via Mons-la-Trivalle, et avec la vallée du Jaur, filant en direction d'Olargues.

Olargues

Olargues est une pépite médiévale magnifiquement préservée, perchée sur un promontoire au sud des monts de l'Espinouse, et qui, en plus d'être classée parmi les plus beaux villages de France, se targue d'abriter une table remarquable (p. 120). Il est cerné sur trois de ses flancs par le Jaur et le **pont du Diable** (XIIe siècle) consacre la plus belle des entrées. De là, vous vous plairez à gravir les ruelles, égayées de pimpants abricotiers, jusqu'à la tour-clocher du XIIIe siècle et aux ruines de l'**ancien château**, d'où se déploie une vue magistrale sur le Caroux. En redescendant, vous pourrez visiter le petit **musée des Arts et Traditions** (☎04 67 97 70 79 ; escalier de la Commanderie ; ⏲mi juil à mi-sept mar-dim 15h-18h30 ; entrée libre).

Lamalou-les-Bains

En prolongeant votre incursion le long de l'Orb depuis Tarassac, vous rejoindrez Lamalou-les-Bains, ville thermale riche et animée, dépourvue du cachet historique de ses voisines. Elle abrite néanmoins, à 200 m en amont de l'entrée de la ville, l'**église de Saint-Pierre-de-Rhèdes**, joyau de l'art roman toujours en place, construit sur les fondations d'un sanctuaire chrétien du IVe siècle. L'office du tourisme (p. 120) vous en remettra les clés contre une pièce d'identité. Ce dernier est un excellent point d'information pour effectuer la **randonnée jusqu'au sommet du mont Caroux** via le hameau de Douch (voir p. 121).

La Salvetat-sur-Agout

Vous pouvez poursuivre votre incursion dans le Haut-Languedoc, aux confins de l'Hérault, en découvrant La Salvetat-sur-Agout, haut lieu de villégiature grâce au **lac de la Raviège** voisin. Juché sur un éperon rocheux à 700 m d'altitude, le village est célèbre pour son eau naturellement pétillante, commercialisée depuis 1992. Le bourg, à l'origine (XIIe siècle) une sauveté, a conservé son cachet médiéval avec ses ruelles tortueuses, sa **chapelle romane Saint-Étienne-de-Cavall**, dans le cimetière, abritant une Vierge noire dite "miraculeuse", et son vieux **pont roman** enjambant la Vèbre.

Activités

Baignade

Les berges aménagées aux abords de Ceps et de Roquebrun permettent de se baigner dans l'Orb. Les gorges d'Héric (voir l'encadré p. 121) sont un autre site prisé, mais vous devrez accomplir une bonne marche avant d'accéder à un spot de choix.

Canoë-kayak

La vallée de l'Orb ne se découvre jamais mieux qu'en canoë-kayak. Plusieurs prestataires proposent des parcours adaptés, à la journée ou en bivouac, **Canoë Tarassac** (☎04 67 97 74 64 ; www.canoe-tarassac.com), dans le moulin de Tarassac, à Mons-la-Trivalle, **Bol d'air bulle d'eau** (☎06 71 68 88 53 ; www.boldair-bulledeau.fr) à Bédarieux et **Canoë Roquebrun** (☎04 67 89 52 90 ; www.canoeroquebrun.com ; chemin de la Roque), à Roquebrun.

Vélo

La portion de la vallée de l'Orb, filant de Roquebrun à Tarassac, le long de la très vallonnée **D14**, se prête idéalement au vélo.

Traversant tout le parc naturel régional du Haut-Languedoc, à cheval sur le Tarn et l'Hérault, la **voie verte Passa Païs** (www.francevelotourisme.com/itineraire/passapais) est aussi une excellente option. Aménagée sur l'ancienne voie ferrée reliant Bédarieux à Mazamet (Tarn), elle offre en tout 76 km de promenade équestre, cycliste ou pédestre, notamment le long du Jaur, et permet de rejoindre le magnifique village d'Olargues. Si vous voulez impressionner les habitants, prononcez "*passo païs*", en bon occitan (la voie permet de passer d'un pays à un autre).

Pour louer des vélos, vous pouvez vous adresser à **Vélo Caroux** (✆06 45 12 52 50 ; velo-caroux.fr ; Loungaïrou, D908) à Mons-la-Trivalle, qui propose aussi des randonnées encadrées, à **Cycles Horizon** (✆04 67 95 34 25 ; 13 av. Abbé-Tarroux) à Bédarieux, à **Sports et Nature** (✆04 67 97 54 55 ; www.lamalousportetnature.com ; av. Georges-Clemenceau), à **Cyclamalou** (✆04 67 97 29 75, 06 89 93 59 61 ; 5 av. du Dr Ménard) à Lamalou-les-Bains, ou à **Vélo Rique** (✆07 82 22 16 36 ; rue Balad) à Olargues.

Où se loger et se restaurer

Fleurs d'Olargues Cuisine d'auteur €€
(✆04 67 97 27 04 ; www.fleursdeolargues.com ; pont du Diable, Olargues ; formule/menu midi sem 26/29 €, plats 24-28 €, menu gourmand 45-54 € ; ⏲juin-sept tlj, mars-mai et oct-nov jeu-dim). Cette adresse familiale, tenue par des Danois, et marquant l'entrée du pont du Diable, est une belle escale gastronomique. Face à l'une des plus belles vues sur Olargues, sur une jolie terrasse champêtre surplombant la rivière, on vous sert, sans prétention, de fines compositions locavores et de saison – avec options végétariennes – relevées d'aromates. L'établissement est couru : réservez !

L'École Chambres et table d'hôte €€
(✆04 75 75 65 66, 06 08 81 76 79 ; www.ecoleolargues.com ; rue Faubourg Saint-Roch, Olargues ; d/ste 135/160-250 €, petit-déj 20 €, menus 45-50 € ; ⏲avr-oct ; 📶🏊❄🅿). Juste à côté de Fleurs d'Olargues, voici une autre adresse de choix, tenue par une famille belge, cette fois ! Dans une ancienne école réhabilitée, se nichent 6 chambres et suites spacieuses et douillettes, aux notes artistiques, et, en haute saison, une table d'hôtes où le végétal est à l'honneur (au choix, 2 menus créatifs : l'un végétalien, l'autre piscivore). Ici aussi, la vue sur le village est sublime, surtout dans la lumière du couchant...

La Mécanique des Frères Bonano Restaurant locavore et chambres d'hôtes €€
(✆04 67 97 30 52 ; lamecaniquedesfreresbonano.fr ; lieu-dit La Mécanique, Sainte-Colombe, Colombières-sur-Orb ; menus restaurant 65-125 € ; d/ste 95-120/170-230 € avec petit-déj ; ⏲restaurant soir jeu-mar, midi ven-dim ; 🏊📶🅿). Ce véritable havre de paix, à deux pas des gorges de la Colombières, est à la fois une table gourmande réputée (Le Granit), un bistrot chic (Le Trou du Kru) et une maison d'hôtes de charme. À l'étage de cette ancienne filature, 5 très belles chambres et suites, dont une, baptisée Monsieur Pierre, qui s'offre le luxe d'un Jacuzzi privatif, juste derrière le lit... Parmi les "petits" plus, comptez également une piscine, où lézarder au doux murmure de la rivière située en contrebas, et un parc de 1 ha propice aux balades.

Renseignements

Office du tourisme du Minervois au Caroux en Haut-Languedoc (✆04 67 97 06 65 ; www.minervois-caroux.com) ; Roquebrun (rue du Barry ; ⏲juil-août tlj matin uniquement) ; Olargues (Centre Cebenna, av. du Champ des Horts) ; Mons-la-Trivalle (av. de la Gare) ; Saint-Pons-de-Thomières (2 pl. du Foirail) ; Minerve (voir p. 278).

Office du tourisme du Grand Orb (✆04 67 95 70 91 ; www.tourisme.grandorb.fr ; 1 av. de Capus, Lamalou-les-Bains)

Office du tourisme de La Salvetat-sur-Agout (✆04 11 95 08 07 ; www.tourisme-montsetlacsenhautlanguedoc.com ; pl. des Archers)

HÉRAULT TOUR SME/E BRENDLE ©

Randonnées au mont Caroux

Très réputé auprès des randonneurs, le plateau du mont Caroux, culminant à 1 091 m, dévoile des paysages montagnards typiquement méditerranéens. À condition d'être matinal, vous y observerez peut-être des mouflons, l'animal emblématique des lieux, évoluant au cœur de sa tourbière. La vue, superbe depuis la table d'orientation, s'étend, lorsque le ciel est dégagé, du mont Ventoux aux Pyrénées. Le terrain est rocailleux, surtout depuis les gorges d'Héric. Chaussez-vous en conséquence.

Par le hameau de Douch

Dernier village avant le sommet, le hameau de Douch est le point de départ d'un circuit en boucle, totalisant 3 heures de marche et un dénivelé de 310 m. C'est la randonnée la plus facile pour le plateau. Garez-vous sur le parking (obligatoire), précédant l'entrée du village, et suivez le balisage jaune.

Pour rejoindre Douch, prenez la direction d'Olargues, bifurquez sur la droite à l'embranchement du Poujol-sur-Orb, traversez Combes, puis gagnez Rosis et Douch.

Par les gorges d'Héric

Depuis Mons-la-Trivalle, un sentier s'immisce dans les gorges d'Héric. Le chemin est jalonné de gouffres et de cascades (baignade possible). Quelque 5 km, 315 m de dénivelé et 1 heure 30 à 2 heures de marche à un rythme normal séparent le début du sentier du hameau d'Héric. De là, vous pourrez gagner le sommet du mont Caroux, au terme d'une ascension difficile de 3 km. Pour l'ensemble de la randonnée, aller-retour, comptez 5 heures 30 à 6 heures de marche.

Entre Olargues et Lamalou-les-Bains, prendre la direction de Mons-la-Trivalle et suivre le fléchage jusqu'aux gorges d'Héric. Un parking payant en été (3,50 €, mi-avr à mi-sept) et une buvette vous y attendent. Vous trouverez un point info à Mons-la-Trivalle.

Ci-dessus : table d'orientation au sommet du mont Caroux

Parc naturel régional du Haut-Languedoc (☎ 04 67 97 38 22 ; www.parc-haut-languedoc.fr ; pl. du Foirail, Saint-Pons-de-Thomières). Expositions sur l'environnement, distribution de cartes et vente de fiches randonnées.

LODÉVOIS ET CONFINS DU LARZAC

Partie la plus au nord du département, à mi-chemin de ses plaines viticoles et du haut plateau du Larzac, le Lodévois et ses confins affichent une géographie et une géologie singulières qui ravissent les amoureux de la nature. Des eaux du lac du Salagou à la roche rouge qui les enserre, des parois vertigineuses des cirques de Mourèze et de Navacelles aux oasis de verdure qu'ils renferment, randonneurs, cyclistes, amateurs de sports nautiques ou contemplatifs se délecteront. La petite cité de Lodève, dotée d'un excellent musée et, non loin, d'un bijou d'art roman, est un point de base tout indiqué.

Lodève

Labellisée "Ville d'art et d'histoire", Lodève, ancienne cité épiscopale influente jusqu'à la Révolution, puis capitale avérée du textile, se targue d'une imposante cathédrale gothique fortifiée, la cathédrale Saint-Fulcran, et d'un musée de renom tout juste rénové. Depuis 1966, elle abrite la manufacture nationale de la Savonnerie, annexe de la Manufacture nationale de tapis, ainsi que la Manufacture languedocienne de grandes orgues. La ville, posée au fond d'une vallée au confluent de la Lergue et de la Soulondres, est une étape agréable pour partir à la découverte des merveilles naturelles et patrimoniales qui l'entourent.

À voir

Musée de Lodève Art, histoire et traces du vivant
(☎ 04 67 88 86 10 ; www.museedelodeve.fr ; 1 pl. Francis-Morand ; collection permanente tarif plein/réduit 8/6 €, pendant expo temporaire 10/8 €, gratuit - 12 ans, supp visite guidée 3 € ; 🕐 avr-sept mar-dim 10h30-13h et 14h-18h,

Cathédrale Saint-Fulcran, Lodève

FRED / ADOBE STOCK ©

oct-mars 10h30-17h, week-end jusqu'à 18h). Installé dans le splendide hôtel particulier (XVIe-XVIIe siècle, remanié au XVIIIe siècle) du cardinal de Fleury (principal ministre de Louis XV auquel la ville doit le début de son expansion dans le textile), le musée de Lodève a rouvert au public en juillet 2018 après une grande rénovation. Son fonds permanent en archéologie, géologie, antiquité et paléontologie, auquel s'ajoutent des œuvres du sculpteur Paul Dardé (1888-1963 à Lodève), en font un musée hors norme et très éclectique. Fort d'une muséographie à la fois immersive et poétique, il compte aussi un espace dédié aux sciences de la terre (nombreuses traces d'animaux et de flore préhistoriques illustrant 540 millions d'années d'histoire de la terre), et s'enorgueillit d'une ambitieuse programmation d'expositions temporaires.

Manufacture nationale de la Savonnerie Tapisserie

(04 67 88 86 44 ; impasse des Liciers ; visite guidée tarif plein/réduit 7/5 € ; visites guidées jeu-ven à 14h, et pendant vac scol jeu à 10h30, 14h et 15h30, ven à 10h30 et 14h30). Dépendant du ministère de la Culture, cet atelier installé depuis 1966 à Lodève est, en France, la seule annexe de la manufacture des Gobelins, célèbre descendante de la manufacture royale des tapis créée par Colbert. Une dizaine de lissiers y tissent des tapis, d'après des cartons d'artistes contemporains, destinés au Mobilier national, pour orner des édifices publics. La visite des ateliers (uniquement guidée, durée 1 heure 30), en présence des lissiers, est passionnante. Réservation auprès de l'office du tourisme (p. 125).

Où se loger et se restaurer

Les sens de l'Escalette Chalet €€

(07 86 12 81 93 ; lessensdelescalette.com ; 2 Lieu-dit Les Graves, Pégairolles-de-l'Escalette ; cabane/gîte 90-130/120-180 € la nuit selon saison ; P). À 10 km au nord de Lodève, dans un petit village isolé, cet hébergement est idéal pour se retrouver dans la nature sans renoncer au confort. Un gîte (6 pers ; 75 m²) et une belle cabane en bois (2-4 pers ; 35 m²) sont situés près d'une rivière, avec vue sur les montagnes. Tous deux disposent d'une agréable terrasse avec barbecue et d'un chauffage au bois (poêle ou cheminée) pour l'hiver. Une jolie piscine commune est accessible l'été. Nombreux départs de randonnée à proximité. Massages possibles. Réservation de 2 nuitées minimum.

Les Mangeurs d'étoiles Comme à la maison €

(06 88 10 69 10, 06 86 98 29 57 ; 5 rue Georges Fabre ; plats 12-14 €, menus 20-22 € ; midi lun-ven). Bien à l'abri dans sa ruelle tranquille, ce tout petit restaurant aux allures de café artistique concocte chaque midi pour sa clientèle d'habitués un menu concis, ultra-sain et très frais, où les végétariens trouvent bien leur compte avec le baba ganoush de courgettes, roquefort et graines, ou les boulettes d'aubergine (ou d'agneau et de veau), tomates fraîches, riz, cocos plats, par exemple... Choix de vins naturels également.

À vélo sur les causses

Le Lodévois et le causse du Larzac, haut plateau karstique du Massif central qui s'étend entre Millau (Aveyron) et Lodève (Hérault), constituent un fabuleux terrain de jeu pour les amoureux de VTT. Le territoire compte notamment 21 boucles de différentes difficultés, soit 413 km de chemins labellisés et balisés multiusages. Consultez les différents circuits sur www.tourisme-lodevois-larzac.fr (rubrique *Expériences*, onglet *Activités et expériences*). Veillez toutefois à partir à la fraîche et éviter les heures chaudes d'été. Le manque d'ombre dû à l'absence de végétation haute se fait parfois cruellement sentir.

CAROLE HUON ©

À NE PAS MANQUER

Le cirque de Navacelles

Merveille géologique, le site phare de la vallée de la Vis donne le vertige. C'est que ce cratère géant éventrant la terre, enserré par les causses du Larzac et de Blandas, s'appréhende depuis ses rebords, contrairement à celui de Mourèze (p. 128). Plus montagneux que ce dernier, il permet, au départ du village de Saint-Maurice-Navacelles, des randonnées sportives, comme la boucle "Les Rajols" (moyen, 14 km, 4 heures 30, décrite p. 44), celle intitulée "Navacelles, Causse et gorges de la Vis" (difficile, 21 km, 6 heures), ou "Cirque de Navacelles et les Moulins de la Foux" (moyen, 10 km, 3 heures 30), plus modeste mais magnifique. Vous pourrez aussi vous contenter de ses belvédères accessibles en voiture et des splendides panoramas qu'ils ménagent.

Depuis Lodève, le **belvédère de la Baume-Auriol** (sur la D130) offre la vue la plus vertigineuse sur le site. Vous y trouverez deux adresses misant sur les produits locaux : Le Bistrot & Gourmand qui propose de la petite restauration, et l'Alchimie, aux mets plus élaborés. Le **belvédère de Blandas** (sur la D713), dans le Gard, a la plus belle vue d'ensemble. Installé à 300 m de "profondeur", au fond du cirque, un hameau du village de **Saint-Maurice-Navacelles**, rythmé par le tohu-bohu de sa cascade, prend des allures de bout du monde. Depuis les belvédères, on y accède par des routes en lacet qui demandent dextérité et prudence. Vous trouverez dans le hameau des chambres d'hôtes et de quoi vous sustenter.

Infos pratiques

Office du tourisme Lodévois et Larzac ; ✆ 04 67 88 86 44, point info saisonnier 07 78 95 95 38 ; www.tourisme-lodevois-larzac.com ; 7 pl. du Rialto, Lodève, et (point info saisonnier) bergerie de la Baume, Auriol ; 🕒 point info saisonnier juil-août jeu-dim 10h-17h, mai-juin et sept sam-dim uniquement ; fiches rando en vente (1 €, téléchargeables gratuitement sur le site Internet)

La Muse'broc — Café culturel €

(04 34 79 04 42 ; www.lamusebroc.com ; square Georges Auric ; plats du jour 10 € ; mar-jeu 11h-19h, ven 11h-22h, sam 11h-15h). Juste en face du musée de Lodève, ce café culturel à l'esprit brocante et à la joyeuse terrasse propose le midi une ardoise de petits plats simples (*empanadas*, quiches, salades, camembert rôti à l'ail...), travaillés avec des produits locaux et bio. Également quelques douceurs, à toute heure, ainsi que des bières artisanales et vins bio, pour l'apéro. Concerts, DJ sets et scènes ouvertes certains soirs.

Le Grand Minuscule — Bistrot culturel €

(04 67 88 50 35 ; www.restaurantminuscule.fr ; 2 Grand-Rue ; formules 20,50-22 €, menu 27 €, plats 15,50-23 € ; mer-dim). Dans la même veine que La Muse'broc, ce cocon coloré, ouvert sur une jolie terrasse, est à la fois un restaurant et un café-concert. On y déguste une cuisine bistrot revisitée (filet mignon de porc à la sauce Pastis, *tataki* de thon au sésame grillé...), élaborée au gré des saisons et truffée d'options végétaliennes. Vins et bières artisanales bio. Également des expositions temporaires et des concerts réguliers. Réservation recommandée.

Renseignements

Office du tourisme (04 67 88 86 44 ; www.tourisme-lodevois-larzac.fr ; 7 pl. du Rialto). Organise des visites guidées de la cathédrale en été, des visites pour les enfants et vend des topoguides et des fiches rando (1 €, téléchargeables gratuitement sur le site Internet).

Depuis/vers Lodève

Les bus de la ligne n°661 du réseau de transport **liO** (lio.laregion.fr) permettent d'aller à Montpellier via Clermont-l'Hérault ; durant la période estivale, ils marquent un arrêt au lac du Salagou.

Prieuré Saint-Michel de Grandmont

Sur cet immense et prestigieux domaine classé monument historique, le **prieuré roman** (04 67 44 09 31 ; prieure-grandmont.fr ; Soumont, domaine de Grandmont ; tarif plein/6-14 ans 7/4,50 €, gratuit - 6 ans ; mai-sept tlj 10h-19h, fév-mars et nov mar-dim 10h-17h, avr et oct mar-dim 10h-18h), du XIIe siècle, conservé dans son intégralité, affiche, de l'église au cloître en passant par la salle capitulaire et celle des moines, un dépouillement extrême, censé refléter la spiritualité exigeante caractéristique de l'ordre grandmontain.

Ce monstre d'austérité a pour écrin un splendide **parc sauvage** de 30 ha, où s'ébattent daims, biches, cerfs et cygnes, et aux confins duquel, sur un site datant de la fin du néolithique, dolmen, menhirs et sarcophages wisigothiques veillent. La star des lieux est sans conteste le **dolmen de Coste-Rouge**, surnommé la "maisonnette des fées", un rare exemple de dolmen avec porte.

La **visite guidée** (comprise dans le billet ; mai-oct 3e dim du mois à 10h30, sur réservation) dure 1 heure 30 en se limitant au prieuré, un peu plus si l'on s'aventure dans le parc (qui ménage de jolies vues) jusqu'à son dolmen phare. Comptez une bonne heure pour une visite libre ou audioguidée.

La programmation culturelle inclut concerts (récital, opéra...) et expositions. *Escape game* l'été.

De Lodève, prendre la D153 en direction de Soumont et poursuivre sur la même route vers Saint-Privat.

Lac du Salagou

Lunaires et arides, bercés par le chant des oiseaux, les paysages teintés de rouge (la ruffe est une roche chargée d'oxyde de fer) qui encerclent le lac artificiel du Salagou dévoilent un ensemble spectaculaire et tout en contraste. Le lac est né de la construction d'un barrage en 1969 en vue d'irriguer les plaines et de limiter les crues de l'Hérault.

Ses berges accueillent désormais des arbres en abondance, saules, frênes et peupliers puisant à même ses eaux, et vous pourrez même y voir en été fleurir des iris d'eau.

Ses 750 ha et 28 km de périmètre offrent cependant un visage très inégal. Les rives de **Clermont-l'Hérault**, les plus proches du barrage, sont les plus aménagées et concentrent l'essentiel des activités, là où celles courant d'**Octon** à **Celles** en permettent une lecture plus sauvage.

Le plus beau belvédère sur le lac se situe au sommet du **mont Liausson**, à 535 m d'altitude. Des sentiers, depuis le village de Liausson, ou depuis le cirque de Mourèze (p. 128), permettent d'y accéder.

À voir

Celles — Village fantôme

Au nord-ouest du lac, Celles est un petit monde à part. Posé au bord de l'eau, ce hameau, qui devait être submergé par les eaux lors de la création du barrage, a vu ses habitants expropriés pour rien, l'eau étant montée moins haut que prévu. Ce "village fantôme", comme on le surnomme, est devenu une étape mythique du lac. Une communauté hippie s'y installa un temps et son décor a servi de cadre à plusieurs films. Aujourd'hui interdit d'accès par arrêté préfectoral, en dehors de la place de la Mairie, ce singulier village lacustre fait l'objet d'un projet de réhabilitation.

Manufacture royale de Villeneuvette — Histoire du tissu

Située entre Clermont-l'Hérault et Mourèze, Villeneuvette, protégée derrière de hauts murs, semble figée dans un autre temps. Cette "ville neuve", fondée en 1673 au bord de la Dourbie, connut pourtant une intense activité industrielle : cité drapière, elle fut désignée en 1677 manufacture royale par Colbert et son activité consistait en la confection de draps de laine. L'usine, reprise par une famille d'industriels à la fin du XIXe siècle, fonctionnera jusqu'en 1954, employant jusqu'à plusieurs centaines de personnes. Logements ouvriers, maison de maître, fontaine, église, vestiges de la manufacture... Malgré l'arrêt des commandes et la fin de l'activité, tout

Stand up paddle sur le lac du Salagou

HÉRAULT TOURISME/GILLES DELERUE ©

est quasi resté en place. Les visites se font en autonomie, muni du livret patrimoine (qui vous sera remis à l'office de tourisme ; voir p. 128) et/ou via une balade sonore de 45 minutes (disponible sur l'application izi.Travel). Une agréable boucle balisée (1 heure) fait également le tour du village en suivant son circuit hydraulique. Possibilité de se rafraîchir, de se restaurer et de loger sur place.

Activités

Le lac du Salagou, très animé durant la saison estivale, est un petit paradis pour les amateurs d'activités nautiques, grâce à ses eaux turquoise et à ses berges aménagées. Le lac est interdit aux bateaux à moteur. Au plus fort de l'été, l'eau peut atteindre 28°C.

Baignade et sports nautiques

Les rives de Clermont-l'Hérault, qui offrent le plus grand panel d'activités et de plages aménagées et surveillées en été, sont les plus indiquées. L'endroit correspond aussi à la partie la plus aménagée du lac. De l'autre côté, Octon et ses rives sauvages accueillent un centre nautique beaucoup plus modeste, mais sympathique. À noter : le rivage, plutôt caillouteux, comporte quelques spots herbeux sur les rives de Clermont-l'Hérault, vers le parking en terre (gratuit), au bout de la route du Lac.

Base de plein air du Salagou — Base multiactivités

(04 67 96 05 71 ; www.basedusalagou.fr ; rive de Clermont-l'Hérault ; tte l'année). On peut depuis cette base partir en balade en bateau ou en trottinette électrique, s'initier au tir à l'arc et louer tout le matériel nautique et assimilé souhaité : planche à voile, catamaran, canoë-kayak, barque de pêche, pédalo, stand up paddle... Snack sur place. Pour s'y rendre, passé Clermont-l'Hérault, suivre les panneaux "Lac du Salagou", puis "Base de plein air" et prendre le chemin de terre jusqu'au parking réservé à la clientèle. **Camping** (www.campinglacdusalagou.fr ; empl tente 20-32 €) et petite restauration sur place également.

Relais nautique — Base nautique et guinguette

(location 06 02 44 52 73, guinguette 06 13 13 64 46 ; facebook.com/guinguettesalagou ; rte du Salagou, Octon ; juin à mi-sept). Loue des canoës (12-15 €/heure), des stand up paddles (12 €/heure) et des pédalos (18 €/heure). Sur place également, une guinguette à la fois buvette, restaurant et bar à tapas, quasiment à fleur d'eau, qui sert une cuisine type brasserie améliorée plutôt honnête (plats 11-21 €, tapas 8-11 €). Concerts les mardis soirs. À partir d'Octon, prendre la D148, puis suivre le fléchage qui mène jusqu'aux berges du lac et au relais.

Randonnée pédestre et VTT

Les paysages arides et insolites du lac du Salagou se prêtent idéalement à la randonnée, pédestre ou cycliste, le long de ses 27 km de rives (270 m de dénivelé). Demandez à l'office du tourisme (p. 128) de vous remettre le plan gratuit qui présente les circuits à VTT possibles dans les alentours. Un parcours à énigmes pour enfant (6-12 ans) est aussi proposé. Les randonneurs se référeront à *La carte randonnée du pays Cœur d'Hérault*, distribuée par l'office du tourisme. Une quinzaine de fiches-circuits tout niveau sont téléchargeables gratuitement sur son site.

Ozone VTT Cycles — Location de vélos

(04 67 96 27 17 ; www.vtt-salagou.com ; 1 rte du Lac, Clermont-l'Hérault ; mar-sam 9h-12h et 15h-19h). Location de vélos. En été, un point accueil est ouvert sur les rives du lac (côté Clermont-l'Hérault).

Où se restaurer

L'Auberge du Lac — Vue panoramique €€

(04 67 44 45 40 ; lieu-dit Les Cremades, Le Puech ; formule midi 23 €, menu 30 €, plats 18-20 € ; mer-dim). De tous les restaurants autour du Salagou, cet établissement, assez réputé est celui qui offre la plus belle vue, car il est juché en surplomb

du lac. La cuisine y est bonne sans être exceptionnelle (filet de cannette au miel et zestes de citrons confits, dorade royale sauce vierge...), avec une mention spéciale pour les desserts maison. Depuis sa terrasse, ou de son intérieur design, la magie opère, et on en ressort repu !

Renseignements

Office du tourisme du Clermontais
(04 67 96 23 86 ; www.destination-salagou.fr ; pl. Jean-Jaurès, Clermont-l'Hérault).

Office de Tourisme Lodévois et Larzac
(04 67 88 86 44 ; www.tourisme-lodevois-larzac.com ; 7 pl. du Rialto, Lodève).

Cirque de Mourèze

Dominé par le **mont Liausson**, le cirque de Mourèze est un site dolomitique fascinant s'étendant sur quelque 300 ha. Ses colonnes de roches blanchâtres et fantasmagoriques défiant le ciel, qui se teintent de rose en fin de journée, ménagent un spectacle féerique. Né il y a plus de 170 millions d'années de l'érosion d'un plateau, vestige d'une mer datant de l'ère secondaire, le site continue de se modeler sous l'effet des éléments et du ruissellement de l'eau. L'oasis de verdure, que forme en son creux le village de **Mourèze**, est établi depuis le IXe siècle. Le village conserve les vestiges de son château (qui ne se visite pas) et son église Sainte-Marie, surplombant des ruelles fleuries.

Face au parking (3 € en saison) à l'entrée du village de Mourèze, un **bureau d'accueil** (Pâques-Toussaint tlj) vous aiguillera sur les deux principales **randonnées** à faire dans le cirque. Le circuit bleu (8 km, 3 heures, 422 m de dénivelé) permet de découvrir le cirque par les crêtes du Liausson, en évoluant sur un terrain très accidenté. En haut du mont, à 540 m de hauteur, la récompense : une vue imprenable sur le lac du Salagou et, les yeux rivés en direction de Sète, jusqu'à la mer par beau temps. Sans dénivelé, ou presque, un circuit jaune (2,5 km, 1 heure) vous fera évoluer seulement dans la partie basse du cirque – avec un petit détour,

Cirque de Mourèze

en début de parcours, par un belvédère qui permet de prendre la mesure du paysage –, mais vous donnera déjà un aperçu spectaculaire de ce chaos rocheux. Les sentiers étant peu ombragés, évitez les heures chaudes en été. Prévoyez des chaussures fermées.

Où se restaurer

L'Art de la Flamme Bistrot, cave à vins €€
(04 67 96 08 11 ; www.art-de-la-flamme.fr ; 29 rte de la Dolomie, Mourèze ; planches 20-24 €, plats 18-35 € ; juil-août mer-lun, avr-juin et sept-oct mer-sam et dim midi, déc et fév-mars uniquement cave à vins sam-dim). À l'entrée du village, un bistrot contemporain à la grande terrasse ombragée tenu par un duo père/fils qui privilégie le bio et les circuits courts. Viandes de première qualité, tartare minute, poisson du jour, desserts originaux sont à la carte..., ainsi qu'une cave et une carte des vins bien fournie. L'adresse ne désemplit pas l'été : pensez à réserver !

Renseignements

Maison de Grand Site de Mourèze (route de la Dolomie, entrée du village ; avr-oct). Antenne saisonnière de l'office de tourisme de Clermont-l'Hérault (page ci-contre). Plan des randonnées consultable sur place. Le **parking**, qui fait face au bureau d'accueil, est payant en saison (3 €).

PAYS DES GARRIGUES

À mi-chemin des plaines du Sud et des Cévennes, traversée par des gorges vertigineuses et encaissées, ou dominée par le mythique pic Saint-Loup, la garrigue imprègne les lieux de sa singularité. Au cœur de ce paysage aride à la végétation arbustive et odorante, petits et grands marcheurs autant que kayakistes seront comblés. Les autres pourront y découvrir des grottes et des villages comptant parmi les plus beaux de France.

Saint-Guilhem-le-Désert

Magnifique village médiéval au cœur des gorges de l'Hérault, dominé par les falaises calcaires du cirque de l'Infernet, Saint-Guilhem, riche d'un patrimoine exceptionnel, peut se prévaloir d'être le huitième site à avoir obtenu en 2010 le prestigieux label "Grand Site de France". Revers de la médaille : il est surfréquenté par des cohortes de touristes en été, ce qui gâche sérieusement la carte postale, et ses ruelles colonisées par des artisans et vendeurs en tout genre manquent réellement d'authenticité. Mieux vaut visiter le village en intersaison.

Traversé par le Verdus, qui se jette dans l'Hérault après avoir irrigué les champs d'oliviers, le village, haut lieu spirituel fondé en 804 par Guilhem, se découvre à pied, à travers de jolies ruelles aux maisons imbriquées. Face à de modestes plantations de vignes, la pierre blonde de l'abbaye de Gellone se dévoile, tandis que son flanc ouest, qui marque aussi son entrée, s'ouvre sur la place de la Liberté. Sur cette dernière, dominée par un immense platane de 6 m de circonférence, s'étalent de nombreuses et avenantes terrasses. De là, en empruntant la rue du Bout-du-Monde qui file aux confins du village, vous gagnerez les chemins de randonnée.

Les eaux qui descendent du Larzac isolent parfois le village, alors seulement accessible depuis Ganges, et inondent les parties basses de la grotte de Clamouse, qui ferme alors ses portes.

À voir

Abbaye de Gellone Art roman
(pl. de la Liberté ; juil-août lun-sam 7h30-18h30, dim 8h-18h30, sept-juin lun-sam 7h15-18h, dim 8h-18h, cloître fermé tlj 12h-14h30 ; entrée libre). Joyau de l'art roman construit au début du XIe siècle et autour duquel le village s'est développé, l'abbaye de Gellone fut une étape importante sur le chemin de Saint-Jacques-de-Compostelle. Elle abrite un reliquaire de saint Guilhem et un autre

qui contient une relique de la Croix du Christ que l'ancien comte de Toulouse, petit-fils de Charles Martel, emporta dans sa retraite à Gellone. Vous y verrez aussi un exceptionnel autel en marbre (XIIe siècle) et un orgue du XVIIIe siècle. Aux confins du cloître, le **musée de l'Abbaye de Gellone** (avr-oct mar-sam 10h30-12h et 14h30-17h30, dim 14h30-17h30 ; entrée libre), installé dans le réfectoire des bénédictins, retrace l'histoire de l'abbaye depuis l'arrivée de saint Guilhem en 804, tout en opérant une réflexion passionnante sur le patrimoine. D'autres merveilles sont présentées, comme les sarcophages de saint Guilhem et de ses deux sœurs.

Activités

Dans le prolongement de la rue du Bout-du-Monde, une très jolie balade familiale (1 heure aller-retour) permet de découvrir le cirque de l'Infernet en marchant dans le lit de la rivière, au cœur des montagnes.

Pour prendre de la hauteur, attaquez-vous à deux randonnées difficiles, celle des **Fenestrettes** (10 km, 715 m de dénivelé positif, 3 heures), dans le cirque du Bout-du-Monde, et celle de **Notre-Dame-du-Lieu-Plaisant** (10 km, 637 m de dénivelé positif, 3 heures 30). Demandez le détail de ces randonnées à l'office du tourisme (page ci-contre).

Où se restaurer

Les thés gourmands Salon de thé €

(06 78 55 14 73 ; 11 rue de la Font du Four ; salades 13 € ; mi-fév à mi-nov tlj 10h-17h). Loin de la fièvre touristique qui gagne le village en été, on se réfugie dans ce havre champêtre pour trouver un peu de quiétude et reprendre des forces, en dégustant une salade composée de bons produits du coin, une tarte ou un gâteau maison, ou en buvant un thé. On s'installe en terrasse, à l'ombre du mûrier platane, ou dans la belle salle voûtée, sous l'œil protecteur de saint Philomène.

L'Oustal Fonzes Panoramique €€

(04 67 57 39 85 ; 1 av. de Saint-Benoît-d'Aniane ; plats 12-27 € ; juil-août tlj le midi et ven-dim soir,

Abbaye de Gellone, Saint-Guilhem-le-Désert

Navettes gratuites depuis la Maison du Grand Site

Située entre Aniane et le pont du Diable, la **Maison du Grand Site** (04 99 61 73 01 ; www.saintguilhem-valleeherault.fr ; pont du Diable, Aniane ; juil-août tlj 10h-19h30, avr-juin et sept 10h30-13h et 14h-18h, oct-nov 10h30-13h et 14h-17h30, fermé nov-mars) se compose d'un point information (d'avril à oct), de boutiques culturelles, d'artisanat et de produits du terroir (vinothèque), d'une brasserie, ainsi que d'un espace d'interprétation. En saison, des **navettes gratuites** (juil-août et vac de printemps tlj, avr-juin et sept sam-dim et jours fériés) partent de son **parking** (6h-minuit/minuit-6h 6/8 €, gratuit oct-mars) et desservent les sites phares que sont le **pont du Diable** (p. 132), la **grotte de Clamouse** (ci-dessous), le village de **Saint-Guilhem-le-Désert** (p. 129) et **Argileum** (en juillet-août ; p. 132). Envisagez absolument cette option au plein cœur de la saison (les places de stationnement sont plus que chères partout).

avr-juin et sept-oct tlj le midi, fermé nov-mars). On entre d'abord dans la partie épicerie décorée à l'ancienne, avant de s'avancer vers la salle de restaurant et sa terrasse en surplomb de l'Hérault et de ses gorges. Face à ce décor époustouflant, on déguste une cuisine roborative qui ne joue pas dans la finesse, mais excelle dans son genre : filet mignon sauce chorizo, bavette d'Aloyau sauce roquefort, entrecôte, poisson du jour et légumes... Carte réduite le soir (planches, salades, pizzas). Accueil chaleureux.

Renseignements

Office du tourisme (04 67 56 41 97 ; www.saintguilhem-valleeherault.fr ; 2 pl. de la Liberté). Organise des visites guidées (adulte/enfant 7-10/5 €, gratuit - 10 ans) du village et du pont du Diable (p. 132). Fiches détaillées des randonnées des environs (1 € ou téléchargeables gratuitement via la borne Internet sur place).

Les parkings de Saint-Guilhem affichent, à l'année, des tarifs très élevés (5 € les 2 heures 30 et 7/9/25 € les 4/18/24 heures, 2 heures minimum). En saison, garez-vous plutôt à la Maison du Grand Site (voir l'encadré ci-dessus), et empruntez la navette gratuite.

Depuis/vers Saint-Guilhem-le-Désert

La ligne 668 du réseau de transport **liO** (lio.laregion.fr) relie Montpellier à Saint-Guilhem via Clermont-l'Hérault. Pour les **navettes gratuites** depuis le parking du pont du Diable, consultez l'encadré ci-dessus.

Grotte de Clamouse

Découverte en 1945, la **grotte de Clamouse** (04 67 57 71 05 ; www.clamouse.com ; Saint-Jean-de-Fos ; adulte/13-18 ans/3-12 ans 14,40/12,40/7,80 €, gratuit - 3 ans ; juil-août tlj 10h-17h30, reste de l'année se renseigner sur Internet, fermé mi-nov à mi-fév) propose une visite sensiblement plus technique que celle des Demoiselles (voir l'encadré p. 136) ; avec des enfants en bas âge, préférez-lui cette dernière. Pendant 1 heure 20, vous plongerez dans les entrailles de la terre avant d'opérer une remontée dans les salles les plus anciennes, qui sont aussi les plus belles. Au buffet d'orgue vieux de 450 000 ans et autres draperies est consacré un spectacle son et lumière. On gagne ensuite le joyau des lieux : la **galerie de cristaux d'aragonites**, suivie d'un passage sous la “Méduse”, concrétion la plus extraordinaire de la grotte. Une vidéo de 7-8 minutes aux considérations géologiques plutôt techniques précède la visite. Notez que la température moyenne des lieux est de 14-15°C. Renseignez-vous aussi sur les *escape games* et les parcours de spéléologie (park 1 entrée adulte/8-11 ans 44/32 €, park 2 tarif unique 65 € ; plusieurs départs par jour, se renseigner).

Gorges de l'Hérault

JEAN BERNARD CARILLET ©

Aire de jeux, service de restauration rapide, boutique et Wi-Fi sur place. Tarifs préférentiels en réservant sur Internet.

La grotte de Clamouse se situe sur la route filant le long des gorges, entre le pont du Diable et Saint-Guilhem-le-Désert. Parking gratuit sur place ou navette gratuite depuis le parking de la Maison du Grand Site (voir l'encadré p. 131).

Pont du Diable et gorges de l'Hérault

Situé en aval de Saint-Guilhem, au niveau des eaux sombres du "gouffre noir" (30 m de profondeur), le **pont du Diable**, qui marque aussi l'entrée des gorges de l'Hérault, est une merveille d'art roman datant du début du XIe siècle, inscrit au patrimoine mondial de l'Unesco. Il permet, grâce à ses 50 m de long, de faire se rejoindre les deux rives au niveau le plus étroit des gorges.

La légende dit que, face à l'obstination du diable pour freiner sa construction, Guilhem n'aurait eu d'autre choix que de passer un pacte avec lui : le diable édifierait le pont lui-même en 3 jours en échange de quoi l'âme de la première créature qui y poserait le pied lui reviendrait de droit. Le pont achevé, Guilhem eut l'ingéniosité d'y faire passer un chien, et le diable, de désespoir, se jeta dans les gorges en contrebas, devenu le "gouffre noir".

Le site aménagé, accessible depuis le parking de la Maison du Grand Site (voir l'encadré p. 131), permet de rejoindre le pont et d'en fouler les pavés, tout en profitant d'une jolie vue sur les gorges (abstraction faite du pont moderne en amont, dévolu à la circulation).

À voir

Argileum Maison de la poterie

(04 67 56 41 96 ; www.argileum.fr ; 6 av. du Monument, Saint-Jean-de-Fos ; adulte/10-18 ans 6/3,50 €, gratuit - 10 ans ; juil-août tlj 10h-19h, avr-juin et sept-oct mar 14h-18h, mer-dim 10h-13h et 14h-18h, vac de Noël tlj 10h-13h et 14h-18h, vac d'hiver mar-sam 10h-13h et 14h-18h). À 1 km du pont du Diable, ce musée moderne propose une visite didactique et interactive de ce qui fait la renommée du village de

Saint-Jean-de-Fos : la production artisanale de céramique, florissante entre le XVIe et le début du XXe siècle, présentée à travers son histoire et ses techniques. Vous y visiterez un atelier du XIXe siècle extrêmement bien conservé. Démonstrations et ateliers d'initiation pour tous les âges (modelage adulte/5-18 ans 11/9 €, tournage 20 €). Exposition de pièces de poterie inscrites à l'inventaire supplémentaire des Monuments historiques, et boutique sur place présentant le travail de céramistes locaux. Faites ensuite un tour dans le village pour admirer *in situ* les belles gouttières et tuiles, témoins de ces 4 siècles d'intense activité. En juillet-août, navettes gratuites depuis la Maison du Grand Site (voir l'encadré p. 131).

Activités

Le site se prête à merveille au canoë et au kayak, qui permettent de découvrir des espaces préservés, uniquement accessibles par l'eau – les gorges, particulièrement encaissées, interdisent toute promenade. L'endroit est également prisé pour la baignade, surtout au plus chaud de l'été.

Baignade

En aval du pont et face à celui-ci, vous trouverez une plage caillouteuse en forme d'anse, propice à la baignade (surveillée en juillet-août). En vous enfonçant dans les gorges en kayak, d'autres plages, plus intimes, se dévoilent.

Canoë-kayak

C'est l'activité phare des gorges, et rien de tel que de partir du pont du Diable, là où elles sont les plus étroites, pour découvrir au fur et à mesure toute l'envergure de ce joyau calcaire accidenté et vertigineux.

Canoë du pont du Diable Canoë et SUP
(06 84 57 75 25 ; www.canoe-pont-du-diable.com ; Maison du Grand Site, Aniane ; mi-juin à mi-sept). L'équipe vous accueille tous les jours en saison en bordure de la plage du pont du Diable. Comptez 15 € l'heure pour la location d'un canoë et 20 € pour un stand up paddle (SUP).

ARIANE CITRON/FOTOLIA ©

SI VOUS AIMEZ... Les villages médiévaux

Si Saint-Martin-de-Londres (p. 134) vous a plu, n'hésitez pas à découvrir les bourgs qui constellent le pic Saint-Loup.

- **Notre-Dame-de-Londres** À 5 km au nord de Saint-Martin-de-Londres, ce paisible petit bourg, à proximité du ravin des Arcs, était l'un des fiefs d'une influente famille languedocienne, les Roquefeuil, qui y a bâti un puissant château fortifié au XVIe siècle, doté d'une très belle église romane. Celle-ci donne, à l'arrière, sur une placette absolument charmante.
- **Saint-Jean-de-Buèges** Plus éloigné du pic Saint-Loup, à l'ouest, ce petit bijou médiéval de la vallée de la Buèges se niche spectaculairement au pied de la montagne de la Séranne. À l'ombre du Roc de Tras Castel, falaise chérie des amateurs d'escalade, le village est dominé par le **château de Baulx** (04 67 73 10 04 ; www.les-compagnons-de-tras-castel.fr ; visite commentée 5 €, gratuite -12 ans ; visites juil-août dim 17h-19h), une imposante forteresse qui a conservé un donjon carré crénelé dont l'origine remonte au XIIe siècle.

Ci-dessus : Saint-Jean-de-Buèges

Canoë Kayapuna Canoë-kayak
(04 67 57 30 25 ; canoe-kayapuna.com ; 12 av. Saint-Benoît-d'Aniane, Saint-Guilhem-le-Désert ; avr-sept). Ce prestataire basé à Saint-Guilhem-le-Désert ouvre plus longtemps. Il couvre la partie des gorges située en

De gauche à droite : gorges de l'Hérault ; Saint-Martin-de-Londres ; vignoble du pic Saint-Loup

amont du village. Comptez 48 € la location d'un canoë 2 places pour la grande descente de 12 km (ou 28 € pour le petite descente de 4 km), 29 € pour un kayak (ou 18 € pour la balade courte).

Pic Saint-Loup et ses environs

Ici, les montagnes et les plateaux de garrigue fendent les champs de vignes de la plaine fertile. Dominant le paysage de ses 658 m, le pic Saint-Loup, semblable à un doigt vengeur pointé en direction du ciel, focalise l'attention des randonneurs. Il serait cependant dommage de manquer les charmants petits villages médiévaux qui s'épanouissent à ses pieds, de même que les magnifiques randonnées que recèle son pourtour.

Le pic Saint-Loup est une région viticole qui jouit d'une certaine notoriété, et dont le travail a été récompensé en 2016 avec la création d'une AOC. Difficile de choisir parmi les 90 domaines concernés, mais pour des dégustations inspirées, rendez-vous par exemple au **Mas Foulaquier** (04 67 59 96 94 ; boutique.masfoulaquier.fr ; rte des Embruscalles, Claret ; sur rdv sept-juin lun-sam 10h-18h, 10h-19h en été). Vous pourrez y goûter 8 cuvées différentes produites en biodynamie. Ou encore au **Domaine Haut-Lirou** (04 67 55 38 50 ; www.famillerambier.com ; Saint-Jean-de-Cuculles ; lun-sam 9h-12h30 et 14h30-18h30, jan-mars fermé sam).

À voir

Saint-Martin-de-Londres Village

Au nord-ouest du pic Saint-Loup, cette bourgade agréable se prévaut de beaux vestiges médiévaux s'épanouissant à l'écart de l'agitation touristique. Elle dévoile un enchevêtrement de ruelles et de maisons anciennes au cœur desquelles se niche un trésor d'art roman : l'**église Saint-Martin-de-Londres** (tlj 10h-18h). Enserrée dans l'enclos de son ancien prieuré, cette magnifique église, sur laquelle se porte l'ombre d'un arbre verdoyant, arbore l'harmonieuse forme d'un trèfle. Ce bijou datant de la fin du XIe siècle est l'œuvre des moines de l'abbaye de Gellone (p. 129).

UNCLE SAM / ADOBE STOCK ©

Cambous Village préhistorique

(04 67 86 34 37, 06 72 27 03 18 ; www.prehistoire-cambous.org ; Viols-en-Laval ; adulte/6-18 ans 4/2 €, gratuit - 6 ans ; mi-juil à mi-août lun-jeu 15h-19h30, ven-dim 9h30-19h30, déb à mi-juil et mi-août à fin août tlj 14h-19h, avr-oct sam-dim 14h-18h). Depuis le parking du village de Viols-en-Laval, une marche de 10 minutes à travers la garrigue permet d'accéder aux vestiges d'un ancien village préhistorique datant de 4 500 ans. Toujours en cours d'étude, il peut se visiter librement avec des panneaux explicatifs ou (sur réservation) accompagné d'un guide archéologue (on le recommande !). Des animations et ateliers pédagogiques y ont lieu 3 fois par an, lors des week-ends spéciaux (confection de céramique, d'instruments de musique, de parures, de techniques de production du feu...), et des "balades archéologiques" sont programmées chaque 3e dimanche du mois (5 €/pers, sur réservation). Programmation sur Internet.

Activités

Les garrigues sont le paradis des marcheurs (même si l'ombre y est rare), et l'ascension du pic Saint-Loup est la randonnée majeure. Les offices du tourisme de Saint-Clément-de-Rivière et de Saint-Martin-de-Londres (voir p. 137) sont une bonne source d'information sur les randonnées possibles dans les environs, ils mettent à disposition une quinzaine de fiches rando (0,50 € ou téléchargeables gratuitement sur Internet), ainsi que le TopoGuide® "Tours dans le Grand Pic Saint Loup" (14,90 €).

Ascension du pic Saint-Loup Randonnée

Pour partir à l'assaut du pic Saint-Loup, il faut rejoindre **Cazevieille**, au sud du pic. De là, 3 km et 364 m de dénivelé vous séparent du sommet, au gré de chemins difficiles et cahoteux, parfois si pentus qu'il faut s'aider de ses mains pour les gravir. Comptez 3 heures de marche aller-retour (6 km) sous un soleil de plomb ; prévoyez de bonnes chaussures et suffisamment d'eau. Les trois quarts du sentier empruntent le GR®60. Arrivé au sommet, la récompense est de taille : d'un côté une vue magistrale sur Montpellier et la Camargue jusqu'à la mer,

CAROLE HUON ©

À NE PAS MANQUER

La grotte des Demoiselles

C'est la sortie phare des enfants. Une montée en funiculaire, créée dans la perspective de son ouverture au public en 1931, précède une visite guidée de 1 heure 20, à la fois féerique et drôle. Vous aurez tout le long, et sans jamais mettre de côté des aspects scientifiques, l'impression de déambuler dans un château de conte de fées, si ce n'est dans l'univers fantastique de *Pirates des Caraïbes*. Dans cette grotte grandiose, percée jusqu'au fond de sa cavité actuelle en 1884 par Édouard-Alfred Martel, des poteries gallo-romaines furent découvertes dans sa partie à ciel ouvert, là où elle aurait également caché des prêtres réfractaires. Au gré de 571 marches qui vous feront flirter avec les concrétions, on fera appel à votre imagination avec beaucoup d'humour. La "cathédrale souterraine" est le point fort des lieux. Richement concrétionnée, cette salle de 52 m de hauteur, 120 de longueur et 42 de largeur permettra de vous remettre dans le contexte de sa découverte, et de mieux mesurer l'exploit des spéléologues d'alors. Auparavant, la messe de minuit ainsi que des concerts y étaient organisés. À l'intérieur, vous pourrez voir un magnifique buffet d'orgue. La visite se termine par la "salle de musique", avec la démonstration des vertus sonores de la calcite.

Contrairement à celle de Clamouse, la voûte sèche témoigne ici d'une grotte qui n'est pratiquement plus en activité (seulement 3%). Le phénomène peut néanmoins se réamorcer. La température moyenne dans la grotte est de 14-15°C (prêt de couverture).

Infos pratiques

04 67 73 70 02 ; www.demoiselles.fr ; Saint-Bauzille-de-Putois, Ganges ; adulte/13-17 ans/4-12 ans 13,50/11,50/9,50 €, audioguide 1,50 €, gratuit - 4 ans ; juil-août tlj 10h-17h30, reste de l'année voir site Internet). **Navette possible l'été depuis Saint-Bauzille-de-Putois, village accessible en bus depuis Montpellier avec la ligne 608 du réseau de transport régional liO.**

de l'autre le mont Hortus et les Cévennes. À éviter en cas de fortes chaleurs.

Ravin des Arcs

Randonnée

Cette vallée étroite où le Lamalou a creusé, sur près de 3 km, un canyon encerclé de falaises vertigineuses se situe immédiatement au nord de Saint-Martin-de-Londres, en direction de Ganges. Elle ménage une superbe randonnée, au gré d'un parcours difficile. Il est impératif d'en demander le topoguide à l'office du tourisme, l'endroit étant parcouru par de nombreux chemins. Au gré du périple : superbes points de vue, marmites géantes et une splendide arche naturelle qui a donné son nom au lieu. Comptez 4 km, 248 m de dénivelé et 1 heure 30 de marche en boucle. En cas de fortes pluies, les passages à gué sont infranchissables.

Où se restaurer

Domaine de l'Oulivie

Cuisine méditerranéenne et huiles d'olive bio €€

(04 67 67 07 80 ; oulivie.com ; Mas de Fourques, Combaillaux ; plats 15-17,80 € ; restaurant mai-sept mer-sam midi, boutique juil-août lun-sam 9h30-19h, hors saison 9h30-12h30 et 14h-18h30). Ce domaine familial, réputé pour ses excellentes huiles d'olive bio 1re pression à froid, possède, au cœur de sa magnifique oliveraie, un restaurant gourmant. Cerné par un paysage superbe, on y mange une cuisine méditerranéenne de saison, délicieuse et soignée : aubergines et courgettes rôties à l'ail fumé, dos de merlu, condiments et caponata... et, bien sûr, frites à l'huile d'olive. Soirées pique-nique et musicales certains soirs d'été. Visites guidées du domaine (adulte/6-12 ans 6-8/4-6 €). Boutique et dégustation sur place.

Achats

Les Aromatiques du pic Saint-Loup

100% naturel

(06 74 17 33 31 ; aromatiques-picsaintloup.fr ; chemin de la Liquière ; mar-sam 9h30-13h et 15h-19h30, été dim matin également). Cultivateurs en bio et cueilleurs de plantes sauvages, Fatiha et Marc Pratlong sont installés au pied du pic Saint-Loup. Ils proposent des huiles aromatiques, des sirops de fleurs et de plantes, des confits et de la charmoula : une délicieuse recette traditionnelle marocaine à base de plantes pour préparer poissons et volailles. Également sur le site : une petite boutique de producteurs locaux, La Cabane paysanne.

Renseignements

Office du tourisme intercommunal du Grand Pic Saint-Loup (www.grandpicsaintloup-tourisme.fr)

Point info de Saint-Martin-de-Londres (04 67 55 09 59 ; pl. de la Mairie, Saint-Martin-de-Londres)

Point info de Saint-Clément-de-Rivière (04 48 20 05 28 ; 290 Parc Saint-Sauveur). Fiches rando (0,50 €) très complètes.

Depuis/vers le pic Saint-Loup

La ligne de bus 608 Montpellier-Le Vigan dessert les villages de Saint-Martin-de-Londres, Notre-Dame-de-Londres et Saint-Bauzille-de-Putois, d'où une navette dessert la grotte des Demoiselles.

PAYS NÎMOIS ET PETITE CAMARGUE

Point de rencontre entre la Provence, le Languedoc, les Cévennes et la Camargue, le Gard est, depuis toujours, une terre d'échange. De sa riche histoire, il a conservé un patrimoine architectural exceptionnel : le majestueux pont du Gard, la fière cité ducale d'Uzès ou la cité romaine de Nîmes, aujourd'hui tournée vers l'art et l'architecture contemporaine. Des legs remarquables de la période médiévale se découvrent aussi à Aigues-Mortes, Saint-Gilles, Sommières ou Beaucaire. Sur les hauteurs, certains villages de caractère n'ont rien à envier à ceux de la Provence voisine. Rivières et gorges offrent de belles occasions de baignades ou de randonnées, tandis que le Gardon, le Vidourle ou la Cèze invitent à une descente en kayak au fil de l'eau. Enfin, à la lisière des étangs de Camargue, les quelques kilomètres de littoral gardois alignent de belles plages de sable.

Salins d'Aigues-Mortes (p. 180)

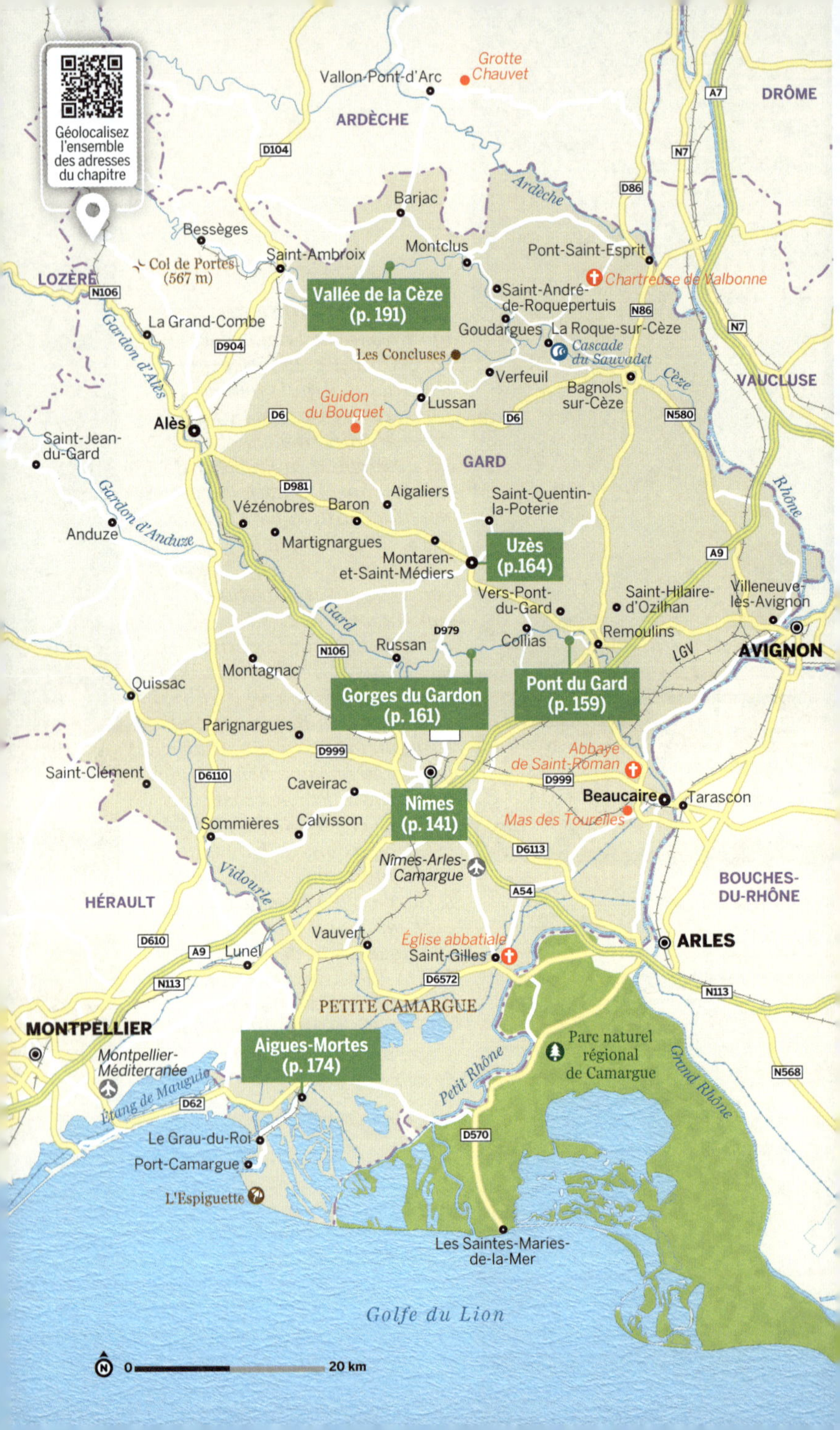

Géolocalisez l'ensemble des adresses du chapitre
Grotte Chauvet
Vallon-Pont-d'Arc
ARDÈCHE
DRÔME
A7
N7
D104
D86
Ardèche
Barjac
Bessèges
Montclus
Pont-Saint-Esprit
Col de Portes (567 m)
Saint-Ambroix
LOZÈRE
N106
Chartreuse de Valbonne
Vallée de la Cèze (p. 191)
Saint-André-de-Roquepertuis
N86
Goudargues
La Roque-sur-Cèze
N7
La Grand-Combe
D904
Gardon d'Alès
Les Concluses
Cascade du Sauvadet
Verfeuil
Cèze
Bagnols-sur-Cèze
VAUCLUSE
Guidon du Bouquet
Lussan
D6
D6
N580
Alès
Saint-Jean-du-Gard
GARD
Rhône
D981
Aigaliers
Saint-Quentin-la-Poterie
Vézénobres
Baron
Gardon d'Anduze
Anduze
Martignargues
Uzès (p.164)
A9
Montaren-et-Saint-Médiers
Vers-Pont-du-Gard
Saint-Hilaire-d'Ozilhan
Villeneuve-lès-Avignon
Gard
D979
Collias
Remoulins
AVIGNON
LGV
N106
Russan
Montagnac
Quissac
Gorges du Gardon (p. 161)
Pont du Gard (p. 159)
Parignargues
Abbaye de Saint-Roman
D999
Saint-Clément
D6110
D999
Caveirac
Beaucaire
Tarascon
Nîmes (p. 141)
Sommières
Calvisson
Mas des Tourelles
D6113
Nîmes-Arles-Camargue
Vidourle
BOUCHES-DU-RHÔNE
HÉRAULT
A54
Vauvert
Église abbatiale
ARLES
D610
A9
Lunel
Saint-Gilles
N113
D6572
N113
PETITE CAMARGUE
MONTPELLIER
Aigues-Mortes (p. 174)
Parc naturel régional de Camargue
Montpellier-Méditerranée
Petit Rhône
Grand Rhône
N568
Étang de Mauguio
D62
Le Grau-du-Roi
D570
Port-Camargue
L'Espiguette
Les Saintes-Maries-de-la-Mer
Golfe du Lion
N
0
20 km

NÎMES

À la frontière du Languedoc et de la Provence, Nîmes est une ville-carrefour : différentes traditions s'y métissent avec bonheur et déjà y résonne un petit accent ibérique. Aujourd'hui, le centre-ville offre une déambulation à travers les siècles : des superbes arènes antiques au récent musée de la Romanité, des Jardins de la Fontaine (XVIIIe) jusqu'au Carré d'art, réalisation contemporaine emblématique du dynamisme culturel nîmois.

Colonie romaine fondée en 19 av. J.-C., la cité prit son essor grâce à une florissante activité commerciale. La Colonia Augusta Nemausus devint l'une des principales villes de la Gaule romaine. En 1229, après la croisade contre les albigeois, elle fut rattachée au royaume de France. À la Renaissance, elle devint un des bastions du protestantisme et subit alors les aléas des guerres de Religion : massacre des catholiques lors de la "Michelade" du 29 septembre 1567 ; soulèvement des huguenots contre le roi de 1621 à 1629 ; et, après la révocation de l'édit de Nantes en 1685, abandon par la bourgeoisie nîmoise des charges politiques au profit du commerce du textile.

Indissociable de l'identité de la ville, la tauromachie s'y vit avec passion : février, Pentecôte et septembre scandent l'année au rythme de ferias endiablées.

À voir

Surnommé l'"Écusson" en raison de sa forme, le centre historique est délimité par les boulevards Gambetta, Amiral-Courbet et Victor-Hugo, tracés sur l'emplacement des anciens remparts médiévaux. Au nord-ouest de l'Écusson s'étendent les Jardins de la Fontaine, aménagés sur le versant du mont Cavalier. Reliant la gare à la grande esplanade jouxtant les arènes, l'avenue Feuchères fut percée au XIXe siècle. Reportez-vous p. 150 pour un itinéraire dans le rues du vieux Nîmes.

Arènes Amphithéâtre romain

(04 66 21 82 56 ; www.arenes-nimes.com ; pl. des Arènes ; tarif plein/réduit/- 17 ans avec audioguide 10/8/5 €, gratuit - 7 ans ; tlj juil-août 9h-20h, juin 9h-19h, avr-mai et sept 9h-18h30, mars et oct 9h-18h, nov-fév 9h30-17h ;

Les arènes de Nîmes (ci-dessus)

ALEXEY FEDORENKO / ADOBESTOCK.COM©

visite guidée 45 min et théâtralisée 1 heure juil-août se renseigner, horaires modifiés en cas de concert). Construit au Ier siècle, l'amphithéâtre romain (un des mieux conservés du monde romain) est encore au cœur de la vie nîmoise. Autrefois lieu des combats de gladiateurs et des jeux du cirque, cette ellipse de pierre de 133 m de longueur et de 101 m de largeur, dont la façade compte deux rangées de 60 arcades, pouvait accueillir jusqu'à 24 000 personnes. L'intérieur est un labyrinthe d'escaliers et de galeries, permettant l'accès et l'évacuation des spectateurs en un temps record. Esclaves, marchands et magistrats prenaient place dans les gradins en fonction de leur classe sociale. C'est en 1809 que commencèrent les premiers grands travaux de déblaiement, et en 1813 que se tint le premier spectacle taurin dans les arènes. Aujourd'hui, elles vibrent chaque été au gré des corridas et, en saison, au son des concerts en plein air. Indispensable pour appréhender ce dédale de pierre massive, la visite audioguidée (ou guidée) retrace l'histoire du monument, celle des jeux du cirque et celle des corridas. En été, se déroulent aussi des **visites théâtralisées** (5 € ; juil-août) et de **grands jeux de piste** (1-2 heures ; 5 €), ludiques et bien conçus,

Nîmes

Les incontournables
1 Arènes ... C3
2 Maison carrée ... B2

À voir
3 Carré d'art – musée d'Art contemporain ... A2
4 Musée de la Romanité ... C4
5 Musée des Cultures taurines ... B4
6 Musée du Vieux-Nîmes ... C2
7 Muséum d'histoire naturelle ... D2
8 Porte d'Auguste ... D1

Où se loger
9 Antichambre ... B4
10 Appart'City Confort Nîmes Arènes ... D4
11 Hôtel de l'Amphithéâtre ... B3
12 Maison Rousseau ... B1
13 Hôtel Chouleur Margaret ... B2

Où se restaurer
14 Au Chapon Fin ... A3
15 Avant Garde ... B3
16 L'Ancien Théâtre ... A2
La Table du 2 ... (voir 4)
17 Le Caboulot de la Sérendipité ... B4
Le Ciel de Nîmes ... (voir 3)
18 Les Halles de Nîmes ... B2
19 Les P'tits poissons verts ... B2
Rouge ... (voir 13)
20 Textures ... A2
21 Wine Bar "Le Cheval blanc" ... C4
22 Voisin Restaurant ... B4

Où prendre un verre et faire la fête
23 421 ... B3
24 La Maison d'Arthur ... B2
25 Le Napo ... A2
26 Le Prolé ... B4
27 Le Spot ... D1

Où sortir
28 L'Odéon ... D1
29 La Comédie ... B4
30 Le Périscope ... D1
31 Lulu Club ... C2
32 Théâtre Bernadette Lafont ... B2

Achats
33 La Nîmoise – Maison de la brandade ... B2
34 Maison Villaret ... B2
Marché couvert ... (voir 21)

Renseignements
35 Office du tourisme ... B3
36 Billetterie des Arènes ... C3

à mi-chemin entre la chasse au trésor et l'*escape game*. Au sud, place des Arènes, se tient la statue de Nimeño II, alias Christian Montcouquiol (1954-1991), né à Nîmes, et tenu pour l'un des premiers toreros français de renommée internationale. Il fut gravement blessé lors d'une corrida le 10 septembre 1989 et se suicida en 1991.

Maison carrée — Vestiges romains

(☎04 66 21 82 56 ; www.arenes-nimes.com ; pl. de la Maison-carrée ; tarif plein/réduit/- 17 ans 6/5/3 €, gratuit - 7 ans ; ⏲tlj juil-août 9h30-20h15, juin 10h-19h15, avr-mai et sept 10h-18h45, mars et oct 10h-18h15, nov-fév 10h-16h45). Édifice romain construit probablement entre l'an 3 et l'an 5, la Maison carrée impressionne par son état de conservation. Ses colonnes à chapiteaux corinthiens, son fronton et ses murs composent un édifice classique, au décor d'une rare finesse. Les trous que l'on peut encore observer sur le fronton forment une phrase latine. En la déchiffrant pour la première fois, Jean-François Séguier, homme de science nîmois du XVIIIe siècle, découvrit la vocation de l'édifice : il fut construit à la gloire de Caius et Lucius César, petit-fils et fils adoptif d'Auguste, afin de servir le culte impérial. À l'époque, il dominait le forum, au croisement du *cardo maximus* et du *decumanus maximus*, les deux principales artères de la ville.

L'histoire et la reconversion perpétuelle de ce bâtiment expliquent qu'il ait traversé les âges sans encombre. Au XIe siècle, il accueillit les réunions des consuls. Au XVIe siècle, il fut racheté par un particulier qui en fit son habitation, avant de la transformer en écuries. En 1670, les augustins le restaurèrent pour le convertir en église. Devenu bien public à la Révolution, il abrita les archives départementales.

Ses intérieurs, très épurés, sont agrémentés de panneaux expliquant l'histoire et les fonctions du bâtiment, ainsi que d'intéressants témoignages de divers architectes (dont Norman Foster) et spécialistes.

Carré d'art – musée d'Art contemporain — Médiathèque et musée

(☎04 66 76 35 35, 04 66 76 35 70 ; www.carreartmusee.com ; 16 pl. de la Maison-carrée ; tarif plein/réduit 8/6 €, avec visite guidée 11/9 €, gratuit - 18 ans et 1er dim du mois ; ⏲mar-ven 10h-18h, jusqu'à 18h30 sam-dim). Dédié à la

Maison carrée (p. 143)

légèreté et à la lumière, ce bâtiment de verre et de fer a été conçu par le célèbre architecte britannique sir Norman Foster, également à l'origine du Millennium Bridge à Londres ou du viaduc de Millau. Inauguré en 1993 sur l'emplacement de l'ancien Grand Théâtre, il répond de façon contemporaine à l'harmonie classique de la Maison carrée qui lui fait face. À la fois médiathèque et musée d'Art contemporain, il possède un fonds de 400 œuvres couvrant la période de 1960 à nos jours, essentiellement consacré aux avant-gardes : des mouvements comme Supports/Surfaces, la figuration libre ou BMPT (acronyme de ses fondateurs Buren, Mosset, Parmentier et Toroni) ; des œuvres de Claude Viallat, de Christian Boltanski et d'Annette Messager ; des artistes italiens de l'arte povera, de la Trans-avant-garde et des mouvements ibériques. D'intéressantes expositions temporaires en font un lieu incontournable. À noter : des ateliers pour enfants (6-12 ans ; 5 €, sur réservation) certains mercredis et pendant les vacances scolaires.

De la vaste terrasse du café-restaurant **Le Ciel de Nîmes** (☎ 04 66 36 71 70 ; formule/menu midi 15,50/18,90 €, menu 32,90 €, plats 12-22 € ; ⌚ 10h-18h tlj sauf lun tte l'année, jusqu'à 23h jeu-sam mai-sept), vous profiterez d'une vue splendide sur la Maison carrée et les toits de la ville.

Jardins de la Fontaine et tour Magne — Parc et vestiges

(⌚ tlj avr-août 7h30-22h, jusqu'à 20h sept et mars, jusqu'à 18h30 oct-fév ; entrée libre). Havre de fraîcheur et d'élégance, les Jardins de la Fontaine, aménagés en 1745, furent l'un des premiers jardins publics d'Europe. Escaliers, statues en pierre de Lens, bassins et faux péristyles baignés par les eaux illustrent l'harmonie classique des jardins à la française sous Louis XV. Là, jaillit la source dédiée à la divinité Nemausus qui présida à la création de la cité et autour de laquelle a été découvert un sanctuaire antique dédié au culte impérial dont subsiste aujourd'hui le temple de Diane. Le jardin devient plus sauvage à mesure que l'on gravit le mont Cavalier, aménagé au XIXe siècle.

Ourlés de grottes, les chemins qui le jalonnent mènent à la **tour Magne** (04 66 21 82 56 ; www.arenes-nimes.com ; tarif plein/réduit/- 17 ans 3,50/3/1,50 €, gratuit - 7 ans ; tlj juil-août 9h-20h, juin 9h-19h, avr-mai 9h30-18h30, sept 9h30-13h et 14h-18h30, mars et oct 9h30-13h et 14h-18h, nov-fév 9h30-13h et 14h-16h30), vestige des fortifications romaines. De forme octogonale, elle était la plus haute (32 m) des 80 tours de l'enceinte.

On accède aux Jardins par une agréable promenade suivant les rives ombragées d'un canal, depuis le boulevard Alphonse-Daudet, à l'ouest du centre-ville.

Autres vestiges romains Romanité

Bassin circulaire de distribution des eaux venant d'Uzès par l'aqueduc romain et le pont du Gard, le **castellum** (rue de la Lampèze, au nord de la ville) est un témoignage archéologique unique sur l'habileté des Romains en matière d'adduction d'eau et de travaux publics, même si le site n'a en soi rien de spectaculaire.

Au nord du boulevard Amiral-Courbet, la **porte d'Auguste**, ou porte d'Arles, faisait autrefois partie de l'enceinte entourant la ville et donne une idée de l'urbanisme nîmois au Ier siècle : c'est là que passait la Via Domitia, qui reliait Rome à l'Espagne. On peut admirer aujourd'hui quatre de ses arcades, sous lesquelles circulaient piétons et voitures à cheval.

Au sud de l'Écusson, en dehors du centre historique, se dresse la **porte de France**, ou porte d'Espagne, autre vestige de la muraille antique, qui ne compte qu'une seule arcade.

Musée des Beaux-Arts Renaissance-XIXe

(04 66 76 71 82 ; rue de la Cité-Foulc ; tarif plein/réduit 5/3 €, gratuit - 18 ans, visite guidée 3 € supp ; tlj sauf lun 10h-18h, jusqu'à 18h30 sam-dim). Au sud du centre historique, ce beau musée rassemble des pièces des écoles italiennes du XVe au XVIIIe siècle (Guido Reni, Luca Giordano, Jacopo Bassano), des œuvres françaises du XVIIe au XXe siècle (François Boucher, Charles-Joseph Natoire, Pierre Subleyras), ainsi que des travaux d'artistes flamands et hollandais du XVIe au XVIIIe siècle (dont Pierre Paul Rubens et Carel Fabritius). Une des pièces maîtresses est le "tondo Foulc" (XVe siècle), une madone en faïence d'Andrea Della Robbia (1435-1525). Dans l'atrium, la lumière du jour éclaire une mosaïque romaine retrouvée à Nîmes et représentant les noces d'Admète (IIe siècle).

Bon Plan

Plusieurs billets combinés permettent de profiter des sites touristiques majeurs de la ville à des tarifs avantageux : le **Nîmes City Pass** (2/4/7 jours 27/37/39 €) englobe la visite des arènes, de la Maison carrée et de la tour Magne, les musées de Nîmes (musée de la Romanité, Carré d'art, musée des Beaux-Arts, musée des Cultures taurines, musée du Vieux-Nîmes, Musée d'histoire naturelle), l'abbatiale de Saint-Gilles et le pont du Gard ; et le **Pass Nîmes la romaine** (tarif plein/réduit/- 17 ans 13/11/6 €, valable 3 jours) qui comprend les arènes, la Maison carrée et la tour Magne. Enfin, un **abonnement** (valable 1 an ; 40 €) offre un accès illimité aux musées de Nîmes (avec Carré d'art, musée des Beaux-Arts, Muséum d'histoire naturelle, musée du Vieux-Nîmes et musée des Cultures taurines).

Musée du Vieux-Nîmes Arts décoratifs

(04 66 76 73 70 ; pl. aux Herbes ; tarif plein/réduit 5/3 €, gratuit - 18 ans, visite guidée 3 € supp ; tlj sauf lun 10h-18h, jusqu'à 18h30 sam-dim). Édifié à partir de 1685, le palais épiscopal qui jouxte la cathédrale abrite aujourd'hui le musée du Vieux-Nîmes. Celui-ci retrace l'histoire du bâtiment et reconstitue la vie d'autrefois à travers des meubles, des objets usuels et des costumes. On y admire notamment

quelques beaux exemplaires des manufactures Pichon (une des rares entreprises de poteries fines à avoir survécu depuis le XIXe siècle), des armoires figurées du Bas-Languedoc en noyer sculpté (XVIIe) et quelques armoires peintes d'Uzès. L'industrie textile y tient une place importante, avec notamment une section (la salle "Bleu au quotidien") consacrée à la naissance du blue-jean denim (voir l'encadré p. 152).

Planétarium Observatoire
(☎ 04 66 76 72 60 ; www.nimes.fr, rubrique Culture ; av. Peladan ; tarif plein/réduit 5/3 €, gratuit - 18 ans ; séances mer, sam et dim 15h, jeune public mer 10h). Construit sur le mont Duplan, une des collines de Nîmes, au nord-est du centre, le planétarium propose de parcourir le système solaire et les astres sur la voûte d'une salle de 60 places, lors de séances spécifiques (durée 45 min-1 heure) : les week-ends, la thématique change chaque mois. Une séance jeune public est réservée aux 6-10 ans (accompagnés). En 1830, déjà, l'astronome Benjamin Valtz avait fait bâtir à Nîmes un observatoire. Lorsque son disciple Laurent découvrit un nouvel astéroïde, il le baptisa Nemausus, en hommage à la ville.

Musée des Cultures taurines Tauromachie
(☎ 04 30 06 77 07 ; 6 rue Alexandre-Ducros ; coll. permanente et expo tarif plein/réduit 5/3 €, gratuit - 18 ans ; tlj sauf lun 10h-18h, jusqu'à 18h30 sam-dim). L'exposition permanente de ce musée retrace l'histoire des jeux taurins depuis le XIe siècle, raconte leur apogée aux XVIe et XVIIe siècles, puis la naissance de la tauromachie telle que nous la connaissons à partir du XVIIIe siècle, avec la première corrida "à l'espagnole" à Bayonne, en 1853. Une série d'objets, de dessins, de peintures et de photographies, parmi lesquels quelques œuvres signées Picasso ou Jean Cocteau, et de scintillants "habits de lumière", illustrent cette épopée. Également d'intéressantes expositions temporaires.

Muséum d'histoire naturelle Ethnographie et sciences
(☎ 04 66 76 73 45/46 ; 13 bis bd Amiral-Courbet ; coll. permanente et expo tarif plein/réduit 5/3 €, gratuit - 18 ans ; tlj sauf lun 10h-18h, jusqu'à 18h30 sam-dim). L'ancien collège des Jésuites abrite ce muséum somme toute assez poussiéreux. Les salles consacrées à la préhistoire, à l'ethnographie et à la zoologie, aménagées sur 2 étages, offrent une scénographie à visée didactique, malheureusement désordonnée et peu lisible. Expositions temporaires également.

Où se loger

Durant les ferias (en juin et septembre), les établissements ont tendance à augmenter leurs tarifs d'au moins 20%. Renseignez-vous avant de réserver.

Situé près des Jardins de la Fontaine, l'hôtel iconique de la ville est le **Maison Albar Hotels – L'Imperator** (☎ 04 66 21 90 30 ; www.maison-albar-hotel-nimes-imperator.com ; quai de la Fontaine, 15 rue Gaston-Boissier ; d à partir de 320 €, petit-déj 24 € ;), qui déroule, depuis son beau lobby jusque dans ses chambres, suites et appartements, un style contemporain élégant à l'esprit Art déco.

Voir aussi les chambres du Mas de Boudan, au restaurant de Jérôme Nutile (p. 154).

Hôtel Vertigo Auberge €
(☎ 04 66 27 18 57 ; www.hotelvertigo.fr ; 31 rue de la Servie ; dort 25-33 €, d 60-95 €, petit-déj 4,50 € ;). Cette bonne auberge, jeune et sympathique, est en outre très bien tenue. Chambres et dortoirs offrent une propreté impeccable, tandis que les espaces communs comptent, notamment, un superbe rooftop avec vue sur les toits de la ville : convivialité garantie ! En bonus, une cuisine équipée en libre-service, des casiers et un lave-linge.

Hôtel Majestic Central €€
(☎ 04 66 29 24 14 ; www.hotel-majestic-nimes.com ; 10 rue Pradier ; s-d/tr/ste 5 pers. 60-210/90-230/150-300 €, petit-déj 10 € ;). À 5 minutes à pied du centre historique

STÉPHANE RAMILLON/VILLE DE NÎMES

Le musée de la Romanité

Le musée de la Romanité a ouvert en 2018 face aux arènes. Ce nouvel écrin pour les collections de l'ancien musée archéologique est à la hauteur de l'exceptionnel patrimoine antique de l'ancienne Nemausus.

Conçu par Elizabeth de Portzamparc, le bâtiment, drapé d'un voile de verre translucide, abrite un jardin archéologique, un toit-terrasse végétalisé d'où l'on peut admirer la ville, ainsi qu'une spectaculaire recomposition d'un propylée antique, avec un fragment du fronton originel. En tout, plus de 2 900 m^2 y sont dédiés à l'histoire de l'antique Nemausus et sa région, depuis le VIIe siècle avant J.-C. jusqu'au Moyen Âge. Interactive et didactique, la scénographie retrace 25 siècles d'histoire, depuis la période pré-romaine jusqu'au Moyen Âge. Bien entendu, la période romaine est la plus détaillée, avec de multiples thématiques abordées, comme la vie quotidienne, l'urbanisme, l'habitat, l'écriture ou la religion. Pour les enfants (7-12 ans), un livret-jeu gratuit avec énigmes permet de pimenter la visite ! Des ateliers sont régulièrement organisés le mercredi pour les enfants (1 heure 30 ; 8 €).

Sur le toit se niche également **La Table du 2** (04 48 27 22 22 ; latabledu2.com ; 2 bis rue de la République ; menu 21-34 €, plats 21-29 € ; tlj mars-oct, tlj sf dim soir et lun soir nov-fév), une brasserie haut de gamme (la carte a été élaborée par le chef doublement étoilé Franck Putelat), dont la terrasse donne sur les arènes.

Infos pratiques

04 48 210 210 ; museedelaromanite.fr ; 16 bd des Arènes ; visite libre tarif plein/réduit/- 17 ans 9/6/3 €, visite guidée 12/9/6 €, gratuit - 7 ans, voir Pass p. 145 ; avr-oct tlj 10h-19h, nov-mars tlj sauf mar 10h-18h, visite guidée sam-dim 15h.

et à deux pas de la gare, dans une rue calme, ce petit hôtel à la façade jaune d'or, entièrement rénové, offre désormais 24 chambres contemporaines aux couleurs sobres. La propreté y est irréprochable et l'accueil excellent. La chambre 101 (de catégorie supérieure) bénéficie même d'une terrasse privée. Patio pour le petit-déjeuner.

Carré d'art – musée d'Art contemporain (p. 143)

Hôtel de l'Amphithéâtre — Central €€

(04 66 67 28 51 ; www.hoteldelamphitheatre.com ; 4 rue des Arènes ; d 98-108 € selon confort et saison, petit-déj 12 € ;). À 50 m des arènes, cette demeure du XVIIIe siècle abrite un labyrinthe (sans ascenseur !) de chambres récemment rénovées au style plutôt classique. Idéalement située, et de bon confort, l'adresse est une option très intéressante en termes de rapport qualité/prix. Bons petits-déjeuners (avec option sans gluten).

Appart'City Confort Nîmes Arènes — Appartements €€

(04 56 60 26 70 ; www.appartcity.com ; 1 bd de Bruxelles ; app 2/4 pers 79-179/142-304 € selon confort et saison, petit-déj 6,90-14,90 € ;). Situation idéale à 2 minutes des arènes, charme d'un immeuble haussmannien bien rénové, confort contemporain et service efficace : cette adresse est une des meilleures de la ville. Du studio (22 m²) à l'appartement (52 m²), certains des logements profitent d'une vue sur l'esplanade piétonne Charles-de-Gaulle. Impeccables et modernes, ils sont très bien équipés et bénéficient de services hôteliers payants (petit-déj, massage, fitness, ménage, laverie...).

Maison Rousseau — Chambres d'hôtes €€€

(06 20 32 30 43 ; 6 rue de la Parisière ; www.chambredhotesdecharmenimes.fr ; d/ste avec petit-déj 105-180/105-200 € ; P 12 €). Au calme, dans l'agréable quartier Gambetta, cette adresse confidentielle invite à séjourner dans des intérieurs feutrés, superbement mis en scène par Jean-Louis Fages, antiquaire et décorateur de métier. Meubles et objets chinés côtoient ici matières nobles et textiles opulents. Pour les amateurs de belles choses.

Antichambre — Cosy €€€

(04 66 64 13 43 ; antichambre-nimes.fr ; 11 rue Bigot ; d 125-180 €, avec petit-déj ; P 15 €). Dans une petite rue à un jet de pierre des arènes, voici 3 chambres stylées, douillettes et très confortables, à la propreté irréprochable. Elles disposent, en prime, d'un agréable salon commun (avec cheminée, tourne-disque...) et d'un très joli patio où

Nîmes : architecture contemporaine, art et street art

Depuis une trentaine d'années, Nîmes met en œuvre une ambitieuse politique urbaine, à travers nombre de réalisations d'architectes prestigieux. Ces édifices réinterprètent l'héritage antique et attirent une foule d'étudiants en architecture : le **Carré d'art** (p. 143), signé de l'architecte britannique sir Norman Foster, sorte de "Maison carrée moderne" ; l'**Abribus** (angle rue Notre-Dame et av. Carnot) de Philippe Starck (1987) ; **Nemausus** (av. du Général-Leclerc, derrière la gare ferroviaire) de Jean Nouvel (1987), un ensemble de logements sociaux dont la forme évoque des paquebots, labellisé "Patrimoine du XXe siècle" ; le **stade des Costières** (av. de la Bouvine) de l'architecte italien Vittorio Gregotti (1989) ; le **Colisée** (av. de la Liberté et av. Salvador-Allende) du Japonais Kisho Kurokawa (1991), comme une version contemporaine de l'amphithéâtre ; les réaménagements de l'**Écusson** (la mairie, les halles, le hall de l'hôtel Rivet, les espaces d'accueil du théâtre de Nîmes ou l'École supérieure des beaux-arts), œuvres de l'architecte français Jean-Michel Wilmotte ; l'**église "futuriste" Saint-Dominique** de Joseph Massota ; et, enfin, le dernier né : le **musée de la Romanité** (p. 147) par Elizabeth de Portzamparc, dont la façade s'inspire de la technique antique de la mosaïque.

L'art a également sa place dans cette modernité réinventée : dans le centre historique on découvre ainsi des **œuvres** signées de Takis, Philippe Starck ou encore Martial Raysse. Face aux arènes se dresse également un **taureau** du sculpteur géorgien Djioti Bjalava.

Les quartiers **Gambetta** et **Richelieu**, en périphérie, jouent pour leur part la carte du street art, qui ne cesse de se développer (près de 80 fresques à ce jour). Un festival annuel lui est d'ailleurs dédié : **L'expo de Ouf !** (voir Le Spot p. 155 ; expodeouf.fr ; sept-oct) et des visites guidées sont parfois organisées par l'office du tourisme (se renseigner).

sont servis, aux beaux jours, les copieux (et délicieux) petits-déjeuners. Les propriétaires tiennent, juste à côté, une belle boutique de design dédiée aux arts de la table, nommée, elle aussi, Antichambre. Dommage que les enfants ne soient pas admis.

Villa Meridia Chambres d'hôtes **€€€**
(06 80 73 00 98 ; www.villameridia.com ; 10 rue Meynier-de-Salinelles ; d/ste 140-180/180-250 € avec petit-déj, 10 €/pers supp ; P). Dans l'agréable quartier jouxtant les Jardins de la Fontaine, cette adresse haut de gamme propose à ses hôtes une chambre et 3 suites (pouvant accueillir jusqu'à 4 personnes) irréprochables, décorées dans un esprit contemporain chaleureux. L'année 1912, 1935, 1952 ou 2016 : chacune met à l'honneur une décennie de design. À l'extérieur, jardin et piscine. Dommage que les enfants ne soient pas admis.

Hôtel Chouleur Margaret Luxe **€€€**
(04 48 27 08 00 ; www.margaret-hotelchouleur.com ; 6 rue Fresque ; d 160-750 €, petit-déj 24 € ;). Cette nouvelle adresse haut de gamme s'est installée dans un ancien hôtel particulier et offre un décor raffiné, entre moulures, hauts plafonds et escalier de pierre. Les chambres élégantes disposent de tout le confort nécessaire, tandis que dans la cour, on profite d'une agréable piscine. Le restaurant **Rouge** (menu 85-130 €) est aussi de haute volée.

Où se restaurer

Pour un repas avec vue sur les monuments emblématiques de la ville, rendez-vous au **Ciel de Nîmes** du Carré d'art (p. 143) ou à **La Table du 2** au musée de la Romanité (p. 147). Notez également le restaurant **Rouge** de l'hôtel Chouleur (p. 149).

Cathédrale Saint-Castor

Promenade dans le vieux Nîmes

De ruelles en placettes, d'hôtels particuliers en édifices religieux, cette balade dans le vieux Nîmes dévoile gargouilles, frises et balcons en fer forgé

Distance : 1 km

Durée : de 45 min à 1 heure

Départ Place du Marché

❶ Place du Marché

À deux pas des arènes, un grand palmier signale cette place très animée bordée de restaurants. À l'extrémité est, une **fontaine** originale créée par l'artiste contemporain Martial Raysse rappelle l'emblème de la ville : le crocodile et le palmier (voir l'encadré p. 154), motif repris par Philippe Starck sur les clous incrustés entre les pavés.

La **rue Fresque** ("frais" en occitan) prolonge l'atmosphère villageoise de la place. La façade ocre du n°6 indique l'hôtel Novi de Caveirac, demeure médiévale remaniée aux XVIe et XVIIe siècles, et le n°16 la Maison de l'avocat des pauvres, construite en 1459 par un juriste pour assurer la défense des plus démunis.

❷ Rue de Bernis

Entre la rue Fresque et la rue de l'Aspic, la rue de Bernis recèle quelques beaux hôtels particuliers des XVIIe et XVIIIe siècles, comme l'**hôtel Boudon** et, en face, l'**hôtel de Bernis** avec ses fenêtres gothiques. En saison, les cours des hôtels particuliers s'ouvrent souvent pour accueillir des bodegas.

❸ Rue de l'Aspic

Cette rue commerçante et étroite est flanquée de superbes demeures aux fenêtres et aux portes magnifiquement travaillées, dont la plupart s'inspirent du style Renaissance. Notez les imposantes gargouilles au n°3.

❹ Place de l'Horloge

Au nord-ouest, la **place de la Calade**, où se trouve le **théâtre de Nîmes** (relooké par Jean-Michel Wilmotte), ravira les amateurs de silence. À l'est s'ouvre la place de l'Horloge, dominée par une tour rehaussée d'un campanile, reconstruite en 1754, vestige de l'ancienne maison consulaire.

❺ Place aux Herbes

Au nord de la vieille ville se trouve l'ancien quartier des teinturiers, l'îlot Littré. Sur la place aux Herbes, la **cathédrale**

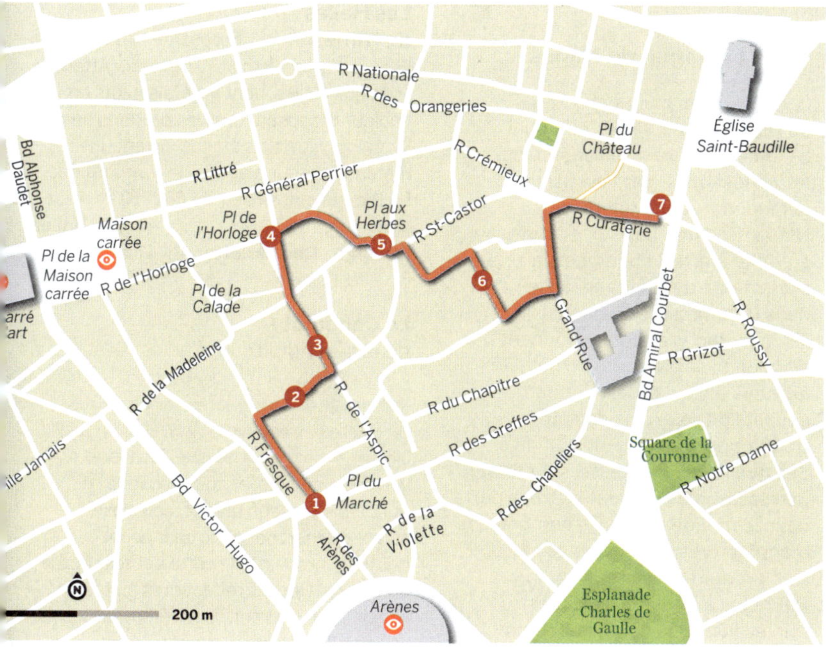

Saint-Castor (XIIe siècle) dresse sa façade asymétrique. Détruite lors des guerres de Religion, elle fut réaménagée au XVIIe siècle, puis au XIXe siècle. Dans sa partie gauche, une frise romane figure avec délicatesse des scènes de l'Ancien Testament.

6 Rue du Chapitre

Au coin de la place aux Herbes, le n°1 de la rue de la Madeleine abrite la **Maison romane**, dont la superbe façade est ornée de rosaces et d'animaux fantastiques. Au sud de la place aux Herbes, la rue des Marchands aligne une succession de maisons des XVIe, XVIIe et XVIIIe siècles, toutes ornées de frises et de colonnes sculptées. Dans la rue du Chapitre, l'**hôtel de Régis**, au n°14, a été construit sous Louis XV. Un peu plus loin, la **place du Chapitre** abrite l'**École supérieure des beaux-arts**, installée dans les locaux de l'hôtel Rivet.

7 Grand Temple protestant

Trônant au nord-est de l'Écusson, le **Grand Temple** correspond à l'ancienne chapelle des Dominicains, réinvestie après la Révolution par les protestants. Les deux temples de la vieille ville avaient été détruits au moment de la révocation de l'édit de Nantes.

Arrivée Grand Temple protestant

Le denim de Nîmes

Le "denim", ou blue-jean, a-t-il un rapport avec Nîmes ? Eh oui ! Le fameux pantalon inventé dans les années 1860 par Levi Strauss fait indirectement référence à Nîmes. En effet, au XVIIe et surtout au XVIIIe siècle, la bourgeoisie protestante de la ville se lance dans le commerce et l'industrie : les manufactures confectionnent alors un tissu à armure sergée, fabriqué à base de laine et de déchets de soie, puis de coton, traditionnellement teint à l'indigo. Ses qualités (robustesse, souplesse, peu salissant) lui valent d'être exporté dans le monde entier. De nombreuses manufactures étrangères se mettent à en produire en conservant la référence à la ville : "de Nîmes" (qui évolua sans doute en "denim") devient un gage de qualité. Au début du XIXe siècle, ce tissu est utilisé aux États-Unis où il sert à la confection des vêtements des esclaves noirs travaillant dans les plantations. Durant la seconde moitié du siècle, lors de la ruée vers l'or, Levi Strauss entre en scène : ce juif bavarois, immigré aux États-Unis en 1847, conçoit des vêtements pour les pionniers et les chercheurs d'or. Il remplace la toile de tente, habituellement utilisée, par la serge de Nîmes, plus résistante, et renforce les points de tension avec des rivets de cuivre. Ainsi naquit le jean Levi Strauss. Vous en apprendrez encore davantage au **musée du Vieux-Nîmes** (p. 145).

Aujourd'hui, les **Ateliers de Nîmes** (☎ 09 53 40 15 89 ; ateliersdenimes.com/fr ; 2 rue Auguste Pellet) relèvent le défi de tisser à nouveau du denim à Nîmes et tentent la confection de jeans 100% locaux.

Les Halles de Nîmes — Propositions multiples €

(5 rue des Halles ; leshallesdenimes.fr). Attardez-vous aux Halles, dont les étals hauts en couleur proposent tous les produits de la région. Plusieurs stands offrent une restauration sur place, tel le sympathique **La Pie qui couette** (☎ 04 66 23 59 04 ; 5 rue des Halles ; plats 12-24 € ; ⏲ mer-dim) ou **Halles Auberge - Chez Arlette** (☎ 04 66 21 96 70 ; 5 rue des Halles ; plats 8-18 € ; ⏲ midi tlj sauf lun).

Le Caboulot de la sérendipité — Végétarien/Végétalien €

(☎ 06 80 98 84 17 ; facebook.com/restaurantlecaboulotdelaserendipite ; 26 rue Jean-Reboul ; menu midi/soir 17/20 € ; ⏲ midi lun-ven, soir mer-ven). Simple, locavore, vertueux, copieux et goûteux, voilà ce qui définit le menu unique, composé au gré du marché (donc changeant quotidiennement), de cette petite adresse conviviale. Que les réfractaires au tout végétal se rassurent, ils sortiront rassasiés, et conquis. Le caboulot nourrit tous les jours une belle brochette d'habitués : n'oubliez pas de réserver.

Les P'tits poissons verts — Bio et végan €

(☎ 09 87 01 42 00 ; www.lesptitspoissonsverts.fr ; 5 rue des Petits Souliers ; plats 10-17 € ; ⏲ mar-sam). Une grande verrière, quelques tables façon bistrot et une cantine pour se nourrir sainement : le plat de la semaine varie entre curry de courgettes, crumble de légumes, *buddha bowl* ou autres propositions, tandis que la carte affiche un étonnant croque-monsieur au tofu et des burgers à base de galettes de quinoa. On peut aussi s'attarder pour un thé, un jus, une glace ou une gourmandise.

Textures — Coffee Shop €€

(☎ 04 66 23 73 46 ; facebook.com/textures.comptoirs.objets ; 8 Rue Racine ; plats 10-14 €, menu midi 24 € ; ⏲ mar-sam 10h-20h). À côté du Carré d'art, cette belle adresse au décor chic et design mêle épicerie fine, salon de thé et formule déjeuner soignée. On sirote un thé frappé, on savoure une

La tour Magne (p. 145)

excellente gourmandise ou on se laisse tenter par les plats du jour, à base de produits bio, d'épices, d'herbes et de graines. Une cuisine saine et originale !

Avant Garde Cuisine de marché €

(06 58 78 16 89 ; www.greencorner-shop.com ; 1 pl. du Marché ; plats 15-23 €, formule 18 €, menu 28-38 € ; tlj). En plein centre, sur la place du Marché, cette adresse porte bien son nom, tant pour la décoration, très stylée, que pour la cuisine mêlant sophistication et produits du terroir. On se régale en piochant à la "carte du moment" : un gaspacho de pastèque, un étonnant "burger Basquiat" ou une tarte au citron... déstructurée, cela va de soi ! Le lieu est associé au concept-store Green Corner.

L'Ancien Théâtre Produits de la mer €€

(04 66 21 30 75 ; 4 rue Racine ; formules 21-26 €, menus 38 € ; tlj sauf sam midi et dim-lun). Cette table très appréciée met à l'honneur les produits de la mer : soupe de poisson, gambas rôties ou une brandade de morue réputée... préparés avec savoir-faire et ultrafrais. La petite salle aux murs de pierre manque un peu de personnalité, mais elle est vite complète. Réservez.

Wine Bar "Le Cheval blanc" Traditionnel €€

(04 66 76 19 59 ; www.winebar-lechevalblanc.com ; 1 pl. des Arènes ; formule midi 15 €, menus 23-30 €, plats 14-28 € ; tlj sauf dim). Incontournable, cette adresse traditionnelle, face aux arènes, fait salle comble tous les jours. Dans les vastes intérieurs voûtés, où les banquettes capitonnées longent les murs arrondis, résonne le brouhaha joyeux d'une grande brasserie. Les serveurs virevoltent entre les tables, apportant brandades, plats traditionnels et excellentes viandes. Impressionnante carte des vins.

Voisin Restaurant Produits de la mer €€

(06 17 47 66 85 ; 5 rue Jean-Reboul ; plateaux de fruits de mer 2 pers 49-75 €, assiettes 9,50-24 € ; tlj). Ici, les crustacés sont rois : bulots, huîtres, crevettes, moules, tourteaux sont d'une impeccable fraîcheur

INSOLITE

Ah ! les crocos, ah ! les crocodiles...

Clous métalliques le long des pavés, fontaines, hôtel de ville... Pourquoi le crocodile est-il autant attaché à l'image de la ville ? La légende rapporte qu'Octave (futur Auguste), victorieux de la flotte d'Antoine et de Cléopâtre lors de la bataille d'Actium (31 av. J.-C.), en Grèce, aurait récompensé ses fidèles légionnaires en leur offrant des lopins de terre dans la région. Pour illustrer leur victoire, la monnaie de l'époque fut frappée de l'abréviation *Col Nem* (pour *Colonia Nemausus*) et d'un dessin représentant un crocodile enchaîné à un palmier orné d'une couronne de lauriers, l'ensemble symbolisant l'Égypte vaincue. Peu à peu tombé en désuétude, le crocodile étant même remplacé par une tête de taureau, l'emblème fut finalement repris par François Ier qui en fit officiellement les armoiries de la ville en 1535. Plus récemment, en 1985, le designer Philippe Starck redessina le logo urbain en reprenant le palmier et le crocodile ; il réalisa également un Abribus inspiré du blason. Le plasticien Martial Raysse a aussi réinventé ce symbole sur la place du Marché et le peintre Dominique Durand avec une œuvre en trompe-l'œil dans une rue du centre-ville.

et s'accompagnent d'un délicieux aïoli maison. Une cuisine iodée à déguster dans un cadre sympathique, animé par le chef Serge Voisin, emblématique figure locale. Attention, peu de tables : réservez !

Au Chapon Fin Cuisine de marché **€€**

(04 66 67 34 73 ; www.chaponfin-restaurant-nimes.com ; 3 rue Château-Fadaise ; plats 14-22 € ; tlj sauf lun-mar soir et dim). Déco branchée pour ce restaurant à l'accueil chaleureux, installé derrière l'église Saint-Paul. Brandade de morue à l'ancienne, gardiane de taureau, paëlla ou encornets farcis à la provençale, tout est bon et copieux. Toit-terrasse et salle climatisée.

Chez Jérôme Nutile – Mas de Boudan Gastronomique **€€€**

(04 66 40 65 75 ; www.jerome-nutile.com ; 351 chemin du Mas-de-Boudan). L'adresse gastronomique de Nîmes : le chef Jérôme Nutile a désormais son propre établissement, serti dans un ancien mas parfaitement rénové, avec jardin arboré. On est en dehors du centre, mais l'adresse vaut le détour. Au **Restaurant gastronomique** (menus 120-195 € ; jeu-lun), une cuisine de haute volée déjà récompensée d'une étoile, et sans doute en attente d'une seconde. Mention spéciale à la "cave à fromage" où l'on pioche dans plus de 60 références... Juste à côté, au **Bistr'Au** (formule 20 €, menu 28 €, plats 16-38 € ; tlj sauf dim), une formule plus accessible, avec la même exigence sur les produits et le "tout fait maison". Pour prolonger le plaisir, on peut s'offrir l'une des superbes **chambres** (d/ste 140-175/265-315 €, petit-déj 22 € ;), aménagées à l'étage.

Maison Albar Hotels – L'Imperator Grandes tables **€€€**

(04 66 21 90 30 ; www.maison-albar-hotel-nimes-imperator.com ; quai de la Fontaine, 15 rue Gaston-Boissier ;). Rouvert en 2019, après presque deux ans de rénovation, l'adresse iconique de la ville, située près des Jardins de la Fontaine, a retrouvé toute sa splendeur. Pour vous faire plaisir, offrez-vous une pause gastronomique dans l'un des restaurants de ce lieu mythique. Ouverts sur un agréable patio, le gastronomique **Duende** (04 66 21 94 34 ; menu 180-225 € ; midi ven-dim, soir jeu-sam), deux étoiles au Michelin, ou, version plus abordable, le bistronomique **L'Impé** (04 66 21 03 74 ; menus 53-68 €, formules 38 € ; tlj midi et soir), sont tous deux orchestrés par le chef Pierre Gagnaire.

La fontaine du Crocodile, place du Marché (p. 150)

Où prendre un verre et faire la fête

Pour un cocktail pointu dans un décor d'exception, prenez place au **Bar Hemingway** (cocktails 17-19 €, tapas 14-25 € ; tlj 8h-minuit pour les clients de l'hôtel, 8h-23h pour les clients extérieurs) de la Maison Albar Hotels – L'Imperator (p. 154).

Le Napo — Décor second Empire

(04 66 05 98 25 ; 46 bd Victor-Hugo ; tlj 7h-0h30). Créé en 1813, ce café historique du boulevard Victor-Hugo offre un superbe décor second Empire classé aux monuments historiques... L'occasion de se plonger dans les raffinements d'une époque révolue !

Le Prolé — Bar

(04 66 21 67 23 ; 20 rue Jean-Reboul ; lun-mer jusqu'à minuit, jeu-sam jusqu'à 1h, fermé dim). Une sorte de guinguette populaire, centenaire et fréquentée par des artistes et des étudiants des Beaux-Arts. Dans une cour, passé le boulevard des Arènes, donc loin des bars à la mode.

Le Spot — Street ambiance

(04 66 36 85 64 ; facebook.com/lapageduspot ; 8 rue de l'Enclos-Rey ; mar-sam 10h-19h, jusqu'à 17h mar-mer). Vous reconnaîtrez facilement ce repaire de cultures urbaines à sa façade superbement graffée. Ici, se mêlent street artistes, graphistes, associations, incubateur, skate shop... Ce lieu atypique, très vivant, est prisé pour ses apéros du jeudi, mais aussi pour sa programmation variée (renseignez-vous), ses ateliers pour enfants et, chaque année en septembre, son "Expo de Ouf".

421 — Bar taurin

(04 66 23 86 35 ; 37 rue Fresque ; jusqu'à 1h tlj sauf dim et lun). Ambiance festive et musicale pour ce bar authentique, aux accents taurins, où se presse la jeunesse nîmoise. On sirote son verre à l'intérieur ou tout simplement debout dans l'étroite ruelle. Un must en ville.

La Maison d'Arthur — Branché

(04 34 28 08 83 ; 4 pl. de la Maison-carrée ; lun-sam 17h-1h). Son nouveau fief à peine lancé, Arthur faisait déjà salle comble !

La place de l'Horloge (p. 150)

Outre l'attachement qu'ont les Nîmois pour cette jeune figure locale (il possède également La Cave à Houblons), la terrasse de rêve longeant la Maison carrée, la belle sélection de bières et de vins, ainsi que les petites assiettes gourmets à partager (10-14 €) expliquent aussi cet engouement.

Où sortir

Pour profiter d'une soirée spectacle, direction le **Théâtre de Nîmes** (04 66 36 65 00 ; www.theatredenimes.com), englobant le **Théâtre Bernadette Lafont** (1 pl. de la Calade) et **L'Odéon** (7 rue Pierre Semard), dont les programmations alternent danse, théâtre, musique ou cirque. **Le Périscope** (04 66 76 10 56 ; www.theatreleperiscope.fr ; 4 rue de la Vierge) est un autre espace artistique pluridisciplinaire.

Outre la discothèque gay nîmoise, le **Lulu Club** (04 66 36 28 20 ; www.lulu-club.com ; 10 rue de la Curaterie ; 10 € ; 1h-aube ven-sam), où la foule se déchaîne sur le petit dancefloor au son de la house, de la techno ou du disco, vous pourrez aussi vous déhancher au cours des soirées à thème et sessions DJ à **La Comédie** (28 rue Jean-Reboul ; 10 € ; minuit-6h jeu-sam).

Achats

Pour remplir votre panier de quelques spécialités régionales, rendez-vous au **marché couvert** (tlj 7h-13h, restauration jusqu'à 14h30), installé dans les halles modernes de la rue du Général-Perrier, ou au **marché** (7h-13h) qui se tient chaque vendredi matin boulevard Jean-Jaurès. Sur ce même boulevard, vous aurez l'occasion de chiner de 8h à 13h le lundi matin.

Maison Villaret Confiserie
(04 66 67 41 79 ; maison-villaret.com ; 13 rue de la Madeleine ; tlj 7h-19h30). Impossible de repartir de Nîmes sans avoir goûté le croquant de la Maison Villaret, vénérable institution ayant ouvert en 1775. Fabriqué à partir d'amandes brisées, ce délicieux biscuit met tout de même à l'épreuve les dentitions fragiles ! Variante plus sucrée et moins dure : les caladons, à base d'amandes et de miel.

La Nîmoise – Maison de la brandade Brandade (☎ 04 34 04 26 96 ; lanimoise.fr ; 7 rue de l'Horloge ; ⌚ mar-sam 9h-13h et 15h30-19h). Tenue par la famille Mouton, des brandadiers depuis 4 générations, cette boutique propose l'une des plus fameuses brandades artisanales de la région. Également une adresse en dehors du centre (18 rue Émile-Jamais) et à Uzès.

Renseignements

Office du tourisme (☎ 04 66 58 38 00 ; www.nimes-tourisme.com ; 6 bd des Arènes ; ⌚ avr-oct lun-sam 9h-19h, dim 10h-18h, nov-mars lun-sam 9h-18h, dim 10h-17h). Organise toute l'année des visites guidées sur diverses thématiques (héritage romain, denim, street art...), ainsi que des visites au clair de lune en juillet-août (tarif plein/réduit 8/5 €, gratuit - 10 ans). Également un train touristique (8/5 €, gratuit - 5 ans, 45 min, juil-sept). Il propose également une **chasse au trésor** à travers la ville pour les enfants (à partir de 6 ans).

Billetterie des Arènes (☎ 08 91 70 14 01 ; www.billetterie-arene.com ; 4 rue de la Violette). Là où s'adresser pour les ferias et les corridas.

Depuis/vers Nîmes

AVION

L'**aéroport de Nîmes-Alès-Camargue-Cévennes** (☎ 04 66 70 49 49 ; www.nimes.aeroport.fr), à 15 km du centre-ville de Nîmes (direction Arles/Saint-Gilles), est desservi par Ryanair mais n'assure pas de liaisons avec d'autres villes françaises : uniquement avec la Belgique (Bruxelles), l'Angleterre (Londres et Liverpool) et le Maroc (Fès, Marrakech).

Les navettes aéroport **Tango** (☎ 0 970 818 638 ; www.tangobus.fr ; aller simple 6,80 €) assurent la desserte de l'aéroport en 35 minutes au départ de plusieurs arrêts de bus du centre-ville (Gambetta, Esplanade et Jaurès, Colisée, Pont-de-Vierne).

BUS

La gare routière est située sur le boulevard Natoire, juste derrière la gare SNCF. Depuis Nîmes, des liaisons régulières permettent de se rendre dans les grandes villes de la région.

La société des transports d'Occitanie, **liO Transport** (☎ 0806 80 36 60 ; www.lio.laregion.fr ; 21 allée Boissy-d'Anglas, Triangle de la Gare ; ⌚ lun-mer et ven 9h-11h et 14h-16h, jeu 14h-16h), assure notamment des liaisons vers Alès, Arles, Avignon, Uzès, Bagnols-sur-Cèze, Collias ou le pont du Gard.

TRAIN

Nîmes est sur la ligne du TGV Méditerranée, à 3 heures de Paris.

La **gare SNCF** (1 bd Sergent-Triaire), au sud de la ville, est reliée directement à toutes les grandes villes de la région. Les **TGV Ouigo** (www.ouigo.com) rallient aussi Nîmes depuis Paris-Marne-La-Vallée, Lyon et Montpellier.

Comment circuler

BUS

Les bus **Tango** (☎ 09 70 81 86 38 ; www.tangobus.fr ; 13 rue Régale ; ticket 1,60 €) couvrent l'ensemble de la ville. Rendez-vous au kiosque de l'esplanade Charles-de-Gaulle, là où s'arrêtent les principales lignes.

VOITURE

Une bonne partie du centre-ville étant piétonne, il vaut mieux laisser sa voiture aux abords ou dans l'un des nombreux parkings souterrains payants, comme celui des Arènes (bd de Bruxelles), celui de la Maison carrée (pl. d'Assas) ou celui de l'avenue Jean-Jaurès (43 av. Jean-Jaurès). Également des **parkings relais** (A54 et Parnasse ; av. du Languedoc ; www.tangobus.fr) au sud de la ville, aux tarifs avantageux (Pass P+R 1 pers/2-8 pers 2,50/4,10 €, incluant stationnement illimité 1 journée et 1 aller-retour sur réseau Tango), d'où l'on peut prendre le trambus T1 jusqu'au centre historique.

ENVIRONS DE NÎMES

Le premier lieu incontournable des alentours de Nîmes est sans aucun doute le pont du Gard. Site antique d'exception, inscit au patrimoine mondial de l'Unesco, cet impressionnant aqueduc romain domine une rivière aux berges verdoyantes. En amont se déploient les majestueux paysages des gorges du Gardon, parfaits pour une descente au fil de l'eau. Non loin, la ville d'Uzès arbore une architecture remarquable et délicate. Galeries d'art, antiquaires et boutiques en vogue invitent à flâner entre places et ruelles. Au sud-ouest de Nîmes, Sommières est une cité médiévale à taille humaine.

Pont du Gard

Le pont du Gard, héritage de l'Empire romain, est un monument rare. Les vestiges sont dans un état de conservation stupéfiant et leurs abords ont été soigneusement aménagés pour constituer un espace de détente et de loisirs apprécié des riverains. L'environnement boisé de 165 ha a été totalement repensé afin de réguler et de contrôler au mieux le flot continu de visiteurs (1,2 million chaque année), qui, un temps, a menacé la beauté et la sécurité des lieux. Aujourd'hui, les alentours du pont se prêtent à la baignade, aux promenades ou aux pique-niques.

Une programmation riche et variée fait vivre le site tout au long de l'année, notamment durant les vacances scolaires où un programme spécial est mis en place, avec ateliers, animations, etc. En été, le programme **L'été au pont du Gard** se complète, tous les soirs, d'une **mise en lumière** du pont avec un véritable spectacle visuel.

Depuis 2018, le site fait aussi partie de la "Route antique de l'Europe du patrimoine mondial" mise en place par l'Unesco.

Activités

Randonnée

Un sentier intitulé **Mémoires de Garrigue** a été aménagé en aval du pont, le long du tracé de l'aqueduc. Ce sentier d'environ 1,4 km (1 heure) permet de parcourir une aire naturelle de 15 ha réaménagée par un scénographe, Raymond Sartie. Bordée d'oliviers, de mûriers, de chênes, de vignes et de céréales, la promenade se divise en une vingtaine de parcelles. Un livret-guide illustré est en vente à l'accueil (5 €).

Canoë-kayak

Avis aux amateurs : on peut louer un canoë-kayak à Collias et descendre le Gardon jusqu'au pont du Gard. Le parcours est facile et permet d'avoir une approche privilégiée du pont. Plus de détails p. 162.

Baignade

Bordée de plages naturelles, la rivière est un lieu apprécié pour la baignade.

Vélo

Le pont du Gard est désormais longé par une **voie verte** ! Reliant Uzès à Beaucaire, elle suit, sur 31 km (environ 3 heures), le tracé de l'ancienne voie ferrée du Martinet, qui servait au XIXe siècle à transporter du charbon et des bobines de soie. Le trajet est quasi plat tout du long, jalonné de haltes pique-nique et connectée à la ViaRhôna. Le passage du pont du Gard est en outre gratuit pour les cyclistes. Attention à une absence de balisage au niveau du rond-point de Remoulins, rive droite (il faut faire quelques centaines de mètres sur route avant de récupérer la voie verte).

Vous pouvez contacter **Provence Bike Tour** (☎ 06 52 66 32 41 ; www.provencebiketour.net) qui organise un circuit VTTAE accompagné autour du pont du Gard (79 € ; 2 heures 30, niveau moyen), ainsi qu'un circuit "Visite de vignoble" (69 €). Également location de VTTAE ou de trottinettes électriques et cours en individuel.

Où se loger

La Villa les petits gardons — Chambres avec piscine **€€€**
(☎ 06 37 86 97 24 ; www.lavillalespetitsgardons.com ; 2B chemin de la Berrette Est, Castillon-du-Gard ; nuit à partir de 120 € ; ❄ 🏊 📶 P). Dans cette maison de campagne, 3 espaces

JEAN BERNAD CARILLET ©

À NE PAS MANQUER

Le pont du Gard

Dominant le Gardon de ses 47,60 m, formé de 3 étages indépendants, le pont du Gard était le plus haut aqueduc de l'Empire romain et ses arches les plus larges construites durant l'Antiquité. Il est le principal vestige du canal que construisirent les Romains au Ier siècle pour acheminer, sur une distance de 50 km et en grande partie souterraine, les eaux d'une source des environs d'Uzès jusqu'à la cité de Nîmes. Fort bien entretenu, l'édifice n'a aujourd'hui rien perdu de sa splendeur. Seul son troisième étage a été amputé au Moyen Âge d'une douzaine d'arches, isolant le pont du reste du canal. Le site inclut un espace muséographique, des boutiques, des points d'accueil et de restauration. Nous vous conseillons d'arriver par la rive droite pour observer la structure dans toute sa splendeur, avant de traverser le pont et de prolonger la visite par le passionnant espace muséographique.

Sur la rive gauche, aménagé en grande partie en sous-sol, l'**Espace muséographique** comprend plusieurs zones abordant une multitude de sujets (le pont bien sûr, le canal de Nîmes, le mode de vie à l'époque romaine, etc.) à travers une scénographie didactique, riche et bien faite. Un espace Ludo est destiné aux enfants de 5 à 12 ans. Chaque année, une exposition temporaire enrichit la visite, qui comprend aussi le visionnage d'un film dans une salle de cinéma.

Infos pratiques

04 66 37 50 99 ; www.pontdugard.fr ; véhicule 9 €, espaces découvertes et exposition tarif plein/réduit 6,50/5 €, gratuit - 18 ans, visite guidée tarif plein/réduit/- 17 ans 15/13/6 €, gratuit - 6 ans ; site tlj 8h-minuit ; boutique et Espace muséographique juil-août 9h-19h30, avr-juin et sept jusqu'à 18h30, mars et oct 17h30, nov-déc 16h30, jan-fév 17h, le lundi ouverture du musée à 12h).

L'accès extérieur au pont (hors espaces d'exposition) est gratuit pour les piétons et les cyclistes. Concernant les véhicules, votre billet de parking (9 €) peut se transformer en abonnement à l'année en vous enregistrant sur www.abonnement.pontdugard.fr, l'occasion de revenir gratuitement autant que vous voulez.

ultradéco (de 2 à 6 pers), dotés de beaux espaces extérieurs privatifs, déclinent des ambiances voyageuses : atmosphère marocaine pour Blue Casbah, brésilienne et flashy pour Posto Nove, ou ibizienne pour Es Vedrà. Outre le décor, le confort et la gentillesse du service, vous trouverez ici une belle piscine intérieure chauffée (et largement ouverte sur le jardin en été).

Le Vieux Castillon Hôtel de luxe **€€€**
(04 66 37 61 61 ; www.vieuxcastillon.fr ; 10 rue Turion Sabatier, Castillon-du-Gard ; d/ste 130-550/260-800 € selon confort et saison, petit-déj 23 € ; P). Cet hôtel de luxe a investi un pan du village : 18 maisons médiévales ont ainsi été rénovées, formant une enclave de charme, trouée de placettes fleuries, aménagées en espaces cosy. Les chambres s'accordent à l'esprit des lieux et arborent un design contemporain. Pour parfaire le tableau, un spa Occitane, un restaurant gastronomique et une piscine, divine, avec vue plongeante sur la campagne environnante. Service impeccable.

Où se restaurer

Sur le site, une cafétéria, aménagée sur la rive droite du Gardon, vend boissons et en-cas. Vous y trouverez aussi la grande terrasse ombragée du restaurant **Les Terrasses** (04 66 63 91 37).

La Grange de Vers Bar à vins et tapas **€**
(04 66 72 65 45 ; facebook.com/lagrangedevers ; 1 pl. de la Fontaine, Vers-Pont-du-Gard ; tapas 4-15 € ; tlj sf mar 8h30-23h). Sur sa sympathique terrasse auréolée de lampions, cette petite adresse conviviale rassemble jeunes et moins jeunes autour d'une citronnade, d'un verre de vin ou d'une bière brassée maison (la Radio Platane) et de petits plats à partager. Le tout majoritairement bio et local. Soirées burgers le week-end. Concerts réguliers.

L'Huître et la Vigne Produits de la mer **€€**
(06 08 05 63 57 ; www.lhuitreetlavigne.com ; 1 rte de Saint-Hilaire, D792, Saint-Hilaire-d'Ozilhan ; tapas 5-20 €, 12 huîtres 25 € ; sur réservation uniquement ; printemps-automne soir tlj, hiver sur demande). Cette adresse confidentielle est un havre bucolique et gourmet comme on en fait peu. Quelques tables posées, entre vignes et arbres fruitiers, invitent à déguster des crustacés d'une fraîcheur irréprochable, dont un délicieux homard cuit minute à la vapeur (réservation 48h à l'avance), ou encore des terrines, des tapenades, des fromages ou des petites charcuteries de producteurs. Le tout arrosé d'un vin bio maison : vous êtes au domaine du Père Benoît, récompensé d'une étoile dans le guide des meilleurs vins de France. En saison, on peut aussi venir à l'heure de l'apéro (tlj 18h30 à 21h30) ! Pas de carte bancaire.

Le Tracteur Cuisine de marché **€€**
(04 66 62 17 33 ; D3B, Argilliers ; plats 18-19 € ; mar-sam). Ne vous fiez pas aux apparences ! Ce hangar flanqué d'un tracteur rouge, posé quasiment au bord de la départementale, dissimule un repaire de gourmets branchés, doté d'une salle à la déco pointue et d'une belle terrasse ombragée. Si la singularité des lieux est enthousiasmante, n'oublions pas l'essentiel : des suggestions du jour inspirées et savoureuses, et une belle sélection de vins naturels. Réservez !

Renseignements

Des parkings surveillés sont à disposition durant les heures d'ouverture. L'accès aux parkings est payant et donne accès au site (peu importe le nombre de personne, le tarif est par véhicule). Les deux parkings sont situés rive gauche et rive droite et leurs capacités d'accueil sont presque identiques (800/600 places).

La rive gauche abrite un point d'accueil, des toilettes, un distributeur automatique de billets, des boutiques et une offre de restauration. La rive droite, où s'étirent des plages de galets, propose des aires de pique-nique.

Les personnes à mobilité réduite peuvent passer assez facilement d'une rive à l'autre, les berges sont aménagées.

Les gorges du Gardon

Depuis/vers le pont du Gard

Situé à 27 km au nord de Nîmes et à 13 km au sud d'Uzès, le site est parfaitement indiqué. La société **liO Transport** (www.lio.laregion.fr), assure des liaisons vers Remoulins, Castillon-du-Gard et Vers-Pont-du-Gard depuis Alès, Uzès et Avignon par la ligne 115 ; vers Remoulins, Vers-Pont-du-Gard, Castillon-du-Gard et Collias depuis Nîmes, Uzès, Bagnols-sur-Cèze et Pont-Saint-Esprit par la ligne 121.

Collias et les gorges du Gardon

Le petit village de Collias (1 122 habitants) constitue le pôle des locations de canoës-kayaks pour la descente du Gardon jusqu'au pont du Gard, situé à 8 km en aval. Les plages de galets attirent les baigneurs, tandis qu'en amont les gorges sont réputées pour l'escalade. Néanmoins, le village, en hauteur de la rivière, garde sa tranquillité, même en haute saison : un bon point de chute, donc !

Pour préserver les écosystèmes des gorges du Gardon, un réseau d'éco-acteurs s'est mis en place, composé de professionnels réunis autour d'une charte et d'une liste d'engagements. Vous pourrez en trouver la liste sur : ecoacteur-gorgesdugardon.fr.

À voir et à faire

Maison du Castor Maison de site

(04 48 27 08 60 ; www.gorgesdugardon.fr/decouvrir/les-maisons-de-site/maison-du-castor ; 2 rte de Nîmes, Collias ; entrée adulte/- 17 ans 6/4 €, gratuit - 6 ans ; mer-dim 10h-18h mars-oct). Cette toute nouvelle maison de site aborde le territoire à travers l'un de ses habitants fameux : le castor d'Europe. Ce dernier a bien falli disparaître. Un groupe d'irréductibles résistait néanmoins dans les gorges et, après 100 ans de lutte, il est aujourd'hui sauvé et protégé. Se familiariser avec cet étonnant animal, c'est aussi découvrir le territoire qu'il habite : la scénographie passionnante permet d'appréhender le Gardon de façon globale et de mieux comprendre ses équilibres. Ludique et didactique, la visite mêle ainsi salles instructives et panoramas

sur l'environnement… Une belle manière d'apprendre à regarder ce qui nous entoure.

Maison des gorges du Gardon

Grand Site de France

(04 48 27 01 00 ; www.gorgesdugardon.fr ; 2 rue de la Pente, hameau de Russan, Sainte-Anastasie ; entrée plein/réduit 6/4 € ; lun-ven 10h-17h avr-oct). Ouverte en 2015, la Maison des gorges du Gardon offre une mine d'informations pour découvrir les gorges. L'espace muséographique est une bonne introduction à cet espace naturel, qu'il appréhende à travers plusieurs thématiques : la garrigue, la faune, la flore, les falaises, les rapaces et les grottes. L'ensemble est ponctué de jeux éducatifs pour les enfants. Le lieu permet de se familiariser avec la faune et la flore locales, comprenant quelques espèces impressionnantes, comme les hiboux grands-ducs qui peuvent atteindre une envergure de 1,80 m. Le personnel pourra vous renseigner sur les quelque 350 km balisés qui jalonnent les gorges (carte topographique en vente sur place, 5 €), dont les falaises s'élèvent jusqu'à 120 m.

Randonnée

Depuis Russan, vous pouvez rejoindre les gorges à pied ou bien avancer votre véhicule jusqu'au parking à proximité du **belvédère du Castellas**, bien indiqué. Vous commencerez ainsi au plus près des gorges. Une randonnée de 4 heures et 12 km, appelée *Les gorges du Gardon*, est décrite p. 52. Une promenade aussi très appréciées est celle de **La Baume** (comptez 3 km de marche aller ; au départ du parking de Sanilhac), où l'on atteint le point en aval duquel le Gardon est toujours en eau (il l'est en amont d'octobre à avril environ). Une autre balade longe la rivière depuis Collias jusqu'à La Baume sur 4 km aller.

Vous pouvez aussi participer à l'une des **sorties nature** (tarif plein/réduit 4,50/3,50 € ; mars-oct) organisées par la Maison des gorges du Gardon.

Les gorges sont longées par le GR®6, qui suit le cours du Gardon et passe par Collias, et par le GR®63, légèrement en surplomb. Prévoyez 2 jours de marche depuis Sainte-Anastasie (point de départ conseillé) jusqu'au pont du Gard par le GR®63.

Pour plus d'infos sur les randonnées, renseignez-vous à la Maison des gorges du Gardon (ci-contre).

Canoë-kayak

D'avril à juin, la **descente du Gardon** peut se faire en amont de la rivière depuis Sainte-Anastasie/Russan (23 km jusqu'à Collias) ou le pont Saint-Nicolas (11 km). L'été, Collias constitue la seule base de départ : la rivière possède en effet un lit souterrain sur une quinzaine de kilomètres (elle refait surface au niveau de La Baume Saint-Vérédème). À partir de la fin du mois de juin, cette particularité ne permet donc plus de partir des villages en amont. Collias représente en outre la principale base de location d'embarcations. Les loueurs se concentrent en bordure du Gardon et pratiquent à peu près les mêmes tarifs. Les prix comprennent généralement la location du bateau, les gilets, le container (pour mettre le pique-nique, notamment) et le retour à Collias en bus. La descente de la rivière (classée niveau 1, débutant) est aisée. La seule condition est de savoir nager et d'avoir au moins 6 ans. Comptez 2 heures (sans les arrêts) pour rejoindre le pont du Gard. Parmi les loueurs, citons :

Canoë le Tourbillon (04 66 22 85 54 ; www.canoeletourbillon.com ; 3 chemin du Gardon, Collias ; forfaits 2 heures-journée adulte/13-17 ans/- 12 ans 24-36/18-24/13-17 € ; avr-sept)

Kayak Vert (04 66 22 80 76 ; www.kayakvert.com ; berges du Gardon, Collias ; parcours 2 heures-journée adulte/13-17 ans/6-12 ans 17-28/17-24/6-14 € ; avr à mi-oct)

Le **bureau des moniteurs du Gard** (voir ci-après) loue des canoës-kayaks (parcours 8 km adulte/12-17 ans/- 12 ans 25/23/20 €) et des paddles (22-30 €).

À Rémoulins, **Natu'Rando** (06 67 11 49 19 ; www.natu-rando.com ; av. du Colonel Broche, place de la Madone, Remoulins) propose – en plus de la location de kayaks, de vélos et de paddles – des descentes accompagnées en kayak en soirée, pour admirer le pont du Gard éclairé (39 € ; juin à septembre).

Vélo électrique

L'équipe de **Kayak Vert** (voir ci-dessus ; ☎ 04 66 22 84 84 ; www.velo-collias.com ; demi-journée/journée 35/50 €) propose aussi la location de vélos électriques à Collias.

Escalade, via ferrata et spéléologie

Les sites d'**escalade** sont multiples sur la rive gauche du Gardon. Le site de **Castelas**, sur la commune de Sainte-Anastasie/Russan, figure parmi les plus recherchés, tant pour la beauté de ses paysages que pour l'intérêt des voies aménagées. **Collias** dispose également d'un site où les débutants font leurs premiers pas avant de se perfectionner sur les falaises de **Russan**.

Les gorges du Gardon sont aussi réputées pour la **spéléologie**. Elles accueillent par ailleurs à Collias une **via ferrata**, accessible aux débutants, avec 2 tyroliennes et une descente en rappel de 40 m (en accès libre avec son propre équipement, autrement adressez-vous au bureau ci-après).

Le **Bureau des moniteurs du Gard** (☎ 06 29 77 25 15 ; www.moniteurs-gard.com ; 3 av. du Pont, Collias ; adulte/- 12 ans 30-38/30-35 € selon activité ; ⏲ tte l'année sur réservation) propose des encadrements d'escalade, mais aussi de spéléologie, de via ferrata et de "chasse au trésor au GPS", ainsi que du canyoning dans les Cévennes.

Où se loger

Le Domaine du Mazet Chambres d'hôtes et gîtes €
(☎ 04 66 37 91 02, 06 84 48 28 82 ; www.domainedumazet.com ; Le Mazet, hameau de Russan, Sainte-Anastasie ; d avec petit-déj 84-110 € ; 🏊 📶 P). Un bout du monde pour les amateurs de séjours nature ! Dans un hameau loin de tout, ce domaine agricole de 25 ha, cultivé en agriculture biologique, est impeccablement tenu. Entourés d'un jardin, les intérieurs, confortables, comportent 4 chambres d'hôtes, où l'on bénéficie d'un bon petit-déjeuner bio. Quatre gîtes (de 2 à 6 pers) sont également loués à la semaine.

Canoës-kayaks à Collias (page ci-contre)

LAMAX / ADOBESTOCK.COM ©

Le Patio de Collias Chambres d'hôtes €€€

(☎06 63 91 97 09 ; www.lepatiodecollias.com ; 2 pl. de l'Église, Collias ; d/ste 130-150/190 € avec petit-déj ;). Au cœur du village, derrière de hauts murs en pierre se cache cette demeure secrète dont les fondations remonteraient aux Templiers... On y profite de 3 chambres confortables aux meubles chinés et pierres apparentes. En bonus, un petit bassin de nage agrémente le patio !

Où se restaurer

L'Enclos Bistrot de plage €€

(☎04 66 22 88 40 ; 2 chemin de Saint-Vincent ; plats 17-24 € ; tlj sf lun et mar midi). Ce restaurant orné d'une jolie fresque en noir et blanc jouit d'une grande et belle terrasse ombragée en surplomb du Gardon. Côté cuisine, des salades et plats "bistrot" de bonne tenue (tout est fait maison) mêlant salades, burgers, tartares. Parfait pour se sustenter entre deux baignades.

Le Bajana Traditionnel €€

(☎04 66 59 02 23 ; restaurant-le-bajana.webnode.fr ; 35 Grand-Rue ; plats 18-24 €, menu 30 € ; soir mar-dim). Au centre du village, derrière un grand portail bleu, se cache un restaurant dont on n'entend que du bien... La raison ? Une atmosphère sobre et de bon goût, une cuisine classique, fine et goûteuse – quenelle artisanale fraîche au brochet, fricassée de poulet en croûte à la crème de pélardon, crème brûlée aux framboises... – et un accueil chaleureux.

Renseignements

L'**office du tourisme** (☎04 66 22 68 88 ; www.uzes-pontdugard.com ; pl. des Grands-Jours, Remoulins) est situé à 10 km au sud-ouest de Collias, dans le village de Remoulins. Vous trouverez aussi de nombreuses informations sur Collias à l'office du tourisme d'Uzès (p. 170).

Depuis/vers Collias

Collias est reliée à Nîmes et Uzès par les bus de la ligne 121 de **liO Transport** (lio.laregion.fr).

Uzès

Cette ancienne cité épiscopale et consulaire, premier duché de France, a un charme certain. Le protestantisme et les guerres de Religion ont marqué son histoire par des ravages au XVIe siècle. La prospérité leur a succédé : aux XVIIe et XVIIIe siècles, l'aristocratie locale éleva de superbes hôtels particuliers et des monuments d'envergure. L'industrie de la laine, de la soie et du cuir, puis celle de la réglisse au XIXe siècle (l'usine Zan est née ici) ont entretenu cet héritage avant que la cité ne décline au XXe siècle.

Réhabilitée et entièrement piétonne, la vieille ville révèle un impressionnant patrimoine. Depuis la **place aux Herbes**, ombragée de platanes et encadrée d'arcades, filent des venelles pavées bordées de boutiques, de galeries, de cafés et de restaurants. Encerclant la vieille ville, le boulevard circulaire régule le flot de voitures. De-ci de-là, une plaque de rue rappelle qu'Uzès a reçu des hôtes prestigieux comme Racine (reportez-vous p. 391 pour écouter des extraits de ses Lettres d'Uzès) et André Gide.

À voir

Jardin médiéval Plantes médicinales

(☎04 66 22 38 21 ; jardinmedievaluzes.com ; impasse Port-Royal, rue du Dr Blanchard ; tarif plein/réduit 7/3 €, gratuit - 12 ans ; mi-juin à mi-sept tlj 10h30-13h et 14h-18h30, avr à mi-juin et fin sept lun-ven 14h-18h30, oct-nov 14h-17h30, sam-dim 10h30-13h et 14h-18h30). Au pied des tours du Roi et de l'Évêque, ce délicieux jardin médiéval offre un parcours parfumé, semé de plantes potagères et médicinales. Dans les salles de garde, plusieurs thématiques sont présentées (la fabrique de réglisse, la restauration d'Uzès, les plantes médicinales...), ainsi que des expositions temporaires. Du haut de la tour du Roi, on peut admirer le panorama sur la ville (attention, les escaliers sont étroits), tandis que, dans la tour de l'Évêque, des gravures mises en lumière témoignent de son passé carcéral. À la sortie, dégustation (offerte) de tisane fraîche du jardin.

Duché d'Uzès Château médiéval

(04 66 22 18 96 ; www.duche-uzes.com ; donjon seul 13 €, donjon, caves et appartements adulte/12-16 ans/7-11 ans 20/14/7 €, gratuit - 7 ans, sam 10 € ; juil-août tlj 10h-12h30 et 14h-18h30, sept-juin tlj 10h-12h et 14h-18h, environ une visite par heure, dernière visite 40 min avant la fermeture). Depuis près de 1 000 ans, le château est la résidence de la famille de Crussol d'Uzès. Édifié à partir du XIIe siècle et enrichi jusqu'au XVIIIe, l'ensemble constitue l'un des joyaux architecturaux de la ville. Malheureusement, le peu de pièces ouvertes au public (bien qu'en bel état de conservation) et les explications sommaires ne justifient pas un tarif si élevé. Dans le donjon, l'escalier en colimaçon de 135 marches est difficile à emprunter, peu éclairé et de plus en plus étroit à mesure que l'on monte (la descente est sportive). Le panorama sur les toits d'Uzès et la tour Fenestrelle est néanmoins une belle récompense.

Tour Fenestrelle et cathédrale Saint-Théodorit Patrimoine

(04 66 22 68 88 ; pl. de la Cathédrale). Avec 6 étages aux fenêtres géminées et une toiture conique de tuiles vernissées, ce campanile de style lombard a un petit air de tour de Pise. Haut de 46 m et datant en partie du XIIe siècle, il sert de clocher à la cathédrale Saint-Théodorit qui fut, elle, rebâtie au milieu du XVIIe siècle. Elle conserve un magnifique orgue classique français du XVIIe siècle, encadré de volets peints. La tour ne se visite pas ; la cathédrale si, mais en dehors des offices.

Musée Georges-Borias Art et histoire

(04 66 22 40 23 ; uzesmusee.blogspot.fr ; ancien évêché ; adulte/- 18 ans 3/1,50 €, visite guidée 5/3 € ; juil-août mer-dim 10h-12h et 14h-18h, sept-juin mer, sam-dim 10h-12h et 14h-18h, fermé jan). Dans le beau bâtiment classique de l'ancien évêché récemment rénové, ce musée retrace le passé de la ville à travers une collection d'archéologie, d'histoire et d'artisanat (avec notamment des "armoires peintes d'Uzès"). Une salle est consacrée à l'écrivain André Gide

Le Duché d'Uzès (ci-dessus)

ÉLODIE ROTHAN ©

(dont la famille était originaire d'Uzès). De belles expositions temporaires sont organisées régulièrement.

Musée du Bonbon Haribo — Secrets de fabrication

(04 66 22 74 39 ; www.museeharibo.fr ; pont des Charrettes ; plein/réduit/- 15 ans 10/9/8 €, gratuit - 5 ans ; juil-août tlj 10h-19h, août jusqu'à 20h, fermé lun reste de l'année). Ce musée retrace l'histoire des sucreries avec un coup de projecteur sur l'ancienne fabrique Zan. Pour son prix, la visite s'avère un peu décevante. Ponctuée de jeux et accompagnée de friandises, elle ne laissera toutefois pas les enfants indifférents. Véritable supermarché du bonbon, la boutique vaut surtout pour son vaste choix, les tarifs étant peu compétitifs.

Haras national d'Uzès — Haras

(04 66 22 98 59 ; facebook.com/HarasnationalUzes ; chemin du Mas des Tailles ; visite guidée haras adulte/- 5 ans 8/4 € ; visite guidée juil-août, jours et horaires variables). En bordure de la ville, le Haras national d'Uzès, créé en 1972, n'est pas un centre équestre, mais un lieu de reproduction, d'élevage et de dressage, unique en Provence. Il se visite librement tout au long de l'année et, en été, des visites guidées (2 heures) permettent d'appréhender le rôle du haras et d'assister à des séances de dressage. En plus des manifestations sportives durant l'année, des **spectacles équestres** (adulte/5-12 ans/3-4 ans 16/6/3 € ; 11h30 et 18h30) se déroulent le mercredi. Renseignements et réservations auprès de l'office du tourisme (p. 170).

Activités

En plus du GR®63 (ou chemin Urbain V, d'Uzès à Avignon), plusieurs sentiers de randonnée pédestre, mais aussi de VTT, tous niveaux confondus, émaillent le territoire uzétien, comme la **voie verte** (voir p. 173) Uzès-Beaucaire qui court jusqu'au pont du Gard et permet notamment de rejoindre l'eurovéloroute ViaRhôna. À l'office de tourisme, vous trouverez des topoguides (5 €), ainsi qu'une carte touristique (gratuite) indiquant les différentes boucles en VTT.

La place aux Herbes, à Uzès

ÉLODIE ROTHAN ©

La cité ducale comporte par ailleurs plusieurs loueurs de VTT, VTC et VTC électriques. Citons notamment **Sun E Bike** (09 53 67 78 47 ; www.sun-e-bike.com ; 32 av. Général-Vincent) qui, en sus, met à disposition un "roadbook" (livre de route) détaillant différents parcours au départ de la ville. En juillet-août, l'office de tourisme organise des promenades de 2 heures au milieu des vignes à la découverte d'un domaine, les **balades vigneronnes** (adulte/enfant 13/8 €, gratuit - 5 ans ; sur réservation), dont certaines à vélo !

Pour un bol de nature à deux pas du centre, direction la **vallée de l'Eure**, petite oasis d'ombre et de fraîcheur (tables de pique-nique, sentier aménagé et parking sur place) en contrebas de la ville.

Où se loger

Le Trente Trois — Studio €

(06 86 86 54 06 ; 33 rue de la Petite Bourgade, Uzès ; studio 84-95 € ;). À deux pas du centre, Le Trente Trois propose 4 studios aménagés avec charme, mêlant mobilier chiné et petits équipements utiles (machine à café, TV, bureau...). Le décor personnalisé est chaleureux et impeccable, ce qui compense l'absence de réel accueil (les clés sont à récupérer dans une boîte) et de petit-déjeuner. Tarifs très raisonnables dans une ville où les prix ont tendance à s'envoler !

Hostellerie provençale — Hôtel-restaurant €€

(04 66 22 11 06 ; www.hostellerieprovencale.com ; 1 rue de la Grande-Bourgade ; d/tr avec petit-déj 99-165/135-180 € selon confort et saison ; menu midi/soir 24/38 € ; P 15 €). Dans une rue calme bordant le centre-ville, cet établissement de qualité allie charme et confort. Dans les chambres, la déco provençale (tommettes, poutres, pierres apparentes, boutis...) est bousculée ici et là par des œuvres d'artistes contemporains. Le restaurant **La Parenthèse**, à l'excellente réputation, sert une cuisine gastronomique traditionnelle, à déguster, l'été, sur une jolie terrasse avec vue sur les toits.

PHOTO34/ADOBE STOCK ©

SI VOUS AIMEZ... Les adresses de charme

Le pays d'Uzège ne manque pas d'adresses de charme, offrant des prestations haut de gamme dans des cadres somptueux. Laissez-vous tenter...

- **Les Sardines aux yeux bleus** (04 66 03 10 04 ; www.les-sardines.com ; hameau de Gattigues, Aigaliers ; d avec petit-déj 135-150 €, chambre famille + 50 €, app 160-170 €, au moins 3 nuits ; P). Gilles et Tanur vous accueillent dans leur ferme provençale réaménagée, où il fait bon vivre... Patines à l'ancienne, meubles cérusés et matières brutes s'y mêlent dans une ambiance conviviale. À 11 km au nord-ouest d'Uzès.

- **Les Toiles du 15** (06 87 33 01 40 ; lestoilesduquinze.com ; 15 rue du Puits Venden, Montaren ; d 130-200 € avec petit-déj ; fermé nov-avr ;). Ce très beau mas du XVIe siècle, situé dans un village tranquille à 5 km d'Uzès, offre 4 chambres artistiques et colorées, agrémentées d'une piscine invitant au farniente, d'un jardin et d'un accès à la cuisine.

- **La Maison du Passage** (04 66 25 62 91, 06 62 62 71 83 ; www.lamaisondupassage.fr ; 127 rue de l'Église, Martignargues ; nuitée pour 2 pers 170-470 € avec petit-déj ; fermé nov à mi-avr ; P). Dans cette magnifique demeure, des chambres d'exception, une suite avec Jacuzzi privé sur une immense terrasse, une piscine chauffée, un spa, un service de massage et de restauration... À 22 km à l'ouest d'Uzès.

MB/ADOBE STOCK ©

Vin et truffes, stars du terroir

Les mois de novembre à février correspondent à la saison de la truffe “d'hiver”, l'or noir du pays (la truffe blanche, dite d'été, se récolte d'avril à août). Une fête lui est consacrée chaque année, le troisième week-end de janvier. Sur le marché d'Uzès, une échoppe vend des truffes au détail. Pour approcher de plus près la culture de ce produit d'exception, rendez-vous aux **Truffières d'Uzès** (04 66 22 08 41, 06 07 96 00 56 ; www.lestruffieresduzes.fr ; 830 rte d'Alès, Uzès ; adulte 30 € ; sur réservation lun-ven 9h-12h) qui proposent une demi-journée découverte autour de la truffe (cavage, triage, brossage, dégustation). Également en saison, un bar à truffes et un restaurant éphémère (menu 85 €).

Depuis 2012, les vignobles alentour ont reçu l'AOC “Duché d'Uzès”, classé en vin de la vallée du Rhône. Pour découvrir ce terroir, contactez le **Syndicat des vignerons du Duché d'Uzès** (04 66 20 42 70 ; www.vinsducheduzes.com). Nous vous recommandons aussi les **Collines du Bourdic** (04 66 81 20 82 ; www.collines-du-bourdic.com ; Bourdic) qui disposent de deux caveaux de dégustation, l'un à Bourdic et l'autre à Saint-Maximin (2 chemin de Férigoulières), à deux pas d'Uzès. Sur le domaine, au départ du caveau de Bourdic, un sentier découverte “Vignes, vins et patrimoine” (facile ; 5,8 km ; 1 heure 30-2 heures), fléché et documenté, est en accès libre. Également des balades accompagnées (5 €) et des visites de la cave.

La Maison Rouge — Chambres d'hôtes €€€

(09 50 25 91 06 ; www.maison-rouge-uzes.com ; 6 rue de la Perrine ; ch 110-170 € avec petit-déj, au moins 2 nuits). Cette belle maison de briques roses, située dans une rue calme du centre-ville, diffuse un esprit contemporain lumineux et cosy. Les chambres, confortables (la plupart climatisées) et soignées, jouissent en outre d'un agréable jardin agrémenté d'une piscine. Coup de cœur pour le pigeonnier, romantique à souhait. Spa, et massages possibles sur réservation. Les enfants de moins de 12 ans ne sont pas admis.

La Maison de la Bourgade — Chambres d'hôtes €€€

(04 66 22 71 10 ; lamaisondelabourgade.com ; 31 rue de la Petite-Bourgade ; d/ste 125-155/250-300 € avec petit-déj ;). Non seulement le jardin et la piscine sont attrayants, mais les chambres, lumineuses, où chaque détail compte, sont douillettes et romantiques à souhait. Un luxe abordable et un accueil discret.

Où se restaurer

Pour un repas gastronomique, voir aussi le restaurant La Parenthèse (p. 167). Sur la place aux Herbes, vous pourrez déguster une glace artisanale à la **Fabrique Givrée** (04 66 57 45 71 ; www.lafabriquegivree.com ; été lun, mar, jeu, dim 10h-22h30, mer, ven, sam 9h-22h30, réduits hors saison, fermé jan-mars) ou un verre au **Café de l'Oustal** (23 pl. aux Herbes).

Le Carola — Familial €

(04 66 22 71 20 ; 4 pl. Albert-1er ; plat du jour 13 €, assiette repas 11 €, sandwichs 3-7 € ; tlj midi). Chantal et sa mère régalent depuis des années les Uzétiens au déjeuner d'une savoureuse cuisine maison avec une extrême gentillesse. Plat du jour, mais aussi tarte salée ou tartines servies avec un florilège de garnitures fraîches et délicieuses. Une adresse simple et authentique comme on les aime !

Les Insolents Chefs en résidence €€

(☎ 09 53 08 87 05 ; 5 bvd Victor Hugo ; plats 17-20 € ; ⏲ tlj sf mar, tte l'année). Sur le boulevard circulaire, on s'installe autour de tables bistrot disposées sous les platanes – un peu serrées, mais c'est convivial. Et sous cette façade décontractée, on goûte ici à de fabuleuses surprises orchestrées par les chefs en résidence, souvent venus de loin (un nouveau chef prendra les commandes prochainement). Subtiles et audacieuses, les assiettes nous ont conquises... et des vins, bio et/ou naturels, sont à la carte, et savamment expliqués avec le sourire.

Ten Fusion €€

(☎ 04 66 22 10 93 ; www.tenuzes.com ; 10 pl. Dampmartin ; petites/grandes assiettes 6-14,50/18-28 € ; ⏲ mer-dim). Assis en terrasse sous les arcades ou dans la salle bistrot au style industriel branché – verrière atelier d'artiste, carrelage métro, ampoules à filament... – on déguste ici des crustacés (belles arrivées d'huîtres) ou des petites ou grandes assiettes créatives. Également d'excellents cocktails.

Le Comptoir du 7 Bistronomie €€

(☎ 04 66 22 11 54 ; 5 bd Charles-Gide ; formule/menu midi 19/24 €, menu soir 49 €, plats 16,50-27,50 € ; ⏲ tlj sauf dim et lun). Une pépite gourmande à l'écart des rues touristiques. Dans un décor contemporain, égayé d'un patio, on y sert des mets subtils variant au gré des saisons. Chaque jour, les suggestions à l'ardoise riment avec surprise et promesse de saveurs, auxquelles le menu du midi permet de goûter sans se ruiner.

Racines Cuisine d'auteur €€

(☎ 04 66 63 30 59 ; racines.restaurant ; 1 rue Masbourguet ; menu midi/soir 25/49 €, plats 18-29 € ; ⏲ tlj sauf dim, lun et mar midi). Que l'on prenne place dans la jolie salle aux murs de pierre, ornés de tableaux, ou dans le tout petit patio, on vit ici une expérience sensorielle : produits locaux et de saison éveillent la créativité du chef et séduisent l'œil et le palais des convives. Réservez.

SI VOUS AIMEZ...
Les marchés de producteur

Pour remplir votre panier de produits frais et locaux, vous trouverez, aux quatre coins de la région, des marchés paysans ou de producteurs, parfois travaillant en bio :

- À **Saint-Quentin-la-Poterie**, le mardi matin.
- À **Barjac**, le mardi soir (place de la Lisette ; l'été de 17h à 20h).
- À **Uzès**, le mercredi matin.
- À **Villeneuve-lès-Avignon**, le jeudi matin.
- À **Nîmes**, le vendredi matin (avenue Jean Jaurès).
- Au **Grau-Du-Roi**, le vendredi matin (front de mer, avenue du Maréchal Juin).
- À **Goudargues**, le vendredi soir (l'été de 18h à 23h30).
- À **Saint-Jean-du-Gard**, le samedi matin (de Pâques à la Toussaint).

Au Petit Jardin Cuisine de chef €€

(☎ 04 66 81 56 88 ; www.aupetitjardinuzes.com ; 66 bd Gambetta ; formules midi 21-30 €, plats 26-27 € ; ⏲ tlj sauf dim et lun). Dans une petite cour au calme, on savoure une délicieuse cuisine de marché, façon bistronomie, à base de produits frais et majoritairement locaux. Les tables nappées dégagent une certaine élégance.

Où sortir

Non loin du centre, un nouveau lieu culturel a été récemment inauguré : **L'Ombrière** (☎ 04 48 21 57 40 ; lombriere.fr ; 3 pl. de la Croix des Palmiers). Tout au long de l'année, sa grande salle déroule une programmation artistique plurielle (danse, théâtre, concert, etc.). Jetez un coup d'œil à l'agenda !

Renseignements

Office du tourisme du Pays d'Uzès et pont du Gard (04 66 22 68 88 ; uzes-pontdugard.com ; chapelle des Capucins, pl. Albert-Ier). Organise, sur réservation, des visites guidées dans la vieille ville (adulte/- 12 ans 7/5 €). Aux bureaux d'accueil d'Uzès et de Remoulins (p. 164), les enfants pourront retirer des livrets-jeux sur Aramon, Lussan, Remoulins, Saint-Quentin-la-Poterie et Théziers (également téléchargeables en ligne).

Depuis/vers Uzès

On peut rejoindre directement Uzès depuis Nîmes en bus, avec les lignes n°121 et 152 de la société **liO Transport** (www.lio.laregion.fr). Comptez entre 1 heure et 1 heure 30 de trajet environ. Également depuis Avignon, via la ligne n°115.

Saint-Quentin-la-Poterie

Du sous-sol argileux de la colline de la Madone, Saint-Quentin a tiré depuis le XIVe siècle une production de poterie à usage domestique réputée pour sa résistance au feu. Ayant failli disparaître au tournant du XXe siècle, cette activité fut relancée dans les années 1980 avec l'installation de quelques potiers, d'un centre de formation et d'un Festival européen des arts céramiques, **Terralha** (04 66 22 74 38 ; capitale-ceramique.com ; mi-juil 10h-20h). Aujourd'hui, 25 potiers ont pignon sur rue (un plan indiquant les ateliers d'artisan est disponible à l'office du tourisme).

À voir

En flânant dans les ruelles, ne manquez pas le **musée de la Poterie méditerranéenne** (04 66 03 65 86 ; www.musee-poterie-mediterranee.com ; 14 rue de la Fontaine ; tarif plein/réduit 4/2,50 €, gratuit - 12 ans ; juin-août tlj 10h-13h et 15h-19h, mai et sept tlj 10h-12h et 14h-18h, mars-avr et oct mer-dim 14h-18h, nov-fév sur rendez-vous), qui réunit des productions typiques de Saint-Quentin, mais aussi des pièces d'Espagne, de Turquie, de Crète ou du Maroc. Juste à côté, la **galerie Terra Viva** (04 66 22 48 78 ; www.terraviva.fr ; 14 rue de la Fontaine ; mai-sept tlj 10h-13h et 14h30-19h, mars-avr et oct à mi-nov mar-dim 10h-13h et 14h30-18h, déc week-end et vac scol, fermé jan à mi-mars) présente un panorama de la création contemporaine, à travers plusieurs expositions annuelles. Le 1er mai a lieu une grande braderie très prisée pour ses tarifs imbattables, et les jeudis soir d'été (juillet-août) les rues s'animent au rythme des Flâneries nocturnes.

Pour un panorama à 360°, grimpez en haut de la **tour de l'Horloge** (13 pl. de l'Horloge ; entrée 4 €, avec le musée de la Poterie 5 € ; mer-dim 15h-19h mai-sept), du XVIIIe, dont la terrasse accueille un campanile en fer forgé orné d'une girouette.

Activités

À 3,5 km du village, au cœur d'une forêt, vous pourrez grimper dans les arbres au parc d'accrobranche **Air de Nature** (06 17 87 79 28 ; www.airdenature.com ; rte de Vallabrix – D5, Saint-Quentin-la-Poterie ; adulte/enfant 22/13-17 € ; tlj 9h30-19h30 juil-août, mer et sam-dim 12h-18h mai-juin et sept-oct, tlj 12h-18h Pâques et Toussaint) : 16 parcours en ligne de vie continue sont proposés, dont certains avec tyroliennes. Quatre parcours sont dédiés aux enfants et 2 aux tout-petits (- 1 m). Buvette et snack bio sur place.

Un peu plus loin (à 12 km de Saint-Quentin), **l'étang de La Capelle** (La Capelle-et-Masmolène) est un site naturel protégé Natura 2000 qui offre une grande richesse ornithologique (180 espèces présentes). Le sentier de 1,3 km est ponctué de panneaux d'interprétation et d'un ponton s'avançant sur les eaux.

Où se loger et se restaurer

La Maison d'Aimé Chambres de charme **€€€**
(06 31 86 45 61 ; www.maisondaime.com ; 1 rue de la Viconte, Saint-Quentin-la-Poterie ; ch à partir de 169-232 € ; P). Dans le calme des

VAUT LE DÉTOUR
Lussan et les Concluses

Telle une plateforme de pierre, **Lussan** émerge de la garrigue, à une vingtaine de kilomètres au nord d'Uzès. Dans ce village perché, un château du XVe siècle abrite aujourd'hui la mairie. En grimpant sur les remparts, le panorama peut s'étendre des Cévennes au mont Ventoux. Le village dénombre plusieurs hébergements de qualité, comme **Les Buis de Lussan** (04 66 72 88 93, 06 79 72 53 27 ; lesbuisdelussan.fr ; rue de la Ritournelle ; d avec petit-déj 100-150 € ; tte l'année), **La Fontasse de Lussan** (07 86 54 04 01 ; lafontassedelussan.fr ; rue Tour-des-Remparts ; d 95-150, gîte 2 pers 75-95 €, petit-déj 9 €) ou l'**Auberge des Marronniers** (04 30 67 29 46 ; www.auberge-desmarronniers-lussan.fr ; pl. des Marronniers ; d 75-85 €, petit-déj 8 € ; formule/menu 25/29,50 €, plats 18 € ; tte l'année ;).

À 5 km au nord du village, les **Concluses de Lussan** désignent un étroit défilé de calcaire creusé par l'Aiguillon. En été, lorsque la rivière est à sec, son lit devient un sentier de randonnée, ponctué de bassins naturels (baignade dangereuse). Depuis le parking, un sentier balisé permet une agréable promenade (environ 30 min). On peut aussi partir à pied depuis Lussan et intégrer le passage des Concluses dans une randonnée plus large (3 heures 30 aller-retour). Ne vous aventurez pas dans le lit de l'Aiguillon en période de crue ou d'orage. Dans les environs, **L'Auberge des Concluses** (04 66 72 90 78 ; www.restaurantlesconcluses.fr ; rue de la République, Verfeuil ; menus 23,50-32,90 €, plats 18-25 € ; juil-août fermé dim soir et lun, fermé aussi mar reste de l'année) sert une cuisine méditerranéenne de bonne facture. La fameuse "pintade de Lussan" en céramique se découvre à la boutique **Céramique de Lussan** (04 66 72 90 92 ; www.ceramique-de-lussan.fr ; mas de Fan, rte de Saint-Ambroix, Lussan ; avr-sept lun-ven 9h30-19h, sam-dim 10h-19h, oct-mars lun-ven 9h30-12h et 14h-18h, sam 10h-12h et 14h-18h).

À 17 km à l'ouest de Lussan, le **guidon du Bouquet** est un belvédère (631 m), idéal pour embrasser du regard la garrigue gardoise, le causse cévenol, le mont Ventoux et les Alpilles. C'est un site d'envol prisé des amateurs de parapente : vous pouvez contacter **Parapente Sud** (06 12 17 20 16 ; parapente-sud.com ; baptême à partir de 65 €). Depuis Lussan, accès par la D37, la D147, puis par la route du mont Bouquet.

Accès possible à Lussan depuis Nîmes et Uzès avec la ligne 152 de **liO Gard**.

ruelles sinueuses de Saint-Quentin, cette ancienne magnanerie du XVIIIe siècle, parfaitement rénovée, propose 3 chambres et 2 suites, absolument ravissantes. Vous profiterez également d'un patio avec bassin de nage et Jacuzzi. Le toit-terrasse offre un panorama superbe et, pour le dîner, un menu sophistiqué est proposé. Si vous le souhaitez, Franck pourra même vous proposer un cours de cuisine !

L'Envie Assiettes et gourmandises bio €

(04 66 57 66 10 ; 2 pl. du Monument aux morts ; plats 6-14 € ; mer-dim). La grande terrasse ombragée est idéale pour s'attarder pour une petite ou une grande faim. À la carte, les petites assiettes mêlent gaspacho, tartes aux légumes, terrines, *poke bowls* ou quelques planches à partager. À toute heure, vous pourrez savourer une glace artisanale fabriquée sur place, ou siroter un café, un thé ou une bière bio et locale.

Le Pébre d'Aï Italien €

(04 66 58 18 22 ; 2 ruelle de la Barbacane, pl. de l'Horloge ; plats 12 €, formule 15 €, menu 18,50 € ; mar-sam). Sur cette petite terrasse, lovée dans les ruelles, on profite d'une cuisine de saison, majoritairement bio, qui change au gré du marché, ainsi que de bonnes pizzas.

Renseignements

Office culturel (04 66 22 74 38 ; capitale-ceramique.com ; 15 rue du Dr Blanchard).

Depuis/vers Saint-Quentin-la-Poterie

Saint-Quentin est à 6 km au nord-est d'Uzès. On peut s'y rendre en bus avec la ligne 152 de **liO Gard** (lio.laregion.fr).

Sommières

À mi-chemin entre Nîmes et Montpellier, Sommières reste en marge des autoroutes touristiques. Dommage, ou tant mieux, car cette petite cité fortifiée possède une étonnante vitalité. Artisans et commerçants foisonnent dans ses ruelles, au milieu de placettes animées et de beaux hôtels particuliers, dont il ne faut pas hésiter à pousser les portes. Son enceinte de pierre est longée d'une belle rivière qui ajoute du charme au lieu... Mais ne vous fiez pas aux apparences : l'image d'un Vidourle sage s'écoulant entre les arches du pont romain est trompeuse. Gravées dans toutes les mémoires, les "vidourlades" sont le nom donné aux crues dévastatrices du fleuve, dont la dernière meurtrière date de 2002.

À voir

Pont romain Monument

Enjambant le Vidourle, ce pont fut construit au Ier siècle par l'empereur Tibère afin de relier Nîmes à Toulouse. Largement remanié par la suite, il était initialement constitué d'une vingtaine d'arches (il en reste aujourd'hui 7) pour une longueur totale de plus de 200 m et fait partie des rares ponts habités d'Europe. Après le pont du Gard, c'est l'un des ponts romains les plus importants de la région.

Cité médiévale Promenade

Avant de pénétrer dans la partie piétonne par le pont romain, remarquez, au pied de l'hôtel de ville, les traces des crues meurtrières de 1958 et 2002. Passez ensuite la **porte de l'Horloge**, beffroi qui protégeait la ville avec ses canons, et descendez jusqu'à la **place Jean-Jaurès**, bordée d'arcades et de façades colorées, véritable cœur de Sommières. À deux pas, une place plus vaste, la **place des Docteurs-Dax**, accueille le marché le samedi matin. Rejoignez ensuite la **porte du Bourguet** par la rue Antonin-Paris. En passant devant l'**église Saint-Pons**, de style néogothique (XIXe siècle), empruntez la rue des Beaumes pour grimper jusqu'au **château** (04 66 53 78 32/04 66 51 19 71 ; www.chateau-sommieres.fr ; adulte/enfant visite libre 3/2 €, guidée 5/3 €, gratuit - 6 ans ; juil-août lun, mer-ven 10h-13h et 15h-19h, sam-dim 14h-19h, fermé mar, sept lun-ven 10h-13h et 14h-17h, fermé sam-dim). De l'édifice du XIIIe siècle, il ne subsiste que la tour Bermond, dont l'ascension offre un beau panorama sur la région.

Activités

Sommières et ses environs se prêtent aux activités de plein air. La ville est notamment le point de départ d'une **voie verte** de 21 km, accessible aux piétons, cyclistes et rollers, qui file vers l'est jusqu'au village de Caveirac en suivant le tracé de l'ancienne voie de chemin de fer Nîmes-Le Vigan. Elle permet notamment de rejoindre 2 boucles cyclo-découvertes qui traversent des paysages de vignes et de garrigue, et offrent de jolies vues sur le pic Saint-Loup et les Cévennes.

On peut également descendre le Vidourle en paddle ou en canoë avec **Kayak Tribu** (06 26 61 26 08 ; www.kayak-tribu.com ; adulte/12-15 ans/- 12 ans 19/16/12 € ; avr-oct), qui propose plusieurs parcours, dont un pour les familles, avec chasse au trésor.

Où se loger

Hôtel Estelou Hôtel de charme **€€**

(04 66 53 11 04 ; www.hotelestelou.fr ; 297 av. de la Gare ; s/d/fam 79-115/79-165/159-249 €, app 190-380 € selon confort et saison, petit-déj 14 € ; fermé jan-fév ;). Dans une ancienne gare entièrement rénovée, cet hôtel de charme propose de belles chambres claires, actuelles et confortables. Les "garden", de plain-pied et aménagées dans un bâtiment indépendant, bénéficient d'une petite terrasse. Le grand jardin, avec sa piscine et ses petites tables installées sous les arbres, est un délice. Accueil attentionné. Situé à l'entrée de la ville, l'établissement borde une voie verte, lieu privilégié de promenades (voir ci-contre).

Villa Occitana Éco-resort **€€**

(04 22 67 38 01 ; www.villaoccitana.com ; 108 rte d'Aigues-Vives, Calvisson ; ch et cabanes 98-155 €, villas 175-245 € ;). Au milieu de 2 ha de pinède, ce nouvel établissement joue la carte de l'écologie : les lodges et les villas ont été éco-conçus en bois et avec des matériaux de la région.

Pont romain de Sommières

SI VOUS AIMEZ... Les ateliers d'artisanat

Le réseau **Détours Savoir-Faire** (www.detours-savoir-faire.fr) propose de rencontrer artisans, créateurs ou agriculteurs de la région, le temps d'un atelier. L'occasion de partager un bon moment et d'approfondir ses connaissances dans un domaine.

Quelques suggestions :

- Près de Nîmes, le **Jardin de Bizac** (06 88 58 61 29 ; www.unconditionallovebyplants.com ; 5 rue de la Liberté, Hameau de Bizac, Calvisson ; balade et ateliers 25 €) vous fera découvrir des plantes sauvages comestibles et médicinales. Propose un atelier tisanes.
- Chez **Confection Bois** (06 64 56 95 90 ; confectionbois.fr ; 2 rue du Silence, Parignargues ; atelier 3 heures, 70 €), on peut participer à un atelier tournage du bois.
- Près de Sommières, **Au fil du Temps** (06 13 09 16 62 ; rue des Fontaines, Saint-Clément ; atelier 25 €) vous initie à la dentelle aux fuseaux.
- Près d'Aigues-Mortes, **La Petite Fabriqu'A** (06 63 91 54 07 ; 7 ter rue Gauger, Marsillargues ; atelier 4 heures 30 75-90 €) propose un atelier de teinture végétale.

La décoration n'en demeure pas moins moderne et élégante. Également un spa, une piscine, un bar et un restaurant.

Où se restaurer

Sansavino Italien €€

(04 66 80 09 85 ; 9 pl. des Docteurs-Dax ; plats 18,50-24,50 € ; tlj sauf dim-lun).

Sur la ravissante place des Docteurs-Dax, on déguste de succulents antipasti et des plats italiens élaborés d'une main de maître, avec des produits de grande qualité (souvent bio)... Savourez la *panna cotta*, exceptionnelle ! On apprécie aussi le passage du chef pour s'assurer que les convives sont satisfaits.

Renseignements

Office du tourisme (04 66 80 99 30 ; ot-sommieres.fr ; 1 quai Cléon Griolet). L'été, de nombreuses animations sont proposées, telles que Les Estivales de Sommières : concerts, dégustations de vins et rencontres de producteurs (tous les lundis soir de fin juillet à fin août ; sur réservation). Visites guidées toute l'année (adulte/enfant 10/5 €, gratuit - 6 ans).

Depuis/vers Sommières

Vous pourrez rejoindre Sommières depuis la gare routière de Nîmes en empruntant la ligne n°141 de **liO Transport** (lio.laregion.fr).

AIGUES-MORTES ET LA PETITE CAMARGUE

Épousant la lisière ouest du delta du Rhône, entre le Petit Rhône et le Grau-du-Roi, la Camargue gardoise est un plat pays parsemé d'étangs, de salins et de terres agricoles (vignes, riziculture...). Moins farouche que le cœur du delta, elle abrite quelques reliquats d'une Camargue sauvage : la dune de l'Espiguette, les salines d'Aigues-Mortes et l'étang du Scamandre, où quelques manades perpétuent les traditions camarguaises. Elle impressionne aussi par les vestiges de son patrimoine bâti : l'incontournable cité d'Aigues-Mortes, dont les remparts émergent au milieu des salins, et l'abbatiale de Saint-Gilles, qui rayonnait autrefois dans toute l'Europe.

Saint-Gilles

Au Moyen Âge, le pèlerinage vers le sépulcre de saint Gilles était l'un des plus importants du monde chrétien. Il rivalisait alors avec Rome, Jérusalem ou Compostelle. Cette époque glorieuse est désormais révolue, même si la cité, étape du chemin d'Arles vers Saint-Jacques-de-Compostelle, est encore traversée par quelques pèlerins. Demeure sa magnifique abbatiale, joyau de l'art roman, dont la façade est inscrite au patrimoine mondial de l'Unesco.

Abbatiale Saint-Gilles

À voir

Un projet de musée est en cours d'aménagement dans les anciens bâtiments monastiques et devrait ouvrir en 2025.

Abbatiale Saint-Gilles Art roman
(04 66 87 40 42 ; crypte ou ancien chœur tarif plein/réduit 3,50/3 €, gratuit - 18 ans ; avr-oct lun-sam 9h30-12h30 et 14h-18h, dim 14h-18h, nov-mars lun-sam 9h-12h30 et 14h-17h30, dim 14h-17h30). Édifiée durant le dernier tiers du XIIe siècle et achevée au XIIIe siècle, l'abbatiale de Saint-Gilles fut conçue selon le plan classique des églises de pèlerinage, avec une nef divisée en 3 vaisseaux et un vaste déambulatoire pour faciliter la circulation des pèlerins. L'édifice d'origine a été gravement endommagé lors des guerres de Religion. On vient surtout y admirer sa superbe façade sculptée, récemment rénovée. Prosper Mérimée la comparait à "un bijou que l'on doit examiner à la loupe". Prenez donc le temps de vous arrêter sur ce véritable livre de pierre, conçu à une époque où la plupart des pèlerins étaient illettrés : sur 3 portails sont soigneusement représentés des scènes de l'Ancien et du Nouveau Testament, la vie du Christ, des figures de saints et un étonnant bestiaire. Le chantier gigantesque mobilisa plusieurs ateliers de sculpteurs pendant une vingtaine d'années.

De la partie haute de l'abbatiale demeurent la nef, reconstruite au XVIe siècle, et l'escalier à vis, modèle d'escalier hélicoïdal, que l'on doit aux compagnons tailleurs de pierre et qui mène à l'ancien chœur.

De sa partie basse, elle a conservé sa monumentale **crypte**, d'époque romane, où repose la sépulture de saint Gilles, objet d'une dévotion extraordinaire au Moyen Âge.

Activités

Centre de découverte du Scamandre Réserve naturelle
(04 66 73 52 05 ; www.camarguegardoise.com ; domaine des Iscles, Gallician ; accès libre ; mar-sam 9h-18h). Au bord de l'étang

du Scamandre, cette réserve naturelle régionale de 146 ha est un bon moyen de se familiariser avec la faune, la flore et les habitats de Camargue. Trois circuits, jalonnés de postes d'observation – dont un d'une vingtaine de minutes, très agréable, aménagé sur des pontons en bois – courent le long de l'eau. Entre *sansouïres*, roselières et étang, près de 200 espèces d'oiseaux peuvent ici se rencontrer : hérons pourprés, grandes aigrettes, ibis falcinelles ou quelques rares butors étoilés. L'accès au site est gratuit mais réglementé (portail clos le reste du temps). Tables de pique-nique à disposition. Depuis Saint-Gilles, prendre la route sauvage des Iscles (en direction d'Arles) sur une dizaine de kilomètres.

Un Mas en Provence Culture des plantes

(☎04 66 01 09 00 ; mas-provence.fr ; av. du Félibrige, Bellegarde). Ici, sont cultivées en agriculture biologique des plantes à parfum, qui sont ensuite transformées sur place en huiles essentielles, en parfum et en cosmétique. Largement ouvert aux visiteurs, le lieu propose plusieurs formules pour découvrir ce travail : **visites guidées** (1 heure ; 5,80 €, gratuit - 18 ans ; ⌚tlj juil-août, mar-sam avr-oct), suivies d'une démonstration de **distillation** (⌚mar et ven juil-août) ou d'un **apéro tapas** (adulte/enfant 15/5 € ; ⌚mer 18h juil-août). Également des **ateliers "cosmétiques"** (1 heure ; 20 €) et **"Cueillette et distillation"** (2 heures 30 ; adulte/enfant 30/25 €).

Loca Camargue Promenades

(☎06 98 97 88 13 ; loca-camargue.fr ; port de plaisance de Gallician, 400 rte des Étangs, Gallician ; 40 € la 1re heure, puis 30 €). Pour découvrir différemment et en silence le canal du Rhône à Sète, vous pouvez louer une barque électrique (2-5 pers) sans permis. Paniers-repas (12,50 €) sur commande. Également des locations de vélos électriques (demi-journée/journée 28/38 €), de VTT (12/16 €) et une formule "Escapade Camargue pure" en barque avec petit-déj, balade à cheval dans une manade et repas camarguais (87 € ; mardi en juillet-août).

Où se restaurer

L'Atelier des Halles Bistronomie €€

(☎04 66 08 19 40 ; atelierdeshalles.fr ; 19 bis rue Victor-Hugo ; menu midi sem 17,50 €, menu 38 €, tapas 6-20 €, plats 14-25 € ; ⌚midi mar-sam, soir jeu-sam). Une grande salle sobre et contemporaine, une cuisine tendance bistronomique et un accueil chaleureux font de cette adresse une agréable surprise. Une option gourmande et décontractée.

Mas Bourgarel Repas à la ferme €€

(☎06 87 92 42 16 ; rte de la Laune, Gallician ; formule complète 90 € ; menu 33-40 €, formule 28 € ; ⌚midi mar-mer et ven-dim mai-oct, aussi soir ven-sam juil-août). Dans cette ferme pas comme les autres, Pierre et Elena, respectivement cuisinier et pâtissière, confectionnent conserves, biscuits et miel. Dans ce mas au milieu des vignes, ils proposent, en saison, des déjeuners à la ferme, ainsi qu'une formule complète incluant la visite de la ferme, la cueillette des fruits et légumes et la préparation commune... On s'installe ensuite en toute convivialité pour déguster ces mets ultrafrais !

Alexandre-Michel Kayser Gastronomique €€€

(☎04 66 70 08 99 ; www.michelkayser.com ; 2 rue Xavier-Tronc, Garons ; menus midi sem 115 €, menus 195-235 € ; ⌚juil-août tlj sauf dim-lun, sept-juin tlj sauf dim soir et lun-mar). Avec ses deux étoiles, l'excellence de cette adresse ne faiblit pas au cours des années. On vient de Nîmes (à 13 km) et de toute la région pour savourer ces menus extraordinaires concoctés par le chef Michel Kayser. Agréable jardin aux beaux jours. À 12 km de Saint-Gilles, sur la route de Nîmes.

ÉLODIE ROTHAN ©

Les Costières-de-Nîmes

Autrefois, ils se nommaient Costières-du-Gard. C'était les années 1950 et les vins n'avaient d'autre prétention que d'étancher la soif. En 1989, 3 ans après l'obtention de l'AOC (appellation d'origine contrôlée), ils prirent le nom de Costières-de-Nîmes et furent rattachés au vignoble de la vallée du Rhône. Avec 4 500 ha, leur terroir s'étend sur les Costières, une zone plate entre Nîmes et la Camargue, dont les sols sont composés d'alluvions caillouteuses, les fameux "galets roulés", charriés par le fleuve depuis les Alpes il y a 40 millions d'années.

Citons 3 domaines pour découvrir le terroir :

- Le **Château Mourgues du Grès** (04 66 59 46 10 ; www.mourguesdugres.com ; 1055 chemin des Mourgues-du-Grès, Beaucaire ; lun-ven 9h-12h et 13h30-18h, sam 10h-12h30 et 13h30-17h30), où, en plus des vins bio, on peut découvrir 3,5 km de parcours pédestres jalonnés de bornes explicatives sur les thèmes "Vignes et garrigues" ou "Vignes et vergers" – et on peut même télécharger une application connectée aux balises Bluetooth ! En accès libre, les itinéraires sont bien signalés (un plan est remis gratuitement aux heures d'ouverture). D'août à septembre, des "Pique-niques au domaine" sont organisés (adulte/- 16 ans 32/15 €).
- Pour s'offrir un séjour au cœur des vignes (bio) : le **gîte du domaine Château Vessière** (04 66 73 30 66 ; www.chateau-vessiere.com ; rte de Montpellier, Saint-Gilles ; lun-ven 9h-12h et 14h-18h) est un petit bijou avec piscine privée et Jacuzzi. De même que celui du **Mas Mellet** (06 79 02 72 46, 06 73 12 34 50 ; www.masmellet.com ; Gallician, entre Vauvert et Saint-Gilles), tenu par un charmant couple travaillant en biodynamie, qui dispose d'une belle piscine avec vue sur les vignes.
- Côté événements : au mois de mai sont organisées les sympathiques **Vignes Toquées** (www.costieres-nimes.org), des balades gastronomiques avec accord mets et vins dans les vignobles des Costières ; en juillet et août ont lieu les JeuDiVin, à Nîmes, où des vignerons présentent leur production autour d'apéritifs conviviaux ; vers la mi-octobre se déroule **Le Fascinant Week-end** (www.fascinant-weekend.fr) : 3 journées autour du vin et de la gastronomie à Nîmes et chez certains producteurs.

JEAN BERNARD CARILLET ©

Achats

Oliveraie Jeanjean – Moulin des Costières Huile d'olive

(04 66 87 42 43 ; www.oliveraie-jeanjean.com ; 2373 chemin de Loubes, Saint-Gilles ; lun-sam 9h-12h30 et 14h-18h). On trouve les huiles de cette oliveraie sur les grandes tables de la région ! Sur place, est aménagé un petit parcours extérieur cheminant au milieu des oliviers, avec un aperçu du moulin moderne. Dans l'espace boutique : des huiles d'olive, mais aussi de nombreux autres produits du terroir.

La Maison des Vins Vins locaux

(5 pl. de la République ; mar-sam 11h-13h et 14h-19h). Face à l'abbatiale, cette maison réunit la production d'une dizaine de vignerons locaux, dont on se plaît à déguster les crus en terrasse.

Renseignements

Office du tourisme (04 66 87 33 75 ; tourisme.saint-gilles.fr ; 1 pl. Frédéric-Mistral).

Aigues-Mortes

À 6 km de la mer, au milieu de terres marécageuses, émerge la "cité des eaux mortes" (*Aquæ Mortuæ*), une ancienne ville militaire médiévale née de la volonté du roi Saint Louis. Ses hauts remparts ceinturent une enclave animée d'échoppes aux devantures bohèmes. L'ambiance se concentre autour de la place Saint-Louis, où des guitaristes de flamenco viennent réchauffer l'atmosphère. Si l'endroit distille un parfum de bout du monde hors saison, la foule se fait pressante en été. La cité ne se visite qu'à pied : on stationne à l'extérieur des remparts.

À voir

En saison, un **petit train** (04 66 51 46 79, 06 03 41 32 66 ; départ Porte de la Gardette ; adulte/enfant 4-12 ans 5/3 € ; avr-sept) propose une visite de la ville (25 min). L'office du tourisme organise, toute l'année, des **chasses au trésor** (parcours 1 heure 30 ; 3 € ; voir jours d'ouverture de l'office du tourisme) pour les enfants de 6 à 14 ans.

De gauche à droite : salins d'Aigues-Mortes ; remparts d'Aigues-Mortes ; tour de Constance

Tours et remparts de la citadelle Parcours historique

(☎ 04 66 53 61 55 ; www.aigues-mortes.monuments-nationaux.fr ; logis du Gouverneur ; tarif plein/réduit 8/6,50 €, gratuit - 26 ans, audioguide 4,50 € ; ⌚ mai-août tlj 10h-19h, sept-avr 10h-17h, dernière entrée 1 heure avant fermeture). Des remparts médiévaux longs de 1,6 km, ponctués de multiples tours (dont certaines accueillent des expositions), encerclent la cité et déploient de superbes panoramas sur les marais : la visite est le prétexte d'une magnifique promenade (de préférence le matin en été, pour éviter de subir les assauts du soleil...) L'occasion aussi de remonter l'histoire jusqu'au XIIIe siècle : à cette époque, aucun des principaux ports méditerranéens (Marseille, Montpellier, Agde ou Saint-Gilles) n'appartiennent au roi de France. Or, Saint Louis a besoin d'un accès à la mer pour commercer et organiser les croisades. Le site d'Aigues-Mortes est retenu. En 4 ans, entre 1244 et 1248, une ville entière surgit des marais avec, en guise de défense, la tour de Constance, devenue depuis l'emblème de la ville. En 1248, le roi peut ainsi embarquer avec ses croisés au milieu d'une escadre de plus de 600 navires. En 1270, il embarque à nouveau pour sa dernière croisade, où il trouve la mort. Ses successeurs poursuivent la construction des remparts de la cité, devenue un florissant carrefour commercial. Peu à peu ensablée, la citadelle est ensuite délaissée et devient, après la révocation de l'édit de Nantes en 1685, une prison pour femmes protestantes : le mot "Résister", gravé sur les murs de sa cellule par Marie Durand, enfermée pendant 38 ans, est depuis devenu un célèbre symbole.

Église Notre-Dame-des-Sablons Gothique

(rue Jean-Jaurès). À l'entrée de la place Saint-Louis, cette église édifiée au XIIIe siècle sous Saint Louis a été témoin de l'embarquement du roi pour les croisades. Remaniée à de nombreuses reprises, elle vaut aujourd'hui pour ses vitraux réalisés par l'artiste Claude Viallat en 1991.

Chapelles des Pénitents Baroque

(☎04 66 53 73 00 ; ⏰tlj 14h30-17h30). Non loin de l'église Notre-Dame-des-Sablons, surmontée d'un clocheton, la **chapelle des Pénitents Gris** (2 rue Rouget-de-l'Isle) recèle un retable en stuc représentant la Passion du Christ, réalisé par Jean Sabatier en 1688, et un maître-autel en marbre blanc de Carrare. L'autre chapelle baroque de la ville, la **chapelle des Pénitents Blancs** (40 rue de la République), est surtout connue pour sa monumentale fresque retraçant la Descente du Saint-Esprit le jour de la Pentecôte, attribuée à Xavier Sigalon (1817).

Environs d'Aigues-Mortes

Maison de la Camargue gardoise Grand Site de France

(☎04 66 77 24 72 ; www.camarguegardoise.com ; La Marette, rte du Mole, Aigues-Mortes ; entrée libre, visite guidée tarif plein/réduit 6/3 €, atelier 12 € ; ⏰juil-août mer 10h-12h30 et 13h30-17h, jeu-dim 10h-12h30 et 13h30-19h, avr-juin jusqu'à 18h, sept et fév-mars jusqu'à 17h, oct-fév sur demande). Ouvert en 2014, cet écomusée constitue une belle introduction à la Camargue gardoise et au territoire labellisé Grand Site de France qui l'entoure. Outre une exposition consacrée à la nature et aux impacts de l'activité humaine, le site propose un sentier de découverte de 1,6 km au milieu des marais, ponctué de haltes pédagogiques et d'un belvédère avec vue sur les remparts d'Aigues-Mortes (chemin plat et facile, accessible aux personnes à mobilité réduite), à emprunter de préférence le matin en été, lorsque la chaleur est encore supportable. Des visites guidées sont régulièrement organisées.

Salin d'Aigues-Mortes Visite de saline

(☎04 66 73 40 24 ; www.visitesalinaiguesmortes.fr ; rte du Grau-du-Roi ; visite en petit train adulte/5-13 ans 11,20/8,70 €, gratuit - 5 ans ; ⏰juil-août 15 départs/jour 10h-19h15, avr-sept 11 départs/jour 10h-17h, mars et oct 2-3 départs/jour 10h30-15h30, vac Noël se renseigner, fermé mi-nov à mi-mars). À la sortie d'Aigues-Mortes, les salins dévoilent d'impressionnantes camelles, des pyramides de sel pouvant dépasser 20 m de hauteur, et des étangs de saumure rougeâtre, où le sel se dépose en été, au fur et à mesure que l'eau de mer s'évapore. De mai à septembre, ils offrent ainsi le fameux spectacle de miroirs d'eau rose reflétant la cité d'Aigues-Mortes ! L'exploration de cette immense saline (10 000 ha) s'effectue généralement dans le cadre d'une visite commentée en petit train (1 heure 15). Hors saison estivale, mieux vaut accorder votre horaire d'arrivée avec les horaires du train ; et réserver en avance en saison. La visite se révèle assez commerciale (et les explications apportées assez sommaires). Optez plutôt pour l'une des autres options : découvrir les salins en autonomie à pied (adulte/enfant 8,90/6,70 €) ou à vélo (18-26/15 € avec vos propres vélos) et, entre avril et octobre (uniquement sur réservation), en compagnie d'un guide naturaliste, à pied (20/13 €, 1 heure 30) ou en VTT (32/27 € avec/sans location de VTT, 3 heures). Au cours de la récolte (juillet-août), une sortie "récolte de sel" en compagnie d'un saunier (18 €, 1 heure 30, mar et jeu 8h30 et 10h30) est proposée. Vous aurez peut-être la chance d'apercevoir des oiseaux migrateurs (flamant rose, héron cendré, huîtrier pie). La boutique sur place vend la spécialité locale, la fleur de sel, et une gamme de produits cosmétiques ECLAE à base d'algue rose.

Tour Carbonnière Promenade

(ancienne rte d'Aigues-Mortes, Saint-Laurent-d'Aigouze). Entourée de marais, cette tour massive du XIIIe siècle fut autrefois un passage obligé pour se rendre à la cité royale depuis les terres. En accès libre toute l'année, elle est aujourd'hui propice à une agréable promenade à la découverte des paysages camarguais. On peut la rejoindre en voiture, en vélo ou à pied depuis Aigues-Mortes (5 km).

Réserve du Petit Rhône Réserve naturelle

(☎06 30 88 77 21 ; www.reservedupetitrhone.com ; rte de Saint-Gilles, Vauvert ; adulte/enfant -12 ans 7/5 €, gratuit - 6 ans ; ⏰mer, sam-dim

10h-18h juil-août, 9h-17h avr-oct). Inaugurée en 2017, cette réserve naturelle offre 70 ha de paysages typiques de la Petite Camargue. Deux itinéraires balisés permettent de les découvrir (4,5 km), ainsi qu'un parcours VTT/trottinette (7 km). Vous pouvez également opter pour la **visite guidée** (2-3 heures ; 45/25 € ; tte l'année sur réservation) en véhicule électrique.

Activités

Promenades à pied, à vélo ou à cheval

Entre dunes, roselières et marais, les alentours d'Aigues-Mortes sont sillonnés de 40 km de sentiers balisés, accessibles à pied, à vélo ou à cheval. Une **voie verte** de 6 km permet également de relier Aigues-Mortes au Grau-du-Roi à travers les marais. De nombreux prestataires proposent des balades à cheval (environ 7 km). Renseignez-vous à l'office du tourisme (p. 183).

Happy Tour (07 81 67 63 57 ; happy-tour-camargue-visite-guidee-gourmande-a.business.site ; Mas de la Tour Carbonnière, parking ViaRhôna ; circuit vélo adulte/enfant 45-55/25 €, location vélo heure/demi-journée/journée 3/10/15 € ; tte l'année sur réservation) propose des visites guidées en vélo électrique sur plusieurs circuits (3 heures) ou de simples locations (vélos, remorques enfants en option).

Croisières en bateau

Au départ d'Aigues-Mortes, les croisières **Isles de Stel** (04 66 53 60 70 ; www.croisiere-de-camargue.com ; av. de la Tour-de-Constance ; adulte/5-13 ans 10-39/5-21 € selon parcours, gratuit -5 ans ; juil-août départ 10h15, 10h30, 14h, 15h, 17h30, avr-juin et sept 10h15, 10h30 et 15h, embarquement 20 min avant le départ) offrent un concentré de Camargue. Sur des péniches à toit panoramique, on navigue sur le canal du Rhône à Sète ou sur le canal jusqu'au Grau-du-Roi (1 heure 30 à 2 heures 30 ou 4 heures avec repas), avec un arrêt possible dans une manade.

BARMALINI/ADOBESTOCK.COM©

Les vins de la discorde

Le **Domaine de Montcalm** (domainedemontcalm.com), le **Domaine Royal de Jarras** (www.domainedejarras.com) ou le **Domaine du Petit Chaumont** (petitchaumont.fr) sont autant d'appellations locales de l'**IGP Sable de Camargue** (www.vin-sable-camargue.com) que vous trouverez sur votre chemin. Leurs caractéristiques ? Des vignes cultivées sur des sables dunaires, et des vins "gris" et "gris de gris" à la robe très claire et au succès croissant. Ces viticulteurs du Gard, associés à certains de leurs confrères de l'Hérault, sont en passe d'obtenir une AOC. Mais, si le dossier aboutit, la problématique inquiète les viticulteurs de l'autre rive du Rhône, sous l'IGP "Pays des Bouches-du-Rhône", qui souhaitent continuer à utiliser le terme "Camargue". Affaire à suivre...

Où se loger

Cabanes Salines Face aux étangs €€€

(voir Salins d'Aigues-Mortes page ci-contre ; www.nuitssalines.com ; cabane 2 pers 100-170 €, au moins 2 nuits ; P ❄). Face à l'étang rose du Roy, ces quelques cabanes s'apparentent à de petits lodges métalliques posés au bord de l'eau. Si les intérieurs offrent un confort de bon ton et une bonne literie, le véritable atout réside dans la terrasse et la situation, au milieu des salins. Également un petit coin cuisine. Enfants non admis et véhicule indispensable. Des soins ECLAE sont proposés sur place aux hôtes des cabanes (sur réservation) et des sentiers sont exclusivement dédiés.

La Villa Mazarin Hôtel avec piscine €€€
(04 66 73 90 48 ; www.villamazarin.com ; 35 bd Gambetta ; d/ste 98-240/220-450 € selon confort et saison, petit-déj 18 € ; plats 25-29 € ; restaurant mar-dim soir et sam-dim midi ; P 18 €). Au cœur de la cité, cet hôtel 4 étoiles occupe une magnifique maison seigneuriale du XVe siècle, avec jardins, piscine, spa. Luxueuses et élégantes, les 23 chambres se répartissent en plusieurs catégories, des standard aux suites immenses (jusqu'à 65 m^2). Également un restaurant réputé.

Hôtel Les Templiers Hôtel avec piscine €€€
(04 66 53 66 56 ; www.hotellestempliers.fr ; 23 rue de la République ; d 140-190 €, petit-déj 15 € ;). En plein centre d'Aigues-Mortes, cette maison du XVIIe siècle offre des chambres charmantes, avec mobilier chiné et objets de voyage, ainsi qu'un patio très agréable où l'on profite d'une petite piscine : un trésor en été !

La Maison de mon Père Chambres d'hôtes €€€
(09 80 65 40 70, 06 11 67 10 24 ; www.maisondemonpere.fr ; 17 rue de la République ; ch avec petit-déj 150-250 € ; bruschettas 10-11 €, pâtes 14-17 € ; restaurant juin-oct tlj sauf lun et sam midi, midi mer-dim et soir jeu-sam hors saison ; P). Cette adresse de charme propose 4 chambres confortables à la déco pointue (kilim, siège en rotin...), certaines avec douche à l'italienne, d'autres avec baignoire derrière le lit. La plus chère dispose d'une belle terrasse avec vue sur les toits. On craque pour les objets chinés, le patio tranquille où prendre le petit-déjeuner, le "pastabar", un bar à pâtes italiennes, sous l'arbre à soie, et l'accueil amical.

Où se restaurer

La table de la Villa Mazarin et le "pastabar" de La Maison de mon Père (ci-dessus) sont de bonnes options.

Ni Vu Ni Connu Produits de la mer €€
(07 71 94 30 29 ; bassin d'Aigues-Mortes ; tapas 7-9 €, plats 19-24 €, plateaux 48-92 € ; tlj sauf lun-mar). Coup de cœur pour cette sympathique péniche amarrée, prolongée d'une ravissante terrasse à quai ! Dans ce "bar à coquillages", on déguste des crustacés d'une grande fraîcheur, rapportés des fonds marins par une famille de pêcheurs depuis 1972. Également vente à emporter.

Au Louis IX Méditerranéen €€
(04 66 35 25 98 ; pl. de la Viguerie ; formule/menu 20/25,50 € ; tlj sauf dim soir et lun). Une belle réputation précède cette table soignée, qui travaille des produits de saison et de qualité et sert des spécialités méditerranéennes. Agréable terrasse à l'écart de l'agitation du centre et accueil souriant.

L'Atelier de Nicolas Cuisine d'auteur €€€
(04 34 28 04 84 ; restaurant-latelierdenicolas.fr ; 28 rue Alsace-Lorraine ; plats 28 €, menu 45-65 € ; tlj sauf dim soir et mer). Dans son fief, Nicolas Épiard compose une cuisine de saison moderne et métissée, à dominante asiatique. En tant que militant du goût, il mise sur des produits vertueux de qualité et un circuit court. Résultat : des plats goûteux à la décoration soignée, flirtant avec la grande gastronomie. Intérieur actuel de style industriel et petit patio.

Aromatik Cuisine de marché €€
(04 66 53 62 67 ; aromatik-restaurant.fr ; 9 rue Alsace-Lorraine ; formule/menu 29/35 € ; juil-août mar-sam, reste de l'année ven-mar). Dans une ruelle tranquille, la déco fraîche et tendance de ce restaurant s'accorde à l'unisson à sa cuisine : de jolies assiettes où sont sublimés les produits de saison. Pas pour les grosses faims, plutôt pour les gourmets.

Où prendre un verre

Le Tac-Tac Bar-pub
(04 66 53 60 29 ; 19 rue de la République ; juin-sept 19h-1h tlj sauf mer, fermé mar-mer oct-mai).

À l'écart du tumulte de la place Saint-Louis, Marc propose quelque 12 bières pression (et près de 300 en bouteilles !), une sélection de rhums, whiskys, cognacs, armagnacs... Mais ce n'est pas tout ! La carte comprend également une étonnante variété de chocolats, d'infusions et de cafés. Petite restauration sur place.

Renseignements

Office du tourisme (04 66 53 73 00 ; ot-aiguesmortes.fr ; pl. Saint-Louis).

Depuis/vers Aigues-Mortes

Des TER relient Nîmes à Aigues-Mortes en une quarantaine de minutes. Plus fréquents, les bus n°132 du réseau **liO Gard** (www.lio.laregion.fr) font également la liaison entre Nîmes et Aigues-Mortes, et poursuivent ensuite vers le Grau-Du-Roi. Les bus n°606 du réseau **liO Hérault** permettent quant à eux de rejoindre Aigues-Mortes depuis Montpellier.

Le Grau-du-Roi

Le Grau-du-Roi affiche un visage contrasté. D'un côté, les étendues sauvages de la dune de l'Espiguette ; de l'autre, une station balnéaire longée de barres d'immeubles en front de mer et d'un gigantesque port de plaisance, le plus grand d'Europe, Port-Camargue.

À voir et à faire

Plage de l'Espiguette Plage sauvage

Un air de désert... Sur plus de 10 km de long et 700 m de large, s'étend une mer de sable, née des alluvions du Rhône. Idéale pour la marche ou la randonnée équestre, cette pointe sauvage est dominée par un phare, qui devrait, à l'heure où vous lirez ces lignes, être accessible au public et présenter une scénographie thématique.

L'atmosphère de la plage est familiale et vous trouverez sur place la paillote **L'Oyat Plage** (sans réservation ; oyat-plage.com ; plats 8-17 € ; lun-jeu 9h-22h, ven-dim 9h-23h juil-août) qui propose une

Le Grau-du-Roi

EMMANUEL DAUTANT ©

restauration légère (et bio), ainsi que la location de paddles (10 €/heure) et de matelas (en été). Depuis le centre du Grau-du-Roi, le lieu est bien indiqué. Le plus agréable reste de s'y rendre à vélo : une **voie verte** de 5 km traversant le paysage camarguais y a été aménagée. En voiture, notez que le parking des Baronnets est payant l'été (7 €/jour).

Seaquarium Aquarium

(☎04 66 51 57 57 ; www.seaquarium.fr ; av. du Palais-de-la-Mer ; tarif plein/réduit/5-15 ans 16/14/11,50 €, gratuit - 5 ans ; ⌚juil-août tlj 9h30-23h30, avr-juin et sept 9h30-19h30, oct-mars 9h30-18h30). Parfois victime de son succès en été (mieux vaut privilégier les réservations en ligne), cet aquarium cherche aujourd'hui à changer son image en se tournant vers les problématiques de préservation de l'environnement. Il présente de fantasques poissons multicolores, des hippocampes, des murènes, des raies et une vingtaine d'espèces de requins. Idéale avec des enfants, la visite est ponctuée de bornes pédagogiques, mais aussi de l'exposition permanente "Plastics Invasion", intéressante et ludique, qui souligne l'urgence de gérer nos déchets en mer.

Où se loger et se restaurer

Pour boire un verre, à l'heure de l'apéritif ou en soirée, vous pouvez vous rendre au bar-lounge **The Deck** (☎04 66 53 36 37 ; www.spinaker.com) de l'hôtel Spinaker, dont la terrasse domine les eaux du canal, ou dans son bar à huîtres **Le Pier 21**, aménagé sur un ponton flottant. À noter aussi, dans le centre, **La Marmite** (☎06 98 75 25 39 ; ⌚mar-dim 9h-13h et 16h-19h tte l'année) qui propose de délicieux plats traditionnels à emporter.

Café Miramar Hôtel-restaurant **€€**

(☎04 66 51 40 51 ; www.cafe-miramar.fr ; 25 av. Frédéric-Mistral ; d/qua 69-145/115-240 € selon confort et saison, petit-déj 12 € ; menu 34 €, plats 19-23 € ; ❄ 📶 P 12 €). Cette adresse au style "nature chic" combine plusieurs atouts :

Plage de l'Espiguette, Le Grau-du-Roi (p. 183)

une situation idéale, en bord de plage ; des chambres coquettes et lumineuses (certaines avec une terrasse donnant sur la mer) ; un café-restaurant à la cuisine bistronomique réussie (quoiqu'un peu chère) ; enfin, une paillote les pieds dans le sable, à l'atmosphère très *chill-out*, servant en continu. L'équipe a ouvert plus loin, **Chez Georges** (04 48 68 25 09 ; www.chezgeorges-bistrot.fr ; 7 bd Maréchal-Juin ; plats 7-15 € ; lun-dim 9h30-17h30, soir ven-sam), pour déguster des huîtres, *sushi rolls* et autres *poke bowls* face à la mer.

L'Oustau Camarguen — Hôtel-restaurant €€€

(04 66 51 51 65 ; www.oustaucamarguen.com ; 3 route des Marines, Port-Camargue ; d/qua/duplex 90-180/135-240/160-260 € ; plats 24-25 €, menu 35 € ; restaurant mer-dim soir, hôtel fermé nov à mi-mars ;). Coup de cœur pour cet hôtel au style artistico-camarguais qui égrène ses chambres entre piscine et jardin. Cocooning, elles sont toutes de plain-pied (excepté les duplex, pour 5 pers) et avec terrasse. Il y règne une certaine douceur de vivre, entre pins et brise marine. On s'y déplace facilement à vélo (location sur place demi-journée/journée 6/11 €) : la plage de l'Espiguette et le centre-ville sont à 10 minutes. Spa, massages (dans une petite roulotte) et restaurant sur place.

Le Vivier — Produits de la mer €€

(04 66 53 23 36 ; levivier-restaurant.fr ; 7 rue Commandant-Marceau ; formule/menu 26/32 €, plats 20-25 €, plateaux 1/6 pers 24/196 € ; tlj sauf lun-mar, ouvert mar soir en juil-août). Une excellente adresse pour déguster tellines, tourteaux, homards, langoustines ou autres produits de la mer, dans une petite salle aux tons bleus ou sur une terrasse qui, malheureusement, donne sur la rue. Fraîcheur irréprochable, qualité des produits et accompagnements soignés.

Le Palangre — Produits de la mer €€

(04 66 51 76 30 ; lepalangre.fr ; 56 quai Général-de-Gaulle ; menus 28,50-39 €, plats 14-34 €, plateaux 25-110 € ; juil-août tlj sauf mer midi et ven midi, fermé mar soir et mer reste de l'année). Au bord du canal, à proximité du port de pêche, avec une agréable terrasse face aux filets et aux barques de pêcheurs, cette adresse offre un raffinement bienvenu au Grau-du-Roi. Dans l'assiette : légumes frais, poissons bien cuits, plateaux de fruits de mer, spécialités locales, comme les tellines à l'aïoli ou la bourride, et desserts maison. Tarifs un peu élevés.

La Guinguette des pieds nus — Bistrot-guinguette €€

(04 66 77 69 21 ; facebook.com/laguinguettedespiedsnus ; bd du Docteur Jean-Baptiste, Le Boucanet ; tapas 9-15 €, plats 15-36 € ; tlj juil-août, fermé mar reste de l'année). On vient ici pour le cadre, l'ambiance et un peu aussi pour les plats ! Plantée dans le sable à l'entrée de la plage du Boucanet, cette paillote branchée remporte son pari : marier décontraction et bonne humeur à une cuisine de type bistrot, globalement locavore et de qualité. Prix peut-être un peu élevés... Concerts certains soirs.

Achats

La Maison Méditerranéenne des Vins — Vins et épicerie

(04 66 53 07 52 ; www.maisondesvins-lespiguette.com ; domaine de l'Espiguette ; juil-août tlj 9h30-13h et 14h30-19h30, avr-sept 9h30-12h30 et 14h30-19h, oct-mai 9h30-12h30 et 14h30-18h30). Sur la route de la plage, arrêtez-vous dans ce temple des produits du terroir où le vin est à l'honneur.

Renseignements

Office du tourisme (04 66 51 67 70 ; www.letsgrau.com ; rue du Sémaphore ;).

Depuis/vers Le Grau-Du-Roi

On peut rejoindre Le Grau-Du-Roi depuis Nîmes (en passant par Aigues-Mortes) en bus, avec la ligne n°132 de la société **liO Transport** (www.lio.laregion.fr ; 1 heure-1 heure 30) ou directement depuis Aigues-Mortes, avec la ligne 606 (20 min).

GARD RHODANIEN

Entre Pont-Saint-Esprit et Beaucaire, l'identité de la région est profondément ancrée dans le Rhône. Cet important axe de communication marque aussi la frontière avec la Provence voisine, qu'évoquent déjà villages perchés, champs de lavande, oliviers et vignes. Toutes deux construites sur les rives du fleuve, Beaucaire et Villeneuve-lès-Avignon présentent néanmoins des caractères bien distincts. En amont, un de ses affluents, la Cèze, dessine une belle vallée annonçant les paysages de l'Ardèche et des Cévennes.

Beaucaire

Au bord du Rhône, cernée par une cimenterie, une papeterie et des éoliennes géantes, Beaucaire peut laisser perplexe. Délaissée par les touristes, cette ville frontière entre Provence et Languedoc fut pourtant longtemps l'un des plus importants carrefours commerciaux du sud de la France. Créée au XIIIe siècle, la célèbre foire de la Madeleine apporta prospérité à la ville 5 siècles durant. Son apogée, à la fin du XVIIIe siècle, marqua aussi le début d'un déclin dont la ville ne s'est jamais vraiment relevée. Depuis les quais du port de plaisance où somnolent de belles péniches, la rue de la République, dominée par les façades d'hôtels particuliers des XVIIe et XVIIIe siècles, mène à l'ancienne place du marché médiéval, bordée de maisons à arcades. Écrasée par un soleil brûlant l'été, souvent battue par le mistral, la ville sort de sa torpeur à l'occasion des courses camarguaises (voir l'encadré p. 392) et des fêtes de la Madeleine (en juillet).

La cité de Tarascon fait face à Beaucaire, de l'autre côté du Rhône (en Provence donc).

À voir et à faire

Forteresse de Beaucaire — Édifice historique

(accès libre ; avr-sept mer-dim 9h30-18h, oct-mars 10h-17h). Bâtie sur une colline dominant le Rhône, cette forteresse connut son heure de gloire en 1216, lors du siège de Beaucaire, durant lequel les troupes du comte de Toulouse résistèrent à l'armée royale menée par Simon de Montfort. Reconstruit après la mise au pas du Languedoc, l'édifice fut finalement détruit au XVIIe siècle. Aujourd'hui, ne subsistent que quelques vestiges, dont une tour polygonale à créneaux et une chapelle castrale. Dans les jardins, un bâtiment abrite le **musée d'Histoire et d'Archéologie** (04 66 59 90 07 ; tarif plein/réduit 5/3 € ; avr à mi-oct mer-sam 9h30-12h30 et 14h-18h, mi-oct à mars 14h-17h), qui réunit des pièces archéologiques et des témoignages hétéroclites sur la riche histoire de la ville. Pour découvrir la forteresse de manière ludique, lancez-vous dans l'**escape game** (2-6 joueurs ; environ 2 heures ; adulte/- 18 ans 16,50/14,30 €, gratuit - 7 ans) proposé, sur le thème de la quête du Graal !

Abbaye de Saint-Roman — Site troglodytique

(07 81 56 44 51 ; abbaye-saint-roman.com ; rte de Nîmes ; tarif plein/réduit 5,50/4,50 €, gratuit - 18 ans, entrée gratuite au Mas des Tourelles et tarif réduit au musée archéologique ; juil-août tlj 10h-13h et 14h-19h, avr-juin et sept-oct mar-ven 14h-18h30, sam-dim 10h-13h et 14h-18h30, mars tlj sauf lun 14h-18h, nov et fév tlj sauf lun 14h-17h30, déc-jan sam-dim 14h-17h30 et tlj vac scol). Nichée sur le rocher de l'Aiguille, cette abbaye troglodytique a été creusée dans le calcaire dès le Xe siècle par des ermites, puis par les moines bénédictins. Au fil de la visite, on découvre une immense chapelle, un pressoir, des cellules de moines et une nécropole avec un panorama sur la basse vallée du Rhône. Attention, pour les enfants, le site est assez escarpé. Pour atteindre l'abbaye depuis le parking, comptez une dizaine de minutes de marche sur un chemin pavé (déconseillé aux personnes à mobilité réduite, faisable avec poussette). Prévoyez de l'eau. À noter : il n'y a pas de toilettes sur place. À 5 km de Beaucaire, direction Nîmes, puis suivre le fléchage. L'office du

Le village de Beaucaire (page ci-contre)

tourisme de Beaucaire organise certains jours en saison des "apéro panoramas" (sur réservation), renseignez-vous !

Mas des Tourelles Cave gallo-romaine

(04 66 59 19 72 ; www.tourelles.com ; 4294 rte de Saint-Gilles ; 5,80 €, gratuit - 18 ans ; juil-août tlj sauf dim matin 10h-13h et 14h-19h, sept-oct lun-sam, nov-déc lun-ven et sam après-midi, jan-fév lun-ven, mars lun-sam matin). Ce domaine viticole produit des vins comme au temps de Jules César. La visite de 1 heure environ comprend un sentier de découverte du vignoble romain, une cave gallo-romaine reconstituée – avec un impressionnant pressoir –, les intérieurs du mas, bâti sur l'emplacement d'une ancienne villa gallo-romaine, un espace muséal – qui permet de comprendre comment le vin était fabriqué au temps des Romains – et une dégustation. Chaque année à la mi-septembre, des vendanges à la mode antique sont organisées, au cours desquelles les raisins sont foulés au pied. À 4 km au sud-ouest de Beaucaire, en direction de Saint-Gilles.

Où se loger et se restaurer

Domaine des Clos Hôtel de charme €€€

(04 66 01 14 61 ; www.domaine-des-clos.com ; 911 chemin du Mas-de-la-Tour ; d/qua/app à partir de 118-168/165-205/170-450 €, petit-déj 14 €, panier repas adulte/enfant 28/18 € ;). Entouré d'un jardin planté d'essences méditerranéennes et agrémenté d'une piscine, ce mas provençal du XVIIIe siècle est un petit bijou. L'immensité des lieux offre de multiples espaces détente, intérieurs et extérieurs. Les vastes chambres sont décorées avec des meubles chinés et des appartements se louent à la nuitée ou à la semaine. Panier repas possible, cours de yoga et massages sur réservation.

Simple. Cantine-épicerie €

(06 80 04 09 04 ; 10 pl. Georges-Clemenceau ; plat du jour 13-15 €, goûter 3-6 € ; mar-sam 12h-18h). Sur la place de la Mairie, cette petite échoppe graphique propose des plats simples et pleins de saveurs qui misent sur la saisonnalité et le circuit court, ainsi que quelques douceurs à l'heure

du goûter. On peut aussi simplement siroter une citronnade maison !

Auberge de l'Amandin — Terroir €€

(☎ 09 51 86 47 39 ; www.auberge-lamandin.com ; 1076 chemin de la Croix-de-marbre ; menu midi 20 €, menu 30 €, plats 19-23 € ; tlj sauf mer et dim soir). Sans doute l'adresse la plus agréable des environs : cuisine de terroir généreuse et savoureuse, cadre paisible et décontracté (une terrasse arborée, bordée d'une petite piscine) et accueil attentionné. Sur demande, pour les grandes tablées (30 €/pers ; au moins 6 pers) : des spécialités aux influences ibériques (*zarzuela* et *parrillada*).

Achats

Coutellerie Le Camarguais — Couteaux tradition

(☎ 04 66 75 28 21 ; www.lecouteaucamarguais.com ; RD 86 - route d'Avignon, Bezouce ; lun-ven 8h-12h et 14h-18h15, sam 9h-12h juil-août, lun-ven 8h-12h et 14h-18h15 avr-juin et sept, lun-ven 8h-12h et 14h-18h15 jan-mars et oct-nov). Dans cette entreprise familiale fondée en 1993, vous trouverez les fameux couteaux camarguais, en bois d'olivier ou en corne, confectionnés dans la pure tradition artisanale : derrière la vitre se distingue d'ailleurs l'atelier toujours en activité. La boutique propose également d'autres produits locaux. Des stages d'initiation sont proposés (dans le cadre de Détours Savoir-Faire, voir p. 174) : renseignez-vous !

Renseignements

Maison du tourisme (☎ 04 66 59 26 57 ; 8 rue Victor-Hugo). Installée dans une belle demeure du XVe siècle, elle propose une exposition permanente retraçant l'histoire de la cité. Également des expositions temporaires.

Depuis/vers Beaucaire

Plusieurs TER relient chaque jour Beaucaire à Nîmes et Avignon, en une vingtaine de minutes. Autre option, la ligne de bus n°151 du réseau **liO Gard** (www.lio.laregion.fr) qui dessert Nîmes (45-55 min) et Avignon (40 min environ).

Villeneuve-lès-Avignon

À la frontière du Gard, établie sur les rives du Rhône, la ville fait face à Avignon, l'ancienne cité papale (sise en Provence). Contrairement à sa voisine, elle a toujours fait partie du royaume de France. Lors du règne des papes, les cardinaux en appréciaient l'air pur et y firent construire des palais fortifiés : les livrées cardinalices. Chapelles, cloîtres et vieilles demeures de pierre, noyés dans la verdure, ont un charme irrésistible.

À voir

Outre les monuments cités ci-après, ne manquez pas l'**église collégiale Notre-Dame** (pl. Meissonnier), édifiée en 1330, à l'architecture gothique méridionale. Un **billet groupé** (17 € ; valable un an) permet de visiter la chartreuse, le fort Saint-André, l'abbaye Saint-André, la tour Philippe-le-Bel et le musée Pierre-de-Luxembourg.

Chartreuse Notre-Dame-du-Val-de-Bénédiction — Édifice religieux

(☎ 04 90 15 24 24 ; www.chartreuse.org ; tarif plein/réduit 8/6,50 €, gratuit - 18 ans ; avr-sept tlj 9h30-18h30, oct-mars 10h-13h et 14h-17h). Fondée au XIVe siècle par le pape Innocent VI, la plus grande chartreuse de France dégage une harmonie architecturale saisissante. Outre les cellules des moines, les jardins et les 3 superbes cloîtres, on remarquera le mausolée d'Innocent VI, bijou gothique finement ciselé, et la chapelle des fresques, réalisée par Matteo Giovanetti (vers 1322-1368 ; auteur des peintures du palais des Papes). Agréable **bibliothèque-café** (mar-sam 11h-12h30 et 13h30-18h30) sur place, doté d'un petit patio. En saison, vous pourrez vous restaurer aux **Jardins d'été de la Chartreuse** (☎ 04 90 15 24 23 ; plat 12-14 €, formule 16 €, menu 18 € ; midi mar-dim, soir mer-sam juin-août). La chartreuse accueille aujourd'hui le Centre national des écritures du spectacle qui organise des représentations lors des Samedis de la Chartreuse et des Rencontres d'été (juillet) ; elle expose aussi les œuvres d'artistes en résidence.

Jardin de la chartreuse Notre-Dame-du-Val-de-Bénédiction

Jardins de l'abbaye de Saint-André — Jardins

(☎ 04 90 25 55 95 ; www.abbayesaintandre.fr ; montée Fort-Saint-André ; jardins tarif plein/réduit 9/7 €, gratuit - 8 ans, visite guidée abbaye et jardins 14/13 € ; ⏲ mai-sept tlj sauf lun 10h-18h, jeu jusqu'à 20h, avr 10h-13h et 14h-18h, mars et oct 10h-13h et 14h-17h, fermé nov-fév). Avec en arrière-plan une vue splendide sur Avignon, cette enclave enchanteresse, souvent déserte, révèle volières, tonnelles, allées de cyprès, sentier botanique… et un jardin italien façonné par deux femmes artistes, Elsa Kœberlé et Génia Lioubow, qui vécurent à l'abbaye durant la première moitié du XXe siècle. Vous pourrez y musarder à loisir, au frais, sur un banc ou à l'une des tables ombragées d'un petit café. À l'entrée des jardins, on peut profiter d'expositions temporaires et d'un parcours sur l'histoire de l'abbaye. Celle-ci, accessible uniquement en visite guidée, renferme notamment des collections d'arts décoratifs.

Fort Saint-André — Édifice militaire

(☎ 04 90 25 45 35 ; www.fort-saint-andre.fr ; montée Fort-Saint-André ; tarif plein/réduit 6/5 €, gratuit - 18 ans ; ⏲ juin-sept tlj 10h-13h et 14h-18h, oct-mai jusqu'à 17h). Imposante fortification hérissée de tours massives, le fort observe le Rhône telle une sentinelle. Et ce fut en effet pour cela qu'il fut érigé, en 1292, par le roi Philippe le Bel : le fleuve marquait la frontière entre le royaume de France et le territoire des papes. Le fort permit alors de surveiller la cité d'Avignon, résidence des souverains pontifes. La visite fait le tour des remparts et permet d'accéder en haut des tours, du sommet desquelles la vue vertigineuse embrasse la tour Philippe-le-Bel, le Rhône, le palais des Papes et le rocher des Doms. Expositions temporaires et bornes numériques jalonnent le site.

Musée Pierre-de-Luxembourg — Art religieux

(☎ 04 90 27 49 66 ; 3 rue de la République ; tarif plein/réduit 4/3 €, gratuit - 18 ans ; ⏲ avr-oct mar-dim 10h-12h30 et 14h-18h, nov-mars mar-

À gauche : jardin du Fort Saint-André (p. 189)
À droite : vue sur le fort Saint-André (p. 189)

dim 14h-17h et mer 10h-12h et 14h-17h, fermé jan). Dans un hôtel particulier, ce musée renferme une très belle collection d'art religieux du XIVe au XVIIIe siècle, dont *Le Couronnement de la Vierge* (1453), peint par Enguerrand Quarton pour la chartreuse Notre-Dame-du-Val-de-Bénédiction, ainsi qu'une Vierge en ivoire.

Tour Philippe-le-Bel Tour fortifiée
(04 32 70 08 57 ; tarif plein/réduit 4/3 €, gratuit - 18 ans ; avr-oct mar-dim 10h-12h30 et 14h-18h, nov-mars mar-dim 14h-17h et mer 10h-12h et 14h-17h, fermé déc-jan). Haute de 32 m, cette tour a été construite à l'orée du XIVe siècle par Philippe le Bel pour assurer le contrôle du pont Saint-Bénezet. Quelque 172 marches sont à gravir pour accéder au sommet, depuis lequel le panorama sur Avignon et le Rhône est saisissant.

Où se loger

Voir aussi Le Prieuré (page ci-contre).

Hôtel de l'Atelier Hôtel de charme €€
(04 90 25 01 84 ; www.hoteldelatelier.com ; 5 rue de la Foire ; d/tr 84-169/116-169 €, petit-déj 10 € ; P 9 €). Atmosphère raffinée et authentique en plein cœur de la ville. Dans cette magnifique demeure du XVIe siècle, s'étagent des chambres douillettes de style classique émaillées de beaux meubles d'antiquaires. Deux d'entre elles (la 11 et la 12), nichées dans une dépendance au fond du jardin, bénéficient d'une petite terrasse et d'une certaine intimité. Copieux petit-déjeuner et excellent accueil.

Les Jardins de la Livrée Chambres d'hôtes €€
(04 86 81 00 21 ; www.la-livree.fr ; 4 bis rue Camp-de-Bataille ; d avec petit-déj 80-180 € selon confort et saison ; P). Cette belle adresse abrite un trésor : un jardin avec piscine en plein centre-ville ! Irréprochables, les 5 chambres sont contemporaines, élégantes et confortables. Également sur place, un **restaurant** (04 90 26 05 05 ; plats 16-22 € ; tlj sauf dim et lun midi juil-août, tlj sf mar et mer le reste de l'année) proposant une excellente cuisine de marché.

Après la sieste Chambres d'hôtes €€€
(☎ 04 66 50 33 94, 06 08 77 18 61 ; www.apreslasieste.fr ; 358 rue Alexis-Martin, Saint-Laurent-des-Arbres ; d/ste avec petit-déj 110-150/150-170 €, gîte 2 pers 130-150 € avec petit-déj ;). Un délice que cette maison claire, au cœur d'un village, à 15 km au nord de Villeneuve. Espaces épurés, lits voluptueux, salle de bains en tadelakt... avec pour mot d'ordre : confort et zénitude. Au-dehors, une piscine d'eau fraîche attend entre les vieilles pierres. Possibilité de massage (70 € l'heure).

Où se restaurer

Voir aussi le restaurant des Jardins de la Livrée (page ci-contre).

N'hésitez pas à vous payer un cornet à la **Gelateria de Mamio** (☎ 04 90 01 95 49 ; 48 bis rue de la République ; mar-sam 15h-19h). Leurs glaces artisanales sont aussi originales que délicieuses.

La Divigne Cave et comptoir €€
(☎ 04 90 22 00 00 ; www.ladivigne.com ; 57 rue de la République ; plats 13-15 € ; planches 14-15 € ; midi jeu-dim, soir mer-dim). Dans cette "cave vivante et comptoir gourmand", vous prendrez place dans une belle cour arborée pour siroter un verre de vin naturel et déguster une planche ou une assiette concoctée par l'un des chefs en résidence. Dégustations et concerts y sont ponctuellement organisés.

Le Bistrot du Moulin Bistronomie €€
(☎ 04 90 25 45 59 ; www.maisonbronzini.com/content/8-bistrot-du-moulin ; 74 rue de la République ; plats 19-28 € ; tlj 7h30-23h ;). Ouverte en continu, cette belle adresse régale ses hôtes dans le cadre enchanteur d'une ancienne grange restaurée et aménagée avec personnalité. Le lieu décline plusieurs ambiances (il abrite même une boulangerie-pâtisserie et une épicerie-fine), propose une formule bistrot, des tapas, et fait salon de thé l'après-midi. Très agréable patio intérieur.

Le Prieuré Gastronomique €€€
(☎ 04 90 15 90 15 ; www.leprieure.com ; 7 pl. du Chapitre ; menus midi 39-59 €, menu dégustation 78-110 € ; tlj juin-août, fermé mar et mer reste de l'année). Une grande table, étoilée, où la cuisine allie raffinement et inventivité. Exceptionnels accords mets et vins. L'adresse se double d'un hôtel de luxe **Le Prieuré-Baumanière** (d/ste 223-506/333-844 €).

Renseignements

Office du tourisme (☎ 04 90 03 70 60 ; avignon-tourisme.com ; pl. Charles-David). Propose un billet groupé de 5 monuments (17 €), valable un an, qui comprend : l'Abbaye, le Fort Saint-André, la Chartreuse, la tour Philippe-Le-Bel et le musée Pierre-de-Luxembourg.

Depuis/vers Villeneuve-lès-Avignon

Il est possible de rejoindre Villeneuve-lès-Avignon au départ d'Avignon avec les lignes de bus n°122 et n°123 du réseau **liO Gard** (☎ 0806 80 36 60 ; www.lio.laregion.fr). Comptez une quinzaine de minutes de trajet.

Vallée de la Cèze

Trait d'union entre les Cévennes et le Rhône, la vallée de la Cèze préserve un caractère sauvage. Depuis sa source au pied du mont Lozère, elle est longtemps sinueuse et escarpée, avant de s'élargir à partir de Saint-André-de-Roquepertuis. Appréciée l'été pour ses nombreux sites de baignade, elle est ponctuée de villages de caractère, rappelant la Provence proche. En aval, Bagnols-sur-Cèze recèle surtout un étonnant musée d'art moderne.

À voir et à faire

Bagnols-sur-Cèze

L'essentiel de l'animation se concentre autour de la place Mallet, ceinturée d'arcades, et des rues piétonnes commerçantes.

ANDRÉ CUZEL /ADOBE STOCK ©

Art sacré à Pont-Saint-Esprit

À la limite de l'Ardèche et du Vaucluse, le petit village de Pont-Saint-Esprit mérite une halte, ne serait-ce que pour visiter son **musée d'Art sacré** (04 66 39 17 61 ; 2 rue Saint-Jacques ; entrée libre, visite guidée 3 € sur demande ; mar-dim juil-août 10h-12h30 et 15h-18h30, sept-juin 10h-12h et 14h-18h). Ce dernier présente de façon pédagogique une large collection mêlant objets de culte public et privé : crèches et santons des XVIIIe et XIXe siècles, vêtements sacerdotaux du XVe au XXe siècle, orfèvrerie et vaisselle sacrée, mais aussi sculptures, tapisseries, tableaux... Parmi lesquels des pièces rares, tel le "portrait du Fayoum", peinture sur chevalet du IIe siècle, en provenance d'Égypte. La halte vaut aussi pour l'édifice abritant le musée, la Maison des chevaliers : cette belle bâtisse à la façade romane et aux portes de bois cloutées recèle notamment une salle d'apparat aux murs peints (XIVe et XVe siècles).

Musée Albert-André — Art moderne

(04 66 50 50 56 ; hôtel de ville, pl. Mallet ; mar-dim 10h-12h et 14h30-18h30 juil-août, mar-sam 9h30-12h et 13h30-17h sept-juin, fermé mer matin, fermé fév ; entrée libre). De passage à Bagnols-sur-Cèze, il serait dommage de ne pas s'arrêter dans ce musée (gratuit) qui recèle de nombreuses œuvres remarquables. Citons entre autres : *La Fenêtre ouverte à Nice* de Matisse, le *Portrait d'Adèle Besson* de Van Dongen, le *Bouquet de fleurs des champs* de Bonnard, les petites sculptures en bronze de Rodin et Camille Claudel, des dessins de Renoir, Picasso, Dufy ou Gauguin... On doit cette foisonnante collection à Albert André, peintre, ami de Renoir et conservateur du musée jusqu'en 1958.

Espace Rabelais — Centre œnotouristique

(06 66 39 44 45 ; pl. Mallet ; mer-sam 9h30-12h30). Sur la place Mallet, ce centre invite à la découverte des côtes-du-rhône gardois à travers une exposition interactive, des dégustations (notamment les mercredis matin, lors du marché) et un programme d'animation.

La Roque-sur-Cèze

Accrochés à un piton rocheux, un château, une chapelle et quelques cyprès dominent ce village admirablement restauré. Ses ruelles pavées et pentues sont accessibles par un pont de pierre du XIIIe siècle, enjambant la Cèze. À quelques centaines de mètres se trouvent les cascades du Sautadet.

Cascades du Sautadet — Site naturel

Depuis le village de La Roque-sur-Cèze, un sentier longe la Cèze sur 800 m et débouche sur ces étonnantes "marmites de géant" où la Cèze tourbillonne et creuse le calcaire blanc, créant une multitude de petites cascades. Attention, le lieu est aussi beau que dangereux : respectez les consignes de sécurité indiquées sur les panneaux à l'entrée du site. La baignade, interdite au niveau des cascades (mais certains passent outre), est possible un peu plus en aval. Parking à proximité, payant l'été (4 €).

Chartreuse de Valbonne

À mi-chemin des gorges de l'Ardèche et de la vallée de la Cèze (à 7 km au nord de La Roque-sur-Cèze), au creux d'un vallon perdu cerné de vignes et de forêt, surgit un ensemble monastique aux belles tuiles vernissées. De la taille d'un petit village, la **chartreuse** (04 66 90 41 24 ; www.chartreuse-de-valbonne.com ; rte de Valbonne, Saint-Paulet-de-Caisson) fut fondée en 1204, détruite lors des guerres de Religion, reconstruite aux XVIIe et XVIIIe siècles, puis accueillit jusqu'en 1901 une communauté de moines issus de l'ordre des Chartreux. Jusque récemment gérée par une association, elle était ouverte à la visite, qui permettait notamment de découvrir son église édifiée au XVIIIe siècle par l'architecte avignonnais Jean-Pierre Franque, ainsi qu'un magnifique cloître.

Le lieu venait d'être racheté lors de notre passage et devait faire l'objet d'une vaste rénovation avant de réouvrir comme lieu d'écotourisme dédié au bien-être (spa, médecine douces, yoga, etc.). Affaire à suivre.

Goudargues

Des petits canaux à l'ombre de platanes centenaires lui valent le surnom de Venise gardoise… La comparaison s'avère vite décevante. Oasis verdoyante au bord de la Cèze, Goudargues est surtout un des seuls villages de la vallée où vous trouverez quelques commerces et plusieurs brasseries.

Cèze Canoës Canoë-kayak et paddle

(☎06 88 69 74 09 ; www.ceze-canoes.fr ; 14 bis rte de Pont-Saint-Esprit, Goudargues ; kayak parcours adulte/- 16 ans 15-27/12-21,60 €, paddle 16,50-30/15,20-24,80 € ; avr-oct). En canoë-kayak, plusieurs parcours permettent de voguer sur la Cèze et d'admirer les rochers de Saint-Gély, dont les "Pierres Bleues" (5 km) en initiation et "Montclus-Cazernau" (19 km) pour les plus sportifs. Tous sont faciles, avec des rapides très doux, et tiennent plus de la balade nature que de l'exploit sportif. La prestation comprend le transport, la location de l'embarcation et le matériel. Il est aussi possible de faire ces parcours en paddle, de louer une embarcation sans transport ou d'organiser une descente avec bivouac. Également location de paddles (1/2/3 heures 13/16/19 €).

Montclus

Au pied d'une boucle de la Cèze, Montclus et son donjon du XIIIe siècle se découpent sur fond de vignes et de lavandes.

Les cascades du Sautadet (ci-contre)

LAMAX / ADOBE STOCK ©

Méjannes-le-Clap

Grotte de la Salamandre Site naturel

(04 66 60 06 00 ; www.grottedelasalamandre.com ; chemin de la Place-du-Roy ; adulte/6-14 ans 13,50/9,50 €, gratuit - 6 ans, belvédère 8 € ; visite guidée juil-août tlj 10h-19h, mai-juin et sept 10h30-17h, mars-avr et oct 11h-16h, fermé nov à mi-mars, départ ttes les 30 min en été, ttes les heures reste de l'année). Sur la rive droite de la Cèze, la très belle grotte de la Salamandre propose une visite guidée scénarisée, mêlant 12 scènes musicales et une mise en lumière féerique. Le site se démarque par des propositions originales : des **visites en rappel** (à partir de 12 ans, 1 heure ; 43 € ; sur réservation) sur 50 mètres ; la découverte des **coulisses de la grotte** (à partir de 10 ans, 2 heures ; 43 € ; mai-sept 10h30 et 14h, mars-avr et oct 11h et 14h), avec une initiation à la spéléologie ; ou même un vol en **Aéroplume** (83 kg max, 30 min ; 73,50 € ; sur réservation), sorte de gros ballon très léger, à l'intérieur de la grotte ! Tous ces tarifs comprennent aussi la visite guidée de la grotte (comptez 1 heure supp). Un accès spécial permet aux personnes à mobilité réduite d'admirer la grotte depuis un belvédère intérieur (9 €). Les aménagements extérieurs invitent à s'attarder sur la terrasse (snack et bar), ainsi que dans l'espace boutique. De Pâques à la Toussaint sont proposées aux enfants des activités ludiques en extérieur, comme La Rivière aux pépites (8,90 €) sur le thème de l'orpaillage.

Depuis le parking, le chemin d'accès à l'entrée du site est l'occasion d'une agréable promenade à travers la garrigue (700 m environ). En poursuivant jusqu'au bout la route qui mène au parking, vous déboucherez sur l'agréable **plage du Roy** (baignade possible) en bord de Cèze, faisant face à de jolies falaises et très animée l'été.

À la grotte, les **guides spéléo** (à partir de 12 ans ; 45-110 € selon parcours) vous proposent par ailleurs de découvrir les grottes des alentours, non aménagées, en fonction de votre niveau.

Une randonnée à pied au départ de Méjannes-le-Clap est décrite p. 48.

La plage du Roy, à Méjannes-le-Clap

Barjac

À la limite de l'Ardèche, le village de Barjac est une escale de choix. Son beau centre ancien est un charmant dédale de venelles et de placettes, tandis que marché hebdomadaire, cafés, restaurants et boutiques offrent une animation bienvenue. Deux fois par an, les week-ends de Pâques et du 15 août, une vaste **brocante** draine une foule importante.

Où se loger et se restaurer

Vous trouverez plusieurs campings le long de la Cèze. Parmi eux, le **Camping La Plage** (04 66 50 97 29 ; www.campinglaplage-gard.com ; Le Courau, Saint-André-de-Roquepertuis ; empl 16-25 €, lodge 60 €/nuit, 4-5 pers 290-540 €/sem ; fin avr à déb sept) abrite aussi des lodges (de grandes tentes aménagées), louées à la semaine ou pour 2 nuits. C'est aussi le cas du camping **La Vallée Verte** (04 66 79 08 89 ; www.la-vallee-verte.com ; 529 rte de Donnat, La Roque-sur-Cèze ; empl 26,50-68 €, cabane-lodge 67-122 € ; fin avr à fin sept), qui propose de vastes emplacements, ainsi que des lodges et des cabanes dans un esprit bohème chic.

Barjac

Les Délices de l'Esplanade Salon de thé €

(09 81 87 89 59 ; lesdelicesdelesplanade.eatbu.com ; 174 pl. de l'Esplanade ; gâteaux 4,90-6 € ; lun-sam 10h-12h et 14h-18h). Mercedes se lève tôt pour cuisiner ses délicieuses pâtisseries, réalisées à base de produits bio, dont on se régale autour d'un thé (bio, lui aussi) sur sa jolie terrasse jouxtant l'église. À l'intérieur, on peut s'approvisionner en biscuits, guimauves ou confitures (également de sa confection), ainsi qu'en miel ou crème de marrons de producteurs locaux. Glaces, smoothies et milkshakes également.

La Roque-sur-Cèze

Le Mas du Bélier Restaurant terroir €€

(04 66 82 21 39 ; rte de Saint-Laurent ; formule/menu 25/30 €, plats 18-19 € ; tlj sauf dim soir et lun, fermé mi-déc à déb fév ; P). À l'entrée du village, Dorothée et Nicolas concoctent, selon les arrivages et l'inspiration, une cuisine du terroir ainsi que des plats plus légers et actuels, dont on se délecte, aux beaux jours, sur une belle terrasse, au bord de la Cèze.

Saint-Ambroix

Le Château de Fabiargues Hôtel €€

(07 84 32 60 92 ; chateaudefabiargues.fr ; 280 rte d'Uzès, Saint-Ambroix ; d avec petit-déj 125-165 € ; tlj sauf dim soir et lun, fermé mi-déc à déb fév ; P). Aux portes des Cévennes, cette belle demeure XIXe récemment rénovée offre un cadre enchanteur : chambres et suites dévoilent une décoration raffinée, sans être empesée, relevée de notes Art déco. Autour, le grand parc arboré accueille en prime une belle piscine.

Renseignements

Office du tourisme de Pont-Saint-Esprit (04 66 39 44 45 ; www.provenceoccitane.com ; bd Gambetta, Cazerne Pépin)

Office du tourisme de Goudargues (04 66 82 30 02 ; rte de Pont-Saint-Esprit)

Office du tourisme de Barjac (04 66 24 53 44 ; www.tourisme-ceze-cevennes.com ; 120 pl. Charles-Guynet)

LOZÈRE ET TERRES CÉVENOLES

Terres rêvées pour le tourisme vert, la Lozère et les Cévennes prouvent que la France est encore – à certains endroits – un pays sauvage.
Ici, la géologie a fait des miracles, et les Causses (plateaux calcaires entaillés par de larges gorges) cohabitent avec les sommets granitiques de l'Aigoual, du mont Lozère et les hauts plateaux de la Margeride et de l'Aubrac.
Leurs traditions agropastorales millénaires ont valu aux Cévennes et aux Causses d'être inscrits au patrimoine mondial de l'Unesco.

À travers ces paysages immenses, les itinéraires de randonnées invitent à suivre des chemins mythiques (route de Compostelle ou chemin de Stevenson) ; lacs et rivières se prêtent à des baignades impromptues ou à des descentes au fil de l'eau (gorges du Tarn) ; les reliefs karstiques creusés de nombreuses cavités sont le prétexte à des voyages sous terre saisissants ; et les réserves animalières l'occasion d'approcher bisons, loups, chevaux sauvages ou vautours...

Saint-Chély-du-Tarn (p. 230)

Géolocalisez l'ensemble des adresses du chapitre
HAUTE-LOIRE
CANTAL
ARDÈCHE
AVEYRON
LOZÈRE
MARGERIDE
Albaret-Sainte-Marie
Le Malzieu-Ville
Prunières
Saint-Chély-d'Apcher
Saint-Alban-sur-Limagnole
Réserve des bisons d'Europe
Sainte-Eulalie
Grandrieu
Lac de Naussac
Langogne
Allier
La Chaldette
Rimeize
Aumont-Aubrac
Truyère
Bès
Prinsuéjols
Château de la Baume
Nasbinals
Lac des Salhiens
Cascade du Déroc
Lac de Saint-Andéol
Lac de Born
Saint-Amans
Châteauneuf-de-Randon
La Bastide-Puylaurent
Parc des Loups du Gévaudan (p. 248)
Aubrac (p. 243)
Signal de Mailhebiau (1 469 m)
Marvejols
Montagne du Goulet (1 497 m)
Vallon du Villaret
Lot
Mende
Bagnols-les-Bains
Le Bleymard
Gorges du Chassezac
La Garde-Guérin
Villefort
Chassezac
Randonnée sur le mont Lozère (p. 237)
Pic de Finiels (1 699 m)
Pic Cassini (1 685 m)
Saint-Germain-du-Teil
Chanac
La Canourgue
Col de Montmirail
N88
A75
D52

SAUVETERRE
Gorges du Tarn (p. 226)
Causse Méjean (p. 219)
Bambouseraie d'Anduze (p. 205)
Sainte-Énimie
Quézac
Ispagnac
Le Pont-de-Montvert
Mas Camargues
Cocurès
Florac
Montbrun
Castelbouc
Saint-Chély-du-Tarn
Château de la Caze
Tarn
La Malène
Le Point sublime
Le Massegros
Les Vignes
Sévérac-le-Château
N88
A75
Réserve de chevaux de Przewalski
Hures
La Parade
Hyelzas
Aven Armand
Chaos de Nîmes-le-Vieux
Grotte de Dargilan
Belvédère des Vautours
Mostuéjouls
Le Rozier
Gorges de la Jonte
Meyrueis
Jonte
CAUSSE NOIR
Col des Faïsses
Corniche des Cévennes
Parc national des Cévennes
Barre-des-Cévennes
Montagne du Bougès
Col de Jalcreste
N106
Gardon d'Alès
Saint-Germain-de-Calberte
Vallée Française
Col de Saint-Pierre
Gardon de Saint-Jean
Vallée Borgne
Saint-Jean-du-Gard
Mont Aigoual (1 567 m)
Abîme de Bramabiau
L'Espérou
Hérault
Valleraugue
Dourbie
Millau
AVEYRON
GARD
Génolhac
Cèze
Grotte de la Cocalière
Bessèges
Col de Portes (567 m)
Saint-Ambroix
D104
La Grand-Combe
D904
Alès
D6
Mialet
Grotte du Trabuc
Le Mas Soubeyran
D981
Anduze
Vézénobres
Gardon d'Anduze
Gard
Le Vigan
D999
D7
Saint-Hippolyte-du-Fort
Sauve
Vidourle
Quissac
Montagnac
D6110
Ganges
Vis
Cirque de Navacelles
Saint-Maurice-Navacelles
HÉRAULT
Sorgues
0
20 km

PIÉMONT CÉVENOL ET MONT AIGOUAL

Succession de serres (crêtes) et de valats (vallées) où coulent les gardons d'Anduze, de Mialet, de Saint-Jean ou d'Alès, les vallées cévenoles annoncent les premiers contreforts du Massif central. Construits en terrasses, entourés de mûriers et de châtaigneraies, les hameaux en pierre de schiste illustrent la richesse des traditions rurales. Terre de révolte avec les camisards, ses vallées secrètes furent un refuge pour le protestantisme. Les amoureux du tourisme vert, à l'affût de baignades dans les cours d'eau, d'explorations souterraines ou de randonnées à l'ombre des châtaigneraies, trouveront ici leur terre d'élection. Saint-Jean-du-Gard, Anduze et la Bambouseraie d'Anduze drainent l'essentiel des visiteurs. Mais libre aux plus curieux de s'enfoncer dans des vallées isolées ou de se lancer à l'assaut du mont Aigoual, montagne cévenole mythique battant régulièrement des records météorologiques.

Alès

Porte d'entrée des Cévennes, la deuxième ville du département du Gard (41 000 habitants) a longtemps vécu au rythme de ses mines de fer et de charbon. En 1947, tout juste nationalisées, elles employaient plus de 20 000 personnes et constituaient un pan essentiel de l'économie des Cévennes. L'activité minière a décliné dans les années 1960 pour s'arrêter dans les années 1980. De ce passé industriel fort résulte une ville aux musées bien vivants, pour partie garants de la mémoire ouvrière. Une fois passé des contours un peu austères, on découvre une ambiance méridionale et commerçante. Après une balade autour de la cathédrale et du temple, montez jusqu'au fort Vauban pour admirer les arbres centenaires du jardin du Bosquet.

À voir

Cathédrale Saint-Jean-Baptiste Art religieux

(Pl. Saint-Jean ; lun-ven 9h-12h et 14h-17h30, sam 9h-12h). La cathédrale d'Alès a rouvert

Statue de mineur, Alès

en 2020 après une importante campagne de rénovation, laquelle fut primée l'année suivante par un jury d'experts. Élevé sur les bases d'un prieuré roman, l'édifice présente plusieurs styles architecturaux (façade romane du XIIe siècle, transept du XVIIIe et décors du XIXe siècle). Outre l'orgue du XVIIIe siècle et le carillon à 3 cloches, on peut admirer le chœur, véritable bijou architectural, avec ses colonnes cannelées, sa coupole avec système de pendentif dit "de Valence" ou ses murs et toiles marouflées peints par Antoine Sublet et Joseph Marinelli en 1876. Visite guidée possible à partir de 5 personnes le jeudi à 16h30 (1 heure ; 5 €) ; inscription obligatoire auprès de l'**association civile de la cathédrale** (04 66 52 21 06).

Maison du mineur Installation minière

(04 66 34 28 93 ; www.maison-du-mineur.com ; 51 rue Victor-Fumas, vallée Ricard, La Grand-Combe ; adulte/6-14 ans 6/4 €, gratuit - 6 ans ; mar-dim 10h-18h juil-août, 9h-12h et 14h-17h30 sept-juin, fermé 18 déc-19 fév). Fermé en 1978 et classé monument historique, le puits Ricard est une ancienne mine de charbon profonde de plus de 800 m, restée en l'état. Un beau musée a investi les lieux afin d'entretenir la mémoire des mineurs. Il propose une visite des installations de surface de production houillère (douches, atelier des lampes, salle des machines...). La visite guidée (1 heure 30 ; 2 visites le matin et 2 l'après-midi) débute par une vidéo (15 min) retraçant l'histoire du site à travers les témoignages des mineurs et de leurs familles. La visite libre s'accompagne d'un livret non moins passionnant abordant des sujets tels que l'architecture, le travail des femmes, la religion... Dans la vallée Ricard, à 13 km au nord d'Alès.

Musée Pierre-André-Benoît Art moderne

(04 66 86 98 69 ; 52 montée des Lauriers ; entrée libre, expo temporaire adulte/enfant 5/2,50 €, gratuit - 12 ans ; juil-août tlj 10h-12h et 14h-18h, sept-juin tlj sauf lun 14h-17h). Imprimeur, éditeur, sculpteur et poète, Pierre-André Benoît (1921-1993) a fait don de sa collection personnelle à sa ville natale, aujourd'hui rassemblée dans le château de Rochebelle (XVIIIe siècle), ancienne résidence de la direction des houillères d'Alès (un peu à l'écart du centre-ville). Ami de grands peintres comme Picabia, Braque ou Miró, il a collaboré avec de nombreux artistes pour la réalisation de livres, dont plus de 400 sont exposés. Le musée abrite aussi des œuvres de Picabia, Braque, Miró ou Picasso, et programme d'intéressantes expositions temporaires (Jean Arp lors de notre visite). L'entrée se fait par le jardin du musée, situé au début de la rue Brouzen en venant du Faubourg de Rochebelle.

INSOLITE
Mine Témoin Alès

La **Mine Témoin Alès** (04 66 30 45 15 ; chemin de la Cité Sainte-Marie, Rochebelle ; adulte/enfants 10/5,50-6,50 €, gratuit - 6 ans ; juil-août mar-dim 10h-19h, mars-juin et sept-oct mer-dim 9h30-12h30 et 14h-18h ; réservation obligatoire), active de 1945 à 1968, est, comme son nom l'indique, une mine-école initialement vouée à former les mineurs. Elle permet aujourd'hui de découvrir l'univers des "gueules noires" en plongeant directement dans les galeries. L'accent est mis sur l'activité minière et les techniques d'extraction. La visite, commentée, débute par une vidéo de 20 minutes assez technique. La Mine Témoin peut constituer un bon complément à la Maison des Mineurs, dont le propos est centré sur le "carreaux" de la mine (la surface). Le port obligatoire d'un casque de chantier renforce le coté immersif de l'expérience et saura amuser les plus jeunes. Dernière visite 1 heure 30 avant la fermeture. Également des **visites nocturnes** (14 € ; mer mi-juil à mi-août ; réservation obligatoire), avec des comédiens.

Musée du Colombier Beaux-arts et archéologie

(04 66 86 30 40 ; www.museeducolombier.fr ; 1 rue Jean-Mayodon ; entrée libre, expo temporaire

VAUT LE DÉTOUR
La grotte de la Cocalière

Entre Ardèche et Gard, dans le Vivarais cévenol, la **grotte de la Cocalière** (04 66 24 34 74 ; www.grotte-cocaliere.com ; Courry ; tarif plein/étudiant/6-12 ans 13,50/12,50/9,50 €, gratuit - 6 ans ; juil-août tlj 9h30-19h, mi-mars à juin et sept-vac Toussaint tlj 10h-18h) entraîne le spéléologue novice le long d'une rivière souterraine, sous un plateau karstique. La descente à 40 m sous terre se fait par un escalier. Déjà, la calcite brille de mille feux, aidée par un éclairage qui dévoile des formes oniriques : une statue de la Liberté, des rois mages, un morse échoué. La visite guidée permet de réviser les bases (une stalagmite monte, une stalactite tombe...). Le retour se fait à bord d'un petit train (comptez 1 heure de visite, retour compris) et n'oubliez pas qu'il ne fait que 14°C. Des visites insolites en "rando-spéléo" sont aussi proposées sur réservation (sortie demi-journée adulte/8-16 ans 55/49 €, journée à partir de 12 ans 89 €/pers), avec passages sur corde et traversée d'un petit lac en bateau. La grotte est aussi le cadre d'événements : concerts, spectacles, performances. Vous pourrez aussi dormir dans la grotte, sous une pyramide de verre, pour 690 €. À 27 km au nord-est d'Alès par la D904.

adulte/enfant 5/2,50 €, gratuit - 12 ans ; juil-août tlj 10h-12h et 14h-18h, sept-juin tlj sauf lun 14h-17h). Surplombant le parc du Colombier, ce musée abrite une collection de peintures et de dessins du XVIe au XIXe siècle, des écoles italienne et française, dont le plus fameux est le *Triptyque de la Sainte Trinité* par Jean Bellegambe. Le dernier étage est dévolu à une expérience plus immersive, avec projection d'une œuvre sur écran géant. Également une petite collection archéologique issue notamment de fouilles de la région. La muséographie, fraîchement repensée, convient à un public familial (livret de découverte pour les enfants à l'entrée). Visites guidées gratuites chaque mercredi d'août à 10h30, et premier mercredi du mois le reste de l'année. L'endroit accueille une à deux expositions temporaires par an.

Où se loger et se restaurer

L'Esprit des Mets — Cuisine créative €€

(04 66 52 21 80 ; 148 av. d'Anduze ; menus 2/3 plats 26,90/31,90 €, menu enfant 12 €, plats 20-27 € ; tlj sauf sam midi, dim soir et lun, juil-août fermé dim-lun). Située à l'écart du centre, cette adresse est réputée pour sa cuisine créative, servie dans un cadre contemporain. La terrasse, ombragée et close, ainsi que la qualité et l'esthétique des plats, parviennent à faire oublier la zone commerciale environnante. À la carte : croquant d'asperges vertes, filet de bar en olivade, jarret de cochon confit au caramel et graines de sésame ou tarte macaronnée aux framboises. Service chaleureux et professionnel. Adresse prisée, réservez.

Lou Bi — Semi-gastro €€

(04 66 60 38 51 ; 4 rue Rollin ; menus 2/3/4 plats 30/40/50 €, plats 20 € ; fermé lun-mar). Idéalement placée près de la cathédrale, cette adresse sans terrasse mais au cadre plein de fraîcheur (puits de lumière et grand miroir) propose une cuisine dans le ton : légère et de saison, créative et réhaussée de fleurs. La carte se résume à quelques plats, comme le tartare de maquereau mariné et rafraîchi à la verveine, la caillette de bœuf, crème d'ail, flan de légume à l'oseille, patate douce et jus tomaté, cheesecake à l'origan... Bouchée apéritive, avant-goût, pré-dessert et autres mignardises complètent l'ensemble. Une très belle table. Le chef concocte par ailleurs confitures (comme la fraise au pain d'épice), confiture de lait, caramel et fruits confits.

Le Riche by Sébastien Rath — Gastronomique €€-€€€

(04 66 52 30 87 ; www.leriche.fr ; 42 pl. Pierre-Sémard ; menus 39-84 €, menu enfant 24 €, plats 22-28 € ; d/ste/app

GILLES PAIRE/ADOBE STOCK ©
Le train des Cévennes relie Anduze à Saint-Jean-du-Gard (ci-dessous)

71-82/99-165/122 € selon confort, petit-déj 12 € ; restaurant tlj sauf dim soir et lun-mer midi ;). Témoin du passé prospère d'Alès, cet hôtel-restaurant situé face à la gare a été repris par Sébastien Rath, jeune chef alésien, et sa femme Gwladys. Après une rénovation réussie, de la salle du restaurant aux moulures Belle Époque, puis des chambres, l'adresse s'est vue récompensée en 2021 pour sa cuisine, avec une assiette et une étoile verte au Michelin. L'hôtel est aussi une bonne option à l'excellent rapport qualité/prix.

Renseignements

Office du tourisme (04 66 52 32 15 ; www.cevennes-tourisme.fr ; pl. de l'Hôtel-de-ville). Visites guidées (1 heure 30, 5 €, gratuit - 12 ans) certains lundis en juillet-août à 10h.

Depuis/vers Alès

Depuis la **gare SNCF** (pl. Pierre Sémard) des TER relient Alès à Nîmes, Mende et Clermont-Ferrand.

Anduze

S'étirant le long du Gardon, Anduze est encadrée par les falaises abruptes de la montagne Saint-Julien, qui livrent un étroit passage vers les vallées cévenoles. Adhérant très tôt à la Réforme, et surnommée de ce fait la "Genève des Cévennes", elle possède l'un des plus grands temples de France. Célèbre aussi pour ses vases monumentaux, qui ont séduit jusqu'aux jardiniers du château de Versailles, la ville et ses environs conservent de nombreux ateliers de potiers. Dans le quartier médiéval, découvrez la fontaine Pagode aux tuiles vernissées qui orne une jolie place couverte. À l'écart du centre, la gare reste l'un des lieux les plus animés de la ville : on s'y presse pour ne pas rater le départ du train des Cévennes.

À voir et à faire

Train à vapeur des Cévennes Train touristique
(04 66 60 59 00 ; www.trainavapeur.com ; gare d'Anduze ; aller-retour adulte/- 12 ans 17/11,50 €, aller simple 13/9,50 €, gratuit - 4 ans ;

juil-août tlj, départ d'Anduze à 9h30, 11h30, 14h30, 16h30, de Saint-Jean-du-Gard à 10h30, 13h30, 15h30 et 17h30, avr-mai et sept fermé lun, mer et ven, juin fermé lun et mer, oct fermé lun, mer, ven et sam, départ d'Anduze à 11h30, 15h, 17h, de Saint-Jean-du-Gard à 10h30, 14h et 16h). Construit pour soutenir le développement de l'industrie de la soie cévenole (voir l'encadré p. 208), le train à vapeur des Cévennes fêtera ses 115 ans d'existence en 2024. Depuis Anduze, 13 km de voies enjambent 8 viaducs et traversent 4 tunnels. C'est l'occasion d'aller au marché de Saint-Jean-du-Gard (40 min de trajet ; p. 210), à la Bambouseraie d'Anduze (10 min ; p. 205) ou de contempler, depuis un wagon ouvert, les berges du Gardon. Les inconditionnels vérifieront qu'ils partent sur une locomotive à vapeur, certains trajets se font avec une locomotive diesel.

Parfum d'Aventure — Parc aventure et nature

(04 66 60 65 75 ou 06 79 85 99 78 par SMS ; www.parcparfumdaventure.com ; Le Roucan, 2075 rte de Mialet, Générargues ; parcours adulte/12-17 ans/6-11 ans/2-5 ans 24/20/18/10,50 € ; parc et jeux au sol adulte/enfant 6/5 € ; panier pique-nique 25 €/2 pers ; mi-juil à août tlj 9h30-19h30, avr à mi-juil et fin août-fin oct mer, sam-dim, jours fériés et vac scol 11h-18h30). Dans ce beau parc écoresponsable, vous pourrez non seulement suivre plusieurs parcours dans les arbres, adaptés aux enfants dès 2 ans, mais aussi participer à des jeux nature, dont un labyrinthe, visiter un potager, pique-niquer (pour le panier pique-nique, réserver la veille) ou juste vous prélasser sur une plage aménagée le long du Gardon. Réservation indispensable.

Vélorail des Cévennes — Vélorail

(07 66 87 00 66 ; www.veloraildescevennes.fr ; La Plaine, Thoiras ; parcours de jour adulte/- 12 ans 12/8 €, de nuit 25/15 €, gratuit - 5 ans ; fév-oct). Pédalez sur d'anciennes voies ferrées au départ de l'ancienne gare de Thoiras (restaurant sur place) et jusqu'à celle de Générargues, à 6,2 km de là. À la clé : un voyage de 1 heure 30 en pleine nature. La ligne suit sur la majorité du parcours le cours du Gardon de Saint-Jean et emprunte viaducs et tunnels. Des circuits "By Night" sont proposées en juillet-août avec un départ fixé à 19h.

Où se loger et se restaurer

Le centre-ville d'Anduze regorge de bonnes tables, pour tous les budgets. Pour composer un pique-nique à base de produits de la région, rendez-vous à Terroir Cévennes (p. 206).

Saveurs du Sud — Méditerranéen **€€**

(04 30 38 63 66 ; saveurs-du-sud.eatbu.com ; 11 rue Bouquerie ; menu 2/3 plats 22/27 €, plats 18 €, menu enfant 10 € ; fermé lun-mar et mer midi). Dans la coquette salle voûtée ou sous les lampions du patio intérieur, on se régale de la savoureuse et originale cuisine métissée et de saison de Patricia, une ancienne agricultrice bio. De fait, tous les produits sont de provenance bio et/ou locale. À l'ardoise lors de notre visite : bœuf snacké à la japonaise, nems croustillants de canard confit et autre filet de flétan sauce verte. Dans une rue piétonne d'Anduze filant vers la fontaine Pagode. Ne prend pas la CB.

Tif Tafe — Restaurant-bar à bières **€€**

(04 66 61 93 70 ; tife-tafe.fr ; 5 pl. Notre-Dame ; menu 2/3 plats 25/30 €, plats 18 € ; juil-août tlj sauf lun, reste de l'année ven-dim midi, sam midi-soir et dim soir, fermé déc-fin mars). Sur la tranquille place Notre-Dame, en retrait de la place Couverte, ce restaurant à la terrasse agencée autour d'une ancienne fontaine est romantique à souhait. On y déguste une cuisine fine et tout en fraîcheur, maîtrisant le chaud/froid à merveille – lors de notre passage : gaspacho de petits pois et mascarpone, filet de dorade, crème de pesto au raifort et risotto de courgettes... Le Tif Tafe est également un bar à bières. Hors saison, la salle voûtée subsistant de cette ancienne cave fait un délicat cocon.

JEAN-BERNARD CARILLET ©

À NE PAS MANQUER

La Bambouseraie d'Anduze

Classé jardin remarquable et monument historique, la Bambouseraie a un palmarès impressionnant : 1re collection européenne de bambous, avec plus de 240 variétés, dont certaines atteignent 25 m de haut, et des espèces exotiques du monde entier, avec des séquoias de 40 m de hauteur. L'histoire du lieu remonte à 1856, lorsque Eugène Mazel, un Cévenol épris d'horticulture, investit sa fortune dans une collection d'arbres exotiques et tente de les acclimater sur les terres de son village natal. Si certaines variétés délicates ne purent supporter la rigueur des hivers cévenols, le bambou prospéra sur ces sols limoneux reliés par des canaux d'irrigation au Gardon. Les noms des lieux sont évocateurs : vallon du Dragon, jardin aquatique, labyrinthe végétal, village laotien... Touche finale : des expositions temporaires en plein air, des concerts de bambous et une toute nouvelle balade aérienne permise par des filets suspendus (Parcabout). Un lieu d'exception pour pénétrer la magie végétale et s'initier à la poésie des arbres devant un hêtre pleureur ou l'arbre aux quarante écus. Des visites guidées (comprises dans le droit d'entrée) sont organisées à l'heure pile plusieurs fois par jour (consultez les panneaux informatifs à l'intérieur du parc). Le décor exotique de la Bambouseraie a attiré des cinéastes, comme Henri-Georges Clouzot pour *Le Salaire de la peur*.

La Bambouseraie accueille aussi une jardinerie et une boutique. Le site est facilement accessible depuis Anduze avec le train à vapeur des Cévennes (voir p. 203). Attention, en saison, il est rapidement saturé de visiteurs, d'autant qu'il offre un havre apprécié de fraîcheur... Si possible, venez hors saison ou arrivez tôt le matin. Pique-nique interdit, mais offre de restauration sur place.

Infos pratiques

☎ 04 66 61 70 47 ; www.bambouseraie.fr ; 552 rue de Montsauve, Générargues ; tarif plein/4-13 ans 14,50/10 €, gratuit - 4 ans ; 🕒 tlj fév et 1er-15 nov 10h-17h, mars-avr et sept-oct 10h-18h, mai-juin 9h30-19h, juil-août 9h-19h, fermé mi-nov à fin jan, dernière entrée 45 min avant fermeture

Le Garage des Cévennes Hôtel-café-restaurant €€

(☎06 37 18 29 61 ; legaragedescevennes.com ; 15 Plan de Brie, Anduze ; d 80-130 € selon ch et saison ; menus 39-45 €, plats 24 € ; ❄ 📶 ; ⏲restaurant oct-déc ven-dim, vac scol mer-dim soir, hôtel tlj). Le nouveau rendez-vous tendance d'Anduze, fraîchement repris et rénové par Magali et Nicolas après plus de 10 ans de fermeture, est une adresse plurielle au cœur de la ville. À la fois hôtel-café-restaurant, magasin et atelier de conception de pièces de moto, les lieux affichent une décoration industrielle et vintage, en particulier le très branché café, à l'avant (côté rue), et le restaurant, à l'arrière (côté jardin). La carte, minimaliste, à base de produits locaux et de saison, propose des plats bons mais sans grande créativité (ce que les tarifs peuvent faire regretter). La belle terrasse et les délicieux vins bio promettent néanmoins de passer un bon moment. Pas de fausse note côté hôtel, dont les 11 chambres vastes, lumineuses, tout confort et décorées par des artistes locaux sont préservées du bruit.

Thym & Chocolat Chambres d'hôtes €€€

(☎09 67 58 71 79 ; www.thymetchocolat.fr ; 1610 rte de Générargues, Blateiras ; d 119-129 € selon la saison ; P ❄ 📶). Ces chambres d'hôtes en amont du hameau de Blateiras sur la commune de Générargues (et à 3 km de la Bambouseraie) valent surtout pour leur emplacement, loin de toute agitation, et la vue, splendide en surplomb des paysages cévenoles. Dans cette maison contemporaine, tout a été pensé pour ménager l'intimité de chacun : les deux chambres avec terrasses sans vis-à-vis, ou l'espace piscine à l'ambiance bohême, situé à l'autre extrémité de la propriété. Belles chambres tout confort joliment décorées, avec tableaux, meubles anciens et ventilateurs au plafond. Patrice Le Masson, le propriétaire, est aussi artisan-chocolatier. Et sa Petite Chocolaterie des Cévennes est installée sur place !

Achats

Route du Vase d'Anduze Poteries

(www.vase-anduze.fr). La route du Vase d'Anduze réunit la petite dizaine d'artisans de ce savoir-faire ancestral qui, depuis le XVIIe siècle, a rendu les poteries d'Anduze célèbres dans le monde entier. Vous pourrez choisir votre modèle (à partir de 100 €), visiter les ateliers ou participer à des animations. La plupart sont répartis autour de la ville : le seul établi dans le centre d'Anduze est la **Poterie des Cordeliers** (☎04 66 60 79 84 ; www.poterie-cordeliers.fr ; pl. de la Gare). **Les Terres Anciennes** (☎06 82 21 87 80 ; www.poterie-lesterresanciennes.com), dont l'atelier-boutique, installé à Cardet, est assez éloigné, détient par ailleurs une boutique à Anduze (au 5 rue Sainte-Marie), ouverte d'avril à septembre.

Terroir Cévennes Produits locaux

(☎04 66 85 15 26 ; terroircevennes.fr ; La Plaine, Thoiras ; ⏲juil-août tlj 9h30-19h, hors saison mar-dim 9h30-13h et 15h-19h). Sur la route de Saint-Jean-du-Gard, cette coopérative de paysans et d'artisans locaux offre une belle vitrine des produits cévenols. Miels, tisanes, douceurs à la figue ou à la châtaigne, pains, légumes bio, fromages, vins mais aussi poteries, textiles... vendus à tour de rôle par les producteurs. L'idéal pour composer un pique-nique fait de saveurs locales.

Renseignements

Office du tourisme (☎04 66 61 98 17 ; www.cevennes-tourisme.fr ; plan de Brie)

Depuis/vers Anduze

Les bus de la ligne 112 du réseau **liO Gard** (☎0806 80 36 60 ; www.lio.laregion.fr) relient plusieurs fois par jour Nîmes à Anduze (1 heure 15 environ).

Sauve

Blotti derrière un pont du XIe siècle, de hautes tours et des vestiges de remparts, le charmant village médiéval de Sauve dégage une atmosphère jeune et artistique. L'offre de restauration y est pléthorique et de qualité, tout comme le sont les nombreuses galeries d'art et boutiques artisanales émaillant les ruelles du village. L'essentiel de l'animation se concentre sur et autour de la place Astruc, piétonne, où les terrasses des restaurants s'étalent allègrement et où des concerts se donnent à la saison estivale. En été, lors des **"Nuits contées de Sauve"** (04 66 77 57 51 ; www.piemont-cevenol-tourisme.com ; gratuit ; mar 21h, 4 dates en juil-août), arpentez la petite cité médiévale accompagné d'une conteuse et de deux comédiens.

À voir et à faire

Conservatoire de la fourche — Artisanat

(04 66 80 54 46 ; rue des Boisseliers ; adulte/enfant 4/2,50 €, gratuit - 12 ans ; mai à fin vac scol Toussaint mar-ven 14h30-18h, sam 10h-12h et 14h30-18h). Depuis le XIIe siècle, la cité s'est spécialisée dans la fabrication de fourches, à partir de bois de micocoulier, ici appelé "fourchier" – du fait de sa production en continu de fourches, au niveau des branches. Cette technique artisanale et ancestrale est retracée dans cet intéressant conservatoire, où, de janvier à février, on fabrique encore des fourches.

Sentier d'interprétation de la Mer des Rochers — Formations géologiques

(2,5 km, 45 min, balisage jaune). Sur les hauteurs du village, le sentier "Sculptures du temps, sculptures des hommes" invite à une déambulation à travers les formes étranges du chaos calcaire du site de la Mer des Rochers, lequel fait lui-même partie du plus vaste massif de Coutach. Le départ se fait aux abords de l'office du tourisme, auprès duquel vous pourrez retirer un plan détaillé et commenté du sentier.

Où se loger

Les logis des Magnans — Chambres d'hôtes et gîtes €€

(04 45 22 47 56 ; logis-des-magnans.com ; La Magnanerie, Lévesque D408 ; d 95 €, gîtes 5-6 pers à partir de 600 €/sem ;).

Village de Sauve (p. 206)

ANNERP / ADOBE STOCK ©

L'arbre d'or et Saint-Hippolyte-du-Fort

À côté du châtaignier (voir l'encadré p. 400), le mûrier est l'autre arbre emblématique des Cévennes. En France, la sériciculture (l'élevage du ver à soie, qui se nourrit de feuilles du mûrier) naît dans les Cévennes à la fin du XIIIe siècle, mais atteint son apogée à partir du XVIIIe siècle. Durant cette période, chaque foyer "éduque le ver et tire son fil", s'octroyant ainsi une source de revenus appréciable (le mûrier y gagne son surnom d'"arbre d'or"). Au XIXe siècle, l'industrialisation marque une nouvelle étape et quantité de filatures de soie voient le jour dans les villages du sud des Cévennes. Cette épopée, depuis l'élevage des vers jusqu'à la production de tissu, est relatée au **musée de la Soie** (04 30 67 26 94 ; www.museedelasoie-cevennes.com ; 3 pl. du 8-Mai-1945, Saint-Hippolyte-du-Fort ; tarif plein/réduit/- 15 ans 6/5/4,50 €, gratuit - 5 ans ; mar-dim 10h30-12h30 et 14h-18h, tlj juil-août, fermé jan à mi-fév) de Saint-Hippolyte-du-Fort, lequel abrite un site d'élevage avec une magnanerie (on peut y acheter des graines – œufs de bombyx – de vers à soie de début mai à fin juillet). Le film *Naissance de la Soie*, de Pierre Lafond (20 min), réalisé en 1939, s'appuie sur des images d'archive. Le week-end, un tisserand vient faire des démonstrations ; l'été, des **ateliers d'initiation** (jeu 10h30-12h ; 6 €) sont proposés, certains adaptés aux familles. Des **visites guidées du musée** (mar-ven 14h30 et 16h, pour les familles mer 10h30) sont aussi programmées en été ; inclus dans le tarif d'entrée. Dans un espace dédié à côté de l'accueil, les plus jeunes peuvent s'essayer au tissage. Après la visite, vous pourrez vous régaler à l'**Auberge Cigaloise** (04 66 77 64 59 ; www.aubergecigaloise.fr ; 3 rte de Nîmes, Saint-Hippolyte-du-Fort ; menus midi/soir 16/25-34 € ; s/d/tr/qua 49-60/49-74/60-81/68-90 € selon saison, petit-déj 8 € ; restaurant fermé mar-mer ;), réputée pour la qualité de sa cuisine, et même y séjourner.

Ce magnifique domaine avec piscine situé en périphérie de Sauve est dominé par la figure altière de son ancienne magnanerie du XVIIe siècle, regardant vers le sud. On y trouve une chambre d'hôtes aux airs de cocon, quoiqu'un peu sombre, et un gîte avec terrasse privative. Une annexe récente et de plain-pied abrite deux autres chambres d'hôtes, lumineuses et modernes, avec douche à l'italienne, s'ouvrant sur le jardin fleuri et les abords de la piscine. Accès direct à la rivière en contrebas depuis le domaine. Petit-déjeuner copieux, composé de produits locaux et bio. Élisabeth et Jean-Louis sont des hôtes charmants.

Où se restaurer

Le Bistrot de la Tour — Assiettes à partager €€

(04 66 53 90 45 ; 31 Grand-Rue ; assiettes à partager 9-24 €, plats 15-16 € ; en saison fermé lun midi et dim, horaires variables reste de l'année).

Nichée au rez-de-chaussée de la tour de Môle (XIIe siècle), en retrait de la place Astruc, le Bistrot de la Tour est une petite table délicieuse et tendance. Le charme de la pierre est réhaussé de bois et de vert pastel qui se décline de la petite salle intérieure à la jolie terrasse semi-couverte. S'y ajoute une agréable ambiance jazzy et des mets créatifs et pleins de fraîcheur qui affolent les papilles. Ici, on commande plusieurs petites assiettes et on les partage. Lors de notre visite, la note orientale était de mise : galettes indiennes crème de coco et citron vert, houmous, croquette de petits pois sauce yaourt et menthe, ainsi que 3 plats avec viande, poisson ou végé. Délicieux desserts et thé glacé maison, ainsi qu'une belle carte des vins.

L'Ancienne Gare — Méditerranéen €€

(06 51 50 78 43 ; www.restaurantlanciennegare.fr ; av. Rhin-et-Danube ; menus midi/soir 19/29 € ; lun midi, mar midi, ven-sam midi et soir et

dim midi). Ce restaurant a pour cadre une ancienne gare, dont les quais jouxtent une ligne aujourd'hui réaménagée en voie verte... Balade digestive en perspective ! Sympathique, le décor l'est tout autant que les assiettes, gourmandes et inventives, tel le maki de légumes, le saltimbocca de volaille ou le poisson poché dans un bouillon thaï. Service avenant. Une excellente table.

Renseignements

Office du tourisme (04 66 77 57 51 ; www.piemont-cevenol-tourisme.com ; 26 rue des Boisseliers)

Depuis/vers Sauve

Les bus de la ligne n°140 du réseau **liO Gard** (0806 80 36 60 ; www.lio.laregion.fr) font la liaison entre Nîmes et Sauve plusieurs fois par jour (50 min environ).

Mialet

Au milieu d'une vallée sauvage (surnommée la vallée des Camisards ; voir l'encadré ci-contre), les hameaux de Mialet, à l'architecture cévenole caractéristique, furent un refuge des camisards et demeurent une terre emblématique pour la communauté protestante. Depuis 1911, année de l'inauguration du musée du Désert, chaque premier dimanche de septembre, l'assemblée du Désert réunit près de 15 000 personnes de France et d'Europe pour commémorer le passé et transmettre les valeurs de l'identité huguenote.

La guerre des Camisards

En 1685, la révocation de l'édit de Nantes par Louis XIV priva les huguenots de la liberté de culte dont ils jouissaient depuis sa promulgation en 1598. Les persécutions à l'encontre de ceux qui refusaient d'abjurer le protestantisme étaient féroces : les prédicants étaient mis à mort, les hommes condamnés aux galères, les femmes emprisonnées et leurs enfants envoyés dans des orphelinats catholiques. Beaucoup émigrèrent, mais d'autres trouvèrent refuge dans des lieux reculés où ils pouvaient pratiquer leur foi.

La guerre des Camisards éclata en 1702 au Pont-de-Montvert (p. 236) avec l'assassinat de l'abbé du Chayla, soupçonné de torturer des huguenots. Plusieurs bandes se formèrent alors dans le maquis cévenol. C'est de là que Pierre Laporte, dit Rolland, jeune chef camisard âgé de 22 ans, organisa la résistance contre les troupes royales. Les huguenots combattaient en chemise (*camiso* en langue d'oc), d'où leur nom de camisards. S'ils ne furent jamais que 2 500 à 3 000, les camisards tinrent en échec les 30 000 soldats des troupes royales de 1702 à 1705. Mialet, fief des camisards, paya un lourd tribut à cet épisode et sa population fut déportée en 1703.

À voir et à faire

Des spots de **baignade** émaillent la route filant vers Saint-Jean-du-Gard. En amont du pont des Abarines, un parking assez vaste d'où part un sentier en facilite l'accès. Des panneaux alertent les visiteurs sur le nécessaire respect des lieux et de la nature. La vallée du Gardon du Mialet, aux eaux cristallines, est classée en site Natura 2000.

Grotte de Trabuc Réseau souterrain

(04 66 85 03 28 ; www.grotte-de-trabuc.com ; Mialet ; adulte/13-17 ans/- 12 ans 13,50/12/7,80 €, gratuit - 5 ans ; visite guidée juil-août tlj 10h-18h, avr-juin et sept tlj 10h30-17h30, vac scol 10h30-17h30, oct-mars sam-dim 10h30-17h30, fermé mi-déc à jan). On dit qu'elle servit de refuge durant les guerres de Religion à quelques camisards et que des brigands, les trabucayres, armés de leur *trabuc* (tromblon) en firent leur repaire. Voilà pour ses légendes. Sa géologie, elle, dévoile, le long de 1 km de galeries, le patient

travail de l'eau au fil des millénaires. De magnifiques concrétions s'épanouissent dans différentes salles : cascades, lacs aux reflets bleu-vert, perles des cavernes (poussière recouverte de couches d'albâtre par ruissellement). Les visiteurs viennent surtout admirer la fameuse salle des 100 000 soldats, où des milliers de monticules coniques posés à même le sol se dressent comme une armée. Visite guidée (1 heure environ) en saison estivale ; muni d'un audioguide hors saison (audioguide spécial enfant et carnet de jeux offert sur place).

Musée du Désert Histoire du protestantisme

(☎ 04 66 85 02 72 ; www.museedudesert.com ; Le Mas Soubeyran, Mialet ; adulte/- 18 ans 6/4,50 €, gratuit - 10 ans ; ⏲ juin-sept tlj 9h30-18h30, mars-mai et oct-nov 10h-12h30 et 14h-18h). Dans le joli hameau du **Mas Soubeyran**, la maison de Pierre Laporte, surnommé Rolland, chef camisard tué en 1704, abrite un excellent musée consacré à l'histoire du protestantisme dans les Cévennes. Il fait revivre la révolte des camisards et la période dite du "Désert", courant de la révocation de l'édit de Nantes à la Révolution française, lorsque les huguenots étaient obligés de vivre clandestinement leur foi (voir l'encadré p. 209). À l'intérieur, attardez-vous sur les édits royaux, qui montrent l'implacable progression des mesures prises à l'encontre des camisards. Le très typique hameau du Mas Soubeyran est situé à 3 km au sud de Mialet et à 8 km d'Anduze par la D50. Il se situe sur le chemin de Stevenson. Vous y trouverez un snack avec une terrasse bordée de lauriers roses.

Saint-Jean-du-Gard

Village agréable s'étirant le long du Gardon de Saint-Jean, Saint-Jean-du-Gard est entouré de collines verdoyantes propices à la randonnée. Marqué par les guerres de Religion (son château fut brûlé au XVIe siècle par les troupes royales avant d'être reconstruit peu après), il s'est ensuite développé grâce aux activités liées au cuir, à la laine et surtout à la soie ; on compta jusqu'à une vingtaine de filatures dans les rues du village. Enfin, c'est ici, à l'auberge d'Oronge, que Robert Louis Stevenson abandonna son ânesse Modestine après un long périple à travers les Cévennes (voir l'encadré p. 237). Saint-Jean-du-Gard se découvre en priorité le mardi (marché hebdomadaire annuel) et le samedi matin (marché de producteurs locaux d'avril à octobre), lorsque toute la population cévenole se donne rendez-vous.

À voir

Maison Rouge – musée des Vallées cévenoles Culture cévenole

(☎ 04 66 85 10 48 ; www.maisonrouge-musee.fr ; 5 rue de l'Industrie ; adulte/enfant 8/4 €, gratuit - 13 ans ; ⏲ juil-août tlj 10h-18h, avr-juin et sept-oct tlj 10h-12h30 et 13h30-18h, fév-mars et nov-déc mer-dim 14h-18h). Brillamment réhabilitée, la dernière filature de soie à avoir fermé ses portes en France en 1965 abrite désormais un superbe musée. Dédié à la culture cévenole, le parcours contemporain et didactique y relate, en 12 salles et près de 10 000 objets, les différents aspects de la vie quotidienne rurale, ainsi que les éléments ayant marqué l'histoire et l'identité de la région. Une section particulièrement réussie est consacrée à la sériciculture. Un espace d'exposition temporaire complète le parcours avec la vision d'un artiste contemporain. Remarquable. Des visites guidées sont proposées en juillet-août les mardis et dimanches à 15h, ainsi que, hors saison, le premier dimanche du mois ; comptez un supplément de 2 € par personne sur le tarif d'entrée.

Où se loger et restaurer

Hôtel l'Oronge Historique €

(☎ 04 66 85 30 34 ; www.loronge.com ; pl. de la Révolution ; menu déj en sem 14,50 €, menus 21-33,50 €, menu enfant 12,50 € ; d/tr/qua 69/90/108 €, petit-déj 8,50 € ; wifi P). Certes, le décor a changé, mais c'est bien dans cet ancien relais de diligences du XVIIe siècle que Robert Louis Stevenson acheva son périple cévenol (voir l'encadré p. 237). Dans les assiettes, une cuisine plébiscitée faisant honneur au produit du terroir. L'hébergement vaut pour son cadre atypique : 17 chambres au confort simple réparties autour d'un patio à deux étages.

Les Jardins de la Falguière Chambre et table d'hôtes €€

(☎ 06 35 93 92 47 ; jardinsdefalguiere.fr ; hameau de Falguières ; d 80-103 € selon confort et saison, gîte 875 €/sem ; Wi-Fi P). Ce vaste domaine de charme situé en pleine nature, en retrait de la route principale de la vallée Française (vers Saint-Étienne-Vallée-Française), baigne dans une ambiance méridionale, au son des cigales. Le jardin, ponctué de hamacs et de chaises longues, invite à la détente et, en contrebas, la rivière permet de se rafraîchir. Admirablement rénovée il y a peu, la bâtisse accueille 5 chambres d'hôtes, élégantes, spacieuses et lumineuses (transformables en 2 suites), et un gîte en rez-de-chaussée. Petit-déjeuner à base de produits maison et locaux, à l'instar de la table d'hôtes (adulte/6-12 ans 27/15 €, offert - 6 ans).

Lettres et Mets Cuisine bio €

(☎ 06 09 84 10 54 ; www.lettresetmets.com ; 1071 av. René Boudon ; galettes 8-13,50 € ; ⏲ juil-août tlj sauf lun et dim soir, horaires variables hors saison). Une "crêperie salée" toute simple qui met l'accent sur la qualité de ses produits : ici, les galettes de sarrasin font honneur aux produits bio et locaux. Option végane et sans gluten, et excellents desserts maison (pas de crêpes sucrées, mais des gourmandises comme le tiramisu, à la châtaigne ou au café). Une halte sympathique, astucieusement coupée du parking du supermarché qu'elle jouxte par un mur végétal équipé d'un brumisateur.

Au Petit Bonheur Délices sucrés et glacés

(☎ 04 66 85 11 92 ; 86 Grand rue ; spécialités à partir de 2 € ; ⏲ 7h-12h30 et 15h-19h, fermé mar et dim après-midi, mer tte la journée). Cette pâtisserie et chocolaterie multiplie les récompenses pour ses délices sucrés mettant en exergue les produits de la région.

GEORGES MAURICE / ADOBE STOCK ©

VAUT LE DÉTOUR

La corniche des Cévennes

Entre Saint-Jean-du-Gard et Florac, cette ancienne draille, piste empruntée lors des transhumances, a toujours été un axe de communication important. Reliant la plaine du Languedoc au Gévaudan, l'itinéraire fut élevé au rang de route royale à la fin du XVIIe siècle, afin de faciliter la circulation des troupes réprimant le soulèvement protestant. Aujourd'hui route départementale (D9), elle grimpe depuis Saint-Jean-du-Gard jusqu'au **col de Saint-Pierre** (596 m), qui marque la limite entre le Gard et la Lozère. La route surplombe ensuite la vallée Borgne et la vallée Française avec de magnifiques panoramas. Peu après le village Le Pompidou, la route pénètre sur un causse calcaire au col des Faïsses (1 018 m) avant de redescendre vers Florac après 54 km de trajet.

Située au croisement permettant de descendre dans la vallée vers Sainte-Croix-Vallée-Française – un charmant village doté d'un point info et d'un café très couleur locale –, l'auberge **La Patache** (☎ 04 66 44 73 76 ; www.lapatache.com ; Saint-Roman-de-Tousque, Moissac-Vallée-Française ; d 52-62 €, menus 19-32 € ; ⏲ tlj sauf lun midi et dim soir) propose des chambres fraîches et lumineuses, à prix mini. La terrasse du restaurant, plébiscité pour sa cuisine du terroir, offre une belle vue sur la vallée. Une adresse sans chichis, et un charmant accueil typiquement cévenol !

Vous y trouverez le sacristain (feuilleté au miel de châtaignier et amandes), la modestine en hommage à Stevenson (à base de noisettes, amandes, confiture de fruits rouges et miel de châtaignier), le fondant à la châtaigne (à base de farine de châtaigne et de crème de marron), et l'une des dernières créations : la glace praliné amande et sésame noir. Divins !

Renseignements

Office du tourisme (04 66 85 32 11 ; www.cevennes-tourisme.fr ; 5 rue de l'Industrie). Adjacent au musée des Vallées cévenoles.

Le Vigan

Pendant longtemps, Le Vigan a possédé le seul pont qui enjambait l'Arre (XIIe siècle), faisant ainsi le lien entre Causses et Cévennes. Cette petite bourgade cévenole, réveillée par les touristes à la belle saison, abrite le château d'Assas et quelques beaux hôtels particuliers du XVIIIe siècle, qui illustrent la richesse apportée par la sériciculture (voir l'encadré p. 208). Son poumon vert, le parc des Châtaigniers, et la place du Quai bordée de boutiques et de terrasses s'étendant sur le terre-plein central et ombragé, vous retiendront quelques heures avant de filer à l'assaut de l'Aigoual.

À voir

Musée cévenol — Arts et traditions populaires

(04 67 81 06 86 ; 1 rue des Calquières ; tarif plein/réduit 5/3 €, gratuit - 18 ans ; juil-août tlj sauf mar 10h-13h et 15h-18h30, avr-juin et sept-oct mer-dim 10h-12h et 14h-18h, fermé nov-mars). D'allure modeste de prime abord, ce musée, hébergé dans une ancienne filature de soie du XVIIIe, dresse dans ses étages un joli panorama de ce qui fonde l'identité cévenole. Traditions populaires, économie de montagne – liée à celle des vallées – et histoire y sont ainsi présentées, notamment à travers des reconstitutions très réussies. Il en va ainsi des ateliers de sabotier et de tonnelier reconstruit à l'identique de ceux de deux artisans du Vigan du siècle passé, de même que du foyer cévenol typique des Hautes-Cévennes d'une figure locale. Une salle rend aussi hommage à l'écrivain André Chamson, natif du Vigan. Plus insolite, l'hommage rendu à Coco Chanel, d'origine cévenole, par le biais d'une correspondance avec son frère aîné pendant la Grande Guerre et de quelques effets personnels.

Activités

Aigoual Pleine nature — Activités nature

(06 01 74 95 82 ; www.aigoualpleinenature.fr ; tarifs variables selon activités ; mar-sam 9h-13h et 14h-17h30, dim sur réservation). Large panel d'activités encadrées par des spécialistes : randonnées thématiques sur les drailles de l'Aigoual et autour des gorges, à la journée ou sur 2 jours, canyoning, canoë, tir à l'arc, spéléo ou escalade.

Où se loger et se restaurer dans les environs

Auberge La Borie — Hôtel-restaurant €

(04 67 81 06 03 ; www.aubergelaborie.fr ; Mandagout ; d 124 € en demi-pension ; menus 26 € ; P). Au bout d'une longue route étroite et tortueuse, dans un écrin de verdure, ce beau mas cévenol surplombant une châtaigneraie est idéal pour une pause nature. La délicieuse cuisine familiale (ouverte à la clientèle extérieure) et les chambres à la déco rustique en font une escale de charme. On peut déjeuner sur la terrasse avec vue panoramique, se prélasser au bord de la piscine en contrebas, ou arpenter les sentiers de randonnée qui partent de l'auberge. Demi-pension obligatoire. À 9 km au nord-est du Vigan.

La Tude — Cuisine de marché €€

(04 67 42 99 52 ; pl. de l'Hôpital, Montdardier ; menus 23-30 €, plats 15,90-18,90 € ; tlj sauf dim et lun soir et mer). Dans un charmant village niché à 8 km au sud du Vigan, ce café-restaurant à l'ambiance très locale est une jolie trouvaille. Les mets, simple mais préparés avec soin, en fonction du marché, méritent le détour, et ce en dépit d'un cadre

intérieur assez impersonnel. Service sympathique, et clientèle d'habitués. À la carte : filet de rouget à la tapenade noire, tarte fine aux légumes du printemps, araignée de porc sauce au chorizo doux...

La Cravate Table cévenole €€

(☎06 79 01 34 10 ; Bréau-et-Salagosse ; plats 11-19 € ; horaires variables). Agrippée à la jolie route menant à l'Aigoual via le col du Minier, la Cravate, perchée à 900 m d'altitude, offre une vue magistrale sur les Causses depuis sa terrasse, comme suspendue. On y déguste pour l'essentiel des grillades cuites au feu de bois dans la cheminée, avec la délicieuse envie de laisser filer le temps. Cuisine à base de produits locaux exclusivement, desserts et frites maison.

Renseignements

Maison de pays (☎04 67 81 01 72 ; tourismecevennesnavacelles.com ; pl. du marché). Des cartoguides VTT/cheval et/ou randonnée sont en vente (5 €) pour découvrir les vallées environnantes. Également de précieux conseils sur les sites de baignade dans les lacs et les rivières du pays viganais.

Depuis/vers Le Vigan

Le Vigan est relié à Nîmes par les bus de la ligne n°140 du réseau **liO Gard** (www.lio.laregion.fr). On peut également sy rendre depuis Montpellier avec la ligne n°608 du réseau **Hérault-Transport** (www.herault-transport.fr).

Mont Aigoual

Masse de granit recouverte d'une épaisse forêt de conifères, le mont Aigoual sépare les collines cévenoles, au sud-est, des causses calcaires au nord et à l'ouest. Sa silhouette sombre est le fruit d'une politique de reboisement initiée par l'ingénieur forestier Georges Fabre à la fin du XIXe siècle, sur des sols alors usés par les défrichements et le pâturage. Par beau temps, son sommet (1 567 m) offre une vue extraordinaire, embrassant le golfe du Lion : la mer, distante de 60 km, paraît toute proche. À 360°, le panorama

Observatoire du mont Aigoual (p. 214)

LAMAX / ADOBE STOCK ©

Le sentier des 4 000 marches

Au départ du village de **Valleraugue** (à 22 km au nord-est du Vigan), sur le versant méditerranéen de l'Aigoual, ce **sentier** (25 km, durée 8 heures ; départ du parking de la Maison de pays de Valleraugue) est idéal pour découvrir les différents étages de la végétation de l'Aigoual. Châtaigneraies, landes à genêts, sapinières, hêtraies, pelouses alternent jusqu'au long promontoire de l'observatoire. L'ascension du sommet de l'Aigoual depuis l'église de Valleraugue dure 3 heures 30. Le retour se fait par le GR®6 (balisage rouge et blanc), puis, à partir du col du Pas, par un sentier qui redescend de manière parfois abrupte sur Valleraugue. Renseignez-vous sur les conditions météo avant votre départ et gardez à l'esprit que ce sentier est aussi très exigeant (1 200 m de dénivelé !). Les plus motivés rejoindront le sommet de l'Aigoual au lever du soleil pour voir l'horizon s'éclairer à petits feux. Sachez que beaucoup de randonneurs n'effectuent que la montée et organisent une navette pour redescendre depuis le sommet.

s'ouvre sur les Causses, les monts du Cantal et même, par temps clair, sur les sommets des Pyrénées et des Alpes enneigées. Les jours de mauvais temps, sa station météorologique et sa tour crénelée émergent de la brume tel un manoir écossais. Connu pour ses épisodes météorologiques extrêmes – précipitations hors norme, vents violents, masses de neige givrées –, l'Aigoual n'a cessé d'inspirer écrivains et scientifiques. La mythique montagne s'appréhende le long de sentiers qui accueillent chaque été bergers et troupeaux en transhumance. Le massif marque aussi l'entrée des terres du parc national des Cévennes.

À voir et à faire

Observatoire du mont Aigoual — Vigie du changement climatique

(☎ 04 67 42 59 83 ; www.aigoual.fr ; observatoire Météo France, Valleraugue ; expos juil-août 10h-19h, mai-sept 10h-13h et 14h-18h ; entrée libre). Construit entre 1887 et 1894 dans le sillage d'autres stations scientifiques, c'est le dernier observatoire météorologique de montagne encore en activité en France. Après une vaste campagne de restauration, il accueillera, à partir de mai 2023, le Centre d'interprétation et de sensibilisation au changement climatique et une exposition interactive, première du genre en France, en partenariat avec Météo-France.

Les balcons de l'Aigoual — Randonnée

(7 km ; 150 m de dénivelé ; départ de la station de Prat Peyrot). Cette voie aménagée ouverte aux marcheurs, aux cyclistes et aux chevaux (et également praticable en raquettes en hiver) part de la station de Prat Peyrot et emprunte, jusqu'à l'Aigoual, ce qui était à l'origine une ancienne route. Le retour se fait en forêt via le GR60. Le circuit en boucle, d'un total de 7 km (soit 2 heures 15 de marche), est ponctué d'œuvres de land art fabriquées à partir de matériaux naturels.

Abîme de Bramabiau — Rivière souterraine

(☎ 04 67 82 60 78 ; www.abime-de-bramabiau.com ; Saint-Sauveur-de-Camprieu ; visite guidée 1 heure tarif plein/12-16 ans/6-12 ans 11/8/7 €, gratuit - 6 ans ; juil-août tlj 10h-18h, avr-juin et sept visites à 10h30, 12h, 13h30, 14h30, 15h30 et 16h30, oct 10h-16h). Vous n'aurez pas besoin de tendre l'oreille, là où les flots du Bonheur sortent des entrailles du causse de Camprieu, une sourde rumeur – le *brame-biâou* ou bœuf qui brame – se fait entendre. Depuis la forêt, elle vous guide jusqu'à cette faille verticale encadrée par des falaises de 70 m de hauteur d'où jaillit le Bonheur. Un sentier en balcon permet de longer sa course souterraine sur près de 1 km, et, au gré de la visite guidée, de mieux connaître son histoire qui est aussi celle des débuts de la spéléologie moderne. La température ne dépassant pas 10°C, habillez-vous en conséquence. À 20 km au sud de Meyrueis et à 12 km de l'observatoire de l'Aigoual, en direction de Meyrueis.

Station du mont Aigoual-Prat-Peyrot

Ski

(04 67 64 82 15 ; www.pratpeyrot.fr ; forfait adulte demi-journée/journée 16/22 €, enfant 10/14 €). À 1 440 m d'altitude, au col de Prat-Peyrot, sur la commune de Valleraugue, cette station profite de l'environnement exceptionnel de l'Aigoual : panorama superbe, fortes pentes, forêts de châtaigniers, de hêtres, d'épicéas et de sapins. En hiver, 11 remontées mécaniques permettent d'accéder aux 14 pistes de ski alpin, tandis que 30 km sont balisés pour la pratique du ski nordique, et 30 autres kilomètres pour celle des raquettes. En été, la station est le point de départ de **balades à cheval** (réservation auprès de Christele Seranne Larzac 06 81 62 50 35) et à **VTT** (réservation 06 50 10 67 46), notamment le long de la voie de découverte Les balcons de l'Aigoual (page ci-contre). On peut louer un vélo en station en juillet-août ou chez **Cigale Aventure** (09 80 36 37 84 ; www.cigaleaventure.com ; VTT 35/48 € la demi-journée/journée ; 3 rue de l'Horloge, Le Vigan).

Où se loger et se restaurer

Pour composer votre pique-nique, cap sur **Terre d'Aigoual** (tlj 10h-19h en saison, fermé lun hors saison), boutique de producteurs bien fournie en fromages et jouxtant la Maison du tourisme et du parc national des Cévennes (voir p. 216).

Le Clarou

Chambres d'hôtes €

(04 67 85 32 39 ; www.leclarou.com ; Le Valdeyron, Valleraugue ; d/ste avec petit-déj 90-100/150-170 € ;). Coup de cœur pour ce domaine autrefois dédié à la sériciculture, aujourd'hui transformé en maison d'hôtes. Dans l'ancienne magnanerie et sa dépendance se nichent 3 chambres et 2 suites douillettes, certaines avec petite terrasse privée, ouverte sur la montagne et la rivière. Le petit-déjeuner est servi dans l'ancienne filature, ceinte de baies vitrées, ou dehors, sous les arbres. Cuisine d'été et barbecue à disposition. À 5 minutes de Valleraugue, en direction du col du Pas.

Abîme de Bramabiau (page ci-contre)

ADRT 30 ©

Renseignements

Maison du tourisme et du parc national des Cévennes (☎04 67 82 64 67 ; col de la Serreyrède, L'Espérou). Toutes les informations sur le mont Aigoual, la station du Prat Peyrot et le maillage de sentier. Topoguide sur place. L'étage abrite une exposition permanente, simple introduction au massif. Exposition temporaire également.

Maison de pays (☎04 67 64 82 15 ; www.sudcevennes.com ; 7 quartier des Horts, Valleraugue).

Depuis/vers le mont Aigoual

Le toit des Cévennes, à cheval sur les départements du Gard et de la Lozère, se rejoint par différentes routes qui offrent toutes des panoramas sauvages. Avant de vous lancer, jetez un coup d'œil à votre réservoir d'essence et à la météo, parfois capricieuse au sommet.

Depuis Le Vigan, la D48 mène au sommet de l'Aigoual après 38 km via le col du Minier (1 264 m), le col de Faubel (1 285 m) et le col de Serreyrède (1 299 m).

Meyrueis

EMMANUEL DAUTANT ©

Depuis Valleraugue, point de départ du sentier des 4 000 marches, suivez la D986, qui grimpe au sommet de l'Aigoual par une route en lacets de 27 km.

Depuis Meyrueis, comptez 37 km jusqu'au sommet.

Depuis le col de Perjuret (1 028 m), non loin du chaos de Nîmes-le-Vieux (p. 219), prenez la D18 sur 15 km (depuis Florac, comptez 36 km).

GORGES ET CAUSSES LOZÉRIENS

Terres en partie désertiques, les causses lozériens du Sauveterre et Méjean sont entaillés de gorges spectaculaires. Façonnés par une activité pastorale séculaire – l'élevage ovin tient encore ici une place importante –, ces paysages sont peu à peu grignotés par les forêts de pins. Dans ces plateaux karstiques, l'eau a creusé au fil du temps des galeries souterraines qui furent explorées par les pionniers de la spéléologie française, et sont aujourd'hui aménagées. Installés à flanc de falaises, les villages des gorges regardent des paysages grandioses.

Meyrueis

Blotti sur les contreforts de l'Aigoual, entre les causses Méjean et Noir, et fermant les gorges de la Jonte, Meyrueis a développé son activité touristique dès la fin du XIXe siècle, à l'initiative du pionnier de la spéléologie Édouard-Alfred Martel. Une activité qui remplaça très vite la sériciculture et l'industrie chapelière en déclin. Aujourd'hui encore, l'offre hôtelière est très étoffée au regard de la taille modeste du village (900 habitants). Traversé par les eaux de la Brèze, de la Jonte et du Bétuzon, Meyrueis, qui signifie “au milieu des ruisseaux”, conserve un joli patrimoine bâti avec l'église Saint-Pierre, la tour de l'Horloge et un temple de forme octogonale. C'est un bon point de chute pour sillonner les alentours, du causse Méjean aux flancs de l'Aigoual.

Où se loger et se restaurer

Camping Le Capelan Camping €

(04 66 45 60 50 ; www.campingcapelan.com ; route de Millau ; forfait 2 pers 19,50-35 € selon options et saison, mobil-homes 302-429/794-917 € la sem en basse/haute saison ; mai à mi-sept). Bien que situé à moins de 2 km de Meyrueis, ce camping 4 étoiles semble perdu dans les gorges. Tout en longueur entre la route et la rivière, le terrain semi-ombragé, bien entretenu, combine emplacements tentes et mobil-homes. Le principal défaut est qu'il faut traverser la route pour accéder à l'espace piscine (attention aux enfants), néanmoins joliment posé en surplomb de la voie, comme accroché aux falaises. Accès à l'autre rive et aux tables de ping-pong via un pont de singe.

Hôtel Family & Spa Hôtel-restaurant €

(04 66 45 60 02 ; www.hotel-family-meyrueis.com ; 4 quai de la Barrière ; d/tr/qua 84/94/104 €, petit-déj 9 € ; menus 17,50-39 €, menu enfant 11 € ; avr-oct ; P). Le Family porte bien son nom, puisqu'on y est accueilli chaleureusement par deux générations de la famille Julien. Le bâtiment tentaculaire abrite une quarantaine de chambres confortables, récemment rénovées, ainsi qu'un petit espace bien-être. Une piscine se trouve de l'autre côté de la rue. Dans la salle animée du restaurant ou sur la petite terrasse en surplomb de la rivière, on goûte une cuisine de terroir délicieuse : gigot d'agneau sauce châtaigne, pavé de biche de l'Aigoual, assortiment de charcuteries fabriquées et séchées sur place.... Réservation fortement conseillée.

Hôtel Saint-Sauveur Hôtel-restaurant €€

(04 66 31 69 80 ; 2 pl. Jean Séquier ; www.saintsauveurhotelmeyrueis.com ; d à partir de 70 € selon ch et saison, petit-déj 11 € ; menus 38-89 € ; restaurant tous les soirs ;). Dans un magnifique hôtel particulier du XVIIIe siècle situé en plein cœur de ville et superbement rénové, cette adresse cossue compte 7 chambres très confortables, à la décoration kitschissime assumée. Jolie table gastronomique prisée et un rien huppée, à apprécier sur la terrasse ombragée ou dans le cadre délicat du salon.

Achats

Les Brasseurs de la Jonte Bières artisanales

(07 87 20 88 68, 06 76 58 98 42 ; lesbrasseursdelajonte.fr ; Mas Pradès, Gatuzière ; oct-avr lun-ven 9h-12h et 14h-17h, mai-sept tlj 10h-12h et 14h-19h). Blonde, brune, blanche, ambrée, ou spéciale – comme la Mélina, une blonde au miel de châtaignier, ou la Brimbelle, une blanche à la myrtille – s'achètent et se dégustent au Mas Pradès, ancien moulin rénové, posé en bordure de Jonte. Un cadre bucolique dont on peut profiter, le temps d'une mousse, sur l'agréable terrasse à fleur d'eau. Des cuvées bio et des cuvées spéciales figurent également à la carte. Visite gratuite de la **brasserie** (30-45 min ; lun-ven à 17h en juil-août, sans réservation).

Renseignements

Office du tourisme (04 66 45 01 14 ; www.cevennes-gorges-du-tarn.com ; Tour de l'Horloge). En juillet-août, l'office du tourisme organise des visites guidées gratuites du village le jeudi à 17h.

Gorges de la Jonte

Entre Meyrueis et Le Rozier, où elle rejoint le Tarn, la Jonte a creusé un défilé grandiose séparant le causse Méjean et le causse Noir. Moins fréquentées que les gorges du Tarn (p. 226), ces belles corniches découpées dans un environnement boisé accueillent des nuées de vautours s'accrochant à de spectaculaires falaises ; ces derniers y ont été progressivement réintroduits à compter de la fin des années 1960. Par beau temps, ne manquez pas de les observer à hauteur du **Truel**, également réputé pour ses cultures en terrasses, naturelles ou aménagées (les plus hautes étant occupées par la vigne).

À voir

Grotte de Dargilan
Stalactites

(04 66 45 60 20 ; www.grotte-dargilan-48.com ; Meyrueis ; tarif adulte/- 18 ans 15,40/9,70 €, gratuit - 5 ans ; Dargilan, Meyrueis ; visite guidée tlj du 8 juil à fin août, fermé ven hors saison et déb nov-déb avr). Surnommée la "grotte rose" en raison des teintes naturelles de ses concrétions, elle fut découverte par un berger en 1880 avant d'être explorée par Édouard-Alfred Martel lui-même 8 ans plus tard. Première grotte aménagée à la visite en France (1890), cette caverne à stalactites est aussi considérée comme l'une des plus belles du pays, notamment en raison de ses volumes impressionnants (la salle du chaos a un volume de 143 000 m^3). La visite guidée (1 heure 15) suit un parcours de 1 km à travers différentes salles, dont certaines sont revêtues de draperies minérales roses grandioses. Dommage néanmoins que les explications scientifiques restent succinctes. Les commentaires ont davantage tendance à présenter les différentes formations sous un angle artistique... Le spectacle n'en fait pas moins son œuvre. Visites spécial familles et concerts organisés en saison. À la sortie, beau panorama sur les gorges de la Jonte. Café et agréable espace pique-nique ombragé avec vue. À 5 km de Meyrueis en direction du Rozier.

Maison des vautours
Faune

(05 65 62 69 69, 06 32 02 82 92 ; www.maisondesvautours.fr ; Le Truel, Meyrueis ; adulte/réduit/enfant 7,50/5,50/3,30 €, gratuit - 5 ans ; Le Truel, Saint-Pierre-des-Tripiers ; mar-dim 10h-18h, fermé 2 nov-6 avr). Le vautour avait disparu des gorges de la Jonte dans les années 1940. Grâce à une réintroduction réussie, ce champion du vol plané fait aujourd'hui admirer son envergure (près de 3 m) sur les hauteurs des falaises du Truel. Quatre espèces et près de 1 000 individus nichent aujourd'hui sur les corniches rocheuses : principalement des vautours fauves, mais également le vautour moine et le vautour percnoptère. Le gypaète barbu a, lui, été réintroduit en 2012. La Maison des vautours accueille une exposition très réussie et récemment repensée sur les causes de leur disparition et leur réintroduction dans la région.
Elle aborde aussi la question de l'image des vautours dans les civilisations anciennes et dans les cultures du monde, et notre propre manière de les percevoir. Une plateforme panoramique, antérieure au musée (dès les années 1950, on y faisait payer l'accès depuis le bord de route) et aujourd'hui accessible via un tunnel aménagé dévoile une vue splendide sur les gorges. Dans une salle avec écran géant, on retransmet en direct, avec commentaires, les prises de vue de vidéos braquées sur les nids. Clou de la visite : sur la belle terrasse d'observation en bois, des lunettes permettent d'observer ces redoutables charognards.

Activités

Maison des moniteurs sportifs du Tarn et de la Jonte
Sports nature

(06 81 06 34 96 ; www.guidestarnjonte.com ; 3 rue de l'Horloge, Meyrueis ; à partir de 20-47 € par pers selon activité). Les moniteurs proposent de s'initier au canyoning, à la spéléologie, à la via ferrata et à l'escalade. Bureau ouvert en juillet-août.

Où se loger et se restaurer

Hôtel-restaurant de la Jonte
Cadre nature €

(05 65 62 67 82 ; www.hotelrestaurantdelajonte.fr ; Les Douzes, rte des Gorges de la Jonte, Meyrueis ; s/d/tr/qua 45-50/58-68/68-78/78-88 € ; menus 14,50-34 €, plats 10-19 € ; fermé nov-Pâques ; P). Sur la route des gorges de la Jonte, cet établissement jouit d'un cadre superbe, surplombé par le roc Saint-Gervais. Récemment rénovées, les 25 chambres, simples et pimpantes, sont très propres. Au calme, elles s'ouvrent sur le lit de la rivière... Spectacle garanti ! Piscine sur place. Au restaurant, dans une atmosphère très conviviale, on savoure une cuisine de terroir riche et goûteuse, à tarif imbattable. Accueil chaleureux.

PASCAL / ADOBE STOCK ©

Belvédère des vautours dans les gorges de la Jonte

Renseignements

Office du tourisme gorges du Tarn, Causses et Cévennes (04 66 45 01 14 ; www.cevennes-gorges-du-tarn.com). L'office du tourisme est installé dans une camionnette mobile, "la Caselle", sur la place principale du Rozier (qui fait aussi office de parking principal).

Causse Méjean

Aride et dénudé, le causse Méjean surplombe les gorges du Tarn et de la Jonte à une altitude oscillant entre 700 et 1 247 m. Ce vaste plateau calcaire (33 000 ha) déroule des paysages de steppe à la beauté époustouflante, baignés d'une singulière lumière d'altitude. Subissant la rudesse d'un climat étouffant l'été et glacial l'hiver, il est le siège d'une grande richesse floristique et faunique (avec notamment l'œdicnème criard, un oiseau typique des steppes, et de nombreuses orchidées). Sur cette île en plein ciel, le vent siffle dans vos oreilles et les yeux se perdent dans un horizon sans fin. Les routes qui cisaillent cette immensité confèrent une indicible sensation de liberté. Si l'homme s'y fait rare (1,5 habitant au km^2), l'élevage ovin y tient une place importante. Plus de 20 000 moutons sont dispersés sur de grandes exploitations, qui perpétuent une culture agropastorale millénaire, inscrite sur la liste du patrimoine mondial.

À voir

Sur le causse, vous trouverez aussi **10 balades à pied** (dont le chaos de Nîmes) et **2 circuits VTT** balisés.

Chaos de Nîmes-le-Vieux Curiosité géologique

Résultat d'une érosion sélective, le chaos rocheux de Nîmes-le-Vieux, baptisé par analogie avec celui de Montpellier-le-Vieux (dans l'Aveyron), présente des reliefs ruiniformes étonnants nés de la dissolution de la roche calcaire. Un sentier d'interprétation en boucle de 3 km permet de déambuler dans ces amas de rochers lunaires au départ de L'Hom et dans la direction de Gally (1 heure, sans difficulté). Pour vous y rendre, prenez la direction de Veygalier depuis le col de Perjuret (D996). À 15 km de Meyrueis et 21 km de Florac.

De gauche à droite : chaos de Nîmes-le-Vieux ; cheval de Przewalski ; Causse-Méjean

Aven Armand — Grotte

(☎ 04 66 45 61 31 ; www.aven-armand.com ; Hures-la-Parade ; adulte/5-18 ans 16,90/11,30 €, gratuit - 5 ans ; 🕒 juil-août tlj 10h-18h, avr-juin et sept-oct tlj 10h-12h et 13h30-17h, fermé nov-mars). Les multiples découvertes spéléologiques faites sur les causses lozériens ont valu à la région le surnom de "terre des cavernes". Le puits naturel de l'aven Armand en est l'emblème. On doit sa découverte à Louis Armand, forgeron de son état, qui accompagnait en 1897 une exploration menée par Édouard-Alfred Martel, le grand pionnier de la spéléologie. Grâce à un funiculaire qui s'enfonce dans les profondeurs du causse à plus de 60 m sous terre, on accède à la grande salle où, nous dit-on, la cathédrale Notre-Dame de Paris entrerait sans peine. Une belle mise en son et lumière sur le thème du *Voyage au centre de la Terre* de Jules Vernes permet d'y admirer la forêt de stalagmites, avec plus de 400 spécimens. Le clou de la visite (1 heure) est la plus grande stalagmite connue à ce jour, haute de 30 m. La température sous terre reste fraîche (12°C). L'été, à moins d'avoir réservé au préalable sur le site Internet, préférez les premières visites du matin pour échapper à la foule. Des visites "Exploration" avec descente en rappel accompagné d'un moniteur sont possible (à partir de 12 ans, jeudi et dimanche de mi-juillet à fin août, dimanche seulement hors saison). L'expédition (2 heures) comprend une visite de la grotte sous un angle bien spécifique à la spéléologie. Boutique et restaurant type snack sur place, privilégiant le circuit court.

Chevaux de Przewalski — Faune

(☎ 04 66 45 64 43 ; www.takh.org ; Le Villaret, Hures-la-Parade). Cette réserve de chevaux de Przewalski, vivant en semi-liberté, présente l'unique espèce de chevaux sauvages au monde. Créée en 1990 par l'association Takh, elle a pour but de les étudier, de veiller à leur préservation et de les réintroduire en Mongolie sur la terre de leurs ancêtres. L'été, l'association assure un accueil du public et renseigne sur cette espèce farouche qui a toujours refusé de se laisser domestiquer. Elle propose aussi une **expérience en immersion** (2 heures ; 55 € ; 🕒 juin ven-sam, juil-août mar, jeu et ven).

JEAN BERNARD CARILLET ©

On peut aussi participer au suivi scientifique des chevaux sur une demi-journée (95 €) ou tenter de les apercevoir dans leur enclos de... 400 ha ! Profitez-en pour visiter le hameau caussenard typique du Villaret, où est installée l'association et une antenne du Parc national des Cévennes. Certaines installations dateraient du Moyen Âge. Sur place, une exposition introduit aux spécificités du causse et un circuit d'interprétation permet d'en apprendre davantage sur la vie d'autrefois au village.

La Ferme Caussenarde d'Autrefois — Traditions populaires

(04 66 45 65 25 ; www.ferme-caussenarde.com ; lieu-dit Hyelzas, Hures-la-Parade ; adulte/6-17 ans 6,80/3,50 €, gratuit - 6 ans ; juil-août tlj 11h-19h, mai-juin et sept 11h30-18h30, avr et oct 12h30-18h, fermé nov-mars). À Hyelzas, cette ferme du XVIIIe siècle à l'architecture typique comblera les amoureux des vieilles pierres. Ses toits en lauze calcaire abritent un passionnant musée de la vie familiale fermière d'autrefois. Ce dernier s'évertue à recréer à l'identique l'atmosphère d'antan, meubles et outillages d'époque à l'appui, et invite le visiteur à déambuler entre ses différents bâtiments. Différentes animations y sont organisées en saison, certaines gratuites (cuisson du pain à l'ancienne, travail de la forge, conte...), d'autres nécessitant un supplément (atelier autour du potager, sur les odeurs, la laine feutrée...).

Le Moulin de la Borie — Moulin à vent

(06 28 19 19 34 ; www.moulindelaborie.com ; Raouzas, rte des Avens, La Parade, Hures-la-Parade ; visite adulte/6-12 ans 5,50/2,50 €, gratuit - 6 ans ; avr tlj sauf sam 13h30-18h, mai-juin tlj sauf sam 11h-18h, juil-août tlj sauf sam 10h-18h, sept mer-ven et dim 14h-18h, oct mer-ven et dim 14h-17h, nov-avr sur rdv). Depuis La Parade, une petite route cernée de pins puis se transformant en chemin grimpe jusqu'à cet ancien moulin à vent du XVIIe siècle, parfaitement restauré. Résultat de la détermination d'une association d'agriculteurs, de boulangers et d'habitants, plus d'une vingtaine d'agriculteurs font désormais partie de l'association "Farines du Méjean", qui a redonné vie à cette filière. La visite guidée (45 min), menée par l'un des deux meuniers opérant sur le site,

SI VOUS AIMEZ...
Les sensations fortes

La nature sauvage de Lozère invite les amateurs de sensations fortes à repousser leurs limites. Ici, au cœur des éléments, tous les sports se pratiquent.

- **Descente en spéléo** Les entrailles de la Lozère sont riches de centaines d'avens et de cavernes à explorer... Non loin de Sainte-Énimie, la **grotte de Castelbouc** (p. 228) est un des lieux d'entraînement incontournables de la région, idéal pour une initiation à la spéléologie. Nous conseillons des prestataires au fil des pages (autour de l'Aigoual, p. 212, à Florac, p. 224).
- **Vol en planeur** Sur le causse Méjean (p. 219), le **Club de vol à voile du Chanet** (☎07 66 48 06 82 ; chanetvolavoile.wixsite.com/accueil) propose des vols d'initiation en planeur (120 €).
- **À-pic en via ferrata** De nombreuses vias ferratas émaillent le territoire. Classée parmi les 5 plus belles de France, celle du **Malzieu** (p. 251) est l'une des plus réputées. Citons aussi celle de **Villefort**, près de La Garde-Guérin (p. 244), et celle de **Rochefort**, près de Florac (p. 224).

permet de pénétrer à l'intérieur même du moulin et, à l'étage, de découvrir son mécanisme en action. On peut acheter les farines produites sur place ou s'informer sur la liste des boulangeries partenaires. Pour rejoindre le moulin, vous pourrez aussi opter pour le circuit en boucle qui commence à 500 m, là où la route devient un chemin. Des panneaux explicatifs émaillent le parcours.

Où se loger

Les Kasalas Chambres d'hôtes insolites €
(☎06 84 26 16 25 ; www.leskasalas.com ; Hures-la-Parade ; d avec petit-déj 110 €, tarif dégressif à partir de 2 nuits ; P). En contrebas de la Ferme Caussenarde et de la fromagerie du Fédou, cette maison d'hôtes installée sur un terrain étagé propose des chambres douillettes et singulières, comme tirées d'un conte de fées. Chacune d'elle s'ouvre sur une terrasse privative au panorama immense. De nombreux autres espaces de détente ont été aménagés sur le site, oscillant entre potager et jardin d'agrément, ombre et lumière. Une cuisine commune est à la disposition des clients. Ici, tout a été conçu avec des matériaux naturels et l'architecture de l'ensemble dévoile des courbes et des volumes aussi plaisants qu'originaux.
Accueil attentionné.

Oustal de Caouné Chambres d'hôtes et boutique fermière €
(☎04 66 45 64 47 ; www.oustaldecaoune.com ; lieu-dit Nivoliers, Hures-la-Parade ; ch 2/3/4 pers 70-80/85-95/110 €, avec petit-déj ; P). Pour jouir des variations de lumière sur le causse, cette adresse nichée dans un petit hameau de pierre est un point de chute idéal. Deux chambres pleines de charme récemment rénovées sont installées dans de petites maisonnettes en pierre, avec accès indépendant et terrasse. Adjacente, la jolie boutique de la ferme de Caouné vend ses produits en direct.

Où se restaurer

Le Roc des Hourtous Restaurant panoramique €
(☎04 66 48 57 48 ; Le Roc des Hourtous, Rieisse ; plats 18-22 € ; ⏰juil-août tlj, avr-nov tlj sauf mer). Pour un point de vue imprenable sur les gorges, cap sur ce bar-restaurant où la tranquillité est de mise, même en été ! On déguste, attablé à l'ombre, une cuisine gourmande et faite maison : des assiettes composées pleines de saveurs (comme la Fario : truite fumée bio, muffin aux poireaux, salade, choux rouge, tomate, tzatziki et frites), des bières et limonades locales ou des glaces artisanales servies à toute heure. Attention, réservez !

Ô Garage — Pizza et soirées €

(☎09 67 55 95 72, 06 48 08 20 79 ; lieu-dit Parade, Hures-la-Parade ; plats 7,50-22 € ; ⌚mai-sept tlj sauf lun, oct-mai sur réservation). Sympathique et décontractée, cette adresse est réputée, d'une part, pour ses copieuses pizzas au feu de bois – mais on y trouve aussi de très bonnes frites maison et burgers – et d'autre part, pour ses soirées festives et concerts organisés certains soirs d'été. Terrasse.

Achats

Voir la boutique de la ferme de Caouné, plus haut.

Le Fédou — Fromagerie

(☎04 66 45 66 74 ; www.fedou.com ; lieu-dit Hyelzas, Hures-la-Parade ; ⌚lun-sam 10h-18h). Halte incontournable ! Isolée au milieu du causse, cette fromagerie réputée propose une large gamme de fromages de brebis au lait cru (une quinzaine en tout). Assiettes de fromage et de charcuterie à déguster sur place et bonne sélection de produits locaux (bières, limonades, confitures, pâtés...). Des fromages en libre-service sont laissés pour les clients en dehors des horaires d'ouverture. À 3 km de l'aven Armand, en direction de la D63.

Florac

Entre Cévennes protestantes et causse catholique, l'unique sous-préfecture de Lozère (2 000 habitants) est la porte d'entrée des gorges du Tarn et du causse Méjean. Nichée au pied des falaises du causse et étalée le long du Tarnon, un affluent du Tarn, Florac occupe un joli site. Irriguées par la source du Pêcher, les ruelles du centre-ville invitent à une agréable promenade, notamment les jours de marché. L'ancienne gare abrite aujourd'hui le siège flambant neuf du parc national des Cévennes (voir l'encadré p. 224). L'été, la ville connaît une forte affluence.

Activités

Pour une pause baignade, direction le **rocher des Fées**, où deux bassins d'eau claire sont sertis entre des blocs de pierre,

Baignade dans le Tarnon, Florac

Le parc national des Cévennes

Créé en 1970, il partage avec le parc national des Calanques la particularité d'être habité. Son territoire comprend 109 communes et 2 035 km² répartis dans les hautes terres des Causses, du mont Lozère et de l'Aigoual, mais aussi dans les vallées cévenoles. Distingué par l'Unesco au titre de réserve de biosphère en 1985, il l'est également, depuis 2011, au titre du patrimoine mondial pour les paysages agropastoraux des Causses et des Cévennes. La qualité de son ciel étoilé a aussi été récompensée par le label "Réserve internationale de ciel étoilé". Son action se concentre sur la sauvegarde du patrimoine naturel, culturel et paysager et le soutien au pastoralisme. Le parc a aussi été le fer de lance de la réintroduction de plusieurs espèces (vautours, cerfs, castors).

Établie dans l'ancienne gare, la **Maison et relais d'information du parc national des Cévennes** (04 66 45 01 14 ; www.cevennes-parcnational.fr ; pl. de l'Ancienne Gare, Florac ; juil-août tlj, avr-juin et sept-oct lun-sam, nov-mars lun, mer et ven, vérifier les horaires) abrite une excellente exposition permanente mettant en lumière la biodiversité du parc, son histoire et ses paysages de façon ludique et didactique. Sur place également, une boutique rassemble une importante documentation (livres, topoguides, ou encore fiches des sentiers de découverte – dont certaines téléchargeables en ligne sur destination.cevennes-parcnational.fr). L'été, elle propose diverses animations : petites randonnées, balades naturalistes et contées, expositions, conférences, veillées, etc.

Sur le territoire du parc, notamment dans son "cœur", veillez à respecter scrupuleusement la réglementation : pas de camping sauvage, pas de cueillette, pas de feu et pas de dépôt d'ordures sauvage.

au lieu-dit Pont de Barre, sur la route de Meyrueis. Seul inconvénient : la route passe juste derrière (difficile de l'oublier).

Sport Nature Lozère — Sports nature, observation des étoiles

(06 83 41 73 08 ; www.sport-nature-lozere.com ; 11 esplanade Marceau Farelle ; canyoning à partir de 55 €, spéléologie/via ferrata à partir de 38 €). Au programme : canyoning dans les gorges du Tapoul ou dans le canyon du Haut-Tarn, traversée spéléo de Bramaiau, via ferrata de Florac ou de Rousses ou encore soirée initiation à l'astronomie (29 € ; le parc a été distingué Réserve de ciel étoilé en 2018) sur le causse Méjean. Le prestataire officie la majeure partie de l'année, mais le local en centre-ville n'est ouvert qu'en juillet-août.

Cévennes Évasion — Accrobranche, sports nature

(04 66 45 18 31 ; cevennes-evasion.fr ; zone commerciale Saint-Julien-du-Gourg, Florac ; parcours adulte/6-8 ans/4-6 ans 18/12/6 € ; juil-août tlj 9h-12h30 et 14h-19h, reste de l'année lun-ven 9h-12h et 14h-18h). Créé par un spéléologue, ce parc, situé en bordure du Tarn, propose 3 parcours, dont le plus difficile comporte des tyroliennes passant au-dessus du Tarn. Aire de pique-nique à disposition. En dehors de son parc d'aventure, ce prestataire propose de nombreuses autres activités (journée 35-65 €), dont des sorties spécialement adaptées aux familles : canyoning, via ferrata, spéléo ou canoë. Location de vélos également. Un bureau ouvre en juillet-août place de l'Esplanade, au cœur de Florac.

Le km0 — Location de vélos

(06 58 58 11 61, 07 88 17 82 88 ; 3 pl. d'Arbucies ; VTT sans/avec assistance électrique demi-journée 15/35 €, journée 25/45 €). Installé dans la maison à l'angle du pont de la Gare, face à la Maison du tourisme

– un carrefour stratégique ! –, Le km0 vous permet de louer votre monture pour partir à la découverte du Tarn, du Méjean et de l'Aigoual. À moins que La Cévenole, la nouvelle voie verte au départ de Florac permettant à l'heure actuelle de rejoindre Saint-Julien-d'Arpaon, ne vous fasse de l'œil.

Où se loger et se restaurer

La Lozerette Hôtel-restaurant €€
(04 66 45 06 04 ; www.lalozerette.com ; Cocurès ; s-d/tr-qua 72-110/125-135 €, petit-déj 10-16 € ; menus 32-49 €, menu enfant 14 €, plats 19-25 € ; avr à mi-nov, restaurant juil-août tlj sauf lun-mer midis, hors saison fermé aussi lun-mar soirs aux clients extérieurs ;). Dans le hameau de Cocurès (à 6 km de Florac, vers Pont-de-Montvert), La Lozerette est une valeur sûre. Les 20 chambres, tout confort, avec balconnet, donnent sur l'église et le village. Pierrette Agulhon, la maîtresse des lieux, également sommelière, gère le restaurant. Cette excellente table à l'ambiance très sage et au service formel sert une cuisine du terroir et de saison. Ne manquez pas le gargantuesque plateau de fromages. Véritable mine d'or, la carte des vins comprend près de 300 références.

Hôtel des gorges du Tarn – Restaurant l'Adonis Trois-étoiles €€
(04 66 45 00 63 ; www.hotel-gorgesdutarn.com ; 48 rue du Pêcher, Florac ; s-d/tr-qua 75-115/88-115 € selon saison et confort, petit-déj 12 € ; formule midi 23 €, menus 29,50-60 €, menu enfant 15 €, plats 24-27 € ; avr-oct, restaurant tlj, fermé mer et jeu midis hors saison ;). Dans un quartier résidentiel sans charme particulier, cet établissement familial rassemble une trentaine de chambres modernes et confortables, mais sans supplément d'âme. Son atout ? Son restaurant, l'Adonis, où Martial Paulet magnifie les produits du terroir, avec des tarifs en conséquence.

Maison Wina Chambres d'hôtes €€
(04 66 34 18 82, 06 78 09 18 09 ; maisonwina.com ; Pont de Barres, Florac ; d 85 € avec petit-déj, table d'hôte adulte/- 12 ans 35/12 € ; avr-oct, restaurant tlj, fermé mer midi hors saison ;). Cette propriété, aux bâtiments mitoyens, de prime abord sans charme, dissimule dans l'un d'eux 2 chambres magnifiques, avec poutres apparentes, murs en pierre et détails soignés aux tonalités pastel. Elles disposent chacune d'une entrée indépendante et peuvent accueillir une personne supplémentaire. On savoure le petit-déjeuner sur une terrasse bucolique face au vieux pont et (seul bémol) la route toute proche. Accueil charmant.

Achats

L'Atelier du miel et de la châtaigne Délices de Lozère
(04 66 45 28 41 ; fermé dim-lun). Céline et David ont créé une adresse incontournable axée autour de deux produits phares des Cévennes : la farine de châtaigne et le miel. Difficile de ne pas saliver devant cette belle vitrine où s'étalent sablés au miel des Cévennes, croquants à la châtaigne, guimauve, pain d'épice et pains spéciaux. Deux adresses à Florac : l'une en centre-ville (64 av. Jean-Monestier), l'autre dans la zone commerciale Saint-Julien-du-Gourg (la plus souvent ouverte).

Chez les Paysans de l'Esplanade En direct des producteurs
(04 66 47 76 61 ; 8 espl. Marceau ; Pâques-Toussaint, tlj juil-août 9h-19h, mar-dim matin reste de l'année). Une quinzaine de producteurs et artisans locaux proposent leurs produits en vente directe. Dans le cœur de ville, sur l'esplanade Marceau.

Jeans Tuffery Jeans locaux
(04 66 45 00 94, 04 66 45 00 70 ; www.ateliertuffery.com ; ZA St Julien du Gourg, Florac ; lun-sam 9h-12h et 14h-19h). C'est la plus ancienne fabrique de jeans en France ! Depuis sa fondation en 1892, cette entreprise cultive son savoir-faire. Aujourd'hui, Julien, l'arrière-petit-fils de Célestin Tuffery, lui a donné un nouveau souffle en l'axant sur le développement durable, avec jeans en chanvre ou en laine des Causses !

Renseignements

Maison du tourisme et du parc national des Cévennes (☎ 04 66 45 01 14 ; www.cevennes-gorges-du-tarn.com ; pl. de l'Ancienne Gare). Voir p. 224.

Depuis/vers Florac

Durant la période estivale, la société de transport régional **liO** (www.lio.laregion.fr) assure une desserte des villages des gorges du Tarn depuis Florac avec la ligne 258. Il est aussi possible de rejoindre Pont-de-Montvert et la station du mont Lozère avec la ligne 261.

Gorges du Tarn

Entre Ispagnac et Le Rozier, la D907*bis* suit le cours du Tarn le long d'un canyon entre le causse Méjean et le causse de Sauveterre : 53 km de méandres à travers défilés, cirques, failles ou arches dolomitiques dévoilent la puissance de la nature qui a sculpté le paysage depuis l'ère quaternaire. Au Point Sublime ou au roc des Hourtous, on peut embrasser du regard une partie du gigantisme du canyon, de plus de 600 m de profondeur. Cascades, sources résurgentes, grottes, traces volcaniques, lacs souterrains... Nombre de trésors s'y cachent. On les découvre par des sentiers de randonnée ou lors d'une descente en canoë-kayak (43 km). La portion la plus grandiose et la plus étroite se situe entre Sainte-Énimie et La Malène. Les rives du Tarn foisonnent de lieux propices à la baignade. En été, la route des gorges connaît une affluence record.

Le site www.cevennes-gorges-du-tarn.com réunit les informations sur l'ensemble des gorges, à cheval sur la Lozère et l'Aveyron.

Quézac

La renommée du village vient de sa source minérale gazeuse, alimentée par le massif de l'Aigoual. Sur les hauteurs se tient d'ailleurs une usine moderne d'embouteillage des eaux de Quézac. À l'entrée du village, un beau pont à 6 arches enjambe le Tarn : il fut construit à partir du XIVe siècle, à l'initiative du pape Urbain V, pour permettre aux pèlerins de rejoindre un sanctuaire dédié au culte de la Vierge.

À voir

Eau de Quézac — Source et usine

(☎ 04 66 45 47 15 ; www.eaudequezac.com ; tarif plein/réduit 4/2 €, gratuit - 10 ans ; ⏲ 2 départs de visite par jour juil-déb sept à 10h ou 10h30 et 14h ou 14h30). Connue depuis l'époque celte, la source de Quézac était autrefois réputée miraculeuse. Elle produit depuis 1995, sous une marque appartenant au groupe Nestlé, une eau minérale gazeuse. Le départ des visites se fait dans le village, à proximité du pont médiéval (premier bâtiment à droite juste après l'avoir passé en se dirigeant vers le village). Comptez 1 heure 30 de visite ; réservation obligatoire.

Achats

Domaines des Cabridelles et de Gabalie — Vin de Lozère

Dans les gorges du Tarn, la vigne était cultivée depuis l'époque romaine. En 1960, il existait encore plus de 100 vignerons. Tombée à l'abandon, la viticulture réapparaît timidement sur les terrasses des gorges entre Ispagnac et Sainte-Énimie grâce à la réimplantation de ceps de chardonnay. Deux vignobles se sont lancés dans l'aventure : le **domaine de Gabalie** depuis 2003, et le **domaine des Cabridelles**, depuis 2006. Tous deux tiennent une **cave commune** (☎ 06 50 54 00 13 ; pl. du Sabot, Ispagnac) sur place, où acheter et déguster leurs crus. Ispagnac est à 2 km de Quézac en direction de Florac.

Sainte-Énimie

Classé parmi les plus beaux villages de France, Sainte-Énimie est accroché au flanc du causse de Sauveterre sur un méandre du Tarn. Il se découvre au gré de ruelles pavées pentues bordées de maisons médiévales et Renaissance, d'échoppes médiévales, de places pittoresques (place au Beurre, place aux Oules, place du Presbytère) grimpant

JEAN MICHEML DEBORDE / ADOBE STOCK ©

À NE PAS MANQUER

La découverte des gorges en kayak

Activité phare des gorges du Tarn, une descente en canoë-kayak permet d'accéder au cœur de ce profond canyon et d'approcher certains de ses sites les plus sauvages et reculés. Une jolie façon de prendre la mesure de ces monuments de la nature.

Réputée facile, la descente des gorges du Tarn est ponctuée de lieux de baignade et de villages pittoresques. La seule obligation est de savoir nager (pour les enfants notamment, à partir de 6 ans). La descente peut aussi s'effectuer sur 2 jours, avec diverses possibilités d'hébergement. Sur une journée, les parcours varient de 8 à 24 km et plusieurs points de départ sont possibles. La section entre Les Vignes et Le Rozier, dotée de quelques rapides de classes 2 et 3, est la plus sportive. La portion en amont de Sainte-Énimie, elle, est la moins fréquentée. D'autre part, notez que, juste en amont des Vignes, le Pas de Soucy est infranchissable : la plupart des circuits sont en amont de cette zone, mais vous en trouverez aussi en aval.

Nous mentionnons des prestataires au fil des pages (**La Cazelle**, p. 229 ; **Canoë Au Moulin de La Malène**, p. 232), mais vous pouvez aussi contacter **Le Soulio** (✆04 66 48 81 56 ; le-soulio.com ; La Malène ; ⏲avr-oct) par exemple, posté entre La Malène et Les Vignes, à hauteur du cirque des Baumes. Prévoir boisson, crème solaire, chapeau, cordon de lunettes et serviette de bain. Réserver au minimum la veille pour le lendemain.

jusqu'à l'église Notre-Dame-du-Gourg, de style roman tardif. La légende raconte qu'au VIe siècle, Énimie, belle et pieuse princesse mérovingienne, aurait trouvé dans les eaux de la Burle un remède à sa terrible lèpre. Elle se serait alors installée à proximité de la source et aurait fondé une abbaye, à l'origine de l'actuel village.

En été, le front de boutiques de souvenirs et de cafés surfe sur la vague touristique et les grèves se remplissent de canoës-kayaks colorés. Les jolies boutiques d'artisanat local se cachent plus en retrait, dans les ruelles pavées montant vers l'église. Marché nocturne les jeudis soirs d'été (18h).

Randonnée dans les gorges

Tout le long des gorges (65 km), un sentier en rive gauche permet de découvrir les trésors du Tarn. Spots de baignade, points de vue et villages hors du temps y composent un charmant tableau. Partout où il y a un pont (Le Rozier, Les Vignes, La Malène, Saint-Chély-du-Tarn, Sainte-Énimie, Castelbouc, Montbrun, Quézac et Ispagnac), le sentier est accessible. L'ensemble du parcours est facile, avec peu de dénivelé. Comptez 11,5 km entre Le Rozier et Les Vignes ; 12 km entre Les Vignes et La Malène ; 9 km jusqu'à Saint-Chély-du-Tarn ; 5 km de Saint-Chély à Sainte-Énimie ; 7 km de Sainte-Énimie à Castelbouc ; 3,5 km de Castelbouc à Montbrun ; 6 km de Montbrun à Quezac ; 1,5 km de Quézac à Ispagnac ; et enfin 10 km d'Ispagnac à Florac. Choisissez bien votre portion, certaines comportent plus de dénivelé que d'autres. La section entre Les Vignes et le Pas de Souci/le cirque des Baumes compte parmi les plus spectaculaires (attention au dénivelé). Celle de Castelbouc à Prades (3 km) avec accès à la rivière facile et baignade à la clé fera une agréable balade familiale. Notez que le sentier fait aujourd'hui partie du GR®736 (avec un balisage rouge et blanc spécifique aux GR®), lequel, reliant les sources du Tarn à Albi, doit faire l'objet d'un topoguide en 2023.

Épaulés par des navettes touristiques (voir p. 243), les adeptes de la randonnée pourront se lancer sans contrainte d'un aller-retour. Ce trajet est aussi envisageable en voyage itinérant sur plusieurs jours, avec étapes dans les villages traversés. Les adeptes de belles randonnées entreprendront aussi les corniches du causse Méjean (voir p. 234).

À voir

Source de la Burle — Balade bucolique

Pour revivre la légende de sainte Énimie, faites un tour du côté de la source de la Burle, laquelle jaillit à proximité de l'office du tourisme. Au passage dit de la Burle, ancien moulin correspondant aujourd'hui au troisième niveau sous la mairie, on présente la Burle sous ses divers aspects (historique, hydraulique...), avant d'accéder à la source elle-même. Une vidéo vous fera suivre le cheminement de plongeurs évoluant dans ses profondeurs. Il faut savoir que la Burle assure aujourd'hui la majorité de l'approvisionnement en eau du village. Non loin, depuis l'autre rive, vous pourrez aussi emprunter le **sentier de l'Ermitage**, menant à une chapelle sur les hauteurs du village (1 heure de marche depuis le centre ; gare au dénivelé). C'est à cet endroit qu'une grotte aurait initialement servi d'ermitage à la princesse Énimie de la légende. Beau panorama sur place.

Castelbouc — Hameau

Au bord du Tarn, le pittoresque hameau de Castelbouc est surmonté d'un château féodal en ruine et abrite un des hauts lieux de la spéléologie lozérienne : la **grotte de Castelbouc** (seulement accessible aux personnes équipées et accompagnées, voir l'encadré p. 222). Un sentier serpente à travers ses maisons adossées à la roche. Castelbouc est un bon point de départ pour découvrir les rives du Tarn, avec de nombreuses options de baignades (un spot prisé se tient d'ailleurs à l'entrée du village).

Pour rejoindre Castelbouc depuis Sainte-Énimie, prendre la direction de Quézac et bifurquer sur une route qui descend sur la droite environ 1 km avant Blajoux. Le panorama de Castelbouc est indiqué dans le virage juste avant (faites-y une halte).

Domaine des Boissets — Haut-Lieu de l'agropastoralisme

(☎ 06 40 69 47 46 ; domainedeboissets.fr ; entrée libre ; ⏲ juil-août mar-dim 12h-20h). Posé sur le causse de Sauveterre à 10 minutes de Sainte-Énimie direction Mende (le domaine est ensuite indiqué), ce site magnifique, posté à 975 m d'altitude, n'est plus habité depuis les années 1950. Propriété du conseil départemental de Lozère, il est aujourd'hui un "haut lieu de l'agropastoralisme", au même titre que la maison de site Unesco à Florac. L'ancienne ferme caussenarde, aux bâtiments restaurés dans la tradition, abrite une excellente exposition interactive évoquant la vie sur le causse autrefois, l'architecture caussenarde et l'agropastoralisme. À l'écart du village, un somptueux panorama a été aménagé, avec des panneaux explicatifs. En saison, nombre d'activités et d'événements culturels, portés par 6 associations, s'invitent au domaine. Programme complet sur le site Internet.

Activités

La Cazelle Activités sportives

(☎04 66 48 46 05 ; www.lacazelle.com ; rue des Tendes, Sainte-Énimie). Ce prestataire propose des descentes en canoë depuis Sainte-Énimie jusqu'au cirque des Baumes (23 km, 4/5 heures) ou depuis Montbrun. Également des sorties accompagnées de via ferrata, de spéléologie, de canyoning ou d'escalade, des circuits en VTT ou de la simple location de vélos.

Où se loger et se restaurer

Au moment de notre passage, **Aux 5 Arches** (☎06 26 54 38 32 ; facebook.com/aux5arches ; planches 15 €), une nouvelle adresse prometteuse, ouvrait à la hauteur du "panorama de Castelbouc", sur la route des gorges. Un bar à tapas avec une vue exceptionnelle, programmant spectacles et concerts. Avec une autre adresse de choix à son actif (voir ci-dessous), Castelbouc pourrait bien devenir l'un des rendez-vous prisés des gorges les soirs d'été.

Hôtel Burlatis Hôtel de charme €

(☎04 66 48 52 30 ; www.hotelburlatis.com ; rue de la Combe, Sainte-Énimie ; d/qua 65-81/87-97 € selon saison, petit-déj 9,50 € ; fermé 10 oct-mars ; wifi). Une adresse de charme au cœur du village. Cette vieille maison en pierre aux volets bleu, dissimule 9 chambres récemment rénovées, confortables et, pour certaines, avec vue sur l'Ermitage. Jouxtant l'hôtel, un petit studio familial, tout équipé, peut accueillir 4 personnes. Excellent accueil.

Le Petit Paris Chambres d'hôtes, restaurant €

(☎07 62 65 65 72 ; rue des Tendes, Sainte-Énimie, intersection route des Gorges ; d 68 € ; plats 14,50 € ; wifi). Dans une bâtisse du XVIIe siècle, cette adresse récemment reprise et rénovée propose un restaurant de type brasserie au rez-de-chaussée et 3 petites chambres impeccables dans les étages. Décorées de tons neutres, elles sont toutes orientées vers le Tarn et le village. Celles du 2e étage ont la plus jolie vue. L'adresse pourrait à l'avenir compter davantage de chambres, car le 3e étage reste encore à rénover.

La Tendelle Restaurant €€

(☎04 66 44 94 77 ; rue du Front du Tarn ; menu du jour 16 €, menus 21-31 €, plats 12-20 € ; juil-août tlj sauf mar et ven midi, avr-sept soir uniquement, fermé oct-mars). Sur sa jolie

Castelbouc (page ci-contre)

EMMANUEL DAUTANT ©

terrasse en hauteur des quais, doublée d'un intérieur tout en pierre, La Tendelle propose des plats parfaitement maîtrisés, à des tarifs abordables. La carte est simple et de saison, mettant à l'honneur des produits locaux, souvent bio. Lors de notre visite, le plat du jour était un filet mignon de porc sauce aux cèpes, avec gratin dauphinois et carottes rôties au thym.

Lou Claux Restaurant €€
(07 63 62 76 56 ; lou-claux-restaurant-gorges-du-tarn.eatbu.com ; Castelbouc ; menus 2/3 plats 22/29 €, menu enfant 15 €, plats 21 € ; déb juin-déb oct tlj, crêpes dim soir et lun, fermé reste de l'année). Un sans faute pour cette guinguette en contrebas du village de Castelbouc, posée au bord du Tarn près d'un site de baignade. De la terrasse au jardin, l'ambiance méridionale et bohème invite à transformer le rendez-vous en fête, à toute heure de la journée. L'équipe, sympathique et branchée, s'affaire sur fond de musique tsigane et jazzy à servir une délicieuse cuisine faite de produits locaux, comme le pavé de truite beurre blanc coco ou le travers de bœuf sauce poivre vert. Concert le vendredi soir avec un menu unique (14 €).

Renseignements

Office du tourisme Cévennes Gorges du Tarn
(04 66 45 01 14 ; www.cevennes-gorges-du-tarn.com ; rte de Mende). Il organise des visites guidées gratuites du village tous les mercredis à 10h (rendez-vous devant l'office du tourisme).

Saint-Chély-du-Tarn

Sans doute l'une des plus belles visions des gorges. À l'entrée d'un méandre du Tarn, cerné par de hautes falaises, ce minuscule village sur la rive sud du Tarn est relié à la route par un pont à une arche. Du village, une source s'échappe dans les eaux de la rivière. Le **Moulin de Cénaret** (tlj Pâques à mi-oct), ancien moulin qui accueille une belle boutique d'art et d'artisanat, permet d'en observer le bruyant écoulement. Saint-Chély recèle également une belle église romane et une chapelle sur les hauteurs. La **plage** en contrebas du pont et de la cascade est un joli spot de baignade (très fréquenté en été).

La route de Saint-Chély à La Malène est spectaculaire : ici, dans l'une de ses portions les plus encaissées, le Tarn offre des visions féeriques. D'abord, l'imposant quadrilatère du **château de la Caze** (voir ci-dessous), apparaît sur les bords de la rivière. Quelques kilomètres plus loin, en rive sud du Tarn, le hameau de **Hauterives**, avec ses toits en lauze calcaire, semble hors du temps. Même s'il n'est accessible qu'en barque (la nacelle que vous apercevrez est réservée au transport de marchandises), la vue est déjà magnifique depuis le bord de la route.

Où se loger et se restaurer

Château de La Caze Hôtel de luxe €€€
(04 66 48 51 01 ; www.chateaudelacaze.com ; rte des gorges, La Malène ; d-ste 142-320 € selon ch et saison ; menus 42-90 €, plats 23-39 € ; avr-oct, restaurant mi-juin à mi-sept tlj, fermé mar hors saison ; P). Surplombant un parc adossé au Tarn et une immense piscine, le château de la Caze, construit à la fin du XVe siècle, n'a rien perdu de ses fastes d'antan. Ce décor médiéval, qui abrite désormais 10 chambres et suites, est soigneusement entretenu : couloir couvert de galets du Tarn, lit à baldaquin, sdb rondes dans les tourelles, chapelle consacrée à l'étage, cabinet des Nymphes... Les suites situées dans l'annexe du domaine, plus modernes, ont moins de charme. Côté restaurant, une cuisine gastronomique locale et de saison.

Éden Bar-restaurant-pizzeria €
(04 66 45 66 71 ; www.eden-bar-restaurant.com ; Saint-Chély-du-Tarn ; pizzas 8-13 €, menu du jour 2 /3 plats 18/22 €, menu enfant 8 €, plats 11,50-19 € ; juil-août tlj, avr-sept jeu-dim ;). Une escale qui vaut d'abord pour son charmant cadre bucolique façon guinguette, au bord du Tarn. On s'y attarde pour déguster un plat du jour de bonne facture

(comme le sauté de porc à la provençale ou l'estouffade de bœuf) et profiter de la plage qui s'étend à ses pieds. Ambiance décontractée et concerts rock en saison.

La Malène

Ancien point de passage entre le causse Méjean et le causse de Sauveterre, La Malène abrite un manoir du XVIIe siècle et une église romane. Le village est surtout connu pour être le point de départ de la descente du Tarn avec les célèbres bateliers. C'est aussi un point de départ en randonnée (voir p. 228), en canoë-kayak (p. 232) et en paddle (voir p. 232). De là, on rejoint, après avoir traversé le pont menant à l'autre rive, les points de vue du **roc des Hourtous** (voir plus loin) et du **roc du Serre** (accès gratuit, marche de 10 minutes entre prairie et sous-bois), sur le causse Méjean.

Particulièrement encaissée, la belle portion de route entre La Malène et Saint-Chély voit se succéder le château de la Caze (page ci-contre) et, plus loin sur la rive gauche, le hameau de **Hauterives**, accessible en barque.

À voir

Roc des Hourtous — Panorama

Depuis La Malène, on peut rejoindre le roc des Hourtous, somptueux panorama des gorges du Tarn situé sur le causse Méjean. La route est sinueuse et escarpée (prendre la D43, puis la D16, à 10 km de La Malène). On y trouve un restaurant (voir p. 222).

Activités

Les Bateliers de la Malène — Descente en barque

(☎04 66 48 51 10 ; www.gorgesdutarn.com ; Le Pont, La Malène ; 24 €/pers, jusqu'à 6 pers par barque ; Pâques-Toussaint). Héritiers de la corporation des bateliers qui contrôlait jadis le seul moyen de transport de la vallée (avant l'ouverture de la route), les joviaux bateliers de La Malène, armés de leur perche, vous convient à la découverte des trésors cachés du Tarn. Au fil du parcours, ils délivrent des explications sur la faune et la flore, la géologie et les mille et une petites histoires des maisons qui bordent

Saint-Chély-du-Tarn (page ci-contre)

EMMANUEL DAUTANT ©

la rivière. La descente de 8 km jusqu'au cirque des Baumes se fait en 1 heure environ. Navette retour comprise. Pour éviter une éventuelle attente sur place, réservez 24 à 48h à l'avance.

Canoë Au Moulin de La Malène Descente du Tarn

(04 66 48 51 14, 06 99 37 37 70 ; www.canoeblanc.com/fr ; La Malène ; kayak 1 pers/canoë 2 pers 20-30/38-56 €, location paddle 22-32 €/pers ; tlj avr-oct). Basé à La Malène, ce prestataire propose des départs depuis La Malène, Saint-Chély-du-Tarn et Sainte-Énimie. Navette retour comprise dans le prix. C'est le seul prestataire des gorges à proposer une **descente en paddle de nuit** (à partir de 48 € ; départ 19h, retour vers 23h-minuit), avec un guide.

Lou Mystery Escape game

(06 12 73 40 46 ; loumysteri.com ; route de la Canourgue, La Malène ; 2/4/5/6 pers 80/90/110/120 € ; tte l'année tlj à partir de 9h30, puis ttes les 1 heure 30 jusqu'à 21h30). Un escape game haletant, dont on fait les louanges. En partie théâtralisée, avec pour cadre une vieille maison sur les hauteurs de La Malène, l'enquête (de 1 heure effective, hors présentation) s'attache à percer les mystères d'une disparition soudaine. Accessible dès 12 ans. Deux autres escape games (1 heure de jeu effectif) se déroulent le soir à partir de 20h à la Ferme Caussenarde du causse Méjean (voir p. 221).

Renseignements

Office du tourisme Cévennes Gorges du Tarn
(04 66 45 01 14 ; www.cevennes-gorges-du-tarn.com ; village, La Malène).

Les Vignes

Au cœur des gorges, le village des Vignes est une excellente base de découverte. S'y dévoilent un ancien four à pain, une maison transformée en chapelle, un moulin à foulon et, sur la rive gauche, l'**église Saint-Préjet**, joyau roman (XIe), au toit en lauze calcaire et modillons sculptés. Le village est le point de départ de descentes en canoë-kayak (voir l'encadré p. 227) et de randonnées dans les gorges (voir p. 228). La route de La Malène dévoile des panoramas mémorables : belvédère du **Pas de Soucy**,

Château de La Caze (p. 230)

ALAIN VERMEULEN / ADOBE STOCK ©

vue en contre-plongée sur le cirque des Baumes (site réputé d'escalade), et hameau de La Croze, au niveau des **Détroits**. Ces derniers sont le passage le plus étroit et le plus haut des gorges : seulement 30 m de large par endroits sur 500 m de hauteur !

À voir

Le Point Sublime Panorama

Certes, il faut faire quelques kilomètres, mais c'est sûrement le plus beau panorama des gorges. Ce rocher en à-pic sur le **cirque des Baumes** offre une vue sublime sur le canyon du Tarn, à 400 m en contrebas, et le causse Méjean. Situé sur le causse de Sauveterre, on y accède par la D995 et la D46 (à 21 km de La Malène et à 12 km des Vignes). L'espace, entièrement aménagé, compte, en plus du belvédère lui-même (lunette de vue 2 €), un point d'accueil touristique et de vente de produits du terroir, ainsi qu'un restaurant-snack.

Belvédère du Pas de Soucy Point de vue

(☎ 04 66 48 81 40 ; tarif plein/- 12 ans 0,50/0,20 € ; ⏲ tlj Pâques-Toussaint). À 1,5 km des Vignes, en direction de La Malène, ce belvédère (privé) aménagé sur un rocher est accessible par un escalier métallique. Il offre un joli point de vue sur le Pas de Soucy, impressionnant chaos fait de blocs effondrés.

Où se loger et se restaurer

Le Parisien Hôtel-restaurant €-€€

(☎ 04 66 41 01 20 ; leparisiendesvignes.com ; 2 rue de la Tieule, Les Vignes ; ch 2/4/6 pers 68/105/150 €, petit-déj 9 € ; menus 2/3 plats 20/25 € ; ⏲ fin avr-sept tlj midi et soir sauf mer midi ; 📶 P). Institution depuis le début du XXe siècle, cette adresse, menée par une équipe agréable et dynamique, cultive un irrésistible charme bohème. Dans les chambres, luminosité, pierre et parquet sont relevés de petites touches décoratives chinées ici et là. Et les tarifs sont raisonnables. Le restaurant propose une cuisine maison correcte mais sans éclat, à des prix corrects. Une adresse plaisante les soirs d'été, notamment pour son balcon surplombant le Tarn. À l'entrée des Vignes en venant du Rozier.

Mostuéjouls et Le Rozier

Situées de part et d'autre du Tarn, l'une en Aveyron, l'autre en Lozère, ces deux localités font de bonnes bases de découverte. Toute de pierre et de ruelles tortueuses désertées, Mostuéjouls surplombe la vallée ; elle n'a d'intérêt que pour ces bonnes adresses situées en contrebas, au bord du Tarn. Une randonnée au départ de Mostuéjouls est décrite p. 53.

De l'autre côté du pont, Le Rozier, situé à la confluence de trois causses (Sauveterre, Noir et Méjean) et de deux rivières (le Tarn et la Jonte), profite d'un centre animé. Il donne aussi accès aux corniches du causse Méjean (voir l'encadré p. 219) et, surtout, aux gorges de la Jonte (voir p. 217).

À voir et à faire

Hameau d'Églazines Baignade

À 1,5 km de Mostuéjouls et du Rozier en direction des Vignes, le panneau indiquant le hameau semi-troglodytique d'Églazines est aussi le point de départ d'un sentier menant à un site de baignade aux eaux cristallines, idyllique (et fréquenté). Garez-vous sur le parking à gauche de la route, dans le virage, et empruntez le sentier permettant de repasser sous la route via un tunnel. Il débouche sur de superbes criques de sable et de galets émaillées de rochers volcaniques, en contrebas des falaises du causse Méjean. Saut, nage à contre-courant et observation des poissons (avec masque et tuba) s'y pratiquent librement.

Hameau de la Sablière Village et association

Petit hameau aux toits de lauze calcaire visible en rive gauche, la Sablière offre une belle image de carte postale. Avec sa nacelle dévolue au transport des marchandises depuis la rive droite, cette propriété privée est un ancien couvent du XIe siècle, restauré dans les années 1930.

VAUT LE DÉTOUR
Les corniches du causse Méjean

Certains disent qu'elle est l'une des plus belles randonnées de France. Cette balade vertigineuse permet en effet de contempler successivement les gorges du Tarn et de la Jonte et, avec elles, les Causses qu'elles cisaillent : le causse Noir, le causse de Sauveterre et le causse Méjean. Après le Balcon du vertige (un point de vue à couper le souffle… et les jambes un peu aussi), le Pas du Loup et les Vases de Sèvres et de Chine (deux monolithes aux noms évocateurs) s'y succèdent et composent un paysage exceptionnel.

Les corniches du causse Méjean sont balisées successivement en jaune, blanc et rouge. Vous pouvez entreprendre la version longue (boucle de 10 km ; 4 heures-4 heures 30) au départ du Rozier (déconseillée aux personnes sujettes au vertige) ; la version moyenne (boucle de 8 km) débute au hameau de pierre de Cassagnes, posté sur le causse Méjean (parking à 150 m en amont du village). À Cassagne, une charmante buvette installée dans une vieille maison en pierre et à la terrasse bohème ouvre de mi-mai à mi-septembre ou octobre selon la météo. La patronne y vend les jolis bonnets en laine qu'elle confectionne (25 €).

Attention, les passages en bordure de corniche, qui sont la principale difficulté, rendent cette randonnée très dangereuse pour les enfants. Les jours de vent sont également à exclure.

Où se loger et se restaurer

Camping Le Peyrelade — Camping €

(05 65 62 62 54 ; www.campingpeyrelade.com ; lieu-dit Peyrelade, Rivière-sur-Tarn ; forfait 2 pers 20-50 € selon saison ; mobil-homes 47-178 €/nuit selon modèle et saison ; mi-mai à mi-sept ;). Entre Rivière-sur-Tarn et Mostuéjouls, ce superbe camping est situé avant les gorges à proprement parler. Dans un cadre sauvage en contrebas d'une falaise, l'endroit est doté d'une splendide plage essentiellement de galets. Aux beaux emplacements, vastes et ombragés pour la plupart, s'ajoutent tous les services d'un 4-étoiles : épicerie, piscine, jeux, animations et canoës sur place à la location.

Capuc Kfé — Restaurant €

(09 77 99 05 86 ; capluc-kfe.edan.io ; Lou Pont, Le Rozier ; plats 13,90-20,90 € ; juil-août tlj 9h-1h, mi-mars à juin et sept à mi-déc fermé mar). Une petite adresse toute simple de type brasserie (burgers, tartare…) qui cumule les bons points : agréable terrasse au-dessus de la Jonte avec vue sur les Causses, toiles en guise d'ombrage, produits du terroir (viande du pays, bières de la brasserie de la Jonte…), frites et desserts maison, service jeune et sympathique et tarifs abordables. L'endroit fait aussi café, glacier et bar à cocktails.

Hôtel-restaurant de La Muse et du Rozier — Hôtel-restaurant €€€

(05 65 62 60 01 ; www.hotel-delamuse.fr ; D907, Mostuéjouls ; d/ste à partir de 177/353 € en haute saison, 84/168 € en basse saison, petit-déj adulte/- 12 ans 20/10 € ; menus 35-49 € ; restaurant mai-sept dim midi et tous les soirs sauf lun, restaurant et hôtel fermé oct à mi-avr ; P). La belle adresse des gorges ! Campé au bord du Tarn, l'établissement offre un cadre idyllique, avec son vaste parc, sa plage privée sur le Tarn et sa piscine isolée… Les chambres avec vue sont intimes et stylées, et la table gastronomique, orchestrée par un maître restaurateur, jouit d'une belle réputation. À l'ensemble s'ajoute une luxueuse villa avec piscine privée, louée à la semaine.

Villa La Muse Chambres d'hôtes €€€
(06 33 41 77 48 ; www.chambresdhotes-millau-gorgesdutarn.com ; Lieu-dit La Muse, Mostuéjouls ; d/qua 87-103/172 € ; tte l'année ;). Très bien située, à 500 m du Rozier et de l'autre côté du pont, cette villa haut de gamme a été rénovée en chambres d'hôtes. Remarquez les belles mosaïques en marbre du début du XXe siècle dans le hall d'escalier. Piscine chauffée devant la maison. Le petit-déjeuner maison est divin et copieux, et les hôtes offrent de précieux conseils sur les randonnées.

Le Sahuc Chambres et gastronomie €€€
(05 65 69 13 47 ; www.lesahuc-restaurant.fr ; Peyrelade, Rivière-sur-Tarn ; menus 62-92 €, d et ste à partir de 135 €, petit-déj 8-19 € ; mer-sam soir + dim midi sept-juin, juill-août mer-lun le soir, dim midi). À 4 km de Mostuéjouls en direction de Millau, ce restaurant ouvert en 2020 jouit d'une très belle réputation ! Sur la belle terrasse avec vue ou dans la salle joliment décorée, on savoure un dîner gastronomique servi avec bonne humeur. Également deux chambres ravissantes et tout confort à l'étage, dont une pouvant accueillir 3 personnes.

Hôtel Doussière – Restaurant l'Alicanta Hôtel-restaurant €€-€€€
(05 65 62 60 25 ; www.hotel-doussiere.com ; Le Rozier ; d standard/sup 55-70/85-115 €, tr/qua 80-115/88-128 €, petit-déj 8,30 € ; menus 34-44 € ; avr-nov tlj sf lun midi ;). On ne tarit pas d'éloges dans la région sur les créations culinaires de Guillaume Follenfant et l'accueil attentif de sa femme Flore. Tarte fine de boudin noir et pomme ; mignon de veau, polenta aux figues et sauce crémeuse au cidre ; pavlova aux poires caramélisées, galet Châtaigne-Whisky… se savourent, de préférence, sur la terrasse avec vue sur la Jonte et le village perché de Peyreleau. Côté hôtel, une vingtaine de chambres réparties entre le bâtiment principal et une annexe située de l'autre côté de la rivière et accessible via une passerelle. Presque toutes donnent sur l'eau. Celles du bâtiment principal, modernes et tout confort, viennent d'être rénovées et profitent de balcons. Billard et espace forme.

Sur les hauteurs du Rozier, le rocher de Capluc offre un panorama superbe sur les gorges

PAT ON STOCK / ADOBE STOCK ©

Renseignements

Bureau d'Information Touristique Le Rozier (05 65 60 02 42 ; www.cevennes-gorges-du-tarn.com ; Le Rozier). Installé dans le camion dit "La Caselle", sur le parking principal du village.

Comment circuler

Attention, en été, la route des gorges connaît une affluence record.

Une **navette** touristique fonctionne tous les jours en juillet-août, avec arrêt sur demande et transport de VTT possible (2 € le ticket, 15 € le carnet de 10). Le Rozier, Les Vignes, La Malène, Saint-Chély-du-Tarn et Sainte-Énimie sont desservis 3 fois par jour. Renseignements sur les horaires de passage aux offices du tourisme.

Pour louer des vélos, VTT ou électriques, de part et d'autre des gorges, adressez-vous à **Mellow Vélos** (04 66 47 35 03, 06 72 01 23 16 ; mellowvelos.com ; chemin du Balat, Prades, Sainte-Énimie ; journée 22-40 € selon modèle, tarifs dégressifs sur plusieurs jours ; tlj mai-oct) qui peut vous livrer les vélos.

La Canourgue

Proche de l'A75, La Canourgue est bâti sur l'un des affluents du Lot, l'Urugne, et baigné par des canaux qui lui ont valu la réputation de "petite Venise de Lozère". Ce village accueillant est surtout connu pour ses spécialités culinaires comme la pouteille, sorte de daube de bœuf aux pieds de porc, et les manouls, variante des tripoux auvergnats, à base de tripes de mouton.

Activités

Du haut des arbres — Accrobranche

(04 66 49 37 92 ; www.accrobranches.com ; Domaine de la Retz, 54 av. des Gorges-du-Tarn ; parcours 12-23 € ; déb juil certains jours 13h30-19h, mi-juil à fin août tlj 10h-19h). Dans ce parc privé de 10 ha, on opte pour l'un des 7 circuits, ponctués de quelque 135 jeux aériens (dont des tyroliennes). Pour les plus jeunes, un parcours est accessible dès 3 ans. À savoir, pour les grands parcours (adultes et enfants de plus de 1,10 m), dernier départ à 16h.

Où se restaurer

Hôtel-restaurant du Commerce — Terroir €

(09 70 35 39 49 ; www.hotel-mirmand.com ; pl. du Portal ; menus 14,50-24 €, menu enfant 9,50 € ; P). Dans un bâtiment moderne sans charme, la famille Mirmand, membre de la Confrérie de la pouteille et des manouls, vous initiera aux secrets de la gastronomie locale, dans sa grande salle aux tons rouges. On vient ici pour goûter la pouteille maison, daube de bœuf servie avec des pommes de terre et des pieds de porc bien tendres !

Renseignements

Office du tourisme de l'Aubrac aux gorges du Tarn (04 66 32 83 67 ; www.aubrac-gorgesdutarn.com ; 18 rue de la Ville)

MONT LOZÈRE ET SES ENVIRONS

Le mont Lozère culmine au pic de Finiels à 1 699 m. Il porte les traces d'une occupation humaine vieille de plus de 4 000 ans : les menhirs dispersés autour du Cham des Bondons (voir p. 239). Son relief vallonné, au creux duquel se nichent de petits villages, ses chaos de roche granitique et sa multitude de ruisseaux raviront les amateurs de randonnée (voir p. 240). De nombreux sentiers de découverte balisés ont été mis en place par le parc national des Cévennes. Sur le versant sud, Le Pont-de-Montvert, village attachant posté le long du Tarn, est la principale porte d'entrée du mont Lozère. Sur les sommets, la station du Bleymard permet de goûter aux joies des sports d'hiver.

Le Pont-de-Montvert

Un village préservé aux façades de pierre granitique accrochées aux rives du Tarn et à ses affluents. Son pont à arche unique du XVIIe siècle, coiffé d'une tour-horloge, et le temple, sur les hauteurs du village, offrent de beaux panoramas. C'est au

Le chemin de Stevenson

En septembre 1878, l'écrivain écossais Robert Louis Stevenson (auteur de *L'Île au trésor* et de *L'Étrange Cas du Dr Jekyll et de M. Hyde*) traverse le Velay, le Gévaudan, le mont Lozère et les Cévennes. En 12 jours, il parcourt 220 km avec pour seule compagnie l'ânesse Modestine. Pour oublier un chagrin d'amour, l'écrivain se met en quête de "l'âme camisarde". Histoires, péripéties, mais aussi humour et affection tissent le périple, raconté dans *Voyage avec un âne dans les Cévennes*, publié en 1879, où il écrit : "*Je ne voyage pas pour aller quelque part, mais pour voyager (...). L'essentiel est (...) de quitter le lit douillet de la civilisation, et de sentir sous ses pieds le granit terrestre avec, par endroits, le coupant du silex.*" Pour écouter un extrait de l'œuvre de Stevenson, voir p. 394.

Lors du 100e anniversaire de cette aventure, un itinéraire de randonnée fut établi, intégré ensuite au GR®70. C'est aujourd'hui l'un des sentiers de référence de la randonnée itinérante en France. Nombreux sont ceux qui se lancent, à pied, à VTT ou accompagné d'un âne, sur une portion ou le long des 250 km de l'itinéraire. À Vialas (à 19 km à l'est du Pont-de-Montvert), **Gentiâne** (☎04 66 41 04 16 ; www.ane-et-randonnee.fr ; Lieu-dit Castagnols, Vialas ; location âne 1 jour/1 sem 59/350 €) propose des randonnées de 2 à 15 jours avec des ânes (traversée intégrale du Monastier à Saint-Jean-du-Gard), avec diverses formules d'hébergement et d'accompagnement. Attention, ce prestataire est en marge du chemin, tel qu'emprunté par Stevenson.

Pour une expérience authentique et hors du temps, cap sur le hameau de La Roquette, sur la commune de Molezon dans la vallée Française. C'est de là, au cœur d'un paysage splendide et loin de toute forme de civilisation, que **G'Randos d'Ânes et le gîte de la Roquette** (☎04 66 32 35 89 ; www.gitelaroquette.com ; Lieu-dit La Roquette, Molezon ; ch adulte/- 10 ans en demi-pension 55/46 €, en pension complète 65/54 €, tente d'hôtes adulte/- 10 ans en demi-pension 60/51 €, en pension complète 70/59 €) s'est installé, un peu à l'écart du chemin de Stevenson (6 km). Vous y trouverez Elsa et Tom, intarissables sur les Cévennes et ses sentiers. Ils élèvent et louent des ânes (location essentiellement pour les clients en saison et création de treks en bivouac sur-mesure pour les autres, avec des tronçons hors des sentiers battus). Ils tiennent aussi de splendides chambres (pour 3-6 pers), ainsi qu'une tente d'hôtes (pour 4 pers) ; on peut louer les lieux sous forme de gîte (pour 15 pers) en gestion libre hors saison.

Vous trouverez par ailleurs tous les renseignements sur le sentier (parcours, hébergements labellisés, location d'ânes, transport de bagages, etc.) auprès de l'association **Sur le chemin de Robert Louis Stevenson** (☎04 66 45 86 31 ; www.chemin-stevenson.org ; le village, Le Pont-de-Montvert).

Pont-de-Montvert que les huguenots tuèrent l'abbé du Chayla qui dirigeait les persécutions contre les protestants, ce qui déclencha la guerre des Camisards (voir l'encadré p. 209). Le Pont-de-Montvert est une bonne base pour partir sur les sentiers du mont Lozère (le village est traversé par le GR®70) ou pour une baignade dans les vasques du Tarn. Le site du Cham des Bondons (p. 239) n'est, lui, qu'à quelques kilomètres. Un nouveau bâtiment doit voir le jour pour abriter le **Musée du Mont Lozère**, mais la date d'ouverture, estimée à 2025, reste encore bien lointaine.

Activités

Ascension du mont Lozère — Randonnée et route panoramique

Depuis Le Pont-de-Montvert, le mont Lozère est accessible à pied par le GR®70 jusqu'à la station de ski du Bleymard (23 km, 7 heures aller, 800 m de dénivelé). Renseignez-vous impérativement sur les conditions météo avant de partir. Une option moins sportive consiste à gravir les pentes du mont Lozère en voiture par la D20, qui longe d'abord le Rieumalet, un affluent du Tarn. La route traverse de somptueux paysages, émaillés de torrents dévalant le mont Lozère. Peu après le village de **Finiels**, la forêt apparaît timidement le long de la route jusqu'au col de Finiels. On débouche ensuite sur le versant nord et la **station de ski du Bleymard-Mont Lozère**. De là, on peut rejoindre à pied le **pic de Finiels** (1 699 m), point culminant du mont Lozère, après une marche à travers de l'herbe rase (3 heures, 9 km aller-retour, balisage jaune). Splendide vue depuis le sommet de Finiels, où trônent 3 tables d'orientation en granit.

Une randonnée vers le Finiels et le Signal des Laubies est décrite p. 55. De plus, la brochure *Voyage au Cœur du Mont Lozère*, téléchargeable sur www.randonnee-montlozere.com et dédiée aux randonnées sur le mont Lozère, présente plusieurs itinéraires de 2 à 8 jours autour du GR®68 (tour du mont Lozère).

Le Tarn, proche du Mas Camargues (ci-contre)

BENOIT/STOCKADOBE.COM ©

Mas Camargues — Randonnée

La route qui mène jusqu'au Mas Camargues, exploitation agricole traditionnelle à l'architecture imposante, isolée sur les pentes du mont Lozère, offre de magnifiques panoramas. Au départ du parking, il faut passer un petit pont de pierre enjambant le Tarn et marcher 150 m pour rejoindre le mas. À partir de là, un sentier d'interprétation sous l'égide du parc national des Cévennes parcourt une boucle de 3 km et se ponctue de points d'observation (procurez-vous la fiche *Mas Camargues* à l'office de tourisme, indispensable pour connaître les propos associés à chaque numéro sur le sentier).

Les plus aventureux se lanceront à la recherche des **sources du Tarn** (boucle de 7,5 km depuis Mas Camargues, balisage aléatoire), dans le creux d'une combe, au milieu des tourbières, et observeront quelques truites sauvages dans un ruisseau encore glacé. Accès depuis Le Pont-de-Montvert par les hameaux de Villeneuve puis de l'Hôpital (8 km), auxquels succèdent une piste de 2 km environ jusqu'au parking.

Vasques du Tarn — Piscines naturelles

Les vasques du Tarn sont très prisées l'été pour leurs innombrables possibilités de baignade. Au milieu du village du Pont-de-Montvert, un maître-nageur officie pendant la période estivale. Pour la baignade sauvage, méfiez-vous, car les accès sont parfois difficiles en aval du Pont-de-Montvert.

Cascade de Runes — Paysage naturel

À 10 km environ du Pont-de-Montvert, en direction des Bondons, cette cascade offre un beau spectacle : sur près de 60 m, elle plonge en deux temps dans des vasques taillées dans la roche, véritables piscines naturelles en été. Le site se découvre après avoir emprunté un joli sentier, simple d'approche quoique pentu (comptez 20 min de marche environ aller-retour et prévoyez les chaussures adéquates). Des barrières protectrices aux endroits stratégiques permettent de l'emprunter avec des enfants. À partir de la D35, le site est bien indiqué.

Le Bleymard-Mont Lozère — Sports d'hiver

(☎04 66 48 66 48 ; www.lemontlozere.com ; forfait ttes activités location comprise adulte/6-16 ans/- 6 ans 2 jours 47/31/21 €, 3 jours 70,50/46,50/31,50 €, sem 137,50/97,50/57,50 €). Sur le versant nord du mont Lozère, cette station de ski familiale à 1 702 m d'altitude offre, lorsque la neige est au rendez-vous, 7 pistes de ski alpin pour skieurs et snowboarders de tous niveaux, 5 pistes de ski de fond et 2 itinéraires de raquettes. À 22 km au nord du Pont-de-Montvert et à 7 km au sud du Bleymard.

Sur place, le restaurant Le Refuge loue en été des VTT sans assistance électrique (demi journée/journée 9/13 €).

Le Mas de la Barque — Activités nature

(☎04 66 46 92 72 ; www.lemasdelabarque.com ; location VTT demi-journée/journée sans assistance électrique 14/19 €, avec assistance électrique 44/54 €). À l'extrémité est du mont Lozère, au pied du pic Cassini (1 680 m), cette agréable station est située à 1 420 m d'altitude. En été, on peut y randonner, mais aussi louer un VTT ou pratiquer le Géocaching (jeu utilisant la technique du GPS). En hiver, elle offre 28 km de pistes de ski nordique et 3 itinéraires de raquettes. Restauration et hébergements sur place.

Où se loger et se restaurer

L'Auberge des Cévennes — Hôtel-restaurant €€

(☎04 66 45 80 01 ; www.auberge-des-cevennes.com ; La Placette, Le Pont-de-Montvert ; s/d/tr/qua à partir de 63/68/85/120 €). Lovée le long du Tarn, la plusieurs fois centenaire Auberge des Cévennes s'est refait une beauté. Celle qui accueillit Stevenson lors de son voyage dans les Cévennes est aujourd'hui devenue une halte très tendance. Les chambres y sont hyper confortables et pleines de charme, de même que les espaces communs, avec canapé, poêle et bibliothèque. L'adresse reste un repaire de marcheurs, avec une formule idéale en demi-pension et une table à la hauteur. Les inconditionnels de Stevenson partant en solitaire apprécieront la chambre simple à son nom, à peine 10 m² pour replonger dans son univers. Ici, l'ambiance est excellente et l'accueil chaleureux, à l'image des lieux. Paniers repas proposés le midi (11 €) et dîner à 25 € pour les clients extérieurs.

La Source de Castagnols — Chambres d'hôtes de charme €€€

(☎04 66 41 05 79 ; www.castagnols.com ; lieu-dit Castagnols, Vialas ; d/ste 4 pers avec petit-déj 110-120/210-230 € selon durée, table d'hôtes adulte/enfant - 12 ans 27,50/15 €, pique-nique 8-15 € ; ⏲table d'hôtes soir tlj sauf ven, fermé mi-oct à avril ; wifi). Entre Le Pont-de-Montvert et Génolhac, perdu à 800 m d'altitude au terme d'une route sinueuse, cet ancien mas rénové est une très belle adresse. Entouré d'un beau jardin de 2,5 ha et de multiples terrasses en pierre, il abrite de belles chambres, confortables et chaleureuses, avec poutres apparentes, murs en pierre naturelle et poêle à bois, ainsi qu'un éco-gîte ravissant, à l'écart. Dans cet endroit reculé, vous pourrez profiter (presque) tous les soirs de la table d'hôtes, et vous délecter à loisir de la vue.

Pratique, Gentiâne (p. 237), prestataire permettant de louer un âne, est situé sur la même route, juste en amont. Vous trouverez à la Source de Castagnols, de quoi accrocher et prendre soin de votre monture.

Renseignements

Office de tourisme Cévennes au Mont-Lozère (☎04 66 45 81 94 ; www.cevennes-montlozere.com ; Le Quai). Office du tourisme et librairie avec une large sélection de topoguides et de livres sur la région, et les fiches des sentiers dédiés aux divers aspects du territoire. Très bon point info sur tout ce qui concerne la randonnée.

Cham des Bondons

Sous cette appellation mystérieuse (*cham* signifie causse en occitan) se cache le plus important site mégalithique en Europe après Carnac en Bretagne. Voici

EMMANUEL DAUTANT ©

Puech du Cham des Bondons

près de 4 000 ans, des hommes érigèrent pas moins de 150 menhirs et quelques dolmens sur ce plateau calcaire, sur les contreforts sud-ouest du mont Lozère. On sait que certaines de ces masses granitiques ont été déplacées sur plusieurs kilomètres. En revanche, la raison d'être de ce travail de titan demeure obscure : culte solaire, rite sacré ou simple repère topographique ? Toujours est-il que la magie de ce paysage lunaire, à peine troublé par la présence de quelques vaches, opère irrémédiablement.

De nombreux menhirs sont visibles de part et d'autre de la D35 depuis Le Pont-de-Montvert et le long de la D135, qui s'approche au plus près des deux **puechs des Bondons** (mamelons de marne noire).

Un **sentier de découverte**, jalonné de points d'observation, permet de s'immiscer au cœur du site (5 km, 2 heures, 175 m de dénivelé). Départ et parking au croisement de la D35 et de la D135 (à 19 km du Pont-de-Montvert et à 17 km de Florac). Récupérez la fiche *Balade au pays des menhirs* à l'office du tourisme du Pont-de-Montvert (p. 239) au préalable.

MENDE ET LE NORD DE LA LOZÈRE

Mende

Nichée dans une cuvette au pied du mont Mimat, Mende est une ville frontière entre la Margeride et les Causses. C'est également la plus petite préfecture de France (12 500 habitants). Les ruelles piétonnes et les nombreuses boutiques qui s'y nichent font du centre historique une étape agréable. Surtout, au milieu des toits en lauze de schiste, émerge un joyau architectural : la cathédrale Saint-Privat.

Mende se découvre en priorité le samedi matin, place Urbain-V et place Chaptal, quand son marché voit affluer les producteurs des Causses et de la Margeride. De novembre à mars, il se transforme en marché couvert (Espace Événements Georges-Frêche, face à l'office du tourisme).

À voir

Musée du Gévaudan Musée régional
(04 66 49 85 85 ; musee-du-gevaudan.fr ; 3 rue de l'Épine ; juin-sept mar-dim 10h-18h,

oct-déc et avr-mai mer-dim 14h-18h, fermé jan-mars et jrs fériés ; gratuit). Ce musée récemment réouvert présente des espaces de découverte ludique du territoire, des collections très variées (beaux-arts, histoire, archéologie, ethnologie, histoire naturelle…) sur le riche patrimoine de la région, des temps les plus anciens au XXIe siècle, et des expositions temporaires.

Cathédrale Saint-Privat Art gothique
(pl. Urbain-V). La statue du pape Urbain V trône devant la cathédrale Saint-Privat, pour rappeler que c'est à son enfant du pays que Mende doit cet édifice de toute beauté. Originaire de Lozère, Guillaume de Grimoard fut couronné pape en Avignon en 1362. Refusant tout faste, il conserva sa bure bénédictine comme vêtement d'apparat et entreprit de remettre un peu d'ordre dans l'Église, où sévissaient le luxe et la débauche. Il s'empressa d'affecter une partie des revenus de l'évêché de Mende, placé sous sa juridiction, à la construction d'une cathédrale. Le chantier débuta en 1369 mais ne s'acheva qu'en 1467. Il fut complété par la construction de deux clochers de tailles inégales au début du XVIe siècle. La plus haute tour (84 m) abritait la **Non-Pareille**, alors la plus grande cloche de la chrétienté (il ne reste aujourd'hui que le battant exposé à l'intérieur de l'église). La prise de Mende par les huguenots entraîna la démolition de la quasi-totalité de la nef. Reconstruit à l'identique entre 1599 et 1605, consacré en 1620, l'édifice connut d'autres ajouts au XIXe siècle. À l'intérieur, sur les flancs de la cathédrale, 8 **tapisseries d'Aubusson** livrées en 1706 retracent la vie de la Vierge Marie.

Centre historique Patrimoine
Pour une flânerie dans les ruelles du vieux Mende, dirigez-vous d'abord vers la **tour des Pénitents**. Adossée à une chapelle à proximité des halles de la place au Blé, elle est le dernier vestige des anciens remparts de la cité. En face, la façade de l'hôtel particulier du XVIIIe siècle, qui abrite l'**hôtel de ville**, mérite le coup d'œil. Retournez au cœur de la vieille ville par la rue d'Angiran et débouchez sur le **lavoir de Calquière**, autrefois utilisé par les tanneurs. Faites un détour par la rue du Soubeyran jusqu'à la place du Griffon, où se trouve la plus ancienne fontaine de la ville. Rejoignez la rue Notre-Dame et remarquez au n°17 l'**ancienne synagogue**, imposante bâtisse qui est aussi la plus ancienne maison de la ville (les juifs furent chassés de Mende en 1307 par le roi et l'évêque de Mende). De là, filez vers le **pont Notre-Dame**, pont gothique à trois arches du XIIIe siècle, qui offre, dans un cadre bucolique, un beau point de vue sur la ville et le mont Mimat.

VAUT LE DÉTOUR
Le vallon du Villaret

Voilà un **parc de loisirs** (☎ 04 66 47 63 76 ; www.levallon.fr ; vallon du Villaret, Bagnols-les-Bains ; 13-14 € selon saison, gratuit enfant - 1 m ; avr-juin tlj 10h30-18h45, juil-août 10h-18h45, sept-oct sam-dim 11h-18h, vac Toussaint tlj 11h-18h, dernière entrée 16h ou 16h30 suivant saison) qui ravira petits et grands. Dans un vallon forestier de 10 ha traversé par un ruisseau, vos 5 sens seront sollicités le long d'un parcours pédestre de 2 km, où alternent labyrinthe auditif, ponts de singe, fontaines monumentales, toboggans et kaléidoscopes géants. Ici, on ne parle pas d'attractions mais bien d'installations ludiques. Souvent inspirées par le land art, intégrant des matériaux de la nature, celles-ci sont réalisées par des artistes qui renouvellent chaque année l'offre du parc. Parallèlement, des expositions d'art contemporain se concentrent dans les étages d'une tour fortifiée du XVIe siècle. Elles ont notamment accueilli Ben, Robert Combas, Andy Goldsworthy, Pierre Soulages ou Tapiès. Tables de pique-nique et restaurant sur place. Accès depuis Bagnols-les-Bains (à 5 min). Durant la période estivale, le site est desservi depuis Mende par la ligne 253 du réseau de transport **liO**.

La visite guidée proposée par l'office du tourisme (voir ci-après) donne accès à la magnifique **pharmacie de l'ancien hôpital**, datant de 1860, qui comporte une collection de 250 pots, magnifiquement sertis dans des boiseries couleur acajou. La visite permet aussi d'accéder au clocher de la cathédrale.

Où se loger et se restaurer

Hôtel de France Hôtel de charme €€

(04 66 65 00 04 ; www.hoteldefrance-mende.com ; 9 bd Lucien-Arnault ; d/tr/qua 110-130/130-145/140-160 € selon confort, petit-déj 12 € ; menu 39 €, plats 23 € ; restaurant tlj sauf dim soir, lun et sam midis ; P). Une halte élégante au cœur de la vieille ville. Dans un ancien relais de poste, ce bel hôtel abrite 27 chambres claires, raffinées et confortables. Préférez les chambres à l'arrière, plus calmes. L'établissement propose d'autres chambres dans une annexe, proche de la cathédrale. Côté restaurant, la cuisine est à la hauteur des lieux, soignée et raffinée. Parking (5 €).

La Cantine Bio et locavore €

(04 66 32 86 12 ; www.restaurant-la-cantine.fr ; 25 rue du Collège ; menus midi/soir 17-23/21-28 € ; mar-sam midi et soir). Cette charmante petite adresse en contrebas du centre historique possède son lot d'inconditionnels. Et pour cause, à l'ardoise, des suggestions fraîches et savoureuses, "végé-friendly", résolument locavores, les propriétaires s'évertuant à dénicher les meilleurs petits producteurs du cru. Réservation recommandée.

La Safranière Gastronomique €€

(04 66 49 31 54 ; www.restaurant-la-safraniere.fr ; 52 rue du Lavoir, hameau de Chabrits ; menus 30-35 € ; jeu soir, ven-sam midi et soir, dim midi). Une adresse gastronomique incontournable en Lozère. La Safranière est sise dans un ancien corps de ferme, nichée dans un joli hameau de pierre sur les hauteurs de Mende. Discrétion, sobriété et amour du travail bien fait sont les maîtres mots du chef Sébastien Navecth et de sa femme Cécile, qui accueillent leurs hôtes dans une belle salle contemporaine se doublant d'un carré de verdure très agréable aux

DIDIER SALOU / ADOBE STOCK ©

EMMANUEL DAUTANT ©

De gauche à droite : statue du pape Urbain V ; marché aux champignons ; rue Notre-Dame

beaux jours. La cuisine de saison fait honneur aux produits, le plus souvent régionaux. À 5 km de Mende par la D42.

Achats

Maison Majorel Pâtissier

(☎04 66 65 17 85 ; 2 rue de la République ; ⏲mer-sam 7h45-12h30 et 14h15-19h, dim 7h30-12h15). Fondée en 1901, cette maison de renom propose de belles gourmandises (sucrées et salées), dont les fameux croquants Majorel (6,50 €/300 g), aux amandes et noisettes.

Renseignements

Office du tourisme de Mende-Cœur de Lozère (☎04 66 94 00 23 ; www.mende-coeur-lozere.fr ; pl. du Foirail). Il délivre un dépliant gratuit pour découvrir le patrimoine historique de Mende, au gré de 28 bornes réparties au cœur de la ville. Visites guidées de la cathédrale et du centre historique pendant les vacances scolaires (4 €, gratuit - 9 ans ; 2 heures-2 heures 30 de visite). Visite ludique avec tablette pour les enfants, sur le thème de la bête du Gévaudan (29 €/famille).

Depuis vers Mende

À 15 minutes à pied de la cathédrale, la **gare de Mende** est le point de départ de TER qui font la liaison avec Nîmes (3 heures) via Alès. La ligne Mende-Clermont-Ferrand, effectuée par des autocars de la SNCF dessert Marvejols (p. 247), Aumont-Aubrac et Saint-Chély-d'Apcher (p. 250). Des cars **liO** assurent une liaison jusqu'à Montpellier avec correspondance à Millau.

En juillet-août, des **navettes touristiques** rejoignent les principaux sites du département : on peut notamment gagner Meyrueis et le Causse-Méjean (ligne 259), Sainte-Énimie et les gorges du Tarn (ligne 258), Nasbinals et l'Aubrac (ligne 260). Plus de renseignements sur le site du réseau de transport régional **liO** (lio.laregion.fr).

Aubrac

À cheval sur l'Auvergne et l'Occitanie, l'Aubrac, terre de basalte, a su préserver son authenticité que renforce la rudesse de son climat hivernal. Peuplées de vaches à la robe fauve, ses étendues d'herbe rase, seulement ponctuées de quelques lacs et de burons (d'anciens habitats d'estive, couverts

LAURE / ADOBE STOCK ©

VAUT LE DÉTOUR
La Garde-Guérin et les gorges du Chassezac

Perchée à 900 m d'altitude, à la lisière de l'Ardèche et du Gard, La Garde-Guérin impressionne par l'homogénéité de son bâti et sa situation vertigineuse, à 400 m au-dessus des gorges du Chassezac. Ce village fortifié a été fondé au Xe siècle par les seigneurs du Tournel. Il ne reste de l'époque moyenâgeuse qu'un impressionnant donjon de 27 m, que l'on peut gravir (réservé aux plus sportifs !), et une église du XIIe siècle présentant un remarquable chapiteau roman. Situé sur la voie Régordane, important axe commercial reliant le Languedoc à l'Auvergne, La Garde-Guérin fut la place forte des chevaliers pariers, qui avaient pour mission d'assurer la sécurité des voyageurs et des marchandises. Les ruelles pavées du village abritent aujourd'hui de belles maisons en grès, reconstruites aux XVIe et XVIIe siècles et admirablement conservées. Sur place, arrêtez-vous au **Comptoir de la Régordane** (04 66 46 83 38 ; La Garde-Guérin ; plats 14-23 € ; juin-sept tlj 10h-19h, mai et oct mer-dim 11h-18h, nov-déc et fév-mars mer-dim 11h-17h), qui vend les productions d'artisans et d'agriculteurs locaux et propose une savoureuse cuisine le midi. Juste à côté, la boutique **La Parerie** (04 66 46 48 11) réunit quant à elle des créateurs locaux qui interviennent à tour de rôle pour tenir boutique. La Garde-Guérin est située à 8 km au nord de Villefort et à 62 km à l'est de Mende. Accès possible depuis Mende durant la période estivale avec la ligne n°254 de **liO**.

Non loin du village, vous pourrez vous lancer à l'assaut des **gorges du Chassezac**, Creusé depuis des millénaires par la rivière Chassezac, ce profond canyon (400 m de haut) fut longtemps surnommé l'"antre du Diable". Falaises abruptes, hautes cascades ou éperons rocheux défilent dans le grondement de l'eau. Le site est un paradis pour les amateurs (avertis !) de canyoning et d'escalade. Renseignez-vous auprès de la **Maison de l'aventure** (06 71 08 29 17 ; www.lamaisondelaventure.com ; La Garde-Guérin ; canyoning 60-70 €, escalade 35-250 €). Un belvédère aménagé, accessible via un sentier long de quelques centaines de mètres, offre une vue éblouissante sur les gorges. Mieux vaut chausser des baskets pour s'y rendre.

Notez aussi que le village est proche du beau **lac de Villefort** (voir p. 248).

de lauze, servant à abriter les fromages en cours d'affinage), seront jugées austères par certains, envoûtantes par d'autres. Aujourd'hui, le **parc naturel régional** gère en concertation les différents enjeux du territoire, entre préservation, tourisme et élevage. Une grande partie du territoire s'étend sur l'Aveyron et le Cantal – et ne sera pas abordée ici.

Nasbinals

Capitale de l'Aubrac lozérien, Nasbinals règne sur les pelouses rases du pays des burons, où étaient autrefois fabriquées les fourmes, ces fameux fromages au lait de vache. Son église Sainte-Marie (XIe siècle), avec son clocher octogonal, forme un bel exemple d'art roman auvergnat.

Situé sur le **chemin de Saint-Jacques-de-Compostelle**, au même titre que Saint-Alban-sur-Limagnole (p. 253) et Aumont-Aubrac (p. 249), le village attire pèlerins et randonneurs venus profiter des paysages sauvages de l'Aubrac. Signe des temps, nombre de burons ont été reconvertis en gîtes, chambres d'hôtes ou restaurants.

À voir

Cascade du Déroc et route des Lacs — Excursion en terre sauvage

Depuis Nasbinals, la D52, ou "route des Lacs", permet d'approcher la **cascade du Déroc** et de contempler un spectacle étonnant : l'eau se précipite du haut d'une falaise d'orgues basaltiques et retombe 32 m plus bas. Gare aux enfants à l'arrivée en surplomb de la cascade, aucune protection ni aucun panneau n'alertent sur la dangerosité des lieux. Pour rejoindre le pied de la cascade et profiter d'une vue en contre-plongée, suivez le sentier longeant les barbelés sur votre droite ; vous pourrez ensuite aisément remonter par l'autre côté après être passé sous la chute d'eau (attention aux rochers glissants). Pour accéder au site, arrêtez-vous au parking du **lac des Salhiens**, traversez la route et prenez le sentier qui passe à gauche de la buvette et descend vers la cascade, à environ 400 m de là.

Plus loin, la D52 longe le **lac de Saint-Andéol**, le plus vaste des lacs de l'Aubrac, et le **lac de Born**. À une altitude moyenne de 1 250 m, ces lacs naturels d'origine volcanique, situés sur le bassin versant du Bès, ponctuent un paysage féerique d'où émerge, au sud, le **signal de Mailhebiau** (1 469 m), point culminant de l'Aubrac.

Pour information, sachez que ces lacs ne sont ni navigables, ni propices à la baignade.

Château de la Baume — Renaissance

(04 66 32 51 59 ; www.chateaudelabaume.org ; Prinsuéjols ; tarif adulte/- 12 ans 9/8 €, gratuit - 6 ans ; juil-août visites tlj à 10h15, 11h15,14h15, 15h15, 16h15, 17h15, mi-avr à fin oct visites mer-lun à 14h30, 15h30 et 16h30, fermé nov à mi-avr). Quadrilatère isolé à 1 200 m d'altitude, le château de la Baume présente l'allure austère d'un vieux manoir anglais. Mais son intérieur fastueux est plus en accord avec son surnom de "Versailles du Gévaudan". Construite par les comtes de Peyre, avec une première phase en 1630 et une seconde en 1710, cette maison forte se métamorphosa en château d'agrément au début du XVIIIe siècle. Dans les salles, le style rustique du XVIIe siècle contraste avec l'exubérance du XVIIIe et la richesse du mobilier impressionne (jamais inquiété par les pillages, le château a conservé son mobilier d'époque). La visite guidée (45 min) est riche et truffée d'anecdotes, et se termine par la chapelle palatine. Les propriétaires actuels sont les héritiers du mémorialiste de Napoléon Ier, Emmanuel de Las Cases. Une pièce est dédiée à cet étonnant passé. Pour séjourner sur place, 2 jolies options au décor à la fois moderne et plein de charme : la Ferme Haute (6 pers), attenante au château, ou L'appartement (2/3 pers), au rez-de-chaussée. À 5 km de la sortie 37 de l'A75. Prendre ensuite la D73 vers Prinsuéjols. À 17 km de Marvejols.

Activités

Aubrac Électro Vélo — Circuits vélo

(06 08 87 81 44, 04 66 48 32 38 ; www.aubrac-electro-velo.com ; VTT demi-journée/journée/sem 20/30/150 €, vélo électrique 40/60/300 € ; tte

l'année). À Nasbinals, ce prestataire propose des locations de VTT ou VTT électriques pour des circuits balisés dans les environs, sur de petites routes peu fréquentées. Une belle expérience. Vélos cargos électriques et sièges enfant font partie du parc locatif. On peut se faire livrer les vélos (1 €/km).

Station du Fer à cheval Ski et activités nature

(☎ 04 66 45 79 21 ; www.nasbinals.fr ; parcours dans les arbres adulte/enfants 12-14/5-8 €, forfait ski demi-journée/journée/sem adulte 10/15/65 €, enfant 8/13/56 €, raquettes adulte 8/13/50 €, enfant 6/10/42 € ; ⏲ parc d'activités juil-août tlj 9h-18h, juin et sept sur réservation, hiver selon enneigement). À 2 km de Nasbinals, la station du Fer à cheval propose, en été, des parcours acrobatiques dans les arbres (avec jeux aériens et tyroliennes) et des itinéraires VTT. En hiver, elle se transforme en station de ski avec 3 pistes de ski alpin et 35 km balisés pour le ski nordique.

Où se loger et se restaurer

Buron de Born Terroir €€

(☎ 04 66 32 52 20 ; rte des Lacs, Marchastel ; menus 25-31 €, plats 8,50-22 € ; ⏲ mai-oct tlj). Au bord du lac de Born, ce buron solitaire planté au milieu des paysages désertiques des hauts plateaux de l'Aubrac vous accueille pour une halte hors du temps. Dans sa salle aux boiseries chaleureuses, ou sur sa terrasse, on déguste sur des notes d'accordéon des spécialités de l'Aubrac dans des portions gargantuesques : charcuterie, saucisse grillée, pièce de bœuf et, bien sûr, un aligot fumant, ainsi qu'un retortillat savoureux. À 6 km à l'est de Nasbinals par la route des Lacs (D52). Réservation conseillée en saison. Pas de carte bancaire.

Buron de Cap Combattut Terroir et gîte €€

(☎ 06 74 81 89 19 ; www.buron-aubrac.fr ; Combatut, Marchastel ; menus 22-28 €, menu enfant 10 €, plats 8-38 € ; ⏲ mai à mi-nov tlj midi). Ce beau buron jouit d'un superbe environnement. Outre la belle terrasse extérieure, ses murs en pierre massive abritent une salle voûtée tout en élégance où déguster une des meilleures cuisines de la région ! Au menu, des spécialités, concoctées à partir de produits locaux. On peut aussi y passer l'après-midi pour une glace fermière bio ou une pâtisserie maison. On peut aussi séjourner dans le très beau gîte attenant (250 €/2 nuits), ou dans l'une des 2 chambres d'hôtes du bâtiment principal (95-110 €). Hors de la période d'ouverture du restaurant, le lieu se transforme en gîte à louer (360 €/2 nuits). Réservation conseillée !

La Borie de l'Aubrac Chambres et table d'hôtes €€€

(☎ 04 66 45 76 97 ; www.borie-aubrac.com ; La Grange des Enfants, Nasbinals ; d/qua 110-150/180 € avec petit-déj, table d'hôtes 30 €/pers, - 12 ans 10 € ; ⏲ table d'hôtes avr-oct tlj sauf mer, ch d'hôtes tte l'année ; 📶). Tenue par un couple franco-catalan, cette grange centenaire rénovée dans un style contemporain abrite 5 chambres (dont une familiale), aux prestations haut de gamme. Charmants, Patricia et Laurent vous feront découvrir les produits locaux, à l'apéritif ou lors de copieux repas. Au réveil, les fenêtres panoramiques à hauteur de lit offrent la vision féerique des vaches de l'Aubrac sortant de la brume. À 4 km de Nasbinals. Prendre la D900 en direction de Marvejols, puis à droite en suivant les panneaux.

Achats

La Grange au Thé Thé d'Aubrac

(☎ 06 07 76 36 81 ; lagrangeauthe.com ; pl. du Foirail, Nasbinals ; ⏲ mi-mai à mi-sept tlj 10h-12h et 15h-19h, avr à mi-mai et mi-sept à fin oct mar-sam 10h-12h et 15h-19h). Animée par une association d'agriculteurs, La Grange au Thé remet au goût du jour une tradition ancestrale. Depuis toujours, les habitants de l'Aubrac font la cueillette du calament à la belle saison. Appelée aussi "thé d'Aubrac", cette plante aromatique aux vertus stimulantes est séchée en botte avant d'être bue en infusion pendant l'hiver.

Différents produits dérivés sont proposés tels que gommages et savons. Dans le salon de thé au charme suranné ou en terrasse en été, on déguste tisanes, sirops ou thés glacés.

Renseignements

Office de tourisme de l'Aubrac Lozérien
(☎ 04 66 32 55 73 ; www.otnasbinals.fr ; Maison Charrier, Nasbinals). **À l'étage, une salle expose régulièrement le travail d'artistes locaux.**

Margeride

À l'est de l'Aubrac, la Margeride, terre de granit, présente un paysage plus vallonné, parcouru de genêts, de pins sylvestres et de torrents poissonneux. De tempérament farouche, le nord de la Lozère comblera les amoureux de grands espaces et d'animaux sauvages (loups, bisons...). La région est traversée par une autoroute (gratuite) qui dessert les quelques gros bourgs émaillant le territoire (Marvejols, Saint-Chély-d'Apcher, Aumont-Aubrac).

Marvejols

La deuxième ville du département (à peine 5 000 habitants) est un point de ravitaillement idéal avant de s'élancer vers les étendues sauvages de l'Aubrac et de la Margeride. L'histoire de la "Belle du Gévaudan", ainsi qu'on l'a appelée, s'inscrit dans les turpitudes des guerres de Religion. Place forte des protestants au XVIe siècle, Marvejols fut assiégée et incendiée par les troupes royales du duc de Joyeuse. Ses fortifications furent reconstruites par Henri IV, en 1601. On peut aujourd'hui admirer trois belles **portes fortifiées** encadrées de tours rondes, qui surveillent l'accès de la ville ancienne. L'une d'elle, la porte du Soubeyran, du XIVe siècle, à deux pas de l'office du tourisme qui en gère l'accès, abrite une exposition sur l'histoire de la ville et présente les villages alentours. Beau point de vue au sommet sur les toits de lauze de la ville (entrée 1 €).

Autre curiosité : deux **statues** du sculpteur marvejolais Emmanuel Auricoste (1908-1995). La première, place Soubeyran, rend hommage au Vert

Lac de Saint-Andéol (p. 245)

ÉLODIE ROTHAN ©

SI VOUS AIMEZ... Les lacs

Parmi les nombreux lacs de la région, certains ont été aménagés pour la baignade et offrent une pause rafraîchissante au cœur de l'été.

- **Lac de Villefort** (www.villefort-cevennes.com/Le-lac-de-Villefort). Vaste plan d'eau de 127 ha, ce lac magnifique offre plage de sable (surveillée en été), base nautique et boucle de randonnée autour du lac.
- **Lac de Charpal** Mise en eau en 1964, cette réserve de barrage est aujourd'hui protégée. Ses rives déroulent de superbes paysages et invitent à une belle promenade en boucle (8,7 km, environ 3 heures), à pied ou en VTT. À 25 km au nord-est de Mende.
- **Lac de Naussac** Aux confins de la Lozère, il est le plus grand lac de la région, avec 1 050 ha. Sur place, catamaran, kayak, pédalo et paddle, ainsi qu'un accrobranche : **Rondin Parc Enigmes** (04 66 69 50 46 ; avr-oct).
- **Lac du Moulinet** Au petit lac du Moulinet, baignade, sports nautiques et pêche se pratiquent en toute liberté. Il est situé non loin de l'A75, à 7 km du parc des Loups du Gévaudan et à 13 km au nord de Marvejols.
- **Lac de Ganivet** Ses plages aménagées en font une option intéressante. Location de pédalos et de canoës. Situé entre Mende (à 26 km au sud) et Saint-Chély-d'Apcher (à 28 km au nord).

Galant (Henri IV), et la seconde, place des Cordeliers, représente la Bête du Gévaudan.

À voir

Parc des Loups du Gévaudan — Réserve animalière

(04 66 32 09 22 ; www.loupsdugevaudan.com ; hameau de Sainte-Lucie, Saint-Léger-de-Peyre ; adulte/3-11 ans 15/12 €, visite nocturne 18/13 €, billet combiné avec la Réserve des bisons d'Europe 22/15 €, gratuit - 3 ans ; visites guidées gratuites 3-4 départs/jour selon saison, de 10h30 à 15h30/17h, nocturnes mar, jeu et sam mi-juil à mi-août ; juil-août tlj 9h-19h sauf mar, jeu et sam 10h-18h30, avr-juin et sept 10h-18h, oct à mi-nov et mi-déc au 2 jan 10h-17h, fermé mi-nov à mi-déc et jan). À 8 km de Marvejols, ce parc créé à l'initiative du journaliste Gérard Ménatory, réunit 5 meutes de sous-espèces du *Canis lupus* : loups de Mongolie, Sibérie, Pologne, Canada et Arctique. En pleine nature, à plus de 1 000 m d'altitude, les descendants de Croc-Blanc se laissent observer dans de vastes enclos protégés. Des sentiers ponctués d'aires d'observation, de glaces vitrées, d'un tunnel vitré et d'une passerelle panoramique permettent de les approcher. Le nourrissage des loups, en fin d'après-midi lorsqu'il a lieu (3 fois par semaine), est un moment privilégié de la visite. Participer à la visite guidée gratuite permet d'en apprendre plus sur le comportement des loups en captivité et de poser des questions. En été, la visite nocturne (20h30) est un must.

À l'entrée du parc, le sentier d'interprétation "Loup imaginaire" revient sur notre appréhension de la "Bête" à travers l'histoire et les cultures du monde et sur l'énigmatique et mythique épisode de la Bête du Gévaudan qui marqua la région au XVIIIe siècle (voir l'encadré p. 249).

Sur place, une formule d'hébergement haut de gamme, les "Tanières du Gévaudan", offrent une expérience insolite : dormir en face à face avec des loups de Pologne, qui s'approchent de l'autre côté d'une vaste baie vitrée (à partir de 299 €/nuit).

Où se loger et se restaurer

Lauz'oustal Chambres d'hôtes et restaurant €

(04 66 45 20 03, 06 62 70 22 57 ; www.lauzoustal48.fr ; rte de la Vignasse, Montrodat ; d avec petit-déj 76 € ; formule midi 15 €, menus 21-28 € ; restaurant juil-août tlj lun-sam midi et soir, lun-ven midis et jeu-sam soirs reste de l'année, plus mar soir en sept ; P). Cette adresse stratégique pour sillonner la région offre un excellent rapport qualité/prix. Les 4 chambres sont spacieuses et impeccables, certaines avec mezzanine, idéales pour les familles. Toutes s'ouvrent sur un petit balcon avec vue panoramique sur les contreforts de l'Aubrac. Petite cuisine commune à la disposition des hôtes. Sur place, le restaurant sert des plats simples.

Domaine de Carrière Chambres d'hôtes €€

(04 66 32 92 39, 06 38 90 34 82 ; www.domainedecarriere.com ; quartier de l'Empéry, Marjevols ; menu midi/soir 16,50-19,50/26-46 €, plat du jour 13,50 €, menu enfant 13-21 €, d avec petit-déj à partir de 100 € pour 1-2 pers ; mar-dim le midi et jeu-sam le soir, juil-août mar-dim midi et soir, fermé Noël-jan ; P). Dans une belle demeure ancienne, au milieu d'un parc agrémenté d'une piscine, le restaurant accueille ses hôtes sur une terrasse et dans une salle immaculée au décor contemporain. Côté cuisine, on se ravit des mets bien orchestrés tels que le parmentier de poisson du moment, brandade et pesto d'ail confit aux herbes fraîches ou l'agneau en 2 façons accompagné de semoule, courgettes et jus d'agneau aux épices. En saison (juin-sept), on profite de belles chambres avec parquet, cheminée et boiseries anciennes.

Renseignements

Office du tourisme Gévaudan Destination (04 66 32 02 14 ; pl. du Soubeyran). Dans de tout nouveaux locaux se doublant d'un espace d'exposition, l'office du tourisme est aussi une vitrine pour les artistes et artisans de la région.

La Bête du Gévaudan

Fut-elle loup, animal exotique (hyène), tueur en série ? Main de Dieu, arme du diable ? À ces questions, nulle réponse. Le temps a en effet forgé la légende : les faits remontent au XVIIIe siècle, très exactement entre 1764 et 1767. Dans l'ancienne province du Gévaudan, on recensa plus de 100 victimes, principalement des femmes et des enfants. Tout fut entrepris pour tuer le monstre : battues, chasses, pièges... Louis XV, alerté par l'ampleur des ravages, missionna ses meilleurs limiers. L'évêque de Mende, lui, cria au fléau envoyé par Dieu pour punir les hommes de leurs péchés. Ce fut finalement l'exécution par Jean Chastel, le 19 juin 1767, d'un énorme loup qui conclut officiellement ce troublant épisode de l'Histoire. Mais, si la bête cessa effectivement de tuer, elle continua à hanter les esprits. À Mende, le nouveau musée du Gévaudan (p. 240) dédie une salle à la légende. Le parc des Loups du Gévaudan (page ci-contre) aborde également le mythe.

Depuis/vers Marvejols

Les trains Intercités de la ligne Millau-Saint-Flour s'arrêtent à Marvejols (ainsi qu'à Aumont-Aubrac et Saint-Chély-d'Apcher).

La ligne de bus estivale 260 permet de rejoindre Nasbinals et les principaux sites de l'Aubrac, ainsi qu'Aumont-Aubrac, Javols et Les Loups du Gévaudan.

Aumont-Aubrac et environs

Aumont-Aubrac est un petit bourg commerçant situé à cheval entre la Margeride et l'Aubrac, à équidistance de Marjevols, Malzieu et Nasbinals. Avec ses excellentes adresses et la proximité du site de Javols, il fait une très bonne base de découverte. Ville étape sur le chemin de Saint-Jacques-de-Compostelle (GR®65), elle est traversée par de nombreux randonneurs.

À voir

Javols Anderitum Site et musée archéologique

(04 66 42 87 24 ; archeologie-javols.org ; Javols ; tarif plein/13-18 ans 3/2 €, gratuit - 12 ans avec tablettes, + 2 € visite extérieure avec casque virtuel ; juil-août tlj sauf dim matin 10h-12h et 14h-18h30, mai-juin et sept-oct lun-ven 10h-12h et 14h-17h30). Vous voici dans la capitale antique du Gévaudan : étalée sur près de 40 ha, l'ancienne cité gallo-romaine des Gabales (le peuple gaulois qui occupait alors le territoire du Gévaudan) a dû être recouverte pour être protégée des variations climatiques. Néanmoins demeure une petite partie muséale, ainsi que l'opportunité de découvrir le site en réalité augmentée (ou avec tablette, pour les enfants). Des panneaux explicatifs localisent les principales découvertes sur un circuit en extérieur de 3,5 km (environ 1 heure 15).

Où se loger et se restaurer

Chez Camillou Hôtel-restaurants €€-€€€

(04 66 42 86 14 ; www.camillou.com ; 10 rte du Languedoc, Aumont-Aubrac ; menus 95-145 €, brasserie : menus midi 19,80-21,80 €, menus 29-33 € ; restaurant mi-juil à août tlj sauf lun et mar midis, jeu-dim reste de l'année, brasserie avr-déc tlj, jan-mars tlj sauf lun, mar et mer soir ; P). La bonne adresse gastronomique de Lozère concentre 3 adresses en une. Dans son restaurant, le chef Cyril Attrazic, enfant du pays, sert une cuisine régionale revisitée, avec notamment une haute maîtrise des cuissons longues à basse température. **Le Gabale**, la version bistrot, est plus accessible, mais excellente et très animée. Et d'un côté comme de l'autre, une carte des vins gargantuesque.

Côté **hôtel** (s/d/ste 110-210/110-148/210 € app 300 €, petit-déj 14,50 €), des chambres grand confort impeccables, quoiqu'impersonnelles. Spa et piscine.

Les Granges de Bigose Gîte et chambres d'hôtes €

(04 66 47 12 65 ; www.grangesbigose.com ; lieu-dit Bigose, Rimeize ; d/tr/qua 70-110/92-130/110-145 €, petit-déj 12 €, dort gîte d'étape en demi-pension 45 €/pers ; table d'hôtes adulte/- 12 ans 21/12 € ; avr-oct ;). Aux confins de l'Aubrac et de la Margeride, sur le chemin de Saint-Jacques-de-Compostelle, cette ancienne grange nichée au creux d'un vallon verdoyant comprend un gîte d'étape et des chambres d'hôtes. Dans une belle salle à manger avec coin salon et cheminée ou l'été sur la terrasse, on savoure une cuisine rustique : aligot/saucisse, truffade... À 11 km au sud de Saint-Chély-d'Apcher par la D806.

Ferme de Félix Chambres d'hôtes €€

(06 87 91 26 69 ; www.lafermedefelix.com ; Grandviala, La Chaze-de-Peyre ; d 80 € ;). Dans un hameau à 4 km d'Aumont-Aubrac, cette ancienne ferme du XVIe siècle propose 2 belles chambres d'hôtes (lit double ou lits jumeaux) mêlant admirablement le charme de l'ancien au confort moderne, avec mur en pierre, poutres apparentes et objets chinés ici et là. Petit jardin bucolique à l'avant.

Renseignements

Office du tourisme de l'Aubrac lozérien

(04 66 42 88 70 ; maison du prieuré). Dans la maison du prieuré du XVIIe siècle.

Saint-Chély-d'Apcher

Saint-Chély-d'Apcher s'inscrit dans une région vallonnée couverte de bois, de landes et de chaos granitiques, annonçant les monts de la Margeride. C'est une autre base idéale pour découvrir l'Aubrac ou le patrimoine bâti des premiers contreforts de la Margeride, comme le village médiéval du Malzieu, comptant depuis peu parmi les Plus Beaux Villages de France. La tour d'Apcher (XIe-XIIe siècle), elle, est perchée non loin, sur le promontoire rocheux du village de Prunières.

À voir

Site médiéval d'Apcher Tour médiévale

(renseignements office du tourisme du Malzieu ; 06 08 22 35 69, 04 66 31 70 25 ; juil-août tlj 10h-12h et 15h-19h, sur demande reste de l'année). Le site médiéval d'Apcher toise, à 1 060 m d'altitude, le village qui s'étend à ses pieds. On y découvre les ruines du château des barons d'Apcher, émaillées de panneaux explicatifs, le donjon rescapé pointant à 18 m de hauteur, et une magnifique chapelle du XIIIe siècle, intacte, que l'on peut visiter librement. Pour arpenter la tour et ses 4 niveaux, et jouir du beau panorama sur les environs, il faut suivre une visite guidée (ttes les 30 min ; 3 €). On accède à l'édifice via un ouvrage en acier sous forme d'engin de siège du Moyen Âge. Gare aux escaliers, plutôt raides. Le site, paisible, offre un panorama superbe sur la Margeride et, avec ses quelques tables de pique-nique, invite à une pause déjeuner.

Où se restaurer

La Ch'tite Cocotte Restaurant €

(04 66 45 86 28 ; 37 av. de la République ; menus 14,50-24 €, plats 14-18 €). Ne vous fiez pas aux apparences... Passez la porte de ce petit restaurant en surplomb d'un carrefour passant, qui s'ouvre sur une salle remplie d'habitués. On y déguste une excellente cuisine à prix doux, dans une ambiance sympathique et très locale. Les produits de la région sont à l'honneur : grillade de porc au bleu de pays, petits légumes et polenta, burger du terroir ou du pêcheur, saucisse-aligot et divines tartes aux myrtilles et aux abricots.

Le Malzieu

Baigné par les eaux de la Truyère, Le Malzieu est un petit bijou qui, depuis 2021, compte parmi les Plus Beaux Villages de France. Protégé par des remparts des XIIe et XIIIe siècles, ce village médiéval aux toits en tuiles (une exception dans la région) se dévoile grâce à un parcours historique de 28 panneaux (1 heure 15 ; plan à retirer à l'office du tourisme), au gré de ses ruelles bordées de façades inscrites à l'inventaire des monuments historiques. Fief des seigneurs de Mercœur, Le Malzieu fut reconstruit au XVIIe siècle à la suite d'un incendie consécutif à une épidémie de peste qui décima sa population. Les maisons furent rebaties par des maçons italiens, avec des murs en granit et des portes surmontées de frontons triangulaires. Dans l'église, ne manquez pas la Vierge en majesté d'Apcher, du XIIIe siècle, très rare spécimen constitué d'une âme en bois recouverte d'une feuille d'étain.

Activités

Via ferrata du Malzieu Via ferrata

(office du tourisme du Malzieu 04 66 31 82 73 ; location du matériel demi-journée 15 €/pers). Classée dans les 5 plus belles de France, cette via ferrata propose deux parcours, dont un accessible en famille, dans les gorges de la Truyère. Pour être encadré par un moniteur professionnel, contactez **La Cazelle Sport Nature** (04 66 48 46 05 ; www.lacazelle.com ; 35-45 €/demi-journée), qui vous permettra aussi de vous élancer

Le Malzieu (ci-contre)

ALF PHOTOS / ADOBE STOCK ©

EMMANUEL DAUTANT ©

Loup du Gévaudan

sur une tyrolienne géante (2 x 200 m, à 60 m d'altitude), présente sur le site.

Où se loger et se restaurer

Le Prés de l'hiver Chambres d'hôtes €€

(06 33 72 84 14 ; lepredelhiver.com ; Le Nozier, Le Malzieu-Forain ; s/d/tr/qua avec petit-déj 90-100/100/120/140 €, table d'hôte 27 € ; P). Dans cet ancien corps de ferme lové dans un vallon de la Margeride, vous serez reçu avec chaleur et bonne humeur. Les 4 chambres (l'une jusqu'à 4 pers) affichent une décoration soignée, dans un esprit maison de campagne. Grand salon, Jacuzzi sur la terrasse et bonne table d'hôte le soir. Un sans faute ! VTT à disposition et 3 randonnées au départ de la maison.

Château d'Orfeuillette Luxe et design €€€

(04 66 42 65 65 ; www.chateauorfeuillette.com ; La Garde, Albaret-Sainte-Marie ; ch 120-340 € selon saison, petit-déj 17 € ; avr-oct). Dans un parc paysager de 12 ha, ce château du XIXe siècle décline une ambiance chic et glamour, du billard blanc trônant dans la réception, jusque dans les chambres à la décoration audacieuse, où les miroirs se changent en écrans de TV et les sièges nacelles ornent les alcôves. Les anciennes écuries disposent de chambres à l'atmosphère plus classique. L'hôtel en compte 18. Au rez-de-chaussée, un restaurant gastronomique complète les prestations. À 2 minutes de la sortie 32 de l'A75 ; à 10 minutes au nord de Saint-Chély.

Achats

Poterie Agnès Farges Artisanat

(04 66 31 36 03 ; rue des Pénitents, Le Malzieu). Halte incontournable de Malzieu que ce bel atelier-boutique à la devanture rouge cramoisi estampillé d'un simple "poterie". Ici, œuvre depuis plusieurs décennies Agnès Farges, artiste touche à tout qui, en plus de créer des céramiques décoratives et utilitaires de toute beauté, crée ses propres émaux et invente également des bijoux à base de matériaux récupérés. L'endroit est niché dans l'enceinte des remparts, non loin de l'office du tourisme.

Saint-Alban-sur-Limagnole et environs

Ville étape sur le mythique GR®65 permettant de rallier Saint-Jacques-de-Compostelle depuis le Puy-en-Velay, Saint-Alban est aussi connue pour être le berceau de la psychologie institutionnelle, œuvrant à ce que les malades entrent en interaction avec leur environnement. Cette histoire singulière est évoquée dans le très réussi Scénovision, expérience immersive narrant l'histoire de la ville (voir ci-dessous). Cette pratique moderne de la psychiatrie a pris pour siège pendant plus d'un siècle le château d'origine médiévale de Saint-Alban, qui accueille aujourd'hui l'office du tourisme. Au nord-est de Saint-Alban, la Réserve des bisons d'Europe offre un autre type d'expérience immersive, aux confins du département.

À voir

Le Scénovision Expérience immersive

(☎04 66 31 32 85 ; www.scenovisionstalban.com ; rte de Saint-Chély, Saint-Alban ; tarif adulte/enfant 6/5 €, gratuit - 6 ans ; visites à heures fixes du mar au dim, voir le site Internet). Une visite originale ! Ici, on se laisse embarquer dans une expérience immersive en compagnie d'Auguste, un facteur à l'aube de sa retraite. Installé tour à tour sur les bancs d'une salle de tri puis, au cœur du village reconstitué, dans l'un des véhicules estampillés La Poste, on se laisse conter l'histoire de la Margeride, de la bête du Gévaudan et de Saint-Alban. Séance de 45 min.

Réserve des bisons d'Europe Réserve animalière

(☎04 66 31 40 40 ; www.bisoneurope.com ; Sainte-Eulalie-en-Margeride ; visite guidée calèche + musée adulte/3-11 ans 16-18/9-11 €, traîneau + musée 19-21/11-14 € ; juil-août tlj 10h-18h, mai-juin, sept et vac scol tlj 10h-17h, reste de l'année tlj 10h-17h sauf mar et jeu, fermé mi-nov à mi-déc). Cousin du fameux bison d'Amérique, le bison d'Europe est mal connu. Pourtant, sa masse énorme (atteignant la tonne) et sa taille imposante (jusqu'à 2 m) en font le plus lourd et le plus grand mammifère du continent. Descendant des espèces préhistoriques, il avait pratiquement disparu. Sauvegardé dans une unique réserve en Pologne, il a été réintroduit en France en 1991. En calèche, aux beaux jours, ou en traîneau, en hiver, pénétrez dans les forêts où vivent désormais sur 200 ha une trentaine d'individus. La visite guidée dure environ 1 heure (départs toutes les heures). Réservation impérative. Sur place, vous trouverez un petit musée dédié à l'animal et un restaurant. Depuis Saint-Alban-sur-Limagnole, prendre la direction de Sainte-Eulalie (20 min de route).

Activités

Les Bouviers Station de pleine nature

(☎04 66 47 41 54 ; www.lesbouviers.com ; Les Bouviers, Saint-Denis-en-Margeride ; accès pistes adulte/6-16 ans journée 8,50/3,90 €, 2 jours 15,80/6 €, sem 43,70/17,70 € ; hiver tlj selon enneigement, reste de l'année tlj 9h-12h et 13h-17h). À 1 420 m d'altitude, sur le plateau de la Margeride, cette station nature propose, en hiver, 38 km de pistes de ski de fond et des itinéraires en raquettes. En été, vous pourrez louer sur place des VTT, avec (demi-journée/journée 45/50 €) ou sans assistance électrique (14/19 €).

Renseignements

Office du tourisme de Margeride en Gévaudan (☎04 66 31 82 73 ; www.margeride-en-gevaudan.com). Un bureau à Saint-Chély-d'Apcher, un autre au Malzieu et un troisième à Saint-Alban. L'office du tourisme de Malzieu organise des visites nocturnes du village tous les mercredis (3 €), ainsi que des visites guidées en journée ; renseignements sur place.

AUDE ET PAYS CATHARE

Ici plus qu'ailleurs, l'Antiquité et le Moyen Âge ont laissé une empreinte indélébile. La Cité de Carcassonne, les châteaux du pays cathare, citadelles du vertige posées en sentinelle sur les pitons rocheux des Corbières, Narbonne, son palais des Archevêques, mais aussi désormais son musée dédié à la ville antique, les abbayes de Lagrasse, de Saint-Hilaire et bien sûr de Fontfroide, qui fut l'une des plus riches abbayes de la chrétienté... Ces somptueux témoignages de périodes fastes et tourmentées séduiront les amateurs d'histoire et d'architecture.

Mais l'Aude est aussi propice aux vacances actives. Elle se découvre à vélo sur les anciens chemins de halage du canal du Midi, à pied sur le sentier cathare, en kayak dans la haute vallée de l'Aude ou sur les étangs sauvages du littoral, voire accroché à une voile de kitesurf. Son terroir viticole vallonné produit des vins de caractère (corbières, minervois, cabardès, la clape...) et une blanquette de Limoux à l'expression raffinée. Enfin, ne manquez pas de vous initier à une cuisine de terroir généreuse, symbolisée par le cassoulet, ou plus festive et d'inspiration catalane avec les gourmandes tapas.

Canal de la Robine, Sallèles-d'Aude (p. 280)

TARN
HAUTE-GARONNE
Pic de Nore (1 211 m)
D624
Pradelles-Cabardès
Montagne
D118
Gouffre de Cabrespine
Seuil de Naurouze
Abbaye de Saint-Papoul
Saissac
Lastours
Grotte de Limousis
CABARDÈS
Brousses-et-Villaret
Castelnaudary
Montolieu
Abbaye de Villelongue
LAURAGAIS
D6113
A61
Bram
D33
CARCASSONNE
Cité de Carcassonne (p. 258)
N113
Belpech
Fanjeaux
D119
D623
D118
AUDE
Abbaye de Saint-Hilaire
Hers
Mirepoix
D119
Limoux
Plateau
Abbaye Notre-Dame d'Alet
Alet-les-Bains
ARIÈGE
Chalabre
D118
Donjon d'Arques
Couiza
Arques
Espéraza
Puivert
Rennes-les-Bains
D117
Rennes-le-Château
Quillan
Bugarach
Gorges de Galamus
Belvianes
Axat
D117
Château de Puilaurens
Aude
Géolocalisez l'ensemble des adresses du chapitre
Ax-les-Thermes
N
0
20 km

Parc naturel régional du Haut-Languedoc
HÉRAULT
D909
Orb
Citou
Minerve
Cesse
Gorges de la Cesse
MINERVOIS
Caunes-Minervois
Rieux-Minervois
Balades à vélo le long du canal du Midi (p. 273)
D612
A75
Béziers
D11
D609
A9
Le Somail
Paraza
Sallèles-d'Aude
Aude
Canal du Midi
D610
Lézignan-Corbières
D6009
D6113
Orbieu
Narbonne (p. 281)
A61
Lagrasse et son abbaye au bord de l'Orbieu (p. 291)
Abbaye de Fontfroide (p. 287)
Narbonne-Plage
Massif de la Clape
Bages
Étang de Bages-Sigean
Gruissan, le bord de mer et les marais salants (p. 289)
Lagrasse
Mayronnes
Peyriac-de-Mer
Réserve africaine de Sigean
Sigean
Port-la-Nouvelle
Termes
Château de Termes
Durban-Corbières
Parc naturel régional de la Narbonnaise en Méditerranée
Golfe du Lion
CORBIÈRES
La Franqui
Cap Leucate
Château de Peyrepertuse (p. 296)
Château d'Aguilar
Tuchan
Cucugnan
Port-Leucate
Grau de Maury
Château de Quéribus
Étang de Leucate
Saint-Paul-Fenouillet
Maury
A9
Agly
PYRÉNÉES-ORIENTALES

CARCASSONNE

Agglomération de plus de 100 000 habitants et pôle touristique majeur de l'Aude, plébiscitée par les étrangers en visite en France, Carcassonne offre deux visages. D'abord, sur la rive droite de l'Aude, celui de sa cité médiévale cernée d'imposants remparts, juchée sur une butte et entourée de vignes. Poumon économique de la ville, elle accueille chaque année près de 2 millions de visiteurs venus se plonger dans cet impressionnant décor médiéval restauré par Viollet-le-Duc au XIXe siècle. Sur la rive gauche de l'Aude se dresse la bastide Saint-Louis. Également d'époque médiévale, cette ville basse centrée autour de la place Carnot impose la géométrie ordonnée de ses ruelles. C'est ici que bat le cœur de Carcassonne, notamment autour des halles et du port, où les bateaux s'arrêtent pour franchir les écluses du canal du Midi ; c'est là aussi que se concentrent commerces, restaurants et quelques beaux hôtels particuliers. Une autre ville, restaurée elle aussi, moins ostentatoire mais sans doute plus authentique.

À voir

Cité médiévale

Elle émerge comme un mirage au-dessus de la plaine de l'Aude. Réservée aux piétons, la Cité, encore habitée par une cinquantaine de résidents, est un lieu unique pour s'immerger dans la vie d'une forteresse moyenâgeuse. Hélas, ce charme est quelque peu gâché par l'exploitation touristique débridée du site. Les ruelles au nord de la Cité, entre la **porte Narbonnaise** et le **château comtal**, regorgent de restaurants, d'échoppes de souvenirs et de musées improbables, sans parler des sachets de lavande qui débordent des trottoirs... Cependant, s'il y a du monde en saison, le décor reste somptueux et la visite agréable. Certaines ruelles vous offriront le charme attendu, et un peu plus de calme.

Enceintes Architecture militaire

Constellées de créneaux, de tours et d'échauguettes, les enceintes de la Cité sont le fruit des avancées de l'architecture militaire au XIIIe siècle. La citadelle est

Cité de Carcassonne

La Cité : une histoire vieille de 2 500 ans

Sur ce site stratégique, au carrefour des voies reliant l'Atlantique à la Méditerranée et l'Espagne au reste de l'Europe, la présence humaine remonte à l'âge du fer. Dès le VIe siècle avant J.-C., un peuple celte occupe un oppidum sur la colline de l'actuelle Carcassonne. Le site se mue en colonie romaine et s'enrichit d'une enceinte fortifiée au Bas-Empire avant de tomber successivement dans l'orbite des Wisigoths, des Sarrasins, puis des Francs.

La Cité connaît un fort développement au XIIe siècle sous l'égide des vicomtes de Trencavel qui comptent parmi les plus puissantes familles du Midi. C'est à cette époque que débute la construction de la basilique Saint-Nazaire (p. 261) et du château comtal (p. 261). Liés au comte de Toulouse, les Trencavel seront visés par la croisade lancée par le pape Innocent III contre les albigeois et la Cité capitulera en 1209 face aux troupes croisées commandées par Simon de Montfort. Elle deviendra même, à partir de 1234, le siège du tribunal de l'Inquisition instauré pour lutter contre l'hérésie cathare (p. 382).

Devenue sénéchaussée, rattachée au domaine de France à partir de 1226, la ville se transforme en forteresse inexpugnable sous les règnes de Saint Louis (règne 1226-1270) et de son successeur Philippe III le Hardi (règne 1270-1285). Désormais protégée par deux enceintes et un système de défense redoutable, la place forte ne sera plus jamais menacée par des armées ennemies. Elle garde son rôle de sentinelle entre la France et l'Aragon jusqu'à la signature, en 1659, du traité des Pyrénées, mais l'annexion du Roussillon entraîne son déclin. La Cité est progressivement délaissée au profit de la bastide Saint-Louis. Au XIXe siècle, les garnisons militaires peinent à assurer l'entretien du site, ses lices sont occupées par des taudis et ses remparts servent de carrières de pierre… Grâce à l'action d'érudits locaux et à l'intervention de Prosper Mérimée, Viollet-le-Duc s'empare du projet de restauration de la Cité, travail titanesque débuté en 1853 qui ne s'achèvera qu'en 1911, après sa mort. Même controversées, ces restaurations ont permis à la Cité de renouer avec l'aspect qu'elle avait au XIIIe siècle. Elle a été inscrite sur la liste du patrimoine mondial par l'Unesco en 1997.

cernée de deux séries de remparts, dont la longueur totalise plus de 3 km.

L'**enceinte extérieure** a été créée de toutes pièces vers 1230, d'où son style homogène. L'**enceinte intérieure** est, quant à elle, issue d'un remaniement du rempart gallo-romain primitif entre 1280 et 1287. Des ouvrages spectaculaires comme la **porte Narbonnaise** et la **tour du Tréseau** (ou Trésor ; carte p. 260) sont construits durant cette nouvelle phase. Parfois, le pan de muraille antique, quand il n'a pas été rasé, a été consolidé au XIIIe siècle en sous-œuvre avec les matériaux de l'époque.

Les deux enceintes sont séparées par de larges **lices**. Cet espace vierge, utilisé lors des tournois de chevalerie (d'où l'expression "rester en lice"), exposait l'ennemi aux flèches et aux contre-attaques des défenseurs. Pour prendre la mesure de ce travail colossal, promenez-vous le long des lices auxquelles on accède par la porte d'Aude, la porte Narbonnaise ou aux abords de la place Saint-Jean par la porte de Rodez.

Porte Narbonnaise — Ouvrage fortifié

L'entrée principale de la Cité était aussi son talon d'Achille. Elle nécessitait une protection appropriée. D'où la création de ce bastion à la fin du XIIIe siècle, orienté vers Narbonne et formé de deux tours massives dont la forme en éperon offrait une protection contre les béliers adverses. Autre subtilité, la barbacane de l'enceinte extérieure, une avancée en demi-cercle

Cité de Carcassonne

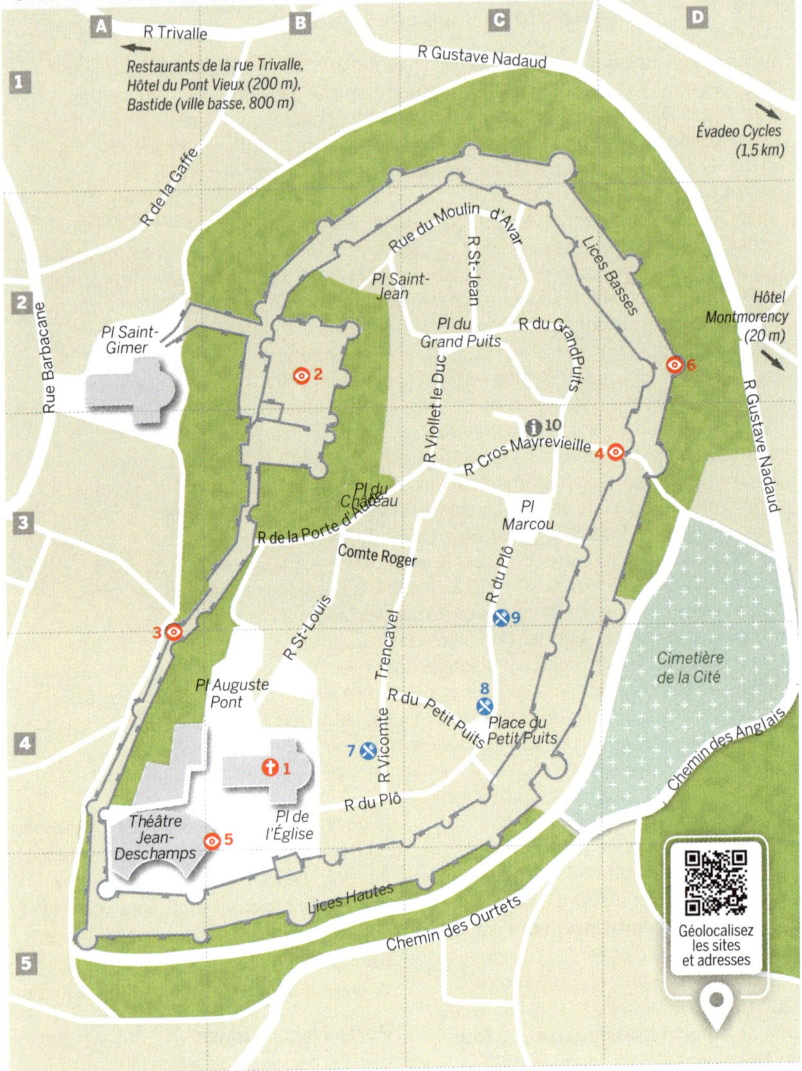

Cité de Carcassonne

À voir

1 Basilique Saint-Nazaire B4
2 Château comtal B2
3 Porte d'Aude A4
4 Porte Narbonnaise D3
5 Théâtre Jean-Deschamps A4
6 Tour du Tréseau D2

Où se restaurer

7 Auberge des Lices B4
8 La Maison Joseph C4
9 La Table d'Alaïs C3

Renseignements

10 Annexe de l'office du tourisme C3

qui permettait de masser des troupes près du pont-levis pour contrecarrer les attaques ennemies. Les créneaux, les toits et le pont-levis sont dus à Viollet-le-Duc.

Porte d'Aude Ouvrage fortifié

À l'ouest de la Cité, cette entrée était défendue naturellement par une pente abrupte, mais aussi par le fleuve. Châtelets, murs crénelés et portes en renforçaient la protection. La porte d'Aude est la voie d'accès vers la ville basse par le **pont Vieux, à l'entrée de la bastide**. Ce magnifique pont, achevé en 1320, aux arches inégales, enjambe l'Aude dans un décor majestueux, particulièrement en début de soirée, lorsque les remparts de la Cité se parent de lumières.

Château comtal et remparts Château fort

(carte ci-contre ; ✆ 04 68 11 70 70 ; www.remparts-carcassonne.fr ; tarif plein/réduit 9,50/7,50 €, gratuit - 26 ans, audioguide 3 € ; ⏲ avr-sept tlj 10h-18h15, oct-mars 9h30-16h15, dernier accès 30 min avt fermeture). Édifié par les vicomtes de Trencavel au XIIe siècle, le château comtal était le cœur décisionnaire de la Cité. Après l'annexion de Carcassonne au domaine royal, cette demeure féodale fut transformée par Simon de Montfort en un château fortifié, destiné à abriter l'administration et la garnison royales, mais aussi à se prémunir d'une population hostile aux nouveaux maîtres de la Cité.

L'**accès au château**, parsemé d'obstacles, témoigne ici aussi du soin apporté à la sécurité de l'édifice. Une barbacane semi-circulaire faisait office de poste avancé pour la garnison. Derrière elle, un espace découvert plaçait les assaillants à la merci des arbalétriers installés derrière les archères du château. Un pont mobile, une herse et des hourds (galeries de bois placées au sommet des remparts permettant de jeter des projectiles), reconstitués par Viollet-le-Duc, complétaient ce dispositif.

La **visite du château** comprend les deux cours (la cour d'honneur et la cour du Midi), un musée lapidaire au 1er étage et un film 3D au 2e étage, évoquant l'histoire du monument. Vous pouvez aussi cheminer sur les remparts nord ou ouest qui offrent de beaux panoramas sur les toits de la Cité et sur les plaines de l'Aude.

Reportez-vous p. 265 pour des visites-conférences du château et de la Cité.

Un **spectacle son et lumière** (www.remparts-lumieres.com ; tarif plein/réduit 15/12 €, gratuit - 7 ans ; ⏲ mi-juil à mi-sept), créé en 2022, a lieu chaque soir d'été. Il part de la porte Narbonnaise et chemine sur le chemin de ronde, de tour en tour, jusqu'au château.

Basilique Saint-Nazaire Cathédrale

(carte p. 260 ; ⏲ été tlj 9h-12h et 14h-19h, hiver tlj 9h-12h et 14h-17h ; entrée libre). Au sud de la Cité, l'ancienne cathédrale du XIIe siècle ne garde de roman que la nef et les collatéraux. Le chœur d'origine a été remplacé par une structure de style gothique rayonnant à la fin du XIIIe siècle. Une vingtaine de statues, autrefois polychromes, ont été taillées dans les colonnes supportant les voûtes du chœur. L'édifice abrite de somptueux vitraux des XIIIe et XIVe siècles. Un des plus remarquables se trouve dans la chapelle de la Vierge, bras nord du transept. Elle est éclairée par un vitrail représentant l'**arbre de Jessé**, dont les 24 panneaux qui se lisent de bas en haut dévoilent la lignée du Christ.

Théâtre Jean-Deschamps Grand Théâtre de la Cité

(13 rue des Remparts/pl. Saint-Nazaire). Voisin de la basilique, et construit en 1908 à l'emplacement du cloître, ce vaste amphithéâtre avec sa jauge de 3 000 personnes accueille les grands concerts du Festival de Carcassonne (www.festivaldecarcassonne.fr), qui a lieu chaque année de fin juin à fin juillet. Le théâtre a été rebaptisé en 2006 en l'honneur de Jean Deschamps, comédien et créateur du festival.

Bastide Saint-Louis (ville basse)

Située sur la rive gauche de l'Aude, la bastide Saint-Louis fut créée par Saint Louis en 1249 pour calmer les ardeurs d'une population frondeuse et la tenir à distance de la Cité ravie aux Trencavel. Grâce à son

ANIBAL TREJO/ADOBE STOCK ©

développement commercial, axé sur la production et l'exportation de draps de laine, la bastide supplante progressivement la Cité au fil des siècles. Ordonnée selon un plan en damier, elle est délimitée par de grands boulevards construits à partir du XVIIIe siècle sur les anciennes fortifications.

Place Carnot et environs — Centre-ville

Cette partie centrale est la plus animée de la bastide. L'agréable **place Carnot**, bordée de maisons colorées et jalonnée de terrasses de café, est une agora piétonne au centre de laquelle trône la fontaine de Neptune (1770) du sculpteur italien Barata. C'est là que se déroule le marché aux fruits et légumes le mardi, le jeudi et le samedi matin, et les concerts gratuits du Festival de Carcassonne (p. 261). À quelques rues de là, sur la **place Eggenfelden**, les **halles couvertes** rassemblent une quinzaine de commerçants juste à côté de l'ancienne **halle aux grains** (carte p. 264 ; aujourd'hui la médiathèque de la ville) à la superbe charpente du XVIIIe siècle. Autour des halles subsistent de beaux hôtels particuliers des XVIIe et XVIIIe siècles, vestiges de la grande époque drapière de Carcassonne. Parmi les plus notables, la **Maison des Mémoires**, qui abrite un musée (voir page ci-contre), la **maison du Sénéchal** (carte p. 264 ; 70 rue Aimé-Ramond), datant du XIVe siècle et siège de l'actuelle chambre d'agriculture, ou l'**Hôtel de Rolland** (carte p. 264 ; 32 rue Aimé-Ramond) occupé par l'hôtel de ville. D'autres façades sont, elles, ornées de décorations Art déco ou Art nouveau – renseignements à l'office du tourisme.

Cathédrale Saint-Michel — Gothique

(carte p. 264 ; rue Voltaire ; juin-sept lun-sam 10h-12h et 15h-18h, dim 10h-12h30, reste de l'année voir l'office du tourisme). Située à l'extrême sud de la bastide, elle usurpa le titre de cathédrale à la basilique Saint-Nazaire en 1803. Surmonté d'une tour cylindrique, l'édifice révèle à l'intérieur un magnifique vitrail central et un chœur de marbre issu des carrières de Caunes-Minervois. Érigée au XIIIe siècle, la cathédrale fut en partie détruite lors du passage du Prince Noir en 1355, avant d'être reconstruite au XVe siècle, époque durant laquelle elle fut intégrée aux anciennes fortifications de la ville.

De gauche à droite : vitraux de la basilique Saint-Nazaire (p. 261) ; porte de l'Aude et château comtal (p. 261) ; statue de Dame Carcas (p. 265)

Les dernières modifications ont été l'œuvre de Viollet-le-Duc, au XIXe siècle.

Église Saint-Vincent — Gothique

(carte p. 264 ; rue Albert-Tomey ; jan-sept lun-ven et dim 14h30-18h, sam 10h-12h, reste de l'année voir l'office du tourisme). Située au nord de la place Carnot, l'église Saint-Vincent est un bel exemple de style gothique méridional avec sa large nef et sa voûte imposante. On peut gravir les 232 marches de sa **tour-clocher** (2,50/1,50 € tarif plein/étudiant), avant d'atteindre le carillon de 47 cloches. Du plus haut point de la ville, le panorama sur la cité est unique. Récital d'orgue gratuit chaque samedi matin d'été à 11h.

Maison des Mémoires – Centre Joë Bousquet — Maison d'écrivain

(carte p. 264 ; 04 68 72 45 55 ; 53 rue de Verdun ; mar-sam 10h-13h et 14h-18h ; entrée libre). C'est dans cet hôtel particulier que le poète Joë Bousquet (1897-1950), blessé pendant la Première Guerre mondiale, s'installa à partir de 1924. Écrivain prolixe attiré par les surréalistes, il passa ici l'essentiel de sa vie alité, sans pour autant rester isolé du monde. Paul Valéry, Max Ernst, Louis Aragon, André Gide ou Simone Weil comptent parmi les nombreux intellectuels et artistes qui se sont succédé dans sa chambre aux volets clos. Autour de la chambre restée intacte, l'œuvre polymorphe de Bousquet prend forme : lettres, poèmes, dessins et photographies. Ornée de plafonds peints et de peintures murales classées, la maison est un bel exemple d'hôtel particulier carcassonnais. Expositions temporaires sur la littérature et l'édition.

Musée des Beaux-Arts — Éclectique

(carte p. 264 ; 04 68 77 73 70 ; 1 rue de Verdun ; avr-sept tlj 9h45-12h30 et 13h30-18h15, oct-mars mar-sam 9h45-12h30 et 13h30-18h15, plus 1er dim du mois 14h-17h ; entrée libre). Installé dans l'ancien présidial (tribunal de la ville), cet espace accueille un fonds en partie constitué par les legs de grandes familles de Carcassonne. Outre une remarquable collection de céramiques, ses salles présentent un riche panorama de peintures, dont celles du peintre local Jacques Gamelin (1739-1803). Ne manquez pas *La Délivrance*

Carcassonne – Bastide Saint-Louis (ville basse)

0 — 200 m

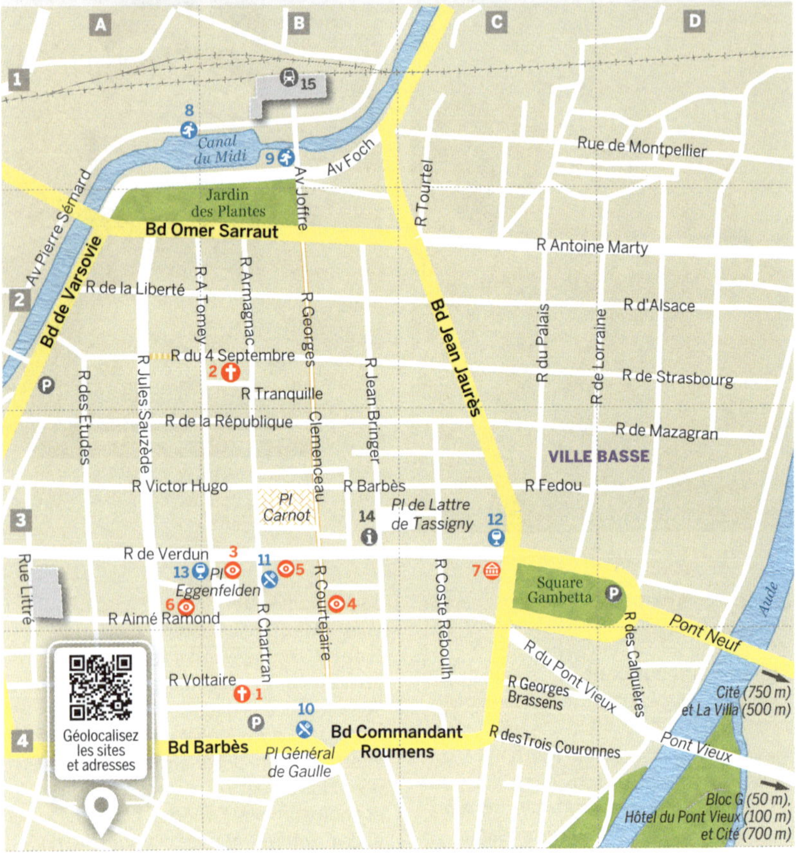

Carcassonne – Bastide Saint-Louis (ville basse)

À voir

1 Cathédrale Saint-Michel B4
2 Église Saint-Vincent B2
3 Halle aux grains B3
4 Hôtel de Rolland B3
5 Maison des Mémoires – Centre Joë Bousquet B3
6 Maison du Sénéchal A3
7 Musée des Beaux-Arts C3

Activités et circuits organisés

8 Carcassonne Croisières A1
9 Bateau-croisière Le Cocagne B1

Où se restaurer

10 À 4 Temps B4
11 Le Bistrot d'Alice B3

Où prendre un verre

12 Le Verre d'Un C3
13 Café Saillan A3

Renseignements

14 Office du tourisme B3

Transports

15 Gare ferroviaire B1

INSOLITE
La légende de Dame Carcas

En passant devant la porte Narbonnaise (p. 258), vous apercevrez sans doute le buste en grès d'une femme au sourire énigmatique. Il s'agit de celui de Dame Carcas, héroïne imaginaire d'une légende locale qui dévoile l'origine fantasmée du nom de Carcassonne.

L'histoire nous dit qu'au temps de l'occupation sarrasine, cette princesse musulmane dirigeait de main de maître la défense de la ville contre les troupes de Charlemagne. Après 5 années de siège, les vivres vinrent à manquer à la population exténuée et Dame Carcas usa d'un stratagème pour décourager les assaillants. Se faisant apporter le dernier cochon, elle le gava de blé avant de le jeter du haut des remparts extérieurs. Quand l'animal s'écrasa sur le sol, son ventre libéra les céréales. Il n'en fallut pas plus à Charlemagne pour plier armes et bagages, jugeant inutile d'assiéger une cité aussi bien approvisionnée. Enchantée de son succès, Dame Carcas fit alors sonner les cloches de la cité, ce qui déclencha la fameuse réaction d'un compagnon du roi : "Sire, Carcas sonne."

des emmurés de Carcassonne de Jean-Paul Laurens (1838-1921) et *Les Chérifas* de Benjamin-Constant (1845-1902). Expos temporaires gratuites au rez-de-chaussée.

Activités

Évadeo Cycles — Balade à vélo

(hors carte page ci-contre ; 04 34 42 88 32 ; evadeocycles.com ; 14 rue Jean-Monnet ; location VTT, enfant, course et VAE demi-journée/journée 17-79/25-105 € ; avr-oct tlj 9h30-12h et 13h30-18h). Une approche originale du tourisme à deux-roues avec des circuits découverte autour de la bastide, de la Cité, du canal du Midi ou des berges de l'Aude. Vélos à retirer à la boutique, à environ 2 km de la Cité en remontant l'avenue du Maréchal-Leclerc vers l'est.

En accord avec le **bateau-croisière Le Cocagne** (voir p. 266), on peut aussi embarquer son vélo à bord et revenir en roulant le long du canal (à condition d'éviter le départ de 15h30, trop fréquenté pour accueillir les vélos).

Lac de la Cavayère — Jeux et baignade

À 10 minutes en voiture du centre (direction Narbonne, puis Montlegun), ce "Carcassonne-Plage" comprend de vastes étendues de sable ou de gazon.

Au bord du lac (baignade surveillée en été), sont aménagés pour les plus jeunes le **parc aquatique gonflable Aquaviva** (07 81 91 49 12 ; parc-aquaviva.com ; 1/2 heure(s) 10/14 € ; juin-août 11h-19h) avec un site de waterjump (+ 5 €) et un **parcours acrobatique dans les arbres** (06 07 96 04 55 ; www.o2aventure.com ; adulte/enfant 18/8-16 €, pas de carte bancaire ; avr-mai mer, sam-dim et vac scol 13h30-17h, juin-août tlj 13h-18h, sept-oct mer, sam-dim 14h-16h30) avec 2 tyroliennes.

Circuits organisés

L'**office du tourisme** (p. 268 ; www.tourisme-carcassonne.fr) organise des visites guidées classiques dans la bastide et la Cité (1 heure 15 ; tarif plein/réduit 12/9-7 €), des visites nocturnes de la Cité en juillet-août (12/7 €), ainsi que des visites du canal du Midi en juin-septembre ou des visites dédiées aux enfants. Consultez le site du **Carca' Pass** (reservation.tourisme-carcassonne.fr/carca-pass.html) qui comprend une visite de la ville, ainsi que des réductions sur les sites partenaires de la ville et du département. Renseignez-vous directement au château sur les visites des guides-conférenciers des Monuments nationaux.

Carcassonne Croisières — Sorties sur le canal

(carte page ci-contre ; 06 80 47 54 33 ; www.carcassonne-navigationcroisiere.com ; port de plaisance ; tarif plein/réduit 8,50-12,50/6,50-7,50 € selon balade ; avr-oct, jusqu'à 8 départs/jour juil-août). Au départ du port de Carcassonne, en face de la gare, les bateaux Hélios et Lou Gabaret proposent plusieurs formules pour découvrir le **canal du Midi** et ses écluses, inscrits sur la liste du patrimoine mondial par l'Unesco depuis 1996 : deux itinéraires (durée 1 heure 30-2 heures), l'un en direction de Narbonne avec passage de deux écluses et vue (lointaine) sur la cité médiévale au retour ; l'autre, plus nature, vers Toulouse.

Bateau-croisière Le Cocagne Sorties sur le canal

(carte p. 264 ; ☎ 06 50 40 78 50 ; port de plaisance, av. du Maréchal-Foch ; gratuit - 6 ans ; ⏱ juil-août tlj départs 10h, 14h, 15h30 et 18h, avr-juin et sept-oct tlj sauf mar départs 10h, 14h et 15h30). Choisissez entre la croisière "Découverte" (2 heures ; tarif plein/- 13 ans 10/8 €), qui vous mènera jusqu'à l'écluse de la Douce, avec un passage par l'épanchoir de Foucaud, et la croisière "Cité" (1 heure 15 ; 8/6 €) offrant une très belle vue sur la vieille ville.

Où se loger

Hôtel du Pont Vieux Central €€

(hors carte p. 264 ; ☎ 04 68 25 24 99 ; www.hotelpontvieux.com ; 32 rue Trivalle ; d/tr/qua 69-130/105-170/115-190 €, petit-déj 11 € ; P 7-10 €). Cet hôtel historique, côté bastide mais à 5 minutes de la porte d'Aude, a été rénové de fond en comble par Catherine et Jean-Michel. Les deux chambres sous les toits disposent d'une vue imprenable sur la Cité. Une mini-terrasse ouverte à tous les clients démocratise ce panorama de carte postale. Autour d'un olivier, la cour intérieure, très calme, est parsemée de canapés et de transats qui invitent au farniente.

La Villa Chambres d'hôtes €€€

(hors carte p. 264 ; ☎ 04 68 10 60 91, 06 45 33 87 21 ; lavilla-carcassonne.com ; 10 rue Michel-Sabatier ; d/tr/qua avec petit-déj 100-150/145-170/165-190 € selon confort et saison ; P). À 2 minutes à pied de l'entrée de la Cité, cette maison autrefois habitée par le peintre Eugène Pech est tenue par une famille d'attachants globe-trotteurs. La déco des chambres est fraîche et soignée sans lésiner sur le confort. Et dans les petits plus : une piscine chauffée (avr-oct), un jardin exquis où prendre son petit-déjeuner avec pâtisseries maison et une borne de recharge pour voiture électrique.

Hôtel Montmorency Charme €€€

(hors carte p. 260 ; ☎ 04 68 11 96 70 ; www.hotelmontmorency.com ; 2 rue Camille-Saint-Saëns ; d à partir de 75/125 € basse/haute saison, ste 1-4 pers 115-500 €, petit-déj 15 € ; P 10 €). Dans un bâtiment attenant au luxueux hôtel du Château, le Montmorency loue 30 chambres et suites dans un style contemporain coloré du plus bel effet, toutes très bien équipées. À noter : vous pouvez aussi profiter des installations bien-être de l'hôtel du Château (piscine extérieure chauffée et Jacuzzi, spa Gemology). Idéal pour une halte détente avec la Cité en point de mire. À 5 minutes de la porte Narbonnaise.

Où se restaurer

Dans le prolongement du pont Vieux qui mène de la bastide à la Cité, la rue Trivalle est bordée d'adresses sympathiques.

Dans la bastide

Le Bistrot d'Alice Traditionnel €€

(carte p. 264 ; ☎ 04 68 47 25 51 ; www.lebistrotdalice.fr ; 26 rue Chartran ; plats 12,50-21 € ; ⏱ tlj sauf mar-mer). Agneau de la montagne Noire, terrine de lapin, cassoulet du bistrot, sardines à l'escabèche... Ce petit bistrot pimpant rend hommage à la grand-mère du chef (Alice) en revisitant les classiques occitans, avec une touche personnelle bien sentie. On aime la déco, le joli choix de vins du Languedoc, les bières artisanales, et les prix plutôt sages pour des plats travaillés avec des produits de qualité – dont beaucoup proviennent de la fromagerie-épicerie fine La Ferme (55 cours de Verdun), à l'angle de la rue.

À 4 Temps Brasserie chic €€
(carte p. 264 ; ☎04 68 11 44 44 ; www.brasserie4temps.com ; 2 bd Barbès ; menu midi 21,50 €, menu 34 €, plats 22-33 € ; ⏰tlj 7h-22h). Fondée par Franck Putelat, chef doublement étoilé du luxueux hôtel Le Parc, cette brasserie est accolée à la porte des Jacobins ouvrant sur la bastide. Elle propose des plats tendance de saison, simples mais efficaces (linguine à la carbonara, tartare, gaspacho, tataki de thon, truite ou cochon ibérique). Belle sélection de vins régionaux et cocktails. Réservation indispensable.

Dans la Cité

La Maison Joseph Tapas €
(carte p. 264 ; ☎04 68 77 17 39 ; 15 rue du Plô ; tapas 6-9 € ; ⏰tlj). Une table jeune avec un toit-terrasse, parfait au coucher du soleil ! Les tapas sont classiques mais délicieuses – *patatas bravas*, beignets de calmars et aïoli, tacos avec effiloché de cochon et graines germées, poivrons marinés, rillettes de sardines ou de thon, croquettes de confit de canard, etc., sans compter les planches de charcuterie ou de fromages à accompagner d'un verre de vin de la région (bonne sélection) ou d'une bière brassée à Carcassonne, La Citadine. Accueil souriant malgré l'affluence !

La Table d'Alaïs Terroir €€
(carte p. 260 ; ☎04 68 71 60 63 ; www.latabledalais.fr ; 32 rue du Plô ; menus 25,50-57 €, cassoulet 25 € ; ⏰tlj sauf mer). Une belle adresse pour s'essayer au cassoulet (le chef est membre de l'Académie universelle du cassoulet) ou à une cuisine créative mettant à l'honneur les produits de saison – velouté glacé de courgettes et fromage de chèvre, merlu de ligne-risotto de marseillette-salicornes-crémeux de piquillos, échine de porc confite, carpaccio d'ananas au miel... Le menu déjeuner à 25,50 € présente un excellent rapport qualité/prix, sans oublier d'être original. Belle sélection de vins locaux au verre et adorable cour fermée. Pensez à réserver.

Auberge des Lices Terroir €€€
(carte p. 260 ; ☎04 68 72 34 07 ; www.blasco.fr ; 3 rue Raymond-Roger-Trencavel ; menus 25-46 €, plats 22-38 € ; ⏰juil-août tlj, fermé mar-mer

Terrasses de la place Carnot, au cœur de la bastide Saint-Louis

reste de l'année). Une adresse courue, cachée dans les ruelles de la Cité. Jean-Pierre Blasco, membre de l'Académie universelle du cassoulet, s'est taillé une solide réputation pour son cassoulet languedocien (25 €). Mais vous pourrez également goûter une authentique parillade de poissons de Méditerranée (38 €) et d'autres mets du terroir. Réservation conseillée.

Où prendre un verre

Dans la bastide

Café Saillan Bistrot de quartier

(carte p. 264 ; 04 68 72 37 40 ; 31 rue Albert-Tomey ; 7h-18h tlj sauf dim-lun). Le Café Saillan est fréquenté tôt le matin par les vendeurs des halles qui viennent y boire un petit noir. On s'y retrouve ensuite pour l'apéro ou le déjeuner (plats 12 €). Le point d'orgue reste le samedi, quand les tonneaux envahissent le trottoir et que l'on se presse pour des dégustations de vins, de tapas et de produits du terroir grillés à la plancha.

Le Verre d'Un Bar à vins

(carte p. 264 ; 04 68 71 43 99 ; www.leverredun.com ; 2 rue de Verdun ; bar à vins mar-sam 10h-22h, avec restauration aux heures de repas). Ce que l'on aime ici, c'est la belle sélection de vins du cru à prix modéré, à retrouver dans la **boutique** (mar-sam 9h30-12h30 et 15h-19h). Le vendredi et le samedi, formules *fish and chips* et huîtres-petit blanc.

Renseignements

Office du tourisme (carte p. 264 ; 04 68 10 24 30 ; www.tourisme-carcassonne.fr ; 28 rue de Verdun), dans la bastide Saint-Louis, à deux pas de la place Carnot. L'**annexe dans la Cité** (carte p. 264 ; impasse Agnès-de-Montpellier ; tte l'année) se double d'une boutique, tout près de la porte Narbonnaise.

Depuis/vers Carcassonne

AVION

L'**aéroport de Carcassonne** (04 68 71 96 46 ; www.aeroport-carcassonne.com) ne dessert pas d'autres villes françaises, mais peut être une solution pour des liaisons internationales (Dublin, Charleroi, Londres...) assurées par Ryanair. Une navette relie l'aéroport au centre-ville (5 €).

BUS

La compagnie **Keolis** (04 68 25 13 74 ; www.keolisaude.com ; ticket 1 €) dessert les principales villes de l'Aude depuis la gare routière située avenue du Maréchal-Foch : Narbonne par Lézignan, Axat via Limoux ou encore Lagrasse.

TRAIN

Depuis Paris, comptez 5 heures 20 en TGV pour rejoindre Carcassonne via Narbonne. La **gare SNCF** (carte p. 264 ; av. du Maréchal-Foch), au nord de la bastide, est reliée à toutes les grandes villes de la région (Toulouse est à 1 heure, Perpignan à 1 heure 20, Montpellier à 1 heure 30) et à Barcelone (3 heures).

Comment circuler

BUS

Agglo Transport (rtca.carcassonne-agglo.fr/lignes-horaires/; ticket 1 heure/journée 1/3 €) dessert une dizaine de lignes à travers l'agglomération de Carcassonne. La ligne 4 permet de rejoindre la Cité médiévale depuis la bastide (square Gambetta), et la ligne 1, le lac de la Cavayère.

Une navette gratuite, le TOUC, circule dans la bastide Saint-Louis de début juin à fin septembre.

En été, une navette dessert la grotte de Limousis (p. 275) depuis Carcassonne deux fois par semaine, les mercredis et vendredis.

VÉLO

La ville dispose d'un réseau de vélos électriques en libre-service, **Cyclolib** (5 stations dans le centre-ville et dans la Cité ; forfait 2 €/jour), accessible avec l'application Cyclolib.

VOITURE

Trouver une place de stationnement peut être un casse-tête en pleine saison. Quelques

EMMANUEL DAUTANT ©

Canal du Midi

options : les parkings payants des boulevards ceinturant la bastide (30 min gratuites, puis 1 €/heure), les parkings souterrains comme le **parking André-Chénier** (près de la gare SNCF), le **parking des Jacobins** (près de la cathédrale Saint-Michel) et le **parking Gambetta** (square Gambetta).

Les parkings situés autour de la Cité, en face de la porte Narbonnaise et de la porte d'Aude, sont payants de 8h à 20h (30 min gratuites, puis 1 € les 15 min jusqu'à 2 heures, ou 0,50 € les 45 min jusqu'à 12 heures).

CASTELNAUDARY ET LE LAURAGAIS

Principale ville étape sur le canal du Midi avec son Grand Bassin, plus grande retenue d'eau du canal du Midi, Castelnaudary émerge d'une vaste plaine fertile, le Lauragais, tapissée d'étendues céréalières (blé, tournesol). La capitale mondiale du cassoulet mérite que l'on s'y attarde au moins pour déguster sa célèbre spécialité. Le fameux plat draine tout un pan de l'économie locale : producteurs de haricots lingots, potiers fabricants de cassoles, éleveurs de canards, de porcs et, bien sûr, restaurateurs. Si vous êtes amateur, rejoignez les immenses tables dressées pour la **fête du Cassoulet** (www.fete-du-cassoulet.com ; mi-août), lors de laquelle sont préparés chaque année près de 40 000 cassoulets dans une ambiance festive ! Le Lauragais, qui s'étire sur les départements limitrophes et s'arrête à Toulouse, est le grenier à blé du département depuis le Moyen Âge et on y élève de succulentes volailles.

À voir

En dehors du Grand Bassin et de ses passerelles qui enjambent le canal du Midi, qui vaut bien qu'on en fasse le tour, la ville moderne et le centre-ville commerçant de Castelnaudary ne méritent pas trop que l'on s'y attarde. C'est sur les hauteurs de la ville que vous attendent les demeures plus anciennes, le musée du Lauragais, situé dans les anciennes prisons du présidial (tribunal) et dédié au plat emblématique,

Abbaye de Saint-Papoul

ALEXANDRE LENOIR ©

et le **moulin de Cugarel** (pour la visite de ces 2 sites, voir auprès de l'office du tourisme), l'un des 32 que comptait la ville au XVIIe siècle. Ce moulin de pierre possède un toit qui tourne grâce à une crémaillère actionnée par le meunier, permettant alors d'orienter les ailes vers le vent.

Abbaye de Saint-Papoul Architecture et sculptures

(04 68 94 97 75 ; Saint-Papoul ; abbaye-saint-papoul.com ; tarif plein/réduit/6-15 ans 5/3/2 € ; juil-août tlj 10h-19h, avr-juin et sept-oct tlj 10h-12h et 14h-18h, variables reste de l'année). Fondée au IXe siècle, elle fut le siège d'un évêché du XIVe siècle à la Révolution. Au cours de la visite, vous découvrirez des éléments de différentes époques : un magnifique cloître du XIVe siècle, la salle capitulaire (servant toujours de sacristie) et une église abbatiale remaniée à partir du XVIIIe siècle. Les lieux sont surtout remarquables pour les sculptures "vivantes" du maître de Cabestany, sculpteur anonyme du XIIe siècle qui essaima ses œuvres romanes dans l'Aude, en Catalogne et jusqu'en Toscane. Scrutez la corniche du chevet roman, à l'extérieur de l'église, pour voir les modillons ornés de visages humains et monstrueux, et les deux chapiteaux figurant le prophète Daniel dans la fosse aux lions. Un petit musée lapidaire situé dans l'ancien réfectoire des moines présente des moulages permettant d'admirer de près le raffinement du maître. Les enfants (8-12 ans) peuvent retirer un quiz ludique (gratuit) à l'accueil. À 10 km au nord-est de Castelnaudary.

Circuits organisés

L'office du tourisme de Castelnaudary (page ci-contre) a mis en place une **route du Cassoulet**, grande boucle de 180 km à étapes à travers le Lauragais. Artisans et producteurs locaux ouvrent leurs portes, à condition de téléphoner au préalable (voir www.castelnaudary-tourisme.fr). Également d'intéressantes visites guidées dans le centre historique, chez un potier (qui fabrique la cassole), un éleveur de canards ou dans des sites comme le seuil de Naurouze (voir p. 273).

Le Saint-Roch Croisières
(☎04 68 23 49 40, 06 62 03 49 40 ; saintroch11.com ; quai du port ; balade 1 heure départ à 17h juil-août, balade 2 heures départ à 14h30, autres formules sur réservation ; adulte/enfant 1 heure 8/6 €, 2 heures 13/10 € ; avr-oct tlj accueil 9h-11h et 14h-18h). Plusieurs balades commentées sur un bateau-mouche d'une capacité de 48 personnes. Mieux vaut réserver en été. Vous découvrirez notamment le Grand Bassin puis voguerez le long du bief de la Planque. Il est aussi possible de louer des **bateaux sans permis** (bateau de 7 places 45/62/95 € les 60/90/180 min), appelés "gabarots", pour naviguer en autonomie (après une courte initiation).

Où se restaurer

Hostellerie Étienne Cassoulet **€€**
(☎04 68 60 10 08 ; www.hostellerieetienne.com ; 1 chemin Saint-James, Labastide-d'Anjou ; formule midi 17 €, menu cassoulet 26 €, menus 22-32 €, plats 14-25 € ; tlj sauf dim soir en saison). Ce restaurant est très réputé pour son cassoulet impérial servi *tan que voletz* (à volonté en occitan). Il a la bonne idée de se doubler d'un joli parc paysager où vous pourrez vous offrir une belle balade digestive. L'adresse étant prisée, mieux vaut réserver. À 11 km à l'ouest de Castelnaudary.

Achats

Pour acheter un bon cassoulet frais ou en boîte, ainsi que d'autres conserves d'excellente qualité, la zone industrielle d'En Tourre n'est certes pas glamour, mais regroupe toutes les principales "maisons" de Castelnaudary, et les boutiques ont le mérite d'être ouvertes le lundi. La Maison Rivière et la Maison Escourrou – qui a aussi pignon sur rue au centre-ville (voir ci-dessous) – ont notre préférence.

Maison Escourrou Institution
(☎04 68 23 13 93 ; escourrou.com/fr/; 65 rue de Dunkerque ; mer-sam 8h-12h et 14h30-19h30, dim-lun 8h-12h). Cassoulets en terrine ou en bocaux, et autres spécialités de charcuterie à base de porc et de canard.

Le canal du Midi menacé

On les croyait immuables. Sentinelles impassibles, plantées par Napoléon pour stabiliser les berges du canal. Exposés à une maladie incurable depuis 2006 (le chancre coloré), les 42 000 platanes du canal du Midi pourraient bientôt tous disparaître. Faute de remède miracle, l'État en a déjà abattu 18 000, peu à peu remplacés par des arbres plus résistants aux parasites : chênes, pins parasols, érables, micocouliers, tilleuls ou peupliers. Consolons-nous en rappelant qu'après sa construction au XVIIe siècle, le canal du Midi était bordé de saules, de mûriers et de peupliers et qu'il retrouve là un peu de son aspect originel.

Renseignements

Office du tourisme (☎04 68 23 05 73 ; www.castelnaudary-tourisme.com ; pl. de la République)

CABARDÈS ET MONTAGNE NOIRE

Disséminés le long des cours d'eau qui descendent des sommets de la montagne Noire, les villages isolés du Cabardès offrent une halte agréable à quelques minutes de Carcassonne. Les amateurs de randonnée s'attarderont sur les nombreux sentiers pédestres qui sillonnent cette région aux paysages sauvages, marquée par l'épais manteau forestier de la montagne Noire. Côté culture, faites halte à Montolieu et ne manquez pas la visite du moulin à papier de Brousses, et celles des châteaux de Saissac et de Lastours. Au-delà de Montolieu, préparez-vous à des routes en lacet ; ne vous engagez pas en voiture dans les rues médiévales étroites : garez-vous aux parkings dédiés à l'entrée des villages. Attention, prévoyez des espèces car les distributeurs sont rares et la carte bancaire n'est pas acceptée partout (et parfois avec un seuil de 12 €).

Montolieu et ses environs

C'est l'une des 8 "cités du livre" en France, un réseau de villages où se concentrent de nombreux bouquinistes. C'est à Michel Braibant, relieur à Carcassonne, que l'on doit la vocation littéraire de Montolieu. Bâti en surplomb des gorges de l'Alzeau et de la Dure, Montolieu compte une quinzaine de librairies (la plupart de livres d'occasion) pour à peine 800 âmes à l'année. En journée, des caisses de livres envahissent ses ruelles pour le plus grand plaisir des collectionneurs. Le village compte aussi des ateliers d'artistes et des artisans d'art qui ouvrent leur porte en été.

À voir

La Coopérative-Musée Cérès Franco Art brut

(04 68 76 12 54 ; www.collectionceresfranco.com/fr ; rte d'Alzonne ; adulte/- 16 ans 10/4 €, visite commentée sur réservation ou dim 11h juil-août ; mi-avr à mi-oct mar-dim 10h-12h30 et 14h30-18h). Ce musée est issu de la donation Cérès Franco, une artiste brésilienne qui a réuni une des plus importantes collections d'art brut et naïf en France. Situé dans l'ancienne coopérative viticole de Montolieu, il organise une grande exposition par an (*Voleurs de feu* en 2021, *Féminin Plurielles* en 2022), des rencontres et des discussions.

Musée des Arts et Métiers du livre – musée Michel-Braibant Techniques du livre

(04 68 24 80 04 ; www.montolieu-livre.fr ; 39 rue de la Mairie ; adulte/6-16 ans 5/3,50 €, gratuit - 6 ans ; visite guidée 10 € sur rdv ; 11 avr-10 nov lun-ven 10h-12h et 14h-18h, sam-dim et jours fériés 14h-18h, 11 nov-10 avr tlj 14h-17h). Ce petit musée rassemble une collection hétéroclite d'objets liés à l'histoire du livre et de l'écrit. On peut notamment y admirer d'imposantes presses typographiques Heidelberg avec leurs casses en bois et leurs caractères en plomb. À l'étage, des expositions temporaires sont organisées l'été.

Pôle culturel de la Manufacture Friche artistique, centre culturel

(04 68 24 89 67 ; www.facebook.com/Pôle-Culturel-De-La-Manufacture-801331346685943 ; 16-20 impasse de la Manufacture ; selon expos, en général printemps-automne). À l'entrée

Moulin à papier de Brousses

ALEXANDRE LENOIR ©

VAUT LE DÉTOUR
Balade au fil de la rigole de la plaine

La rigole de la plaine, longue de 38 km, débute au lieu-dit de Pont-Crouzet (dans la montagne Noire) pour déboucher sur le canal du Midi au niveau du **seuil de Naurouze**, à la frontière de la Haute-Garonne et de l'Aude. C'est ici que se trouve la ligne de partage des eaux entre l'océan Atlantique et la mer Méditerranée, c'est-à-dire que, de chaque côté, l'eau s'écoule dans un sens différent (jetez un petit bâton et vous comprendrez). C'est le point le plus élevé du canal du Midi (189 m d'altitude). Le bief de partage du canal que vous apercevrez à cet endroit est la seule source d'alimentation du canal du Midi entre Carcassonne et Toulouse, soit 109 km de linéaire. Sachez que la rigole est en très grande partie aménagée par une voie verte. Pour louer des vélos, direction **Vélos Séverac** (☎ 06 88 28 64 44, 04 68 60 14 07 ; 1 impasse d'en Briol, Montferrand ; 4 heures/journée 10/15 €), au seuil de Naurouze, à Montferrand. Depuis la D6113, tournez à gauche au niveau de l'entreprise "Poteries de Naurouze" et suivez la signalétique.

du village, juste à droite après le pont, le domaine de l'ancienne manufacture royale de draps, traversé par la Dure, a été partiellement investi par des artistes de tous horizons. Résultat : un mariage réussi entre patrimoine industriel, ateliers et expositions de sculptures, dessins, photos ou *street art*... Le centre culturel a par ailleurs le soutien du département pour aider les artistes en difficulté. Sur place : le bar-restaurant l'Apostrophe (p. 274).

Indépendante du pôle culturel, la maison de maître (www.la-manufacture-royale.fr), parfaitement restaurée et avec piscine, loue appartements et suites dans un cadre chic et élégant qui contraste avec le foisonnement créatif de la friche.

Moulin à papier de Brousses — Techniques du papier

(☎ 04 68 26 67 43 ; www.moulinapapier.com ; Brousses-et-Villaret ; tarif plein/5-12 ans 9,50/5 €, gratuit - 5 ans ; 🕒 juil-août tlj visite guidée 11h, 12h puis chaque heure de 14h à 18h, visite nocturne mar 22h, téléphoner pour une autre période). À 7 km au nord-est de Montolieu, ce moulin perpétue une tradition héritée du XVIIe siècle. Jusqu'au milieu du XIXe siècle, Brousses-et-Villaret comptait une dizaine de moulins à papier et figurait parmi les plus importants centres papetiers du Languedoc. Le dernier en activité, auquel on accède par un sentier botanique en sous-bois, propose une visite guidée ludique et pédagogique sur la fabrication artisanale du papier au milieu de turbines et de roues à augets. Les papiers fabriqués à la main peuvent être à base de lin, chanvre, coton, chiffon et même... vigne, crottin de cheval ou d'éléphant ! On peut fabriquer ses propres feuilles de papier lors d'un atelier (3 €/pers) et/ou réaliser soi-même une création sur plaque avant de l'imprimer (12 €). Un beau site pour une halte instructive et passionnante !

Château de Saissac — Forteresse médiévale

(☎ 04 68 24 46 01 ; www.saissac.fr ; tarif plein/réduit/enfant 5/4/3 €, visite guidée +3 € ; 🕒 juil-août tlj 9h-20h, avr-juin et sept 10h-18h, oct 10h-17h, fév-mars et nov-déc uniquement week-end, vac scol et jours fériés 10h-17h). À 7 km au nord-ouest de Montolieu, ce château en partie en ruine occupe 3 terrasses contiguës dans le prolongement du village médiéval de Saissac. La visite vaut surtout pour les deux salles restaurées de l'ancien logis, qui abritent une exposition sur le trésor monétaire de Saissac. Ces 2 000 deniers à l'effigie de Saint Louis, datés de 1270, ont été découverts en 1979. Dotée d'une belle muséographie, l'exposition traite plus largement de la monnaie, de la fabrication des pièces et de leur circulation. Le site offre une belle vue sur la plaine de l'Aude et les Pyrénées.

Activités

Renseignez-vous à l'office du tourisme sur ces 2 randonnées balisées de 6 km chacune (2 heures environ) : l'une longe les **moulins de la Dune**, l'autre permet de voir la **chapelle Saint-Roch** (dim juil-août).

VTT 11 — VTT

(06 03 48 87 64, 04 68 47 61 82 ; www.vtt11.com ; 8 chemin du Camp-Naout, Saint-Denis ; demi-journée/journée 16/23 € ; tte l'année). Installé à Saint-Denis, au cœur de la montagne Noire, ce loueur propose des sorties à VTT (carte IGN fournie) le long d'un chemin de halage, la rigole, qui alimente le canal du Midi, ou autour du village d'Aragon, qui possède plus de 400 km de pistes VTT balisées. Remorques et sièges enfant.

Où se loger et se restaurer

Il existe plusieurs cafés et restaurants dans le village. Attention, Montolieu ne compte aucun distributeur d'argent.

L'Apostrophe — Chambre d'hôtes et restaurant €€

(04 68 24 80 18 ; www.apostrophe-montolieu.com ; 12 rue des Pyrénées, ou accès par ancienne manufacture ; d moy/haute saison 75-90/90-105 €, qua 95/130 €, petit-déj 10 € ; menus 19-27 €, plats 16-21 € ; fin mars-fin nov, restaurant mer-dim midi moy saison, mar-dim midi haute saison ;). L'ancienne manufacture de draps (p. 272) propose 5 chambres simples mais coquettes donnant sur une vaste terrasse plein sud. La décoration est plutôt colorée, tout en intégrant du mobilier d'époque. Location à la semaine également. Le restaurant sert des plats de type brasserie tout en s'autorisant des incursions vers d'autres latitudes. Le tout à prix doux et avec le sourire ! Concerts de jazz le vendredi soir en été.

Renseignements

Office du tourisme Grand Carcassonne Cabardès (04 68 24 80 80 ; www.grand-carcassonne-tourisme.fr ; 1 pl. Jean-Guéhenno, Montolieu).

Office du tourisme de la montagne Noire (04 68 76 64 90 ; www.tourisme-montagnenoire.com ; pl. de la Mairie, Saissac).

Lastours

Au creux d'une vallée escarpée, les rares maisons de Lastours serrées au bord de l'Orbiel n'ont pas de charme particulier. Tout juste distingue-t-on la cheminée de brique rouge de l'ancienne usine textile qui rappelle la florissante époque de l'industrie drapière en montagne Noire. C'est en levant la tête que l'on comprend mieux pourquoi la foule se presse ici. Quatre châteaux forts juchés en sentinelles sur une arête rocheuse toisent la garrigue environnante. Après la randonnée, il est plaisant de se réconforter avec la cuisine du maître restaurateur Jean-Marc Boyer qui a ouvert ici deux adresses (p. 276).

En remontant la vallée de l'Orbiel, qui s'élargit par endroits et accueille de beaux potagers et champs d'oliviers, on peut s'enfoncer jusqu'à Roquefère, village en pierre de schiste tout droit sorti d'une vallée cévenole, ou, plus loin, jusqu'à Pradelles-Cabardès, et s'élancer vers le pic de Nore (p. 276).

À voir

Châteaux de Lastours — Site cathare

(04 68 77 56 02 ; www.payscathare.org ; adulte/enfant 8/3,50 € ; juil-août tlj 9h-20h, avr-juin et sept 9h-18h, oct-déc et fév-mars 9h30-17h, fermé jan). Si, depuis le village en contrebas, seules deux tours sont visibles, ce sont bien **4 châteaux** qui sont érigés au sommet de cet escarpement rocheux surplombant un méandre de l'Orbiel. L'ensemble est d'autant plus stupéfiant que les 3 forteresses conquises à la cause cathare – Cabaret, Surdespine et Quertinheux –, de même que la tour Régine construite au XIIIe siècle par des ingénieurs royaux, forment des ensembles indépendants.

Un sentier aménagé rejoint les châteaux et démarre de la haute cheminée de l'usine, où se tiennent également deux expositions,

Châteaux de Lastours

l'une sur le passé du bourg, l'autre sur le milieu naturel que vous découvrirez lors de la randonnée. La montée étant sportive (1 heure 45 aller-retour), prévoyez des chaussures de marche.

Vous pouvez aussi vous contenter de rejoindre le **belvédère de Montfermier** (3 €, gratuit -15 ans ; mêmes horaires que les châteaux), accessible en voiture, à 3 km de Lastours par la D701, pour admirer les châteaux. Parking gratuit dans le village et près du belvédère.

Gouffre de Cabrespine — Grotte

(04 68 26 14 22 ; www.gouffre-de-cabrespine.com ; adulte/enfant 13,50/7,80-12 €, gratuit - 5 ans ; tlj fév-déb déc ; visites guidées juil-août tlj, voir horaires lors de la réservation, reste de l'année visite libre avec audioguide). Dévalant la montagne Noire, la rivière de la Clamoux se perd dans la roche à Cabrespine. Elle y a creusé un vaste réseau de galeries et cette imposante salle du gouffre, haute de 250 m. Une **passerelle de verre** suspendue au-dessus du vide permet de saisir l'immensité de cette grotte, remarquable aussi par ses magnifiques concrétions, point d'orgue de la visite classique (50 min). Plus longue, la visite dite de la **Rivière souterraine** (48 €/pers ; 3 heures, à partir de 10 ans et 150 cm) descend au fond du gouffre et explore la rivière en canoë. Vous pouvez aussi opter pour l'**Accro Grotte** (39 €/pers ; 2 heures 30, à partir de 12 ans et 160 cm), un parcours avec tyroliennes, ponts de singe, ponts népalais et progressions en paroi. De belles sensations à la clé ! Réservation obligatoire.

Grotte de Limousis — Grotte

(04 68 76 96 63 ; www.grotte-de-limousis.fr ; adulte/enfant 10,90/6,90-9,20 €, gratuit - 5 ans ; fév-nov visites guidées tlj juil-août 10h-18h avec moins de 30 min d'attente, juin et sept tlj 10h30, 11h30, 12h30, 14h30, 15h30, 16h30, 17h30, autres mois se renseigner). Elle impressionne par sa longueur (600 m, 1 heure de visite), par la taille de ses concrétions et la pureté de ses lacs souterrains. C'est après "la salle de bal" (dans laquelle les villageois fêtaient les vendanges) qu'apparaît le trésor des lieux : le plus vieux et le plus gros bouquet d'aragonites au monde. Une merveille !

Activités

Pic de Nore — Randonnée

Depuis **Pradelles-Cabardès**, village à l'atmosphère montagnarde perché au-dessus d'un lac, une boucle au départ de la mairie au centre du village (balisage jaune et vert) permet de s'attaquer au sommet (12 km, 5 heures) du pic de Nore par un sentier qui alterne passages en forêt à l'ombre des hêtres ou au milieu des landes de bruyères. Point culminant du massif de la montagne Noire à 1 210 m d'altitude, ce "petit Ventoux" au sommet dégarni et arrondi, surplombé d'une imposante antenne-relais, offre un magnifique panorama par beau temps. Les premières centaines de mètres de la randonnée longent quelques glacières, puits circulaires d'une dizaine de mètres de profondeur qui servaient à entreposer la glace, cet "or blanc" récolté au pic de Nore. Une fois au sommet, la descente peut se faire par le GR®36 qui file tout droit jusqu'à Pradelles-Cabardès. En période estivale, la route du pic de Nore est aussi accessible en voiture depuis Pradelles-Cabardès.

Où se restaurer

Le Diable au Thym — Bistronomie €€

(☎04 68 77 50 24 ; www.lediableauthym.com ; 21 rte des Châteaux ; plat du jour 16 €, menus 19/22 € ; ⌚mer-dim midi, fermé 1er mai). Située en face de la billetterie des châteaux de Lastours, dans l'ancienne usine de Lastours, cette adresse délicieuse se veut la version accessible du restaurant étoilé voisin, son grand frère. À la carte et en cuisine, la même inspiration et maestria du chef sont pourtant bien perceptibles ! Des plats frais, à base de produits locaux, en circuit court et de saison. Terrasse ombragée.

Le Puits du Trésor — Gastronomie €€€

(☎04 68 77 50 24 ; www.lepuitsdutresor.com ; 21 rte des Châteaux ; menus 60/80/120 € ; ⌚mer-dim midi, fermé 1er mai). Voisin du précédent, le restaurant étoilé du village propose une cuisine de très belle facture avec des menus surprises. Le chef Jean-Marc Boyer y décline une cuisine gastronomique subtile à travers trois menus dans une salle à l'univers japonisant. Accord mets-vins possible en supplément (+20/31/45 €).

Renseignements

Il n'y a pas d'office du tourisme à Lastours. Vous trouverez cependant de la documentation à l'accueil, près de la cheminée de l'ancienne usine.

MINERVOIS

Depuis l'époque romaine, le Minervois est une terre de vins reconnue. Ses vallons ourlés recouverts de vignes et ponctués de murs de pierres sèches et de capitelles (cabanes en pierres sèches au toit conique) produisent des vins de caractère et un muscat doux et fruité (saint-jean-de-minervois). Deux bourgs médiévaux émergent de ce paysage viticole : Caunes-Minervois, célèbre pour ses carrières de marbre rouge et son abbaye romane, et la cité cathare de Minerve (située dans l'Hérault), dressée sur son éperon rocheux.

Caunes-Minervois

Au contact de la plaine viticole du Minervois, Caunes-Minervois, blottie autour de son abbaye bénédictine, flirte avec les derniers reliefs de la montagne Noire. Cette petite ville est surtout connue pour ses carrières de marbre teinté de rouge, dont une est toujours en exploitation. On le retrouve un peu partout dans les édifices prestigieux de la région, mais aussi au château de Versailles, au palais Garnier, dans la grande mosquée de Cordoue ou encore dans la basilique Saint-Pierre de Rome ! En plus d'être ponctuées de fontaines de marbre et de sculptures géantes, les ruelles de Caunes-Minervois révèlent de belles façades d'hôtels particuliers allant du XIe au XVIIIe siècle et de jolies placettes agréables pour prendre un verre. Celle de la République accueille deux platanes tricentenaires plus larges qu'un baobab.

EMMANUEL DAUTANT ©

Fontaine en marbre rouge à Caunes-Minervois

Les amateurs d'escalade pourront se renseigner auprès de l'office du tourisme sur les parois accessibles près du site de la chapelle de Notre-Dame-du-Cros qui peut aussi faire l'objet d'une plaisante randonnée.

À voir

Abbaye Saint-Pierre-et-Saint-Paul — Roman

(✆ 04 68 78 09 44 ; www.caunes-minervois.org ; pl. de l'Église ; tarif plein/6-16 ans 6/2,50 € ; ◷ juil-août tlj 10h-19h, avr-juin et sept-oct 10h-12h et 14h-18h, fév-mars et nov-déc 10h-12h et 14h-17h). Fondée au VIIIe siècle, cette abbaye bénédictine maintes fois transformée a pourtant gardé des proportions harmonieuses. La crypte d'époque carolingienne et le chœur roman du XIIe siècle en sont les parties les plus anciennes. Aux XVIIe et XVIIIe siècles, l'église est remaniée et de nombreux ajouts (autel, mobilier…) sont réalisés avec du marbre de Carrare et de Caunes-Minervois. Chaque année, une exposition temporaire est organisée en partenariat avec le musée de la Bande dessinée de Bruxelles dans les salles conventuelles.

Carrière du Roy — Marbre

Dans cette carrière désaffectée où étaient exploitées 18 marbrières, des panneaux expliquent l'extraction et le transport du marbre au temps de Louis XIV. Juste avant le site (à 2 km du village), on passe devant une **carrière** toujours en activité, que l'on peut visiter (sur réservation). Des "safaris" de 3 heures permettent de mieux appréhender ce patrimoine grâce aux bénévoles passionnés des **Marbrières de Caunes** (✆ 04 68 76 34 74, 06 33 80 71 38 ; www.lesmarbrieresdecaunes.fr ; libre participation ; prévoir de l'eau et de bonnes chaussures ; ◷ avr-oct mer et dim à 9h). Situé dans un hangar, l'**écomusée Marbre et Terroir** (✆ 04 68 78 09 44 ; 26 av. du Stade ; adulte/enfant + 6 ans 4/1 € ; ◷ juin-août tlj 14h-18h, juin et sept sam-dim 14h-18h, téléphoner reste de l'année), qui traite aussi de la viticulture, peut compléter la visite, tout comme le sentier du marbre (7,6 km), balisé par des M orange (départ du parking de l'Esplanade de l'Europe).

Activités

Le Refuge des grandes oreilles Balade avec un âne (06 89 93 21 32 ; 3 rte des Carmes ; location âne heure/demi-journée/journée 15/35/55 €). À la sortie du village, ce refuge pour ânes et mules propose de vous faire découvrir la région à pied accompagné d'une "grande oreille". Les enfants peuvent monter sur les ânes à partir de 3 ans et demi (ils portent jusqu'à 30 kg). Bombes, trousse de pansage et carte IGN sont fournies si vous voulez partir au long cours.

Où se restaurer et prendre un verre

La Cantine du Curé Tapas € (07 67 54 94 67 ; www.lacantineducure.com ; 16 av. de l'Abbaye ; tapas 7 €, menus midi 14-18 € ; juil-août mar 17h30-minuit, mer-jeu et dim 11h30-minuit, ven-sam 11h30-2h, téléphoner reste de l'année). En salle ou sur de belles tables en bois dans le jardin, cette agréable adresse permet de simplement se désaltérer, de déjeuner, de grignoter ou de déguster des tapas (*patatas bravas*, *pan con tomate*, gaspacho, encornets à la plancha, beignets de courgettes ou hampe de bœuf...), tout en faisant mouche dans une sélection de vins majoritairement bio et vendangés à la main. On adore ! Concerts réguliers.

La Marbrerie Hôtel-restaurant €€ (04 68 79 28 74 ; www.la-marbrerie.fr ; 2 rue du Chasselas/av. de l'Argent-Double ; menu 24,90 € ; d/qua 60-75/100-135 € selon confort et saison ;). Cette table de terroir est installée dans un ancien atelier de polissage de marbre situé au centre du village. Robert et Christine, maîtres restaurateurs, y proposent une cuisine de tradition (salade du marbrier, cassoulet, confit de canard, daube...) dans un décor parsemé d'objets chinés – dont beaucoup sont à vendre. Sur place, 5 chambres, à la déco 1900, sont agrémentées de supports en marbre (cheminée, vasque). Petite épicerie fine et musée dédié à la marbrerie.

Renseignements

Office du tourisme (04 68 76 34 74 ; www.grand-carcassonne-tourisme.fr ; 3 ruelle du Monestier).

Minerve

Bien que située dans le département de l'Hérault, Minerve est intimement liée au catharisme. Perchée sur un éperon rocheux au confluent des belles échappées que lui réservent les gorges de la Cesse et du Brian, c'est une magnifique petite cité médiévale de caractère, dont les ruelles voient affluer des visiteurs au plus fort de l'été. Fief cathare, elle sera prise dans les tourments de la croisade en 1210, mais conserve de beaux vestiges de son passé.

Minerve est strictement interdite aux voitures en dehors des riverains. Suivez les panneaux indiquant le parking (4 € à partir de 2 heures, gratuit après 18h). Descendez ensuite jusqu'au village, à 200 m, en admirant les paysages calcaires qui l'enserrent.

À voir et à faire

Village Promenade historique

La minuscule cité, jalonnée de précieux panneaux explicatifs, compte aussi des boutiques d'art et d'artisanat dont les enseignes colorées affleurent à même les vieux murs. Suivant la saison, vous pourrez également y voir les petits tracteurs des vignerons à l'œuvre et, dans leur sillage, distinguer l'odeur aigre d'un vin en devenir flotter dans l'air. C'est que Minerve est réputée pour son vin...

L'entrée de la cité mène à la tour de la **Candela** (XIIIe siècle), humble et unique vestige du château vicomtal auquel succède, un peu plus loin, l'**église Saint-Étienne** (XIe et XIIe siècles) de facture romane. L'étroite **rue des Martyrs**, qui se dessine dans le prolongement de l'office du tourisme, aurait été celle empruntée en 1210 par les cathares jusqu'au bûcher collectif qui leur était dédié. Dans la rue de la Poterne, l'**ancienne porte Sud** (XIIIe siècle) permet de rejoindre, via un escalier de pierre, le lit

UNCLESAM / ADOBE STOCK ©

Village de Minerve

de la **Cesse** (accessible seulement en été). Vous profiterez d'une belle vue sur le pont de pierre de la cité et sur ses homologues naturels qui lui font écho en contrebas. Emblématiques de Minerve, les **ponts naturels** sont de grandioses tunnels creusés dans le calcaire par les eaux de la Cesse.

Gorges de la Cesse Panorama

En suivant la D10 après Minerve, vous aurez un très beau panorama sur les gorges de la Cesse. La meilleure manière de l'apprécier consiste à emprunter le lit de sa rivière depuis Minerve et ses ponts naturels, après être passé sous son pont de pierre. On ne peut y accéder qu'en été, lorsque son lit est asséché. Une alternative consiste à en faire le tour via une boucle de 12 km, au départ du parking. Vous pourrez aussi opter pour la balade de la Malvoisine qui surplombe Minerve au départ de la catapulte (6 km, 2 heures, balisage bleu). Demandez le plan des randonnées à l'office du tourisme.

L'Oulibo Moulin à huile

(04 68 41 88 84 ; www.loulibo.com ; 4 hameau de Cabezac, Bize-Minervois ; adulte/enfant 6/4 € ; visites juil-août tlj 11h, 15h, 16h, 17h et 18h, juin et sept 11h, 15h, 16h et 17h, oct-déc et mars-mai 10h30, 14h30 et 16h). La visite de cette coopérative, à 15 km de Minerve, dévoile tous les secrets de l'olive, ce fruit de consommation courante dont on s'aperçoit qu'il reste largement méconnu. Son histoire depuis l'Antiquité, ses différentes variétés, les procédés de récolte et de transformation en huile... Après l'oliveraie et le moulin, la visite (1 heure 30) se conclut par une dégustation comparée et commentée. Boutique.

Où se loger et se restaurer

Aux Deux Rivières Cuisine méditerranéenne €€

(04 68 75 43 46 ; aux2rivieres.com ; 5 rue du Caire ; plats 21-32 €, menu 29 € ; juil-août tlj sauf jeu-ven et dim soir). Dotée d'une vue imprenable sur la confluence de la Cesse et du Brian, cette table dispose d'une terrasse enchanteresse. La finesse des mets servis en a fait une adresse où l'on se rend les yeux fermés : volaille cuite à basse

VAUT LE DÉTOUR
En balade le long du canal du Midi

Que vous soyez en voiture ou à vélo, voici quelques idées de promenade entre Carcassonne et Narbonne pour approfondir votre connaissance du canal du Midi (voir aussi p. 115) et du Minervois.

Pont-canal de Répudre À quelques centaines de mètres du village de **Paraza**, ce pont-canal, construit en 1676 pour échapper aux crues du Répudre, offre au passage des péniches une scène insolite : le bateau navigue non pas sous, mais sur le pont ! Les quais de Paraza comptent de jolies adresses pour se restaurer, en particulier le **Café du Port** (06 25 67 90 41 ; www.chateau-de-paraza.com/lecafeduport_baravins ; 18h-23h), qui sert tapas, plats à base de produits en circuit court et vins régionaux. Il est tenu par une équipe jeune, émanant du domaine viticole du château de Paraza, une adresse de choix pour une dégustation si vous êtes amateur.

Sallèles-d'Aude Ce gros bourg est construit au bord du canal de jonction qui relie le canal du Midi à celui de la Robine. Sur la commune, pas moins de 7 passages d'écluse. Sallèles-d'Aude abrite un pont-canal à trois arches en dessous duquel s'écoule la Cesse. Pour se cultiver, le **musée Amphoralis** (04 68 46 89 48 ; narbovia.fr/accueil/visiter/visiter-amphoralis/ ; 5 €, gratuit - 26 ans, billet combiné possible avec Narbo Via, p. 283 ; mai-sept 10h-13h et 14h-18h, oct-avr 10h-12h et 14h-17h, fermé lun) raconte la vie des potiers et tuiliers qui étaient établis ici à l'époque romaine. Pour se restaurer, le food truck **Cook'n'Roll** (06 21 49 09 18 ; 28 av. Gailhousty ; plats 12-14 € ; mai-sept), situé dans un jardin privatif, à 400 m du pont-canal, vaut le détour.

Le Somail Conçu pour les besoins du canal, ce village vit aujourd'hui au rythme des promenades fluviales et de ses restaurants très courus le soir en été. Sur place, autour de belles demeures du XVIIe, une épicerie flottante, une immense librairie, des péniches et un original bistrot de pays, **Le Comptoir Nature** (04 68 46 01 61 ; comptoirnature.free.fr ; 1 chemin de Halage ; menus 2/3 plats 16/20,50 €, menu végétarien 17 €, autres menus 27-37 € ; avr-oct) où déguster des crus régionaux et des glaces au lait de chèvre sur fond de concert le mercredi soir (jazz) ou le vendredi soir (tout style). On peut aussi y louer un bateau électrique (1 heure 28 € jusqu'à 5 pers).

Pour faire étape Vous serez accueillis comme des amis à **La Fabriek** (06 67 66 02 99 ; www.lafabriek.fr ; 11 rte de Ventenac ; ch 85 € pour une seule nuit, 75 € la 2e nuit, avec petit-déj), chez Els et Éric qui ont réaménagé une maison bourgeoise à l'entrée de Canet-d'Aude. À 2 km du canal, près de Paraza et du Somail, ils louent 3 chambres d'hôtes à la décoration inspirante. En plus : délicieux petits-déjeuners, table d'hôtes possible pour les cyclistes fatigués, jardin ombragé avec potager et piscine hors-sol, prix doux, prodigieux conseils sur la région que les hôtes parcourent inlassablement. Bref, un coup de cœur !

température-farce à la tapenade d'olives et tomates, poisson en croûte d'algues, grenadin de veau aux champignons...

Relais Chantovent Hôtel-restaurant **€€**
(04 68 91 14 18 ; www.relaischantovent-minerve.fr ; 17 Grand-Rue ; plats 22-29 €, menus 29-69 € ; s/d 55/60 €, demi-pension 1/2 pers 110/160 € ; restaurant tlj sauf mar-mer et dim soir ;). Un escalier en guise d'entrée mène à une vaste salle lumineuse, ouverte sur une terrasse en surplomb des gorges du Brian. Dans ce cadre de charme, vous dégusterez une cuisine fine où tout est fait maison – même le pain – et où la carte change au gré des produits de saison. De l'autre côté de la rue, l'adresse dispose d'un hôtel proposant 5 chambres. Si vous venez en voiture, contactez les gérants au préalable pour savoir où vous garer.

Renseignements

Office du tourisme (☎ 04 68 91 81 43 ; www.minervois-caroux.com ; 9 rue des Martyrs).

NARBONNAISE

Située sur la Via Domitia, la voie romaine reliant l'Italie à l'Espagne, Narbonne fut un centre politique, culturel et religieux majeur dans l'Antiquité et au Moyen Âge. La Narbonnaise possède une agréable façade littorale avec quelques stations balnéaires familiales et de pittoresques villages de pêcheurs autour d'étangs encore sauvages. Le canal de la Robine et les ouvrages d'art qui parsèment le canal du Midi méritent eux aussi une halte à pied ou à vélo (voir l'encadré page ci-contre). Quant aux murs de grès rose de l'abbaye de Fonfroide, cachés par la végétation à l'ombre des premiers reliefs des Corbières, ils ne laissent personne indifférent. À savoir : la Narbonnaise est une région venteuse et appréciée des moustiques, dont la fameuse espèce tigre. Prévoyez coupe-vent et répulsif en conséquence !

Narbonne

Riche d'un patrimoine historique vieux de plus de deux millénaires, Narbonne la méditerranéenne séduit sans peine. Première colonie romaine fondée en Gaule (vers 118 av. J.-C.), port très important sous l'Antiquité, l'ancienne Narbo Martius renoue aujourd'hui avec son héritage antique grâce au musée Narbo Via, inauguré fin 2021. Cette ville coquette invite par ailleurs à la flânerie le long de ses ruelles ombragées ou de ses avenues bordées de platanes et mérite bien qu'on s'y arrête un jour ou deux. Si la ville médiévale et ses monuments vous réservent une belle plongée dans l'histoire, n'oubliez pas que le massif de la Clape (p. 286) et les plages (voir p. 284) ne sont qu'à une vingtaine de kilomètres.

À voir

Le cœur médiéval de Narbonne comprend deux quartiers, voisins l'un de l'autre : celui de la Cité et celui du Bourg, séparés par le canal de la Robine. Plus excentré (suivre la direction des plages en voiture ou empruntez la navette Citadine), le musée

Cathédrale Saint-Just-et-Saint-Pasteur (p. 282)

Narbo Via jouxte l'Arena et le théâtre-scène nationale de la ville.

Le **Pass Monuments et Musées** (tarif plein/réduit 6/4 €, valable 1 an), proposé à la billetterie du palais-musée des Archevêques, comprend la visite des musées de la ville, ainsi que celle du donjon Gilles-Aycelin, le trésor de la cathédrale et la maison natale de Charles Trenet. Il inclut aussi une visite commentée en période de programmation.

Cœur de ville

La rive gauche du canal de la Robine se découvre depuis la vaste **place de l'Hôtel-de-Ville**, épicentre de Narbonne, dominée par les trois tours carrées du **palais-musée des Archevêques**. Au centre de la place, remarquez les vestiges antiques de la **Via Domitia**, voie romaine qui reliait l'Italie à l'Espagne.

Palais-musée des Archevêques — Hôtel de ville et musées

(☎04 68 65 15 60 ; pl. de l'Hôtel-de-Ville ; musée, donjon, trésor de la cathédrale et collections tarif plein/réduit 6/4 € ; ⏱juin-sept tlj 10h-18h, oct et avr-mai tlj sauf mar 10h-12h45 et 14h-18h, nov-mars tlj sauf mar 10h-12h45 et 14h-17h). Après le palais des Papes d'Avignon, cet ensemble monumental est le plus important du genre en France. Il est formé de deux palais situés de part et d'autre du **passage de l'Ancre**, dont le nom se réfère à l'ancre suspendue à l'une des arches du passage et qui symbolisait la dîme reçue par l'archevêque sur le poisson pêché. Le **palais Neuf**, qui est en fait l'hôtel de ville de Narbonne, a été commencé à la fin du XIIIe siècle dans le style gothique, puis restauré par Viollet-le-Duc. Il est surmonté de 3 tours carrées. La plus haute, le **donjon Gilles-Aycelin**, s'élève à 40 m. On atteint son chemin de ronde après une montée sportive de 162 marches (magnifique vue sur la ville et les arcs de la cathédrale). Dans les anciens appartements des archevêques, le **parcours d'art** expose une **collection de peinture classique** des écoles française, italienne et flamande, ainsi que des faïences. Un fonds est dédié aux peintres orientalistes dans les deux dernières salles du parcours.

Les bâtiments du **palais Vieux**, d'origine romane, étaient en cours de réaménagement lors de notre visite. Les salles médiévales ont conservé un décor exceptionnel dans l'ancienne chapelle de la Madeleine. Ne manquez pas les peintures murales et le plafond peint orné d'un bestiaire médiéval du XIIIe siècle.

Cathédrale Saint-Just-et-Saint-Pasteur — Gothique

(accès par le cloître et le palais ou la rue Armand-Gautier ; ⏱juil-sept tlj 10h-18h, oct-mai 9h-12h45 et 14h-18h ; entrée libre). Accolée au palais des Archevêques dont elle est séparée par le cloître, cette cathédrale inachevée impressionne par ses proportions – les voûtes du chœur s'élèvent à plus de 40 m. Entamée en 1272, sa construction dut se limiter à son chœur, car les consuls de la ville refusèrent de percer les remparts de la cité pour ériger la nef et le transept. L'édifice recèle un magnifique décor religieux, du maître-autel en marbre incarnat de Caunes-Minervois à l'immense retable figurant le Jugement dernier dans la chapelle Notre-Dame-de-Bethléem. Le **trésor de la cathédrale** (6/4 € couplé avec visite du donjon Gilles-Aycelin ; ⏱juil-sept tlj sauf dim matin 10h-11h45 et 14h-17h45, reste de l'année sur rdv), situé à l'étage de la chapelle de l'Annonciade, compte des joyaux de l'art sacré allant de l'époque carolingienne aux temps modernes.

Quartier du Bourg et basilique Saint-Paul — Cœur de ville et patrimoine

Depuis la place de l'Hôtel-de-Ville, empruntez le beau **pont des Marchands** pour rejoindre le quartier du Bourg, qui dévoile ses ruelles populaires où d'étroites maisons à étages alternent avec les demeures médiévales de riches commerçants. C'est là que se dresse l'imposante **basilique Saint-Paul** (rue de l'Hôtel-Dieu ; ⏱lun-sam 9h-12h et 14h-18h), une des plus anciennes basiliques gothiques du Midi.

BÉNÉDICTE HOUDRE ©

Le musée Narbo Via, à Narbonne (ci-dessous)

Halles de Narbonne Produits du terroir
(04 68 32 63 99 ; www.narbonne.halles.fr ; 1 bd du Docteur-Ferroul ; tlj 7h-13h). Chaque matin, c'est l'effervescence dans les halles du quartier du Bourg, près du canal. Les meilleurs produits de la région s'étalent sur les stands, sous une lourde charpente métallique début XXe de style Baltard. Le bâtiment, avec ses parements de brique ornés de rosaces et de céramiques, vaut à lui seul le détour. Plusieurs tables et comptoirs permettent de goûter aux produits régionaux... et de prendre le pouls de ce rendez-vous animé.

Maison natale de Charles Trenet Maison d'artiste
(04 68 58 19 13 ; 13 av. Charles-Trenet ; 4 € ; juin-sept tlj 10h-13h et 13h30-18h, oct-mai tlj sauf mar 10h-12h et 14h-17h, visite 18 pers max). C'est ici que le Fou chantant a poussé son premier cri, le 18 mai 1913. Si sa carrière l'a rapidement fait monter dans la capitale, il n'a pas oublié sa ville natale, pour laquelle il a composé *Narbonne mon amie*. La visite de sa demeure (45 min-1 heure), restée en l'état, se fait au gré de panneaux biographiques illustrés par Cabu et d'écrans diffusant clips et interviews. Au dernier étage, karaoké en duo avec le maître des lieux.

Narbonne antique

Narbo Via Musée
(04 68 90 28 90 ; narbovia.fr ; 2 av. André-Mècle ; plein tarif collection permanente/expo temporaire 8/7 €, + 2 € avec visite commentée, billet couplé coll + exp. temporaire 13 €, billet combiné avec Horreum et Amphoralis sans/avec exp. temporaire 13/18 € ; mai-sept 10h-19h, oct-avr 11h-18h). Le musée régional de la Narbonne antique a été inauguré en décembre 2021. Bas-reliefs, amphores, stèles funéraires, statues, peintures murales et mosaïques... Plus de 15 000 pièces témoignent de l'époque où Narbo Martius était la capitale de la province romaine de la Gaule méditerranéenne. Le visiteur découvre notamment une collection lapidaire présentée sous la forme d'un grand "mur" animé (1 700 blocs et fragments lapidaires !). Dans les autres salles, la muséographie, évocatrice, a l'intelligence de recréer les édifices disparus, tels le capitole (sanctuaire

Les plages de Narbonne

De Narbonne, le littoral est aisément accessible ! Certes il y a Gruissan (p. 289), mais n'oubliez pas Narbonne-Plage, à 16 km de la ville, une longue étendue de sable de 5 km, avec 4 postes de baignade surveillée. On peut y louer transats et parasols en plusieurs endroits (6 €/2 heures, 9 €/demi-journée), s'adonner au char à voile, au kitesurf et au jet-ski ou louer un pédalo. Bon à savoir : la piste cyclable "la Littorale" permet de rallier à vélo, à trottinette ou en rollers Narbonne-Plage et Gruissan. À 20 km de Narbonne, Saint-Pierre-la-Mer est une station balnéaire familiale, adossée au massif de la Clape. La plage des Cabanes de Fleury, où se tient un club nautique (jet ski, bateau sans permis ou kayak à louer), jouxte l'embouchure de l'Aude qui marque la limite avec le département voisin de l'Hérault.

du Ier siècle av. J.-C. dont la taille surpassait celle de la Maison carrée de Nîmes) par la 3D ou le dessin, en associant aux vestiges épars, corniche sculptée ou tambour de colonne, les lignes des parties manquantes des monuments sur les murs. Elle fait également revivre les habitants de l'époque à partir des repères biographiques inscrits sur leur stèle funéraire, ce qui permet de se figurer la vie quotidienne dans la Narbonne antique. Une large place est faite, enfin, à l'importance commerciale et maritime du port, associant au musée les trouvailles d'Amphoralis (p. 280), près de Sallèles-d'Aude.

Conçu par l'architecte britannique Norman Foster, associé à des architectes et designers locaux, le bâtiment s'inspire des villas romaines : rectangulaire, de plain-pied, disposant d'un atrium. D'intéressantes expositions temporaires achèvent d'en faire un nouveau lieu incontournable à Narbonne !

La navette Citadine 1 (sauf dim et jours fériés) relie le musée depuis le centre-ville.

Horreum antique Vestiges

(☎04 68 90 30 54 ; 7 rue Rouget-de-Lisle ; 4 € ; ⏲juin-sept tlj 10h-18h, oct-mai tlj sauf mar 10h-12h et 14h-17h). Seul monument antique de la ville (avec les vestiges du Clos de la Lombarde), ces galeries souterraines du Ier siècle avant J.-C. sont les fondations d'un bâtiment dont on pense qu'il servait d'entrepôt ("horreum" en latin) pour des denrées alimentaires. Les alcôves des galeries abritent de mini-scénographies expliquant les techniques de construction antiques.

Clos de la Lombarde Site archéologique

(www.amiscloslombarde.fr, www.amisdesmusees-narbonne.org/le-clos-de-la-lombarde ; 28 rue Chanzy ; ⏲juil-août mer et sam 9h30-12h avec visites commentées, reste de l'année se renseigner ; gratuit). Les fouilles de cet ancien quartier romain huppé, réalisées de 1973 à 2013, ont permis de mettre au jour de belles mosaïques et de somptueuses peintures à fresque ; elles sont désormais exposées à Narbo Via. Une équipe de bénévoles enthousiastes s'affairent à entretenir et à animer ce petit bout de cité antique qui comprenait jadis une fabrique de salaisons, des thermes, une basilique paléochrétienne et des maisons patriciennes.

Où se loger

Hôtel La Résidence Trois-étoiles **€€€**

(☎04 68 32 19 41 ; www.hotelresidence.fr ; 6 rue du 1er-Mai ; d standard/confort/sup à partir de 85/102/120 €, petit-déj 13 € ; ❄📶🅿). Cet établissement installé dans un hôtel particulier du XIXe siècle a fière allure. Ses chambres confortables et modernes respectent l'authenticité des lieux (cheminées, moulures) et certaines donnent sur la cathédrale. Salon-bar avec une belle sélection de vins locaux. Trois places de parking (sur réservation, 9 €) ou parking (payant) de la médiathèque à 100 m.

Le Nubian Insolite **€€**

(☎06 37 05 32 10 ; www.nubian.fr ; passerelle Victor-Hugo ; d à partir de 65/80 € basse/haute saison ; ❄). Pour un moment aussi délicieux qu'insolite, optez pour une nuit à bord ce yacht de 13 m tout en bois et acier, amarré

Vue sur le canal de la Robine depuis le donjon du palais des Archevêques (p. 282)

sur le canal de la Robine, près du centre-ville. Les deux chambres, rénovées en 2020, rendent hommage à deux enfants du pays qui se sont illustrés sur les mers du globe : Antoine Fuet et Jean Bouteille. Les deux ponts extérieurs sont équipés de bains de soleil et d'un barbecue avec table et chaises de jardin. Petit-déjeuner possible.

Où se restaurer

Chez Bébelle Viande rouge €

(☎ 06 85 40 09 01 ; www.chez-bebelle.fr/narbonne/; halles de Narbonne, 1 bd du Docteur-Ferroul ; plats 13-25 € ; ⏲ mar-sam 8h-14h). Dans le brouhaha incessant des halles, le maître des lieux, restaurateur à la carrure de rugbyman (ce qu'il a été), passe les commandes au mégaphone au boucher installé en face. Votre tartare, votre bavette ou votre part de boudin empaquetés volent dans les airs avant de passer à la plancha (selon le plat choisi) et de finir dans votre assiette, avec salade et frites maison. Les carnivores et les amateurs de viande de cheval apprécieront. Le plus dur sera de trouver une table, surtout le samedi.

Gaïa Traditionnel revisité €€

(☎ 04 68 48 36 86 ; www.gaia-narbonne.fr ; 8 av. des Pyrénées ; tapas 5,50-8 €, plats 19-23 €, menu midi 21 €, menu 25 € ; ⏲ mar-ven midi et soir, sam soir). Tapas et planches, saumon mariné à la russe, fricassée de volailles, escalopes de foie gras poêlées... Il y a tout ce qu'il faut pour rendre un gourmand heureux, avec en prime, une jolie terrasse et des vins à prix doux. En dessert, le babanettone aux fruits confits nous a vraiment surpris !

En face Bistrologie €€

(☎ 04 68 75 16 17 ; 27 cours de la République ; menus 17,50/23 € ; ⏲ tlj sauf mar soir et mer). En terrasse au bord du canal de la Robine ou dans une salle égayée de nappes vichy et d'œuvres d'art accrochées aux murs, vous allez hésiter entre tous les plats inscrits sur un grand tableau noir mêlant des suggestions (steak de thon à la thaïe, dos de cabillaud en crumble et chorizo, côte de veau à la forestière, espadon à la fleur de sel...) et de copieuses salades composées. L'établissement ne désemplit pas : pensez à réserver.

Maison Saint-Crescent Gastronomie, bistrot, cave **€€-€€€€**
Deux adresses en une, qui subliment les produits locaux ! D'un côté, **La Cave à manger** (04 68 45 67 85 ; maison.saintcrescent.com ; 68 av. Gal-Leclerc ; mar-sam midi et soir, dim midi ; menus 25-55 €), doublée d'une cave à vins, avec une carte plutôt bistrot et des crus soigneusement sélectionnés – 2 500 références de vins de vignerons indépendants pour la boutique... De l'autre, la **Table de Lionel Giraud** (04 68 41 37 37 ; maison.saintcrescent.com ; menu déj 80 €, autres 120-160 € ; mar-sam midi et soir), le restaurant gastronomique du chef doublement étoilé.

Renseignements

Office du tourisme (04 68 65 15 60 ; www.cotedumidi.com ; 31 rue Jean-Jaurès). Une annexe de l'office du tourisme est aussi présente à **Narbonne-Plage** (04 68 49 84 86 ; av. des Vacances ; avr-sept) en saison.

Comment s'y rendre et circuler

BUS

Le réseau **Citibus** (04 68 90 18 18 ; www.citibus.fr ; 8 av. du Maréchal-Foch ; ticket 1,20 €) couvre toute l'agglomération. Plusieurs lignes locales desservent les plages en 15-20 minutes (Saint-Pierre-la-Mer, Narbonne-Plage, Gruissan).

TRAIN

La **gare** (1 bd Frédéric-Mistral) est située au nord-ouest du quartier de Cité. Comptez 4 heures 30 pour rejoindre Paris en TGV, 1 heure 15 pour Toulouse et 1 heure pour Montpellier.

Massif de la Clape

La **Maison de la Clape – Parc naturel régional de la Narbonnaise en Méditerranée** (04 68 45 25 47, 04 68 42 23 70 ; www.parc-naturel-narbonnaise.fr ; 24 rue Jean-Jaurès, Vinassan ; juil-août mar-dim, mai-juin et sept-oct fermé sam, lun et mar, reste de l'année voir site Internet) constitue un excellent préambule avant de vous aventurer sur les chemins de ce massif calcaire très attachant, qui fut autrefois une île. Ce centre d'interprétation propose un petit film projeté sur une carte en relief qui vous fera découvrir les espèces emblématiques du secteur et l'évolution du paysage au rythme de l'activité humaine.

Vous trouverez ici de nombreux dépliants et des conseils pour partir en randonnée. La boucle "Au gré de la combe du Loup" (2 heures 30, 6,2 km) part de la Maison de la Clape et permet de bien appréhender la diversité du milieu.

Une autre boucle (1 heure 10) mène à la **chapelle Notre-Dame des Auzils** décorée d'ex-voto peints à même le mur par des marins reconnaissants, puis emprunte le **chemin du cimetière marin** jalonné de cénotaphes (sépultures sans corps). Départ du parking de la maison forestière du Rec d'argent.

Renseignez-vous aussi sur les sorties nature (gratuites et de qualité) proposées par les animateurs du parc naturel.

Étang de Bages-Sigean

Ces lagunes, étendues d'eau salée peu profondes séparées de la mer par une étroite bande de sable, sont le cœur du parc naturel régional de la Narbonnaise. Les contours de ces étendues d'eau, où alternent roselières et salines, abritent des villages qui ont longtemps vécu de l'activité halieutique, ainsi que la réserve africaine de Sigean. Des balades guidées du parc naturel régional sont organisées d'avril à octobre (voir les offices du tourisme locaux).

À voir et à faire

Bages Village
Campé sur un promontoire rocheux surplombant l'étang qui porte son nom, ce village est réputé depuis l'Antiquité pour la pêche à l'anguille. Son entrelacs de ruelles où sont disséminées quelques galeries d'art offre une halte sympathique surtout si on la prolonge par une randonnée au bord de l'eau.

EMMANUEL DAUTANT ©

À NE PAS MANQUER

Abbaye de Fontfroide

Nichée dans un vallon retiré, la magnifique abbaye de Fontfroide est un des plus beaux exemples d'architecture cistercienne en France. Sa fondation par le vicomte de Narbonne à la fin du XIe siècle s'inscrit dans le cadre de l'essor des ordres monastiques protégés par de puissantes familles seigneuriales. À l'apogée de Fontfroide (XIIIe et XIVe siècles), 300 frères exploitaient des dizaines de fermes dans la région. Figure de proue de l'opposition théologique aux cathares, ce centre spirituel déclina à partir du XVIe siècle. Il faut ensuite attendre 1908 pour que Gustave Fayet la rachète et la restaure. Certaines parties de l'édifice sont encore habitées par les descendants de ce peintre et collectionneur d'art qui eut l'intelligence de rehausser l'abbaye d'œuvres originales – vitraux, peintures murales et ornements – qui accentuent encore l'intérêt de la visite.

Passé le jardin aromatique, la visite de l'abbaye débute par la cour d'honneur et l'aile occupée par les frères convers (dévoués aux travaux agricoles et domestiques), avec le vaste réfectoire et leur dortoir à l'étage. On découvre ensuite un merveilleux cloître du XIIIe siècle, avec des entrelacs de végétaux flirtant avec la pierre, la salle capitulaire et surtout l'église abbatiale avec sa haute nef en berceau brisé, éclairée par des vitraux des années 1920, aux couleurs vives et puissantes, commandés par Gustave Fayet et signés Richard Burgsthal. Avant de sortir de l'abbatiale, ne manquez pas la chapelle des Morts et ses vitraux contemporains. La visite se termine dans la roseraie surplombée par les jardins en terrasses de l'abbaye (XVIe siècle).

Infos pratiques

- 04 68 45 11 08 ; www.fontfroide.com ; visite libre avec dépliant ou l'application Abbaye de Fontfroide tarif plein/réduit 12,50/8-9 €, visite guidée 15/9,50-10,50 € ; tlj juil-août 9h30-19h, avr-juin et sept-oct 10h-18h, jan-mars et nov-déc 10h-12h30 et 13h30-16h ; chenil gratuit sur place.
- Un **gîte de charme** (04 68 45 52 87 ; www.fontfroide.com/gite ; d 85-115 €, sem 350-550 €) est situé à l'entrée de l'abbaye.
- La réputée **Table de Fontfroide** (04 68 41 02 26 ; formule midi 26 €, plats 16-28 € ; mi-fév à mi-déc tlj 12h-14h, juil-août tlj 12h-14h et mar-sam 19h30-21h) sert une cuisine raffinée. Snack de qualité. Vente de vins du domaine de l'abbaye sur place.
- Courtes randonnées possibles dans le vallon (plan sur place) – sauf en cas de risque d'incendie.
- L'abbaye est le cadre de plusieurs festivals, dont Les Nuits musicales de Fontfroide, fin août.

VAUT LE DÉTOUR

La Franqui et le grau de Leucate

Barrée par l'immensité de la plage et coincée au pied de la falaise de Leucate, la route n'ira pas plus loin. **La Franqui** arbore le charme intemporel d'une station balnéaire réservée aux initiés et aux amoureux du vent. Discrète, elle accueille tous les ans le **Mondial du vent** (www.mondial-du-vent.com ; mi-avr), grand rassemblement de kitesurfs et de planches à voile.

À quelques kilomètres au sud, à côté du village naturiste de Leucate, la zone ostréicole est le paradis des amateurs de fruits de mer. Une vingtaine de producteurs proposent huîtres, moules, palourdes, oursins en saison, dans de petits établissements regroupés le long du **grau de Leucate**, notamment **Chez Cul d'Oursin** (04 68 40 92 06 ; grau de Leucate, centre ostréicole, mas n°40, rive droite ; tlj 8h-23h), notre préféré.

Initiative originale, une **bateauthèque** (06 80 02 39 84, 07 68 91 68 62 ; bateautheque.xyz) vous permet d'emprunter une embarcation à la journée pour naviguer sur l'étang de Bages moyennant une simple adhésion de 10 €.

Peyriac-de-Mer — Village

De Bages, la route qui rejoint ce bourg tranquille est tracée par endroits sur une étroite bande de terre encadrée par les eaux. Elle offre des panoramas exceptionnels et des paysages salins au milieu de cyprès, de roseaux et de flamants roses.

À Peyriac, haut lieu d'exploitation du sel, des **passerelles en bois** permettent de "marcher sur les eaux" de l'ancienne saline. Il s'agit du premier tronçon d'une revigorante balade marine qui mène jusqu'au pech du Mour (boucle de 5 km, 2 heures 30).

Réserve africaine de Sigean — Parc animalier

(04 68 48 20 20 ; www.reserveafricainesigean.fr ; tarif plein/réduit 32/23 € ; juil-août tlj 8h30-19h30, mai-juin et sept 9h-19h, oct 9h-18h30, nov-avr 9h-17h, fermeture des caisses 2 heures avant). Si vous rêvez d'un safari, nul besoin de vous rendre au Kenya : prenez la direction de Sigean ! Bon nombre des grands mammifères de la savane africaine s'ébattent en liberté sur ces 300 ha de garrigue convertis, en 1974, en lieu de conservation d'espèces menacées. La visite de la réserve débute par un itinéraire en voiture traversant différents parcs (réservés aux ours du Tibet et aux lions ; veillez à respecter les consignes de sécurité !) et des zones de brousse et de savane hébergeant gnous, antilopes, zèbres, autruches et rhinocéros. Un circuit à pied permet ensuite d'admirer girafes, tortues, singes... La réserve borde l'étang de l'Œil de Ca, qui communique avec celui de Bages, peuplé d'échassiers et d'oiseaux dont des flamants roses : la vue est magnifique ! Bien qu'onéreuse, cette visite régalera petits et grands. L'attente peut être longue à l'entrée, surtout l'été ; mieux vaut venir dès l'ouverture (les animaux sont moins fatigués). La réserve reste ouverte l'hiver mais les vents sont fréquents dans ce secteur et la visite est souvent déconseillée.

Île de Sainte-Lucie — Faune et flore

Au sud de l'étang de Bages, sur la commune de **Port-la-Nouvelle**, cette île de 250 ha adulée par le peuple migrateur est le dernier élément de la chaîne des Corbières. On y accède par un chemin de halage de 2 km pour finir par se garer à droite sur un petit parking. Une écluse permettant de rentrer sur l'île se trouve 400 m à pied plus loin, sur votre gauche. Comptez 7 km pour le grand tour de l'île à pied et 3 km pour le petit tour. Attention, les chiens ne sont pas admis sur ce havre de nature classée en réserve !

Du parking, vous pouvez aussi opter pour une balade au bord du **canal de la Robine** (jusqu'à l'écluse de Mandirac) ou au fil du dédale d'eaux saumâtres et salées de la réserve. L'été, un petit train dessert les lieux et des balades commentées se déroulent le vendredi après-midi.

Où se restaurer

Ô Vieux Tonneaux Bar-restaurant €

(04 68 48 39 54 ; 3 pl. de la Mairie, Peyriac-de-Mer ; formule midi 17 € en sem, menu 27 €, plats 10-18 € ; mar-sam midi et soir, dim midi). Sur une jolie placette face à une fontaine et un platane, cette adresse sympathique est le cœur vibrant du village de Peyriac-de-Mer (avec le café-pizzeria voisin) ; elle propose une cuisine de bistrot, avec quelques accents régionaux (tapas et bourride d'anguilles le dimanche midi par exemple). En terrasse ou dans la chaleureuse salle de restaurant.

Gruissan

Cernée par les salins, plusieurs étangs et la Méditerranée, Gruissan a deux visages : celui de la petite cité ancienne bâtie en circulade au pied de la tour Barberousse, qui s'est longtemps vouée à la pêche et au sel ; et celui d'une station balnéaire familiale plus récente – le port de plaisance a été aménagé dans les années 1960 –, plébiscitée aujourd'hui par les amoureux des plaisirs balnéaires, du vélo, de la voile, du kitesurf ou de la pêche au gros. Notez que la commune est très étendue, des salins et de la plage des Chalets à l'étang de Mateille, où se trouve une base nautique.

À voir

Plage des Chalets Plage mythique

En retrait d'une belle étendue de sable, des dizaines de chalets d'habitation sur pilotis disposés en damier témoignent de la vogue pour les bains de mer, dès le milieu du XIXe siècle. Ils furent surélevés pour échapper aux grandes marées d'équinoxe. C'est aussi sur cette plage que Jean-Jacques Beineix a tourné quelques scènes du film *37,2° le matin*. L'été, plages surveillées et animations.

Tour Barberousse Tour médiévale

(pl. Louis-Rachou). Fortifiée par l'archevêque de Narbonne au XIIIe siècle, elle fut démantelée sur ordre du cardinal de Richelieu, si bien qu'il n'en reste que la moitié de la circonférence. Vue ébouriffante depuis le sommet.

Activités

L'office du tourisme met à disposition de nombreuses fiches détaillées de **balades nature** à pied ou à VTT.

L'une de nos préférées, sur l'**île Saint-Martin**, est le **sentier des Goules**. Elle consiste en une boucle très facile de 1 heure 30 entre terre et étangs avec vue sur le massif de la Clape (p. 286) et observation ornithologique très riche (flamants roses, foulques, aigrettes, hérons...). Départ à l'entrée du château Bel Évêque, suivre le balisage jaune. Vous pouvez en profiter pour prendre le temps de déguster les vins du domaine (www.vinspierrerichard.com/le-domaine), propriété de l'acteur Pierre Richard depuis 1986 et emblématiques des Corbières maritimes.

Salins de Gruissan Balade

(04 82 53 10 61 ; www.lesalindegruissan.fr ; visite guidée à pied adulte/8-13 ans 11,50/8,90 €, gratuit - 8 ans, en trottinette 31/41 € pour 1 heure/1 heure 30). Entourés par la mer et l'étang de l'Ayrolle, les salins de l'île Saint-Martin (le nom officiel) s'étendent sur près de 400 ha et se visitent à pied ou en trottinette. Cette balade le long du "lac rose" (il doit sa couleur à une algue qui se plaît en milieu salé) vous fera percer tous les mystères de la production et de la récolte du sel. Un écomusée présentant les outils du saunier

complète le tout et une boutique permet de faire le plein de gros sel, sel fin et fleur de sel. Les lieux accueillent aussi un bar glacier, un ostréiculteur et un restaurant, La Cambuse du Saunier. Le panorama sur les tables salantes est enchanteur !

Pôle nautique Gruissan
Sports nautiques

(☎04 68 49 33 33, 06 74 91 94 39 ; www.akila-centers.com ; 35 cité du Grazel ; cours collectif 3 heures 125 € ; ⏲avr-nov). Gruissan est devenue en quelques années le paradis des amateurs de **kitesurf** grâce à un vent soutenu de nord-ouest (la tramontane) et un plan d'eau peu profond où sont proposés stages et cours. En raison du vent qui pousse au large, mieux vaut savoir naviguer pour s'élancer de la **base de la plage des Chalets** (50 av. de la Jetée) qui propose aussi planche à voile, catamaran, canoë, paddle (location 14 €/heure), et même paddle géant (6/8 pers 40/60 € l'heure). Les débutants préféreront la **base nautique de l'étang de Mateille** (☎04 68 49 88 31 ; ⏲mai-sept tlj 9h-19h).

Où se loger

La Maison de Gruissan
Chambres d'hôtes **€€**

(☎06 58 55 89 44 ; www.chambre-hote-gruissan.fr ; 16 av. du Général-Azibert ; d/qua avec petit-déj 65-90 €/130-160 € selon saison ; 📶). Une belle maison de maître au cœur du vieux village avec moulures au plafond et carreaux de ciment au sol. Christelle et Hubert occupent le deuxième étage et laissent les hôtes investir le premier, le rez-de-chaussée et la petite cour où l'on prend le petit-déjeuner. Ambiance souriante et détendue.

Où se restaurer

Le Grand Soleil
Bar et brasserie de plage **€€**

(☎04 68 75 37 87 ; linktr.ee/legrandsoleilgruissan ; plage des Chalets, 1 allée des Flamants-Roses ; plateaux de fruits de mer 35-55 €, plats 20-39 €, menu dégustation 39 € ; ⏲tlj mars à mi-nov 10h-minuit). Sa terrasse sur pilotis, sa grande salle joliment décorée et sa cuisine de qualité font du Grand Soleil, ouvert sur la mer, une halte agréable.

À gauche : plage des Chalets (p. 289) ;
À droite : salins de Gruissan (p. 289)

OLIVIER TARABARY / ADOBE STOCK ©

SASHA64 / ADOBE STOCK ©

Dans l'assiette : fruits de mer, plats légers ultrafrais aux accents méditerranéens (coquillages à la plancha, poulpe flambé au pastis et fenouil confit) ou plus catalans (*pimientos de Padrón* farcis au merlu de ligne, porc ibérico-écrasé de pommes de terre). Ne manquez pas la tarte gruissanaise en dessert, merveille des merveilles ! Smoothies, cocktails et vins du cru.

Renseignements

Office du tourisme (04 68 49 09 00 ; www.gruissan-mediterranee.com ; 80 bd Pech-Meynaud). Près du port de plaisance.

CORBIÈRES ET PAYS CATHARE

Bordé par l'Aude et, à l'est, par l'étang de Bages-Sigean, le massif des Corbières arbore un visage résolument viticole : difficile de trouver là 1 ha de terrain qui ne soit pas planté de majestueux ceps balayés par les vents. Les sols calcaires et schisteux de cette région de moyenne montagne donnent un vin fameux, dont le bouquet fruité a la saveur de la garrigue. Dans sa partie sud, à la lisière des Fenouillèdes, les visiteurs épris de vertige et d'histoire s'élanceront à l'assaut des plus beaux châteaux du pays cathare. Tutoyant le ciel sur leurs éperons rocheux, ces forteresses dominent des paysages de garrigue, aux aspects parfois lunaires. Pour être au cœur des sites cathares, établissez votre campement dans les villages de Cucugnan, Tuchan ou Duilhac-sous-Peyrepertuse.

Lagrasse et ses environs

Son nom dérive de l'occitan *grassa*, qui signifie fertile. C'est que cette bastide fortifiée, capitale historique des Corbières, s'inscrit dans une vallée viticole. Lagrasse est traversée par l'Orbieu, dont vous pourrez aussi admirer les gorges dans les environs. On fait assez vite le tour de ce petit village, classé parmi les plus beaux de France, mais on peut aussi volontiers s'y attarder. Ses halles du XIVe siècle, accueillant artisans et producteurs locaux le samedi matin, ses ruelles et placettes pavées, ses remparts ou ses maisons à colombages reconverties en galeries d'art ou en échoppes d'artisans lui donnent du cachet. Ses bonnes tables et sa plage sur la rivière lui assurent une touche d'originalité. Mais surtout, un peu à l'écart le long de l'eau, la splendide abbaye Sainte-Marie et son monastère parachèvent ce tableau idyllique.

À voir

Abbaye Sainte-Marie-d'Orbieu Abbaye bénédictine

Fondée sous le règne de Charlemagne à la fin du VIIIe siècle, cette abbaye bénédictine fut une des plus importantes du Midi. Divisé en deux lots distincts à la Révolution française, l'ensemble ecclésiastique est en partie administré par le conseil général de l'Aude, qui y a réalisé d'importants travaux de mise aux normes et d'accessibilité. L'autre partie, qui comprend la majeure partie des bâtiments, est occupée par une communauté religieuse. Il faut donc visiter en deux temps, et s'acquitter de deux entrées si l'on veut voir l'ensemble des bâtiments.

Un premier volet (partie publique) conduit au **palais de l'Abbé** (04 68 43 15 99 ; abbayedelagrasse.aude.fr ; 4 rive gauche ; tarif plein/réduit 5/3,50-2,50 € ; mi-juin à mi-sept 10h-19h, avr à mi-juin et mi-sept à oct 10h-18h, mi-jan à mars et nov à mi-déc 10h-17h, dernière entrée 1h avant fermeture), construit au XIIIe siècle par l'abbé Auger de Gogenx, et à ses dépendances (cellier, boulangerie) qui s'ordonnent autour d'une cour, remarquable pour ses chapiteaux romans. À l'étage, le dortoir des moines jouxte la chapelle privée de l'abbé décorée d'un remarquable tapis de terres cuites vernissées. Ne manquez pas la salle qui réunit des fragments du portail roman attribué au maître de Cabestany. N'hésitez pas à prolonger la visite à la librairie **Le nom de l'homme** (www.lamaisondubanquet.fr ; mi-juin à mi-sept tlj sauf mar 10h-19h, mi-sept à mi-juin et vac scol sam-dim 10h-19h), dotée d'un café avec une belle terrasse ouvrant sur le parc de l'abbaye.

Lagrasse et l'abbaye Sainte-Marie d'Orbieu (p. 291)

Le second volet de la visite (partie privée), le plus important, mène dans le **monastère** (04 68 58 11 50 ; www.lagrasse.org ; visite libre gratuite, visite commentée 2,50 €/pers ; avr-nov tlj sauf jeu 15h15-17h25, déc-mars sam-dim et jours fériés 15h15-17h25), habité et restauré par une communauté de chanoines. La visite comprend l'église abbatiale gothique dotée d'une tour-clocher, le cloître de grès rose, la cour d'honneur du XVIIIe siècle, le bras sud du transept et le jardin (époque médiévale et Renaissance). De mi-juillet à fin août, des visites commentées par un chanoine ont lieu de 15h30 à 16h30 tous les jours sauf le jeudi ; sur rendez-vous le reste de l'année.

Château de Villerouge-Termenès — Patrimoine

(09 81 64 09 11 ; Villerouge-Termenès ; adulte/6-15 ans 6/2 € ; juil-août tlj 10h-19h30, avr-juin et sept à mi-oct tlj 10h-13h et 14h-18h, vac Toussaint jusqu'à 17h, mars et nov à mi-déc sam-dim 10h-17h). Bien sûr, il y a les Cinq Fils de Carcassonne (voir l'encadré p. 297), mais ce château placé au cœur du bourg de Villerouge-Termenès, en plaine mais au cœur des Corbières, à 14 km de Lagrasse, est l'un des plus beaux exemples d'architecture militaire médiévale. Il a aussi la particularité d'avoir été le décor de la fin de l'un des derniers "parfaits" cathares connus, Guilhem Bélibaste, condamné au bûcher en 1321. Ne manquez pas la visite de l'église du village, de l'autre côté de la Lou, pour admirer son retable du XVIe siècle évoquant la vie de saint Étienne.

Plus prosaïquement, une **rôtisserie** (06 58 93 81 29 ; tlj juil-août, fermé lun reste de l'année) propose de manger comme au Moyen Âge et en costume !

Activités

Plage le long de l'Orbieu — Baignade

L'été, il y a foule pour se rafraîchir dans les eaux de l'Orbieu, au plan d'eau Saint-Jean (baignade surveillée en juillet-août), en face de l'abbaye et en contrebas de la porte de l'Eau (près du Recantou, page ci-contre).

Sentier sculpturel de Mayronnes — Randonnée, circuit d'art

(www.grand-carcassonne-tourisme.fr/la-destination/les-incontournables/sentier-de-mayronnes ; départ à l'entrée de Mayronnes). Perdu au milieu de la garrigue à 11 km au sud-ouest de Lagrasse, le minuscule village de **Mayronnes** est le départ d'un sentier insolite ponctué d'œuvres d'art. Certaines sculptures sont permanentes, d'autres durent le temps d'une saison, d'avril à octobre. Comptez 2 heures 30 de marche pour effectuer les 5 km du sentier (boucle alternative de 1 heure). Le balisage est parfois un peu approximatif, mais les œuvres d'art qui ponctuent le parcours sont de bons repères. Plan des circuits et descriptif des œuvres dans la boîte aux lettres située au bord de la route, à côté du parking ou à la Maison du patrimoine de Lagrasse (ci-contre). À défaut, sur l'application Rando Grand Carcassonne et le site Internet ci-dessus.

Une autre randonnée autour de Lagrasse est décrite p. 50.

Où se restaurer

Le Bastion Bistronomie **€€€**
(04 68 12 02 51 ; www.restaurant-bastion-lagrasse.fr ; 50 bd de la Promenade ; menus 38-78 €, tapas 9,50-16,50 € ; mer-dim midi, mer-sam soir). Une table réputée pour sa maestria culinaire qui fait appel aux produits du terroir et aux recettes occitanes mises au goût du jour, de la simplissime soupe de pain à la tomate à l'aïgo bulido (pavé de merlu de ligne-écrasé de pommes de terre-cébette), des huîtres en fine gelée au filet de cochon en croûte de plantes sauvages. Agréable aussi pour un cocktail accompagné de tapas. Réservation recommandée plusieurs jours à l'avance. Belle salle dans une bâtisse des anciens remparts de la ville médiévale, et grande terrasse sur la rue.

La Basse-Cour Terroir modernisé **€€**
(04 68 49 58 64 ; www.restaurantlabassecour.fr ; 11 bd de la Promenade ; plats 9-24 € ; mer-dim midi, mer-sam soir). Petite sœur du Bastion, inspirée par les mêmes principes (circuit court, recettes régionales simplissimes : haricots de Castelnaudary en anchoïade, sardinade, boudin noir catalan, calamars à l'encre...), mais en version bistrot. Les portions sont généreuses, et de préférence à partager à plusieurs. Ne manquez pas les boutiques de produits gourmands voisines : l'une d'un producteur de miel local, l'autre de vinaigre grand cru (la Vinaigrerie Cyril Codina).

Où prendre un verre

Le boulevard de la Promenade à l'entrée de Lagrasse compte plusieurs adresses pour prendre un verre et se restaurer, dont le sympathique **La Petite Maison** (04 68 91 34 09 ; facebook.com/LaPetiteMaisonDavid ; 12 bd de la Promenade ; tlj sauf mer 8h30-21h).

Le Recantou Glaces, café, tapas
(04 68 91 34 09 ; 12 rue Lafayette ; tlj en saison). Le spot de fin d'après-midi à Lagrasse où déguster une glace ou se rafraîchir en admirant l'abbaye sur l'autre rive de l'Orbieu. Situé à un endroit stratégique, entre la halle du XIVe siècle et la descente vers la plage au bord de la rivière. Quelques tables à l'extérieur. Vente également à emporter.

Renseignements

Maison du patrimoine (04 68 27 57 57 ; www.tourisme-corbieres-minervois.com ; 16 rue Paul-Vergnes). C'est ici que se trouve l'office du tourisme bâti dans l'ancien presbytère de l'église Saint-Michel et qui révèle un trésor : de sublimes plafonds à caissons peints. Composés de 131 panneaux réalisés entre le XIIIe et le XVIe siècle, ils dévoilent blasons, scènes coquines et religieuses.

Cucugnan

Surmonté par un joli moulin en activité, le **moulin d'Omer** (voir aussi p. 297), ce village qui étale ses venelles sur une butte entourée de vignes et de terres rouges est idéal pour une halte à mi-chemin des châteaux de Quéribus et de Peyrepertuse (p. 296), respectivement à 4 km et à 8 km. Alphonse Daudet le rendit célèbre avec la nouvelle "Le Curé de Cucugnan", publiée dans les *Lettres de mon moulin*, et adaptée au cinéma par Marcel Pagnol (pour en écouter la lecture, reportez-vous p. 397).

Des châteaux en lice pour l'Unesco

Le mythe est tenace, mais les "citadelles du vertige" ne méritent pas l'appellation de châteaux cathares, tout juste celle de châteaux du pays cathare. En effet, bon nombre d'entre elles furent construites bien avant l'apparition du catharisme au milieu du XIIe siècle. Si elles furent occupées par des communautés cathares réfugiées sur ces pitons rocheux lors de la croisade contre les albigeois, elles constituèrent surtout une impressionnante ligne de défense pour le pouvoir royal face aux royaumes d'Aragon puis d'Espagne à partir du milieu du XIIIe siècle et jusqu'à la signature du traité des Pyrénées en 1659. Aujourd'hui, on parle donc plus volontiers de "châteaux sentinelles". C'est d'ailleurs à ce titre ("La cité de Carcassonne et ses châteaux sentinelles de montagne") que 7 châteaux (Aguilar, Lastours, Montségur, Peyrepertuse, Puilaurens, Quéribus et Termes) ont posé leur candidature à l'Unesco, au côté de Carcassonne qui brigue une seconde inscription sur la liste du patrimoine mondial !

Côté pratique, le site www.payscathare.org fournit toutes les informations culturelles et pratiques sur l'ensemble des lieux et monuments. On peut notamment télécharger des guides de visite très complets.

Aujourd'hui, le **théâtre Achille-Mir** (04 68 45 03 69 ; rue Achille-Mir ; 1/2 film(s) 3,50/5 € ; mai-sept tlj 10h30-12h30 et 14h-19h30, nov-fév 14h-17h + 10h-12h30 vac scol, mars-avr et oct 10h30-12h30 et 14h-18h30), au centre du village, projette toutes les demi-heures deux films (un film d'animation de 17 min sur le conte de Daudet, et un documentaire de 20 min sur le château de Quéribus, avec d'étonnantes vues prises par drône).

À voir

Château de Quéribus Citadelle
(04 68 45 03 69 ; www.payscathare.org/les-sites/chateau-de-queribus ; adulte/6-15 ans 7,50-9,50/4,50-6,50 €, audioguide 4 €, 2e offert ; juil-août tlj 8h30-20h30, mai-juin et sept 9h30-19h, oct 9h30-18h30, nov-mars 10h-17h, avr tlj 9h30-18h30). Juché sur son nid d'aigle, à 728 m au milieu d'un paysage aride, Quéribus fut le dernier bastion de la résistance cathare à tomber aux mains des croisés, en 1255. Après la mise au pas du Languedoc, l'édifice devint une pièce maîtresse du dispositif de défense de la frontière avec l'Aragon. Son exceptionnel état de conservation est une bonne illustration de l'architecture militaire des XIIIe et XIVe siècles (canonnières, mâchicoulis, assommoirs). Le **donjon** recèle aussi une salle gothique remarquable pour ses quatre voûtes sur croisée d'ogives qui reposent… sur un seul pilier ! Depuis la **terrasse**, le regard embrasse la citadelle de Peyrepertuse fondue dans une crête rocheuse au nord-ouest, la mer et la plaine du Roussillon au sud-est et les Pyrénées.

Depuis le parking, situé à 3 km au sud de Cucugnan, comptez 10 minutes de marche facile pour rejoindre le château. Attention, les jours de vent la visite de Quéribus peut s'avérer épique ! Et, quel que soit le temps, prévoyez des chaussures de marche ! L'entrée au château inclut un film au théâtre Achille-Mir de Cucugnan.

Si vous avez envie d'un peu de repos après la visite, sachez qu'un espace de sieste a été aménagé par la MJC du village. Les visiteurs peuvent emprunter un hamac à l'accueil du château (contre la remise d'une pièce d'identité) et l'installer dans l'un des arbres pré-équipés, au pied de la forteresse. Prêt de jumelles également.

Activités

Sentiers cathares Randonnée
Plusieurs circuits de randonnée permettent de découvrir les environs de Cucugnan et de grimper vers les "citadelles du vertige".

Vignobles des Corbières

ANGELINA CECCHETTO/ADOBESTOCK.COM©

Au départ de Cucugnan, une boucle passe par le **château de Quéribus** (10 km, 2 heures 30 sans compter la visite du château, balisage bleu et jaune). Prévoyez une bonne heure de grimpette. Plus éprouvante, la marche qui relie le **château d'Aguilar** à Peyrepertuse (voir l'encadré p. 296) en passant par Quéribus s'effectue en près de 8 heures (28 km, balisage rouge et blanc du GR®) sur le fameux **sentier cathare** (ou GR®367 ; www.lesentiercathare.com), qui relie Foix à Port-la-Nouvelle en 12 étapes.

Topoguides disponibles à l'office du tourisme de Cucugnan (p. 297).

Cascades du moulin de Ribaute — Baignade

Au départ du village de **Duilhac-sous-Peyrepertuse** (et non pas de celui de Ribaute, près de Lagrasse, car cela pourrait prêter à confusion), une jolie balade au milieu des romarins et des genévriers (boucle de 5 km, 2 heures 30, balisage jaune) mène aux cascades du moulin de Ribaute, où les **gorges du Verdouble** façonnent une enfilade de piscines naturelles creusées dans la roche. Ce lieu de baignade très fréquenté l'été est aussi accessible en voiture à 1 km à l'est de Duilhac (parking juil-août 4/2 € avant/après 17h).

Où se loger et se restaurer

L'Écurie de Cucugnan — Chambres d'hôtes €€

(☎ 04 68 33 37 42, 06 76 86 38 52 10 ; 18 rue Achille-Mir ; www.ecuriedecucugnan.fr ; d avec petit-déj 78 €, 75 € à partir de 2 nuits ; ❄ 🏊 📶 P). Au cœur du village, près du théâtre, cette ancienne écurie aux pierres apparentes accueille ses hôtes dans 5 chambres (dont une familiale), spacieuses et propres, nommées d'après les vignes de Joël et Lydie, les propriétaires, qui vous feront goûter leurs vins des Corbières. Certaines chambres jouissent d'une terrasse surplombant la piscine avec une belle vue sur la campagne alentour. Cuisine à disposition. Un **gîte** (390-640 €/sem selon saison ; 6 pers) est également disponible.

JEAN-BERNARD CARILLET ©

À NE PAS MANQUER

Château de Peyrepertuse

Ses remparts dessinent une enceinte longue de près de 1 km où la pierre se confond parfois avec la roche calcaire. Tout en longueur, Peyrepertuse est sans conteste le plus impressionnant des "Cinq Fils de Carcassonne".

Après la croisade contre les albigeois et la soumission définitive de Guilhem de Peyrepertuse en 1240, le château rejoint le domaine royal et d'importants travaux sont entrepris dès 1242 dans le cadre du renforcement de la défense du royaume de France face à l'Aragon. Le château se compose du **château vieux** (garnison, église) édifié entre le XIe et le XIIIe siècle et du **château San Jordi**, qui date de la seconde moitié du XIIIe siècle. On y accède par l'escalier de Saint-Louis taillé dans la roche. À l'étage supérieur du château San Jordi, s'élève la **chapelle San Jordi**, point culminant du château – la vue, extraordinaire, porte du pic de Bugarach jusqu'à la Méditerranée.

Accès en voiture depuis le village de Duilhac-sous-Peyrepertuse (3 km) et Cucugnan (8 km). Du parking juste avant la billetterie, comptez 20 minutes à pied pour rejoindre le château via un sentier pentu creusé de marches à certains endroits. Prévoyez de bonnes chaussures, les marches de pierre sont parfois hautes et glissantes.

Infos pratiques

04 30 37 00 77, 06 71 58 63 36 ; www.peyrepertuse.com ; Duilhac-sous-Peyrepertuse ; tarif plein/réduit/6-12 ans 8/7/4,50 € ; location audioguide 4 €, second offert ; juil-août tlj 9h-20h, avr-juin et sept 9h-19h, mars et oct 10h-18h, fév et nov 10h-17h, déc-jan 10h-16h30. Renseignez-vous aussi sur les visites théâtralisées proposées en été (adulte/6-12 ans 12/6 €), qui allient humour et poésie.

Les Maîtres de mon moulin — Sur le pouce €

(04 68 33 55 03 ; lesmaitresdemonmoulin.com ; 3 rue du Moulin ; mai-sept tlj 9h-19h, oct-avr mar-dim 9h-19h, fermé Noël-déb fév). Un coup de cœur ! Tout en haut du village (mais la balade en vaut la peine), le moulin seigneurial du XVIIe siècle a retrouvé son activité ancestrale depuis 2006. La boulangerie située au pied du moulin vend de la farine bio à base de céréales anciennes écrasées sur meule de pierre, ainsi qu'une belle variété de pains, de délicieux biscuits, des fougasses, quiches et pizzas artisanales, ou des boissons. Les prix sont un peu élevés, mais il s'agit d'une boulangerie d'exception. De grandes tables en bois à l'extérieur permettent de pique-niquer à l'ombre des arbres. Une école du pain (stages possibles) a également été créée sur place.

L'Auberge du Vigneron — Hôtel-restaurant €€

(04 68 45 03 00 ; www.auberge-vigneron.com ; 2 rue Achille-Mir ; menus 28-45 €, plats 14-26 € ; d 90-110 €, petit-déj buffet 12 € ; tlj midi et soir sauf lun et 1er mai ;). Le plus accueillant des trois restaurants du village (et le seul qui accepte de servir assez tardivement) met à l'honneur les produits du terroir – beaucoup sont issus du potager cultivé en bas du village. On s'attable dans une grande salle rustique avec cheminée, meubles anciens et pierre apparente, face à d'immenses barriques de vin, ou bien sur une terrasse panoramique qui surplombe la belle campagne environnante. L'auberge propose également quelques chambres spacieuses (jusqu'à 30 m²), modernes et confortables, équipées d'une belle literie et de douche à l'italienne.

Renseignements

Office du tourisme (04 68 45 69 40 ; www.corbieresroussillontourisme.com ; 2 rte de Duilhac, Cucugnan)

EMMANUEL DAUTANT ©

SI VOUS AIMEZ...
Les citadelles du vertige

Si Quéribus (p. 294) et Peyrepertuse (page ci-contre) sont les plus visitées, d'autres citadelles complètent le tableau des "Cinq Fils de Carcassonne".

Château de Puilaurens (04 68 20 65 26 ; www.chateau-puilaurens.com ; tarif plein/6-15 ans 7/4 € ; juil-août tlj 9h-19h, juin et sept 10h-19h, mai 10h-18h, mars-avr et oct à mi-nov 10h-17h). Édifié sur un piton rocheux au milieu des conifères, Puilaurens fut occupé par les cathares au début du XIIIe siècle. On y accède depuis le village reculé de Lapradelle. Les illuminations nocturnes du château sont particulièrement réussies.

Château de Termes (04 68 70 09 20/03 84 ; www.chateau-termes.com ; Termes ; tarif plein/6-15 ans 5/2 € ; juil-août tlj 10h-19h30, avr-juin et sept-oct 10h-18h, mars et nov 10h-17h). La visite de ce château, assiégé en 1210 par Simon de Montfort, démarre depuis une belle demeure au centre du village (projection de film, exposition) avant une courte ascension (15 min) jusqu'aux ruines. Au cœur des Corbières, à 21 km au sud de Lagrasse.

Château d'Aguilar (04 68 45 51 00 ; Tuchan ; tarif plein/réduit 4/2 € ; juil-août tlj 9h-19h, mai-juin et sept 10h30-17h30, 16-30 avr et 19-31 oct 11h-17h, reste de l'année sam-dim et jours fériés 11h-16h). Posés sur une butte qui toise les vignes du Fitou et le village de Tuchan, les vestiges de cette citadelle située sur le sentier cathare (www.lesentiercathare.com) sont composés de deux enceintes hexagonales.

La blanquette de Limoux, mère du champagne

La blanquette n'a pas la renommée du champagne et pourtant... Dom Pérignon, célèbre moine bénédictin, découvrit à la fin du XVIIe siècle, lors d'un pèlerinage à l'abbaye bénédictine de Saint-Hilaire, la méthode de vinification des vins effervescents et la ramena en Champagne avec le succès que l'on connaît. Plus d'un siècle auparavant, en 1531, les moines de l'abbaye de Saint-Hilaire avaient mis au point la blanquette de Limoux, fabriquée à partir d'un cépage unique, le mauzac, et par une seule fermentation qui avait lieu en bouteille. Cette "méthode ancestrale" donne un vin à 6°. Aujourd'hui, la méthode dite "traditionnelle" autorise un assemblage de mauzac (plus de 90%), de chardonnay et de chenin blanc et requiert désormais une double fermentation.

Parmi les caves de Limoux :

Caves du Sieur d'Arques (☎04 68 74 63 00 ; www.sieurdarques.com ; av. du Mauzac ; musée et film en accès libre). Une des maisons historiques de Limoux, qui a beaucoup contribué au rayonnement de la blanquette. Petite muséographie à l'étage pour expliquer la fabrication.

Guinot (☎04 68 31 01 33 ; www.bullesetlumieres.fr ; 3 chemin de Ronde ; visite tarif plein/6-16 ans 6/4 €). La plus ancienne des 5 maisons de Limoux ouvre ses caves pour une visite explicative (1 heure ; cave à 16°, prévoir un gilet) entrecoupée de jeux de lumière et de spots animés. Réservez en haute saison.

HAUTE VALLÉE DE L'AUDE

Au sud de Carcassonne, la haute vallée de l'Aude se découvre en remontant le cours de ce fleuve impétueux. D'abord cernée de coteaux et de vallons viticoles d'où émerge l'abbaye de Saint-Hilaire, puis encadrée par les massifs des Corbières et du Quercob où la vigne cède la place à d'épaisses forêts, l'Aude creuse ensuite, à partir de Quillan, d'impressionnants défilés qui régaleront les amateurs de sports d'eau vive. Progressivement, la silhouette des Pyrénées s'annonce, de même que le pays cathare et ses citadelles du vertige.

Limoux

Étape obligée en remontant l'Aude depuis Carcassonne, Limoux mérite un arrêt pour une dégustation de son célèbre vin effervescent, la blanquette, omniprésente dans les vitrines de la ville. Il fait également bon se promener autour de sa place centrale bordée d'arcades et de maisons à colombages et flâner sur les deux rives de l'Aude en traversant le pont Neuf.

Le meilleur moment pour découvrir Limoux : les week-ends du **carnaval**, à la fin de l'hiver, quand les membres d'une vingtaine de "fécos" (le nom des bandes de carnaval), déguisés en pierrots, envahissent les rues et la place de la République, bordée de nombreux bars à vins où les habitants dégustent de gourmandes tapas.

À voir

Musées — Petit patrimoine

La ville compte plusieurs petits musées : le **musée des Automates** (☎06 70 39 01 74 ; 4 rue Anne-Marie-Javouey ; tarif plein/réduit 6/4 € ; mar-dim juil-août 10h-19h, reste de l'année 10h-18h) revient notamment sur la tradition du carnaval ; le **musée du Piano** (☎09 63 68 34 54 ; pl. du 22-septembre ; tarif plein/réduit 4/2 € ; tlj en saison 10h-12h30 et 15h-18h30), avec des modèles rares, est établi dans l'église Saint-Jacques ; le **musée Petiet** (☎09 63 68 34 54 ;

38 promenade du Tivoli ; tarif plein/réduit 4/2 € ; mar-sam 9h-12h30 et 15h-18h), situé dans un ancien atelier de peinture, expose des toiles d'artistes locaux du XIXe siècle.

Où se restaurer

L'Odalisque Bistronomie **€€**

(04 68 74 31 75 ; www.restaurant-odalisque.fr ; 38 rue des Cordeliers ; menu midi 23 €, menus 39-65 €, menu homard 99 € ; tlj midi et soir sauf dim-lun). Ouverte en 2015 par deux Bretons, cette table bien connue des habitants accommode savamment produits du terroir et poissons frais (ballotine de dorade à l'ail noir, noix de veau façon Rossini sauce morilles, calamars à la carbonara...), que l'on déguste dans un cadre soigné avec nappe blanche et pierre apparente. Tout n'est que fraîcheur, couleurs et délicieuses senteurs ! Seul hic : cela se sait. Pensez donc à réserver. Paniers pique-nique (15-25 € par pers de mi-avril à mi-septembre).

Achats

L'Atelier des vignerons Caviste

(04 68 20 12 42 ; www.atelier-des-vignerons.fr ; 2 pl. de la République ; tlj 10h-12h30 et 14h-19h30). Situé sous les arcades de la place centrale du vieux Limoux, ce caviste présente un large choix de vins du Languedoc et du Roussillon, des bières issues des microbrasseries de la région et, bien sûr, une large sélection de blanquettes de Limoux. Accueil professionnel.

Renseignements

Office du tourisme du Limouxin (04 68 31 11 82 ; www.limouxin-tourisme.fr ; 7 av. du Pont-de-France)

Depuis/vers Limoux

Depuis la gare de Limoux, des TER desservent Carcassonne plusieurs fois par jour. La ligne n°402 du réseau **liO** (www.lio.laregion.fr) permet aussi de se rendre à Espéraza (p. 300).

Abbaye de Saint-Hilaire

Fondée autour de 800, l'**abbaye bénédictine de Saint-Hilaire** (04 68 69 62 76 ; www.saint-hilaire-aude.fr ; Saint-Hilaire ; tarif plein/réduit 5,50/4,50 €, enfant à partir de 2 € ; juil-août tlj 10h-19h, avr-juin et sept-oct 10h-18h, nov-mars 10h-17h, fermé 12-18 déc et 16-22 jan) a rayonné durant tout le haut Moyen Âge grâce à la protection des comtes de Carcassonne, avant de décliner à partir du XVe siècle avec les guerres de Religion.

Autour du cloître aux colonnes géminées, l'absidiole sud de l'église du XIIe-XIIIe siècle abrite une œuvre majeure du maître de Cabestany (XIIe siècle) réalisée dans un bloc de marbre blanc des Pyrénées. Ce sarcophage sculpté dédié à saint Sernin représente l'interpellation par des soldats romains et le martyre du premier évêque de Toulouse, traîné par un taureau à travers les rues. Le logis abbatial aux beaux plafonds peints du début du XVIe siècle présente des scènes du quotidien : artisans au travail, chasse, scènes galantes ou humoristiques.

Enfin, la visite se termine par les caves de l'abbaye, taillées dans le grès et le poudingue : c'est dans cette pièce sombre que fut inventée la blanquette en 1531.

Saint-Hilaire est à environ 10 km au nord-est de Limoux par la D104.

Alet-les-Bains

C'est ici, à 9 km au sud de Limoux, qu'il faudra vous rendre si vous avez envie de fraîcheur et de sports d'eau vive sur l'Aude. Le petit bourg médiéval fortifié mérite une balade dans ses ruelles, où l'on découvre des maisons à colombages et à encorbellements aux abords de la place de la République, ainsi qu'une abbaye en ruine.

Quant à l'eau minérale à laquelle le village doit son nom, elle est réputée excellente pour guérir des maladies digestives. On peut remplir bouteilles et jerricanes au vieux lavoir. Une fois traitée, cette eau naturellement chauffée à 24° alimente la **piscine municipale de plein air** (04 68 69 91 20 ; allée des Eaux-Chaudes ; adulte/enfant 3/2 € ; juil-août tlj sauf jeu 10h-13h et 15h-19h, se renseigner pour juin).

À voir et à faire

Abbaye Notre-Dame d'Alet Abbaye bénédictine
(04 68 69 93 56 ; av. Nicolas-Pavillon ; adulte/enfant 4/2,50 € ; mai-juin tlj 14h30-18h, juil-sept 10h-12h30 et 14h30-18h). De cette abbaye bénédictine construite vers 813, il ne reste que d'imposants vestiges au cœur même du bourg d'Alet : la salle capitulaire, une chapelle et la superbe abside romane évoquant un arc de triomphe romain.

Alet Eau Vive Activités aquatiques
(04 68 69 92 67 ; www.aleteauvive.fr ; allée des Thermes ; descente kayak avec guide 35 €, rafting 30-50 €, hydrospeed 35-50 € selon parcours ; avr-oct). Descentes en kayak et canoë sur l'Aude (depuis Alet-les-Bains) et en rafting et hydrospeed (depuis Belvianes).

Où se loger et se restaurer

Les Marguerites Chambres, table d'hôtes-salon de thé **€€**
(04 68 20 53 56, 06 33 41 12 10 ; www.les-marguerites.fr ; 57 av. Nicolas-Pavillon ; d avec petit-déj 60-120 €, table d'hôtes 22,50 € ; restaurant juil-sept jeu-dim, oct-juin sam soir et dim midi, salon de thé tlj 15h-18h, 19h en été ;). Antoinette et Keith proposent 5 chambres d'hôtes dans une maison de maître entourée par un adorable jardin. Les chambres sont assez spacieuses et confortables. La plus chère (la n°3) dispose d'un adorable balcon avec vue sur les montagnes. Prix dégressifs à partir de 3 nuits et location de vélos. Dans la grange attenante ou dans le jardin aux beaux jours, le restaurant **Tea Garden** sert une cuisine familiale simple et généreuse (gratins, plats en sauce, crumbles...).

Pays de Couiza

Carrefour de la haute vallée de l'Aude, Couiza ne mérite pas forcément une halte. Mais, à quelques kilomètres, se dressent les montagnes du Quercob, des châteaux et des maisons fortes cathares, et la fameuse demeure de l'abbé Saunière à Rennes-le-Château. Dans cette terre dominée par le pic de Bugarach, l'histoire et la nature se teintent volontiers d'ésotérisme. Si vous êtes en famille, partez à la découverte du musée des Dinosaures du bourg d'Espéraza.

Espéraza

Bâti au creux d'une boucle de l'Aude à l'écart de la D118, Espéraza est connue pour abriter le plus grand gisement français de fossiles de dinosaures, et un passionnant musée paléontologique, fruit de ces découvertes. Le village s'anime le dimanche matin, jour de marché (un des plus importants de la région), à l'ambiance résolument hippie. Depuis Espéraza, la D12 permet de rejoindre le Quercorb (Puivert, Chalabre).

Dinosauria Musée des Dinosaures
(04 68 74 26 88 ; www.dinosauria.org ; tarif plein/réduit 9/6,50 €, gratuit - 5 ans ; juil-août tlj 10h-19h, reste de l'année 10h30-12h30 et 13h30-17h30, fermé déc-jan sauf vac scol). Lié à un vaste chantier de fouilles paléontologiques (à 3 km d'Espéraza), ce musée-laboratoire évoque de façon plaisante la paléontologie ! Il débute par la **galerie de l'évolution** retraçant l'histoire de la vie à travers des fossiles avant de déboucher sur une serre du crétacé recréant un écosystème proche de celui du sud de la France il y a 70 millions d'années. La **halle aux dinosaures** montre ensuite les squelettes de spécimens parmi les plus grands du monde. Une partie du musée est entièrement consacrée au plus célèbre d'entre eux, le Tyrannosaurus rex.

Pendant les vacances scolaires, des **ateliers** (à partir de 5 ans ; 3-6 € selon l'activité) permet aux enfants de s'initier aux techniques paléontologiques.

Les **visites du chantier de fouilles de Bellevue** (adulte/5-12 ans 4,50/3 €), guidées, vous permettront de repartir, si vous en trouvez, avec des éclats d'os ou de coquilles d'œuf de dinosaure.

Arques

À 12 km à l'est de Couiza, le village d'Arques rassemble deux lieux liés à l'histoire du catharisme. À la sortie du village, le **donjon d'Arques** (04 68 69 84 77 ; www.chateau-arques.fr ; adulte/6-15 ans 6/3 € ; juil-août tlj

EMMANUEL DAUTANT ©

Rennes-le-Château, capitale de l'ésotérisme

Le nom de ce village perché est de ceux qui enflamment l'imagination des amateurs de chasse au trésor et d'ésotérisme. L'énigme, jamais élucidée, porte sur l'origine de la fortune de l'abbé Béranger Saunière (1852-1917). De condition modeste, ce curé de campagne changea inexplicablement de train de vie après un voyage à Paris. Il restaura à ses frais l'église du village en la décorant de vitraux et de sculptures étranges, puis s'attela à la construction d'un édifice de style Renaissance, la **villa Béthanie**, qui servait à loger ses invités de marque, et de la **tour Magdala**, crénelée et flanquée d'une tourelle (voir photo), où il installa sa bibliothèque truffée d'ouvrages ésotériques.

Le financement de ces constructions excentriques ne manqua pas de susciter les théories les plus farfelues, comme la découverte par l'abbé du trésor des Templiers, des Wisigoths ou des cathares, ou du Saint Graal ! Certains vont plus loin : l'abbé aurait été grassement rémunéré par le Saint-Siège pour garder un secret percé à jour : le mariage et les descendants de Jésus-Christ et de Marie Madeleine, réfugiés à Rennes-le-Château ! Ces spéculations auraient inspiré Dan Brown auteur du *Da Vinci Code*.

Aujourd'hui, les quelques habitants du village vivent au rythme des visiteurs venant plonger dans l'atmosphère mystique du **Domaine de l'abbé Saunière** (04 68 31 38 85 ; www.rennes-le-chateau.fr ; rue de l'Église ; 5 €, gratuit - 10 ans ; juil-août tlj 10h-18h30, mai-juin et sept tlj 10h-18h, mars-avr et oct-déc tlj 10h-17h ; parking obligatoire mi-juin à mi-sept 3 €, en contrebas du village) qui comprend un musée relatant la vie du prêtre et les possibles origines de sa fortune, y compris les moins fantasques : amitié de riches familles royalistes et détournements de fonds. La muséographie n'est pas de première jeunesse. Optez pour la visite guidée ou avec tablette numérique (8 €), plus riche en anecdotes ! Le village réserve de superbes panoramas sur les environs.

Envie de fraîcheur ? Direction la station thermale de **Rennes-les-Bains** qui s'étire le long d'une rivière salée (la Salz) et offre de belles possibilités de randonnées au frais. Consultez le **Point touristique de Rennes-les-Bains** (04 68 69 82 94, 04 68 69 87 95 ; www.limouxin-tourisme.fr/planifier/evasions-randos ; grand-rue de la Mairie, Rennes-les-Bains).

SI VOUS AIMEZ...

Être à l'écart des foules

La haute vallée de l'Aude et le Quercorb, aux confins de l'Ariège, présentent de nombreuses possibilités d'excursions dans des paysages où montagnes, lacs, gorges et forêts imposent leur majesté.

Puivert À 17 km de Quillan, le haut plateau de Puivert se découvre après une série de lacets qui grimpent jusqu'au col de Portel. En surplomb du village, le **château de Puivert** (04 68 20 81 52 ; www.chateau-de-puivert.com ; adulte/12-17 ans 7/5 €, gratuit - 12 ans ; Pâques à mi-nov tlj 9h-19h, mi-déc à fin mars tlj sauf sam 10h-17h) possède une salle ornée de sculptures de musiciens, qui font écho au **musée du Quercorb** (04 68 20 80 98 ; www.museequercorb.com ; 16 rue Barry-du-Lion ; adulte/6-15 ans 5/2 € ; mi-juil à fin août tlj 10h-19h, mi-avr à mi-juil et sept mer-dim 10h-13h et 14h-18h) détaillant l'art des troubadours et la vie quotidienne dans cette région enclavée.

Chalabre À 9 km au nord de Puivert, l'ancienne capitale du Quercorb a gardé ses anciennes halles et ses maisons à colombages. Parcours à pied et à VTT à l'**office du tourisme** (04 68 62 21 94 ; www.chalabre.fr ; cours d'Aguesseau). Sur les hauteurs du village, le **château de Chalabre** (04 68 69 37 85 ; www.chateau-chalabre.com ; tarif plein/4-11 ans 10/8 €, 19/17 € avec saut à l'élastique ; juil-août tlj sauf sam, vac de printemps zone C et we Ascension 12h-18h30) accueille un parc à thème médiéval avec des animations.

Pays de Sault Cerné de montagnes de pins, ce plateau agricole est maillé de chemins de randonnée et de VTT. Itinéraires disponibles à la **Maison de la montagne** (04 68 20 75 89 ; www.pyreneesaudoises.com). Allez manger au **Relais du Pays de Sault** (04 68 20 72 89 ; Espezel ; menu 27 €) et dormir à l'**hôtel Bayle** (04 68 20 31 05 ; www.hotel-bayle.com ; Belcaire ; d/3-4 pers 58/66 €) qui possède aussi un restaurant.

10h-13h30 et 14h-19h, avr-juin et sept-oct 10h-13h et 14h-18h, mars et nov, vac scol et jours fériés sam-dim 10h-13h et 14h-18h), magnifique tour quadrangulaire de pierres jaunes, fut bâti à la fin du XIIIe siècle à l'orée de la superbe chênaie du Rialesse par la famille de Voisins, fidèle à Simon de Montfort, et hostile aux cathares.

Avec le même billet, vous pourrez visiter au centre du village la **maison Déodat-Roché** (04 68 69 82 87 ; mar-sam 14h-18h), du nom d'un historien du catharisme (1877-1978), qui abrite une exposition permanente sur ce mouvement religieux médiéval.

Gorges de Galamus

À cheval entre Aude et Pyrénées-Orientales, les gorges de Galamus s'étirent le long d'une route spectaculaire. Sur ses flancs abrupts s'accrochent courageusement chênes verts et genévriers, tandis qu'en contrebas l'Agly, parfois réduit à un simple filet d'eau, se faufile entre les roches. L'été, certains n'hésitent pas à lézarder sur ses rochers ou à y faire trempette pour se rafraîchir.

Attention, en haute saison, la circulation sur cette route étroite en corniche qui n'autorise le passage que d'une seule voiture est difficile. En été, c'est circulation alternée toutes les 15-20 minutes, mais mieux vaut circuler tôt le matin pour éviter la foule et la chaleur.

Dès le VIIe siècle, les grottes naturelles de Galamus devinrent un refuge pour les ermites, qui y construisirent de modestes cellules et y vécurent dans la prière et l'abstinence. Ils placèrent le site sous la protection de saint Antoine le Grand, patriarche des ermites. Les lieux, aménagés au XVe siècle par les franciscains, sont par la suite devenus une destination de pèlerinage.

Du parking situé à l'entrée sud des gorges, où est installée une buvette, on peut rejoindre à pied par un sentier (15 min environ) l'**ermitage Saint-Antoine** (04 68 59 24 45 ; avr-oct tlj 10h-18h) accroché à la falaise (prévoir de bonnes chaussures). Ne manquez pas la visite de sa chapelle nichée dans une grotte naturelle.

Pour faire du canyoning, de la spéléologie ou de la via ferrata en compagnie d'un

JEAN-BERNARD CARILLET ©

Les gorges de Galamus (page ci-contre)

professionnel, adressez-vous à **Spel & Eaux** (06 13 12 03 29 ; www.speleteaux.fr ; à partir de 35 €/pers selon l'activité).

Bugarach

Le nom de Bugarach vous dit quelque chose ? C'est que ce hameau de 200 habitants s'est trouvé au centre d'une véritable tornade médiatique après avoir été désigné comme le seul lieu sur Terre où échapper à l'apocalypse promise par le calendrier maya, le 21 décembre 2012 ! En cause, le **pic de Bugarach** (1 231 m), point culminant des Corbières, au pied duquel il est blotti, et dont la forme de montagne renversée a alimenté bien des fantasmes chez les adeptes d'énergies telluriques.

L'intérêt de Bugarach ne se limite pourtant pas aux prophéties apocalyptiques. Le village est le point de départ de belles randonnées dans les Corbières, dont une boucle sportive qui permet d'atteindre le fameux pic (15 km, 7 heures, 780 m de dénivelé). Vous pouvez aussi opter pour une balade moins éprouvante au départ du col de Linas, qui mène au sommet en 1 heure 40. Notez que les vents sont assez importants au sommet du pech.

Où se loger

Le Presbytère Chambres d'hôtes €

(04 68 69 82 12 ; www.presbyterebugarach.fr ; s/d/tr/qua avec petit-déj 62,50/79,50/102,50/117,50 €, + 5 € mai-sept, table d'hôtes 31,50 € vin compris ;). Tenue par un jeune couple de Hollandais, cette très belle maison d'hôtes offre une touche de raffinement au pied du pic de Bugarach, sur lequel ont vue 2 des 4 chambres. Espaces cosy et spacieux, joliment agencés, dans l'ancien presbytère de l'église du village. Si la météo le permet, les repas sont servis dans le jardin, face à un superbe potager. La table d'hôtes, qui privilégie les produits locaux, est réservée à la clientèle.

Renseignements

Bureau d'information touristique de Couiza
(04 68 31 11 82 ; www.limouxin-tourisme.fr ; 17 rte des Pyrénées, Couiza).

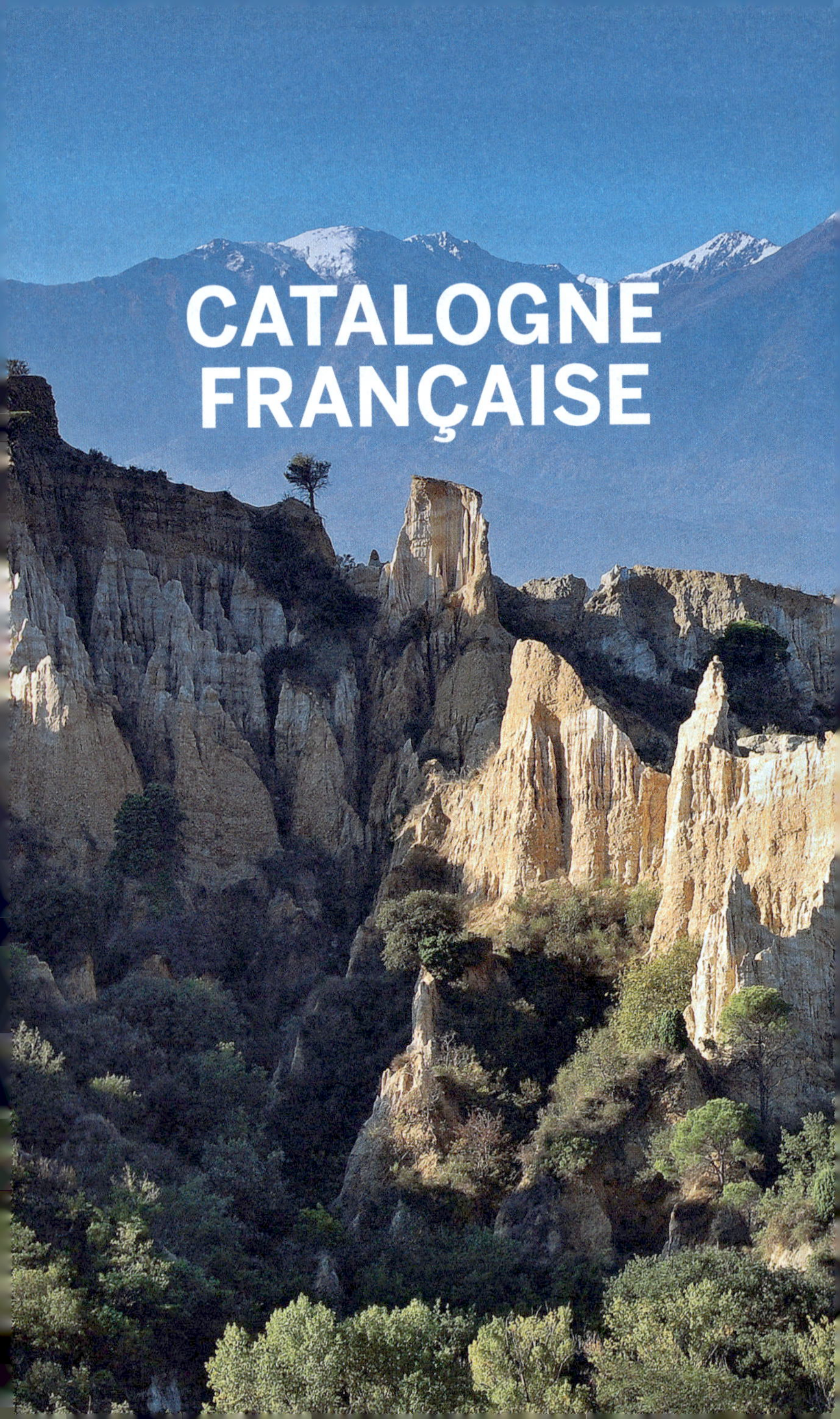
CATALOGNE
FRANÇAISE

La Catalogne française mélange une forte identité culturelle et une étonnante diversité de paysages. Le littoral découpé de la Côte Vermeille prolonge plateaux et vallées pyrénéennes, tandis que la plaine du Roussillon s'ouvre sur la mer par une belle côte sablonneuse.

Longtemps située aux confins des royaumes de France et d'Espagne, cette terre ne sera rattachée à la France qu'en 1659, date du traité des Pyrénées. À la veille de la Révolution française, l'agronome britannique Arthur Young écrivait à propos des Catalans français : "Versailles est leur raison, Barcelone leur boussole." Aujourd'hui encore, la population cultive sa "catalanité" à travers sa langue et ses traditions vivaces.

Dernière surprise, de taille, cette terre abrite un patrimoine culturel exceptionnel. Les abbayes moyenâgeuses côtoient les fortifications de Vauban et les villages où se sont épanouis les grands mouvements de la peinture moderne (fauvisme, cubisme), au début du XXe siècle.

Site des Orgues d'Ille-sur-Têt (p. 352)

0
20 km
Géolocalisez l'ensemble des adresses du chapitre
AUDE
D118
Quillan
Aude
Saint-Paul-Fenouillet
D117
Axat
Château de Puilaurens
ARIÈGE
Ax-les-Thermes
N20
Ariège
LE CONFLENT
Mosset
Eus
Grotte de Fontrabiouse
Parc naturel régional des Pyrénées catalanes
Espousouille
Formiguères
Prades
Lac des Bouillouses (p. 370)
CAPCIR
Villefranche-de-Conflent
Abbaye Saint-Michel de Cuxa
Matemale
Les Angles
Évol
N116
Col de Puymorens (1920 m)
Pic Carlit (2 921 m)
Le Train Jaune (p. 364)
Olette
Vernet-les-Bains
Chalet des Cortalets
Têt
Abbaye Saint-Martin-du-Canigou
Liagonne
Pic du Canigou (2 784 m)
CERDAGNE
Font-Romeu
Gorges de la Carança
N20
Odeillo
Mont-Louis
Chalet des Mariailles
Chaos de Targassonne
Saint-Thomas
Dorres
D618
Mantet
N116
Eyne
Latour-de-Carol
Llívia
Llo
Réserve naturelle d'Eyne
VALLESPIR
Puigcerda
Bourg-Madame
Pic de Costabonne (2 465 m)
La Preste
Prats de Mollo
N260
Col d'Ares (1 513 m)
ESPAGNE
C38
N152

A9
D627
Tuchan
Château de Peyrepertuse
Château de Quéribus
Grau de Maury
Maury
Fort de Salses
Étang de Leucate
Port-Leucate
Port-Barcarès
Tautavel
D900
Château de Jau
D117
D83
Agly
Estagel
Rivesaltes
Torreilles-Plage
PYRÉNÉES-ORIENTALES
Ermitage de Força Real
Perpignan (p. 308)
Golfe du Lion
Têt
Site des Orgues
Millas
Plaine du Roussillon
N116
Canet-Plage
Ille-sur-Têt
Vinça
Thuir
LGV
A9
D914
Saint-Cyprien-Plage
Castelnou
Prieuré de Serrabone
Massif des Aspres
D900
Elne
Tech
Argelès-Plage
D618
Collioure (p. 327)
Sorède
Argelès-sur-Mer
Cap Béar
Ascension du Canigou (p. 362)
Le Boulou
Montesquieu-des-Albères
Port-Vendres
Paulilles
Côte Vermeille
Réserve naturelle marine de Cerbère-Banyuls
Vallée du Tech
Céret (p. 344)
Tunnel du Perthus
Massif des Albères
Banyuls-sur-Mer
Amélie-les-Bains
Arles-sur-Tech
Le Perthus
Cerbère
Cap de Peyrefite
Gorges de la Fou
La Jonquera
Portbou
D115
AP7
Saint-Laurent-de-Cerdans
N260
ESPAGNE

PERPIGNAN

Avec ses rues piétonnes animées, ses façades colorées et ses terrasses avenantes, Perpignan affiche crânement son caractère méridional. Son centre historique témoigne de l'essor industriel et commercial de la ville au Moyen Âge et des fastes du royaume de Majorque, symbolisés par le palais des rois de Majorque qui surplombe la ville. Une époque bénie qui tranche avec la réalité du XXIe siècle : malgré son charme indéniable, la cité catalane, en plein marasme économique, souffre d'un certain laisser-aller et gagnerait à être sérieusement rénovée. Un programme de rénovation urbaine a été lancé par la nouvelle municipalité d'extrême-droite aidée par l'État, comprenant notamment la construction d'une bibliothèque universitaire et la rénovation du quartier Saint-Jacques. À suivre, donc... Autour de la gare, le nouveau quartier "Centre del Món" illustre bien, quant à lui, la volonté de Perpignan de devenir une étape incontournable entre Montpellier et Barcelone. Son nom est un hommage à Salvador Dalí qui considérait la gare de Perpignan comme le centre du monde (voir l'encadré page ci-contre).

Les traditions catalanes ne sont pas en reste : elles s'expriment aussi bien dans la procession des pénitents lors du vendredi saint, dite de "la Sanch", que dans la ferveur qui entoure les "sang et or" de l'USAP, le club de rugby de Perpignan. Elle s'affiche jusque dans des constructions contemporaines, comme le théâtre de l'Archipel, créé par Jean Nouvel, dont la décoration et le nom des salles font écho au territoire catalan.

À voir

Le Castillet Monument

(pl. de Verdun). Emblème de Perpignan, cette tour de brique rouge massive est l'ancienne porte principale de la ville. Elle a été bâtie à la fin du XIVe siècle, sous le règne de Pierre IV d'Aragon, après le retour du Roussillon à la couronne d'Aragon. Louis XI y fit ajouter la porte Notre-Dame, ou Petit

La *Vénus au collier* d'Aristide Maillol veille sur la place de la Loge

EMMANUEL DAUTANT ©

Castillet, à la fin du XVe siècle, quand la ville rentra brièvement dans le giron français.

Le Castillet abrite un petit espace principalement dédié à l'histoire de Perpignan, le **musée Casa Pairal** (☎04 68 35 42 05 ; pl. de Verdun ; 2 €, gratuit - 26 ans ; juin-sept tlj 10h30-18h30, oct-mai tlj sauf lun 11h-17h30), dont l'entrée permet aussi d'accéder au sommet de la tour et de bénéficier d'un beau panorama sur la vieille ville.

Place de la Loge — Place centrale

Sa situation centrale fait que l'on y passe obligatoirement, que l'on visite la ville ou que l'on flâne dans ses boutiques. Au centre de la place trône la *Vénus au collier*, une statue du sculpteur catalan Aristide Maillol – dont vous pourrez admirer le travail au musée de Banyuls (p. 336).

Prenez le temps d'admirer trois édifices incontournables. La **Loge de mer**, dont les arcades abritent l'office du tourisme depuis 2018, est le bâtiment phare de la place. Construit dans un style gothique au début du XVe siècle, il était le siège d'un tribunal de commerce qui arbitrait les litiges opposant les armateurs de la côte. Sa vocation initiale est rappelée par une belle girouette en forme de navire à l'angle du bâtiment. Le lundi soir en été, c'est ici qu'il faudra vous rendre si vous voulez vous initier gratuitement à la sardane (danse traditionnelle catalane).

Dans son prolongement se dresse l'**hôtel de ville** du XIIIe siècle, à la façade en briques et en galets roulés, dont le patio renferme une célèbre sculpture d'Aristide Maillol, *La Méditerranée*. À découvrir, sur votre gauche, la salle des mariages aux décorations néoclassiques de la fin du XIXe avec son beau plafond hispano-mauresque, autrefois chambre des consuls. Les 3 bras en bronze se détachant de l'édifice symbolisaient les 3 classes appelées à élire les 5 consuls de la ville au Moyen Âge.

Enfin, juste à côté, le **palais de la Députation** abritait la représentation à Perpignan de la Généralité de Catalogne jusqu'en 1659.

INSOLITE

La gare de Perpignan vue par Dalí

Sans avoir d'autre particularité que son architecture d'avant-guerre, la gare de Perpignan a été élevée au rang de "centre cosmique de l'univers" par Salvador Dalí. Fidèle à sa méthode paranoïa-critique, le peintre catalan aurait puisé ses idées les plus géniales dans cette "cathédrale d'intuitions", tandis que sa femme, Gala, enregistrait au guichet les toiles du maître, avant leur expédition vers de riches clients américains. Sur place, casque aux oreilles, écoutez la chanson de Charles Trenet : *À la gare de Perpignan*.

Casa Xanxo et hôtel Pams — Hôtels particuliers

Propriétés de Perpignan, ces deux édifices situés en centre-ville méritent le coup d'œil. La **Casa Xanxo** (8 rue de la Main-de-Fer) a été édifiée au début du XVIe siècle dans le style catalan par Bernat Xanxo, un drapier très fortuné. Au-dessus du portail d'entrée, un curieux bandeau décoré de sujets (animaux et êtres humains) recoupe la façade dans toute sa largeur. Il pourrait évoquer les 7 péchés capitaux et l'Enfer. Lors de notre passage, le bâtiment faisait l'objet de travaux, en vue d'accueillir, au plus tôt au printemps 2023, un Centre d'interprétation des arts et du patrimoine dédié à l'histoire de Perpignan.

À 2 minutes à pied, l'**hôtel Pams** (☎04 68 66 30 30 ; 18 rue Émile-Zola ; juin-sept tlj 10h30-18h30, oct-mai tlj sauf lun 11h-17h30 ; entrée libre) est bien plus fastueux. Admirez le décor végétal Art nouveau du puits de jour, les détails de la façade donnant sur le surprenant patio-jardin (havre de fraîcheur en été), et surtout le majestueux escalier en onyx et stuc, décoré de peintures de Paul Gervais, dont l'*Arrivée triomphale de Vénus*. Les réalisations de ce peintre d'histoire et de sujets allégoriques – fort d'une très grande renommée à l'époque – sont représentatives des goûts de la grande

Perpignan

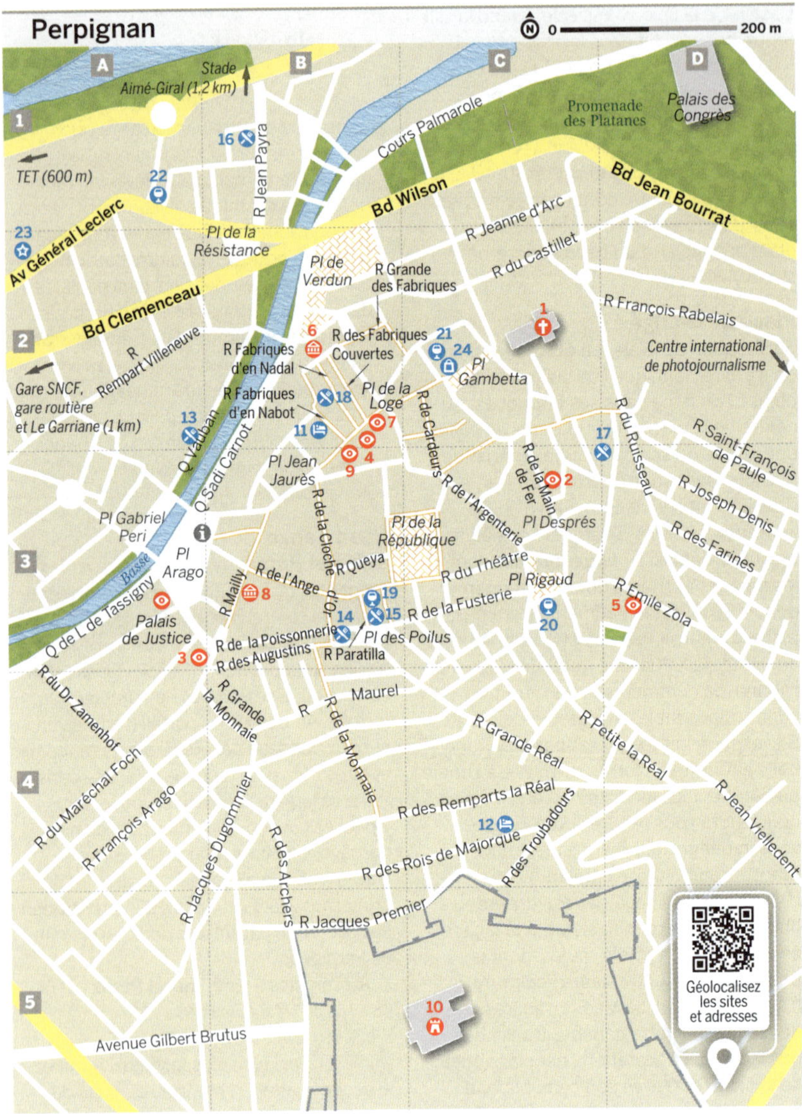

bourgeoisie à la fin du XIXe siècle. C'est à Jules Pams, maître de céans et personnalité marquante de la IIIe République, que l'on doit cette commande. Il était le beau-fils de Pierre Bardou, héritier du papier à cigarettes JOB (dont on retrouve ici et là les insignes), qui acheta la demeure à l'origine.

Cathédrale Saint-Jean-Baptiste Gothique méridional

(pl. Gambetta ; juin-sept tlj 7h30-19h, oct-mai tlj 7h30-18h ; entrée libre). Initié par le roi de Majorque Sanche en 1324 mais consacré seulement en 1509, cet édifice est caractéristique du gothique méridional.

Perpignan

À voir

1 Cathédrale Saint-Jean Baptiste C2
2 Casa Xanxo C3
3 Centre d'Art contemporain A3
4 Hôtel de ville B3
5 Hôtel Pams D3
6 Le Castillet (musée Casa Pairal) B2
7 Loge de mer B2
8 Musée Rigaud B3
9 Palais de la Députation B3
10 Palais des rois de Majorque C5

Où se loger

11 Hôtel de la Loge B2
12 Les Cagettes en Ville C4

Où se restaurer

13 Halles Vauban A2
14 La Droguerie B3
15 L'Emile B3
16 La Galinette B1
17 Le Figuier D2
18 Sagí Taverna B2

Où prendre un verre et faire la fête

19 Bar de la Marée B3
20 L'Atmosphère Bella Ciao C3
21 L'Echoppe C2
22 Quartier A1

Où sortir

23 Théâtre de l'Archipel A2

Achats

24 Les Toiles du Soleil C2

Renseignements

Office du tourisme .... (voir 7)

Ce style architectural présent en Catalogne aux XIVe et XVe siècles allie des dimensions imposantes rivalisant avec les cathédrales du nord de la France (la nef culmine à 26 m de hauteur) avec un certain dépouillement du plan initial comportant une église à 3 nefs, la cathédrale ne garda finalement qu'une nef centrale construite en galets roulés et en briques. À l'intérieur, on peut admirer de magnifiques retables, notamment celui du maître-autel d'époque Renaissance. Sculpté en marbre blanc, il illustre la vie de saint Jean-Baptiste ; notez la présence d'un drapeau catalan au fond de la niche où se trouve la statue du saint.

À droite de la cathédrale Saint-Jean-Baptiste se trouve le **cloître-cimetière Saint-Jean** ou **Campo Santo** (juin-sept tlj 10h30-18h30, oct-mai tlj sauf lun 11h-17h30), dont la construction commença au début du XIVe siècle (on peut y accéder depuis l'intérieur de la cathédrale). Il accueille des concerts l'été (live-campo.com), ainsi que les projections du festival Visa pour l'image (p. 61). Ne manquez pas l'enfilade d'enfeus gothiques superbement conservés, émaillés des armoiries des grandes familles perpignanaises, ainsi que les vitraux expressionnistes abstraits de la **chapelle de la Funerària** (ouverte pendant les expositions), créés par la peintre américaine Shirley Jaffe (1923-2016) et le maître verrier Jean Mauret.

Palais des rois de Majorque

Palais

(04 68 34 96 26 ; 2 rue des Archers ; tarif plein/réduit 7/3,50 €, visite guidée incluse, gratuit - 26 ans ; tlj juil-août 9h30-18h30, avr-juin et sept-oct 10h-18h, nov-mars 10h-17h, fermé 2 sem en jan, visite guidée tlj horaires se renseigner). Perpignan connut son âge d'or sous la tutelle des rois de Majorque, entre 1276 et 1344. Durant cette période, la ville fut la capitale d'un puissant État méditerranéen. L'imposant palais des rois de Majorque construit sur la colline du Puig del Rey était le centre de ce royaume éphémère. Né de la volonté de Jacques II, il fut commencé avant 1274 dans un style roman tardif et achevé après 1300 dans un style gothique. Les chapelles fastueuses de la **tour Major** symbolisent le raffinement de l'époque et le statut de Perpignan comme centre économique, politique et culturel de la Méditerranée médiévale. Depuis 2021, dans l'ancienne salle des écuries, une fresque vidéo onirique (12 min) représente les 4 saisons dans les jardins du palais au Moyen Âge. La visite guidée (1 heure 30) est particulièrement intéressante et permet de revivre le quotidien des rois de Majorque. Ne manquez pas de monter en haut de la **tour de l'Hommage** pour profiter du panorama sur Perpignan et les Pyrénées.

Musée Rigaud — Beaux-arts

(☎04 68 66 19 83 ; www.musee-rigaud.fr ; 21 rue Mailly ; coll permanente tarif plein/réduit 8/6 €, avec expo temporaire 10/8 €, visite guidée 3 € supp, gratuit - 18 ans ; ⌚juin-sept tlj 10h30-19h, oct-mai tlj sauf lun 11h-17h30). Récemment rénové et agrandi, ce musée doit son nom au fameux portraitiste de Louis XIV, Hyacinthe Rigaud, originaire de Perpignan, dont il conserve plusieurs œuvres. Initialement logé dans l'**hôtel de Lazerme**, hôtel particulier du XVIIIe siècle, le musée communique désormais avec l'**hôtel de Mailly**. La collection permanente, qui s'étend du gothique au XXIe siècle en faisant une belle place au baroque, possède pour pièce maîtresse le **retable de la Trinité**, commandé en 1489 par les consuls de Perpignan pour la chapelle de la Loge de mer. S'ajoutent des sculptures de Maillol, des œuvres de Dufy, Manolo, Ingres, Terrus ou encore Picasso. Le musée accueille une exposition temporaire durant la période estivale. Prêt de tablette pour visite guidée numérique.

Centre d'art contemporain — Art contemporain

(☎04 68 66 33 18 ; pl. du Pont-d'en-Vestit ; ⌚juin-sept tlj 10h30-18h30, oct-mai mar-dim 11h-17h30, uniquement lors des expositions ; entrée libre). Cet espace, autrefois nommé "Walter Benjamin", du nom du philosophe allemand et critique d'art averti qui avait fui le régime nazi, a été débaptisé à la demande de la famille de celui-ci à l'arrivée de la nouvelle municipalité d'extrême-droite. Il propose toujours des expositions temporaires pluridisciplinaires d'art contemporain.

Centre international du photojournalisme — Photographie

(☎04 68 62 38 00 ; photo-journalisme.org ; couvent des Minimes, 24 rue Rabelais ; ⌚variables selon les expos ; entrée libre). Le Centre international du photojournalisme a investi l'une des ailes du couvent des Minimes en 2017. À la fois centre de ressources, d'éducation à l'image et de diffusion, il accueille des expositions temporaires de grands photojournalistes.

Centre de sculpture romane de Cabestany — Art roman

(☎04 68 08 15 31 ; www.maitre-de-cabestany.com ; parc Guilhem, Cabestany ; tarif plein/réduit 4/2 €, gratuit - 12 ans ; ⌚juil-août tlj 10h-12h30 et 13h30-18h, fermé lun sept-juin). À 6 km de Perpignan vers l'est, installé dans d'anciens chais situés au cœur du parc Guilhem, cet espace est entièrement dédié au maître de Cabestany, sculpteur de génie du XIIe siècle, dont les figures de pierre d'un style très particulier émaillent tout le bassin méditerranéen du Roussillon à la Toscane. C'est la découverte, lors de travaux sous l'église Notre-Dame-des-Anges du village de Cabestany, d'un exceptionnel tympan marial de marbre blanc, qui a valu ce nom à ce sculpteur, d'état civil inconnu. La sculpture en question met en scène l'Assomption de la Vierge et le miracle de la ceinture qu'elle envoie depuis le ciel à saint Thomas. On identifie le style du maître à la grande expressivité de ses personnages, qui possèdent des caractéristiques singulières communes – yeux en amande prédominants, pieds et mains hypertrophiés... –, ainsi qu'à la forte narrativité des scènes sculptées. Le centre de sculpture romane a réuni une centaine de moulages de ses plus belles œuvres, ainsi qu'un fonds documentaire riche et complet sur l'art médiéval. En juillet-août, 2 visites guidées sont organisées le mercredi et le jeudi (à 10h et 15h), ainsi qu'une visite contée (à 11h15).

Où se loger

Hôtel de la Loge — Central €€

(☎04 68 34 41 02 ; www.hoteldelaloge.com ; 1 rue Fabriques-d'en-Nabot ; s/d/tr 63-81/78-95/86-110 € selon confort, petit-déj 9 € ; ❄📶). Sis dans une demeure de caractère datant du XVIe siècle, cet hôtel est l'une des meilleures options dans l'hypercentre. Agencées autour d'un petit patio, les 22 chambres affichent un style contemporain rehaussé de quelques touches rétro. La plus grande dispose d'un balcon donnant sur la place de la Loge : charmant, mais bruyant les soirs d'été. Une option correcte pour une nuit ou deux.

Le palais des rois de Majorque (p. 311) depuis la tour de l'Hommage

Les Cagettes en Ville Chambres d'hôtes €€
(☎06 09 35 67 44 ; 8 rue des Rois-de-Majorque ; d/qua avec petit-déj 90/170-180 € ; ⏲juil-sept ; 📶). À deux pas du palais des rois de Majorque, cette maison d'hôtes propose 3 chambres au style rétro (tables en Formica, couvre-lits au crochet...) qui raviront les mordus d'esprit vintage. Ses atouts ? La cuisine à disposition et un adorable jardin. Passionnée de récup', Florence, la propriétaire, a aussi monté une friperie sur place.

Où se restaurer

Ouvertes en 2017, les **Halles Vauban** (☎06 20 76 26 08 ; 37-39 quai Vauban ; ⏲8h-20h, jusqu'à 13h dim, fermé lun) constituent une escale idéale pour remplir son cabas de produits régionaux (vins, fromages, produits de la mer, olives, charcuterie...). Pour y goûter sans attendre, tout en buvant un verre, direction **Le Bar des Halles** (☎06 20 76 26 08), où l'on peut apporter son pique-nique.

La Droguerie Cantine italienne €
(☎06 26 53 49 89 ; 37 rue des Augustins ; plats 11-17 € ; ⏲mar-sam midi et soir). Un brin hipster, cette adresse récente, avec sa belle devanture vintage, ses nappes de grand-mère et sa déco brocante n'a pas vraiment l'attrait d'une vraie trattoria typique. Pourtant, on s'y pose à la bonne franquette pour déguster par exemple une très bonne burrata entière sur un lit de tomates cerises, suivie de délicieux raviolis maison, comme les classiques ricotta-épinards et, en dessert, divers tiramisus, agrémentés de spéculoos.

L'Émile Micro-bistrot €
(☎06 65 67 92 99 ; 7 rue de la Paratilla ; entrée et plat 7-15 €, ⏲mar-dim midi et mer-ven soir, fermé août). Sur ses quelques tables hautes plantées sur le trottoir, cette micro-adresse de la rue de la Paratilla nourrit les habitants du quartier d'une cuisine bistrot simple et goûteuse. Tartare d'églefin, sauté de canard à l'asiatique, filet mignon de porc au saté... Chaque jour à l'ardoise, un choix extra-réduit, variant au gré des arrivages.

GERALD VILLENA /STOCKADOBE.COM ©

GERALD VILLENA /STOCKADOBE.COM ©

Ci-dessus : le Castillet (p. 308) ;
À droite : une façade à Perpignan

Sagí Taverna Néo-taverne €

(☎04 68 09 65 82, 06 21 69 53 11 ; sagi-taverna.fr ; 3 rue Fabriqués-d'en-Nadals ; formules midi 15-21 €, soir tapas 4-15 € ; ⏲mar-sam midi et soir). Nichée dans une ruelle menant place de la Loge, cette taverne actuelle, énonce, à l'ardoise, le credo de son jeune et brillant chef, Yannick Ferez : du frais, du local et du catalan. Des plats le midi et des tapas le soir, accompagnés de vins vivants. Juste à côté, se tient le **Looping**, son petit frère version casse-croûte, où l'on peut mordre, à l'heure du déjeuner, dans un sandwich amélioré (6-7 €).

Le Figuier Tapas et bistronomie €€

(☎04 68 63 14 82 ; 7 rue du Figuier ; formules midi 13-19 €, tapas 8-14 €, plats 18-20,50 € ; ⏲lun-sam midi et soir). Un incontournable du centre historique, plébiscité surtout pour sa terrasse, plantée sur une place au calme, à l'ombre des oliviers. Idéal pour déguster un vin du cru – vous n'aurez ici que l'embarras du choix – accompagné de tapas. Quelques plats de poisson et viande viennent compléter l'ardoise (seiches à la plancha, filet de canette sauce Banyuls...).

Le Garriane Cuisine de saison €€

(☎04 68 67 07 44 ; 15 rue Frédéric-Valette ; menus midi 22-29 €, menus soir 35-60 € ; ⏲jeu midi, ven midi et soir et sam soir, fermé mai). Cachée dans le quartier de la gare, cette adresse confidentielle, à la façade peu avenante, propose une des cuisines les plus créatives et savoureuses de la ville. Garry, originaire d'Australie, y concocte chaque jour, au gré du marché, un menu surprise unique, à base de poisson ou de viande (au choix) le midi, et le soir un menu composé de 5 à 8 plats. Soirées végétariennes sur réservation (guetter leur page Facebook).

La Galinette Étoilé €€€

(☎04 68 35 00 90 ; www.restaurant-galinette.com ; 23 rue Jean-Payra ; menu midi sem 33 €, menus soir 70-78 € ; ⏲mar-sam fermé juil). C'est sur la rive ouest de la Basse, à deux pas de la salle Elmediator (page ci-contre), que se trouve le fief du chef étoilé Christophe Comes. Il y compose une cuisine locavore inventive, à prix plus doux le midi. Dans la salle à la déco contemporaine, éclairée de lustres en origami, l'œil s'égaye des touches colorées, disséminées sur les murs, comme dans l'assiette. Car ici, on fait la part belle aux végétaux, cultivés dans le jardin du chef, dont les variétés agrémentent viandes et poissons locaux, lorsqu'elles ne se suffisent pas à elles-mêmes.

Où prendre un verre et faire la fête

TET Alternatif
(04 68 34 55 15 ; facebook.com/TET66 ; 76 av. Louis-Torcatis ; lun-sam 10h-minuit). De l'autre côté de la rive de la Têt, face au théâtre de l'Archipel, cette jeune pousse branchée est l'adresse idéale pour faire le plein de soirées DJ et d'amitiés nouvelles, le long de son comptoir en Formica. Petite restauration également. Programmation sur les pages Facebook et Instagram.

Bar de la Marée Bar de quartier
(06 31 39 79 12 ; 7 rue Paratilla ; mar-ven 9h-14h et 18h-2h, sam-dim 9h-15h et 18h-2h). Pour s'imprégner de la bonne humeur qui règne dans la rue… et pourquoi pas, y mettre un peu plus que le nez : ici, personne ne vous reprochera d'accompagner votre verre de charcuterie ibérique ou d'huîtres qui vous font de l'œil dans les commerces à proximité.

L'Échoppe Bar-épicerie
(06 89 70 68 26 ; 4 rue de l'Incendie ; mar-sam 15h-23h). Au cœur du centre historique, on s'installe en terrasse – ou dans la jolie petite échoppe –, pour siroter, au milieu des habitués, un vin du cru ou l'une des bières artisanales du moment. On picore à l'occasion des planches, une tarte salée ou l'un des nombreux produits (ultra)locaux – le kilométrage faisant foi – de l'épicerie (6-15 €).

L'Atmosphère Bella Ciao Bar culturel et cantine solidaire
(22 pl. Hyacinthe-Rigaud ; mar-sam 12h-23h). Pour goûter à l'atmosphère alternative et bohème du centre historique. Bières artisanales, vins bio, soirées concerts, performances, cafés débats… Le midi, le **Collectif Miam** y tient sa cantine solidaire : un menu végétarien, élaboré à partir des invendus des boutiques et producteurs bio, proposé à prix libre (recommandé 7 € + adhésion à l'association 5 €).

Quartier Bar branché
(06 78 37 47 38 ; angle av. Général-Leclerc et rue du Marché-aux-Bestiaux ; mar-sam 17h-2h). Avec son décor de bistrot parisien branché, Quartier pourrait jouer les prétentieux. Il n'en est rien : fidèle à son nom, il rassemble ses habitués sur ses tables hautes ou le long de son bar en zinc, dans une atmosphère festive et bon enfant. Cocktails, vins locaux et choix de tapas élaborées (3-16 €) – bien que parfois un peu chères. DJ sets le week-end.

Où sortir

Théâtre de l'Archipel Village culturel
(04 68 62 62 00 ; www.theatredelarchipel.org ; av. Général-Leclerc). Symbole des ambitions de Perpignan, ce complexe, ouvert en 2011, a été conçu par l'architecte Jean Nouvel comme un archipel éclaté en îlots reliés par une verrière végétalisée. Accueillant toutes les disciplines artistiques dans ses salles modulables, ce village culturel est aussi le reflet de l'enracinement catalan de Perpignan : la couleur rouge de sa tour rappelle la brique du Castillet, sa grande salle Le Grenat évoque la joaillerie catalane, la salle Le Carré, à l'aspect rouillé et patiné, fait écho aux mines du Roussillon… Un esprit catalan qui souffle aussi sur sa programmation avec de nombreux spectacles transfrontaliers. Preuve de son dynamisme, le théâtre accueille une programmation de musiques actuelles dans la salle **Elmediator** (www.elmediator.org) et plusieurs festivals consacrés à la création sonore.

Stade Aimé-Giral Rugby
(04 68 59 60 37 ; www.usap.fr ; allée Aimé-Giral). La Catalogne française est une terre d'ovalie. Pour sentir un peu de l'âme

de Perpignan, rendez-vous au stade Aimé-Giral, où l'USAP (Union sportive arlequins Perpignan-Roussillon) dispute ses matchs. Billets en vente sur le site Internet du club ou dans la boutique du centre (04 68 84 21 82 ; quai Vauban ; mar-sam 10h-13h et 14h-19h).

Achats

Les Toiles du Soleil

Tissage catalan

(04 68 34 41 62 ; www.toiles-du-soleil.com ; 1 pl. Gambetta ; mar-sam 10h-12h et 14h-19h). Si vous n'avez pas le temps ou l'envie de vous rendre jusqu'à Saint-Laurent-de-Cerdans dans le Vallespir (p. 348), vous aurez ici un aperçu des produits fabriqués à partir des fameuses Toiles du Soleil de la Maison Quinta, aux rayures colorées : espadrilles, sacs, chiliennes, coussins, trousses... Tout est gai et finement réalisé, et sent bon les vacances.

Renseignements

Office du tourisme (04 68 66 30 30 ; www.perpignantourisme.com ; pl. de la Loge). Distribue des livrets gratuits pour les enfants (4-16 ans), en lien avec le patrimoine de la ville et accueille un espace sensoriel dédié aux vins du Roussillon. Situé dans un bâtiment classé (la Loge de mer, p. 309), son accès est assez compliqué pour les personnes à mobilité réduite.

Depuis/vers Perpignan

AVION

L'**aéroport de Perpignan** (04 68 52 60 70 ; www.aeroport-perpignan.com) est desservi par des vols à destination de Paris, Lille, Nantes, Londres, Lisbonne ou Bruxelles. Pour le rejoindre depuis l'A9, prenez la sortie 41 Perpignan-centre.

BUS

Le réseau de bus du conseil régional **liO** (www.lio.laregion.fr), très étoffé, est avantageux, avec de nombreuses lignes à 1 €. Depuis la **gare routière de Perpignan** (04 68 80 80 80 ; 35 bd Saint-Assiscle), ce tarif permet d'effectuer un trajet de 2 heures sur l'ensemble du réseau départemental. Depuis Perpignan, il permet de rejoindre le Vallespir, la Côte Vermeille, la vallée de la Têt ou la vallée de l'Agly.

TRAIN

Depuis la **gare SNCF** (1 pl. Salvador-Dalí ; TGV accès par le bd Saint-Assiscle), des TGV directs relient quotidiennement la gare de Perpignan et Paris via Nîmes, Montpellier et Béziers. Il existe aussi une ligne quotidienne depuis Bruxelles via Lille, Lyon, Nîmes, Montpellier, Sète, Agde, Béziers et Narbonne. Des trains desservent aussi la Côte Vermeille jusqu'à la frontière espagnole et le Conflent jusqu'à Villefranche-de-Conflent, d'où on peut rejoindre le Capcir et la Cerdagne avec le Train Jaune (p. 364). Pour Barcelone, comptez 1 heure 20 en TGV.

Comment circuler

TROTTINETTES ÉLECTRIQUES

Perpignan s'est doté en juillet 2020 de trottinettes électriques en libre-service. Une flotte de 200 véhicules géolocalisés a ainsi été déployée sur toute la ville, avec plusieurs points d'ancrage dans l'hypercentre (dont un près de l'office du tourisme). Fin 2021, le prestataire a changé pour un service plus ou moins identique, la couleur verte ayant supplanté les anciennes, jaune et bleu. Pour en profiter, téléchargez l'application Link sur votre Smartphone (superpedestrian.com/fr/home ; déverouillage 1 €, puis 0,25 €/min).

VOITURE

Mieux vaut être prévenu : la circulation est très difficile à Perpignan. Sans périphérique permettant de la contourner, la ville est souvent embouteillée, et y conduire n'est pas une partie de plaisir ! Attention à ne pas vous engager dans les ruelles du centre historique (toutes piétonnes). Il existe des parkings payants périphériques comme le **parking Wilson** (bd Wilson) ou le **parking Arago** (pl. Arago), mais la facture monte très vite. Préférez les parkings de surface (avec horodateurs) situés en zone jaune : ils coûtent 2 € la journée.

Forteresse de Salses

VALLÉE DE L'AGLY

Forteresse de Salses

Le village de Salses-le-Château, à 12 km au nord-est de Rivesaltes, est surtout connu pour abriter la **forteresse de Salses** (☎ 04 68 38 60 13 ; www.forteresse-salses.fr ; tarif plein 8 €, gratuit - 26 ans, visite guidée incluse ; ⏲ avr-sept tlj 10h-18h30, oct-mars 10h-12h45 et 14h-17h15, dernière visite guidée 1 heure 15 avant fermeture), un chef-d'œuvre d'architecture militaire. Construite à la fin du XVe siècle par les Espagnols, cette superbe forteresse, dont la silhouette massive teintée de rose et le pont-levis imposent le respect, n'a cessé de changer de mains au cours des siècles. Assiégée en 1503, prise par les armées d'Henri II en 1639 et reprise par les Espagnols en 1640, la place est définitivement conquise par les Français en 1642. Mais, après le traité des Pyrénées de 1659 qui redessina la frontière franco-espagnole, elle perd de son importance. En partant de sa place d'armes bordée par des casernements qui pouvaient accueillir jusqu'à 1 200 soldats, la visite permet de découvrir un espace conçu pour résister à de longs sièges : boulangerie, bassin d'eau relié à une source, sauna et gigantesques fours. Hormis lors des expositions temporaires, l'intérieur est plutôt vide et les parties hautes, terrasses et donjon, ne se visitent qu'accompagné. Privilégiez la visite guidée pour profiter pleinement des lieux. Des concerts sont programmés en haute saison.

Rivesaltes

Les amateurs de vins, en particulier de vins doux naturels, prévoiront une halte de quelques heures à Rivesaltes, à 10 km au nord de Perpignan, dans la vallée de l'Agly. Ces derniers temps, les innovations vont bon train : muscat pétillant, ambré, tuilé. Les nombreuses caves implantées dans le centre et dans les villages des environs devraient vous permettre de tester si ces nouveautés sont à votre goût ! Une visite historique vous attend également : celle du Mémorial du camp de Rivesaltes.

À voir

Mémorial du camp de Rivesaltes
Lieu de mémoire

(☎04 68 08 39 70 ; www.memorialcamprivesaltes.eu ; av. Christian-Bourquin, Salses-le-Château ; tarif plein/réduit 9,50/6,50 €, gratuit - 18 ans ; ⌚avr-oct tlj 10h-18h, nov-mars mar-dim 10h-18h). Le site n'est pas des plus aisés à trouver mais mérite de s'obstiner un peu. En arrivant sur le parking, le spectacle est pour le moins déconcertant : un paysage de plaine désolée sans ombre, battue par la tramontane, hérissé çà et là de baraques en ruine. Ne rebroussez pas chemin, vous êtes au bon endroit, sur l'un des 9 îlots du **camp Joffre de Rivesaltes**, ancien camp d'entraînement militaire destiné à endurcir les conscrits qui allaient partir dans le désert, tristement célèbre pour avoir servi de lieu d'internement des Espagnols fuyant Franco (voir p. 389), de juifs et de Tziganes pendant la Seconde Guerre mondiale, et des harkis au début des années 1960.

Le musée-mémorial, immense rectangle ocre de 4 000 m² pensé par l'architecte Rudy Ricciotti, a été en grande partie enterré, pour ne pas dénaturer les lieux, aussi vous ne le verrez peut-être pas au premier abord. La visite se fait en deux temps : à l'extérieur, entre les baraquements, et à l'intérieur du musée, où se déploie un parcours chronologique explicatif – ponctué de photos, de témoignages audio émouvants, de lettres et d'objets – très détaillé et assez poignant. Il se conclut par un petit espace de cartes interactives retraçant les différents flux migratoires depuis le début du XXe siècle jusqu'à aujourd'hui.

Depuis Rivesaltes, récupérez l'A9 en direction de Narbonne jusqu'à la sortie 41 Perpignan-Nord. Là, suivez la D12 vers Foix, puis les panneaux indiquant le mémorial. Bon à savoir, la ligne 503 des bus régionaux **LiO** (www.lio.laregion.fr) dessert également le Mémorial au départ de la gare routière de Perpignan (plusieurs allers-retours par jour du lundi au samedi).

Achats

Cave Arnaud de Villeneuve
Vins

(☎04 68 64 79 34 ; arnauddevilleneuve.com ; av. Ledru-Rollin ; ⌚lun-sam 10h-13h et 15h-19h). Toutes les déclinaisons possibles de muscat, auxquelles s'ajoutent de fameux crus de côtes-du-roussillon (rouge, rosé ou blanc) et des vins de pays. Dégustation gratuite et conseils éclairés pour des accords mets et vins.

Tautavel

Que vous arriviez par la D59 ou la D9, les routes qui serpentent et mènent au village offrent des vues magnifiques sur les environs ! Ce charmant village traversé par le Verdouble, un affluent de l'Agly, surfe sur deux richesses : son vignoble, et surtout son patrimoine préhistorique. Les restes de l'*Homo erectus* découvert en 1971 dans la **Caune de l'Arago** ont changé le destin de Tautavel, qui abrite aujourd'hui un centre européen de recherches préhistoriques et un musée édifiant. Lors de nos recherches, des aménagements étaient en cours dans la Caune de l'Arago, interrompant provisoirement les visites. Renseignez-vous auprès du musée sur la reprise des visites guidées. Quant à la baignade dans les superbes **gorges de Gouleyrous**, à 2 km au nord de Tautavel, elle est plébiscitée par les habitants mais rigoureusement interdite par arrêté préfectoral (malgré un parking à 5 € sur place...).

À voir

Musée de Tautavel
Préhistoire

(☎04 68 29 07 76 ; www.450000ans.com ; av. Léon-Jean-Grégory ; tarif plein/réduit 8/4 €, gratuit - 7 ans ; ⌚mi-juil à août tlj 10h-19h, sept à mi-juil 10h-12h30 et 14h-18h). Le **Centre européen de préhistoire** nous plonge dans l'histoire de l'Homme de Tautavel, qui, du haut de ses 450 000 ans, est le doyen des hominidés découverts sur le sol français. La visite se fait en deux temps.

Vignobles autour de Tautavel

À travers les 21 salles du premier musée, vous pourrez tester vos connaissances sur les différents âges préhistoriques et vous imaginer à quoi ressemblait la vie des hommes de la Caune de l'Arago à l'aide de reconstitutions à taille humaine. Ensuite, rejoignez le **Palais des Congrès** (rue Anatole-France), pour voir l'exposition *Les premiers habitants de l'Europe*. Dans une muséographie plus ludique, avec intégration de film en 3D, on est invité à faire des fouilles virtuelles grâce à un écran tactile.

Où se loger

L'Abri sous roche Chambres d'hôtes €
(04 68 29 49 31, 06 77 81 10 24 ; labrisousroche.com ; 29 rue Gambetta ; s/d/tr 60-80/65-85/85-100 € avec petit-déj, 15-25 €/pers supp, gîtes 2/4 pers 220-295/330-395 € la sem ;). Cette maison à la belle façade pêche et aux volets bleus abrite 2 gîtes au rez-de-chaussée, ainsi que 4 chambres d'hôtes décorées avec goût et fraîchement rénovées à l'étage. Sophie, originaire de la capitale, a repris les lieux en 2020 et accueillent ses hôtes avec enthousiasme et gentillesse. L'été, les petits-déjeuners (à base de produits locaux, majoritairement bio), sont servis à l'étage, dans le petit patio-terrasse. Une adresse idéale à petit prix.

Origines Chambres d'hôtes €€
(06 33 47 95 27 ; www.origines-tautavel.fr ; 11-13 pl. Gambetta ; d/ste 100-145/120-175 € avec petit-déj, 40 €/pers supp ;). Ces deux maisons mitoyennes s'ouvrent, au fil d'un parcours émaillé d'objets chinés, sur 4 chambres tout confort à la déco soignée, une cuisine en accès libre, dotée d'une belle terrasse avec vue sur la falaise et le château, et un salon commun. Également, dans le jardin, un espace Jacuzzi et bar, et, au rez-de-chaussée, une salle de fitness et sauna. Petits-déjeuners bio et locaux. Table d'hôtes (35 €/pers) à la demande en basse saison (novembre à mars). Possibilité de massages ayurvédiques, location de VTT électriques et cours de cuisine. Bel accueil de Nathalie et Dominique.

VAUT LE DÉTOUR
Sentier botanique de l'ermitage de Força Real

Perché à 507 m d'altitude et dominant toute la plaine du Roussillon, l'**ermitage de Força Real** a été édifié au XVIIe siècle et vous le repérerez de loin lors de vos promenades dans les environs. Un charmant **sentier botanique** ponctué de panneaux explicatifs sur les plantes de la région (ciste, chêne vert et kermès, aulne de Corse, cèdre de l'Atlas, pistachier, eucalyptus, mimosa, genêt...) permet d'y accéder en 40 minutes depuis le col del Bou, à 7 km au nord de Millas. Là-haut, le panorama à 360° est des plus vivifiants ! De l'ermitage, vous pouvez poursuivre jusqu'au relais TV pour voir les Corbières, le Fenouillèdes et la Méditerranée. Une balade parfaite en famille !

Où se restaurer

Le For'Hom — Catalan €

(04 68 29 13 51 ; av. Jean-Badia ; formule 16 €, menus 20-24 € ; juil-août tlj sauf sam, midi uniquement, hors saison fermé ven-sam). À proximité du Centre de préhistoire, Le For'Hom est l'étape idéale pour digérer la somme d'informations reçues durant la visite. Dans une cour ombragée par un mûrier et entourée de murs ocre, on pioche sur l'ardoise parmi les sélections du jour fraîches et colorées : aile de raie laquée au miso, brochette de poulet sauce cacahuète, tarte aux tomates et pesto, entremets de nectarines au miel de romarin... Réservez.

El Silex — Slow Food €

(04 68 52 77 93 ; av. Jean-Badia ; menu midi sem 19,90 €, menu soir et we 27,90-34,90 € ; juil-août tlj, sept et avr-juin fermé lun). Avec sa terrasse à l'esprit paillote, ses assiettes soignées, élaborées à partir de produits de saison, majoritairement bio et locaux, son choix de vins naturels et son accueil chaleureux, El Silex est une adresse incontournable du secteur. Les vins sont au prix caviste (à emporter), autrement comptez 6 € de droit de bouchon.

Le Grill de Jau — Accords mets et vins €€

(04 68 38 91 38 ; www.chateaudejau.com ; château de Jau, Cases-de-Pène ; menus midi/soir 42/45 € ; juil-août tlj midi et mar-sam soir, juin et sept tlj midi uniquement, fermé reste de l'année). Entre Tautavel et Rivesaltes, le château de Jau produit d'excellents vins (côtes-du-roussillon, muscat de Rivesaltes et vins de pays). Sa table, dressée au bord d'un bassin à l'ombre d'un mûrier tricentenaire, offre la possibilité d'en déguster un florilège, au cours d'un menu unique. Celui du déjeuner a fait ses preuves (c'est le même depuis 40 ans !) : fougasse aux olives, pain à la tomate et jambon de truie, côtelettes d'agneau, saucisses grillées et corbeille de tomates, roquefort, corsaire à l'orange...

Depuis/vers Tautavel

Le bus n°9 du réseau de transport en commun de la communauté urbaine de **Perpignan Méditerranée Métropole Sankéo** (0800 80 03 70 ; www.sankeo.com ; 20 quai Sadi Carnot ; lun-ven 7h30-19h, sam 9h-19h) dessert Tautavel depuis la gare routière de Perpignan, en transport à la demande (réservation la veille avant 17h).

MASSIF DES ASPRES

Ce n'est plus la plaine du Roussillon, mais pas encore la haute montagne... Entre la Têt et le Tech, les collines de schiste des Aspres, couvertes de maquis, de chênes-lièges et de vignes, constituent les premiers contreforts du massif du Canigou. Ses cyprès élancés et ses villages de caractère, comme Castelnou, lui ont valu l'appellation peut-être un peu trop flatteuse de "petite Toscane".

Thuir

À la lisière de la plaine du Roussillon, Thuir est la porte d'entrée du massif des Aspres. Cette petite ville aux ruelles paisibles est lovée autour de l'église Notre-Dame-de-la-Victoire, de style néoclassique. Si Thuir fut un centre économique important dès le Moyen Âge, son heure de gloire s'est produit au début du XXe siècle, avec le succès international du vin apéritif Byrrh, dont les établissements sont établis dans la localité. Dans la décoration des bars comme des restaurants, une bonne partie du village cultive la nostalgie de cet âge d'or.

À voir

Caves Byrrh — Cave

(04 68 57 51 73 ; www.caves-byrrh.fr ; 1 bd Violet ; visite libre adulte/enfant 5,50/2,50 €, visite guidée 7/3,50 €, son et lumière 8,50/5 €, gratuit - 8 ans ; juil-août tlj 10h-11h30 et 14h-18h, avr-juin et sept-oct 9h30-11h30 et 14h30-17h, nov-mars 2 visites uniques mar-sam à 10h45 et 14h30). En 1827, Simon et Pallade Violet, deux frères marchands de tissu, créent à Thuir un chai destiné à produire un vin doux naturel à base de quinquina. La liqueur, initialement conçue comme un médicament, devint rapidement très populaire, et prit, en 1873, le nom de Byrrh. À partir de 1965, d'autres breuvages, comme le Cinzano ou Dubonnet, furent mis en bouteilles à Thuir. Malheureusement, la baisse de la demande en vins doux condamna certaines marques. Les caves ont été endommagées par un incendie en 2022, mais l'espace de visite a vite rouvert. La visite libre ou guidée (avec ou sans son et lumière) permet d'admirer la plus grande cuve en chêne du monde, d'une contenance d'un million de litres et se termine, bien sûr, par une dégustation.

Où se restaurer

Arbequina — Bistronomique €€

(04 68 34 46 64 ; 21 rue de la République ; plats 21-25 €, formule/menu midi 18/20 €, menu 35 € ; mer-dim midi et soir). Cette petite adresse tout en longueur est l'une des valeurs sûres de Thuir. On y déguste des plats frais et de saison mariant habilement les saveurs : salade de poulpe de roche, pastèque et salicorne ; lotte rôtie au chorizo ibérique, baba ganoush d'aubergines ; panna cotta pistache, pêches rôties et cassis... L'accueil gagnerait cependant à se montrer plus chaleureux.

Village de Castelnou (p. 322)

TAMAS / ADOBE STOCK ©

Bella Cosa Italien €€

(☎04 30 82 53 50 ; pl. Général-de-Gaulle ; plats 13-23 €, pizzas 12-15,50 € ; ⏲avr-oct tlj sauf mar-mer, fermé jeu également nov-mars). Derrière sa façade violet vif, un restaurant italien dans la plus pure tradition. Ici, tout est ultrafrais et préparé avec soin par l'adorable chef. Tout vous fait envie sur la carte ? Commencez donc par l'assortiment d'antipasti et n'hésitez pas à vous faire conseiller pour la suite. Notre coup de cœur : la *pasta dal mare* (tagliatelles fraîches aux gambas, poulpe, encornet et aromates, déglacés au vin blanc) que l'on savoure, aux beaux jours, sur l'agréable terrasse ombragée. Également, les soirs d'été, un choix d'alléchantes pizzas (aussi disponibles à emporter). Réservation conseillée.

Renseignements

Office du tourisme (☎04 68 53 45 86 ; aspres-thuir.com ; 9 bd Violet). Situé à l'entrée des caves Byrrh, il fournit des informations sur les villages du massif des Aspres.

Depuis/vers Thuir

Depuis Perpignan, on peut rejoindre Thuir en bus (n°570), avec le réseau de transport régional **liO** (☎0806 80 80 90 ; www.lio.laregion.fr), mais aussi à vélo, via la voie verte de 15 km qui, au départ de la gare de Perpignan, longe une ancienne voie de chemin de fer, traverse des vignobles et offre de jolies vues sur les Aspres et le Canigou.

Castelnou

Entre massif des Aspres et vallée du Conflent, à 7 km de Thuir, ce tout petit village mérite une courte halte. Ses maisons de schiste blotties sous un imposant château médiéval forment un ensemble remarquable. Venelles pavées, portes médiévales et échoppes d'artisans ponctuent une déambulation agréable.

À l'entrée du village se trouvent l'église Sainte-Marie-du-Mercadal à la porte ornée de ferronnerie catalane et un parking (3 €/jour) sur lequel vous pourrez vous garer avant d'entamer votre exploration des lieux.

Datant du Xe siècle, le magnifique **château de Castelnou** (☎04 68 84 69 20 ; tarif plein 5 €, gratuit - 8 ans ; ⏲mi-juin à mi-sept tlj 10h-19h, avr à mi-juin tlj 10-17h), poste défensif posé à fleur de roc au sommet du village, a réouvert en 2021 après son rachat par le département pour 1 € symbolique. Suite à d'importants travaux de sécurisation du site, sa visite est de nouveau possible. Le parc offre aussi un intéressant sentier botanique. Une restauration des façades est prévue, qui devrait permettre notamment l'ouverture de sa terrasse panoramique.

Au départ du bourg, un très beau **"sentier d'Émilie"** (2 heures) passant par le roc de Majorque, puis par le roc dels Corbs, permet d'admirer le village sous toutes ses coutures en prenant de la hauteur. Le balisage étant par endroits défaillant, munissez-vous d'une carte IGN.

Renseignements

Point info (☎04 68 28 69 20 ; www.castelnou.fr ; place du Château ; ⏲mêmes horaires que le château). À l'entrée du château.

CÔTE VERMEILLE ET ARRIÈRE-PAYS

C'est la rencontre de deux géants, la Méditerranée et les Pyrénées, qui donne à la Côte Vermeille son identité et ses paysages uniques. Du sud d'Argelès-sur-Mer jusqu'à la frontière espagnole, pointes rocheuses, criques et calanques sauvages, charmants ports de pêche et vignes à flanc de coteau se succèdent. Les reflets rouge et brun des roches schisteuses sont à l'origine de l'appellation de Côte Vermeille. En les regardant scintiller face à la mer, on comprend pourquoi de nombreux peintres sont venus s'installer ici au début du XXe siècle, et pourquoi cette partie des Pyrénées-Orientales continue à attirer de nombreux visiteurs à l'arrière-saison.

En septembre, les lumières comme la baignade y sont infiniment douces. Que les douillets se méfient toutefois, au-delà de Collioure en direction du sud, les plages de sable fin se font rares et ils lézarderont plutôt sur des galets.

Argelès-sur-Mer

On la connaît surtout pour son versant plage, qui lui a valu le titre de capitale européenne du camping... Certes, c'est un paradis pour qui rêve de vacances en mobil-homes et de sessions de bronzette sur une longue bande de sable fin, avec vue sur les premiers reliefs de la Côte Vermeille. De fait, l'été, la station balnéaire vit un véritable boom démographique, sa population passant de 11 000 à plus de 100 000 habitants ! Mais la commune présente d'autres visages.

Très étalée, elle se compose de plusieurs quartiers : **Argelès-Village**, le centre-ville de style catalan, particulièrement animé les jours de marché (mer et sam), doté d'un enchevêtrement de ruelles assez plaisant, veillé par la jolie église Notre-Dame-del-Prat ; **Argelès-Plage**, plus moderne et dénué de charme, où se trouvent la majorité des campings et le port ; et, plus au sud encore, l'ancien, et irrésistible, village de pêcheurs du **Racou**.

S'ajoutent de très belles possibilités de balades à VTT ou à pied dans le massif des Albères (voir aussi p. 324) et dans la réserve naturelle de la forêt de la Massane (au départ de Valmy), ainsi que dans la magnifique réserve naturelle du Mas Larrieu, à l'embouchure du Tech, qu'Argelès partage avec la ville d'Elne.

À voir

Mémorial du camp d'Argelès-sur-Mer Histoire

(04 68 95 85 03 ; 26 av. de la Libération ; 2 € (inclut l'accès à Casa de l'Albera), gratuit -18 ans ; juil-sept 10h-18h, oct-juin mar-sam 10h-13h et 14h-18h, sem de Pâques lun-sam 10h-18h). Cet excellent mémorial inauguré en 2014 revient sur la "Retirada", l'exode

PHILETDOM/ADOBE STOCK ©

SI VOUS AIMEZ... La plage, et seulement la plage

Le chapelet de stations balnéaires du Roussillon est le résultat d'une politique initiée dans les années 1960 et 1970 pour développer le tourisme dans la région (la mission Racine). Le résultat – une succession de campings, de marinas et de barres d'immeubles en front de mer – manque d'âme, mais ces stations ont l'avantage d'offrir un large choix d'hébergements et d'activités très adaptés aux familles.

- **Port Barcarès** (portbarcares.com). Adossée à l'étang de Leucate, Port Barcarès est une cité lacustre à l'architecture quelque peu anarchique. Le *Lydia*, un paquebot ensablé qui fut tour à tour musée, discothèque, restaurant et casino, est le symbole de la station.
- **Torreilles-Plage** (www.tourisme.torreilles.fr). Avec ses 4 km de plages sauvages parsemées de blockhaus, dissimulées derrière une barrière de dunes, Torreilles-Plage rappelle ce que fut le littoral du Roussillon avant le développement du tourisme.
- **Canet-Plage** (www.ot-canet.fr). Station la plus proche de Perpignan, Canet-Plage, avec ses immeubles imposants qui longent le front de mer, n'a pas beaucoup d'autres charmes que ses 9 km de plage de sable fin.
- **Saint-Cyprien** (www.tourisme-saint-cyprien.com). "Saint-Cyp" est le plus important port de plaisance du golfe du Lion. Orientée vers le nautisme, elle possède aussi des plages de sable fin.

VAUT LE DÉTOUR
Le massif des Albères

À cheval sur les Pyrénées-Orientales, en France, et la province de Gérone en Espagne, le massif montagneux des Albères (ou l'Albera), en particulier sa partie nord-ouest, est idéal pour qui veut trouver un peu de fraîcheur et de calme tout en étant à 20 minutes des plages de la côte. Il abrite notamment la **réserve naturelle nationale de la forêt de la Massane** et de fabuleuses hêtraies, magiques en automne. Le petit bourg de **Sorède** peut faire un bon point de chute pour y rayonner. Du Pôle Sport Nature, situé au parc de Valmy à Argelès (ci-contre), ou depuis **Laroque-des-Albères**, vous pourrez faire des boucles de randonnée pédestre ou de VTT tout niveau et loin des foules (circuits téléchargeables gratuitement sur www.laroque-des-alberes.fr ou via l'application Geotrek PyMed). Côté patrimoine, vous pourrez apercevoir dolmens, puits à glace, cabanes pastorales, chapelles romanes... Vous y trouverez aussi de bonnes tables, comme **PapeluXo** (04 68 68 78 54 ; 8A rue de Taxo, Saint-André ; plats 14-25 € ; tlj sauf mar et mer midi), qui met à l'honneur produits locaux et vins bio. Enfin, une visite jusqu'à l'ancien **prieuré Santa Maria del Vilar** (04 68 89 64 61 ; www.prieureduvilar.free.fr ; à 4,5 km à l'ouest de Sorède, par la D2 puis la D11 ; tarif plein/réduit 4/2 € ; juil-août tlj 15h-18h30, nov-mars 14h30-17h30, avr-juin et sept-oct 15h-18h) de Villelongue-dels-Monts, coupé de tout, est un délice les jours de grosse chaleur. Avant ou après votre excursion dans le massif, ne manquez pas la Casa de l'Albera (ci-contre).

via les Pyrénées, en janvier et février 1939, de civils et républicains espagnols fuyant le franquisme (voir p. 389), et, plus précisément, sur l'internement de plus de 200 000 d'entre eux sur la plage d'Argelès-sur-Mer entre 1939 et 1941. Photos d'archives, extraits d'articles, film et cartes interactives permettent de mieux comprendre cet épisode douloureux de l'histoire franco-espagnole.

Casa de l'Albera Musée local

(04 68 81 42 74 ; 4 pl. Castellans ; 2 €, inclut l'accès au Mémorial, gratuit - 18 ans ; juil-sept mar-sam 9h30-13h et 14h-18h, oct-juin mar-ven 9h30-12h et 14h-17h, sam 9h30-13h). Pour tout savoir sur l'histoire du massif des Albères (voir l'encadré ci-contre) et ses traditions, parcourez ce centre d'interprétation. Il propose une exposition sur 2 niveaux servie par une scénographie dynamique s'appuyant sur des films, des plans et des maquettes. Point d'orgue de la visite, le sommet de la maison délivre une vue unique sur le massif des Albères. La Casa de l'Albera organise aussi des **visites guidées** (4 €, gratuit - 13 ans, réservation sur place) sur l'histoire de la plage (mercredi à 10h) et sur le patrimoine médiéval de la ville (mardi et jeudi à 10h), qui permettent notamment d'apprécier la jolie vue depuis le clocher de l'**église Notre-Dame-del-Prat**, considéré comme un des plus élevés du Roussillon (34 m).

Activités

Parc de Valmy Vue mer

(04 68 95 34 28 ; mai-sept tlj 10h-19h, jusqu'à 18h reste de l'année, mars mer et week-end uniquement, fermé déb nov-vac de fév). À 3 km au sud d'Argelès, sur les hauteurs de la ville, à côté du château de Valmy, le parc du même nom offre un des plus beaux points de vue sur Argelès et sur la Méditerranée. Idéal pour un pique-nique, il est parcouru par un circuit ponctué de panonceaux explicatifs sur le patrimoine naturel et possède une aire de jeux pour les enfants. Juste à l'entrée du parc sur la gauche, un **Pôle Sport Nature** (04 68 81 47 25 ; avr-oct lun-ven 14h-17h) permet de se renseigner sur l'ensemble des activités à pratiquer sur le territoire (trail, équitation, VTT, randonnée...) et dans les Albères.

WILLIAM / ADOBE STOCK ©

Sentier littoral entre Argelès et Collioure

Plages Farniente et activités nautiques

De la **plage de la Marenda** au nord à la délicieuse **plage du Racou** à l'extrémité sud, ces 7 km de sable blanc ponctués de nombreuses zones surveillées offrent aux estivants une belle palette d'activités nautiques : voile, kayak, planche à voile, stand up paddle... Notez que la **plage de la réserve du Mas Larrieu**, à l'extrême nord, est naturiste, et que c'est par endroits un lieu de rencontres peu adapté aux familles (surtout passé l'embouchure du Tech).

Blue Béar Kayak et VTT

(☎04 68 95 77 68, 06 20 25 49 97 ; www.blue-bear.org ; camping La Sirène, rte de Taxo ; demi-journée kayak adulte/enfant 32/26 €, parcours VTT 55-59/40 €). Blue Béar propose des sorties en kayak de mer pour découvrir l'anse de Paulilles, Collioure ou le cap Béar. Il organise aussi des circuits accompagnés à VTT, VTT électrique ou en *mountain scoot* (grosse trottinette de descente) depuis Argelès (parcours de 3 heures au pic Neulous par exemple). Location de vélos, de VTT et de stand up paddles également.

Central Windsurf Voile légère, kayak et paddle

(☎07 50 60 57 61 ; www.centralwindsurf.com ; plage des Pins (poste de secours 3) ; cours 1 heure/stages 45-95/150-199 € selon support ; ⏲mai-sept). Situé sur la grande plage d'Argelès, ce club de voile dynamique propose cours, stages à la semaine (en juillet-août) et location de catamarans et de planches à voile, pour adultes et enfants (dès 6 ans). Location également de paddles en tandem (25 €/heure) et de kayaks (demi-journée/journée 25-40/45-60 €).

Où se loger

Le Roussillonnais Camping €

(☎04 68 81 10 42 ; www.leroussillonnais.com ; bd de la Mer ; tente ou camping-car 14-42 €/nuit selon saison, mobil-homes et chalets nuit/sem 46-303/210-1 720 € selon confort et saison ; ⏲mar-oct ; 📶). Les campings où vous pourrez planter votre tente ne sont pas légion à Argelès, où les mobil-homes sont rois. Ombragé par des pins centenaires, le camping municipal fait exception, tout en proposant les services d'un 3-étoiles

La Côte Vermeille en train

D'Argelès-sur-Mer à Cerbère, tous les villages de la Côte Vermeille se rejoignent aisément depuis Perpignan en **TER** (www.sncf-connect.com). Le trajet est direct pour Argelès (15 min), Collioure (20 min), Port-Vendres (25 min), Banyuls (30 min) ou Cerbère (40 min). À noter : le bus n°540 du service de transport public Occitanie **liO** (☎0806 80 80 90 ; www.lio.laregion.fr) suit le même parcours.

(restaurant, supérette, traiteur, lavomatic, aires de jeux pour enfants, barbecues collectifs...) et un accès direct à la mer. En bonus, la gestion durable des lieux (zéro pesticide, traitement bio des espaces végétaux, tri des déchets...) et une foule d'animations en haute saison.

Château de Valmy Hôtel et domaine viticole **€€€**
(☎04 68 81 25 70 ; www.chateau-valmy.com ; chemin de Valmy ; d 230-390 € avec petit-déj ; ⏲hôtel avr-nov ; ❄🏊📶P). Ce château Art nouveau typique de la Belle Époque a été réalisé par l'architecte danois Viggo Dorph-Petersen. Surplombant la Méditerranée, c'est une adresse d'exception. Il a retrouvé les fastes de son passé prestigieux grâce à ses propriétaires qui l'ont réaménagé dans un esprit mêlant raffinement de l'ancien et mobilier contemporain. Bordé par son domaine viticole, il propose 5 chambres aux prestations très haut de gamme : lit king size, piscine, massages, Jacuzzi... Prix en conséquence.

Où se restaurer

Nouvelle Vague Beach Club Restaurant de plage **€€**
(☎06 20 57 27 64 ; www.nouvellevague-beachclub.com ; 100 bd de la Mer ; plats 24,50-42 € ; ⏲tlj mi-mai à mi-sept). Courgette farcie au tartare de dorade ou carpaccio de gambas à la thaï ? Lotte safranée au chorizo ou *noodles* coco curry ? Cruel dilemme à trancher les pieds dans le sable, confortablement installé dans un joli décor d'inspiration balinaise, face au massif des Albères qui se jette dans la mer. Pour vous aider à vous décider, optez déjà pour la sangria maison et le reste suivra.

Menje Ecaille Locavore **€€**
(☎04 68 81 41 23 ; 29 av. Torre-d'en-Sorra ; plats 19-27 € ; ⏲juil-août tlj, avr-juin et sept fermé mer, fermé oct-mars). Avec son décor de bric-à-brac et sa terrasse festonnée de vigne vierge, cette baraque affiche une décontraction qui s'accorde bien avec l'atmosphère de la plage du Racou. Mais, dans l'assiette, c'est du sérieux ! Sur la grande ardoise, on pioche parmi les suggestions vertueuses et engagées, sublimant pêche du jour et végétaux du coin, et l'on noie son regret de ne pouvoir tout goûter, dans un verre de vin vivant. Une critique toutefois : les portions sont un peu congrues. Réservez.

La Quête Gastro-tapas **€€**
(☎04 68 08 23 19 ; 9 pl. Gambetta ; tapas 7-14 € ; ⏲juil-août tlj, avr-oct mar-sam, hors saison fermé dim lun également). Le chef Cyrille Domagala (anciennement aux commandes de feu Le Coup de fourchette du Cayrou) met désormais son savoir-faire, et son amour des produits locaux, au service d'un nouveau concept : une bistronomie abordable, en version tapas à partager. Les suggestions créatives – qui incluent des options végétariennes –, ou plus classiques, se goûtent, au soleil, sur les tables hautes, ou dans la salle en noir et blanc, ouverte sur la place Gambetta. Belle carte de vins locaux : également à la tête du lieu, le vigneron Luc Parra.

La Table de Valmy Restaurant de domaine viticole **€€€**
(☎04 68 95 95 25 ; www.chateau-valmy.com ; chemin de Valmy ; formule midi 28 €, menu 41 € ; ⏲juin à mi-sept tlj, avr-mai et mi-sept et oct jeu-sam midi et soir et dim midi). Aménagé dans le caveau du domaine, le restaurant du château de Valmy (ci-contre) propose

une cuisine fine de terroir jouant sur les accords mets et vins. La salle aux baies vitrées distille une atmosphère moderne et élégante ; mais le must reste la terrasse, avec vue panoramique sur les vignes et la Méditerranée. Également à l'extérieur, un bar à huîtres et à tapas avec vue, flanqué d'un terrain de pétanque.

Achats

Quetzal II Poissons frais

(06 12 77 23 46 ; quai du Môle ; tlj 8h30-11h). Deux pêcheurs, dont Georges Jaume, propriétaire du *Quetzal II*, vendent leur pêche tous les matins sur le port : rougets, seiches, poulpes, dorades, barracudas… Levez-vous tôt pour être le premier servi ! Georges loue également de jolis **gîtes avec piscine** (www.mas-st-laurent.com) sur les hauteurs d'Argelès, à deux pas du château de Valmy.

Renseignements

Office du tourisme (04 68 81 15 85 ; www.argeles-sur-mer.com ; pl. de l'Europe). Propose d'intéressantes visites (4 €, gratuit - 13 ans, sur réservation ; d'avril à septembre) de la réserve naturelle du Mas Larrieu et du sentier littoral.

Collioure

Difficile de le nier, cet ancien village de pêcheurs possède un charme fou. Son château royal, les ruelles pittoresques du quartier du Mouré et son église accolée à un clocher bâti sur une ancienne tour de guet ou un phare médiéval font de Collioure un petit bijou. Si l'on ajoute à cela ses plages en plein centre-ville, Collioure a toutes les chances de vous séduire. Pas étonnant que certains des plus grands peintres du XXe siècle – Matisse, Derain, Braque, Dufy ou Picasso – y aient posé leurs valises et leurs chevalets. Tous ont été éblouis par ce site où les roches schisteuses prennent le soir des reflets incandescents.

Revers de la médaille, Collioure est la station la plus visitée de la Côte Vermeille et le stationnement y est un véritable calvaire ! Privilégiez la visite en intersaison si vous le pouvez. Si vous comptez stationner un moment, le parking du Stade,

Le village de Collioure (ci-dessus)

à 15 minutes du centre à pied après une grosse descente, est sans doute le plus économique (9 € les 6 heures). De mai à fin septembre, le parking Cap Dourats est desservi par une navette gratuite qui vous conduira au centre de Collioure. Pensez aussi aux bus à 1 € du réseau régional liO (lio.laregion.fr), avec arrivée et départ de Collioure toutes les heures.

À voir

Quartier du Mouré — Promenade

Pour s'y rendre, le plus simple est de prendre le boulevard Boramar qui longe la plage du même nom avant de s'engouffrer dans ses ruelles pentues au niveau de l'**église Notre-Dame-des-Anges**. Rue Bellevue ou rue du Mirador, les bougainvilliers et la végétation débordent sur des façades colorées, mais, malgré leurs appellations prometteuses, les points de vue sur la mer restent rares. C'est dans ces ruelles que Matisse peignit *Les Toits de Collioure*, en 1905. Si le quartier a su garder de son charme à l'écart du flot touristique, les ateliers d'artistes implantés dans le bas du quartier ne proposent pas tous des œuvres dignes du grand peintre !

Château royal — Résidence royale

(04 68 82 06 43 ; quai de l'Amirauté ; plein tarif 7 €, gratuit - 18 ans ; juil-août tlj 9h30-18h30, avr-juin et sept-oct 10h-18h, nov-mars 10h-17h). Fièrement dressé sur son rocher battu par les vagues, le château royal de Collioure fut construit au XIIIe siècle sur les restes de constructions romaines par les rois de Majorque afin de servir de résidence d'été à la Cour. Les bâtiments furent complétés entre le XVe et le XVIe siècle par les Habsbourg (Charles Quint et Philippe II), puis par Vauban après l'intégration du Roussillon dans le royaume de France. Ses terrasses offrent une magnifique vue sur le port et les plages du centre-ville. N'hésitez pas à opter pour la visite guidée (environ 1 heure-1 heure 30), qui apporte un vrai plus dans ce dédale de salles et d'escaliers pas toujours très parlant.

Église Notre-Dame-des-Anges — Gothique catalan

(bd du Boramar ; 9h15-16h30). Le **clocher** reconnaissable de cette église construite en 1684 à l'initiative de Vauban au pied du quartier du Mouré est une ancienne tour de guet ou un ancien phare. Habillé d'échafaudages lors de notre visite, il fait l'objet de travaux de rénovation qui devraient se terminer en 2023. La sobriété extérieure de l'église tranche avec un intérieur richement décoré, marqué par l'influence du baroque espagnol. On ne compte pas moins de 9 retables à l'intérieur. Le plus remarquable est celui du maître-autel, dédié à Notre-Dame-de-l'Assomption et recouvert de feuilles d'or. Il fut sculpté par le maître du baroque catalan, Joseph Sunyer, à la fin du XVIIe siècle.

La digue sur laquelle s'élève l'église se prolonge jusqu'à la **chapelle Saint-Vincent**. Perchée sur un rocher, elle offre un magnifique panorama sur le littoral.

Musée d'Art moderne — Musée

(ou musée Pams ; 04 30 44 05 46 ; museecollioure.com ; rte de Port-Vendres ; tarif plein/réduit 3/2 €, gratuit - 12 ans ; juin-sept tlj 10h-12h et 14h-18h, oct-mai fermé mar). Créé en 1930 par le peintre postimpressionniste Jean Peské, ce musée, situé dans le cadre verdoyant de la **villa Pams**, rassemble dans sa collection permanente des toiles et dessins d'André Derain, de Henri Matisse, de Jean Peské ou de Léopold Survage, mais aussi des œuvres plus contemporaines. Celles-ci laissent régulièrement leurs cimaises à des expositions temporaires de renom en lien avec l'histoire picturale de Collioure.

Moulin à vent — Moulin à huile

(avr-sept mer et dim 10h-12h ; entrée libre). On y accède en traversant une plantation d'oliviers, par un agréable chemin où flottent les effluves des pins et qui serpente au-dessus de la villa Pams (qui abrite le musée d'Art moderne), en direction du fort Saint-Elme. Depuis le sommet, le panorama sur Collioure et le massif des Albères laisse pantois. Rénové par la mairie de Collioure,

JESSICA HEISENBERG/FOTOLIA ©

Des fauves à Collioure

Arrivé à Collioure au printemps 1905, Henri Matisse est tellement séduit par le village catalan qu'il décide de s'y installer. Son ami André Derain ne tarde pas à le rejoindre. Sur place, les deux artistes travaillent avec frénésie et s'attellent, le temps d'un été, à repenser leur peinture. Tournant le dos au néo-impressionnisme qui fait autorité à Paris, les deux peintres s'aventurent dans des recherches chromatiques audacieuses. Les couleurs, la lumière exceptionnelle et l'activité des habitants de la Côte Vermeille sont leurs meilleures sources d'inspiration. C'est l'éveil d'un nouveau courant pictural, le fauvisme.

Pour marcher sur les traces de ces deux grands artistes, suivez un parcours jalonné d'une vingtaine de reproductions d'œuvres réalisées en 1905 et installées à l'emplacement où furent peints les originaux. Renseignements à la **Maison du fauvisme** (04 68 82 15 47 ; 10 rue de la Prud'homie, galerie du Tenyidor ; visites guidées adulte/enfant 8,50/6,50 €, gratuit - 10 ans ; mi-avr à oct lun-sam 9h30-12h30 et 14h-18h30) qui organise des visites guidées sur ce thème, ainsi que des ateliers artistiques parents-enfants (5 €, sur réservation).

Ci-dessus : parcours fauviste à Collioure

et récemment ouvert à la visite, cet imposant moulin datant du Moyen Âge sert aujourd'hui à la fabrication d'huile d'olive.

Fort Saint-Elme — Monument défensif

(06 64 61 82 42 ; www.fortsaintelme.fr ; tarif plein/réduit 8/5 €, supp visite guidée 2 €, gratuit - 6 ans ; avr-sept tlj 10h30-19h, oct 10h30-17h30, fév-mars 10h30-17h, sur rdv reste de l'année). Construite autour d'une tour médiévale par Charles Quint au XVIe siècle, au temps de la domination espagnole, cette forteresse à 6 branches fut notamment renforcée par Vauban au XVIIe siècle. La raison de cet intérêt ? Sa position stratégique incomparable, qui permet d'observer la plaine d'Elne et Perpignan au nord, et la route de Barcelone au sud. Aujourd'hui restauré, le fort Saint-Elme dévoile aux visiteurs ses impressionnants chemins de ronde et une belle collection d'armes, ainsi qu'un des plus beaux panoramas de la région sur les environs, s'étalant de Collioure aux Pyrénées. Accès possible à pied (comptez 20 min d'ascension sur un chemin caillouteux depuis le parc de la villa Pams) ou en voiture. Visite libre ou guidée (en saison, à 11h, 15h et 16h30).

Où se loger

Les Roches Brunes — Chambres avec vue €€€

(04 11 30 07 55 ; www.hotel-lesrochesbrunes.com ; 15 rte de Port-Vendres ; d/ste 150-320/260-390 € selon confort et saison ; petit-déj 16 € ; fermé jan-mars ;). Avec sa vue de carte postale sur Collioure et son célèbre château, le bien nommé Les Roches Brunes (anciennement hôtel des Caranques) a fait l'objet d'une superbe rénovation. Ses 18 chambres lumineuses aux tons clairs avec balcon ou terrasse, toutes en matières naturelles (bois, travertins, mobilier canné) sont d'une grande élégance. Les services sont au diapason de la douceur et du confort : massages et cours de yoga, accès mer et solarium. Et pour dîner face au soleil couchant, le restaurant décline une cuisine de saison. La vue sur la mer s'installe même dans la salle de bains. Seuls bémols à ce coin de paradis : le centre est à 10 minutes à pied par la route et le Wi-Fi est capricieux. On s'y sent parfois isolé, mais qui s'en plaindrait ?

Collioure

CHANELLE / ADOBE STOCK ©

La Casa Païral — Charme €€€

(04 68 82 05 81 ; www.hotel-casa-pairal.com ; impasse des Palmiers ; d/ste 119-209 € selon saison, petit-déj 21 € ; mi-fév à oct ; P 19 €). Au cœur de Collioure, ce magnifique hôtel 3 étoiles établi dans une demeure familiale du XIXe siècle ne manque pas de cachet : céramiques catalanes, patio fleuri à l'ombre d'un magnolia centenaire, piscine chauffée, petit-déjeuner gourmand à base de produits bio... Les chambres, dont certaines jouissent d'un balcon ou d'une terrasse, arborent une décoration authentique et soignée. Un havre de paix à deux pas des plages du centre.

Villa Miranda — Chambres d'hôtes €€

(04 68 98 03 79 ; www.villamiranda.fr ; 15 rte du Pla de les Forques ; d avec petit-déj 105-115 € selon confort et saison, 20 €/pers supp ; fermé nov à mi-fév ;). Sur les hauteurs de Collioure, la Villa Miranda est sertie dans un jardin qui permet de rejoindre le centre-ville à pied par un petit escalier et d'oublier sa voiture ! Les 5 chambres aux teintes catalanes sont spacieuses et colorées, parfois avec une terrasse privative. Une merveilleuse terrasse-solarium commune domine toute la baie de Collioure. Réputée pour son calme, cette adresse doit aussi beaucoup à la gentillesse et au sens de l'accueil de Jean-Michel et Céline.

Les Templiers — Institution €€

(04 68 98 31 10 ; www.hotel-templiers.com ; 12 quai de l'Amirauté ; s/d/tr/qua 75-108/75-117/70-160/120-180 €, ste (terrasse) 90-120 €, petit-déj 7,50 € ; menus 17,90-29,90 € ; restaurant tlj, oct-fév fermé jeu, fermé 3 sem nov et 2 sem jan ;). Ce bar-hôtel-restaurant au cœur de la ville est aussi un musée, les artistes fréquentant Collioure ayant participé à la décoration de l'établissement en laissant des tableaux au patron, Jojo Pous. Au total, près de 5 000 œuvres originales sont accrochées dans le bar, les couloirs et les escaliers de l'établissement. Les chambres situées au-dessus du restaurant sont décorées avec goût, parfois (lorsqu'elles ont vue sur le château) avec du mobilier catalan ;

celles situées dans l'annexe, moins chères, sont aussi réputées plus bruyantes. Prenez au moins un verre au bar, avec ses murs tapissés de tableaux et son comptoir en proue de bateau de bois sculpté.

Où se restaurer

Le 5e Péché Gastronomique €€€

(04 68 98 09 76 ; 16 rue de la Fraternité ; menu midi sem 36 €, menus 41-58 € ; tlj sauf dim-lun). Masashi Lijima est un chef japonais passé par certaines des plus grandes maisons françaises (les frères Pourcel, Michel Bras). Installé à Collioure, il adapte et sublime la cuisine méditerranéenne et catalane avec une touche japonisante. Un résultat étonnant pour les papilles. La salle est petite et courue ; pensez à réserver. Un rapport qualité/prix exceptionnel.

Pampa Cuisine du monde €

(06 58 20 84 83 ; pampa-collioure.business.site ; 18 rue de la Fraternité ; plats 12-30 €, pizza 10 € ; jeu-lun midi et soir). Ce restaurant de Perpignan a deménagé à Collioure en 2022 dans la charmante ruelle du 5e Péché. La nouvelle déco exotique et la petite terrasse sous le jasmin sont très réussie, en accord parfait avec l'esthétique des plats. On se régale toujours autant – et dans la bonne humeur – des plats métissés d'Elsa et Pablo, où bio et saisonnalité sont de mise. Autre nouveauté, les "pizzetas" cuites au feu de bois. Belle sélection de vins bio et nature.

La Cuisine Comptoir Locavore €

(04 68 81 14 40 ; lacuisinecollioure.com ; 2 rue Colbert ; plats 9-22 € ; avr-sept tlj, oct-nov et mi-fév à mars jeu-lun, déc ven soir au lun, fermé jan à mi-fév et 2e quinzaine de nov). Dans une ruelle étroite et typique, juste derrière le bar des Templiers, Victoria prépare des petits plats frais et inspirés, travaillés à partir de produits locaux : millefeuille de courgette au pesto, parmesan et anchois ; ragoût de poulpe au safran… À accompagner d'un verre de sangria maison, sur les nappes à pois blanc de la joyeuse terrasse, ou dans la petite salle, au comptoir. Petit bémol : les portions "tapas".

EMMANUEL DAUTAN ©

VAUT LE DÉTOUR

La route des Crêtes

Attention, l'itinéraire très sinueux de 12 km entre Collioure et Banyuls nécessite d'avoir un bon coup de volant. La D86 est étroite par endroits et bordée de pentes vertigineuses. Pour goûter son charme, prenez la direction de la route des Crêtes à la sortie de Collioure. Celle-ci longe d'abord sur la gauche l'**Ermitage Notre-Dame de Consolation** (04 68 82 17 66, 06 61 05 91 61 ; www.ermitage-notre-dame-de-consolation.fr ; d sans/avec sdb 55/65 €, petit-déj 6 €) qui loue une dizaine de chambres d'inspiration monacale et abrite, dans un cadre verdoyant, un **bar** (mai-sept tlj, mer et sam-dim hors saison) à l'esprit guinguette, ainsi que des aires de pique-nique (adulte/- 7 ans 2/1 €) où l'on peut faire des grillades. Sa petite chapelle du XVe siècle est célèbre pour ses ex-voto marins. Après avoir dépassé le col de Serre, la route grimpe jusqu'au balcon de la Madeloc. D'ici, les plus courageux pourront monter à pied en une vingtaine de minutes jusqu'à la tour Madeloc (656 m) qui domine toute la plaine du Roussillon et la Côte Vermeille. On peut aussi se contenter d'admirer les vignobles de l'appellation banyuls, cultivés en terrasses. La route redescend ensuite jusqu'à Notre-Dame-de-la-Salette. Depuis cette chapelle, dont la silhouette blanche évoque l'Andalousie, il ne vous reste plus qu'à vous laisser glisser jusqu'au centre de Banyuls (p. 335).

SI VOUS AIMEZ...

Les randonnées en bord de mer

La côte découpée entre Argelès et Cerbère offre de multiples possibilités de randonnées. Le topoguide *Le Sentier du littoral* (4 €) est vendu dans les offices du tourisme de la Côte Vermeille et l'application pour smartphone Geotrek PyMed permet d'accéder gratuitement aux différents circuits.

- **D'Argelès à Collioure** Depuis la plage du Racou, à Argelès, le sentier s'engage sur la côte rocheuse des Albères en longeant les criques de Porteils, puis débouche sur la plage de l'Ouille, au-delà de laquelle vous êtes à Collioure (1 heure de marche en tout).
- **Sentier du cap Béar** Après le port de commerce de Port-Vendres, le départ du sentier du cap Béar peut vous mener jusqu'à la plage Bernardi au nord de l'anse de Paulilles. À mi-chemin se trouve le phare, haut de 27 m (2 heures 45 de marche jusqu'à Paulilles).
- **Baie de Paulilles** Entre la plage de Bernardi au nord et la plage du Fourat au sud, le sentier longe l'anse et son ancien site industriel (p. 334). Comptez 45 minutes de marche facile.
- **Sentier de la réserve marine** Depuis Banyuls-sur-Mer, il serpente en balcon dans les parcelles de vignes jusqu'à l'aire de stationnement du cap Rédéris. Il redescend ensuite vers la plage de Peyrefite en surplombant le sentier sous-marin de la réserve (p. 338). Comptez 2 heures de marche.

Ci-dessus : cap de Peyrefite

L'Imprévue Restaurant de plage **€€**

(06 63 29 86 69 ; plage de l'Ouille ; tapas 6-12 €, plats 16-25 € ; tlj, fermé oct-mars). Plantée sur la très belle plage de l'Ouille, petit coin de paradis qui ne se rejoint qu'à pied, cette jolie paillote – fauteuils en rotin, coussins ethniques, lampions... – sert des plats simples, frais et de qualité : acras de morue maison et couteaux de Galice, pour accompagner le Spritz et aider à patienter avant le délicieux tataki de thon. Pour ceux qui ne voudraient pas repartir, les propriétaires ont imaginé, en 2021, un éden : des cabanes en bois bien équipées ou des tentes bohèmes au doux nom d'**Alma** (www.almacollioure.com).

Où prendre un verre

Balco Del Mar Avec vue

(06 34 89 01 95 ; 9 route de Port-Vendres ; plats 21-32 € ; avr-sept tlj bar 8h-2h, restaurant 12h-14h30 et 19h-22h30, fermé oct-mars). Loin de l'agitation étourdissante du centre piétonnier, ce café-bar à tapas, caché derrière le rocher ponctuant la plage du Faubourg, est le spot idéal pour apprécier visuellement les charmes de Collioure. Et si le panorama sur le château vous ouvre l'appétit, n'hésitez pas à vous attabler à la terrasse du restaurant **La Voile**, situé juste au-dessus, géré par les mêmes propriétaires, dont les deux atouts sont la cuisine de saison et la très belle terrasse avec vue à 180°.

Achats

Domaine La Tour Vieille Vins

(04 68 82 44 82 ; www.latourvieille.com ; 12 rte de Madeloc ; lun-ven 9h-12h et 14h-18h). La réputation de ce domaine situé à l'entrée de Collioure dépasse largement les frontières du Roussillon. Il travaille deux appellations : collioure (rouge, blanc et rosé) et banyuls (vin doux naturel). Petite merveille, le banyuls "vin de méditation", un vin doux hors d'âge élaboré selon une méthode de vinification andalouse (vieux grenaches et carignans). Vente au domaine.

Anchois Roque Conserverie d'anchois

(☎04 68 82 04 99 ; anchois-roque.fr ; 17 rte d'Argelès ; ⏲lun-sam 8h-19h30, jusqu'à 19h nov-mars, dim 9h-12h et 14h-19h ; entrée libre). En 1870, Alphonse Roque s'établit à Collioure comme tonnelier-saleur. Quelque 140 ans plus tard, l'entreprise familiale est toujours là, mais n'espérez pas trop manger de l'anchois local, il a plutôt déserté la région – 70% des stocks travaillés ici viennent d'Argentine. Les amateurs d'anchois salés, à l'huile, de crème d'anchois ou d'olives farcies aux anchois pourront toutefois observer le délicat travail de fabrication de l'anchois à l'étage pendant les heures de travail (lun-ven 8h15-11h45 et 14h05-16h45). Les anchois sont salés et étêtés, puis après plusieurs mois de maturation, les filets sont levés à la main. C'est cette dernière opération qui sera réalisée devant vous lors de la visite libre de l'ancien atelier de salaison.

Renseignements

Office du tourisme (☎04 68 82 15 47 ; www.collioure.com ; pl. du 18-juin)

Port-Vendres

À la fois port de commerce et port de plaisance, Port-Vendres s'étire le long de ses larges quais, d'où des "rampes" conduisent à la vieille ville assoupie. Si la pêche ne cesse de décliner, le port reste un lieu de transit important, notamment pour les fruits en provenance d'Afrique du Nord. Mais Port-Vendres ne se résume pas à son activité portuaire et cache aussi de coquettes plages de sable au pied de sa jetée et de belles possibilités de randonnée en direction du cap Béar et de l'anse de Paulilles. Les moins sportifs gagneront en voiture le **phare du cap Béar** depuis une route en mauvais état qui part du port de commerce (3 km). Classé monument historique en 2012, le phare devrait ouvrir au public en 2024 après avoir subi plusieurs aménagements touristiques.

Activités

Pour la randonnée, le **sentier du Littoral** (ou sentier des douaniers ou des contrebandiers) traverse Port-Vendres sur 13 km en passant par la Mauresque, le port, les Redoutes, le cap Béar, l'anse de Paulilles, offrant de magnifiques points de vue sur la côte rocheuse (voir aussi l'encadré ci-contre). Une carte des balades autour de Port-Vendres est disponible gratuitement à l'office du tourisme.

Scuba Passion Plongée

(☎04 68 82 17 79, 06 07 56 03 73 ; scuba.passion.free.fr ; route de la Jetée ; baptême 70 €, plongée 28-38 €, randonnée palmée 25 € ; ⏲avr-oct). Basée sur la plage des Tamarins, cette école de plongée propose des baptêmes sur la plage de Bernardi, à l'anse de Paulilles (p. 334), des cours et des sorties dans la réserve marine de Cerbère-Banyuls (voir l'encadré p. 336) et des randonnées palmées. Location de matériel également.

Navivoile Sortie en mer

(☎06 23 20 69 76 ; navivoile.com ; quai Jean-Moulin ; adulte/12-18 ans/4-12 ans 65/57/47 € ; ⏲avr-oct). Sorties naturalistes de 5 heures en mer à bord du catamaran *Navivoile*. Au programme : découverte des oiseaux de mer et, avec un peu de chance, observation des grands dauphins. Une sortie d'observation des baleines et des dauphins à la journée est aussi proposée au départ de Canet-en-Roussillon (adulte/enfants 85/57-68 €). Réservation en ligne plus que conseillée.

Où se loger

Les Cabanons de Mémé Jeannette Chambres avec vue €€

(☎06 11 21 67 48 ; www.memejeannette.com ; Cosprons ; d avec petit-déj 130-260 € selon confort et saison ; ❄📶). À l'entrée du hameau de Cosprons, au cœur du Domaine les Tines, surplombant les vignes et la Méditerranée, s'étagent 4 chambres d'hôtes indépendantes, élégantes et confortables (béton ciré, tadelakt, douche à l'italienne, terrasse panoramique, douche extérieure...) dont deux avec Jacuzzi privatif. Un havre de paix, à deux pas de tout.

Où se restaurer

Pour des tapas ou des plats de poisson de qualité, les nombreux restaurants du port sont plutôt de bonne facture et ont le mérite d'être souvent ouverts, même hors saison.

La Côte Vermeille Cuisine fine €€
(04 68 82 05 71 ; www.restaurantlacotevermeille.com ; quai du Fanal ; midi formule/menu 28/32 €, soir menu 48 €, plats 26-32 € ; juil-août tlj, hors saison fermé dim soir et lun). Installé dans l'ancien marché à la criée de Port-Vendres, cet établissement bénéficie d'un emplacement idéal sur les quais. Dans l'une de ses deux agréables salles ouvertes sur le port, le chef Philippe Bessière a tenu cette institution pendant 30 ans, pour finalement en céder les rênes à une nouvelle équipe en 2022. La cuisine, raffinée, en honore l'héritage bistronomique avec succès, avec toujours la même excellence des plats à base de poisson sauvage et de crustacés. Pensez à réserver.

Où prendre un verre

Le Kristal Bar populaire
(04 68 82 90 16 ; 15 rue Jules Pams ; tapas 5-9,50 € ; tlj 8h-1h). Au bout du port, face à l'obélisque, un bar dans son jus, avec comme crédo le mélange des genres, gens du cru et âmes de passage. On s'y pose pour l'apéro, grâce à un bon choix de tapas à accompagner d'une bière locale brassée à Perpignan, ou pour sa formule "6 huîtres + verre de vin blanc" (9 €).

Achats

Sauf les jours de gros temps, où les bateaux sont cloués à quai, les pêcheurs vendent directement sur le **port** (quai Jean-Moulin, lun-ven à partir de 16h ; quai François-Joly, quai de l'Obélisque et quai de l'Artillerie, lun-ven à partir de 8h) le fruit de leur labeur, où la sardine est à l'honneur.

Renseignements

Office du tourisme (04 48 98 00 03, 04 68 82 07 54 ; www.port-vendres.com ; 1 quai François-Joly). Propose l'été des visites guidées de Port-vendres (lun et mer à 14h30, jeu à 9h30) et du cap Béar (lun et mer à 9h30, jeu à 14h30) à travers la découverte des extérieurs de son phare, de son patrimoine militaire et de sa faune et flore.

Anse de Paulilles

Bien que située sur la commune de Port-Vendres, l'anse de Paulilles constitue un espace unique, à la fois site naturel et lieu de mémoire ouvrière. La zone, concentrée autour de trois superbes plages de sable, celle de Bernardi au nord, del Mitg au centre et du Fourat au sud, a échappé à un projet pharaonique de marina dans les années 1980, grâce à la mobilisation de la population locale. Aujourd'hui propriété du Conservatoire du littoral, elle est gérée par le conseil départemental des Pyrénées-Orientales.

À voir

Site classé de l'anse de Paulilles Patrimoine industriel
L'inventeur de la dynamite, Alfred Nobel, installa ici en 1870 une dynamiterie qui accueillit des générations d'ouvriers catalans – jusqu'à 400 personnes y travaillaient dans les années 1960. Ce site de 32 ha, ouvert au public en 2008, est aujourd'hui un vaste parc adossé à un littoral protégé. Autour de la **Maison du site** (04 68 95 23 40 ; www.ledepartement66.fr/60-le-site-de-paulilles.htm ; D914 ; avr-sept tlj 9h-13h et 14h-19h, oct jusqu'à 18h, nov-mars 9h-12h et 14h-17h sauf mar ; entrée libre), point de départ de visites guidées gratuites (en été, sur réservation) et lieu d'exposition, il est conseillé de se hisser au sommet de l'imposante vigie, qui offre une belle vue sur l'anse.

Anse de Paulilles

À proximité, un hangar accueille l'**Atelier de restauration des barques catalanes** (04 68 95 23 45 ; juil-août lun-ven 9h-18h, jusqu'à 17h hors saison ; entrée libre). Un parcours, parsemés de panneaux explicatifs, permet de traverser l'atelier et d'admirer le travail des charpentiers de marine. Parking gratuit sur place. Animaux interdits sur le site.

Où se restaurer

Les Clos de Paulilles — Méditerranéen €€

(06 31 93 06 24 ; www.lesclosdepaulilles.com ; anse de Paulilles ; tapas 7-24 €, planches 19-25 €, plats guinguette 17-25 €, menus 39-49 €, plats resto 24-29 € ; juil-sept tlj, avr-juin et oct fermé lun-mar et dim soir). À l'entrée de la plage de Bernardi, le domaine viticole des Clos de Paulilles abrite, autour de sa boutique, un restaurant haut de gamme à l'excellente cuisine de saison (thon rouge de Méditerranée, suprême de pintade fermière, gigot de 8 heures...), proposée en accord mets et vins (supp 15 €). Pour les plus petits budgets, une guinguette décontractée propose sous les pins, face à la mer, un choix de tapas et de grillades, bon et copieux... Une autre occasion de goûter aux vins du domaine – ou à l'un des vins doux naturels sélectionnés sur la carte.

Banyuls-sur-Mer

Blottie dans une baie à l'abri de la tramontane, Banyuls est ordonnée autour d'une large plage de sable prolongée par le port de plaisance. Les quelques rues commerçantes qui s'échappent du front de mer concentrent l'essentiel de l'animation. Banyuls est associée à un vin doux à la robe sombre, consommé à l'apéritif ou au dessert. La plupart des producteurs de banyuls ont un point de vente dans le village. Dominée par la chapelle Notre-Dame-de-la-Salette, Banyuls est aussi la patrie du sculpteur Aristide Maillol et le point de départ ou d'arrivée du GR®10, la grande traversée des Pyrénées à pied. Au sud de Banyuls, les vignes en terrasses s'étendent jusqu'à la mer, où alternent petites falaises et minuscules criques qui font le bonheur des estivants.

La réserve naturelle marine de Cerbère-Banyuls

La première réserve marine de France, créée en 1974, s'étend sur près de 6,5 km de rivage et 2 km vers le large, entre Banyuls et Cerbère. Elle est divisée en deux secteurs : un espace protégé, où les activités humaines sont réglementées (pêche, plongée et mouillage), et une zone de protection stricte à hauteur du cap Rédéris. Ses fonds sous-marins abritent de nombreuses espèces rares ou protégées, comme la grande nacre, mollusque dont la taille peut dépasser 1 m, la grande cigale, le grand dauphin, la tortue caouanne, le corail rouge, le mérou ou l'hippocampe moucheté. L'été, un **point d'information de la réserve marine** accueille les visiteurs et plaisanciers au départ du sentier sous-marin de la plage de Peyrefite (voir p. 338). On peut aussi prendre des renseignements directement aux **bureaux de la réserve** (☎04 68 88 09 11 ; www.ledepartement66.fr/62-la-reserve-marine-de-cerbere-banyuls.htm ; 5 rue Roger David ; ⏲juil-août tlj 8h-12h30 et 14h-17h, fermé sam-dim hors saison, téléphoner au préalable), situés à Banyuls.

À voir

Le **Biodiversarium**, indiqué par plusieurs panneaux en centre-ville, désigne à la fois l'aquarium de l'Observatoire et le jardin du Mas de la Serre. Deux sites pour lesquels vous pourrez acheter un billet combiné (adulte/enfant 12/6,50-10 €, gratuit - 3 ans).

En dehors du musée qui lui est consacré, plusieurs **sculptures de Maillol** sont visibles à travers la ville, notamment son *Monument aux morts* pacifiste, derrière la mairie, ou la *Jeune Fille allongée* et la statue de l'*Île de France sans bras*, le long des allées Maillol.

Aquarium scientifique méditerranéen — Poissons

(☎04 68 88 73 39 ; www.biodiversarium.fr ; av. du Fontaulé ; adulte/enfant 9,50/5-7,50 € ; billet couplé avec jardin méditerranéen 12/6,50-10 € ; ⏲juil-août tlj 10h-19h, sept-juin mar-dim 10h-12h30 et 14h-18h30, fermé 1re sem jan). Cet aquarium plus que centenaire s'est offert en 2017 une cure de jouvence assez réussie, en investissant un bâtiment plus moderne. On y découvre les différents milieux naturels marins des Pyrénées-Orientales et leurs nombreuses espèces végétales et animales – de jeunes spécimens ensuite relachés dans la nature. Une visite intéressante et très pédagogique, qui permet notamment d'observer les scientifiques de l'observatoire océanologique.

Musée Maillol — Sculpture

(☎04 68 88 57 11 ; vallée de la Roume ; tarif plein/réduit 5/4 €, avec expo 7/5 € ; ⏲mai-sept mar-dim 10h-12h et 14h-18h, oct-avr 10h-12h et 14h-17h). C'est dans cette ancienne métairie, isolée en pleine nature, qu'Aristide Maillol (1861-1944), l'enfant du pays, installa son atelier en 1910. Ce fut aussi sa dernière demeure. L'endroit vaut plus par l'atmosphère qu'il dégage, avec les effets personnels du sculpteur, que pour les œuvres exposées. On y découvre quelques lithographies et des bronzes, dont une version de *La Méditerranée*, magnifique ode à la beauté de la femme, qui orne la tombe de l'artiste sous d'imposants cyprès. L'été, le musée accueille des expositions temporaires qui enrichissent la visite.

À 4 km du centre de Banyuls. Depuis la mairie, prendre l'avenue du Général-de-Gaulle et suivre les indications.

Jardin méditerranéen du Mas de la Serre — Essences méditerranéennes

(☎04 68 88 73 39 ; www.biodiversarium.fr ; lieu-dit Mas Reig ; adulte/enfant 6/3-4 €, billet couplé avec aquarium 12/6,50-10 € ; ⏲juil-août visite guidée lun-ven 9h30, avr-juin visite guidée mar-jeu 9h30). Ouvert en 2010, ce jardin botanique de 3 hectares réunit près de 500 espèces méditerranéennes plantées en terrasses en surplomb de la vallée de la Baillaury. Un agréable sentier de découverte permet notamment de reconnaître les essences grâce à de petites ardoises. Les meilleures périodes pour visiter le jardin sont le printemps et l'automne, qui correspondent au pic de la floraison. En juillet-août, le jardin est accessible en visite guidée uniquement (sur réservation). Bonnes chaussures conseillées.

Activités

Pour la randonnée, un dépliant gratuit disponible à l'office du tourisme (p. 339) recense plusieurs itinéraires autour de la ville. Une belle balade de 4 heures, de difficulté moyenne, part de l'île Grosse et dessine une boucle passant par les plages de Taillelauque et de Tanquade, le col du Grand Bau, le col de la Creu et le Puig del Mas. De jolis promontoires vous permettront d'observer la côte, ses caps et ses paysages de vignobles.

Plongée Bleue Plongée

(☎07 85 75 67 45 ; www.plongeebleue.com ; 10 quai Georges-Petit ; rando palmée 50 €, baptême adulte/enfant 85/70 €, plongée encadrée 45-65 € ; ⏲tte l'année). Depuis le port de plaisance, Delphine et Julien proposent des départs quotidiens vers certains sites autorisés des réserves marines de Cerbère-Banyuls (voir l'encadré page ci-contre) et de cap Creus en Espagne, mais aussi des plongées sur épave dans le secteur. Ils proposent aussi des stages de formation et des plongées au Nitrox. Le centre s'inscrit dans une démarche écoresponsable (pas de plongée nocturne ni éclairage lors des sorties, pas de flyers, sensibilisation au respect de la faune et de la flore, membres de Sea Shepherd...).

Aleoutes Kayak de Mer Kayak

(☎04 68 88 34 25 ; www.kayakmer.net ; quai Georges-Petit ; sorties 1 heure 30/demi-journée/journée 20/30/55-60 € ; ⏲tte l'année). Juste à côté de Plongée Bleue, Aleoutes Kayak de Mer offre une multitude de formules – de la

Sentier sous-marin de la réserve naturelle marine de Cerbère-Banyuls

balade de 1 heure 30 au raid-bivouac – permettant de découvrir le littoral de la Côte Vermeille à coups de pagaie.

Sentier sous-marin de la réserve marine — Snorkeling

(04 68 88 09 11 ; point d'information de la réserve marine, plage de Peyrefite ; location palmes, masques, tubas FM 7 € ; juil-août 12h-18h (dernier départ 17h). Sur la plage de Peyrefite, à mi-chemin entre Banyuls et Cerbère, le sentier sous-marin de la réserve marine (voir l'encadré p. 336) propose une expérience ludique, à l'aide d'un tuba audio. Sur un parcours de 500 m (comptez 45 min), les nageurs évoluent entre plusieurs stations d'observation, matérialisées par des bouées, qui présentent grâce à une sorte d'audioguide intégré au tuba les différents écosystèmes de la réserve : herbier de posidonie, faille et tombants, galets. L'eau est parfois fraîche par endroits et le sentier assez fréquenté. Pensez à prendre une pièce d'identité.

Où se loger

Hôtel des Elmes — Sur la plage €€

(04 68 88 03 12 ; www.hotel-des-elmes.com ; plage des Elmes ; d 65-371 €, ste 210-560 €, petit-déj 14-20 € ; P 15 €). Surplombant la plage des Elmes, ce charmant hôtel, moderne et fonctionnel, bénéficie d'une situation idéale, pour ne pas dire idyllique. Il offre aussi une ribambelle de services : spa, club de plage, jardin avec petite piscine balnéo et **bar à grillades** (plats 13-23 € ; juin-sept tlj), salle de jeux et salle de sport. En prime, l'accueil, familial et professionnel, a depuis longtemps fait la réputation de l'établissement. Parmi ses 34 chambres et suites, pimpantes, toutes de tailles différentes, préférez celles côté mer à celles donnant sur la route. Les petits-déjeuners sont servis sur la grande terrasse du restaurant (page ci-contre), face à la Méditerranée, pour un réveil en douceur. Demi-pension possible (46 €/pers).

Où se restaurer

CRU Boire et Manger — Vins nature et casse-croûte du cru €

(06 47 02 47 36 ; 20 rue Saint-Sébastien ; verre de vin 3-4 €, sandwichs 8 € ; mer-lun 8h-18h, dim jusqu'à 16h). On s'y arrête pour le beau graphisme sur la vitrine et la déco rétro-arty à l'intérieur. On s'y attarde ensuite pour goûter un verre de vin de la région ou de kéfir aux fruits, un sandwich gourmet ou un gâteau maison... Tous les prétextes sont bons pour revenir, surtout l'énergie joyeuse de Linda. Vente de vins à prix domaine.

El Xadic del Mar — Restaurant et bar à vins €€

(04 68 88 89 20 ; 11 av. du Puig-del-Mas ; plats 7-18 €, verre de vin 4 € ; avr-sept tlj, oct-fév jeu-dim et mer midi). Dans le centre de Banyuls, les habitués se retrouvent dans une ambiance bon enfant pour déguster la cuisine de Manu. Ici, on prône la saisonnalité et le terroir ! *Boquerones* ; couteaux à la vapeur et *pata negra* ; civet de calamars au saté, polenta, citron et curcuma... Présentés sous forme de tapas ou d'assiettes à partager, préparés devant vous. Manu, très pointu en vins naturels, vous conseillera le breuvage idéal pour accompagner vos plats. Attention, l'adresse est courue : réservez.

Les 9 Caves — Cuisine créative €€

(04 68 36 22 37 ; 56 av. du Général-de-Gaulle ; plats 20-22 €, menu midi 27,50 €, menus soir 37,50-49,50 € ; juin-sept tlj sauf dim soir, oct-mai jeu-lun sauf dim soir, fermé jan). Cette ancienne cave rénovée, investie par 9 vignerons, abrite un caveau de dégustation et de vente de vins naturels, une épicerie fine, un coin librairie... et une table de haute volée, tenue par un couple de Hollandais. Murs bruts, sol en béton ciré, mobilier dépareillé, charmant petit patio et cuisine ouverte... créent le cadre. Côté assiette, des plats de saison ultra-travaillés, comblant davantage le palais que l'estomac. Concerts et soirées ponctuels. Réservation recommandée.

L'anse Sainte-Catherine, entre Port-Vendres et Banyuls-sur-Mer

Bon à savoir, 3 beaux **gîtes** (07 69 72 36 27 ; 9caves.com), au style chalet contemporain, avec vue sur la montagne, sont à louer à la semaine ou pour un week-end.

La Littorine — Gastronomique €€

(04 68 88 03 12 ; www.hotel-des-elmes.com ; plage des Elmes ; tapas 16-23 €, menu 40 € ; tlj). Le restaurant de l'Hôtel des Elmes (page ci-contre) pourrait se contenter de son cadre de choix, mais il n'en est rien. On y déguste une cuisine méditerranéenne pointue à base de produits locaux, frais et de saison. Aux beaux jours, préférez la belle terrasse donnant sur la plage à la salle, à la décoration contemporaine un peu froide.

Achats

La Guinelle — Vinaigrerie artisanale

(04 68 85 54 12 ; rue Saint-Sébastien ; mar-sam 10h-12h30 et 14h30-18h30, dim 10h-12h30). Des barriques de Nathalie Lefort sort un élixir qui redonne ses lettres de noblesse au métier de vinaigrier. Depuis 1999, elle produit du vinaigre à partir de vin doux naturel de Banyuls. Aujourd'hui, Nathalie collabore avec de grands chefs étoilés et invente de nouvelles textures : vinaigre perlé, aromatisé (safran, cannelle, clou de girofle) ou à râper.

Banyuls l'Étoile — Cave coopérative

(04 68 88 00 10 ; www.banyuls-etoile.com ; 26 av. du Puig-del-Mas ; été tlj 9h30-12h30 et 14h30-20h, jusqu'à 18h hors saison). Ouverte en 1921, la cave l'Étoile est la plus ancienne coopérative de Banyuls. Sa boutique, adossée à la cave, permet de déguster une large gamme de vins doux naturels en AOP (banyuls, banyuls grand cru), mais aussi du vinaigre et du marc de banyuls, tous estampillés de la fameuse étoile rouge. La cave propose, de manière plus anecdotique, des vins secs (collioures) dans les 3 couleurs. On peut visiter la **cave** (adulte 4 €, gratuit - 18 ans ; juin-sept lun-ven 10h-18h, sur réservation hors saison) qui jouxte la boutique.

Renseignements

Office du tourisme (04 68 88 31 58 ; www.banyuls-sur-mer.com ; av. de la République).

Cerbère

Ce petit port niché dans une anse abritée est la dernière escale avant la frontière espagnole et Portbou. Cerbère est avant tout connu pour sa gare et son important centre de triage. Le bruit des trains et des annonces sur les quais de la gare résonne d'ailleurs dans tout le village.

Activités

Cap Cerbère Plongée

(04 68 88 41 00, 06 75 82 67 62 ; www.plongee-cap-cerbere.com ; route d'Espagne ; baptême 50-110 €, plongée encadrée 30-40 €, randonnée palmée adulte/- 12 ans 25-45/20 € ; tte l'année). Ce club réputé est situé sur le port de Cerbère et possède une annexe l'été sur la plage de Peyrefite, avec location de palmes, masques et tubas à côté du départ du sentier sous-marin. Il organise de nombreuses sorties, notamment vers le cap Creus, en Espagne, ainsi que des randonnées palmées. Formations PADI et FFESSM, et location de matériel. Plongée sous glace en hiver aux Angles (p. 372).

Vermeille Kayak Kayak et SUP

(06 87 20 77 44 ; vermeillekayakdemer.com ; anse de Peyrefite ; kayak heure/demi-journée/journée 10-15/24-34/39-60 €, SUP 15 €/heure ; mi-avr à oct, reste de l'année sur réservation). Basé sur la plage de Peyrefite, ce prestataire très accueillant propose kayaks de mer et stand up paddles (SUP) à la location, ainsi qu'une multitude de sorties guidées, allant de la balade de 3 heures au week-end itinérant.

Où se loger

Le Belvédère du Rayon Vert Insolite €€

(04 68 88 41 54, 06 08 31 17 79 ; hotel-belvedere-cerbere.fr ; av. de la Côte-Vermeille ; F1/F2 110-120/160-180 € la nuit ; visite guidée 1 heure 30 7 € lun-ven à 10h, sur réservation). Toute de béton armé et de marbre, cette imposante bâtisse de style Art déco, dressée à l'entrée de Cerbère, a l'allure d'un paquebot. Elle fut construite à la fin des années 1920 par l'architecte Léon Baille pour loger les touristes fortunés en escale à la frontière franco-espagnole. Le bâtiment, racheté par l'arrière-petit-fils du premier propriétaire, qui a entamé un important processus de rénovation, a, certes, perdu de sa superbe, mais reste impressionnant. Les lieux dévoilent de très belles fresques de José de Zamora (1889-1971), ainsi que l'ancienne salle de spectacle, laissée dans son jus, où des soirées culturelles (cinéma, concerts…) sont encore programmées. Côté hébergement, les chambres, avec leur balcon donnant sur la mer, ont été transformées en appartements saisonniers au style hétéroclite, entre meubles d'époque et modernité, qui plairont aux voyageurs en quête d'expériences atypiques.

Hôtel la Vigie Panoramique €€

(04 68 88 41 84 ; hotel-lavigie.com ; 3 rte d'Espagne ; d/tr/qua 105-163/148-163/158-173 € selon confort et saison, petit-déj 12 € ; avr à mi-oct ;). Difficile de manquer cet établissement, souvent fréquenté par des groupes de cyclistes ou de randonneurs. Perché sur les falaises qui surplombent le port, le bâtiment renferme 20 chambres simples et claires, aménagées comme des cabines de bateau, avec vue plongeante sur la mer depuis une baie vitrée ou un balcon. Un panorama dont on profite même sous la douche ! Un bon point de chute pour une étape d'une nuit ou deux. Excellent accueil.

Où se restaurer

Le Bout du Monde Bistrot de plage €

(04 68 88 47 33 ; anse de Peyrefite ; plat 18,50 €, formule/menu 22,50/26 € ; juil-août tlj sauf dim soir et lun, avr-juin et sept mer-lun midi et ven-dim soir, fermé oct-mars). La bonne adresse pour se restaurer après une séance de snorkeling sur le sentier sous-marin de la réserve marine. Tartare de thon, daurade grillée, calamars à la plancha… En terrasse, avec vue sur la Méditerranée. Réservation conseillée.

Renseignements

Office du tourisme (04 68 88 42 36 ; www.cerbere-tourisme.com ; Av. du Général-de-Gaulle).

Chapiteaux sculptés de la cathédrale Sainte-Eulalie-et-Sainte-Julie

Elne

Située à quelques kilomètres des plages du littoral, à 15 km de Perpignan et à seulement 30 minutes de l'Espagne, Elne peut constituer une bonne base arrière pour profiter des plages tout en restant un peu à l'écart de la foule.

Siège épiscopal jusqu'en 1602 et ancienne place forte du Roussillon, elle a conservé une splendide cathédrale, réputée notamment pour son cloître en marbre blanc veiné de bleu, et peut se targuer de musées assez intéressants. La ville est en effet connue pour avoir été l'un des foyers du fauvisme. Le peintre catalan Étienne Terrus y accueillait Henri Matisse et ses amis André Derain, Charles Camoin, Albert Marquet et Henri Manguin au début du XXe siècle.

Elne a également l'avantage d'offrir, l'été, un peu de fraîcheur derrière les remparts de sa ville haute, où sont installés quelques artisans, et d'où les vues sur les Albères et le massif du Canigou sont apaisantes.

À voir

Cathédrale Sainte-Eulalie-et-Sainte-Julie Arts roman et gothique

(04 68 22 70 90 ; plateau des Garaffes ; cloître tarif plein/réduit 4,50/3 €, billet combiné cloître + Maternité suisse 8/5 € ou musée Terrus 7/5 €, cloître + Maternité suisse + musée Terrus 10/7 € ; mai-sept tlj 9h30-19h, oct-avr mar-dim 9h30-18h). Ancien siège épiscopal, Elne possède un patrimoine religieux conséquent dont les fleurons sont une cathédrale romane du XIe siècle et son cloître où se mêlent styles roman et gothique.

Avec son portail en marbre et ses deux tours carrées, dont une seule date de l'époque romane – la seconde reconstruite en briques est loin d'avoir autant de charme –, la **cathédrale** présente une silhouette massive, presque austère. À l'intérieur, remarquez le beau retable du XIVe siècle peint par le maître catalan Pere Baro. L'ouverture de la cathédrale, qui est une église paroissiale, est indépendante du cloître. Lorsqu'il n'y a pas de célébrations (messes, funérailles, mariages...), les

EMMANUEL DAUTANT ©

SI VOUS AIMEZ...

Les produits de petits producteurs

Avec la richesse de ses sols et son fort taux d'ensoleillement, la Catalogne française est un pays de cocagne. Si ses produits de qualité se dégustent dans les nombreux restaurants locavores du territoire, ils peuvent également s'acheter à la source, en vente directe chez les producteurs, ou sur les étals des marchés et des coopératives. Vous trouverez la liste des producteurs, boutiques collectives, ainsi que les jours de marchés et des différentes manifestations associées sur les sites Internet : www.bio66.com et producteurs66.com.

Ci-dessus : le marché de Céret (p. 344)

visiteurs peuvent la voir en visitant le cloître. En cas de célébration, l'accès à la cathédrale se fait sur l'extérieur (côté sud, donnant sur le plateau des Garaffes).

On s'attardera surtout dans le **cloître**, avec ses 4 galeries de styles différents selon leur époque de construction (XIIe-XIVe siècle) et ses rosiers qui lui donnent une charmante note romantique. Les sculptures des chapiteaux de la galerie sud, d'époque romane, sont de loin les plus intéressantes avec des motifs végétaux et animaliers (lions, griffons, bouquetins) ; notez aussi une évocation touchante de la Genèse, où Adam et Ève cachent leur nudité. Les galeries ouest et nord sont surnommées "galeries pastiches", car les sculpteurs du XIIIe siècle n'ont fait que recopier les motifs de la galerie sud. La galerie est comporte, quant à elle, des motifs gothiques (XIVe siècle). Toutes les colonnes des galeries sont en marbre blanc veiné de bleu en provenance de Céret.

Le billet d'entrée donne aussi accès à un **musée sur l'histoire d'Elne**, situé dans les salles capitulaires, ainsi qu'à un **espace archéologique** un peu poussiéreux.

Maternité suisse — Lieu de mémoire

(☎ 04 68 95 89 03 ; château d'en Bardou, route de Bages ; tarif plein/réduit 4,50/3 €, billet combiné cloître + Maternité suisse ou musée Terrus 8/5 €, cloître + Maternité suisse + musée Terrus tarif 10/7 € ; ⏲ mai-sept tlj 9h30-19h, oct-avr mar-dim 9h30-18h). À la fin des années 1930, les Pyrénées-Orientales font face à l'afflux de près de 500 000 réfugiés espagnols fuyant Franco (voir p. 389). Les malheureux sont parqués dans des conditions d'hygiène effroyables en Vallespir, en Cerdagne et sur la côte. De 1939 à 1944, le **château d'en Bardou**, restauré pour l'occasion, hébergea une maternité dirigée par une jeune infirmière suisse de la Croix-Rouge, Élisabeth Eidenbenz (1913-2011), membre du Secours suisse aux enfants. Près de 600 enfants de réfugiés, fils et filles d'Espagnols, mais aussi de juifs allemands, y virent le jour, avant qu'elle ne soit fermée par les Allemands en 1944. La visite des lieux revient sur cette période trouble de l'Histoire, notamment par le biais de nombreuses photos d'archives. À 2 km du centre-ville en direction de Bages, suivre le panneau (assez discret) sur votre droite.

Musée Terrus — Fauvisme

(☎ 04 68 22 88 88 ; 3 rue Porte-Balagué ; tarif plein/réduit 4,50/3 €, billet combiné cloître + Maternité suisse ou musée Terrus 8/5 €, cloître + Maternité suisse + musée Terrus 10/7 € ; ⏲ mai-sept tlj 9h30-19h). Le rez-de-chaussée rassemble une collection permanente d'huiles et d'aquarelles d'Étienne Terrus (1857-1922) représentant principalement des paysages du Roussillon. Ce peintre paysagiste né à Elne, grand ami de Matisse, est considéré comme un précurseur du fauvisme. En plus des œuvres de Terrus, les étages du musée présentent des expositions temporaires.

En 2018, l'affaire des faux tableaux de Terrus (82 œuvres détectées comme fausses par les experts parmi les 140 pièces de la collection municipale d'Elne) a fait une publicité au musée dont il se serait bien passé... Le fort retentissement médiatique de cette affaire a fait tache d'huile sur tout le marché de l'art départemental, et bien au-delà. Lors de la publication de ce guide, les faussaires n'avaient toujours pas été arrêtés.

Où se loger et se restaurer

Le Cara-Sol Hôtel-restaurant €€
(04 68 22 10 42 ; hotelcarasol.com ; 10 bd Illiberis ; d/tr/qua 72-110/104-142/120-160 € selon confort, petit-déj 9 € ; menu midi 17 €, menus 30-40 €, plats 18-20 €). Le Cara-Sol, niché dans les remparts à l'entrée de la vieille ville, domine fièrement le village de sa façade jaune. Les 15 chambres bénéficient toutes d'une excellente literie et d'une très belle vue sur les Albères et le massif du Canigou (très agréable au réveil !). Préférez néanmoins les "confort", plus modernes, et dotées de douches à l'italienne. Restaurant sur place de bonne facture, jouissant d'une agréable terrasse panoramique à l'abri d'une tonnelle.

Au Remp'Arts Catalan €€
(04 68 22 31 95 ; facebook.com/AuRempArts ; 3 pl. Colonel-Roger ; formule/menu midi sem 18,90 €, menu midi sam 22 €, menu carte 33 €, plats 19-31 € ; juil-août mar-sam midi et soir, dim soir, sept mar-sam midi et soir, dim midi, oct et mai-juin mar-dim midi et mer-sam soir, déc-mars mar-dim midi et jeu-sam soir, fermé nov). Sur une placette au cœur de la vieille ville, on déguste en terrasse une mémorable parillade de poisson. La carte propose aussi une sélection de plats simples et bien présentés. Accueil sympathique et bonne sélection de vins locaux. Réservation conseillée. Les propriétaires louent aussi 5 appartements et studios climatisés (60-125 €/nuit).

Achats

Le Jardin des métiers d'art Artisanat
(42 imp. Rovira). L'ancien jardin de l'évêché est devenu un petit centre artisanal qui accueille autour de sa jolie cour plusieurs artisans créateurs (peintre, sculpteur sur plâtre, céramiste, photographe...), ainsi qu'une biscuiterie-chocolaterie qui fait aussi **salon de thé** (mer-dim 11h-18h).

Renseignements

Office du tourisme (04 48 98 00 08 ; www.tourisme-pyrenees-mediterranee.com ; 2 bis rue du Couvent).

Depuis/vers Elne

Le **TER** (www.oui.sncf) relie Elne à Perpignan (en une dizaine de minutes), ainsi qu'aux villages de la Côte Vermeille, de même que le bus n°540 du réseau de transport régional **liO** (0806 80 80 90 ; www.lio.laregion.fr).

VALLESPIR

La vallée la plus méridionale de l'Hexagone a longtemps été marquée par l'activité de ses forges et de ses mines d'argent. Les stations thermales (Amélie-les-Bains, La Preste) et le tourisme ont ensuite pris le relais pour maintenir son économie à flot. Le folklore catalan, surtout en été, est ici très vivace, comme le 23 juin, pour la fête de la Saint-Jean qui marque l'arrivée de l'été. Côté paysages, la vallée a été modelée par le Tech, qui prend sa source à la frontière franco-espagnole et se jette dans la Méditerranée, quelque 80 km plus loin. En remontant ce fleuve impétueux, propice aux sports d'eau vive, les vergers coincés en fond de vallée laissent progressivement la place aux forêts de chênes-lièges et aux châtaigniers, puis aux alpages. Passé l'adorable village de Céret, dynamique capitale de la vallée, le haut Vallespir comblera les amateurs de randonnée et de sports de montagne.

Les feux de la Saint-Jean (Sant Joanu)

Véritable événement en Catalogne, la nuit précédant la Saint-Jean, appelée la "nuit du feu" (ou *Nuit del Foc* en catalan), est chaque année l'occasion de festivités. Cette célébration, à l'origine païenne, que les chrétiens ont relié à la Saint-Jean-Baptiste, marque, peu après le solstice, l'arrivée de l'été. Si vous avez la chance d'y être le soir du 23 juin, vous verrez vers 22h de grands feux illuminer les places de village. La nuit précédente, la Flama del Canigó (conservée toute l'année au Castillet, à Perpignan) est montée en haut du Canigou, c'est la *trobada*. Elle servira à embraser l'ensemble des feux de la Saint Jean, la nuit du 23 juin. Les convives, en cercle et se tenant par la main, dansent la "sardane" au son des cuivres catalans de la *cobla*, un orchestre de 11 musiciens. Les participants les plus téméraires sautent au-dessus du feu procurant de belles frayeurs aux spectateurs !

Céret

Voici un village de caractère qui mérite qu'on s'y attarde ! Capitale de la cerise pour les gourmands, Céret est aussi connu des amateurs d'art comme un des hauts lieux du cubisme. Picasso, Braque et bien d'autres artistes y ont posé leur chevalet au début du XXe siècle, trouvant dans ce bourg catalan un environnement idéal pour leurs recherches. Aujourd'hui encore, cette cité méridionale séduit avec ses rues bordées de platanes et ses fontaines où jaillit l'eau des Pyrénées. Parmi les raisons de s'y rendre : un remarquable musée d'Art moderne, un musée des Instruments de musique, des traditions festives qui battent leur plein lors de la fête de la Cerise (p. 59) ou le Céret de Toros (p. 60), de même que le marché du samedi matin, spectacle à ciel ouvert où se donnent rendez-vous les producteurs des vallées environnantes.

À voir

Musée d'Art moderne de Céret — Art moderne et contemporain

(04 68 87 27 76 ; www.musee-ceret.com ; 8 bd du Maréchal-Joffre ; tarif plein/réduit 10/7 € ; juil-août tlj 10h-19h, sept-juin mar-dim 10h-18h). Le musée incontournable de Céret, créé par et pour les peintres (ici, Pierre Brune et Frank Burty Haviland en 1950), a fait peau neuve. Ce bâtiment, massif et lumineux, parfaitement intégré à l'architecture céretane a réouvert en 2022 après plus de 2 ans de travaux. La nouvelle scénographie, distillée sur 2 niveaux autour de 2 patios auxquels on peut accéder, sépare dorénavant l'art moderne de l'art contemporain. Dans la superbe collection du rez-de-chaussée figurent des œuvres de Dali, Picasso, Chagall, Masson ou Soutine. Ils ont tous séjourné à Céret, que le critique André Salmon appelait "La Mecque du cubisme" (voir l'encadré page ci-contre). Ne manquez pas les céramiques de Picasso figurant des scènes tauromachiques et les vues de Céret par Soutine ou André Masson. La collection d'art contemporain à l'étage comprend notamment des œuvres d'Antoni Tàpies et de Ben.

Vrais plus de cette rénovation : une extension qui comprend aujourd'hui un bel espace de 550 m² baigné de lumière et dédié aux expositions temporaires, et une nouvelle terrasse, qui permet de compléter la visite en observant les paysages peints par les peintres.

CIMP – musée des Instruments

Musique

(☎ 04 68 87 40 40 ; www.music-ceret.com ; 14 rue Pierre Rameil ; adulte/enfant 5/3 €, gratuit - 7 ans ; ⌚ juil-août tlj 10h-18h, juin et sept-déc lun-sam sauf mar 10h-17h30). Installé dans l'enceinte d'un ancien hôpital datant du XVIIe siècle, ce musée offre un très joli voyage à travers les musiques traditionnelles de Catalogne (celles qui permettent de danser la sardane) et du monde entier. Le couple Herzka-Nil a notamment offert sa collection de hautbois, instrument dont on apprend qu'il est présent dans presque toutes les traditions populaires. Des expositions temporaires sont régulièrement programmées.

Pont du Diable

Art roman

Difficile de rater, en venant de Perpignan, ce formidable ouvrage d'art médiéval datant de 1321, qui enjambe le Tech grâce à une seule arche de 45 m d'ouverture. La légende raconte qu'il fut construit par le diable en échange de l'âme du premier être vivant qui franchirait le pont.

La Mecque du cubisme

Céret est l'un des lieux clés de l'art moderne. Dans la première moitié du XXe siècle, ce petit bourg catalan a attiré la fine fleur des avant-gardistes de Montmartre et de Montparnasse. Invité par le sculpteur Manolo Hugué, Picasso y fait de longs séjours entre 1911 et 1913, en compagnie de ses amis Georges Braque, Max Jacob ou Juan Gris. Dans l'atelier de la maison Delcros, Picasso crée près de 300 œuvres qui représentent un apport capital pour le cubisme. L'idylle entre Céret et les artistes se prolonge dans les décennies suivantes avec la venue d'autres grands peintres (Marc Chagall, Chaïm Soutine, André Masson...) pour ne s'interrompre qu'à la fin de la Seconde Guerre mondiale. Le musée d'Art moderne de Céret (voir page ci-contre), récemment rénové, regroupe de nombreuses œuvres de cette période.

Activités

L'office du tourisme propose 2 circuits à effectuer de manière autonome, l'un **sur les traces des peintres**, avec des reproductions *in situ* d'une vingtaine d'œuvres d'artistes (Picasso, Braque, Soutine...), et l'autre sur le **patrimoine historique de la ville**. Le plan est gratuit. De juin à novembre d'intéressantes **visites guidées** (adulte/enfant 5/3 €, gratuit - 12 ans ; 1 heure 30-2 heures) sont organisées.

Pour profiter au mieux de Céret et de ses environs, prenez un peu de hauteur. Deux belles randonnées permettent d'admirer les vergers du Roussillon et réservent de beaux panoramas sur la ville, le massif des Albères et le Canigou : "Le Balcon de Céret" (boucle de 2 heures, difficulté moyenne, 8,5 km) et le "Pèlerinage à Saint-Ferréol" (boucle facile, 1 heure 30, 8 km), qui mène à la très jolie chapelle romane dédiée au saint patron de la ville. Détails dans le guide de 16 balades vendu par l'office du tourisme (3 €) ou téléchargeable gratuitement sur le site du Vallespir (www.vallespir.com/les-randonnees-en-vallespir).

Où se loger et se restaurer

Hôtel Vidal et restaurant Del Bisbe

Hôtel-restaurant €

(☎ 04 68 87 00 85 ; 4 pl. Soutine ; d/ste 68-78/105 €, petit-déj 9 € ; formule midi 18 €, menu 35 € ; ⌚ mars-oct, restaurant tlj sauf lun-mar). Niché dans un beau bâtiment du XVIIIe siècle adossé à l'église Saint-Pierre, qui fut la demeure d'un évêque, cet hôtel-restaurant est apprécié pour sa terrasse, à l'ombre d'une vigne, et pour son décor un brin désuet. Une belle étape à petit prix, même si les chambres mériteraient un petit rafraîchissement. Le restaurant sert une cuisine méditerranéenne simple et de qualité. Réservez pour la terrasse, très demandée.

La Praline Sur le pouce €
(☎04 68 87 71 21 ; 15 bd du Maréchal-Joffre ; formule/menu 17,50/22 €, plats 12,50-19 €, formule goûter 7,50 € ; ⏲mar-sam 9h-18h). En face du musée d'Art moderne, une adresse sympathique pour un déjeuner simple et frais (seiches grillées, noix d'entrecôte, tarte salée, salades...) ou une pause gourmande (gaufres, crêpes, gâteaux du jour, glaces...). Le tout dans une agréable salle ou à l'ombre des platanes du boulevard Joffre.

L'Atelier de Fred Méditerranéen €€
(☎04 68 95 47 41 ; 12 rue Saint-Ferréol ; formule midi sem 26 €, menu soir 42 €, plats 26-28 € ; ⏲mer-sam midi et soir, fermé mi-déc à déb fév). Sans conteste la meilleure table de Céret ! À la cuisine virtuose du chef David Tanguy, composée à partir des légumes et aromates de son jardin, s'ajoutent un décor moderne-chic d'atelier d'artiste – des expositions habillent régulièrement les murs –, un adorable patio ombragé à l'arrière et l'accueil impeccable de Fred. Très beau choix de vins également, dont plusieurs vins doux locaux. Réservez.

Renseignements

Office du tourisme (☎04 68 87 00 53 ; www.vallespir-tourisme.fr ; 5 rue Saint-Ferréol).

Depuis/vers Céret

Les bus du réseau de transport régional **liO** (☎0806 80 80 90 ; www.lio.laregion.fr) relient directement Céret à Perpignan (n°530, 531 et 532), ainsi qu'à Argelès-sur-Mer (n°550).

Arles-sur-Tech

Arles-sur-Tech s'est développé autour d'une abbaye bénédictine à la confluence du Tech et du Riuferrer (la rivière du fer). Si le village n'a pas le charme de Céret, l'abbaye Sainte-Marie-d'Arles est un véritable joyau qui attire de nombreux visiteurs. Non loin du village, les spectaculaires gorges de la Fou, hélas toujours inaccessibles au public depuis qu'elles ont été victimes d'un important éboulement en 2018, passent pour les plus étroites du monde.

À voir

Abbaye Sainte-Marie-d'Arles Art sacré
(☎04 68 83 90 66 ; Le Palau ; tarif plein/réduit 4/3 €, gratuit - 12 ans ; ⏲juil-août lun-sam 9h30-12h30 et 14h-18h30, mai-juin et sept-oct mar-dim 10h-12h30 et 14h-18h, nov-avr mar-dim jusqu'à 17h30). Construite à partir du Xe siècle, cette abbaye bénédictine est une des plus belles de Catalogne. Son cloître gothique en marbre blanc de Céret et en pierre de Gérone date de la seconde moitié du XIIIe siècle ; c'est un des premiers édifices de ce style dans la région. L'église abbatiale renferme un riche mobilier. On y découvre les "mistéris", représentations de la Passion du Christ sorties le vendredi saint lors de la procession de la Sanch. À l'entrée, un sarcophage paléochrétien de marbre blanc du VIe siècle, la Sainte Tombe, laisse s'écouler une eau à laquelle on prête des vertus miraculeuses. Il aurait abrité les reliques de deux saints kurdes, Abdon et Sennen, ramenées depuis Rome par l'abbé Arnulphe. Visite guidée possible, sur réservation. Depuis 2021 l'entrée se fait via Le Palau, ancienne dépendance de l'abbaye restaurée qui abrite l'office du tourisme et offre un nouvel accès PMR, ainsi qu'un espace d'exposition sur l'histoire de la commune.

Moulin des Arts Village artisanal
(☎07 83 07 55 98 ; rue du 14-Juillet ; ⏲lun-sam 10h-12h et 14h-18h et dim en été). Établi au bord du Tech dans l'ancienne usine des tissages catalans, le moulin des Arts est une belle vitrine des savoir-faire locaux. Une galerie d'art, une exposition permanente de produits artisanaux et des ateliers d'artisans (forgeron, coutelier, céramiste, travail du cuir, vitrail, fusain) redonnent vie à cet espace. Vous pourrez visiter l'ancienne salle des machines à tisser.

Abbaye Sainte-Marie-d'Arles, à Arles-sur-Tech

Gorges de la Fou Site naturel

(04 68 39 16 21 ; facebook.com/gorgesdelafou ; D 15). Situé à 2 km d'Arles-sur-Tech en direction de Prats-de-Mollo, ce défilé étroit voit la Fou s'écouler entre des parois verticales hautes de 150 m. Malheureusement, en raison d'un important éboulement survenu en octobre 2018, le site, toujours dangereux, est fermé au public jusqu'à nouvel ordre.

Où se restaurer

La Fontaine des Buis Guinguette locavore €

(06 20 95 56 49 ; 1 chemin du Stade ; plats 13-20 € ; juin tlj midi sauf mar, ven et sam soir, juil-août lun, mer et dim midi, jeu-sam midi et soir, se renseigner hors saison, fermé oct-mai). Après plusieurs fermetures dans le village, la reprise en 2022 de cette guinguette au bord du Tech par une nouvelle équipe dynamique (celle du Caillou à Marquixanes) fait vraiment du bien. À la fraîche, bercé par une musique qui swingue, on se régale d'une cuisine maison à base de produits souvent bio et locaux. Au menu, des assiettes à partager façon tapas : salade de tomates et burrata entière, *xipirones*, *tataki* de thon ou tofu pour les végés. En dessert, on recommande les glaces au lait de brebis produites dans une ferme bio de Montferrer. Le lieu s'illumine le soir venu.

Achats

Pâtisserie Touron Rousquilles

(04 68 39 10 47 ; placette d'Avall ; mar-dim 7h30-12h30 et 16h-18h30). Une institution du Vallespir pour tout gourmand qui se respecte ! Mais arrivez tôt pour goûter aux fameuses rousquilles de la famille Touron, des petits biscuits moelleux anisés, enrobés d'un glaçage blanc citronné, dont la recette secrète se perpétue depuis 1850. Si la rousquille attendue est en rupture (cela arrive souvent), rabattez-vous sur les croquants aux noisettes. Délicieux également !

Renseignements

Office du tourisme (04 68 39 11 99 ; www.tourisme-haut-vallespir.com ; immeuble Le Palau, à l'entrée de l'abbaye).

Depuis/vers Arles-sur-Tech

Il est possible de se rendre à Arles-sur-Tech en bus depuis Céret ou Perpignan grâce aux lignes directes n°530, 531 et 532 du réseau de transport régional **liO** (0806 80 80 90 ; www.lio.laregion.fr).

Saint-Laurent-de-Cerdans

À l'entrée du village, le monument de la *vigatane* (espadrille catalane, prononcer "bigatane") donne le *la*. C'est en effet dans ce charmant village qu'a débuté au XIXe siècle l'histoire de l'espadrille. Un artisanat ancestral qui devint rapidement une industrie extrêmement florissante, et fit vivre toute une vallée pendant près de cent ans. Ce patrimoine se raconte encore aux touristes venus chercher le calme et des promenades au vert dans un village catalan typique, un des derniers avant l'Espagne, et très soucieux de garder ses traditions.

Pour un peu de fraîcheur, au départ du bureau de tourisme, une randonnée intitulée "Le chemin des Fontaines" (11,9 km, 4 heures 30, niveau moyen, balisage jaune) offre de beaux points de vue et permet d'admirer une série de fontaines ouvragées. Celle dite de la Négresse a été réalisée par le sculpteur du Zouave du pont de l'Alma à Paris.

Où se loger et se restaurer

Domaine de Falgos Terroir catalan €€
(04 68 39 51 42 ; www.falgos.com ; plats 13-25 €, menus 31 €, menu "lunch et spa" (avec accès piscine) 45 € ; tlj, fermé jan à mi-mars). Ce domaine comporte un hôtel, un spa et 8 000 m² de terrains multisports. La terrasse panoramique du restaurant, donnant sur le golf, les Pyrénées et le Canigou, est particulièrement appréciable ! Calamars en persillade à la plancha, joue de porc à la bière et au miel, wok de légumes et nouilles chinoises... Vous trouverez aisément votre bonheur dans une carte gourmande qui fait honneur au terroir catalan.

Camping Verte Rive Nature €
(04 68 39 54 64 ; www.camping-verterive.com ; route d'Arles-sur-Tech ; empl 14-21 €, chalet/bung 65-95 €, mobil-home 75-105 € selon confort et saison ; tte l'année). Ce petit camping nature au bord de la Quère, avec emplacements, mobil-homes et chalets tout confort (dont un avec accès PMR) est familial et bon marché. Transats en bord de rivière et barbecue collectif : un minimum d'activités et un maximum de calme ! Accès à la piscine municipale ouverte en juillet-août au bout du camping. Chiens et chats sont autorisés et les 3 ânes de la propriété feront le bonheur des petits.

Achats

Les Toiles du Soleil Tissage catalan
(04 68 39 33 93 ; www.toiles-du-soleil.com ; 8 bis rue Jean-Jaurès ; avr-sept lun-sam 10h-12h et 13h30-17h30, oct-mai lun-jeu 10h-12h et 13h30-17h30, ven 10h-12h). Cette usine de tissage de tradition ancestrale repose sur le savoir-faire traditionnel laurentin, transmis de génération en génération. Elle utilise des matériaux nobles et naturels : le lin et le coton. Le résultat ? Des toiles colorées qui respirent l'été, qui s'achètent au mètre ou transformées en linge de table et de maison, toiles à transat et sacs colorés... Autres boutiques à Perpignan (p. 316), Paris, Tokyo ou New York.

Création Catalane Espadrilles
(04 68 54 08 68 ; www.espadrille-catalane.com ; chemin du Baynat-d'En-Pouly ; boutique avr-oct lun-ven 10h-12h et 14h-17h30, sam-dim 10h30-18h, nov-mars lun-ven 10h-12h et 14h-17h30, visite avr-oct lun et jeu à 15h). Cet atelier de confection d'espadrilles et de *vigatanes* perpétue le savoir-faire du passé et propose de très jolies espadrilles alliant tradition et modernité, grâce notamment à un partenariat avec les Toiles du Soleil. La visite des lieux (gratuite, sur réservation) vous permettra de percer tous

les secrets de fabrication et de replonger à une époque où l'espadrille faisait vivre des milliers de personnes dans le secteur.

Renseignements

L'**office du tourisme** (04 68 39 55 75 ; www.saintlaurentdecerdans.fr ; rue Joseph-Nivet ; lun-ven 10h-12h et 14h-17h30, juil-août lun-dim jusqu'à 18h) abrite un petit espace d'exposition (tarif plein/réduit 2/1 €), la maison du Patrimoine et de la Mémoire. Sa reconstitution d'une usine de fabrication d'espadrilles et son espace de mémoire sur la "Retirada" valent la visite. Distribue aussi 6 cartes de randonnées au départ de l'office du tourisme.

Prats-de-Mollo-La-Preste

Village de charme fortifié et niché à 750 m d'altitude dans un cirque montagneux verdoyant, Prats-de-Mollo (prononcer "moyo") a longtemps eu pour vocation de surveiller les cols du haut Vallespir et la frontière franco-espagnole. C'est aujourd'hui un très bon point de chute pour les marcheurs amoureux de grands espaces, les sportifs et les curistes venus profiter des eaux thermales de La Preste, rattachée à la commune depuis 1956. Ses ruelles et placettes sont agréables et l'on a plaisir à y déguster des tapas le soir venu, tout en profitant de l'animation des lieux. On doit à Vauban l'imposant fort Lagarde qui surplombe le village.

La Festa de l'Os

Chaque année, la *Festa de l'Os* (en français la fête de l'ours), ou chasse à l'ours, anime tout le haut Vallespir à la sortie de l'hiver, au mois de février. Elle se déroule en musique successivement dans 3 villes, 3 week-ends de suite : Arles-sur-Tech, Prats-de-Mollo-La-Preste et Saint-Laurent-de-Cerdans.

Dans chaque village, un homme déguisé en ours envahit les villages en simulant l'enlèvement de femmes et de jeunes filles. Cela donne lieu à des courses-poursuites comiques à travers les ruelles du village et à des confrontations rocambolesques avec d'autres personnages feignant d'être des chasseurs. La fête se termine par la capture symbolique de l'ours et le rasage de sa fourrure. Depuis décembre 2014, ces fêtes sont inscrites à l'inventaire du patrimoine culturel immatériel en vue d'une candidature à l'inscription au patrimoine mondial de l'Unesco.

À voir

La meilleure façon de découvrir la **cité médiévale** est de flâner dans ses venelles (plan disponible à l'office du tourisme). On y accède par deux portes monumentales, la porte de France et la porte d'Espagne. Devant la **porte de France**, notez la présence d'une sculpture métallique, le **monument de la Sardane**, érigé pour rappeler le rôle de Prats-de-Mollo dans la survivance de cette tradition catalane.

À l'intérieur des remparts, la place Josep-de-la-Trinxeria, où trône l'ancienne maison consulaire, est aujourd'hui occupée par la mairie. Rue Sainte, la coquette **chapelle Saintes-Juste-et-Ruffine** est dédiée à deux martyres andalouses, saintes patronnes de la commune. Elle fut construite au XVIIe siècle accueillir les fidèles en cas de mauvais temps. Ses murs sont tapissés de jolies peintures naïves et de vitraux contemporains de l'artiste Jean Lareuse.

Un peu plus haut, surplombant le village, l'**église Saintes-Juste-et-Ruffine** (juil-août tlj 10h30-12h30 et 15h-19h, déb sept jusqu'à 17h, mi-sept à juin ven-dim uniquement) a été initiée au XIIIe mais achevée 4 siècles plus tard. Elle abrite de beaux retables des XVIIe et XIXe siècles. De là, les plus courageux prendront le sentier qui grimpe dans la forêt jusqu'au **fort Lagarde**, qui ménage de jolis points de vue sur la vallée et les montagnes environnantes.

Fort Lagarde — Architecture militaire

(04 68 39 70 83 ; tarif plein/réduit 3,50/2,50 € ; juil-août tlj 11h-13h et 14h-19h, avr-juin et sept mer-dim 14h-18h, oct ven-dim 14h-17h, en dehors de ces périodes demander à l'office du tourisme). Construit en partie par Vauban au XVIIe siècle autour d'une ancienne tour à signaux médiévale, l'édifice compte une trentaine de pièces : chapelles, cuisine, casernes, salle d'armes… Une centaine de soldats pouvaient y tenir garnison. En haute saison, des **visites** (mi-juil à fin août tlj sauf sam, sept-oct dim uniquement), guidées (5 €) ou contées (8 €), sont organisées par l'office du tourisme qui propose, à cette occasion, des navettes (incluses avec la visite guidée). Sinon, pour accéder au fort, empruntez de préférence le sentier sur la droite qui serpente dans la forêt (comptez au moins 15 min) et réservez le chemin en souterrain (et ses 147 marches) à la descente !

Activités

Depuis le centre de Prats-de-Mollo, une randonnée permet de gagner l'**ermitage de Notre-Dame-du-Coral** par le col de la Guille. Comptez 6 heures aller-retour sur un sentier bien balisé. Autre possibilité depuis la maison forestière de Can Got à 2 km du centre-ville (route du col d'Arès), rejoindre la **tour du Mir**, ancienne tour militaire située à la lisière de l'Espagne (4 heures aller-retour). Toutes les fiches rando (25 itinéraires, de la simple promenade au circuit de grande randonnée) sont consultables à l'office de tourisme ou téléchargeables gratuitement sur son site (www.pratsdemollolapreste.com/nature/randonnees). Les fondus de **VTT** disposeront aussi de 4 parcours tout niveau (téléchargeables sur www.pratsdemollolapreste.com/nature/vtt), allant du joli circuit de la chapelle Sainte-Marguerite (12 km, balade presque familiale) au raid transfrontalier (42 km, 1 530 m de dénivelé positif).

Inextremis Aventura — Canyoning

(09 80 85 05 65, 06 29 56 40 36 ; www.inextremis-aventura.fr ; av. du Vallespir, Céret ; adulte/- 14 ans à partir de 42/38 € par pers). Basé à Céret, ce prestataire propose de vous faire découvrir, aux beaux jours,

Prats-de-Mollo et l'église Saintes-Juste-et-Ruffine (p. 349)

EMMANUEL DAUTANT ©

VAUT LE DÉTOUR
Réserve naturelle de Prats-de-Mollo-La-Preste

Nul doute que les randonneurs trouveront leur bonheur dans ce magnifique territoire protégé de 2 300 ha, qui s'étend sur la haute vallée du Tech entre le pic de Costabonne et le Pla Guillem. Il n'est pas rare d'y observer des espèces animales emblématiques de la haute montagne comme l'aigle royal, l'isard, l'hermine ou le gypaète barbu.

L'ascension du **pic de Costabonne** (2 464 m), randonnée exigeante au départ du refuge Les Conques (1 530 m), est un bon moyen de découvrir les paysages naturels de la réserve, de l'étage subalpin colonisé par le pin à crochets jusqu'aux pelouses des sources du Tech. Regardez bien sous vos pieds lors de l'ascension, la géologie de la réserve ménage de nombreuses surprises : gneiss érodés par le gel sur le Pla de Las Eugues, quartz des Esquerdes de Rotjà, granit du Costabonne à proximité du col del Pal ou encore des marbres blancs veinés de cristaux verts. Comptez de 7 à 8 heures de marche aller-retour depuis le **refuge Les Conques** (09 88 66 66 37, 07 57 06 40 59 ; www.refugi-lesconques.com/fr ; juil-sept, Pâques, week-end juin et oct, sur réservation reste de l'année), à 1 600 m d'altitude, qui fait à la fois gîte d'étape (nuitée adulte/3-12 ans 19,50/13,50 €, petit-déj 7/5 €), bar et restaurant (demi-pension possible 43,50/29 €). Pour le rejoindre depuis Prats-de-Mollo, comptez 30 minutes de voiture. Prenez la D115 jusqu'à La Preste, puis continuez jusqu'au parking du refuge.

les gorges du Vallespir ou du Conflent grâce à des parcours allant de l'initiation au canyoning extrême, et, l'hiver, les sources d'eaux chaudes de Cerdagne.

Où se loger

Le Bellevue Hôtel-restaurant €
(04 68 39 72 48 ; www.hotel-le-bellevue.fr ; s/d 55-80/65-96 €, petit-déj 10 € ; fév-nov ; P). Situé à l'entrée du village, cet hôtel 3 étoiles très correct accueille principalement des curistes. Il offre de belles prestations et 13 chambres à la propreté impeccable. Certaines disposent d'une terrasse avec vue sur la place du village et la montagne. Le restaurant Bellavista propose une cuisine créative prisée des habitants (voir p. 352). Formule demi-pension intéressante et parking privé gratuit.

Domaine Oz'arbres 100% nature €€
(06 51 06 02 54 ; www.domaineozarbres.fr ; rte d'Espagne ; d/lodge 95-125/125-185 € selon confort, petit-déj 12 € ; tte l'année). Voici 3 cabanes avec terrasse panoramique nichées dans la forêt pour 2 à 5 personnes. L'une d'elles (la moins chère) n'a pas de salle de bains, il faut se rendre au bloc sanitaire situé au chalet d'accueil en contrebas. Bercé par le chant des oiseaux et le bruit du vent dans les frondaisons, le repos y est total ! Les cabanes sont chauffées l'hiver. Également un lodge de 30 m² dans le même esprit pouvant accueillir jusqu'à 6 personnes.

Maison Mauro Chambres d'hôtes €€
(06 14 62 63 21 ; 1 rue du Jardin-d'Enfants ; s/d avec petit-déj 70/95 €, loft/app 2 pers 120 €, 40 €/pers supp ;). À deux pas de la place El Firal, voici une belle adresse à prix doux ! Derrière une façade grise, 3 chambres d'hôtes et un loft ont été aménagés avec goût : salle de bains en tadelakt, cloisons vitrées, coins salon, pierres apparentes dans certaines chambres... Dans les pièces communes, les œuvres d'art côtoient les meubles de récupération ; une bibliothèque et un piano complètent une ambiance cosy. En prime, une grande cuisine tout équipée et une agréable terrasse mises à disposition des hôtes... Sans oublier l'accueil généreux de Jean-Bernard, maître des lieux.

Où se restaurer

Le Temps des cerises Cuisine de saison €€

(☎04 68 95 40 10 ; 11 rue Porte-de-France ; plat/formule midi sem 18/23 €, menus 28-33 € ; juil-août tlj sauf lun-mar, hors saison jeu-dim midi). Ce petit restaurant familial tout en longueur jouit depuis ses débuts d'une belle réputation. On l'encense pour sa cuisine de saison fraîche et joliment présentée, qui se laisse goûter le midi sans trop froisser les budgets. Peu de tables, la réservation est donc conseillée.

Bellavista Gastronomique €€

(☎04 68 39 72 48 ; www.hotel-le-bellevue.fr ; plats 25-29 €, menus 25-54 € ; mars-oct tlj sauf mar et mer). Le restaurant de l'hôtel Le Bellevue (voir p. 351) est sans conteste le plus raffiné du village. Dans un cadre élégant – ou sur l'agréable terrasse donnant sur le village –, Denis Visellach et son épouse Patricia mitonnent une cuisine du terroir élaborée et excellente : poisson de la criée, agneau catalan en cuisson lente, petits légumes de saison...

Renseignements

Office du tourisme (☎04 68 39 70 83 ; www.pratsdemollolapreste.com ; pl. le Foiral).

Depuis/vers Prats-de-Mollo-La Preste

Le bus n°531 du réseau de transport régional **liO** (☎0806 80 80 90 ; www.lio.laregion.fr) relie directement Prats-de-Mollo à Céret et Perpignan.

CONFLENT

Le Conflent est un pays de contrastes. Dans sa partie basse, c'est un immense verger (pêchers, abricotiers et pommiers), arrosé par des canaux d'irrigation dont certains datent du Moyen Âge, avec en toile de fond la silhouette triangulaire du Canigou. Mais, après le verrou de Villefranche-de-Conflent, changement de décor ! La Têt se faufile dans un défilé montagneux aux paysages austères. La route longeant le fleuve s'élève, doublée par le tracé du Train Jaune et ses impressionnants ouvrages d'art. Le Conflent reste aujourd'hui une importante voie de communication entre la France, l'Espagne et Andorre. Pour fuir la civilisation, engagez-vous dans les vallées des affluents de la Têt à la découverte de chefs-d'œuvre de l'art roman ou à l'assaut des montagnes du Haut-Conflent.

Ille-sur-Têt

Si elle ne présente pas à première vue d'intérêt majeur, cette bourgade établie au bord de la Têt abrite des ruelles tortueuses où il fait bon flâner et une jolie église dotée d'un imposant clocher du XIVe siècle et d'un portail en marbre blanc. On peut aussi y visiter l'hospice Saint-Jacques, devenu un lieu d'exposition, et surtout découvrir le site géologique des Orgues en bordure de la Têt.

À voir et à faire

Orgues d'Ille-sur-Têt Site naturel

(☎04 68 84 13 13 ; orgues.netinfo.pro ; chemin de Régleilles ; adulte/enfant 5/3,50-4 €, gratuit - 10 ans ; mi-juin à mi-sept tlj 9h15-20h, avr à mi-juin et mi-sept à mi-oct 9h30-19h, reste de l'année se renseigner). Dominé par le Canigou, le curieux site géologique des Orgues, sculpté par la Têt, rappelle les parcs de l'Ouest américain (en bien plus petit) ou la Cappadoce avec ses cheminées de fée dont la couleur varie du blanc à l'ocre. La formation de ces étranges colonnes résulte de l'érosion de roches tendres, constituées d'argile et de sable. Le site se visite grâce à un sentier d'interprétation qui slalome entre les Orgues (45 min de marche). Depuis Ille-sur-Têt, suivre la direction de Montalba-le-Château, puis les panneaux sur la droite de la route. En continuant en direction de Montalba, d'autres formations d'une couleur plus ocre apparaissent depuis la route.

Où se loger

La Gare de Millas Chambres d'hôtes insolites €

(☎06 30 06 07 22 ; lagaredemillas.wixsite.com/lagaredemillas ; 25 av. de la Gare ; d 70 € avec

Les Orgues d'Ille-sur-Têt

petit-déj, gîte 110 €, au moins 2 nuits ;). Mordus de vintage et d'expérience atypique, vous êtes au bon endroit ! Cette ancienne gare à une dizaine de kilomètres d'Ille-sur-Têt a été métamorphosée par Céline en une maison d'hôtes conviviale et rétro à souhait. Les deux petites chambres aux couleurs pimpantes s'ouvrent sur un salon et une cuisine communs, et, à l'extérieur, sur un petit jardin à l'esprit guinguette. Nouveauté 2021 : un wagon allemand datant du début du XXe siècle transformé en gîte tout confort (mais toujours aussi décalé) pour 4 à 6 personnes (à partir de 2 nuits). La voie de chemin de fer passe juste derrière, vous permettant ainsi, à tout moment, d'attraper un TER à 1 € pour Prades ou Perpignan !

Les Buis — Chambres d'hôtes €€

(04 68 57 67 43 ; www.lesbuis.com ; 37 rue Carnot ; d/tr avec petit-déj 95-145/150-170 €, + 30 €/pers supp ; fév-nov ; P). Mobilier ancien, parquets qui craquent, grand jardin calme, piscine… Cette belle et vaste maison de maître de la fin du XIXe siècle, située en plein centre du bourg, possède un cachet certain. Et pourtant, c'est l'accueil discret et adorable de ses propriétaires qui est son plus bel atout.

Les Perles catalanes — À la bulle étoile €€

(06 71 97 63 16, 07 71 58 77 26 ; www.lesperlescatalanes.fr ; rue des Escoumes, Vinça ; 150-190 € selon confort, avec petit déj ; mi-avr à oct ; P). Au bout du camping Les Rives du lac de Vinça, entre Eus et l'Ille-sur-Têt, vous trouverez un drôle de village aux airs futuristes. Si vous vous sentez l'âme d'un colon sur Mars (mais que vous voulez rester sur Terre et observer les étoiles), voici 3 bulles de tailles et de couleurs différentes, dont un dôme en verre, ouverts sur le ciel. Chacun dispose d'une déco cocon personnalisée à la mode safari chic, d'une terrasse privative et de sanitaires dans un chalet à l'extérieur. Côté services : accès à la plage privée du lac, plateau tapas (35 €/2 pers), location de paddles (15 €/heure) et Jacuzzi (15 €). La nuit, les bulles sont à la température extérieure.

LAURE F./STOCKADOBE.COM©

VAUT LE DÉTOUR
Prieuré de Serrabone

À 15 km au sud d'Ille-sur-Têt et à 30 km à l'est de Prades, ce **prieuré** (☎04 68 84 09 30 ; adulte 5 €, enfant gratuit ; ⏰juin-sept tlj 9h30-18h30, avril-mai et oct mar-dim 10h-18h, jusqu'à 17h nov-mars ; visites guidées juil-août à 11h, 15h et 17h, sur réservation reste de l'année), situé aux confins du massif des Aspres, au milieu d'un océan de maquis odorant, fut habité dès le XIe siècle par une communauté de chanoines augustins. De l'extérieur, son architecture modeste en pierre de schiste est austère. Mais, une fois franchi le seuil, la surprise vient d'une somptueuse tribune en marbre rose du Conflent, située au centre de la nef. Réalisée autour de 1150, elle est considérée comme un des exemples les plus remarquables de sculpture d'époque romane en pays catalan. Les colonnes de la tribune supportent de superbes chapiteaux qui reprennent certains éléments iconographiques (aigles, griffons, lions, motifs floraux et anges), apparus quelques années auparavant à Saint-Michel de Cuxa. Pour s'y rendre depuis Prades, prendre la N116, puis tourner à droite au niveau de Bouleternère.

Renseignements

Office du tourisme (☎04 68 57 99 00 ; 2 pl. Henri-Demay).

Depuis/vers Ille-sur-Têt

Ille-sur-Têt se rejoint facilement depuis Perpignan en TER (www.sncf-connect.com). Comptez une vingtaine de minutes de trajet.

Eus

Impossible de rater le magnifique village perché d'Eus (prononcer "Éouce"), 6 km avant Prades. Ses ruelles, surplombées par une imposante église du XVIIIe siècle, se découvrent à pied et réservent parfois de très belles vues sur la vallée. La placette située au centre du village est parfaite pour prendre un verre et admirer le Canigou. Très fréquenté l'été, Eus est parfois victime de son succès.

À voir et à faire

En vous baladant au hasard des venelles du village, vous tomberez sur plusieurs **galeries d'artiste** et **ateliers d'artisan**. Grimpez ensuite jusqu'à **l'église haute**, construite à même les ruines d'un château comtal du XIIIe siècle. Elle vaut le détour pour son chœur baroque et ses retables. On peut encore voir une partie du chemin de ronde du château, débouchant sur une poterne et une salle voûtée en berceau derrière l'abside de l'église. En contrebas du village, l'**église romane** du Xe siècle mérite aussi la visite.

Pour se dégourdir les jambes, un sentier bien entretenu relie Eus à **Arboussols**, le village voisin, en 1 heure. De là, vous pourrez ensuite pousser jusqu'au **prieuré de Marcevol** (1 heure supplémentaire). Depuis Eus, vous pouvez aussi gagner l'ancien village de **Comes** (en 1 heure 45) ou la **chapelle Saint-Jacques de Calahons** (en 1 heure 30). Vous trouverez les différentes fiches randonnées correspondantes téléchargeables gratuitement sur le site de l'office du tourisme (www.tourisme-canigou.com).

Où se loger et se restaurer

Casa Ilicia — Chambres d'hôtes €
(☎06 95 34 15 32 ; casailicia.wordpress.com ; 7 chemin du Moulin-à-huile ; s/d/tr/qua avec petit-déj 64-84/74-94/114/134 € ; wifi). Au bout d'une impasse située à l'entrée du village,

cette très belle maison en pierre de granit a été construite en écoconception à même le rocher, par Claudia et Nuno, un sympathique couple franco-portugais. Elle abrite 5 chambres épurées, égayées de toiles contemporaines (un espace d'exposition occupe le rez-de-chaussée), tout équipées, certaines avec terrasse privative et vue sur le Canigou. La chambre 5 est semi-couverte, c'est-à-dire ouverte et seulement occultée par des rideaux thermiques. Idéal pour passer la nuit à la belle étoile ou se détendre dans la baignoire avec vue sur la montagne sacrée des Catalans ! Les petits-déjeuners gourmands se prennent, aux beaux jours, sur l'une des deux terrasses solarium, avec vue sur les Pyrénées et les vergers en contrebas. Prêt de VTT à la demi-journée (location à la journée 10 €) et de raquettes à neige l'hiver. Location de VTT électriques (demi-journée/journée 19/29 €).

Des Goûts et des Couleurs Bistrot de village €

(✆ 06 09 53 32 47 ; 3 pl. de la République ; menus 17,90-21,90 €, crêpes 11-12,50 € ; ⏱ juil-sept mar-dim 11h-21h, oct et avr-juin mer-dim 11h-19h, jusqu'à 21h ven-sam, fermé nov-mars). Une cuisine façon bistrot de pays, colorée et maison : quiches, galettes de sarrasin, salades composées, planche de charcuterie et de fromages, ou crêpes sucrées pour le goûter. Très agréable terrasse ombragée avec vue sur le Canigou. Accueil sympathique.

VAUT LE DÉTOUR

Cure gourmande (et bien-être) à Molitg-les-Bains

À 8 km au sud de Prades, le village perché de Molitg-les-Bains est desservi par une départementale en lacet qui serpente dans la belle vallée boisée de la Castellane. La route en elle-même vaut le détour. Molitg-les-Bains est réputé pour la richesse en souffre et en plancton de ses eaux, aux vertus rhumatologiques, dermatologiques et respiratoires reconnues. Les thermes du **Grand Hôtel**, établissement au charme délicieusement suranné, accueillent chaque année curistes au long cours et visiteurs d'un jour, en quête de bien-être (soins spécifiques et formules à la demi-journée)... Mais aussi, les simples gourmands ! Son restaurant le **Bistro Casals** (✆ 04 68 05 00 50 ; www.grandhotelmolitg.com ; menus 32-38 €, plats 22-24 € ; ⏱ tlj sauf dim, fermé déc-mars), orchestré par le chef à succès Michel Guérard, propose une "cuisine d'appétit" fine et réussie. Un peu plus haut dans le village, blotti dans la verdure, le restaurant du cossu **Château de Riell** (✆ 04 68 05 04 40 ; www.chateauderiell.com ; menus 55-75 € ; ⏱ été jeu-mar soir et dim midi, fermé mar soir hors saison, fermé mi-nov à fin mars), tenu par la même famille, et qui fait aussi hôtel, pousse l'expérience culinaire un cran au-dessus.

Prades

Prades, capitale du Conflent, a les faveurs de beaucoup d'estivants grâce à sa position stratégique à proximité des abbayes du Conflent, du prieuré de Serrabone et du massif du Canigou. Un cocktail naturel (rivières, chemins de randonnée) et culturel, auquel on doit ajouter quelques coquetteries bienvenues, à l'image des fontaines, porches et trottoirs en marbre rose du Conflent, qui ornent les rues. L'activité de Prades se concentre essentiellement autour de la place de l'Église, où trône un beau clocher de style lombard. C'est sur cette placette qu'a lieu le marché les mardis et samedis matin. Surtout animée l'été, Prades célèbre Pablo Casals au cours d'un festival de musique de chambre réputé. Un petit musée, situé dans la médiathèque, honore la mémoire du grand violoncelliste.

À voir

Église Saint-Pierre — Art religieux

(mi-juin à oct mar-sam 10h-12h30 et 14h30-18h). L'église actuelle est bâtie sur les bases d'une église romane dont il ne reste que le clocher de style lombard datant du XIIe siècle. La grande nef flanquée de 14 chapelles date du XVIIe siècle. Ne passez pas à côté de ses retables baroques et surtout de celui du maître-autel réalisé par le sculpteur catalan Joseph Sunyer de 1696 à 1699. Il s'agit d'un des plus grands de France. Ce splendide travail de sculpture sur bois est dédié à saint Pierre, le patron de la ville, dont la vie est relatée à travers 6 tableaux comprenant pas moins de 100 statues et bas-reliefs. Visite guidée possible le mardi et le vendredi à 14h30 de mi-juin à mi-sept (gratuit ; le reste de l'année sur réservation au 04 68 05 23 58).

Espace Martin Vives — Art moderne

(04 68 05 22 43 ; rue du Palais-de-Justice ; mar-sam 9h30-12h et 14h30-18h, fermé jan). Lorsqu'il n'accueille pas des expositions temporaires en lien avec la catalinité, ce petit espace, aménagé dans une ancienne prison du XIXe siècle, invite à la découverte de l'œuvre lumineuse de Martin Vives (1931-1990), peintre pradéen prolifique et engagé, influencé par Cézanne et les courants modernes d'avant-guerre.

Où se loger

Le 225 — Chambres d'hôtes €

(04 68 05 52 79 ; www.225prades.com ; 225 av. du Général-de-Gaulle ; d/tr ou qua avec petit-déj 69-89/105-120 € ; piscine, wifi, parking). Derrière une belle façade, cette ancienne maison de maître cache un endroit d'exception où l'accueil n'est pas un vain mot. Declan et Sharon, un couple irlandais, prennent grand soin de leurs hôtes. Les parties communes et les chambres spacieuses ont été rénovées avec goût. Ces dernières jouissent de très belles vues sur le Canigou. Un petit jardin à l'arrière permet de se détendre après un plongeon dans la piscine... Le tout à 500 m du centre de Prades.

Où se restaurer

La Ferreria — Bistrot €

(04 68 04 77 64 ; laferreria.fr ; 3 traverse des Fabriques ; plats 15-21 €, menu midi/soir 16/23 € ; mar-sam midi et ven-sam soir). Cet agréable bistrot aux pierres apparentes, mur bleu canard et tables en bois blond, sert, dans une ambiance décontractée, une cuisine catalane simple, locale et gourmande, au bon rapport qualité/prix. Les habitués (et ils sont nombreux) ne s'y trompent pas !

El Taller — Restaurant et atelier culturel €€

(04 68 05 63 35 ; bar-restaurant-el-taller.weebly.com ; 2 pl. Verdaguer, Taurinya ; formule/menu midi sem 18/22 €, menus 34-44 €, plats 21-29 € ; juil-août tlj sauf mer et mar soir, reste de l'année se renseigner). À deux pas de l'abbaye de Saint-Michel de Cuxa, la structure contemporaine de verre et d'acier du restaurant El Taller tranche agréablement avec le paisible village de Taurinya. La cuisine, qui met à l'honneur les bons produits du terroir, n'y souffre aucun reproche et s'accompagne allègrement d'un vin du cru ou d'une bière artisanale. Le menu propose par ailleurs une option végétarienne. El Taller accueille également une nouvelle exposition par mois (peinture, photo, sculpture). Une adresse coup de cœur !

Renseignements

Office du tourisme (04 68 05 41 02 ; www.tourisme-canigou.com ; 10 pl. de la République). De mars à novembre (hors saison un mardi par mois), il organise des visites guidées de la ville tous les mardis à 16h (2 heures, 4 €).

Depuis/vers Prades

Les bus n°520 et 521 du réseau de transport régional **liO** (0806 80 80 90 ; www.lio.laregion.fr) permettent de rejoindre Prades depuis Ille-sur-Têt et Perpignan.

Abbaye Saint-Michel de Cuxa

Cette **abbaye** (☎04 68 96 15 35 ; abbaye-cuxa.com ; rte de Taurinya ; adulte/enfant 6/3,50 €, gratuit - 12 ans ; ⏲avr-sept 9h30-11h50 et 14h-18h, oct-mars jusqu'à 17h) qui émerge au-dessus d'une petite vallée couverte de vergers regroupe un ensemble architectural exceptionnel. C'est l'un des très rares témoins de l'art préroman dans l'Hexagone. Elle comprend une grande église consacrée en 974, un clocher roman lombard du XIe siècle de 4 étages – un second ne résista pas à un tremblement de terre – et les restes d'un cloître roman en marbre rose du Conflent du XIIe siècle. Autour de l'an mil, l'abbaye, alors sous la protection des comtes de Cerdagne, devint un important foyer culturel, des moines de toute l'Europe y affluaient pour étudier. Elle perdit ensuite peu à peu de son importance et tomba en ruine après la Révolution française. Au début du XXe siècle, plusieurs chapiteaux et colonnes du cloître furent même démontés et installés dans une annexe du Metropolitan Museum of Art de New York. Depuis 1965, quelques moines de la congrégation bénédictine de Subiaco, en Espagne, vivent dans l'abbaye.

La visite commence par la **crypte dite du Pessebre** (la crèche en catalan), un ensemble de couloirs souterrains voûtés menant à une rotonde soutenue par un pilier massif en forme de palmier. Remarquez les morceaux de coffrage en bois, ayant servi à la construction du pilier, encastrés dans le mortier de chaux. Placé sous la protection de la Vierge, ce lieu chargé de mystère évoquerait la grotte de la Nativité. La découverte du **cloître**, de taille imposante, vaut surtout pour l'ornementation exceptionnelle de ses chapiteaux, couverts de motifs végétaux, animaliers ou monstrueux. Ces sculptures comptent parmi les premières de style roman dans le Roussillon. Un espace, aménagé dans les salles capitulaires, retrace, à travers panneaux explicatifs, photos et maquette, l'histoire de l'abbaye ; il expose aussi quelques

L'abbaye Saint-Michel de Cuxa (ci-dessus)

EMMANUEL DAUTANT ©

ARENYSAM/FOTOLIA ©

SI VOUS AIMEZ...
Les villages perchés

Si vous aimez les villages perchés comme Castelnou (p. 322) ou Eus (p. 354), découvrez aussi :

- **Mosset** Niché dans la vallée de la Castellane à 12 km de Prades, Mosset garde les traces de son passé montagnard et féodal avec ses hautes murailles. Son église a conservé de beaux retables baroques et une étrange curiosité : un pin sylvestre aventureux pousse au sommet de son clocher.
- **Évol** À 2 km d'Olette dans le Haut-Conflent, Évol est surtout remarquable pour l'homogénéité architecturale de ses maisons mêlant murs de schiste et toits en lauze.
- **Mantet** Le bout du monde ou presque ! Pour s'y rendre, il faut franchir le col de Mantet à 1 761 m d'altitude par une route (très !) sinueuse, inaugurée en 1964, avant de redescendre vers ce minuscule hameau. Construit en terrasses au milieu des alpages, Mantet est aussi le point de départ de nombreuses randonnées. Renseignements sur place auprès de la **Maison de la nature** (04 68 05 00 75 ; juil-août tlj 10h-13h et 15h-19h). À 23 km de Villefranche-de-Conflent par la D6.

fragments conservés de la tribune-jubé. La visite se termine par l'**église**, un des rares exemples d'édifices préromans en France avec sa nef en fer à cheval d'inspiration wisigothique.

Vernet-les-Bains

Au pied des contreforts boisés du massif nord du Canigou, Vernet-les-Bains est réputée pour sa station thermale, très appréciée par la bourgeoisie au XIXe siècle. C'est aussi le point de départ de superbes randonnées. Voilà une base idéale si vous comptez vous mesurer au fameux pic du Canigou, marcher jusqu'à la magnifique abbaye Saint-Martin-du-Canigou, ou encore découvrir les gorges de Cady. Une douzaine de villas Belle Époque sont disséminées dans le bourg.

À voir

Abbaye Saint-Martin-du-Canigou Art monastique

(04 68 05 50 03 ; www.stmartinducanigou.org ; Casteil ; tarif plein/réduit 6/4 €, gratuit - 12 ans ; visites guidées uniquement, juin-sept lun-sam 10h, 11h, 12h, 14h, 15h, 16h et 17h, oct-mai 10h, 11h, 14h, 15h et 16h, dim et fêtes 10h, 12h30). Perchée tel un nid d'aigle en équilibre sur un éperon rocheux, l'abbaye Saint-Martin-du-Canigou fut fondée vers l'an mil par le comte Guifred de Cerdagne. Elle connut des fortunes diverses au cours des siècles et fut abandonnée quelques années avant la Révolution française. Entre 1902 et 1932, l'évêque de Perpignan, opiniâtre, entreprit des travaux de restauration de l'abbaye, poursuivis par le père de Chabannes, moine bénédictin, de 1952 à 1982. Elle est aujourd'hui habitée par la communauté des Béatitudes (messes et offices sont ouverts à tous).

La visite guidée permet de découvrir en particulier le cloître et son impressionnante galerie, ornée de chapiteaux d'origine et ouverte sur la montagne (et non pas fermée autour d'un jardin comme le veut la tradition), ainsi que les deux églises voûtées superposées : l'église inférieure à demi enterrée et admirablement conservée, dédiée à la Vierge, invoquée sous le vocable de Notre-Dame-sous-Terre, et l'église supérieure consacrée à saint Martin.

Abbaye Saint-Martin-du-Canigou (page ci-contre)

L'accès à l'abbaye s'effectue à pied depuis le village de Casteil, situé à 3 km de Vernet-les-Bains. Comptez 40 minutes de marche un peu raide (surtout au début). On peut monter en **jeep** (04 68 05 99 89, 06 50 33 95 79).

Activités

L'office du tourisme vend une carte de 85 randonnées sur tout le Conflent (5 €). Pour les voies d'accès au Canigou (voir l'encadré p. 362) et les balades au départ de Vernet-les-Bains, rendez-vous sur www.tourisme-canigou.com, les itinéraires sont téléchargeables gratuitement. Dans les environs proches, depuis Casteil, la balade dans les **gorges de Cady**, que l'on peut prolonger jusqu'à la **cascade de Cady** (comptez de 3 à 4 heures de marche aller-retour, difficulté moyenne), vaut aussi le détour. Attention, lors de notre passage, la dernière passerelle menant à la cascade avait été endommagée et il n'était plus possible d'y accéder : renseignez-vous avant de partir.

Où se restaurer

Le Cortal — Bistrot €

(04 68 05 55 79 ; rue du Château ; menu midi/soir 25/30 €, plat 18-21 € ; été tlj sauf mar et mer, fermé mar et mer en hiver). Malgré son apparence extérieure un peu rustique, cet établissement propose une cuisine bistrot soignée, essentiellement locale, et un *vrai* menu végétarien ! Son autre atout : une agréable terrasse avec vue sur les montagnes.

Renseignements

Office du tourisme (04 68 05 41 02 ; www.vernet-les-bains.fr ; pl. de la République).

Depuis/vers Vernet-les-Bains

Le bus n°521 du réseau de transport régional **liO** (0806 80 80 90 ; www.lio.laregion.fr) permet de rejoindre Vernet-les-Bains depuis Villefranche-de-Conflent, Prades et Perpignan.

Villefranche-de-Conflent

Cernée par les montagnes, cette petite cité très fréquentée est complètement dissimulée derrière d'impressionnants remparts ponctués d'échauguettes de brique rouge. Fondée au XIe siècle, Villefranche-de-Conflent a longtemps représenté un verrou stratégique, à l'heure où la France et l'Espagne se disputaient le Roussillon. Au XVIIe siècle, Vauban complète le système défensif et crée le fort Libéria en surplomb du village.

Le charme de Villefranche est malheureusement gâché par l'afflux des visiteurs et les nombreuses échoppes de souvenirs en tout genre. Il faut dire qu'avec ses fortifications Vauban inscrites au patrimoine mondial de l'Unesco, ses grottes et sa gare ferroviaire, point de départ du Train Jaune, Villefranche concentre beaucoup d'attraits.

À voir

Privilégiez le début de la matinée ou la fin de l'après-midi pour arpenter Villefranche-de-Conflent, lorsque la cité retrouve son calme. En flânant dans ses ruelles, vous vous apercevrez que le marbre rose du Conflent est partout : sur les places pavées, sur les arcades des portes de la ville ou sur le magnifique portail roman de l'**église Saint-Jacques** du XIe siècle, qui possède aussi quelques intéressants retables.

Fortifications — Patrimoine militaire

(04 68 05 87 05 ; 2 rue Saint-Jean ; tarif plein/réduit 5/4 €, gratuit - 10 ans ; juin-sept tlj 10h-19h, jusqu'à 20h juil-août, avr-mai et oct 11h-18h, fév-mars et nov-déc 13h-17h, dernière entrée 1 heure avant fermeture). La visite des **remparts**, entièrement couverts, permet de cheminer sur les fortifications médiévales consolidées par Vauban en suivant l'ancien chemin de ronde. Ils se parcourent avec une notice explicative, en suivant un tracé fléché (comptez 1 heure). Les soirs de juillet-août, des visites aux flambeaux sont organisées le lundi et le mardi à 21h (adulte/enfant 8/6 €). Le départ de la visite se fait au niveau de la porte d'Espagne. Vous pouvez aussi opter pour une visite de l'ensemble du village avec audioguide (2 €, mêmes horaires que les remparts).

Vous pourrez grimper à l'assaut du fort Libéria (voir ci-dessous) en empruntant le magnifique **souterrain des 1 000 marches** (en réalité 734). Construit au milieu du XIXe siècle, il relie Villefranche au fort Libéria, 180 m plus haut, par un escalier en marbre rose du Conflent. Son édification, particulièrement ardue dans un terrain accidenté, aurait causé la mort de 22 ouvriers. Vous pouvez aussi rejoindre le fort par un sentier (30-40 min de marche) ou en empruntant une navette 4x4 (adulte/5-11 ans 5/1,50 €) qui part du café Le Canigou ou de la gare de Villefranche.

Fort Libéria — Patrimoine militaire

(04 68 96 34 01 ; www.fort-liberia.com ; adulte/5-11 ans 7/4,50 € ; juil-août tlj 9h-20h, mai-juin 10h-19h, reste de l'année 10h-18h). Le fort Libéria est un ouvrage défensif construit par Vauban sur 3 niveaux (prévoyez 300 marches supplémentaire à gravir). À la fin du XVIIe siècle, plusieurs femmes y furent emprisonnées pour leur implication dans l'affaire des poisons, une retentissante histoire de magie noire qui mit la cour de Versailles sens dessus dessous. Après la visite des geôles et des casernes, attardez-vous sur le joli **chemin de ronde** et sa vue plongeante sur Villefranche. Possibilité de restauration sur place (12h-15h) de juin à fin septembre.

Grottes — Concrétions calcaires

(04 68 05 20 20 ; www.grottescanalettes.com ; rte de Vernet-les-Bains ; grotte des Grandes Canalettes adulte/- 12 ans 11/6 €, gratuit- 5 ans ; avr-juin et sept tlj 10h-17h, juil-août 10h-17h30, oct à mi-nov et vac d'hiver 11h-16h). À quelques centaines de mètres de la cité médiévale, 3 grottes ont été aménagées pour la visite. Celle des **Grandes Canalettes** est la plus vaste et la plus impressionnante avec ses

chemin de ronde et sa vue plongeante sur Villefranche. Possibilité de restauration sur place (12h-15h) de juin à fin septembre.

Grottes — Concrétions calcaires

(04 68 05 20 20 ; www.grottescanalettes.com ; rte de Vernet-les-Bains ; grotte des Grandes Canalettes adulte/- 12 ans 11/6 €, gratuit- 5 ans ; avr-juin et sept tlj 10h-17h, juil-août 10h-17h30, oct à mi-nov et vac d'hiver 11h-16h). À quelques centaines de mètres de la cité médiévale, 3 grottes ont été aménagées pour la visite. Celle des **Grandes Canalettes** est la plus vaste et la plus impressionnante avec ses cristallisations féeriques évoquant Angkor ou la Sagrada Família. Un spectacle de son et lumière y est projeté toutes les 10 minutes. Une autre vidéo-projection peut avoir lieu l'été et pendant les vacances de Pâques.

Où se loger et se restaurer

La Forge d'Auguste — Crêperie €

(04 68 05 08 65 ; www.laforgedauguste.com ; 54 bis rue Saint-Jean ; galettes 7,50-13,50 €, burgers 15-16,50 €, crêpes 3,80-9 € ; mi-juin à sept tlj, reste de l'année se renseigner). D'excellentes galettes et crêpes à base de farine de sarrasin et de froment bio, mais aussi des salades composées ultrafraîches et des burgers généreux, dont 2 végétariens. Agréable courette avec pierres apparentes et mobilier coloré.

À l'ombre du fort — Chambre d'hôtes et gîte €

(06 88 39 01 63 ; www.alombredufort.com ; 2 lieu-dit Sainte-Eulalie ; s/d avec petit-déj 55-70/65-80 €, gîte 4 pers 70-130 €/nuit, table d'hôtes adulte/enfant 24/10 € ; P). À une centaine de mètres de la gare, cette grande maison de maître, entourée par un vaste jardin et bordée par la Têt, est un repaire de convivialité. S'y logent 4 chambres d'hôtes coquettes, ainsi que 2 gîtes indépendants. Espace de jeux pour enfants, terrain de pétanque, table de ping-pong, belle piscine... Sans oublier les petits-déjeuners gourmands, préparés le matin par Marina, et les repas traditionnels catalans, le soir, par Florian, pour prendre le temps d'échanger. Demi-

Le fort Libéria (p. 360)

YVANN K/FOTOLIA ©

Le Canigou, montagne mythique

Comme l'Etna ou le mont Fuji, le Canigou appartient à cette catégorie de sommets qui se voient de très loin. Ses 2 784 m lui ont longtemps valu d'être considéré comme le point culminant des Pyrénées-Orientales, alors qu'il s'agit en fait du pic Carlit (2 921 m, voir p. 365). Avec sa forme pyramidale caractéristique, cette montagne est aussi l'un des berceaux de l'identité catalane. Tous les ans, les drapeaux aux couleurs sang et or recouvrent la croix en haut du Canigou lors de la nuit de la Saint-Jean (voir p. 344) et un brasier géant est allumé à son sommet avec la flamme sacrée del Canigo, entretenue toute l'année dans la tour du Castillet à Perpignan.

Son ascension, relativement facile, s'effectue le plus souvent depuis le **refuge des Cortalets** (06 70 65 55 58, 04 68 96 36 19 ; refugedescortalets.ffcam.fr ; nuitée adulte/8-18 ans 19,50/10,75-15,60 €, demi-pension 47 €/pers ; fin mai à mi-oct), à 2 150 m d'altitude, que l'on peut rejoindre à pied depuis le parking de Los Masos de Valmanya (3 heures 30 de marche) ou depuis ceux de Baillestavy, Taurinya et Fillols (5 heures de marche). Depuis le refuge, comptez encore 2 heures de marche pour atteindre le sommet. Lors de notre passage, la montée en 4x4 n'était plus autorisée en raison du mauvais état des pistes, renseignez-vous à l'office de tourisme de Vernet-les-Bains.

Une autre solution consiste à rejoindre le **refuge de Mariailles** (04 68 05 57 99 ; refugedemariailles.fr ; nuitée 20 €/pers, demi-pension 45 €/pers ; fin mai-oct), à 1 700 m d'altitude, à pied depuis Vernet-les-Bains (3 heures 30 environ) ou en voiture par une piste depuis le col de Jou (qui était fermée lors de notre passage : se renseigner). Là aussi, la circulation est réglementée, renseignez-vous avant de l'emprunter. Depuis le refuge de Mariailles, le sommet se trouve à 4 heures de marche. C'est l'itinéraire le plus surprenant mais aussi le plus exigeant. Il se termine par un escalier taillé dans la pierre à la dynamite, appelé la Cheminée.

N'oubliez pas que l'ascension du Canigou est une randonnée de haute montagne, partez donc tôt le matin et renseignez-vous sur la météo. Si vous voulez effectuer la totalité de l'ascension à pied, il est conseillé d'y consacrer 2 jours. Avant le départ, renseignez-vous sur tous les détails pratiques de l'ascension à l'office du tourisme de Villefranche-de-Conflent et de Vernet-les-Bains, qui distribuent tous deux la brochure gratuite *Sport et nature*, ou téléchargez les itinéraires sur www.tourisme-canigou.com/decouvrez/le-mont-canigo/acceder-au-sommet-du-canigo.

Ci-dessus : vue sur le Canigou

www.lio.laregion.fr) depuis Perpignan, Ille-sur-Têt et Prades. La gare de Villefranche-de-Conflent est aussi le départ de la ligne touristique du Train Jaune (voir l'encadré p. 364) qui rejoint Latour-de-Carol, en passant notamment par Font-Romeu, à travers les magnifiques paysages du Haut-Conflent et de la Cerdagne.

Mont-Louis

Perchée à 1 600 m d'altitude, Mont-Louis est une ville fortifiée créée de toutes pièces par Vauban pour sécuriser la frontière franco-espagnole redessinée par le traité des Pyrénées (1659). Elle a gardé sa vocation de ville de garnison : une partie de la citadelle est encore occupée aujourd'hui par un centre d'entraînement de l'armée de terre. Derrière ses murailles et ses échauguettes, Mont-Louis offre une atmosphère reposante et très verdoyante aux portes de la Cerdagne, du Conflent et du Capcir. Encore un éden pour les randonneurs et les amoureux de plein air.

À voir

Fortifications Patrimoine militaire

Nommée en hommage au Roi-Soleil, la place forte de Mont-Louis était une pièce majeure du système défensif créé par Vauban pour sécuriser les Pyrénées. Élevées entre 1679 et 1681, les fortifications devaient comprendre 3 espaces distincts : la ville basse, qui ne fut jamais construite, la citadelle, encore occupée par l'armée aujourd'hui, et la ville haute, qui correspond au Mont-Louis actuel, cerné de **remparts**, auquel on accède par l'imposante porte de France surveillée par une guérite. L'office du tourisme organise, toute l'année, des **visites guidées de la citadelle** (adulte/enfant 7/3,50-5 €, gratuit - 7 ans ; juil-août lun-sam 10h, 11h, 14h et 15h, sept-juin lun-ven 11h et 14h ; c'est un site militaire, apporter une pièce d'identité) au cours desquelles on peut observer l'ingénieux **puits des Forçats** et sa roue d'écureuil, un système de collecte et de distribution d'eau.

Four solaire de Mont-Louis Patrimoine scientifique

(04 68 04 14 89 ; four-solaire.fr/histoire-du-four-solaire ; résidence Vauban ; adulte/réduit/6-16 ans 7,50/6,90/5,90 € ; mi-avr à mi-oct tlj 11h30, 14h et 15h, juil-août tlj 10h, 11h30, 14h, 15h, 16h, 17h, parfois 18h). Si aujourd'hui le four de Mont-Louis ne sert plus qu'à cuire de la céramique fabriquée sur place et à faire des expérimentations, il fut installé dans un but scientifique par le professeur Félix Trombe, en 1947, pour tester la résistance des matériaux à l'énergie solaire. Aujourd'hui, les expérimentations proposées autour de ces deux miroirs, dont un suit minutieusement la course du Soleil, restent très impressionnantes. La chaleur produite peut atteindre 3 000°C. Voir aussi p. 366.

Où se loger et se restaurer

La Table du Capil Catalan €€

(04 68 04 94 48 ; www.hotel-corrieu.fr ; 8 rue de la Quillane ; menu midi/soir 21-25/31-35 € ; mer-dim midi et soir). Prenez la peine de pousser jusqu'à l'entrée du village de La Llagonne, à 10 minutes à peine en voiture de Mont-Louis. Dans son agréable salle contemporaine ouverte sur les montagnes, le restaurant de l'hôtel Corrieu propose une cuisine traditionnelle légèrement revisitée, favorisant le bio et le local : galte de cochon braisée au banyuls, sauté de veau des Pyrénées à la catalane, poitrine de porc au miel des montagnes... Que l'on accompagne volontiers d'un verre de vin régional. Très bon rapport qualité/prix.

Renseignements

Office du tourisme (04 68 04 21 97 ; www.mont-louis.net ; 1 rue Émile Zola).

Depuis/vers Mont-Louis

La gare de La Cabanasse, à Mont-Louis, permet de prendre le Train Jaune (voir l'encadré p. 364)

PHILETDOM/FOTOLIA ©

À NE PAS MANQUER

Le Train Jaune

Construite pour désenclaver le Capcir et la Cerdagne au début du XXe siècle, la ligne du Train Jaune, qui relie Villefranche-de-Conflent et Latour-de-Carol, est à la fois une prouesse technique (650 ouvrages d'art et 19 tunnels ponctuent son parcours de 62 km) et un symbole. Le choix de voitures jaunes rayées de rouge ne doit, bien sûr, rien au hasard.

Jugée non rentable, la ligne doit sa survie au combat de cheminots qui luttèrent à partir de 1968 contre son abandon. Depuis les années 1980, forte de son attractivité touristique (400 000 voyageurs par an), elle semble définitivement sauvée. Sur la soixantaine de kilomètres du trajet, la partie basse entre Villefranche et Mont-Louis est de loin la plus grisante, surtout l'été avec les voitures ouvertes. Depuis Villefranche, le ruban jaune escalade les gorges de la Têt en s'accrochant à d'étroites corniches, enjambe la Têt grâce à d'imposants ouvrages d'art, comme le pont Séjourné ou le pont Gisclard, avant de déboucher sur le plateau cerdan. Il serpente ensuite de village en village en s'élevant progressivement jusqu'à la gare de Bolquère, la plus haute de France, à 1 592 m, et rejoint Latour-de-Carol, son terminus. Grimpeur hors pair, ce petit train gravit près de 1 200 m de dénivelé entre son point de départ et son point d'arrivée. Si vous voulez faire un aller-retour dans la journée et éviter un trajet éprouvant, il est conseillé de faire soit la portion Villefranche-Mont-Louis pour découvrir les gorges de la Têt, soit la portion Mont-Louis-Latour-de-Carol en Cerdagne.

Infos pratiques

08 00 31 31 31 ; letrainjaune.fr ; gare de Villefranche-de-Conflent (Villefranche-Vernet-les-Bains) ; tte l'année jusqu'à 5 trains/jour. Au départ de Villefranche-de-Conflent, jusqu'à Latour-de-Carol (3 heures) adulte/2-8 ans 22,50/11,30 € ; jusqu'à Mont-Louis-La Cabanasse (1 heure 07) 13,90/5,50 €. Guettez les promos estivales. Le conducteur ne s'arrête dans les gares secondaires qu'à la demande.

en direction de Villefranche-de-Conflent ou de Latour-de-Carol. La ligne de bus n°561 du réseau de transport régional **liO** (☎ 0806 80 80 90 ; www.lio.laregion.fr) relie Mont-Louis aux principaux villages du Capcir : La Llagonne, Les Angles, Matemale et Formiguères, tandis que la ligne n°560 redescend vers Perpignan.

HAUTS PLATEAUX CATALANS

À cheval sur la Cerdagne et le Capcir, les hauts plateaux catalans butent contre des pentes abruptes et boisées qui mènent vers les hauts sommets pyrénéens, à une altitude moyenne de 1 200 m pour la Cerdagne et de 1 500 m pour le Capcir, où le pic Carlit, point culminant des Pyrénées-Orientales, trône à 2 921 m. Au gré de paysages encore marqués par l'élevage et l'exploitation forestière, on pense ici aux vastes plaines et aux étangs du Canada, et là aux prairies alpines. L'hiver, le contraste entre les lacs gelés qui émaillent les plateaux et les sources chaudes naturelles qui jaillissent à ciel ouvert est saisissant.

Soutenus par l'économie touristique, ces hauts plateaux sont aussi des voies de communication importantes : la Cerdagne offre un passage privilégié vers la Catalogne espagnole et le Capcir permet de rejoindre la haute vallée de l'Aude.

Cerdagne

Cette région frontalière coupée en deux par la frontière franco-espagnole, si l'on excepte l'enclave espagnole de Llívia, occupe le bassin d'un ancien lac glaciaire. Dominées par les hauts sommets du Carlit, du Puigmal et du Cambre d'Aze, les prairies du plateau cerdan restent profondément façonnées par l'agriculture. Centrée autour de la dynamique station de Font-Romeu, la Cerdagne française est aussi l'une des régions les plus ensoleillées de France, paradis des cavaliers et des randonneurs l'été, puis des skieurs et des promeneurs en raquettes l'hiver. Ce climat favorable en a fait un berceau de la recherche solaire : adeptes du tourisme scientifique, plusieurs sites dignes d'intérêt émaillent le paysage (voir p. 366).

Font-Romeu

Lieu de pèlerinage depuis le XIIIe siècle, Font-Romeu a vu son destin bouleversé par l'apparition des sports d'hiver. L'histoire commence avec l'inauguration en 1913 du Grand Hôtel construit par la Société des chemins de fer et hôtels de montagne. Ses prestations uniques – casino, piscine, théâtre, cinéma – attirèrent une clientèle fortunée venue s'initier aux joies des sports d'hiver. Depuis, la station a poursuivi son développement de manière un peu anarchique. Les hôtels et barres d'immeubles masquent souvent des paysages exceptionnels, mais ne gâchent pas non plus le plaisir.

Font-Romeu cultive aujourd'hui son image sportive, avec le Centre national d'entraînement en altitude (CNEA) où viennent se préparer les athlètes de toutes disciplines. Elle s'affiche aussi comme une station familiale et propose de nombreuses animations gratuites pour les enfants l'été.

À proximité de Font-Romeu, de nombreux villages comme Dorres à l'ouest et Eyne au sud combleront les voyageurs à la recherche d'un peu plus d'authenticité.

À voir

Chapelle de l'Ermitage Art religieux

(☎ 04 68 30 68 30 ; rte de Mont-Louis ; visites guidées possibles, s'adresser à l'office du tourisme, pour la visite libre, leur demander la clé). Édifiée sur le site de la découverte d'une statue de la Vierge, la chapelle de l'Ermitage a été construite au XVIIe siècle sur un sanctuaire plus ancien. L'église possède trois remarquables retables dont celui du maître-autel (XVIIIe siècle), œuvre du sculpteur catalan Joseph Sunyer. Gravissez l'escalier qui conduit au somptueux camaril, petite chambre à la décoration baroque signée par l'incontournable Sunyer. Durant l'été, la Vierge de l'Invention, en bois doré

JULIEN LANNOY ©

SI VOUS AIMEZ...

Le soleil et les énergies renouvelables

Avec près de 2 400 heures de soleil par an, la Cerdagne bénéficie d'un taux d'ensoleillement exceptionnel. Couplé à un éloignement des centres urbains et à l'altitude, son climat a fait de la région une pionnière en matière de recherche sur l'énergie solaire, poussée par des choix politiques parfois audacieux. En sont nées des technologies qui semblent de plus en plus prometteuses pour l'avenir.

Grand four solaire d'Odeillo Impossible de manquer la silhouette d'un des deux plus grands fours solaires au monde (l'autre se situe en Ouzbékistan). Hélas, seul un maigre parcours extérieur – ne pouvant contenter les plus curieux – est proposé aujourd'hui. On guette la prochaine réouverture du site (voir page ci-contre).

Four solaire de Mont-Louis Construit en 1949, le premier four solaire au monde a, depuis, essaimé sa technologie tout autour de la planète. Les visites guidées, militantes et pédagogiques, permettent de mieux appréhender le fonctionnement de l'énergie solaire. Il se visite d'avril à octobre (voir p. 363).

Thémis solaire innovation (☎ 04 68 30 46 00 ; 86 route de Thémis, Targassonne ; adulte/7-18 ans 5/3 € ; ⏲ juil-août tlj 10h-12h et 13h30-17h30, vac de fév et de Pâques lun-ven 10h-12h et 13h30-17h30). Les différents chocs pétroliers de 1970 ont poussé la construction d'une centrale solaire à Targassonne en 1981. En activité de 1983 à 1986, puis délaissée par EDF suite à la volonté de l'État de se tourner vers le tout-nucléaire, Thémis s'est réorientée vers la recherche. On peut profiter sur place de visites guidées (l'été à 14h, 15h et 16h, sur réservation), d'espaces d'exposition en accès libre et d'ateliers de construction solaire pour les plus jeunes.

Centrale solaire eLLO À proximité du port de Llo, cette centrale solaire, mise en service en septembre 2019, est unique au monde, grâce à un système de stockage qui emmagasine la vapeur d'eau. Environ 95 200 miroirs – soit une surface de 153 000 m^2 répartis sur 36 ha – s'orientent vers le soleil pour produire de quoi alimenter en électricité près de 6 000 foyers par an. La centrale ne se visite pas, mais elle est visible depuis Font-Romeu.

Ci-dessus : le grand four solaire d'Odeillo, à Font-Romeu

(début du XIIIe siècle), est exposée dans l'église avant d'être transportée lors d'une procession à l'église d'Odeillo, où elle passe l'hiver. Les bâtiments de l'ermitage attenant, repris par un promoteur privé, font l'objet d'un projet de réhabilitation en hôtel 4 étoiles et école hôtelière.

Grand four solaire d'Odeillo — Patrimoine scientifique

(04 68 30 77 86 ; www.foursolaire-fontromeu.fr ; 7 rue du Four-Solaire, Odeillo). Après avoir créé un prototype de four solaire à Mont-Louis (voir p. 363), l'équipe du physicien Félix Trombe vit plus grand en bâtissant, entre 1962 et 1968, ce grand four solaire d'une puissance thermique de 1 000 kW. Impossible de le rater tant ses dimensions impressionnent ! Si actuellement, seule une petite partie de la centrale est accessible aux visiteurs, la réouverture partielle de l'espace destiné aux visites est prévue pour l'été 2023, et les intérieurs rénovés ouvriront en 2024.

Activités

Un **sentier de randonnée** facile de 1 heure 30 au départ de la gare d'Odeillo permet de voir le four solaire puis le bourg d'Odeillo et la jolie chapelle romane Sainte-Combe-de-Via. Pour prendre un peu de hauteur, un chemin ponctué d'œuvres d'art contemporaines, nommé **"le Musée sans murs"**, a été aménagé dans la forêt ceinturant Font-Romeu, au départ du casino, et longe le Grand Hôtel en surplomb. Si certaines œuvres peuvent laisser perplexe, la promenade, quant à elle, réserve de jolis points de vue. Un descriptif du parcours et des œuvres est disponible à l'office du tourisme.

Au Point Informations Montagne, vous pourrez consulter gratuitement les fiches des différents itinéraires de randonnée autour de Font-Romeu. L'office du tourisme, situé juste à côté, les vend au format papier (0,20 € la photocopie ou 5 € les 30), ainsi qu'une carte des itinéraires en VTT (4 €), des parcours de trail (3 €) et des circuits en raquettes (2 €).

Aventure Pyrénéenne — Plein air

(04 68 30 58 54 ; www.aventure-pyreneenne.com ; 45 av. Emmanuel-Brousse ; lun-ven 9h30-12h30 et 13h30-17h30). Tous les sports de montagne sont proposés dans ce bureau des guides : canyoning, VTT, via ferrata, trekking, escalade... mais aussi spéléologie, stages de survie, randonnée astrologique et même montgolfière !

Domaine skiable — Ski

(font-romeu.fr ; forfait journée adulte/enfant 42,50/36,50 €). Situé entre 1 650 et 2 250 m d'altitude, le domaine skiable de Font-Romeu est au cœur de la Cerdagne. Il est entouré des sommets les plus emblématiques des Pyrénées-Orientales, comme le pic Carlit. Doté d'équipements ultramodernes, il compte 42 pistes de tous niveaux. Un espace de 20 ha est réservé aux enfants et aux débutants, tandis qu'un snowpark, récemment agrandi pour accueillir la Coupe du monde de freestyle, attend les amateurs de bosses. Vous y trouverez aussi 2 pistes de luge, des possibilités de balades en raquettes et de ski de fond.

Où se loger et se restaurer

Hôtel du Grand Tétras — Hôtel-restaurant €€€

(04 68 30 01 20 ; www.hotelgrandtetras.fr ; 12 av. Emmanuel-Brousse ; d/tr/qua 107-146/145-174/178-214 € selon confort et saison, petit-déj 12 € ; P 12 €). Un hôtel 3 étoiles très confortable au décor de chalet de montagne moderne et cosy. Les chambres standard donnent sur la forêt, tandis que les supérieures, pourvues d'un balcon, ont vue sur les montagnes. Dans les deux cas, préférez celles situées à l'étage supérieur afin de profiter d'une vue dégagée. Tout en haut, une terrasse solarium avec Jacuzzi et une piscine (chauffée) couverte permettent de se relaxer en admirant le paysage. Sauna et salle de fitness. Le restaurant de l'hôtel, La Poule au Pot, a très bonne réputation.

ÉMILIE THIÈSE ©

Lacs du pic Carlit

Huttopia Camping nature €€

(☎04 68 30 09 32 ; europe.huttopia.com/site/camping-font-romeu ; 65 rte de Mont-Louis ; empl 16-47 €, tente 45-204 €, cabane 121-248 € selon confort et saison ; mi-mai à mi-sept ; wifi). Perché à 500 m du centre de la station sur la route du col du Calvaire, ce camping nature tout confort de 7 ha héberge sous les arbres : emplacements, cabanes et tentes canadiennes. Idéal pour se mettre au vert à 1 800 m d'altitude.

Cal Xandera Restaurant et chambres d'hôtes €€

(☎09 54 50 41 47 ; www.calxandera.com ; 49 rte de Font-Romeu, Angoustrine ; plats 18-22 € ; d/ste fam avec petit-déj 100-120/150-160 € ; restaurant juil-août et vac scol tlj sauf dim soir et lun, hors saison ven-sam et dim midi, réservation conseillée ; wifi P). Cette belle ferme du XVIIIe siècle, plantée à l'entrée du village d'Angoustrine, à 12 km de Font-Romeu, abrite 4 chambres d'hôtes coquettes et confortables – dont une suite familiale avec jardin privatif et une petite double adorable, nichée dans un ancien pigeonnier –, ainsi qu'une table de qualité. Les lieux, repris par un couple du cru, ont bénéficié d'un lifting bienvenu, et affichent une déco soignée où cachet de l'ancien et modernité s'allient harmonieusement. La cuisine locale et de saison se déguste, en été, dans l'agréable cour ombragée, et l'hiver, au coin du feu, sous une charpente apparente. Excellente carte des vins renouvelée régulièrement (les bouteilles sont aussi à vendre à prix producteur).

La Ferme des Lloses Restaurant et fromagerie €€

(☎04 68 04 79 51 ; 3 av. Maréchal-Joffre ; plats 18-29 € ; horaires variables, fermé juin). En plein centre de Font-Romeu, la ferme des Lloses ne séduit pas de l'extérieur, mais à l'intérieur, la salle située à l'arrière, agréablement décorée, offre un beau panorama sur le plateau cerdan. À la fois fromagerie, épicerie fine, caviste, bar à vins et restaurant, la ferme ne sert que des produits fermiers sélectionnés et beaucoup de bio. Dans l'assiette : crozets au sarrasin au fromage des Pyrénées, magret au miel de Cerdagne, assiette de *pata negra* Bellota... et en dessert, Alain propose une délicieuse glace artisanale à la crème de lait de vache de Cerdagne.

La Chaumière Terroir €€

(04 68 30 04 40 ; www.restaurantlachaumiere.fr ; 96 av. Emmanuel-Brousse ; formule midi sem 19,50 €, menu midi sauf dim 35 €, plats 27-44 € ; juil-août et vac scol tlj sauf lun, hors saison mer-dim midi). Ce sympathique restaurant est considéré comme *la* référence gastronomique de Font-Romeu. Dans un décor chaleureux de chalet de montagne, le chef François Will y orchestre, à partir de produits locaux, une cuisine catalane gourmande et copieuse, et voue un culte aux différents jambons secs de montagne.

Où prendre un verre et faire la fête

Le Maillol Bar des sports

(04 68 30 65 63 ; 8 rue Maillol ; tlj 16h30-2h, tte l'année). Pour un peu d'ambiance festive dans la station été comme hiver, franchissez les portes de ce spot incontournable qui rassemble visiteurs de passage, sportifs du CREPS comme étudiants STAPS. Au menu depuis 2021, tous les atouts d'un pub : fléchettes, retransmission des grands matchs de rugby et de foot, soirées concerts, DJ...

Renseignements

Office du tourisme (04 68 30 68 30 ; font-romeu.fr ; 82 av. Emmanuel-Brousse ;).

Depuis/vers Font-Romeu

La gare de Font-Romeu-Odeillo-Via est desservie par le Train Jaune (voir l'encadré p. 364) en direction de Villefranche-de-Conflent ou de Latour-de-Carol.

Llívia

Ce confetti d'Espagne en territoire français résulte d'une bizarrerie historique. En 1659, conformément au traité des Pyrénées, l'Espagne dut céder à la France 33 villages. Mais Llívia, alors considérée comme une

FOTOXS/FOTOLIA ©

SI VOUS AIMEZ...
Les eaux chaudes naturelles

En Cerdagne, dans le Capcir et dans le Haut-Conflent, plusieurs sources d'eau sulfureuse permettent de se baigner en intérieur et en extérieur dans des eaux chaudes naturelles avec vue sur les montagnes. Ceux que nous présentons sont payants, mais vous pouvez aussi vous faire indiquer par les habitants des bains en accès libre.

- **Bains de Dorres** (04 68 04 66 87 ; www.bains-de-dorres.com ; adulte/enfant 5/3,50 € ; tlj 9h-19h30, jusqu'à 20h en juil-août, fermé 2e quinzaine nov). À 10 minutes de Font-Romeu, au milieu des arbres, l'eau sulfureuse sort du granit et remplit 3 bassins, dont une petite piscine en arc de cercle à 37-40°C. L'entrée inclut la visite du musée des Tailleurs de pierre.
- **Bains de Llo** (04 68 04 74 55 ; bains-de-llo.com ; rte des Gorges ; tarif plein/réduit 15/10,50 € ; tlj 10h-19h30, jusqu'à 20h vac scol été et hiver). Ici, l'entrée inclut hammam, sauna, ainsi que l'accès à plusieurs piscines extérieures et à des bains couverts.
- **Bains de Saint-Thomas** (04 68 97 03 13 ; www.bains-saint-thomas.fr ; Fontpédrouse ; tarif plein/réduit 7/5,50 €, avec hammam 15,50 € ; tlj 10h-19h40, jusqu'à 20h40 pdt vac scol été et hiver). L'eau sulfureuse sort à 58°C des gorges de la Têt et est refroidie entre 36 et 38°C dans deux bassins et une pataugeoire à ciel ouvert. Hammam, Jacuzzi et espace bien-être sur place.

YVANN K/FOTOLIA ©

À NE PAS MANQUER

Le lac des Bouillouses

Classé depuis 1976, le fabuleux site naturel des Bouillouses comprend 27 lacs d'altitude cernés de pins à crochets. Il serait dommage de se contenter d'admirer le seul **lac des Bouillouses** (2 016 m d'altitude), près du parking d'arrivée, tant les paysages de ce "petit Canada pyrénéen" avec les contours du **pic Carlit** en toile de fond sont extraordinaires. On y croise des chevaux sauvages en estive et des marmottes, et les lacs qui communiquent presque tous entre eux sont profonds et poissonneux. La truite arc-en-ciel, par exemple, s'y trouve en abondance. L'hiver, le site est particulièrement adapté aux balades en raquettes. On y accède alors en télésiège.

Le site est traversé par une multitude de sentiers pédestres : demandez conseil au **point info** (mi-mai à mi-sept). Deux variantes permettent de marcher à l'assaut des lacs (appelés plutôt étangs par les habitants) qui s'étalent au pied du pic Carlit : la **boucle des 9 étangs** (2 heures 30 ; fort dénivelé la première demi-heure, puis marche facile) ou la **boucle des 12 étangs** (5 heures, pause pique-nique incluse ; même profil). Autre possibilité : le **tour du lac d'Aude** (4 heures), ou, vers le sud, une boucle facile autour des **étangs des Esquits** (2 heures). Les plus courageux se lanceront à l'assaut du point culminant des Pyrénées-Orientales, le **pic Carlit**, à 2 921 m d'altitude. Comptez 900 m de dénivelé et 6 heures aller-retour depuis le barrage. Pour l'histoire, le barrage des Bouillouses produit l'électricité qui alimente directement le Train Jaune (p. 364).

Infos pratiques

En juillet-août, et certains week-ends de juin et de septembre, la D60 qui permet de se rendre aux Bouillouses est fermée à la circulation de 7h à 19h. À moins de se lever très tôt, il faut emprunter l'une des **navettes** (04 68 04 21 97 ; adulte/5-12 ans 6/3 €, gratuit - 5 ans ; ttes les 15 à 30 min 7h-19h) depuis l'aire d'accueil du Pla de Barrès à Mont-Louis. Autre solution, rejoindre les Bouillouses par le **télésiège de Font-Romeu** (04 68 30 60 61 ; tarif plein/réduit aller-retour 11/7,40 €, tarifs famille également ; juil-août et une partie de l'hiver) qui part du lieu-dit La Calme Sud et dépose les randonneurs à proximité de l'étang de Pradeilles. Une signalétique permet d'atteindre le barrage des Bouillouses en 30 minutes de marche.

ville, et son territoire de 13 km^2 restèrent la propriété de la couronne d'Espagne. Aujourd'hui, bien qu'enclavée en France, Llívia est une petite ville 100% espagnole, un peu plus animée que les villages voisins.

À voir

Llívia offre au visiteur en mal d'Espagne l'occasion de flâner dans son petit cœur médiéval. Le **Museu Municipal** (10 Carrer dels Forns ; adulte/6-12 ans 3,50/1 €, gratuit - 6 ans ; variables, se renseigner) renferme notamment la plus ancienne pharmacie d'Europe. Fondée en 1415, la Farmacia Esteva, au décor d'apothicaire, ne ferma ses portes qu'en 1926.

Au-dessus du musée, l'**Església de Nostra Senyora dels Àngels**, église gothique du XVe siècle, mérite une rapide visite. On peut aussi monter de l'église jusqu'aux ruines du **Castell de Llívia**.

Où se restaurer

Notez que vous êtes en Espagne, aussi les heures de repas sont-ils légèrement décalées par rapport à la France : au déjeuner, le service commence à midi et se termine généralement vers 15h. Le soir, mieux vaut ne pas arriver avant 20h.

Cal Cofa Catalan €€

(972 896 500 ; www.calcofa.com ; Carrer Frederic Bernardes 1 ; plats 10,99-25,99 € ; juil-août tlj, hors saison fermé mar-mer). Sur un coin de la Plaza Mayor, cet établissement compte parmi les classiques du village. Il est réputé notamment pour ses escargots en persillade et ses viandes grillées (production locale).

Capcir

Avec ses forêts de pins et ses lacs reflétant les pics environnants, le plus haut plateau pyrénéen a un petit air de Canada. À l'écart des grands flux touristiques, ses villages préservés comme **Matemale** ou ses stations familiales comme **Formiguères** séduiront ceux qui aiment le calme et la nature. Les amateurs de ski alpin se retrouveront dans la station des **Angles**, qui surplombe le lac de Matemale.

Tout schuss !

Un immense domaine skiable s'étend du Haut-Conflent à la Cerdagne et au Capcir, perché entre 1 600 et 2 700 m d'altitude. Il compte 198 pistes couvrant 265 km et 10 snowparks. Un seul **forfait** (www.neigescatalanes.com ; forfait 6 jours adulte/enfant 639/579 €) permet de profiter des 7 domaines des stations des Neiges Catalanes : Font-Romeu/Pyrénées 2000, Cambre d'Aze, Porté-Puymorens, Les Angles, La Quillane, Formiguères et Puyvalador. Les adeptes de ski nordique se retrouvent plus volontiers en Capcir dans les paysages sauvages des stations de Formiguères, La Llagone ou Puyvalador.

Formiguères

Ce village de montagne traditionnel a conservé son authenticité. Fréquenté dès le Moyen Âge par les rois de Majorque, il comble aujourd'hui les mordus de ski l'hiver et les adeptes de randonnée l'été. Aux beaux jours, sa station de ski est notamment le point de départ d'une belle randonnée d'une journée (difficulté moyenne), à travers la **Serra de Mauri** jusqu'aux **lacs des Camporells**, au pied des pics Pérics. De là, les plus courageux pourront pousser jusqu'au site des Bouillouses (voir l'encadré ci-contre). Les familles ne manqueront pas "la Vallée du Galbe ", une agréable boucle de 2 heures 30, sans difficulté, en partie ombragée, au départ du village d'Espousouille, à 6 km au nord de Formiguères.

Où se loger et se restaurer

Maison Sarda Maison d'hôtes €

(04 68 04 40 05 ; maisonsarda.com ; 6 rue du Galbe, Espousouille ; d avec petit-déj

SI VOUS AIMEZ...
La nature à l'écart du monde

En Capcir, en Cerdagne et dans le Haut-Conflent, la nature est aussi créatrice de formes géologiques surprenantes ou de vallées oubliées à découvrir à l'abri de la foule.

Chaos de Targasonne À 4 km à l'ouest de Font-Romeu, sur la D618, un paysage envoûtant de chaos granitique dans lequel on peut s'aventurer librement. Ces énormes blocs suspendus sur les prairies sont aussi un des sites les plus réputés de bloc (escalade) en France.

Grotte de Fontrabiouse (04 68 30 95 55 ; www.grotte-de-fontrabiouse.com ; visite guidée adulte/13-18 ans/5-13 ans 13,50/12/7,80 €, gratuit - 5 ans, audioguide 1,50 €). Cette grotte découverte en 1958 grâce aux travaux d'extraction d'une carrière d'onyx présente de multiples concrétions et une rivière souterraine. Fontrabiouse se trouve à 6 km au nord de Formiguères.

Gorges de la Carança Au départ de Thuès-Entre-Valls, dans le Haut-Conflent, ces gorges acérées se découvrent par un sentier spectaculaire taillé dans la roche. Plusieurs itinéraires pour les randonneurs aguerris ayant le pied sûr. Informations à l'office du tourisme de Mont-Louis (p. 363).

Vallée d'Eyne Rebaptisée la vallée des fleurs et classée réserve naturelle, la vallée d'Eyne recèle de nombreuses espèces endémiques ou rares. Vous trouverez des renseignements sur les randonnées à la **Maison de la vallée** (04 68 04 97 05 ; valleedeyne.wordpress.com ; Eyne ; expo adulte/5-15 ans 5/4 € ; mi-juil à mi-sept et vac de fév tlj 9h30-12h30 et 13h30-17h, mi-juin à mi-juil et mi-sept à oct fermé dim-lun), qui possède un joli jardin ethnobotanique (entrée 2 €), et propose des sorties nature.

adulte/3-10 ans 42/25 €, avec demi-pension 65/42 €, gîte d'étape avec demi-pension adulte/3-10 ans 57/32 € ; P). À l'entrée du village d'Espousouille, à 6 km au nord de Formiguères, se dresse une bâtisse au toit d'ardoise et aux volets bleus, à la fois gîte d'étape, maison et table d'hôtes. Les chambres y sont simples et nettes, et on y jouit d'un calme absolu. Le soir, Vincent mitonne devant vous des plats inventifs, favorisant le circuit court et les produits vertueux. En journée, Anna vous ouvre les portes de son atelier de poterie, et propose cours et initiations. L'emplacement est stratégique pour profiter, été comme hiver, des activités nature des environs.

Renseignements

Office du tourisme (04 68 04 47 35 ; formigueres.fr ; pl. de l'Église).

Office communautaire (04 68 04 49 86 ; www.pyrenees-catalanes.net ; col de la Quillane, La Llagonne). Isolé entre Mont-Louis et Matemale, à proximité du col de la Quillane, il propose de la documentation sur le secteur. Depuis Mont-Louis et la N116, prendre la direction de Formiguères.

Depuis/vers Formiguères

Le bus n°561 du réseau de transport régional **liO** (0806 80 80 90 ; www.lio.laregion.fr) relie Formiguères à Mont-Louis, Les Angles, Prades et Perpignan.

Les Angles

Au pied du mont Llaret (2 377 m), Les Angles est le plus haut village du Capcir (1 655 m). Il mêle avec goût les belles pierres d'un village millénaire et les constructions géométriques d'une station de sports d'hiver, créée en 1964. Entouré de forêts, il domine les eaux tranquilles du lac de Matemale, très agréable pour la baignade et les loisirs nautiques l'été.

THIERRY /STOCKADOBE.COM©
Les gorges de la Carança (p. 372)

Parc animalier des Angles
Faune pyrénéenne

(04 68 04 17 20 ; www.faune-pyreneenne.fr ; Le Pla del Mir ; tarif plein/réduit 16/15 € ; mi-juil à fin août tlj 9h-18h, reste de l'année 9h-17h, fermé nov). Pour faire partie du club très fermé des espèces de ce parc en pleine nature, une seule condition : avoir vécu ou vivre encore dans les Pyrénées. On retrouvera donc cerfs, sangliers, isards, mais aussi rennes, ours, bisons d'Europe et loups. Deux circuits de 1,5 et 3,5 km passent d'un enclos à l'autre. À l'entrée du parc, le sympathique et bien nommé restaurant attenant **La Louve** (04 68 30 06 26 ; Pla del Mir ; plats 18-28 € ; mar-sam midi et ven-sam soir) sert une bonne cuisine bistrot d'inspiration catalane, ainsi que d'excellentes glaces artisanales Il a aussi le mérite d'être ouvert à l'année.

Espace de loisirs du lac de Matemale
Base nautique

(07 72 51 86 73 ; www.pyrenees-catalanes.net/fr/sortir-et-decouvrir/lespace-loisirs-du-lac-de-matemale ; lac de Matemale ; mi-juin à fin sept, point info juil-août tlj 10h-18h). Pédalo, canoë, kayak, stand up paddle, planche à voile, catamaran ou VTT... Vous pourrez louer tout ce qu'il faut pour profiter des plaisirs du lac. Stages de voile, balades à cheval ou à chiens de traîneau, accrobranche, tir à l'arc, mini-golf, jeux gonflables... et même une piscine. Stationnement obligatoire (2 €, juil-fin août 9h-19h). Snack et buvette sur place.

Où se loger

Camping du Lac
Camping €

(04 68 30 94 49 ; www.camping-lac-matemale.com ; lac de Matemale ; empl adulte/- 7 ans 12,50/4,50 € la nuit, chalets 350-640 € la sem ; tte l'année ; P). Idéalement situé, au bord du lac de Matemale, ce camping permet, l'été, de profiter de la multitude d'activités de la base de loisirs attenante (voir plus haut), et, le reste de l'année, de jouir de la beauté du site. Sous les pins, se répartissent des emplacements pour tentes, caravanes et camping-cars, ainsi que d'adorables chalets en bois pour 2 à 4 personnes, chauffés l'hiver. Spa (Jacuzzi, sauna). Terrains de volley, de pétanque et espace de jeux pour enfants.

Paysage des Corbières (p. 260)

En savoir plus

Site mégalithique du Cham des Bondons (p. 239)

ÉLODIE ROTHAN ©

Histoire

Le Languedoc et le Roussillon sont le fruit d'une histoire mouvementée, dont le centre de gravité oscilla entre Rome et Toulouse, Barcelone et Paris, hors le cas où ses propres villes de Narbonne et de Perpignan se transformèrent en capitales de royaumes germaniques, musulmans ou hispaniques. Cette épopée internationale fit de la région le théâtre d'intenses luttes politiques et religieuses, mais aussi le terreau ensoleillé d'un cosmopolitisme aux traces omniprésentes.

200 millions d'années
Le Languedoc est recouvert par l'océan. Formation du chaos de Montpellier-le-Vieux et du cirque de Mourèze.

1,6 million d'années
Première occupation attestée d'hommes préhistoriques dans la région.

14 000-7 500 av. J.-C.
Les parois des grottes sont décorées par l'homme d'animaux dessinés au charbon de bois, puis peints à l'oxyde de manganèse.

Doyens de la préhistoire

La présence de l'homme dans la région ne date pas d'hier, ni même d'avant-hier, puisque c'est à Lézignan-la-Cèbe, dans l'Hérault, que l'on a découvert en 2008 les plus anciennes traces d'hominidés de France et d'Europe occidentale. Les centaines d'ossements appartenant à plus de vingt espèces animales et les outils trouvés sur place font désormais remonter à 1,6 million d'années la fréquentation de la région par l'homme. Surtout, elles attestent de sa pratique de la chasse, ainsi que de son art pour tailler le silex, le basalte et les galets. Ces traces sont rattachées à la "civilisation du galet", vraisemblablement née en Afrique un million d'années plus tôt. L'homme de Tautavel, avec ses 450 000 ans d'âge, passe en comparaison pour un jeune homme. Le musée (p. 318) né de la découverte de cet *Homo erectus* dans une grotte des Pyrénées-Orientales, au cours des années 1970, nous met pourtant face au plus âgé de nos ancêtres européens dont on puisse contempler le crâne, dans un exceptionnel état de conservation.

Ve siècle av. J.-C.

Établissement sur la côte de comptoirs marchands par des Grecs de Phocée, qui introduisent les olives et la vigne dans la région.

118 av. J.-C.

Narbonne devient capitale de la province romaine appelée Gaule narbonnaise (Provincia Gallia Narbonensis).

Ier siècle

Sous l'égide de l'empereur Auguste, Nemausus (Nîmes) se pare de monuments, dont un amphithéâtre et un aqueduc.

Sites antiques

Nîmes antique (p. 141)
Pont du Gard (p. 158)
Musée du site gallo-romain Villa-Loupian (p. 100)
Oppidum d'Ensérune (p. 116)
Musée Narbo Via (p. 283)
Horreum, Narbonne (p. 284)

Vase grec, musée d'Ensérune

CAROLE HUON ©

Dès 90 000 ans avant notre ère, la côte méditerranéenne est régulièrement occupée par l'homme de Néandertal, qui y pratique la chasse. Avec l'effacement progressif des chasseurs-cueilleurs au profit de populations sédentaires domestiquant bétail, graines et plantes à la sortie de l'ère glacaire, la main de l'homme sur le paysage commence à s'imprimer. Le site du Cham des Bondons, en Lozère (p. 239), porte la plus spectaculaire de ces empreintes : plus de 150 menhirs granitiques réunis sur une surface de 10 km², formant la deuxième concentration mégalithique d'Europe après Carnac. Ils sont vieux de plus de 4 000 ans et leur érection est contemporaine de la maîtrise de la production d'espèces de céréales, de pois, de haricots et de lentilles.

Cultures grecques et Pax Romana

L'olive et la vigne font leur apparition dans les cultures à la faveur des échanges commerciaux avec les Grecs de Phocée, lesquels établissent à cette époque différents comptoirs marchands le long des côtes méditerranéennes, et fondent plusieurs colonies, parmi lesquelles Agatha Tyché – c'est-à-dire Agde. Le développement économique de la côte et de l'arrière-pays va de pair avec la création de villages permettant notamment d'engendrer des réserves communes de denrées. Le modèle de l'oppidum – village situé sur un promontoire naturel ou artificiel pour en faciliter la défense – est fort décliné dans la région, favorisé par le relief : Ucetia (Uzès) et Carsac (Carcassonne) sont, avant même la conquête romaine, des oppidums importants. Celui d'Ensérune (Hérault ; voir p. 116), aujourd'hui un site archéologique, est habité en continu jusqu'au Ier siècle.

L'emprise de la République romaine sur la région, à partir de 122 av. J.-C., va lui ouvrir une longue période de prospérité, dont Narbonne est la principale bénéficiaire. Nommée en hommage au dieu Mars, Narbo Martius voit son destin étroitement lié à celui de Rome : fondée en 118 av. J.-C., elle est sous la République un port commercial florissant, exportant le blé, l'olive et le vin – très apprécié des Romains – produits par l'arrière-pays. Pendant la guerre des Gaules, elle bénéficie de son ralliement immédiat à Jules César, qui en fait l'une de ses principales bases d'appui. Rome devenue empire, la Gaule est découpée en provinces, et Narbonne devient la capitale de... la Narbonnaise. Son aire d'influence englobe le midi de

Début du Ve siècle
Les Wisigoths envahissent la province narbonnaise. Narbonne devient la capitale de leur royaume, la Septimanie.

507-714
Les Wisigoths règnent sur la Septimanie.

795
Charlemagne repousse les frontières du royaume franc en créant la Marche hispanique, qui s'étend au sud jusqu'à Barcelone.

Maison carrée (p. 143), Nîmes

la France depuis Toulouse jusqu'à l'embouchure du Var et remonte la vallée du Rhône jusqu'à Genève. Narbonne est en outre le carrefour de deux artères stratégiques : la Via Aquitana la connectant aux actuelles Toulouse et Bordeaux, et la Via Domitia, reliant Rome à la péninsule Ibérique. Puis, au IVe siècle, à mesure que Rome perd de son influence face aux Barbares, la province narbonnaise est découpée en 3 nouvelles provinces, la Narbonnaise première (Provincia Narbonensis Prima) – dont Narbonne reste la capitale –, la Narbonnaise secondaire (Provincia Narbonensis Secunda) et la Viennoise (Provincia Viennensis), avant d'être pour de bon envahie par les Wisigoths au début du Ve siècle, peu avant que Rome ne chute...

Il reste peu de chose de l'architecture romaine à Béziers (Baeterræ), pourtant garnison militaire de premier plan, poste de ravitaillement de la Via Domitia et lieu de production vinicole. À Narbonne, le récent musée Narbo Via, riche de plus de 15 000 pièces, témoigne de l'époque où Narbo Martius était la capitale de la province romaine de la Gaule méditerranéenne. La découverte des traces d'un gigantesque chenal maritime, au sud de Narbonne, témoigne aussi de l'importance de l'ancienne métropole romaine, et des trésors archéologiques qu'il reste à y découvrir. Nîmes, la Nemausus d'alors, a gardé de nombreux trésors hérités de l'ère romaine. Il faut dire que son fondateur, l'empereur Auguste, l'a gâtée, en la dotant notamment d'un aqueduc, d'un amphithéâtre et d'un temple, dont la splendeur est d'autant plus admirable qu'elle a traversé les siècles insolemment intacte.

Fin du XIe siècle

Fondation de l'abbaye de Fontfroide qui va progressivement rayonner sur une grande partie du Languedoc.

1208

Le pape Innocent III lance une croisade contre les cathares accusés d'hérésie.

1226

Une grande partie du Languedoc est rattachée au domaine royal.

Cités fortifiées

Carcassonne (p. 258)
Aigues-Mortes (p. 178)
Villefranche-de-Conflent (p. 360)
Mont-Louis (p. 363)
La Garde-Guérin (p. 244)

La Garde-Guérin, fondée au Xe siècle

EMMANUEL DAUTANT ©

Les invasions barbares

Après un équilibre politique long d'un demi-millénaire, la Gaule narbonnaise pâtit de sa situation de carrefour, qui en fait la proie d'envahisseurs d'horizons lointains.

Venus de Scandinavie, les Vandales, qui pillèrent la Gaule au début du Ve siècle avant de gagner la péninsule Ibérique et l'Afrique du Nord, ne s'installent cependant pas dans la Narbonnaise. À l'inverse, les Wisigoths, eux, s'y établissent quelques années après avoir mis, en 410, Rome à sac. Ils y fondent un royaume avec Toulouse pour capitale, mais dont ils sont chassés en 507 par Clovis, premier roi des Francs... Les Wisigoths se retranchent alors sur Narbonne, dont ils font la capitale de leur royaume amputé, connu aujourd'hui sous le nom de Septimanie. Étrange destin que celui de Narbonne, capitale de province romaine avant de devenir capitale d'un royaume germanique... Pour devenir, moins de 200 ans plus tard, capitale d'une province musulmane. En effet, dès 719, l'irrésistible poussée des Sarrasins venus d'Afrique du Nord et ayant déjà soumis la péninsule Ibérique, traverse les Pyrénées et atteint l'Aquitaine ; Narbonne devient leur capitale "française". Quarante ans plus tard, l'armée de Pépin le Bref repoussera définitivement de l'autre côté des Pyrénées les envahisseurs, qui avaient déjà essuyé de sévères attaques de la part des troupes de Charles Martel... Lesquelles troupes avaient, à la même époque, dévasté Nîmes et Béziers. Aux IXe et Xe siècles, rebelote : Vikings puis Normands et Hongrois pillent ponctuellement la région...

C'est cependant au cours de ces deux mêmes siècles que la Septimanie connaîtra de nouveau une certaine stabilité politique, avec son intégration à l'Empire carolingien, à la suite des victoires de Pépin le Bref. Le fils de ce dernier, Charlemagne, étend la limite méridionale des possessions franques aux Pyrénées en formant la Marche d'Espagne, protégeant le reste de l'empire des royaumes arabes installés dans la péninsule Ibérique. Cette zone tampon, qui comprend l'actuel département des Pyrénées-Orientales, déterminera au cours des siècles suivants l'évolution dans deux sphères culturelles distinctes de ce qui deviendra le Languedoc d'une part, et le Roussillon d'autre part... La mort de Charlemagne signera la dislocation de son empire, mais

1240

Saint Louis pose les fondations d'Aigues-Mortes, d'où il s'embarquera pour sa dernière croisade en 1270.

1289

Création de l'université de Montpellier par le pape Nicolas IV.

1278-1344

Perpignan est la capitale du royaume de Majorque.

à partir du rattachement de la Septimanie à la sphère d'influence franque, celle-ci n'en bougera plus, gouvernée sous le régime de fiefs, de duchés et de comtés héréditaires, tandis que le rattachement de Perpignan à la couronne d'Aragon en 1172 marquera le début de 500 ans d'appartenance hispanique.

Une guerre religieuse de cent ans

La (relative) stabilité politique des duchés et comtés francs méridionaux y favorise le développement d'une culture et d'une langue propres, l'occitan (p. 391). Ce renouveau artistique, encouragé par la paix, est concomitant d'un renouveau religieux influencé par les relations commerciales avec l'Orient, et dont l'esprit comme la ferveur se diffusent rapidement dans le sud-ouest de la France. Cette nouvelle doctrine, pacifique dans le principe, mènera pourtant à un siècle de luttes acharnées et de massacres en pays occitan suite à la volonté de la papauté, qui la considère comme hérétique, de l'éradiquer ; comme ce sont les vainqueurs qui écrivent l'Histoire, ce sera le nom donné par les croisés chrétiens à leurs ennemis qui restera : les cathares.

Signifiant "purs" ou "parfaits" (comme ils visaient eux-mêmes à l'être), ce terme de cathares ne doit pas faire oublier que le Vatican les considérait par là comme de parfaits... hérétiques. Venue d'Arménie et des Balkans, la doctrine cathare emprunte également beaucoup au manichéisme – religion originaire de Perse basée sur la distinction entre la part éclairée (spirituelle, divine, immortelle) du monde et de l'homme, et sa part ténébreuse (corporelle, mortelle). Antimatérialiste, le catharisme prône une certaine forme d'ascèse physique pour se rapprocher de l'éternité de Dieu. Cette proximité recherchée avec la pureté de l'esprit sain était avant tout basée sur une interprétation du Nouveau Testament... évidemment différente de celle de l'Église officielle, dont elle récusait le modèle hiérarchique, et, avant tout, l'exercice d'un pouvoir matérialiste, opulent et ostentatoire, en contradiction avec le sens de l'Évangile. Rome, évidemment, n'a guère apprécié cet affranchissement de son autorité à la fois spirituelle et temporelle...

L'assassinat en 1208 d'un légat du pape, Pierre de Castelnau, à son retour d'une rencontre à Saint-Gilles avec Raymond VI, comte de Toulouse et soutien des cathares, mit le feu aux poudres. Une croisade – la première sur le sol européen – est lancée par le pape Innocent III, qui mandate Arnaud Amaury, abbé de Cîteaux, près de Dijon, à sa tête. En 1209, Raymond VI retourne sa veste et rallie les croisés qui s'apprêtent à descendre sur l'Occitanie... La conséquence est dramatique pour le Languedoc, car, si le ralliement de Raymond VI épargne *de facto* Toulouse de la croisade, il fait de la vicomté de Béziers et Carcassonne la cible de l'expédition punitive dirigée par Amaury. Le coup porté sera particulièrement dramatique à Béziers, où des milliers d'habitants, sans distinction d'âge, de sexe, ni même de religion, seront massacrés en juillet 1209. La tradition rapporte une parole d'Amaury restée fameuse : "Tuez-les tous, Dieu reconnaîtra les siens." Bien que vraisemblablement apocryphe, la phrase reflète la violence aveugle des croisés qui, censément venus défendre la foi chrétienne, tuent catholiques comme cathares.

1349

Tandis que Perpignan réintègre le royaume d'Aragon, Montpellier revient au royaume de France.

Milieu du XIVe siècle

La première épidémie de peste noire en Europe dévaste la région. Selon les estimations, 40% de la population aurait été décimée.

1362

Le Lozérien Guillaume de Grimoard devient le sixième pape à Avignon, sous le nom d'Urbain V.

Musées d'histoire

Espace muséographique du Pont du Gard (p. 159)

Musée du Désert, Mialet (p. 210)

Musée du Biterrois, Béziers (p. 111)

Musée de Lodève (p. 122)

Musée du Désert

CDT / GARD ©

Un mois plus tard, Carcassonne assiégée se rend dans des conditions plus pacifiques, mais les termes de la reddition obligent les habitants à quitter la ville en laissant tout effet personnel derrière eux.

La soumission de Béziers et de Carcassonne est une bonne affaire pour Simon de Montfort, croisé de la première heure qui a participé à la quatrième croisade en Terre sainte, et à qui est attribuée la vicomté défaite ; la croisade est l'occasion pour ce noble venu du nord d'accroître ses possessions au sud. Le nouveau vicomte poursuivra la "croisade contre l'albigeois" – Albi devenant la nouvelle égarée à remettre dans le droit chemin, avec de nouveau Toulouse – y compris à l'intérieur du Languedoc, menant une guerre incessante aux bastions cathares, vaincus les uns après les autres après une âpre résistance, et parfois de nouvelles exactions. À Bram, Montfort martyrise ses prisonniers en les mutilant "pour l'exemple", mais ne fera qu'attiser la résistance cathare ; il meurt au siège de Toulouse en 1218, sans avoir réellement éradiqué la religion cathare… Le Languedoc revient à son fils, Amaury de Montfort qui, en 1224, incapable de poursuivre la lutte, abandonne les terres au roi de France, Louis VIII.

L'entrée du Languedoc dans le royaume de France débute par une nouvelle croisade, dirigée par le roi lui-même à partir de 1226. Sans plus de succès que les Montfort père et fils avant lui, Louis VIII meurt trois ans plus tard. Le pape Grégoire IX, face à ces échecs répétés, recourt en 1232 à un autre type d'intervention : l'Inquisition. Le clergé séculier, chargé de l'opération, n'y va pas de main morte et se livre volontiers aux "méthodes" qui ont fait la triste réputation de l'Inquisition : invitations à la délation, aveux sous la torture, persécutions systématiques, autodafés… Avec la révolte du Languedoc, en 1240, s'ouvre le dernier chapitre militaire de l'éradication cathare. Réfugiés dans des forteresses telles que Montségur, les cathares résistent jusqu'en 1255, date à laquelle les derniers châteaux de Niort-de-Sault et Quéribus cèdent aux assaillants. L'Inquisition, qui a son siège à Narbonne, se chargera de l'abjuration et de l'élimination des derniers cathares pendant le demi-siècle suivant. Le dernier des cathares, Guilhem Bélibaste, périt en 1321 sur le bûcher d'un petit village près de Carcassonne.

1379

À Montpellier, Béziers, Lodève et Alès, les paysans se révoltent contre le fouage exorbitant imposé pour financer la guerre de Cent Ans.

1567

La Michelade, l'un des plus importants massacres survenus au cours des guerres de Religion, a lieu dans la région.

1593

La faculté de médecine de Montpellier s'enrichit du premier jardin des Plantes de France, sous l'impulsion d'Henri IV.

Palais des rois de Majorque (p. 311), Perpignan

Sous la prospère protection de l'Aragon

Deux grandes cités de la région, Montpellier et Perpignan, sont épargnées par la crise cathare. À cela, une raison simple : elles appartiennent, tout le temps que dure le conflit, à la couronne d'Aragon. Les deux villes ont un destin longtemps lié, depuis leurs naissances contemporaines au Xe siècle, au bond prodigieux que connaissent leurs développements respectifs à partir de leur entrée dans la sphère d'influence aragonaise.

L'Aragon, sous domination franque depuis la création de la Marche d'Espagne par Charlemagne, s'affranchit de cette tutelle en 987 lorsque la dynastie capétienne remplace la carolingienne. La couronne d'Aragon exercera dès lors une influence importante dans le paysage féodal occitan, en cherchant à étendre ses possessions de l'autre côté des Pyrénées.

C'est chose faite en 1204 à l'occasion du mariage de Marie de Montpellier et Pierre II d'Aragon. La seigneurie de Montpellier ne sera espagnole qu'un siècle et demi – plus exactement jusqu'en 1349, date à laquelle elle est vendue au roi de France –, mais cette période lui sera extrêmement profitable. Non seulement la ville prospère grâce au commerce des épices et du textile, mais elle devient un pôle intellectuel majeur en Europe. Les facultés de droit et de médecine, fréquentées à la fois par les Français et les juifs, et les maures de

1598
L'édit de Nantes promulgué par Henri IV apaise pour un temps les tensions religieuses dans la région.

1659
Le traité des Pyrénées trace de manière définitive la frontière entre la France et l'Espagne.

1666-1681
Le canal du Midi est creusé de Toulouse jusqu'à la mer Méditerranée.

la péninsule Ibérique, sont élevées au rang d'université par la papauté à la fin du XIIIe siècle, ce qui en fait aujourd'hui l'une des plus anciennes en activité d'Europe.

Perpignan, intégrée à la couronne d'Aragon peu avant Montpellier, en 1172, deviendra quant à elle capitale royale lorsque Jacques Ier d'Aragon, né à Montpellier, donne en partage ses possessions à ses deux fils, Pierre et Jacques. Ce dernier règne donc à partir de 1276 sur le royaume de Majorque – englobant le Roussillon, la Cerdagne, les îles Baléares et la seigneurie de Montpellier – et fait de Perpignan sa capitale. Le palais des rois de Majorque et la cathédrale Saint-Jean-Baptiste sont les brillantes traces du faste et de l'importance politique et religieuse que connaît alors Perpignan, au centre d'une puissance méditerranéenne jusqu'en 1344.

En 1349, alors que Montpellier est vendue au roi de France, Perpignan réintègre pleinement le royaume d'Aragon. Perpignan devient un satellite de Barcelone et conjuguera le futur en catalan, tandis que Montpellier, sortie de sa bulle, jouera son rôle dans l'histoire de France. Le destin des deux cités, vertueusement liées par l'union aragonaise, va ironiquement connaître le même sort dès leur séparation : celui d'un déclin sur tous les plans – politique, commercial et intellectuel –, considérablement aggravé par l'épidémie de peste noire qui frappe durement l'Europe au milieu du XIVe siècle.

Épidémie, guerres et révoltes paysannes

La peste, qui porte un coup sévère à la démographie européenne, n'est pas le seul fléau médiéval à s'abattre – à répétition au cours des XIVe et XVe siècles – sur le Languedoc. Le choc de la guerre de Cent Ans, née des prétentions de la couronne d'Angleterre sur le royaume de France, va retentir jusque dans la région, humainement mais surtout économiquement. Si le prince de Galles, Édouard Plantagenêt – dit "le Prince Noir" –, mène en 1355 une véritable campagne de chevauchées dans l'Aude pour affaiblir le camp adverse, pillant Narbonne et Carcassonne, détruisant Castelnaudary et massacrant ses habitants, ce sont bel et bien les impôts levés par le roi Charles V qui laissent le Languedoc exsangue. En 1379, la fixation du fouage (un impôt touchant chaque foyer) à 12 francs, un montant exorbitant, suscite une révolte : plusieurs dizaines de commissaires du roi périssent dans une émeute à Nîmes. Charles V cède un an plus tard et annule l'impôt... Mais les régents de son fils Charles VI, qui dirigent le pays dès l'année suivante, sont moins avisés ; la politique fiscale du duc de Berry provoque le Tuchinat (du nom de ses paysans armés, les Tuchins), première révolte paysanne contre le pouvoir royal à s'inscrire dans le temps, de 1381 à 1384.

Car il y en aura d'autres. L'histoire du Languedoc est en effet marquée, à partir du XVIe siècle, par différentes rébellions régionales, pour des motifs cette fois-ci religieux. La Réforme trouva un fort écho dans le Languedoc, et en particulier à Nîmes où les tensions entre catholiques et protestants débouchèrent sur l'un des plus importants massacres survenus au cours des guerres de Religion (1562-1598), la Michelade. En 1567, le jour de la Saint-Michel, paysans et soldats protestants mirent à mort environ 80 moines

1685
La révocation de l'édit de Nantes prive les huguenots de la liberté de culte dont ils jouissaient depuis sa promulgation en 1598.

1702-1704
Au cours de la guerre des Camisards, les protestants des Cévennes sont pourchassés et 450 villages rasés par les troupes royales.

1764
La Bête du Gévaudan massacre bétail et habitants de l'actuelle Lozère ; l'affaire remonte jusqu'à la Cour.

Escalier à balustres de l'hôtel de Fontfroide, construit au XVIIe siècle, dans le vieux Nîmes

et clercs catholiques à la suite d'une émeute. En retour, plusieurs persécutions furent organisées par les catholiques à l'encontre des protestants, jusqu'à ce que l'édit de Nantes en 1598 apaise, pendant presque un siècle, les tensions religieuses. Sa révocation par Louis XIV en 1685 donne une autre échelle aux persécutions, qui recommencent : celles-ci ne sont en effet plus (seulement) le fait de tensions régionales, mais sont des expressions du pouvoir absolu du roi.

Le siècle de Louis XIV

Le règne du Roi-Soleil a une incidence déterminante, mais extrêmement contrastée, sur l'histoire de la région.

Dans les Cévennes, l'époque laisse un souvenir meurtri mais héroïque. Dans la foulée de l'édit de Fontainebleau, qui interdit l'exercice de la religion protestante, des soldats du roi, les dragons, sont envoyés pour "convertir" les protestants. En fait de conversion, ces dragonnades sont des sommations d'abjuration joignant la menace physique à son exécution immédiate en cas de refus. Étendues à l'ensemble du territoire français, elles provoquent soit des abjurations de façade, soit des exils massifs de huguenots. Dans les Cévennes, elles conduisent à une véritable guérilla : l'abbé du Chayla, archiprêtre

1787

L'édit de Versailles rétablit la liberté de culte en France et met fin aux persécutions religieuses.

1790

Le Languedoc est subdivisé en plusieurs départements. Le Roussillon est intégré aux Pyrénées-Orientales.

1839

L'arrivée du chemin de fer dans la région entraîne un rapide développement industriel.

des Cévennes, qui torture des protestants dans sa maison du Pont-de-Montvert, est poignardé une nuit de juillet 1702 par une cinquantaine de huguenots vêtus d'une simple chemise – qui donnera aux insurgés leur nom de camisards. Ces protestants cévenols, pas plus de 3 000, depuis leurs repaires montagnards préfigurant les maquis, tinrent tête durant plusieurs années aux 30 000 soldats envoyés par le roi pour les mater. Organisés en bandes de centaines d'individus d'une vingtaine d'années, leurs chefs furent des héros dont les noms, Jean Cavalier, ou Pierre Laporte, dit Rolland, résonnent encore dans les montagnes des combats héroïques qu'ils y menèrent.
Le fin mot de cette guerre, qui s'éteignit lentement plutôt qu'elle ne s'acheva ? C'est sans doute Stevenson, lors de son voyage dans la région en 1879, qui le résume le mieux : "Camisards noirs et camisards blancs, miliciens et miquelets et dragons, prophète protestant et cadet catholique de la Croix Blanche, tous avaient sabré et fait le coup de feu, brûlé, pillé et assassiné, le cœur ivre de passion et de courroux et là même, 170 ans après, le protestant était toujours protestant, le catholique toujours catholique, dans une mutuelle tolérance et douce amitié de vie."

Le règne de Louis XIV ne se résume cependant pas, dans le Languedoc, aux dragonnades et à la guerre des Camisards, loin de là. C'est lui tout d'abord qui redonne à la région une certaine unité politique et géographique, en rattachant le Roussillon et une partie de la Cerdagne au territoire français. La signature du traité des Pyrénées, en 1659, met fin à près de 30 années de guerre entre l'Espagne et la France : Perpignan devient définitivement française. Sous l'impulsion de Vauban, le Roussillon se dote alors de plusieurs forteresses et en consolide d'anciennes pour tenir la nouvelle frontière. L'installation du pouvoir français ne se fait pas sans heurt : l'instauration de la gabelle sur le Roussillon provoque la colère des paysans, qui se soulèvent contre le roi lors de la révolte dite des Angelets en 1667. Elle ne sera totalement réprimée, et dans le sang, qu'en 1675.

C'est encore la rivalité avec l'Espagne qui conduira Louis XIV à mettre en œuvre le projet, que lui présente l'ingénieur Pierre-Paul Riquet, d'un canal reliant la mer Méditerranée à l'océan Atlantique afin d'éviter aux navires français le contournement de la péninsule Ibérique et le coûteux passage par Gibraltar. Le chantier du canal s'étale sur 15 ans (1666-1681), ce qui est relativement rapide lorsque l'on considère les 241 km de sa longueur totale, et surtout la quantité d'écluses et d'ouvrages d'art – ponts-canaux, tunnels, moulins à eau, épanchoirs – qui jalonnent son parcours. Le canal contribua significativement au développement économique de la région, en particulier celui du vin, dont l'acheminement est facilité. Le "Canal royal", rebaptisé canal du Midi à la Révolution, est aujourd'hui classé à l'Unesco.

Enfin, le siècle de Louis XIV fut aussi celui de Molière. Avant que le Roi-Soleil ne devienne son mécène, Molière fit de Pézenas, dans l'Hérault, le terreau de son talent et de sa renommée. Sa troupe de théâtre s'y produit plusieurs fois, entre 1645 et 1656, y effectue de longs séjours et, surtout, séduit le prince de Conti, ce qui lance son aventure royale ; à tel point que Marcel Pagnol écrira : "Jean-Baptiste Poquelin est né à Paris ; Molière est né à Pézenas. "

Années 1850
Le phylloxéra ravage les vignobles et une épidémie de pébrine met à terre la sériciculture cévenole.

Août 1893
À Aigues-Mortes, 8 travailleurs italiens sont tués lors d'une rixe avec les ouvriers locaux.

1907
Des milliers de vignerons se rassemblent à Narbonne pour protester contre les prix dérisoires des vins d'importation.

Derrière son austère façade, le château de la Baume, en Lozère, cache un intérieur fastueux, inspiré par Versailles (p. 245)

Succès et accidents industriels

Le découpage du Languedoc et du Roussillon est dessiné, au niveau départemental, à la Révolution : le Roussillon se fond dans les Pyrénées-Orientales ; le Languedoc est dissocié de Toulouse, où il avait son parlement. La région traverse la Révolution et les changements de régime à répétition du XIXe siècle au même rythme que le reste du territoire français ; les tensions chroniques entre catholiques et protestants se doublent désormais de tensions entre royalistes et républicains. C'est le cas lors de "la bagarre de Nîmes" où l'affrontement des deux camps fera en 1790 plus de 300 morts. Le XIXe siècle reste cependant avant tout celui de la grande mutation industrielle… et de ses revers.

L'arrivée du train dans la région, dès 1839, suscite un développement spectaculaire de l'activité industrielle ; elle permet à Nîmes d'étendre la diffusion de sa production textile, déjà florissante. La postérité d'un tissu extrêmement solide fabriqué par ses manufactures et acheté par un certain Levi Strauss, sera telle que l'on parle aujourd'hui de jeans "denim". Les mines de charbon des Cévennes profitent également de la ligne ouverte, la même année, entre Beaucaire et Grand-Combe ; elles figurent alors parmi les premières de France. Le chemin de fer transporte en outre les clients et les patients des stations thermales qui se multiplient dans les Pyrénées, riches en sources aux vertus curatives.

Janvier 1939
Exode massif des républicains espagnols en France. Les Pyrénées-Orientales accueillent la majorité d'entre eux.

Novembre 1942
Le Languedoc-Roussillon est envahi par les troupes allemandes. La région est libérée en août 1944 par les Forces françaises libres.

1962
La population de Montpellier augmente de 10% en quelques jours avec l'arrivée massive des rapatriés d'Algérie.

La seconde partie de ce siècle industriel accumule en revanche les désastres. La culture des vers à soie, prospère dans les Cévennes depuis le XVIIe siècle, est mise à genoux par une brutale épidémie de pébrine. Louis Pasteur, installé en 1865 afin d'étudier la maladie, parviendra à l'éradiquer, mais il sera trop tard pour une production dépassée par la concurrence chinoise. La même région verra bientôt ses châtaigneraies rongées par la maladie de l'encre. Le virus touchant le plus durement la région est cependant le phylloxéra, qui va mettre à mal l'un des principaux secteurs économiques de la région. Elle aussi galvanisée par le chemin de fer à partir de 1853, la production viticole est touchée seulement 10 ans plus tard par le virus venu d'Amérique. C'est dans le Gard que le puceron commet, en Europe, ses premiers ravages. Ils seront considérables. En 10 ans, sur 220 000 ha de vignes, le seul département de l'Hérault en perdit 173 000. La reconstitution du vignoble se fera au prix de l'introduction d'un cépage plus résistant et de meilleur rendement, mais de moindre qualité.

Et c'est dans ces mêmes vignobles que va germer, près d'un demi-siècle plus tard, en 1907, la plus grande manifestation de la Troisième République. Plus d'un demi-million de personnes, tous courants politiques confondus, sont réunies à Montpellier ; c'est le point d'orgue de la révolte des vignerons languedociens. Ces derniers pâtissent de vendanges tellement supérieures à la normale qu'elles rendent le prix de l'hectolitre ridicule, et surtout d'une concurrence déloyale de la part de vins produits ailleurs par chaptalisation (augmentation artificielle du degré d'alcool) et mouillage (ajout d'eau). Les vignerons ont le soutien de la population, des politiques locaux et même du clergé. Le président du Conseil, Georges Clemenceau, fait appel à l'armée pour mater la révolte, qui menace de se transformer en mouvement de sécession du Midi. Des affrontements mortels entre l'armée et la foule ont lieu à Narbonne ; la préfecture de Perpignan est incendiée ; un régiment d'infanterie se mutine et rallie les insurgés à Béziers. En fin de compte, Clemenceau cède, et des lois protégeant les vins dits "naturels" de la concurrence déloyale sont votées.

Une terre d'immigration

La situation géographique du Languedoc et du Roussillon leur a valu d'être pris en étau par les ambitions conquérantes de grandes puissances. C'est la même raison qui fera d'eux, dès la fin du XIXe siècle, une destination privilégiée pour des ouvriers venus d'Espagne et d'Italie ; le rapport de la région à sa population immigrée était, déjà, complexe et contrasté. Si les vignerons languedociens et étrangers font corps lors de la révolte de 1907 au point de traduire en italien et en espagnol les décisions du comité de grève, le "massacre des Italiens", à Aigues-Mortes, en 1893, résonne comme une exaction xénophobe d'autant plus grave que la justice n'inquiéta jamais les ouvriers locaux qui l'avaient perpétrée.

C'est toujours sa situation géographique qui fit du Languedoc-Roussillon, au milieu du XXe siècle, le réceptacle d'exodes soudains et massifs. En quelques décennies, la région accueille sur son territoire des dizaines de milliers d'émigrants qui contribueront de manière importante à son identité contemporaine.

1970
Mise en service du plus grand four solaire du monde (à l'époque) à Odeillo, dans les Pyrénées-Orientales.

1991
Création du CAPES (diplôme d'enseignant) d'occitan.

2007
Reconnaissance du catalan comme langue officielle par le conseil général des Pyrénées-Orientales, qui s'engage à promouvoir son apprentissage.

Le premier grand mouvement est la “Retirada” à l’issue de la guerre civile espagnole : des centaines de milliers de républicains fuient les troupes franquistes victorieuses au début de l’année 1939, et arrivent dans les Pyrénées-Orientales. Le destin de ces réfugiés sera souvent funeste, du fait des conditions d’improvisation totale de leur accueil, mais beaucoup d’entre eux, venus en majorité de Catalogne, resteront dans les Pyrénées-Orientales et injecteront une forte “catalanité” dans la culture du département.

Le second mouvement est l’onde de choc provoquée par l’indépendance algérienne : à l’été 1962, ce sont – là encore – des centaines de milliers de personnes qui débarquent sur les côtes méridionales françaises. Essentiellement composés de pieds-noirs, c’est-à-dire de Français nés en Algérie, les arrivants sont parfois mal accueillis par la métropole. Cet exode provoque une très forte poussée démographique dans la région, concentrée essentiellement dans les secteurs de Perpignan et de Montpellier. Si les pieds-noirs qui ont choisi de rester dans le Languedoc-Roussillon s’intègrent plutôt bien en participant grandement à son dynamisme économique, le sort réservé aux harkis, Algériens restés fidèles au gouvernement français durant la guerre d’indépendance, constitue un scandale d’État qui mettra plusieurs décennies à être reconnu par la République.

L’impact de ces arrivées dans la région sera tel que le paysage politique se redessinera, tout au long de la seconde partie du XXe siècle, en fonction du changement de mentalités qu’elles provoquent. Un homme politique comme Georges Frêche (1938-2010) illustre à la fois le fin calcul électoral, mais aussi les dérapages suscités par la présence d’une importante immigration venue d’Afrique du Nord. D’obédience socialiste, mais n’hésitant pas à afficher sa nostalgie de l’Algérie française, les pieds-noirs formant une tranche non négligeable de son corps électoral, Frêche, durant ses dernières années d’activité, défraya la chronique par ses propos peu amènes concernant les harkis, mais aussi la proportion de populations immigrées ou issues de l’immigration dans la société contemporaine.

En 2014, la réforme des régions françaises est actée. En 2016, la nouvelle région regroupant le Languedoc-Roussillon et le Midi-Pyrénées est créée et prend le nom d’Occitanie.

Le Languedoc-Roussillon tient, depuis plusieurs années, le record de croissance démographique en France métropolitaine. La région ne le doit pas à son taux de natalité, mais à l’extrême attractivité qu’exerce son climat et sa situation littorale. Quatre des 5 départements qui composent ce territoire de 27 376 km^2 bordent la Méditerranée. Ses côtes, ainsi que les agglomérations de Montpellier, Nîmes et Perpignan, attirent chaque année, estime-t-on, plus de 30 000 nouveaux résidents. À ce rythme, la population régionale de 2,81 millions en 2017 devrait atteindre 3 millions en 2025.

L’héliotropisme a aussi favorisé le développement de l’activité estivale et touristique dans la région. Plus abordable et populaire que la Côte d’Azur, le littoral du Languedoc et du Roussillon est, chaque été, extrêmement fréquenté. Dans l’arrière-pays, la Lozère, foyer du parc national des Cévennes, attire désormais un contingent croissant de randonneurs et d’amoureux de la nature, tout comme les Pyrénées catalanes qui drainent, elles aussi, des amateurs de nature et de sports d’hiver.

2010

Georges Frêche, président de la région Languedoc-Roussillon et ancien maire de Montpellier, décède brutalement.

2014

Le Parlement français adopte la division de la France en 13 territoires : le Languedoc-Roussillon fusionne avec le Midi-Pyrénées.

2016

L’Occitanie, issue de la fusion des anciennes régions Languedoc-Roussillon et Midi-Pyrénées, est officiellement créée.

Collioure (p. 327)

GOLOVLANKO / ADOBE STOCK ©

Culture et patrimoine

En 2004, la région, sous l'impulsion de son président de l'époque, Georges Frêche, faillit troquer son nom de Languedoc-Roussillon contre celui de Septimanie, datant du haut Moyen Âge. Massivement rejetée par la population du Roussillon parce qu'elle risquait d'occulter la part d'identité catalane de la région, l'initiative fut abandonnée. Cette polémique illustre la fierté et la sensibilité des cultures languedocienne et catalane, forgées par des langues et des sentiments d'appartenance proches, mais distincts, et à l'héritage admirable.

Langues et traditions

La langue d'oc et son héritage

L'ancienne région Languedoc-Roussillon était l'unique territoire dont le nom portait la trace de la séparation linguistique qui existait jadis entre le nord et le sud du pays. Au Moyen Âge, dans l'espace européen qui fut l'Empire romain, le latin vulgaire s'efface progressivement au profit des différentes formes locales de son évolution. En France, on distingue les deux principales langues issues de cette transformation au moyen du mot employé pour dire "oui" : la langue d'*oïl* et la langue d'*oc*. La première, parlée au nord

Uzès (p. 164)

Écoutez Jean Racine évoquer Nîmes, la langue d'oc et les nuits occitanes, "plus belles que vos jours".

Extraits de trois Lettres d'Uzès *(1661-1662)*

5 min

et subissant aussi bien des influences celtiques que germaniques, donnera le français moderne. La seconde, parlée au sud de Poitiers et enrichie d'influences méditerranéennes à la faveur du cosmopolitisme commercial de la région, est aujourd'hui connue comme l'occitan. La monarchie française, à mesure qu'elle unifie son territoire et centralise au nord son pouvoir politique, emploie naturellement la langue d'oïl, qu'elle va imposer. Avec l'ordonnance de Villers-Cotterêts, édictée par François Ier en 1539, le français devient la langue officielle du royaume. C'est ainsi qu'à l'orée de la Renaissance, l'**occitan**, langue à la forte dimension littéraire et poétique cultivée par les troubadours, va être marginalisée.

Le Languedoc contemporain n'est donc, historiquement, qu'une petite portion du territoire où l'on parlait la langue d'oc ! Celle-ci couvrait une aire géographique allant de la Gascogne au Piémont italien. C'est au sein de cette aire que les formes actuelles de l'occitan sont parlées. Faute de pouvoir politique fort et uni en langue occitane, celle-ci s'est en effet colorée de graphies, d'accents et de vocabulaires différents selon les endroits, donnant naissance à différents dialectes, parmi lesquels le gascon, l'auvergnat, et même... le languedocien ! Le plus illustre d'entre eux, le provençal, a été distingué d'un prix Nobel sous la plume de Frédéric Mistral : on est au début du XXe siècle, et après plusieurs campagnes initiées au XVIIIe siècle pour éradiquer les "patois", considérés par le pouvoir comme des obstacles à la raison et au patriotisme, on redécouvre la beauté de l'occitan, et la fierté de le parler. Les langues d'oc sortent des oubliettes et entament une lente marche vers une reconnaissance discrète, mais salvatrice, prenant, au début du XXIe siècle, la forme d'affichages publics bilingues, et surtout d'enseignements spécifiques dans le primaire et le secondaire.

Le Roussillon et la "catalanité"

Le **catalan** est l'autre incontournable langue vernaculaire de la région, bien qu'elle soit "doublement" en minorité : par rapport au français, mais aussi par rapport à l'occitan, puisqu'on ne la parle que dans le seul département des Pyrénées-Orientales. Son usage est toutefois resté courant jusqu'à une époque beaucoup plus avancée que l'occitan : dans les années 1960 encore, si le français était la langue officielle de l'administration, c'est en catalan que l'on parlait dans les rues et les maisons de Perpignan. Très proche du languedocien, le catalan du Roussillon a cependant son centre de gravité de l'autre côté des Pyrénées : une influence qui s'explique par le rattachement tardif du territoire à la France – jusqu'au traité des Pyrénées, en 1656, le Roussillon fait partie du royaume d'Espagne – et qui s'est trouvée renforcée par l'immigration provoquée par la guerre civile espagnole à la fin des années 1930. L'immigration des harkis et des pieds-noirs, suite à l'indépendance de l'Algérie dans les années 1960, mais aussi la volonté de la génération du baby-boom de désenclaver le Roussillon pour l'intégrer davantage à la France, affermiront significativement l'emprise du français dans le parler roussillonnais. La pratique du catalan

Une tauromachie à deux vitesses

Polémique jusqu'au bout des cornes, la tauromachie n'a pas fini de faire parler d'elle. Encore faut-il savoir de quelle tauromachie on parle. Le Languedoc est en effet le foyer privilégié de deux types de tauromachie qui, sans être incompatibles, n'en sont pas moins l'expression de deux histoires et de deux philosophies bien différentes. La plus connue est la **corrida**. Sa forme actuelle, née au XVIIIe siècle en Andalousie, est importée en France au XIXe. Les trois ferias annuelles de Nîmes sont les plus populaires de France – celle de la Pentecôte atteignant en moyenne le million de visiteurs – et, dans le monde de la corrida, les plus importantes après celles de Madrid et de Séville. Sur le parvis des arènes, où se déroulent les corridas nîmoises, une statue à l'effigie de Christian Montcouquiol, dit Nimeño II (p. 141), rend hommage au célèbre matador mort en 1991, en même temps qu'elle cristallise l'importance prise dans la ville par la course andalouse. Jugée cruelle et rétrograde par ses détracteurs, elle est élevée au rang d'art et de tradition inaliénable par ses aficionados. Une controverse loin d'être terminée : si elle a échappé à la menace de l'interdiction en septembre 2012, la corrida a cependant été radiée de l'inventaire du patrimoine immatériel de la France en 2016, après y avoir été inscrite en 2011.

La **course camarguaise** est l'autre expression de la tauromachie dans la région. Remontant au XVIe siècle, si ce n'est plus loin, la tradition est non seulement plus ancienne, mais surtout propre au Gard et à l'Hérault, où elle est née. Contrairement à la corrida, elle ne s'achève pas par la mise à mort de l'animal, et surtout a une vocation plus ludique, son principe consistant pour les joueurs à attraper la cocarde accrochée aux cornes du bovin. La course la plus importante, dans le Languedoc, se déroule à Beaucaire chaque été.

disparaîtra au rythme des générations qui la privilégiaient. Une fois de plus, une impulsion politique lui redonnera droit de cité dans l'aire géographique où elle prospérait autrefois : en 2007, le conseil général des Pyrénées-Orientales prend en main le retour dans l'espace public de sa langue millénaire en signant la "Charte en faveur du catalan", qui encourage son apprentissage et sa diffusion.

Cette illustration de la catalanité dans le Roussillon va de pair avec l'entretien des traditions liées à la langue : une soixantaine d'écoles enseignent ainsi la **sardane**, danse folklorique née au tout début du XXe siècle en Catalogne espagnole, et introduite dans le Roussillon par les républicains chassés par le régime franquiste. Sur une musique interprétée par le *cobla*, un ensemble instrumental spécifiquement catalan, les danseurs se réunissent en cercle, vêtus ou non – en fonction de l'occasion – de costumes traditionnels, et entament, selon l'air joué, une chorégraphie de pas courts ou de pas longs.

Beaucoup plus ancienne mais aussi plus intrigante, la **procession de la Sanch** perdure depuis le XVe siècle malgré des interdictions répétées de la part de l'Église. Il faut dire que si la cérémonie est religieuse, il se dégage de son apparat une ambiance plus occulte que chrétienne ! C'est l'accoutrement des processionnaires, chargés d'imposantes sculptures évoquant la Passion du Christ, qui frappe : les pénitents, vêtus de longues robes bénédictines noires ou rouge sang, ont la tête couverte de la *caparutxa*, une capuche en forme de long cône pointu percée seulement de deux petits œilletons. Ils s'en vont ainsi, chaque vendredi saint, dans les rues et les ruelles de Perpignan et de quelques autres villages, de jour pour la capitale du Roussillon, où elle est désormais un événement touristique majeur, et parfois de nuit, comme à Arles-sur-Tech, où elle est plus confidentielle.

Pont du Gard (p. 158)

Écoutez Stendhal vous servir de guide et vanter la beauté sans artifice du pont du Gard.

4 min

Extrait de Mémoire d'un touriste *(1838)*

Arts et lettres

Sculpture

L'Aude et les Pyrénées-Orientales permettent de contempler plusieurs œuvres de trois sculpteurs ayant vécu et travaillé dans la région, et que plusieurs siècles séparent. Chacun à son époque incarna la quintessence de leur art. Le premier, anonyme, est aujourd'hui connu comme le maître de Cabestany. Actif au XIIe siècle, il a donné à la région, et au-delà, de somptueux ouvrages religieux de style roman… et personnel (p. 312). Des moulages de toutes les sculptures qui lui sont attribuées sont visibles à Cabestany.

Le deuxième, Joseph Sunyer, est une figure majeure du baroque catalan, qui s'épanouit des deux côtés des Pyrénées aux XVIIe et XVIIIe siècles. On peut notamment admirer ses trois magnifiques retables à l'église Notre-Dame-des-Anges à Collioure (p. 328), l'église Saint-Pierre à Prades (p. 356) et la chapelle de l'ermitage à Font-Romeu (p. 365).

À cheval sur le XIXe et le XXe siècle, le troisième est le sculpteur Aristide Maillol, qui fut à la lisière du classicisme et de la modernité. Si la majorité de ses œuvres sont visibles à Paris, dans le musée qui porte son nom et dans le jardin du Carrousel notamment, les villes de Perpignan et de Banyuls-sur-Mer, où il naquit et eut son atelier (voir p. 336), permettent de contempler son approche épurée et sensuelle du corps humain.

Peinture

À Perpignan, le musée Hyacinthe-Rigaud (p. 312) – nommé ainsi en hommage au portraitiste surdoué et emblématique de Louis XIV, né également à Perpignan – expose quelques-unes des toiles d'Aristide Maillol. Pablo Picasso, Raoul Dufy et Jean Cocteau séjournèrent à plusieurs reprises dans l'hôtel particulier accueillant le musée. Mais c'est dans deux petits bourgs catalans, non loin de Perpignan, que cette mythique génération de peintres – ayant pour chefs de file Picasso, Braque et Matisse – sera la plus novatrice au début du XXe siècle : à Collioure naquit ainsi le fauvisme, sous l'inspiration de Matisse, qui y convia rapidement Derain, en 1905. Si particulière, la lumière estivale fut une muse puissante. Aujourd'hui, sur le "chemin du fauvisme", une vingtaines de reproductions de toiles des deux artistes sont placées en regard des sites qui les inspirèrent. L'été, des visites guidées sont organisées le long de ce parcours (p. 329). C'est par contre au village de Céret que le cubisme élit résidence : Braque et Picasso y réaliseront de nombreuses œuvres jusqu'à la Première Guerre mondiale. Véritable Mecque du cubisme, la ville accueille un musée d'Art moderne qui leur est consacré (p. 344), ainsi que de nombreuses galeries.

Hors de la Catalogne française, le port de Sète servit de berceau à un mouvement pictural : la figuration libre. Né dans les années 1980 sous l'impulsion de deux enfants du pays, Robert Combas et Hervé Di Rosa, ce courant postmoderne – en ce qu'il rompt toute hiérarchie entre les arts et les cultures qu'il fait figurer – servit de rampe

Mas Camargue, parc national des Cévennes (p. 238)

Écoutez Stevenson décrire le Gévaudan et les monts Lozère et vous raconter le passé tourmenté des Cévennes.

Extrait de Voyage avec un âne dans les Cévennes (1879 ; trad : Léon Bocquet)

7 min

de lancement au *street art*. Dans le même esprit anti-élitiste et cosmopolite, Di Rosa fonda en 2000 le MIAM (musée international des Arts modestes ; p. 91), à Sète toujours.

Musique et paroles

Dans la langue d'oc naît et prospère, à partir du XIIe siècle, l'art des troubadours. Plus qu'un genre, c'est toute une esthétique que créèrent ces artistes à la fois poètes et musiciens, créateurs et interprètes. Les ballades, satires, aubades et récits épiques nés de leur plume firent les grandes heures des cours seigneuriales méridionales, tandis que leur *fin'amor*, ou amour courtois, forgea en profondeur le concept de sentiment romanesque.

Faut-il s'étonner alors de ce que le Languedoc et le Roussillon, riches d'une telle tradition littéraire, aient jusqu'à aujourd'hui donné naissance à des chanteurs maniant aussi bien la musique que les mots, voire les bons mots ? Charles Trenet, Georges Brassens et Boby Lapointe sont les plus illustres d'entre eux. Leurs trois villes natales leur ont chacune respectivement consacré un musée et un festival.

Charles Trenet, dont on visite la maison natale (p. 283), a gardé toute sa vie un lien fort avec Narbonne, la ville de son enfance. Un de ses plus grands succès, *La Mer*, a été écrit dans le train entre Perpignan et Montpellier. Toutes les chansons qu'il a consacrées à sa région natale sont marquées par la nostalgie : au moment où le train pour Paris quitte pour la première fois le quai provincial, il se rappelle, *À la gare de Perpignan*, les rêves qui étaient les siens ; la *Route nationale 7* célèbre l'avant-goût du bonheur de prendre la route "qui conduit [...] vers les rivages du Midi [...] qu'on aille à Rome, à Sète" ; *Narbonne mon amie*, "pays des songes du temps de mon enfance", se conclut sur un adieu au "cimetière où dort tante Émilie", où il repose désormais.

Dans l'une de ses chansons les plus célèbres, la *Supplique pour être enterré sur la plage de Sète*, Georges Brassens se décrit comme un "humble troubadour". Cette chanson témoigne de son attachement profond pour le port où, de sa naissance à son départ pour Paris, il passa 20 années de sa vie... Elle annonce aussi en partie sa dernière demeure (en partie seulement, puisque, bien qu'il soit inhumé à Sète, sa tombe se trouve au cimetière du Py ; p. 95).

Boby Lapointe fait davantage que citer sa ville natale, Pézenas (où un musée lui est dévolu, p. 106), dans sa chanson *Framboise* qu'il interprète dans *Tirez sur le pianiste* de François Truffaut. Orfèvre du calembour et ami intime de Brassens – dont il partage la richesse d'écriture derrière une simplicité apparemment bon enfant –, il chante ses textes avec un accent si caractéristique du Languedoc qu'il est peut-être le plus moderne des héritiers des troubadours.

Aujourd'hui encore, les voix du Languedoc et du Roussillon résonnent dans tout l'Hexagone, notamment à travers celles de deux chanteurs populaires : le Perpignanais Cali, dont l'album *Vernet-les-Bains* (2012) porte le nom d'une commune des Pyrénées-

Orientales... où le chanteur se présenta à deux reprises aux élections municipales (sans succès) ; et la Carcassonnaise Olivia Ruiz, dont le premier grand succès, *J'traîne des pieds*, évoque son enfance dans le petit village de Marseillette (où le clip fut tourné).

Une terre littéraire

Le Languedoc et le Roussillon ont inspiré nombre de grands écrivains, à commencer par ceux qui y virent le jour. Né à Sète, Paul Valéry est incontestablement le plus renommé des poètes de la région. Son poème "Le Cimetière marin" (1920) aura un tel retentissement que la municipalité rebaptisera le cimetière Saint-Charles en son honneur (voir aussi p. 94). Grand ami de Valéry, André Gide raconte quant à lui ses souvenirs familiaux à Uzès et à Montpellier dans son autobiographie *Si le grain ne meurt* (1924).

Quelques siècles plus tôt, le jeune Racine effectua un long séjour à Uzès (1661-1662) dont les *Lettres d'Uzès* (aussi publiées sous le titre *Écrits d'Uzès*) gardent le souvenir (voir p. 391). Dans ces épîtres apparaît cette phrase remarquable écrite à un ami parisien : "Et nous avons des nuits plus belles que vos jours."

Au XIXe siècle furent écrites les œuvres les plus emblématiques sur la région. Le Nîmois Alphonse Daudet peint de manière tour à tour sévère et attendrie son Languedoc natal dans son roman autobiographique *Le Petit Chose* (1868), puis dans ses fameuses *Lettres de mon moulin* (1869). La Catalogne française inspira aussi un classique de la littérature française : Prosper Mérimée ancre sa nouvelle fantastique *La Vénus d'Ille* (1835) aux confins du territoire français, à Ille-sur-Têt (p. 352), sous le patronage plus grand que nature du Canigou.

Le cinéma et la région

Au XXe siècle, c'est naturellement le cinéma qui documente le plus la région. Si Truffaut tourne *L'Homme qui aimait les femmes* (1977) à Montpellier pour le motif que les femmes y sont à ses yeux les plus belles de France, d'autres grands noms du septième art français ont tourné dans le Languedoc des histoires étroitement associées à la région.

Bien que né à Pessac, près de Bordeaux, c'est à Narbonne que Jean Eustache vivra son adolescence. Il en tirera deux films à la forte dimension autobiographique : *Le Père Noël a les yeux bleus* (1966), dédié à Charles Trenet, où l'on suit les combines foireuses de Jean-Pierre Léaud pour se faire un peu d'argent et draguer les jeunes Narbonnaises, le tout filmé dans un style très cinéma direct, et *Mes petites amoureuses* (1974), chronique douce-amère vue à travers l'éveil à la sexualité du jeune héros d'une Narbonne voluptueusement ensommeillée.

C'est également l'adolescence qui a mené Agnès Varda à Sète, et la nostalgie qui l'y ramène, accompagnée d'une caméra : elle y tourne, en 1954, son premier long-métrage,

La randonnée devenue document historique

En 1879, l'Écossais Robert Louis Stevenson publie *Voyage avec un âne dans les Cévennes*. L'auteur de *L'Île au trésor* raconte son périple "à six jambes", en comptant celles de son ânesse qu'il baptise Modestine, du Gévaudan au haut Languedoc. Conscient de se trouver à une époque charnière, il décrit avec d'autant plus d'émotion la beauté de la nature qu'il arpente que la première voie ferrée de la région est alors en construction et que le phylloxéra dévaste le vignoble. Les différents personnages qu'il croise lui inspirent des remarques ironiques – il faudrait parler selon lui non pas de *la* bête, mais *des* bêtes du Gévaudan... – ou admiratives sur les populations du Languedoc, dont la plus touchante est à ses yeux celle descendant des camisards, encore marquée des violentes guerres de Religion ayant fait rage 170 ans plus tôt. Le GR®70 permet aujourd'hui de partir sur le "chemin de Stevenson". Voir aussi p. 410 et l'encadré p. 237.

La Pointe courte (1954), du nom du quartier de pêcheurs où le héros du film, interprété par Philippe Noiret (dont c'est aussi le premier film), retourne vivre avec son épouse. Dans un style documentaire précurseur de la Nouvelle Vague, Varda filme les fameuses joutes nautiques, au cours desquelles deux adversaires tout de blanc vêtus, et debout sur une barque menée par une dizaine de rameurs sur le canal de Sète, tentent de faire tomber l'autre dans l'eau. Elle filmera la même tradition ludique plus d'un demi-siècle plus tard dans *Les Plages d'Agnès* (2008), et consacrera en 2011 tout un épisode de la série *Agnès de ci de là Varda*, qu'elle tourne pour Arte, au port, et au peintre Pierre Soulages, qui vécut et travailla à Sète de nombreuses années. Le film d'Abdellatif Kechiche, *La Graine et le mulet* (2007), distingué par le César du meilleur film et par un prix du jury à Venise, a également été tourné à Sète, tout comme les deux volets de *Mektoub, my love* (2017 et 2019).

Les trois volets de *Profils paysans* (2001, 2005 et 2008) de Raymond Depardon, dont le tournage s'est étalé sur 10 ans, forment un témoignage unique sur un mode de vie dont le documentaire capte en même temps le chant du cygne. Ils ont été filmés dans 3 départements de moyenne montagne. Les séquences tournées en Lozère – département le moins peuplé de France – montrent les paysages les plus envoûtants de la série... et ses protagonistes les plus isolés.

Sans doute inspiré par l'important héritage antique de la région, Christophe Honoré a tourné son adaptation des *Métamorphoses* (2014) d'Ovide en grande partie dans la région : Montpellier, Villeneuve-lès-Maguelone, Lauroux, Ceilhes, Celles, Soumont, Collias, Nîmes, Lunel...

Architecture

En parcourant le Languedoc et le Roussillon, on peut être frappé par la proportion d'ouvrages monumentaux jalonnant les paysages et peuplant les villes : par son architecture, la région témoigne de sa situation frontalière et de son histoire secouée par de violents conflits.

Antiquité

L'Empire romain a plus que de beaux restes dans le Languedoc : les monuments qui demeurent à Nîmes et dans ses alentours, pour l'essentiel bâtis au Ier siècle de notre ère, sont parmi les mieux conservés du monde. Si le nom de Maison carrée (p. 143), à Nîmes, ne rend guère justice à son statut originel de temple, l'édifice lui-même est la réalisation du genre demeurée la plus intacte de toute l'Antiquité romaine ; il en va de même, avec les arènes (p. 141), pour les amphithéâtres. Les Romains étaient également de formidables ingénieurs des ponts et chaussées, ce que la région rappelle aussi : le plus haut pont-aqueduc romain avec une hauteur de 49 m, le pont du Gard (p. 158) permettait d'acheminer l'eau jusqu'à Nîmes sur une distance de plus de 50 km ! Construite au IIe siècle avant J.-C., la Via Domitia était l'artère majeure de la Gaule et avait pour but de faciliter l'accès des légionnaires romains à la péninsule Ibérique. Narbonne, en tant que première colonie romaine du sud de la Gaule, fut naturellement sa première étape : un court tronçon y est visible en centre-ville. La voie a laissé quelques ponts, notamment à Saint-Thibéry, tandis qu'à Pinet, non loin de l'étang de Thau, il est possible de suivre un itinéraire balisé sur plusieurs centaines de mètres. Le musée Narbo Via, inauguré à Narbonne en 2021, retrace la grandeur et l'importance de la ville sous l'Antiquité.

Un roman florissant

L'art roman a connu dans le Languedoc et dans le Roussillon une vitalité teintée de nombreuses originalités. Il a été influencé par l'Antiquité romaine, mais également marqué

Moulin d'Omer, Cucugnan (p. 293)

Écoutez Alphonse Daudet vous conter l'histoire du fameux abbé Martin et de ses Cucugnanais.

Lecture intégrale de Le curé de Cucugnan *(paru en 1866 puis intégré aux* Lettres de mon moulin*)*

13 min

par les ouvriers lombards qui contribuèrent à la construction de nombreux édifices ; les églises et les abbayes conjuguent souvent le ravissement avec l'étonnement. L'abbatiale Saint-Gilles (p. 175) dans le Gard, aujourd'hui classée sur la liste du patrimoine mondial par l'Unesco et renfermant le tombeau du saint nourri au lait de biche, fut un haut lieu de pèlerinage au Moyen Âge ; son porche, de la forme d'un arc de triomphe, aligne colonnes et pilastres cannelés de style romain, tandis que d'autres éléments de la façade empruntent à l'art corinthien. L'abbaye de Fontfroide (p. 287), près de Narbonne, qui mêle arts roman et gothique, est l'une des mieux conservées de la région, tandis que le site de celle de Saint-Martin-du-Canigou (p. 358), juchée à plus de 1 000 m d'altitude et bâtie au bord d'un profond précipice, sert de cadre spectaculaire à ce véritable musée de la sculpture romane version catalane. Le Roussillon à lui seul compte en effet une centaine d'églises, de prieurés et d'abbayes édifiés par des architectes, maçons et sculpteurs ayant œuvré sur l'un et l'autre versant des Pyrénées à une époque où la Catalogne n'était pas écartelée. On compte par ailleurs deux ponts romans dans l'Hérault : l'un situé à Saint-Jean-de-Fos (p. 132), l'autre à Olargues (p. 119). Ils portent le même nom de "pont du Diable". Le premier, datant du XIe siècle et classé sur la liste du patrimoine mondial par l'Unesco, est le plus vieux pont de style roman encore debout.

Citadelles et forteresses

Le sud de la région est constellé de places fortes, et non des moindres. Les plus anciennes d'entre elles, connues sous le nom de "châteaux cathares", furent le théâtre de sièges et d'affrontements parfois épiques durant la croisade qui déchira la région au début du XIIIe siècle, mais leur fondation remonte pour la plupart au IXe ou au Xe siècle. Perchés sur des pitons rocheux, comme ceux de Quéribus et de Puilaurens, ou bâtis sur une crête calcaire dans le cas de celui de Peyrepertuse, ces châteaux semblent sortir de livres de contes mettant en scène chevaliers et dragons. Ce serait oublier leur rôle stratégique, même après la fin de l'ère cathare, lorsque la frontière avec l'Espagne passait juste au sud de Carcassonne, dont ils dépendaient alors (voir l'encadré p. 294).

La restauration de la citadelle de Carcassonne (p. 258), justement, qui s'étale sur un demi-siècle, la fera pour de bon sortir d'un livre de contes ! Viollet-le-Duc, chargé par Napoléon III de rendre à la ville son lustre d'antan, prend le parti d'une restauration très libre, n'hésitant pas à coiffer les tours de la citadelle de toits en cône, un contresens total eu égard à l'usage dans le Languedoc, et qui fera couler beaucoup d'encre dès son achèvement au début du XXe siècle ! On regardera les autres "restaurations" signées Viollet-le-Duc dans la région – notamment l'hôtel de ville et le palais épiscopal de Narbonne (p. 282) – davantage comme des relectures romantiques que comme des reconstitutions scientifiques.

Vauban a lui aussi laissé une empreinte déterminante dans la région. Après le rattachement du Roussillon à la France en 1659, la nouvelle frontière avec l'Espagne

Écoutez Paul Valéry chanter les louanges du cimetière de Sète, et vous vanter ses charmes et sa sérénité.

Lecture intégrale du poème Le cimetière marin *(1920)*

8 min

Cimetière marin, Sète (p. 94)

BERNARD GIRARDIN / ADOBE STOCK ©

doit à son tour être fortifiée : le plus célèbre architecte et urbaniste de Louis XIV bâtit deux forts, l'un à Villefranche-de-Conflent et l'autre à Prats-de-Mollo, crée "*ex nihilo*" une ville fortifiée, Mont-Louis (classée sur la liste du patrimoine mondial par l'Unesco), et reprend différentes forteresses déjà existantes, dont la forteresse de Salses, le château royal de Collioure et le palais des rois de Majorque. Celui-ci, construit à la fin du XIIIe siècle dans le style gothique, fait à raison l'orgueil de sa ville, Perpignan, laquelle a cependant pour emblème un autre monument, le Castillet, unique vestige des fortifications qui enserraient la cité médiévale, et dont la silhouette élancée de briques roses se dresse aujourd'hui au milieu de la ville.

Cinquante ans de transformations

À partir des années 1960, le Languedoc et le Roussillon connaissent une fièvre moderniste, qui se manifeste par différents projets architecturaux monumentaux. Le plus pharaonique d'entre eux est l'irruption d'une ville entière nommée La Grande-Motte en bord de mer. Pharaonique, le projet l'est assurément, de l'assèchement d'un marécage infesté de moustiques pour y bâtir une station balnéaire de masse au choix de l'architecte Jean Balladur d'y multiplier les immeubles de forme pyramidale. Si l'ensemble encourage certains visiteurs à tourner le regard vers la mer, il n'en a pas moins reçu, en 2010, le label de "Patrimoine du XXe siècle".

Non loin de La Grande-Motte, à Montpellier, les immenses transformations urbaines initiées dans les années 1970 par le maire Georges Frêche (1938-2010) demeurent tout aussi controversées, c'est-à-dire, au choix, grandioses ou grotesques. Des quartiers entiers sortent de terre sous l'impulsion de l'"empereur de Septimanie", qui voit grand en effet, et nomme lesdits quartiers à l'avenant : Antigone, Millénaire, Odysseum…

Plus récemment, les villes du Languedoc et du Roussillon ont démontré des ambitions à l'échelle plus modeste, mais à l'étiquette plus prestigieuse, en faisant appel à de grands noms de l'architecture contemporaine pour la construction ou la rénovation d'édifices centraux. Au milieu des années 1980, l'appel, de la part de la municipalité de Nîmes, à Philippe Starck pour redessiner l'emblème de la ville, planté sous forme de clous dorés dans les rues du centre, ou pour y concevoir une œuvre de "mobilier urbain" – *L'Abribus* – est à ce titre symptomatique. Norman Foster a signé en 1993 le Carré d'art (p. 143), dont le nom et la forme répondent à l'antique Maison carrée qui lui fait face. Jean Nouvel, qui avait, toujours à Nîmes, dessiné l'immeuble Nemausus, a réalisé un hôtel de ville bleu en forme de cube pour Montpellier en 2010, et inauguré l'année suivante à Perpignan le théâtre de l'Archipel (p. 315), dont la partie la plus importante est rouge et en forme de galet. Enfin, plus récemment, à Nîmes, le cabinet d'architecte d'Elizabeth de Portzamparc est à l'origine de la silhouette aérienne tout en jeux de transparence du musée de la Romanité (p. 147), inauguré en 2018.

Gorges du Tarn depuis le Point Sublime (p. 233)

Environnement

Il suffit de regarder la carte du Languedoc et du Roussillon pour deviner leur exceptionnelle biodiversité : les milieux de haute et moyenne montagne, au sud et au nord, côtoient un littoral foisonnant d'écosystèmes marins et littoraux, au carrefour d'influences climatiques non seulement méditerranéennes, mais aussi continentales et atlantiques ! Ce patrimoine protégé notamment par un parc national et trois parcs régionaux demeure néanmoins fragile.

Une mosaïque biogéographique

Le Languedoc et le Roussillon bénéficient d'une situation unique en Europe car ils sont au carrefour de quatre ensembles biogéographiques : si le méditerranéen est le plus représenté, les ensembles du Massif central (région continentale) et des Pyrénées (région de type alpin) contribuent significativement à son identité naturelle, tandis que la région atlantique exerce son influence à l'ouest du territoire.

Quatre types de paysages dessinent la région, de la mer aux hauteurs. Les côtes sablonneuses forment l'essentiel du littoral, où des promontoires rocheux ont par ailleurs favorisé la formation de lagunes. Les plaines agricoles, situées entre le littoral et les premiers reliefs calcaires, concentrent l'essentiel des cultures, notamment de la vigne, laquelle forge en grande partie le paysage en occupant 17% de la superficie régionale.

L'arbre à pain

Intimement lié au paysage des Cévennes, le châtaignier fut pendant des siècles le grand nourricier des familles cévenoles. Autour de 1850, il devint même la base de l'alimentation d'où son pseudonyme d'arbre à pain. "Pas un jour sans châtaignes dans l'écuelle du Cévenol", pouvait-on dire à l'époque. Les châtaignes sèches étaient conservées dans des coffres puis consommées en bouillie. Ses feuilles (fourrage, litière) et son bois imputrescible (charpentes, ruches) étaient aussi très utiles. Planté, taillé, greffé, cajolé par les paysans, le châtaignier a posé son empreinte sur les paysages des Cévennes avant que l'exode rural et la maladie ne freinent son extension, à la fin du XIXe siècle. Aujourd'hui près de 500 producteurs du Gard et de la Lozère perpétuent la tradition et produisent encore quelque 1 300 tonnes de châtaignes par an. Transformée, la châtaigne produit de délicieux mets : farine, gâteaux, confiture, crème ou marrons glacés.

Les garrigues et les piémonts sont des zones de transition vers les reliefs montagneux, et constituent un quart du territoire. Enfin, les reliefs qui marquent l'extrémité méridionale du Massif central (Causses, montagne Noire, Cévennes), et les Pyrénées au sud, donnent à la région ses plus hauts sommets, dont le point culminant est le pic Carlit, à 2 921 m.

Autre situation d'exception : le Languedoc le Roussillon possèdent trois grands bassins fluviaux (Garonne, Loire et Rhône) et quinze fleuves côtiers – parmi lesquels l'Aude et l'Hérault –, cas unique en France. Les Cévennes, dotées de trois lignes de partage des eaux, et source de grandes rivières, sont considérées comme le "château d'eau de la France".

Résultat d'une telle variété ? Une faune et une flore extrêmement denses et diverses : on estime qu'environ deux tiers des espèces connues en France sont représentées sur ce territoire qui n'occupe qu'un vingtième du pays. Une richesse partagée uniquement avec la Corse et la région PACA. Mieux, parmi les 5 200 taxons de plantes abritées par la région, 78 sont endémiques, et 237 subendémiques. La région fait également partie de l'habitat sanctuarisé de plusieurs espèces de reptiles et d'amphibiens en zone pyrénéenne, comme le psammodrome d'Edwards, un lézard ; diverses espèces d'insectes ne se rencontrent que dans les Cévennes ; une vingtaine de crustacés ne sont répertoriés que sur le seul littoral languedocien. La mission de protection de la région à l'égard de ces espèces est primordiale, puisqu'elle est la seule garante de leur survie.

Des hommes et des parcs

Le Languedoc et le Roussillon comptent quatre parcs naturels régionaux. Le **parc des Pyrénées catalanes**, qui cumule 300 jours d'ensoleillement par an, est l'habitat d'isards, de chevreuils et de cerfs, qui gambadent dans un somptueux décor de tourbières, de lacs d'altitude et de forêts de pins à crochets. Celui du **Haut-Languedoc**, en zone de moyenne montagne, est le lieu de rencontre des influences climatiques atlantique et méditerranéenne ; on y croise, au détour de ses tourbières, landes, gorges, châtaigneraies, lacs et rivières, le scorpion languedocien, le faucon crécerellette, l'aigle de Bonelli et l'écrevisse à pattes blanches. Le **parc naturel régional de la Narbonnaise** s'étire depuis un vaste complexe lagunaire jusqu'à la chaîne des Corbières, et accueille, au sein de ses zones humides et de sa garrigue sèche, une population cosmopolite de sangliers, renards, blaireaux qui vivent parmi les vignes, mais aussi des insectes au nom évocateur, comme la sauterelle "magicienne dentelée", la libellule "cordulie à corps fin" ou le papillon "Diane".

Le **parc naturel régional de l'Aubrac**, plateau volcanique et granitique de moyenne montagne à cheval sur la Lozère, le Cantal et l'Aveyron, maintient, autour de l'élevage de ses bovins à robe fauve, des traditions agropastorales séculaires qui participent à la préservation de ses milieux naturels. Sur ces 2 300 km² de territoire, pâturages d'altitude, prairies naturelles de fauche et landes pâturées succèdent aux forêts, cours d'eau et tourbières, recelant une diversité floristique et faunique émaillée d'espèces rares.

Le plus grand parc national de France est celui des **Cévennes**, en majorité établi en Occitanie. Occupant plus de 3 000 km², il recouvre des paysages très variés, des vallées cévenoles dotées de terrasses plantées de châtaigniers, aux plateaux calcaires percés de gorges que sont les causses, avec pour points culminants les monts Lozère et Aigoual, dominant de vastes forêts de hêtres. La singularité de ce parc national, le seul à être habité, est précisément la façon dont l'homme a marqué le paysage ; une spécificité qui lui vaut un classement sur la liste du patrimoine mondial par l'Unesco depuis juin 2011. La tradition agropastorale séculaire des Causses et des Cévennes, ignorant l'agriculture mécanisée et caractérisée par l'élevage en pâturage, a en effet laissé des traces originales : ce sont les bancels, ces terrasses étagées aux parois soutenues par des murets de pierre ; ce sont les lavognes, ces réserves d'eau douce destinées aux moutons, creusées en larges vasques ovales, dont la pente, très douce, est pavée d'une pierre étanchéifiée par de l'argile ; ce sont les jasses, ces bergeries estivales jalonnant monts et pentes ; et ce sont surtout les drailles, voies royales de la transhumance empruntées durant des siècles par les moutons, reprenant parfois le tracé d'anciennes voies romaines, et aujourd'hui offrant au randonneur des chemins ménageant des points de vue stupéfiants (GR®6 et 66). Les agriculteurs sont moins nombreux que naguère à pratiquer l'élevage sur ce territoire, et préfèrent pour une écrasante majorité l'acheminement en camion jusqu'aux estives, du fait de l'augmentation de la taille des troupeaux. Aux alentours des monts Lozère et Aigoual, la transhumance estivale (voir p. 60) se pratique encore de manière traditionnelle, pour un voyage durant parfois plus d'une semaine. Les fêtes de l'estive revêtent un caractère des plus pittoresques, avec défilé de moutons bariolés et assortis de pompons, démonstrations de tonte de laine et du savoir-faire des chiens de berger.

Les forêts de chênes-lièges du Roussillon

En Roussillon, les suberaies, ou forêts de chênes-lièges, couvrent le piémont du massif des Albères, frontalier de l'Espagne, et les Aspres ("arides" en catalan) sur les contreforts du Canigou. Ce sont des bois aérés, odorants, délicieux à parcourir. Ces arbres trapus, au feuillage persistant, y côtoient chênes verts et garrigue. Région viticole, le pays de Céret a longtemps exploité leur écorce épaisse et crevassée pour fabriquer des bouchons. On en tire aussi un excellent isolant thermique et phonique sous forme de granulés. Quasi disparue, cette filière sylvicole a été relancée et les chênes verts, présents depuis 6 500 ans, regagnent du terrain.

Espaces protégés, espèces menacées

Les parcs naturels ont également pour fonction d'offrir un habitat protégé à des espèces menacées ; c'est d'abord le cas de la flore dont la répartition est spécifiquement ou partiellement régionale, comme l'adonis des Pyrénées, le myosotis de Balbis ou l'ancolie des Causses, espèces subendémiques de la région. Les Causses, avec leurs paysages de steppes, comptent de nombreuses fleurs et plantes uniques au monde : le cheveu

SAM / ADOBE STOCK ©

Parcs à huîtres sur l'étang de Thau (p. 98)

d'ange, l'armérie de Girard, la fétuque de Christian-Bernard sont aujourd'hui menacées par l'abandon du pastoralisme, qui favorise la progression des arbustes.

Plusieurs rapaces en danger ont fait leur nid dans le parc national des Cévennes, parmi lesquels l'aigle royal, le faucon pèlerin, le grand duc, les vautours moine et fauve, le circaète Jean-le-Blanc et le percnoptère. Dans la "vallée heureuse", au seuil des Albères, un parc animalier a été spécifiquement créé pour protéger une race en voie d'extinction, la tortue d'Hermann. Elle y côtoie quelques cousines, tandis que, plus loin, les alentours de Banyuls sont le dernier lieu en France où l'on peut espérer apercevoir la carapace de l'émyde lépreuse.

Des espèces de mammifères qui avaient disparu de la région ont également été réimplantées artificiellement. C'est le cas de la loutre et du castor dans les Cévennes, du mouflon dans le Haut-Languedoc, mais aussi du loup. Quelle histoire, d'ailleurs : les loups du Gévaudan, anéantis entre 1920 et 1940 par l'usage de poisons comme la strychnine, et qui semblaient avoir payé le tribut de la fameuse Bête du Gévaudan, sont désormais remplacés par des populations venues de Pologne, du cercle arctique, du Canada, de Sibérie et de Mongolie ! Les quelque 130 individus formant ce melting-pot se promènent et chassent en semi-liberté dans un parc consacré de 20 ha (voir p. 248). Largement moins bienvenue, c'est une autre espèce de loup, celle du *Lupus canis*, qui a fait au début des années 1990 sa réapparition, occasionnant depuis lors de véritables carnages en Lozère. En 2012, l'administration du parc national des Cévennes a décrété l'installation du prédateur incompatible avec les activités agropastorales de la zone protégée.

Un autre immigré est devenu malgré lui le symbole de la réintroduction animale la plus médiatique, car la plus polémique : il se nommait Balou, et venait de Slovénie. Il a été déposé dans les Pyrénées en 2006 pour tenter de diversifier génétiquement la très faible population d'ours bruns des Pyrénées, elle aussi reconstituée artificiellement. Accusés d'attaquer le bétail, tous les ours des Pyrénées avaient été éradiqués au XXe siècle ; leur réintroduction est toujours l'objet de vifs mécontentements de la part de certains éleveurs… qui expliquent peut-être le peu d'allant des autorités à défendre l'ours. En décembre 2012, une procédure d'infraction a d'ailleurs été lancée par la Commission européenne contre la France pour manquements à la protection de l'espèce. La France a depuis promis de mettre en place une "stratégie pyrénéenne de valorisation de la biodiversité" : ainsi, un "Plan d'action Ours brun 2018-2028", signé par Nicolas Hulot, a déjà permis la réintroduction, en octobre 2018, de deux femelles à l'ouest des Pyrénées.

Par ailleurs, le littoral languedocien comprend une dizaine de zones marines classées Natura 2000, telles que l'aire marine protégée de la côte agathoise, qui s'étire sur 6 152 ha, ou encore la réserve marine protégée de Cerbère-Banyuls, qui couvre 650 ha. Celles-ci abritent notamment deux écosystèmes sous-marins uniques : les herbiers de posidonies, plantes à fleurs endémiques de la Méditerranée, et les récifs de coralligène, servant tous deux d'habitat et de nurserie à une riche variété d'espèces.

Eaux de mer et eaux de source

La Méditerranée, espace naturellement riche, a donné à la zone littorale de l'Occitanie une très grande variété d'espèces, supérieure à sa voisine, la Côte d'Azur, notamment pour une raison très simple : les milieux y sont eux-mêmes plus divers.

Le sable dessine l'essentiel de la ligne côtière de la région. Les **formations dunaires** – le lido – cachent, sous leur apparente simplicité, un écosystème très complexe alternant milieux secs et humides, salés ou doux, pouvant mobiliser différentes espèces végétales pour leur maintien. C'est le rôle des grandes touffes vertes d'oyats, aux profondes racines, et de l'épineux panicaut bleu, particulièrement remarquables sur la plage de l'Espiguette. On trouve également quelques côtes rocheuses dans la région : le promontoire volcanique du cap d'Agde, dont les fonds sont riches en gorgones blanches et en anémones de mer, la falaise sédimentaire du cap Leucate, les pentes calcaires du mont Saint-Clair. Il pousse dans ces milieux instables, humides et venteux, une flore spécifique, comme l'armérie du Roussillon, propre aux falaises des Pyrénées-Orientales.

Un des paysages caractéristiques de la région se situe juste derrière les dunes de sable. Les **étangs du Languedoc et du Roussillon** ont forgé l'histoire de villes comme Sète, Le Grau-du-Roi ou Aigues-Mortes, où les hommes ont lutté avec l'eau, l'ont acheminée par des canaux, ou retenue au moyen de digues. Parmi la vingtaine d'ensembles lagunaires que compte la région, certains sont des pôles essentiels de l'agroéconomie et de la biodiversité : c'est dans l'étang de Thau (p. 98), plus exactement à Bouzigues (p. 99), qu'est née la conchyliculture, en 1925 ; la Petite Camargue abrite une avifaune exceptionnelle, permanente ou saisonnière, des fameux flamants roses, dont la population est ici l'une des plus importantes au monde, aux garde-bœufs et hérons cendrés en passant par les aigrettes garzettes et les échasses blanches. Dans l'étang du Méjean, on observe même, entre les mois d'octobre et de janvier, des cigognes ! Les lagunes, d'une manière générale, disposent d'eaux riches et de formations végétales propices à l'hivernage, à l'alimentation et à la reproduction des oiseaux (mouettes et goélands compris), ainsi que des poissons : les anguilles, les dorades et les loups, passant de la mer aux étangs grâce aux graus – des brèches dans la ligne de dunes –, y pondent leurs œufs dans ce milieu plus stable et protégé. La Petite Camargue (p. 174) accueille aussi des élevages très importants de taureaux et de chevaux camarguais.

Enfin, le Languedoc et le Roussillon ne se contentent pas de fournir les tables de France (et d'ailleurs) en vin : l'**eau** a ici des vertus thérapeutiques, mais aussi nourrissantes. Les sources de Salvetat-sur-Agoût (p. 119) dans le Haut-Languedoc, peu salées et riches en calcium, celles de Vernière, riches en bicarbonate, calcium et magnésium, celles de Quézac (p. 226) en Lozère, naturellement gazeuses et riches en sodium, sans parler de l'eau de Perrier, venue de la garrigue nîmoise, arrosent nos repas depuis, pour certaines d'entre elles, 150 ans...

Vignoble du Minervois (p. 276)

CAROLE HUON ©

Saveurs du Languedoc et du Roussillon

Baignés d'eau et de soleil, le Languedoc et le Roussillon en récoltent les fruits. Si les cultures de la vigne et des produits de la mer forment la part la plus visible, et la plus diffusée, de la production locale, les nombreuses spécialités propres à des aires géographiques resserrées témoignent de l'importance d'un art de vivre fondé sur le terroir.

Le nouveau visage d'un vignoble antique

La culture dont la région s'enorgueillit le plus est celle de la vigne. À raison : avec 245 000 ha de vignoble, le Languedoc et le Roussillon constituent la plus grande région viticole du monde. Malgré les crises chroniques malmenant le secteur, 25 000 vignerons perpétuent une culture enracinée depuis 27 siècles dans les terroirs de schiste et de grès, qui fortifient les saint-chinian, côtes-du-roussillon, coteaux-du-languedoc et minervois. Le vignoble languedocien est aujourd'hui en pleine mutation ; la conversion des vignerons à l'agriculture biologique, qui couvre déjà plus de 30% des superficies viticoles, s'inscrit dans un profond mouvement de réduction de la surface exploitée, au bénéfice d'une meilleure qualité. Il s'agit de cesser de faire "pisser la vigne", dans un contexte de marché où le vin est de moins en moins consommé quotidiennement, et davantage considéré comme un produit réservé à des occasions particulières. Une démarche, en somme, exactement à l'opposé de celle qui prévalut lors de la seconde moitié du XIXe siècle, lorsqu'il fallut reconstituer à la hâte les cépages dévastés par le phylloxéra… Et, surtout, une démarche payante : aujourd'hui, le vignoble languedocien dispose de 18 AOC, et joue volontiers la carte de l'œnotourisme combinant dégustations et visites de vignobles, l'été venu.

La région, pour accompagner cette montée en gamme et promouvoir les vins de son terroir, a lancé en 2006 une marque porteuse, nommée "Sud de France". Communiquant sur l'art de vivre et garantissant la qualité, ainsi que les conditions de production des vins qu'elle met en avant, "Sud de France" donne une visibilité supérieure à la culture régionale, puisque les différentes campagnes promotionnelles et les stratégies de distribution ont non seulement contribué à accroître les ventes sur son territoire, mais surtout donné un coup de fouet à ses exportations vers l'étranger. Le dispositif profite à d'autres secteurs "traditionnels" de la production alimentaire, tels que les fromages, les fruits et les légumes frais, les viandes et les salaisons, et les produits de la mer ; en tout, ce sont plus de 6 000 produits agroalimentaires et 1 800 producteurs qui sont concernés par l'opération.

L'heure de l'apéro

Propres à la culture méridionale, les vins doux naturels sont des apéritifs produits essentiellement dans le département des Pyrénées-Orientales, et dont l'origine remonte au XIXe siècle. Le procédé de vinification du plus connu d'entre eux, le **muscat** (p. 317), a été inventé par le Roussillonnais Arnaud de Villeneuve, doyen de l'université de médecine de Montpellier : le mutage consiste à interrompre la fermentation tout juste entamée du vin par l'addition d'une eau-de-vie, qui augmente son degré d'alcool tout en conservant la teneur en sucre du raisin. Le premier muscat de l'année, le muscat de Noël, est mis en bouteille dès la fin des vendanges et proposé à la dégustation le troisième jeudi du mois, à Perpignan. C'est également dans le Roussillon et suivant un procédé analogue que le **Byrrh** (p. 321) est produit, à partir de malaga – un vin espagnol, fort – mêlé de quinquina. Plus au nord, c'est en 1813 que l'herboriste Joseph Noilly créa à Marseillan le **Noilly Prat** (p. 98), un vermouth dont la puissance est le fruit du soleil et des embruns, auxquels on expose les barriques de vin blanc.

Les récoltes de la mer

Avant ses poissons, avant ses crustacés, la mer offre son sel. Le plus vieux salin de France s'étend au pied d'Aigues-Mortes et perpétue au cœur de la Camargue gardoise une culture remontant à l'Antiquité. Le milieu naturel de la Camargue, plus important centre de production de sel de France, profite d'ailleurs autant que l'homme de cette culture qui participe au maintien de la biodiversité et des zones humides. Les salins du Midi sont en outre à l'origine de l'un des plus fameux plats du Languedoc. Les terre-neuvas, qui, au début du XIXe siècle, venaient s'approvisionner en sel à Aigues-Mortes pour la conservation de la morue, laissaient en guise de paye quelques caisses de poisson. Broyée dans un mortier, délayée dans du lait avec des huiles fines et assorties d'aromates des garrigues, la chair de la morue devint un mets emblématique : la brandade nîmoise. À Sète – premier port de pêche français en Méditerranée – et dans ses alentours, c'est d'un mollusque qu'on a fait une spécialité : la rouille de seiche. Avant d'être roussie avec de l'ail, des oignons puis du coulis de tomate, la seiche est l'objet d'une pêche difficile, pratiquée à la lune noire, c'est-à-dire en l'absence de pleine lune, en janvier et en février. À Frontignan, où la récolte est la plus généreuse, on pêche également le poulpe, l'oursin et la rascasse. La seiche est au centre d'une autre spécialité sétoise, la tielle, une tourte que l'on peut également garnir avec du poulpe ou du calamar, rehaussée de sauce à la tomate.

La conchyliculture, dont les techniques ont été mises au point par Antoine-Louis Tudesq en 1925 dans le petit port de Bouzigues, est toujours importante dans l'étang de Thau. L'huître plate méditerranéenne y a été le plus souvent troquée contre l'huître creuse, portugaise, mais l'esprit de la fête de l'Huître, à la mi-août, reste le même dans le port. L'été, les places de Mèze, Bouzigues, Sète et Marseillan grillent la moule sur de la braise, et l'arrosent d'une sauce mêlant vin blanc (idéalement du frais et fruité picpoul de Pinet, lequel accompagne également la soupe de poisson sétoise), huile d'olive et herbes de Provence, au cours des festives et conviviales brasucades. Les moules de l'étang de Thau sont élevées à 10 km des côtes languedociennes. Sur celles du Roussillon, plus exactement à Collioure, c'est l'anchois qui a tiré son épingle du jeu, jusqu'à décrocher le label Indication géographique protégée. La préparation particulière du petit poisson bleu trouverait ses origines au Moyen Âge : l'anchois est d'abord salé, puis glacé, étêté, éviscéré manuellement, et enfin placé en maturation dans des fûts, avec du sel, pour plusieurs mois.

Plutôt sucré...

L'ambassadrice des sucreries languedociennes, même si elle bat désormais pavillon allemand (Haribo), est toujours produite dans le Gard (voir p. 166) : la réglisse, amatrice de terrains humides, s'est en effet remarquablement acclimatée en Camargue au milieu du XIXe siècle, d'où elle rayonna sous la marque Zan. À Nîmes, le pâtissier Villaret a donné son nom aux fameux croquants composés d'amandes et parfumés à la fleur d'oranger (p. 156). C'est le châtaignier (voir l'encadré p. 208) qui, dans les Cévennes, pourvoit aux délices, même si l'arbre est moins cultivé depuis la maladie qui ravagea les châtaigneraies au XIXe siècle. On tire de ses fruits des confitures, de la crème de marrons, des gâteaux, et même des soupes. Comparée à tous ces anciens, la zézette de Sète fait figure de petite jeunette. Créée dans les années 1970 par un rapatrié d'Algérie, elle doit sans doute son succès autant à sa recette (conjuguant vin blanc, sucre et arôme vanillé) qu'à son nom...

Les Pyrénées-Orientales se régalent encore de spécialités catalanes dont l'ancien territoire espagnol a adopté, et adapté, les recettes. C'est le cas par exemple des tourons, galettes à base de miel et de pâte d'amandes, et des rousquilles, anneaux sucrés convoquant tour à tour les arômes du citron, de l'anis et de la vanille, tous deux aujourd'hui fabriqués à Cabestany et à Perpignan. Traditionnellement réservées pour le mardi gras, les bougnettes sont des sortes de beignets aplatis, dorés et croquants dont la préparation est, en principe, familiale.

... salé...

On reconnaît l'histoire de la région à ses spécialités : ainsi, le Roussillon, anciennement espagnol, cuisine-t-il volontiers la paella, et cultive-t-il les recettes catalanes que sont les boulettes de picoulat (boules de viande accompagnées d'une sauce aux cèpes) et la cargolade (escargots grillés accompagnés d'aïoli et de saindoux), tandis que l'ancien pays cathare paraît avoir l'apanage du cassoulet (voir l'encadré ci-contre) et que la Petite Camargue prépare la délicieuse gardiane de taureau (la viande du bovin élevé en Camargue, jouissant d'une AOC, y est marinée dans une sauce au vin rouge). À plus petite échelle encore, la région a privilégié différentes cultures du terroir.

Arrivé avec la vigne par les bateaux grecs, l'olivier s'épanouit dans le Languedoc, où la production d'huile est très importante. Le Gard compte, à lui seul, 4 000 ha plantés d'oliviers ; les deux tiers de cette superficie sont dévolus à la picholine, une variété d'olives vertes tirant son nom de ses créateurs, les deux frères italiens Picholini. Elle est fruitée et craquante, et sa couleur verte est obtenue grâce à un traitement la faisant passer successivement dans de la cendre et de la saumure aromatisée.

Vert également mais plus pâle, l'oignon doux des Cévennes est, lui, un miraculé. Après avoir failli disparaître au siècle dernier, il dispose désormais d'une AOC liée à son site de production, sur les terrasses de l'Aigoual ; on en fait d'excellents confits, beignets et tartes. Pays d'élevage, les Cévennes et les Causses sont par ailleurs le foyer de deux fromages AOC : le pélardon, un fromage de chèvre fabriqué de manière artisanale, et le bleu des Causses, au lait de vache et affiné en cave. Un succulent mets fabriqué dans l'Aubrac a pour base un autre fromage : l'aligot mélange purée de pommes de terre, tomme fraîche, crème, beurre et un peu d'ail.

Plus luxueuse, la truffe se cueille à de nombreux endroits dans la région. Elle représente 20 à 30% de la production française et s'y voit fêtée une bonne demi-douzaine de fois au mois de janvier : l'Aude y consacre plusieurs marchés et Villeneuve-Minervois lui a même dévolu un musée ; Uzès, dans le Gard, célèbre chaque année en sa cathédrale une messe de la truffe ; la confrérie de la "Trufa Catalana" l'honore en musique, à Arles-sur-Tech, dans les Pyrénées-Orientales.

Il y a une "capitale du gras en Languedoc-Roussillon" – autoproclamée telle en tout cas. Il s'agit de Belpech, dans l'Aude ; ce village se vante de faire des foies gras et des magrets supérieurs même à ceux du Sud-Ouest. L'élevage du canard et de l'oie, outre qu'il fait partie de l'ADN de la localité, se perpétue avant tout dans la tradition : en plein air, et en petite quantité. Chaque année, la population de ce petit village de 1 200 âmes double à l'occasion de la "foire au gras", où se retrouvent une cinquantaine de producteurs de la région. La manifestation a fait des émules, à Castelnaudary et à Carcassonne, entre autres.

CLAIRE ANGOT ©

La bataille du cassoulet

Comme pour tous les grands plats populaires, l'origine du cassoulet se perd en récits semi-légendaires ; les villes de Carcassonne, Castelnaudary et Toulouse se disputent son invention, et, surtout, sa recette. Dans la capitale de la région Midi-Pyrénées, la viande maîtresse y est le confit de canard ; à Carcassonne, la perdrix rouge et le mouton ; à Castelnaudary, le confit d'oie, mais accompagné de jarret ou d'épaule de porc, de saucisse et de couenne, le tout à base de haricots lingots, et assorti d'une carotte, de clous de girofle et d'un bouquet garni. Pendant la guerre de Cent Ans, dans cette dernière cité, les villageois assiégés auraient rassemblé leurs derniers vivres pour préparer un ragoût dans une cassole de terre : le cassoulet. Ce mythe-là est séduisant, mais il oublie que les haricots n'ont été importés d'Amérique du Sud qu'au XVIe siècle… L'origine du cassoulet serait bien paysanne, et médiévale ; autrefois, on le cuisinait avec des fèves. Bref, au-delà des querelles de clocher, le plus important est que votre cassoulet ait mijoté longtemps, soit roboratif… et accompagné d'un bon vin du cru.

… ou sucré-salé ?

Le petit pâté de Pézenas est peut-être la plus insolite de toutes les spécialités de la région. Importée par le cuisinier indien d'un lord anglais au XVIIIe siècle, cette pâtisserie combinant viande de mouton, sucre roux et citron, serait d'origine… écossaise. Il n'en reste pas moins que ce goûteux entremets est l'emblème gastronomique de Pézenas (voir p. 107), où différents fabricants se réclament, eux seuls, de la recette originale… Il y eut également, dans le temps, des petits pâtés de Béziers (désormais disparus), et, aujourd'hui encore, les petits pâtés de Nîmes, mais ceux-ci sont exclusivement salés, et farcis de viande de veau ou de porc.

Sur la plage de La Franqui (p. 288)

EMMANUEL DAUTANT ©

Sports et activités

Gâtés par la nature et bénéficiant d'un climat clément, le Languedoc et le Roussillon se laissent découvrir sur des sentiers de randonnée, sur des rivières en kayak, à vélo, accroché à une voile de kitesurf ou au fil de ses canaux... Grâce à une multitude de structures et à un encadrement de qualité, sports et loisirs de plein air permettent d'approcher des espaces naturels encore vierges ainsi qu'un riche patrimoine historique.

La Grande Bleue

Plages et baignade

Vous n'aurez aucune difficulté à trouver une plage pour poser votre serviette. La région compte près de 220 km de littoral entre les dunes de la pointe de l'Espiguette, dans le Gard, et les criques de sable et de galets de la Côte Vermeille, dans les Pyrénées-Orientales. La température moyenne de l'eau atteint un pic en juillet et en août, qui oscille entre 21 et 23°C. Le littoral est majoritairement constitué de plages de sable adossées à des stations balnéaires construites dans les années 1960. Campings, infrastructures de loisirs et plages surveillées s'y concentrent, souvent à quelques kilomètres des principales agglomérations de la région (Montpellier, Perpignan, Narbonne). Si vous cherchez à éviter la foule, il vous faudra adapter vos horaires en partant plus tôt ou plus tard, ou faire quelques kilomètres pour trouver des plages désertes.

Le Languedoc et le Roussillon sont par ailleurs la première destination naturiste de France. Près de 600 000 personnes affluent chaque année, majoritairement d'Europe du Nord, pour pratiquer cet "art de vivre" pendant la période estivale. Pour vivre la nature à fleur de peau, vous pourrez profiter d'une capacité d'hébergement variée, du camping associatif à la résidence hôtelière, principalement le long du littoral. Des plages sont aussi réservées aux naturistes par arrêté municipal autour des communes du Grau-du-Roi, du Cap d'Agde, de Sérignan ou de Port-Leucate. Pour plus de renseignements, contactez l'**Association régionale de naturisme en Languedoc-Roussillon** (☎09 75 68 98 22 ; www.languedoc-naturisme.com ; 1 rue de la Nature, Port-Leucate) ou la **Fédération française de naturisme** (☎01 48 10 31 00 ; www.ffn-naturisme.com).

Kitesurf

Ce sport spectaculaire est né des expériences de deux pionniers, Laurent Ness et Raphaël Salles, entre Palavas-les-Flots et La Grande-Motte au milieu des années 1990. À mi-chemin entre le snowboard et le surf, pour la position, et le cerf-volant et le parapente, pour l'utilisation de l'aile, il procure des sensations grisantes de glisse sur l'eau. Si les débutants ont du mal à enchaîner figures et sauts lors de leur première leçon, le littoral sablonneux du Languedoc, la présence régulière du vent et, surtout, la faible profondeur des étangs, sont autant d'atouts pour éviter trop de fatigue à chaque remontée sur la planche. La région propose une quinzaine de spots réputés : La Franqui (zone de kite sécurisée ; voir l'encadré p. 288), Marseillan, Gruissan (spot sur plan d'eau intérieur), la pointe de l'Espiguette, La Grande-Motte ou encore Port-Camargue. Des événements majeurs de la discipline s'y déroulent chaque année comme le **Mondial du vent** (www.mondial-du-vent.com ; en avril) à Leucate-La Franqui. Le site de la **Fédération française de vol libre** (kite.ffvl.fr) permet de localiser les sites dans la région et de connaître les prestataires affiliés les plus proches. Sachez que, pour des raisons de sécurité, il est préférable de ne pas pratiquer l'activité seul. Pensez aussi à regarder les conditions de vent sur le site de **Surf Report** (www.surf-report.com) avant de sauter sur votre planche.

Sports nautiques

Au bord des étangs ou de la mer, vous pourrez louer de nombreuses embarcations à voile (planche à voile, catamaran et dériveur) ou à moteur (scooter des mers, ski nautique). Les étangs du littoral (étang de Thau, étang de Bages-Sigean, étang de Leucate) sont connus pour leurs conditions de vent exceptionnelles, grâce à la tramontane (nord-ouest) et au vent marin (venant du sud), qui en font des rendez-vous prisés des véliplanchistes expérimentés amateurs de vitesse. Vous trouverez la liste des clubs de voile sur le site de la **Ligue de voile Occitanie** (www.ffvoileoccitanie.net). La plupart des ports de plaisance du littoral proposent aussi la location de voilier avec ou sans skipper. Renseignez-vous auprès des offices du tourisme.

Plongée

On peut pratiquer la plongée sur pratiquement tout le littoral languedocien. Ceux qui voudront simplement faire un baptême se contenteront des côtes rocheuses situées à proximité du Cap d'Agde et de Sète, ou des bancs rocheux au large de Frontignan et de Palavas-les-Flots. Mais, pour en prendre plein les mirettes, mieux vaut rejoindre le littoral de la Côte Vermeille et les fonds sous-marins situés autour de la **réserve marine de Cerbère-Banyuls** (voir l'encadré p. 336). Vous y observerez sans peine herbiers de posidonie, langoustes, homards et partirez en quête de mérous et murènes. Entre

Argelès-sur-Mer et Cerbère, toutes les villes du littoral possèdent un ou plusieurs centres de plongée. Préférez les mois d'avant et d'après saison pour échapper à l'afflux estival. Certains clubs proposent aussi des sorties vers le **parc naturel du Cap Creus** en Espagne. Dans tous les cas, comptez en moyenne environ 70-80 € le baptême et 40-65 € pour une sortie encadrée. Restez vigilant sur les conditions de sécurité des prestataires : les accidents de plongée sont rares mais toujours graves. Pour plus de renseignements, adressez-vous au **Comité régional Occitanie-Pyrénées-Méditerranée de la FFESM** (05 31 61 53 70 ; www.ffessmpm.fr) ou directement à la **FFESM** (04 91 33 99 31 ; www.ffessm.fr).

Promenades sous-marines

Alternative ludique à la plongée avec bouteille, idéals pour une approche pédagogique de la faune et de la flore marine, les **sentiers sous-marins** se découvrent à la nage, seulement équipé d'un masque et d'un tuba. Le littoral de la région compte deux sentiers de ce type : celui du **Cap d'Agde** (06 79 46 78 31 ; app.amp-agde.fr/accueil ; La Plagette - Vieux port, rue de l'Estacade, Cap d'Agde), et surtout **le sentier sous-marin de la baie de Peyrefite** (p. 337), géré par la **réserve marine de Cerbère-Banyuls** (04 68 88 56 87 ; plage de Peyrefite, Banyuls-sur-Mer).

Au rythme de la nature

Randonnées à pied

Son réseau de sentiers extrêmement dense fait de la région un terrain rêvé pour les accros de la marche à pied. Des sommets pyrénéens aux paysages de garrigue de l'Hérault et du Gard, en passant par le littoral de la Côte Vermeille, les hauts plateaux de Lozère ou les chemins de halage du canal du Midi, la région présente une remarquable diversité de paysages. Certains itinéraires historiques et culturels connaissent un succès croissant à l'image de certains GR® (sentiers de grande randonnée), balisés en rouge et blanc. Parmi eux, citons le **chemin de Stevenson** (GR®70 ; voir l'encadré p. 237), qui relie Le Puy-en-Velay à Alès, une portion de la **traversée des Pyrénées** (GR®10), le **chemin de Saint-Jacques-de-Compostelle** dans l'Aubrac (GR®65), le **chemin d'Arles par Saint-Gilles** (GR®653), ou encore le **sentier cathare** (www.lesentiercathare.com), qui relie Foix à Port-la-Nouvelle, dans l'Aude. D'autres parcours itinérants et limités à quelques jours de marche sont moins connus mais tout aussi remarquables. C'est le cas notamment du **tour du mont Aigoual** (GR®66), du **tour en Pays cévenol** (GR®67), de la **voie Régordane** (GR®700 ; du Puy-en-Velay à Saint-Gilles), du **tour du mont Lozère** (GR®68) ou des **tours du Capcir et de la Cerdagne**.

Par ailleurs, une multitude de randonnées d'une demi-journée ou d'une journée sont balisées dans les **réserves naturelles catalanes** (www.reserves-naturelles-catalanes.org), le **parc national des Cévennes** (www.cevennes-parcnational.fr/fr) ou le long du littoral de la Côte Vermeille (voir l'encadré p. 332). La région se prête également à de belles ascensions. Certaines sont très faciles, comme celle du pic de Nore (p. 276), point culminant de la montagne Noire, du pic de Finiels sur le mont Lozère (p. 55 et p. 237), ou du mont Caroux (p. 121) et du pic Saint-Loup (p. 135) dans l'Hérault. D'autres s'adressent à des randonneurs chevronnés, comme l'exigeante ascension du mont Canigou (p. 362), qui se fait le plus souvent en deux jours, celle du pic de Carlit (2 921 m) depuis le site des Bouillouses (p. 370) ou l'ascension de l'Aigoual par le sentier des 4 000 Marches (p. 214).

Le site du **Comité régional de la randonnée pédestre Occitanie** (lr.ffrandonnee.fr ; Maison régionale des sports, 1039 rue Georges-Méliès, Montpellier) recense l'ensemble des topoguides sur la région. Les accompagnateurs et les guides de haute montagne, dont vous trouverez les coordonnées dans les offices du tourisme, organisent aussi des séjours

Pause devant le canal du Midi au Somail (p. 280)

thématiques d'une ou plusieurs journées. Si vous ne partez pas accompagné, gardez à l'esprit que les cartes les mieux adaptées à la randonnée, surtout en montagne, sont les cartes au 1/25 000 (1 cm = 250 m) éditées par l'IGN. Des applications consultables sur Smartphone comme iPhiGéNie qui mêle GPS et fonds de carte IGN peuvent aussi s'avérer utiles, dès lors que le réseau fonctionne !

Pour des renseignements sur le **chemin de Stevenson** accompagné d'un âne, contactez l'association **Sur le chemin de Robert Louis Stevenson** (04 66 45 86 31 ; www.chemin-stevenson.org ; Le Pont-de-Montvert).

Cyclotourisme

Le cahier détachable *Itinéraires à vélo* placé à la fin de ce guide présente deux parcours dans la région, le long du canal du Midi et sur le littoral. Hormis autour des stations balnéaires du littoral, le réseau cyclable n'est pas très dense. Il existe cependant une multitude d'itinéraires balisés pour VTT dans l'arrière-pays et en montagne, ainsi que des voies vertes aménagées sur d'anciennes lignes ferroviaires dans l'Hérault (p. 88 et p. 123).

Parmi les prestataires, citons **Languedoc Nature** (04 67 45 00 67 ; www.languedoc-nature.com) qui propose des séjours de cyclotourisme (châteaux cathares, de la Méditerranée aux Cévennes, tour des monts d'Aubrac et de Margeride) et des circuits en VTT.

Randonnées à cheval

Les centres équestres sont bien implantés sur le territoire et proposent des cours et des séjours d'initiation ou de perfectionnement pour tous les niveaux et tous les âges, de même que des randonnées sur plusieurs jours. Les grands espaces des Cévennes et de la Lozère se prêtent particulièrement bien à la randonnée équestre et aux bivouacs. Des épreuves d'endurance d'envergure internationale y sont d'ailleurs organisées, comme les **160 km de Florac** (160florac.com).

Pêche

Mer, lacs, rivières… la région offre toutes sortes d'occasions pour taquiner le poisson, avec des sites de pêche adaptés à tous les niveaux et à tous les types de pêche (pêche à la mouche, parcours no-kill…). Deux départements sont en pointe : la Lozère, avec ses 2 700 km de rivière classés en première catégorie (consultez le site www.lozerepeche.com), et les Pyrénées-Orientales, qui comptent près de 60 lacs naturels (www.peche66.org). Vous trouverez aussi de beaux sites dans l'Aude (www.fedepeche11.fr) et dans l'Hérault (www.pecheherault.com). Les sites Internet des fédérations de pêche départementales présentent la réglementation en vigueur, ainsi que les plans et cours d'eau où pêcher.

Tourisme fluvial

Ouverte de mars à novembre, la navigation sur le canal du Midi est aujourd'hui exclusivement dédiée au tourisme (voir p. 280). Le canal relie Castelnaudary à Mèze, sur près de 175 km (et 48 écluses !), le long d'un parcours ponctué de nombreux ouvrages d'art : écluses, ponts-canaux, tunnels… Un itinéraire au fil de l'eau qui peut se prolonger sur le canal du Rhône, à Sète, ou sur le canal de la Robine, vers Narbonne. Les CDT (comités départementaux du tourisme) et le site www.canalmidi.com sont de véritables mines de renseignements. Pour naviguer sur ces eaux calmes, sachez que les bateaux électriques à louer ne requièrent pas de permis fluvial. Parmi les nombreux prestataires qui louent des bateaux, citons **Le Boat** (04 68 94 42 80 ; www.leboat.fr ; Le Grand Bassin) et **Le Saint-Roch** (04 68 23 49 40, 06 62 03 49 40 ; saintroch11.com ; quai du port) à Castelnaudary, **Les Canalous** (03 85 53 76 74 ; www.canalous-plaisance.fr) à Carcassonne, **France Fluviale** (04 67 39 21 66 ; www.francefluviale.fr ; quai Élie-Amouroux) à Capestang, ou **Sunboat** (04 67 37 14 60 ; www.sunboat.fr ; port de plaisance) à Colombiers. Tout aussi paisibles, les sorties en barque sur le Tarn, en Lozère, proposées par **Les bateliers de La Malène** (p. 231).

Sports d'aventure

Eau vive

Pagayer la tête en l'air au fil de l'eau, voilà un plaisir accessible à tous. Les itinéraires, allant d'une demi-journée à une journée, combinent souvent descente dans les rapides et exploration du patrimoine local. La région compte plusieurs sites phares pour les sports d'eau vive : les gorges du Tarn (p. 227), avec leurs villages accrochés aux falaises des causses ; la descente du Gardon (p. 162) pour le passage sous les arches du pont du Gard ; la vallée de la Cèze (p. 193) ou la vallée de l'Orb (p. 119), aux nombreux villages de caractère. L'Aude présente un profil rassurant en aval et plus tourmenté en amont, permettant même la pratique du rafting (radeau en eau vive) et de l'hydrospeed (nage en eau vive) autour d'Axat (voir p. 300).

Notez enfin que le littoral de la Côte Vermeille autour du cap Béar et de la réserve marine de Cerbère-Banyuls est très adapté, sauf en cas de houle et de vents violents, à la pratique du kayak de mer (p. 336). Il permet de s'offrir le luxe d'accoster sur des plages et des criques secrètes accessibles uniquement par la mer. Pour plus de renseignements, contactez le **Comité régional Occitanie Canoë Kayak** (04 67 82 16 63 ; www.occitaniecanoekayak.org).

Parapente

La plupart des sites d'envol se concentrent autour des sommets du Capcir et de la Cerdagne, autour du château de Peyrepertuse (p. 296) et d'Argeliers dans l'Aude, et autour de Mende en Lozère. Bien évidemment, si vous partez avec votre propre voile, renseignez-vous impérativement sur les conditions d'aérologie auprès des clubs locaux. Le site de la **Fédération française de vol libre** (parapente.ffvl.fr) permet de localiser les sites dans la région et de connaître les prestataires affiliés.

Spéléologie, escalade, canyoning et via ferrata

La région est un des berceaux de la spéléologie française. Amateurs de gouffres, d'avens et de lacs souterrains, vous trouverez de nombreuses cavités propices à des explorations familiales, notamment en Lozère (voir l'encadré p. 222) ou dans les gorges du Gardon (p. 163). Des safaris souterrains plus sportifs sont organisés dans certaines grottes, comme le gouffre de Cabrespine (p. 275). Pour des prestations personnalisées en dehors des visites traditionnelles, renseignez-vous auprès des offices du tourisme ou auprès de l'**École française de spéléologie** (☎04 72 56 09 63 ; efs.ffspeleo.fr).

Pratiquer l'escalade est aussi possible grâce à de nombreuses voies accessibles à tous les niveaux. Citons les falaises de calcaire des gorges de la Jonte (p. 217) ou du Tarn (p. 226), le cirque de Navacelles (p. 124), la haute vallée de l'Aude (p. 298), et, dans le Gard, les gorges du Gardon, notamment à Russan (falaise du Castelas, p. 163), ou à Collias (p. 163), qui dispose aussi d'un site pour débutants.

Dans le Vallespir et le Haut-Conflent, de nombreux prestataires proposent également des sorties de canyoning (p. 350). Partez accompagné car la plupart des itinéraires ne présentent pas d'échappatoire. Renseignez-vous auprès des offices du tourisme pour les prestataires locaux ou auprès des institutions régionales comme le **Comité régional Occitanie de la FFME** (☎05 62 27 07 66 ; occitanie.ffme.fr).

La Lozère se prête bien à la pratique de la via ferrata, notamment dans les gorges du Tarn (p. 226) et de la Jonte (p. 217) et vers Florac (p. 223), de même que dans le Gard, à Collias (p. 161), dans les gorges du Gardon. La via ferrata du Malzieu (p. 251) compte parmi les plus belles de France.

Activités hivernales

Hormis la station audoise de Camurac et les petites stations de Lozère, la grande majorité des stations de sports d'hiver de la région sont situées dans les Pyrénées-Orientales. Elles sont affiliées au **Domaine des neiges catalanes** (www.neigescatalanes.com), qui propose un forfait unique pour 7 domaines (voir p. 371). N'ayant pas grand-chose à envier aux prestigieuses stations alpines, elles s'adaptent à tous les types de glisse : ski alpin, snowboard, snow-kite, ski de fond ou raquettes. **Font-Romeu** (p. 367), héritière des stations de sports d'hiver du début du siècle, est la station la plus réputée.

Il existe aussi deux stations de ski alpin familiales sur le mont Aigoual (Prat-Peyrot, p. 215) et le mont Lozère (Le Bleymard, p. 239). Les **stations lozériennes** (www.lozere-tourisme.com/hiver-autrement) comme Le Mas de la Barque (p. 239), Nasbinals (p. 245) ou Les Bouviers (p. 253), restent essentiellement orientées vers la pratique des raquettes, du ski de fond ou des promenades en traîneau à chiens.

La route des Crêtes (p. 331) sur la Côte Vermeille offre des vues inoubliables

EMMANUEL DAUTANT ©

Carnet pratique

Infos utiles

Argent

Les distributeurs automatiques de billets (DAB) sont présents dans les villes et les secteurs touristiques du Languedoc et du Roussillon, mais mieux vaut prévoir des espèces dans certains secteurs plus confidentiels ou reculés, comme la Montagne noire audoise.

Bénévolat

La richesse du patrimoine bâti régional (châteaux, abbayes) est propice à de nombreux chantiers de volontariat. Parmi les associations organisatrices de chantiers de jeunes bénévoles, citons des associations nationales comme **Rempart** (☎01 42 71 96 55 ; www.rempart.com) ou **Concordia** (☎01 45 23 00 23 ou 04 67 88 21 04 pour la section Sud-Est ; www.concordia.fr/sud-est), qui proposent des chantiers dont la durée peut varier d'un week-end à 3 semaines. Vous pouvez aussi contacter la délégation Occitanie de **Cotravaux** (☎01 48 74 79 20 ; www.cotravaux.org/-Occitanie-), qui assure le lien entre les différents organismes nationaux en région. Dans tous les cas, ne vous y prenez pas au dernier moment, si vous voulez donner un peu de votre temps en participant à la réhabilitation du patrimoine historique.

Cartes et plans

La carte routière de l'**IGN** (Institut géographique national ; www.ign.fr) R17 au 1/250 000 (1 cm = 2,5 km) donne une excellente vision d'ensemble de la région et fait apparaître les points touristiques majeurs. Elle inclut aussi les départements de l'Aveyron et du Tarn.

Plus précises, les cartes départementales de Michelin rassemblent 2 départements : *Aude-Pyrénées-Orientales* (n°344), *Cantal-Lozère* (n°330), *Gard-Hérault* (n°339), à l'échelle 1/150 000 (1 cm = 1,5 km) avec des suggestions d'itinéraires touristiques. Autre alternative, les cartes départementales orange de l'IGN au 1/150 000 (1 cm = 1,5 km) à vocation essentiellement routière : *Aveyron-Lozère* (D12-48), *Gard-Hérault* (D30-34), *Aude-Tarn* (D11-81).

Les cartes thématiques TOP 100 jaune de l'IGN au 1/100 000 (1 cm = 1 km) sont un peu plus précises et centrées autour des principales agglomérations : *Montpellier-Nîmes* (n°170), *Avignon-Nîmes* (n°163), *Béziers-Castres* (n°169), *Béziers-Perpignan* (n°174).

Pour la randonnée, privilégiez des cartes encore plus précises éditées par l'IGN comme la série bleue TOP 25 au 1/25 000 (1 cm = 250 m). Une liste complète est disponible sur le site de l'IGN.

À signaler, la carte touristique IGN TOP 75 au 1/75 000 (1 cm = 750 m) : *Cévennes-Gorges du Tarn* (TOP 75011) : une carte thématique originale qui inclut 5 zooms au 1/25 000 pour les randonneurs. Autre carte thématique de l'IGN, la carte au 1/25 000 (1 cm = 250 m) *Balades en forêt de l'Aigoual* (82 094) éditée en partenariat avec l'Office national des forêts (ONF).

L'éditeur de cartes Rando Édition propose aussi une série de cartes transfrontalières dédiées à la randonnée dans les Pyrénées-Orientales et l'Aude sur des fonds IGN au 1/50 000 : *Collioure-Cadaqués* (n°11), *Le Sentier cathare* (n°9), *Canigou/Garrotxa* (n°10), *Cerdagne-Capcir* (n°8).

Climat

L'arc languedocien et le Roussillon sont soumis dans leur très grande majorité au climat méditerranéen. Le relief en gradins tourné vers la Méditerranée encadre une vaste plaine marquée par des étés très chauds, voire suffocants, et des hivers doux. Seules exceptions : les hauts plateaux et les causses de la Lozère, soumis à des influences continentales avec des hivers rigoureux, et le massif pyrénéen au climat marqué par l'élévation du relief.

Souvent à caractère orageux, les précipitations se produisent pour l'essentiel aux intersaisons, printemps et automne, sous forme d'averses violentes. En comparaison, il pleut davantage à Montpellier qu'à Paris et à peine moins qu'à Brest, mais sur des périodes beaucoup plus concentrées. La violence des "épisodes cévenols", ces orages très violents qui déversent un déluge d'eau sur une petite zone, peut entraîner des crues torrentielles aux conséquences catastrophiques, comme à Nîmes en 1988, à Rennes-les-Bains en 1992, à Sommières en 2002 ou plus récemment dans l'Aude, le Gard et l'Hérault en 2018, 2019 et 2022.

Les vents qui affectent la région sont le mistral et la tramontane. À Perpignan, celle-ci souffle près de 120 jours par an à plus de 60 km/h. Ces vents de terre, qui font la joie des véliplanchistes, sont associés à des invasions d'air froid. Ils peuvent considérablement faire baisser les températures ressenties, ainsi que la température de la mer lorsqu'ils se mettent à souffler. Les zones littorales, elles, sont sous l'influence de brises marines humides qui tempèrent les fortes chaleurs estivales. La Cerdagne ou le Vallespir sont connus pour leur ensoleillement exceptionnel toute l'année, comme l'illustre l'implantation des fours solaires de Mont-Louis et d'Odeillo.

Effet du réchauffement climatique, les eaux de la Méditerranée pourraient subir des épisodes de "canicule marine".

Désagréments et dangers

La région n'est pas connue pour ses excès en matière de délinquance. Vous ne serez cependant pas à l'abri de vols, comme dans toute région touristique, surtout en été dans les stations du littoral ou autour des agglomérations de Nîmes, Perpignan, Montpellier et Béziers. Sans être paranoïaque, de simples précautions suffiront à les éviter : ne laissez aucun objet de valeur dans votre voiture ou dans votre chambre d'hôtel (sauf si l'établissement met un coffre à votre disposition), gardez votre sac à main près de vous et ne laissez pas votre Smartphone en évidence aux terrasses des cafés.

Lors de vos baignades dans les torrents, soyez prudent. Depuis quelques années, on note une recrudescence des accidents autour des rivières et des torrents du Gard et de Lozère, à la suite de plongeons ou de canyoning "sauvage". Respectez les consignes de sécurité et partez accompagné si vous voulez suivre le cours des torrents. Les escapades au bord des cours d'eau et en montagne nécessitent impérativement de consulter la météo avant de vous y aventurer. Par ailleurs, la randonnée est déconseillée lors des épisodes de vents violents en raison des risques d'incendie, notamment dans les garrigues et les pinèdes.

Douane

Vous serez peut-être tenté de faire quelques emplettes en Espagne, dans les villes frontalières comme La Jonquera, où les supermarchés abondent, ou en Andorre. La réglementation européenne vous autorise à rapporter, sans déclaration particulière aux douanes, 4 cartouches de cigarettes, 10 litres de boissons spiritueuses (gin, vodka, whisky...), 20 litres de produits intermédiaires (porto, madère...), 90 litres de vin ou 110 litres de bière. Ces quantités s'entendent par moyen de transport individuel ou par personne âgée de plus de 17 ans en cas d'utilisation d'un transport collectif (au-delà de 9 personnes transportées, chauffeur compris).

Handicapés

Une trentaine de plages sont accessibles pour certains types de handicap, illustrant les efforts de certaines municipalités. La plupart des musées et quelques grottes ont prévu des accès et une circulation adaptés, de même que certains hôtels. Renseignez-vous par téléphone auparavant.

Les comités départementaux de tourisme éditent tous une brochure spécialisée sur le handicap et disposent de pages dédiées sur leurs sites Internet. Le département de l'Aude a

---

Météo France

Météo France (☎ 32 50, 2,99 €/appel ; www.meteofrance.com) propose des prévisions, département par département, pour les 7 jours à venir.

Vous pouvez aussi accéder directement aux différents bulletins des départements d'Occitanie en appelant le ☎ 08 99 71 02 XX (n° du département concerné ; 2,99 €/appel).

Pour les voyageurs étrangers

Un séjour en Occitanie est soumis aux mêmes conditions que dans toute autre région française. À ce titre, Belges, Suisses et Canadiens n'ont pas besoin de visa pour une période maximale de 90 jours. Les citoyens canadiens doivent présenter un passeport en cours de validité ; une simple carte d'identité suffit pour les Belges et les Suisses. Pour plus de précisions, ou pour d'autres nationalités, reportez-vous au site officiel du **ministère des Affaires étrangères français** (www.diplomatie.gouv.fr).

Rappelons que la France applique l'heure d'été et qu'il y a 1 heure (hiver) ou 2 heures (été) d'avance par rapport à l'heure de Greenwich. Lorsqu'il est 14h à Montpellier, il est 8h à Montréal. L'heure est la même qu'en Suisse ou en Belgique. En France, les prises électriques ont deux fiches rondes (220 V, 50 Hz). Les Canadiens auront besoin d'un adaptateur.

Ambassades et consulats étrangers en France

- **Consulat de Suisse à Montpellier** (☎07 77 36 74 03 ; montpellier@honrep.ch ; 24 rue de l'Équerre, 34000 Montpellier)
- **Consulat de Belgique à Perpignan** (☎04 68 89 10 22 ; consubel.perpignan@orange.fr ; Vigne de Villeclare, 66690 Palau-del-Vidre)
- **Consulat de Belgique à Montpellier** (☎04 67 10 77 77 ; consulatbelgique@chatelavocats.com ; 705 rue Saint-Hilaire, 34078 Montpellier Cedex 3)
- **Ambassade du Canada** (☎01 44 43 29 02 ; www.france.gc.ca ; 130 rue du Faubourg-Saint-Honoré, 75008 Paris)

Ambassades et consulats de France à l'étranger

Belgique

- **Ambassade** (☎02 548 87 11 ; be.ambafrance.org ; 65 rue Ducale, 1000 Bruxelles)
- **Consulat** (☎02 548 88 11 ; bruxelles.consulfrance.org ; 42 bd du Régent, 1000 Bruxelles)

Canada

- **Ambassade** (☎613 789 17 95 ; ca.ambafrance.org ; 42 Sussex Drive, Ottawa, Ontario)
- **Consulats** Montréal (☎514 878 43 85 ; montreal.consulfrance.org ; 1501 McGill Collège, 10e ét, bureau 1000, Montréal (QC) H3A 3M8) ; Québec (☎418 266 25 00 ; quebec.consulfrance.org ; 500 Grande-Allée Est, Québec (QC) G1R 2J7)

Suisse

- **Ambassade** (☎031 359 21 11 ; ch.ambafrance.org ; Schosshaldenstrasse 46, 3006 Berne)
- **Consulat général** (☎022 319 00 00 ; geneve.consulfrance.org ; 2 cours des Bastions, 1205 Genève)

Douane

Si vous partez par bateau ou par avion vers un pays non membre de l'UE, vous ne pouvez pas emporter plus de 200 cigarettes, 2 litres de vin (ou autre boisson alcoolisée de moins de 22°) et un litre d'alcool (titrant plus de 22°).

Téléphone

Pour appeler la France depuis l'étranger, composez le code d'accès international de votre pays (☎00 pour la Suisse et la Belgique, ☎011 pour le Canada), suivi de l'indicatif de la France ☎33.

Pour appeler l'étranger depuis la France, composez le code d'accès international ☎00, suivi de l'indicatif du pays (☎32 pour la Belgique, ☎41 pour la Suisse et ☎1 pour le Canada).

même un site Web spécifique : handicap.audetourisme.com.

L'**APF France Handicap** (Association des paralysés de France ; 01 40 78 69 00 ; www.apf-francehandicap.org ; 17 bd Auguste-Blanqui, 75013 Paris), **Tourisme et Handicaps** (01 44 11 10 41 ; www.tourisme-handicaps.org ; 15 av. Carnot 75017 Paris) et **Handicap** (www.handicap.fr) pourront vous aider dans votre recherche d'information.

Hébergement

La gamme des hébergements est particulièrement diversifiée dans la région. Vous devriez trouver votre bonheur, quels que soient vos attentes et votre budget.

Camping

Il existe une forte densité de campings, particulièrement le long du littoral. Ils sont généralement ouverts de Pâques à fin octobre.

Du simple terrain équipé de sanitaires aux prestations luxueuses, il y a du choix pour toutes les bourses. La solution la plus intéressante reste évidemment la tente, mais la location à la semaine d'un mobil-home entièrement équipé vous reviendra toujours moins cher qu'un hôtel, surtout si vous êtes en famille. Certaines stations balnéaires, comme Argelès-sur-Mer, sont particulièrement à la pointe pour ce type de location.

Enfin, le "camping à la ferme" est une formule originale et bon marché : on plante sa tente sur une parcelle d'une exploitation agricole, près de la bâtisse principale. Vous trouverez quelques adresses de camping à la ferme sur www.bienvenue-a-la-ferme.com.

Chambres d'hôtes

De plus en plus appréciées, les chambres d'hôtes sont souvent de très bonne qualité. Le prix, l'accueil et le style varient énormément d'une adresse à l'autre. Certaines font également table d'hôtes : l'occasion de faire plus ample connaissance avec les propriétaires et pourquoi pas de tisser des liens amicaux qui vous pousseront à revenir !

Si vous n'êtes pas sûr de la qualité d'une adresse, consultez les sites des **Gîtes de France** (www.gites-de-france.com) et de leur concurrent **Clévacances** (www.clevacances.com) ou du label **Fleurs de Soleil** (www.fleursdesoleil.fr). Ils garantissent en général le respect de normes de sécurité et de confort. Le prix des chambres d'hôtes inclut toujours le petit-déjeuner. Pour une chambre double avec petit-déjeuner, comptez au minimum entre 70 et 100 € sur le littoral en haute saison, un peu moins dans l'arrière-pays. Les offices du tourisme vous remettront une liste des chambres d'hôtes partenaires implantées dans leur secteur.

Notez que certaines chambres d'hôtes n'acceptent que les paiements par chèque ou en espèces.

Gîtes et meublés

Gîtes ruraux

Destinés en principe aux randonneurs, les gîtes d'étape font également le bonheur des voyageurs à petit budget, qui y trouvent une excellente alternative au camping et à l'hôtel. Ces structures, privées ou gérées par les mairies, sont installées dans des villages traversés par des sentiers de randonnée. Ils proposent un hébergement en dortoir, de capacité variable, avec des sanitaires communs. Leur niveau de confort est généralement très satisfaisant.

Meublés

Les meublés de tourisme désignent des studios, des appartements et des villas équipés, loués à la semaine. Les tarifs sont très variables selon le site et la saison. Vous pouvez aussi contacter les offices du tourisme, qui possèdent la liste des hébergements locaux. Comptez une moyenne de 350 à 800 € la semaine en haute saison. Une partie de ces hébergements sont affiliés aux **Gîtes de France** (www.gites-de-France.com). Vous pouvez réserver un gîte par Internet sur l'un des sites départementaux des Gîtes de France : www.gites-de-france-gard.fr, www.gites-de-france-sud.fr pour l'Aude, l'Hérault et les Pyrénées-Orientales, www.gites-de-france-lozere.fr.

Hôtels

Le parc hôtelier est vaste et diversifié et les prix restent raisonnables. La majorité des établissements sont des deux ou des trois-étoiles au confort standard et convenable. Les tarifs sont étroitement liés à l'emplacement (en bord de mer ou non) et au cachet de l'établissement. En règle générale, ils s'appliquent pour la chambre, et la distinction simple/double est assez peu usitée. Dans les stations balnéaires, certains hôtels imposent la demi-pension pendant la période estivale (bien que cette pratique soit illégale) et ont un fonctionnement saisonnier, généralement de Pâques à octobre. D'autres hôtels, ouverts à l'année sur le littoral languedocien et la Côte Vermeille, pratiquent des tarifs en fonction de la saison. Mieux vaut donc bien étudier ses dates de séjour ; à quelques jours près, les différences de prix peuvent être importantes.

Tout beau tout bio

À l'initiative de l'association **Cévennes écotourisme**, un site Internet recense les activités (sport, découvertes, visites) et les hébergements (gîtes, chambres d'hôtes, accueil à la ferme) engagés dans une politique de développement durable. Rendez-vous sur www.cevennes-ecotourisme.com.

Consultez également les annuaires conçu par les associations de producteurs bio de chaque département : bio66.com, bio34.com, bio-aude.com, biogard.fr.

Les réseaux écovoyageurs (www.ecovoyageurs.com, rubrique "Occitanie") et Tourisme équitable (www.tourisme-equitable.org, rubrique "Occitanie") donnent aussi des pistes.

Homosexualité

Les grandes villes comme Nîmes et Montpellier ont un réseau gay et lesbien relativement bien implanté, avec bars et clubs. Dans les villes de moindre importance, les lieux gays se font rares. Certaines plages ont les faveurs des gays et des lesbiennes, comme la plage des Aresquiers, près de Montpellier (naturisme toléré), et constituent autant de lieux de rendez-vous. Vous trouverez une mine d'informations utiles (chambres d'hôtes, lieux de sortie, adresses bien-être...) grâce au guide Languedoc-Roussillon du site Internet de l'association **Gay Séjour** (04 91 84 08 96 ; www.gay-sejour.com).

Offices du tourisme

Les offices du tourisme et les syndicats d'initiative disposent de brochures et proposent parfois des visites guidées ou font office de point Internet. Certains ouvrent toute l'année, d'autres seulement durant la saison touristique.

Les comités départementaux du tourisme (CDT) et le Comité régional du tourisme mentionnés ci-dessous restent d'excellentes sources d'informations et proposent souvent des brochures thématiques (golf, pêche, handicap, patrimoine, bien-être, sports d'hiver, types d'hébergements...).

Aude (04 68 11 66 00 ; www.audetourisme.com ; allée Raymond-Courrière, 11855 Carcassonne Cedex 9)

Gard (04 66 36 96 30 ; www.tourismegard.com ; 11 place du 8 mai 1945, 30010 Nîmes Cedex 4)

Hérault (04 67 67 71 71 ; www.herault-tourisme.com ; av. des Moulins, 34184 Montpellier Cedex 4)

Lozère (04 66 65 60 00 ; www.lozere-tourisme.com ; rue du Gevaudan, 48000 Mende)

Pyrénées-Orientales (04 68 51 52 53 ; www.tourisme-pyreneesorientales.com ; 2 bd des Pyrénées, 66000 Perpignan)

Région Occitanie (04 30 63 84 20 ; www.tourisme-occitanie.com ; 15 rue Rival, 31000 Toulouse)

Téléphone et Internet

Les réseaux de téléphonie mobile couvrent l'ensemble du territoire du Languedoc et du Roussillon, même si quelques zones isolées captent mal. C'est le cas dans certains villages de l'extrémité nord du Gard, dans plusieurs secteurs reculés de l'Aude, des Pyrénées-Orientales ou de Lozère. Dans ce guide, la présence d'une connexion Wi-Fi dans un hôtel ou une chambre d'hôtes est indiquée par le pictogramme .

Voyager en solo

Les voyageurs solitaires devront s'attendre à quelques déconvenues, surtout en haute saison, où tout semble avoir été pensé pour les couples et les familles. La tarification en "simple" dans les hébergements n'est pas courante. En revanche, les prestataires accoutumés à la fréquentation de randonneurs facturent les nuitées par personne.

Transports

Depuis/vers le Languedoc et le Roussillon

Avion

Aéroport de Montpellier-Méditerranée (☎0825 830 003, 0,12 €/min ; www.montpellier.aeroport.fr). Implanté à 8 km du centre-ville de Montpellier, sur la commune de Mauguio (sortie n°29 de l'A9), il dessert une quinzaine de destinations dont plusieurs villes françaises (Paris, Nantes,Rennes, Brest, Caen, Lille, Strasbourg).

Aéroport de Nîmes-Alès-Camargue-Cévennes (☎04 66 70 49 49 ; www.nimes.aeroport.fr). Situé à 15 km du centre-ville de Nîmes (sortie n°2 de l'A54 Nîmes-Garons), il est desservi par **Ryanair** (www.ryanair.com), mais n'assure pas de liaisons avec d'autres villes françaises (un vol Paris-Nîmes est à l'étude) : uniquement avec la Belgique (Bruxelles), le Royaume-Uni (Londres, Édimbourg), l'Irlande (Dublin) et le Maroc (Fès et Marrakech). La ligne 30 des navettes **Tango** (☎0 970 818 638 ; www.tangobus.fr ; aller simple 6,80 €) assure la desserte de l'aéroport en 35 min au départ de plusieurs arrêts de bus du centre-ville (Gare routière, Triaire, Camargue, Costières-Parnasse).

Aéroport de Béziers-Cap d'Agde (☎04 67 809 909 ; beziers.aeroport.fr). Dessert plusieurs villes d'Europe du Nord (Bruxelles, Charleroi, Londres, Édimbourg...), ainsi que Paris-Beauvais. Il existe des **navettes Hérault Transport** (☎08 25 34 01 34) à l'arrivée et pour le départ de chaque vol, qui rejoignent la gare SNCF et routière de Béziers et la gare SNCF d'Agde.

Aéroport de Perpignan (☎04 68 52 60 70 ; www.aeroport-perpignan.com). Il dessert notamment Lille, Nantes, Paris, Bruxelles et Marrakech. La ligne 6 du **réseau Sankeo** (☎0 800 800 370 ; www.sankeo.com ; aller simple 1,30 €) dessert l'aéroport en 30 min depuis la gare TGV et le centre de Perpignan. Pour le rejoindre depuis l'A9, prendre la sortie n°41 Perpignan-Centre, puis suivre les panneaux.

Aéroport de Carcassonne (☎0820 67 34 11 ; www.aeroport-carcassonne.com). Situé à 10 minutes en voiture du centre-ville de Carcassonne, il dessert notamment Bruxelles, Londres, Porto ou Cagliari. L'aéroport est accessible depuis la sortie n°23 (Carcassonne-Ouest) de l'A61.

Bus

Plusieurs compagnies de bus proposent des liaisons nationales entre les principales villes du pays. **Flixbus** (www.flixbus.fr), notamment, dessert Béziers, Carcassonne, Narbonne, Nîmes, Montpellier ou Perpignan de plusieurs villes en France et en Europe. **Blablabus** (www.blablacar.fr/bus) relie la plupart des principales villes du pays à Nîmes, Montpellier, Perpignan et Béziers. Les tarifs dépendent de la demande : de 40 à 80 € pour Paris, et moins pour les liaisons inter-régionales.

Train

La région est traversée par les **TGV** (www.sncf-connect.com/tgv) qui empruntent la vallée du Rhône avant de rejoindre les grandes villes du Languedoc et du Roussillon (Nîmes, Montpellier, Sète, Agde, Béziers, Narbonne, Carcassonne, Perpignan), certains poursuivant jusqu'à Barcelone. Depuis Paris, comptez 3 heures pour rejoindre Nîmes, 3 heures 30 pour Montpellier, 4 heures 30 pour Béziers, 4 heures 40 pour Narbonne et 5 heures 20 pour Perpignan. Comptez au minimum 5 heures 30 pour rejoindre Carcassonne depuis Paris avec une correspondance. Le TGV *low cost* **Ouigo** (www.ouigo.com) relie également Paris – Marne-La-Vallée, Lyon et Lille (Tourcoing) à Montpellier et Nîmes.

Voiture

La région est desservie par un réseau d'autoroutes denses (A9, A61, A75), rendant la région facilement accessible des quatre coins de l'Hexagone. Elle est située sur un axe important reliant la péninsule Ibérique au reste de l'Europe. En provenance de Paris, comptez 6 heures 20 pour rejoindre Nîmes, 6 heures 40 pour Montpellier, 7 heures 30 pour atteindre Perpignan et 7 heures pour Carcassonne. Pour rallier Perpignan, comptez 9 heures 30 depuis Lille.

Voyages organisés

Les agences vendent généralement deux formules : un voyage en groupe avec un guide accompagnateur ou un voyage en liberté avec des hébergements réservés et un carnet de route donné au départ. Certaines agences proposent également des voyages en famille accompagnés.

Les agences suivantes sont spécialisées dans les itinéraires à pied ou à vélo et les activités de plein air :

Allibert (☎04 76 45 50 50 ; www.allibert-trekking.com)

Chamina Voyages (☎04 66 69 00 44 ; www.chamina-voyages.com)

Huwans-Club Aventure (☎01 44 32 09 30 ; www.huwans.com)

Terres d'Aventure (☎01 70 82 90 00 ; www.terdav.com)

Grand Angle (☎04 76 95 23 00 ; www.grandangle.fr)

Massif central Randonnées (☎06 78 17 26 00 ; www.massif-central-randonnees.com). Itinéraires en Lozère.

Nomade Aventure (☎01 46 33 71 71 ; www.nomade-aventure.com)

Des petites structures installées dans la région proposent des séjours randonnées, à pied et à vélo, ou des séjours d'activités de plein air (canyoning, via ferrata...). C'est le cas d'**Inextremis Aventura** (☎09 80 85 05 65, 06 29 56 40 36 ; www.inextremis-aventura.fr), basé à Céret ou de **Randonades** (☎04 68 96 16 03 ; www.randonades.com), située à Prades, au pied du Canigou.

Si vous venez de l'étranger

Depuis la Belgique

En avion La compagnie *low cost* **Ryanair** (www.ryanair.com) opère des vols directs depuis l'aéroport de Bruxelles-Charleroi vers Nîmes (1 heure 40), Perpignan (1 heure 45), Carcassonne (1 heure 45) et Béziers (1 heure 50).

En train Des TGV relient quotidiennement Bruxelles à Montpellier (5 heures 50), à Nîmes (5 heures 20) et à Perpignan (7 heures 40). Horaires et tarifs auprès de la **SCNB Europe** (www.b-europe.com), de **Trainline** (www.trainline.eu) ou de la **SNCF** (www.sncf-connect.com).

En bus La société **Blablacar** (www.blablacar.fr/bus) permet par exemple de rallier Bruxelles depuis Montpellier et Nîmes.

Depuis la Suisse

En avion Il n'existe pas de vols directs depuis la Suisse vers le Languedoc ou le Roussillon. Il vous faudra faire une correspondance à Paris, Lyon ou Nice – avec la **Swiss** (www.swissair.com) au départ de Zurich – ou atterrir à Marseille ou Toulouse – la compagnie *low cost* **Easy Jet** (www.easyjet.com) propose des vols directs depuis Bâle ou Genève –, et poursuivre en train.

En train Entre Genève et Montpellier ou Nîmes, prévoyez au moins un changement à Lyon, Marseille ou Valence. Renseignez-vous auprès de la **SBB/CCF** (www.sbb.ch/fr/), de **Trainline** (www.trainline.eu) ou de la **SNCF** (www.sncf-connect.com).

Depuis le Canada

En avion Il n'existe pas de vols directs du Canada vers le Languedoc ou le Roussillon, mais la compagnie **Air Transat** (www.airtransat.com) propose des vols directs depuis Montréal et Québec pour Marseille (environ 8 heures de trajet), d'où vous pourrez rejoindre rapidement la région. Vous devrez autrement faire escale en région parisienne avant de prendre une correspondance pour le sud de la France.

Comment circuler

Bus

LiO (lio.laregion.fr), le réseau de transport collectif de la région Occitanie/Pyrénées-Méditerranée, couvre l'ensemble du territoire et permet de se déplacer facilement au sein de chaque département. Le prix du ticket à l'unité varie entre 1 € et 1,60 €. Pendant la saison touristique, certaines lignes viennent s'ajouter aux lignes régulières, notamment en Lozère, qui déploie ainsi 11 lignes saisonnières.

Pour rayonner sur plusieurs départements, si vous n'avez pas de voiture, vous pouvez également combiner le bus avec le train. Vous trouverez toutes les lignes et horaires, par département, sur le site www.mestrajets.lio.laregion.fr.

Au besoin, renseignez-vous auprès du service des mobilités de chaque département :

Hérault

☎04 34 888 999 ; www.herault-transport.fr ; 148 av. du Professeur Viala, Parc Euromédecine 2, Montpellier ; ⏲lun-ven 8h-12h et 14h-17h

Gard

☎0 806 80 36 60 ; 21 allée Boissy d'Anglas, Triangle de la Gare, Nîmes ; ⏲lun-mar et mer-ven 9h-12h et 14h-16h30

Lozère

☎0 806 806 085 ; 5 allée des Soupirs, Mende ; ⏲lun-ven 8h-12h et 14h-17h

Aude

☎0 800 16 16 08 ; 5 rue Aimé Ramond, Carcassonne ; ⏲lun-ven 8h30-12h30 et 14h-17h

Pyrénées-Orientales

☎0 806 80 80 90 ; 35 bd Saint Assicle, Perpignan ; ⏲lun et mer 9h-11h30 et 14h-17h

Taxis

Toutes les agglomérations de taille moyenne comptent des services de taxis, notamment au départ des gares ferroviaires et des aéroports. Citons :

Montpellier

Taxi Bleu du Midi (☎04 67 03 20 00 ; www.taxibleudumidi.fr)

Nîmes

Taxi Radio Artisans Nîmois (☎04 66 29 40 11 ; www.taxinimes.fr)

Perpignan

Accueil Perpignan Taxi (☎04 68 35 15 15 ; www.accueilperpignantaxi.fr)

Train

De nombreuses lignes de **TER** (www.ter.sncf.com/occitanie) desservent les gares des villes secondaires dans des parcours parfois pittoresques.

La région a mis en place des billets à 1 € (non échangeables et non remboursables) sur l'ensemble du réseau liO TER, et de manière systématique chaque 1er week-end du mois, ainsi que tous les jours en été, mais en nombre limité (se renseigner sur place). Parmi les lignes concernées : Nîmes – Le Grau-du-Roi, Perpignan– Villefranche-Vernet-les-Bains, Carcassonne-Quillan, Marvejols – La Bastide-Saint-Laurent et Béziers – Bédarieux-Saint-Chély-d'Apcher.

Les gares principales de chaque département sont presque toutes reliées à de grandes villes en France et permettent de rayonner facilement dans la région.

Hérault

La **gare Montpellier-Saint-Roch** (p. 83) est reliée en TGV à Paris en 3 heures 30, à Lyon en 1 heure 50 et à Lille en 5 heures, et, en Train Intercités, à Marseille en 1 heure 40 et à Bordeaux en 4 heures 30. Pour Barcelone, comptez environ 3 heures en TGV.

Gard

La **gare de Nîmes** (p. 157), située au sud de la ville, est reliée en TGV à Paris en 3 heures, à Lyon en 1 heure 20, à Lille en 4 heures 30, et, en Train Intercités, à Marseille en 1 heure 10 et à Bordeaux en 5 heures. Comptez 3 heures 30 pour rallier Barcelone en TGV.

Lozère

La **gare de Mende** (p. 243) permet de rejoindre en TER directement les villes d'Alès (en 2 heures 30) et de Nîmes (en 3 heures).

Aude

La **gare de Carcassonne** (p. 268), au nord de la Bastide, permet de rejoindre Paris en 5 heures 20 (avec changement à Montpellier ou Narbonne), Lyon en 3 heures 20, Marseille en 3 heures 15 et Bordeaux en 3 heures.

Pyrénées-Orientales

La **gare de Perpignan** (p. 316) est reliée par le TGV à Paris en 5 heures et à Lyon en 3 heures 30, via Nîmes et Montpellier, et par le TER à Marseille en 3 heures 45. Pour Barcelone, comptez 1 heure 20 en TGV.

Voiture et moto

La voiture et la moto sont les moyens de transport les plus adaptés à la découverte du Languedoc et du Roussillon. Tout est prévu pour le confort du conducteur : le réseau routier est dense et le fléchage des sites et des infrastructures touristiques est excellent. La région est densément reliée par un réseau d'autoroutes payantes et gratuites. L'A9 longe l'arc languedocien et dessert les principales villes, d'est en ouest : Nîmes, Montpellier, Sète, Béziers, Narbonne et Perpignan. L'A61 permet depuis Narbonne de rejoindre Carcassonne, Castelnaudary et Toulouse. L'A75, appelée aussi "la Méridienne", relie Béziers à Clermont-Ferrand. Elle est gratuite sauf sur le tronçon du **viaduc de Millau** (www.leviaducdemillau.com/fr/circuler/ ; voiture simple tarif été/reste de l'année 11,70/9,50 € ; moto 5,70 € tte l'année), ce qui en fait un axe intéressant pour rejoindre le nord de la Lozère depuis la plaine du Languedoc.

Avec un véhicule à 2 ou à 4 roues, vous accéderez à toutes les richesses du littoral, alors que bus et trains ne desservent pas toutes les localités. Seul point noir : les bouchons dans les zones balnéaires en haute saison et les difficultés de circulation sur l'autoroute A9, récurrentes autour de Montpellier et de Nîmes.

Méfiez-vous aussi de certaines routes reculées de Lozère, des Cévennes, des Pyrénées-Orientales ou de l'Aude. La circulation peut y être délicate après le passage d'un orage violent, d'une tempête de neige ou la chute de pierres ou d'arbres.

DISTANCES ROUTIÈRES (KM)

	Béziers	Carcassonne	Montpellier	Mende	Narbonne	Nîmes	Perpignan	Pont du Gard
Carcassonne	90							
Montpellier	69	149						
Mende	206	293	199					
Narbonne	28	61	94	236				
Nîmes	119	199	52	149	141			
Perpignan	95	115	155	296	65	202		
Pont du Gard	144	224	77	147	167	27	227	
Sète	58	138	36	214	80	83	141	109

Location

Vous trouverez facilement des sociétés de location à proximité des gares, des aéroports et dans le centre des principales villes de la région. Renseignez-vous au préalable sur les prestations incluses dans le prix (kilométrage illimité ou non, taxes, assurance, rachat de franchise, etc.) et sur votre responsabilité en cas de problème. Mieux vaut, en tout état de cause, souscrire une assurance complète couvrant les bosses et éraflures que pourrait subir la carrosserie. Demandez des précisions à votre propre assureur, notamment si vous disposez d'une carte bancaire Visa Premier.

Quelle que soit la période, il est préférable de réserver. Les tarifs sur Internet sont souvent plus avantageux qu'aux guichets. Outre les loueurs cités ci-dessous, une autre solution consiste à contacter, avant votre départ, les agences en ligne **Carigami** (www.carigami.fr) ou **easyCar** (www.easycar.fr), qui permettent de comparer les tarifs et de réserver en ligne.

Voici les coordonnées d'agences ayant des succursales dans la région :

Ada (www.ada.fr)

Avis (www.avis.fr)

Budget (www.budget.fr)

Europcar (www.europcar.fr)

Hertz (www.hertz.fr)

Rent a car (www.rentacar.fr)

Sixt (www.sixt.fr)

En coulisses

Un mot des auteurs

Bénédicte Houdré

Sur les routes de l'Aude, je tiens à remercier Els et Éric pour leur accueil, ainsi que Lydie et José, peu avards en bons conseils. Dans la galaxie Lonely, merci à Dominique pour sa confiance renouvelée et à Cécile pour sa fine connaissance du métier !

Carole Huon

Merci aux amis, au personnel des offices du tourisme et à tous ceux rencontrés en chemin qui m'ont ouvert leur carnet d'adresses. Un grand merci à l'équipe LP, en particulier à Dominique Bovet et à Cécile Bertolissio.

Julien Lannoy

Je tiens à m'excuser de m'être fait passer pour un touriste auprès des personnes qui m'ont accueilli sur le terrain. Merci aux Suédois rencontrés à la Droguerie, mon premier soir à Perpignan. Merci à Dominique Bovet, à Cécile Bertolissio et à toute l'équipe LP.

Émilie Thièse

Merci aux ami(e)s contacté(e)s en amont et à ceux qui m'ont aiguillée en chemin. Une pensée particulière pour Charly, qui m'a fait découvrir cette région, et à sa fille, qui me permet d'en faire un lieu-refuge. Un grand merci à l'équipe LP : Dominique Bovet, Dominique Spaety et Cécile Bertolissio.

Crédits

Couverture : Sète © Arturo Peña Romano Medina/iStock by Getty Images ; p. 1 : © ggphoto/ AdobeStock ; couverture des Itinéraires à vélo : canal du Midi © René Mattes/hemis.fr et Shutterstock ; fond des p. 32-41 créé à partir d'une image Freepik.com

À propos de ce guide

Pour cette 6e édition du guide *Languedoc et Roussillon*, Bénédicte Houdré, Carole Huon, Julien Lannoy, Élodie Rothan et Émilie Thièse sont partis sillonner la région. Christophe Corbel a pédalé sans relâche sur les routes du Languedoc pour réaliser les itinéraires à vélo. Jean-Bernard Carillet s'est déployé aux quatres coins de la région pour capter la beauté de ses sites emblématiques dans les films qui émaillent ce guide. Les randonnées à pied sont tirées des topoguides de la FFRandonnée. Les extraits d'œuvres littéraires ont été lus par Thomas Marceul, Caroline Klaus et Florine Orphelin et enregistrés par Jean-Paul Palmyre du studio Quali'sons. Marie Thureau a assuré l'édition de cette partie audio. Les chapitres culturels signés Rodolphe Bacquet dans la première édition, lui doivent encore beaucoup.

Directeur éditorial Dominique Bovet
Responsable prépresse Jean-Noël Doan
Coordination éditoriale Cécile Bertolissio
Maquette Valérie Salvo
Cartographie Afdec (Martine Marmouget et Florence Bonijol)
Couverture Laure Wilmot
Fabrication Emmanuelle Laine

Remerciements à Christophe François pour sa relecture attentive et son aide précieuse sur le texte. Merci à Hugo Gadroy pour le référencement, à Vahagn Terzian et à Justine Munsch pour leur travail sur la géolocalisation. Merci à toute l'équipe du bureau de Paris, et notamment à Dominique Bovet, Dominique Spaety, Dorothée Pasqualin et Stéphanie Rian pour leur soutien.

Vos réactions

Vos commentaires nous sont très précieux et nous permettent d'améliorer constamment nos guides. Notre équipe lit toutes vos lettres avec la plus grande attention. Nous ne pouvons pas répondre individuellement à tous ceux qui nous écrivent, mais vos commentaires sont transmis aux auteurs concernés. Tous les lecteurs qui prennent la peine de nous communiquer des informations sont remerciés dans l'édition suivante, et ceux qui nous fournissent les renseignements les plus utiles se voient offrir un guide.

Pour nous faire part de vos réactions, prendre connaissance de notre catalogue et vous abonner à notre newsletter, consultez notre site Internet : **www.lonelyplanet.fr**

Nous reprenons parfois des extraits de notre courrier pour les publier dans nos produits, guides ou sites Web. Si vous ne souhaitez pas que vos commentaires soient repris ou que votre nom apparaisse, merci de nous le préciser. Notre politique en matière de confidentialité est disponible sur notre site Internet.

Index

Références des cartes

N

O

P

Q

R

S

T

U

V

Z

Comment utiliser ce guide

Ces symboles vous aideront à identifier les différentes rubriques :

- À voir
- Activités
- Cours
- Circuits organisés
- Fêtes et festivals
- Où se restaurer
- Où prendre un verre
- Où sortir
- Achats
- Renseignements et transports

Ces symboles vous donneront des informations essentielles au sein de chaque rubrique :

- Adresse éco-responsable
- GRATUIT Entrée libre

- Numéro de téléphone
- Heures d'ouverture
- Parking
- Non-fumeur
- Climatisation
- Accès Internet
- Wi-Fi
- Piscine
- Bus
- Ferry
- Tramway
- Train
- Végétarien
- Familles

Choisissez des lieux sur mesure grâce aux symboles suivants :

- Argent
- Gastronomie
- Prendre un verre
- Vélo
- Sports
- Art et culture
- Fêtes et festivals
- Sites photogéniques
- Paysages
- En famille
- Achats
- Vaut le détour
- Randonnée
- 100% local
- Histoire
- Sortir
- Plages
- Patrimoine
- Faune et flore
- Scène LGBT
- Hébergement
- Château
- Activités nautiques
- Infos pratiques

À voir

- Cave/vignoble
- Château
- Église
- Monument
- Mosquée
- Musée/galerie/édifice historique
- Plage
- Réserve ornithologique
- Ruines
- Synagogue
- Temple bouddhiste
- Temple confucéen
- Temple hindou
- Temple jaïn
- Temple shintoïste
- Temple sikh
- Temple taoïste
- Zoo/réserve animalière
- Autre site

Achats

- Magasin

Activités

- Bodysurfing
- Canoë/kayak
- Cours/circuits organisés
- Plongée/snorkeling
- Randonnée
- Sentô (bain public)
- Ski
- Snorkeling
- Surf
- Piscine/baignade
- Planche à voile
- Autres activités

Où se loger

- Camping
- Hébergement

Où se restaurer

- Restauration

Où prendre un verre

- Bar
- Café

Où sortir

- Salle de spectacle

Renseignements

- Accès Internet
- Ambassade/consulat
- Banque
- Bureau de poste
- Centre téléphonique
- Hôpital/centre médical
- Office du tourisme
- Police
- Toilettes
- Autre adresse pratique

Géographie

- Aire de pique-nique
- Cascade
- Col
- Montagne/volcan
- Oasis
- Parc
- Phare
- Plage
- Point de vue
- Portail
- Refuge/gîte

Transports

- Aéroport
- Bart
- Bus
- Ferry
- Gare/chemin de fer
- Métro/MRT
- Monorail
- Parking
- Piste cyclable
- Poste-frontière
- Station-service
- Subway/Métro
- T/T-Bane
- Taxi
- Téléphérique/funiculaire
- Tramway
- U-Bahn, Tube Station
- Autre moyen de transport

Julien Lannoy

Catalogne française Rentré comme correcteur chez Lonely Planet, Julien, passionné de voyage, est rapidement devenu auteur. Il a à son actif le Béarn, le Tarn, le Calvados... et quelques itinéraires à vélo ! Il aime les "PO" pour la diversité de ses paysages, de la montagne aux charmants ports de la Côte Vermeille immortalisée par les peintres. Il est tombé sous le charme de la Cerdagne et de ses fours solaires, des Orgues d'Ille-sur-Têt et du musée de Céret, mais aussi de la charmante enclave de Llívia. Julien est également musicien, suivez-le sur Insta @illwritemyown.

Élodie Rothan

Pays nîmois et Petite Camargue Depuis son enfance à Aix-en-Provence, des études à Paris et à Maastricht, Élodie n'a cessé de prendre la poudre d'escampette. Son diplôme de Sciences-Po Paris en poche, elle sillonne le monde avec curiosité. De l'Europe à l'Asie, des Seychelles à l'Argentine, chaque départ est enthousiaste. Revenue vivre en Provence, elle est aujourd'hui auteur et photographe free lance pour divers magazines, a fondé le site www.greenlatitudes.fr et collabore à de nombreuses éditions du Lonely Planet (*Côte d'Azur*, *Provence*, *Bordeaux, Gironde et Landes*, *Lot, Aveyron et Vallée du Tarn*, *Catalogne*, *Seychelles*...).

Émilie Thièse

Hérault, Itinéraires sans voiture Familière de l'Hérault, et plus particulièrement de la côte sétoise, où elle a la chance de pouvoir partir se ressourcer depuis plus de 20 ans, dès que le besoin se fait sentir, Émilie a pu, grâce à ce terrain, en explorer certains recoins encore méconnus. Parmi ses coups de cœur : le parc naturel régional du Haut-Languedoc, l'abbaye de Valmagne et Sète (à chaque fois un peu plus)... Après des études de Lettres Modernes et un double master spécialisé en développement de projet interculturel, Émilie s'aventure d'abord au sein du réseau culturel français à l'étranger, puis comme journaliste indépendante... et autrice pour les guides Lonely Planet, avec qui elle collabore depuis 2011.

Christophe Corbel

Itinéraire à vélo Vélotafeur débutant à l'époque des premiers axes rouges parisiens, Christophe a, au fil des années, ajouté à son palmarès des itinéraires plus touristiques : lors d'escapades urbaines pour comparer les réseaux cyclables européens ou à l'occasion de sorties entre amis sur le réseau des véloroutes en France. Avant de partir explorer quelques étapes du canal du Midi et de la Méditerranée à vélo pour ce guide, Christophe a sillonné la section de la Vélodyssée entre Roscoff et Nantes ainsi que la Vélomaritime entre Morlaix et Saint-Malo. Pour arriver à cette conclusion : le vélo est le compagnon idéal du voyageur qui souhaite conjuguer plaisir, aventure et sobriété.

Jean-Bernard Carillet

Vidéos Infatigable globe-trotteur (118 pays visités), Jean-Bernard aime partager ses expériences de voyage en utilisant tous les supports et médias : texte (il est auteur régulier pour Lonely Planet, avec plus de 200 collaborations à son actif), photos et vidéos. Télépilote professionnel depuis 2019, il ne se sépare plus de son drone et de sa caméra légère pour capter des images inspirantes lors de ses missions en France et à l'étranger. Son périple de plusieurs milliers de kilomètres dans la région a été une succession de coups de cœur. S'il fallait n'en retenir qu'un : le Causse Méjean, pour sa mythique atmosphère du bout du monde, qu'il a tenu à restituer.

Contribution

Rodolphe Bacquet Après des études de lettres et de cinéma à l'ENS de Lyon, une expérience d'enseignement à l'université Lumière et la réalisation de documentaires, Rodolphe réside désormais à l'étranger. Ayant passé une partie de son enfance à Perpignan, au sixième étage d'un immeuble face au Canigou, il s'est consacré avec grand plaisir à la rédaction des chapitres culturels de ce guide.

Les guides Lonely Planet

Une vieille voiture déglinguée, quelques dollars en poche et le goût de l'aventure, c'est tout ce dont Tony et Maureen Wheeler eurent besoin pour réaliser, en 1972, le voyage d'une vie : rallier l'Australie par voie terrestre via l'Europe et l'Asie. De retour après un périple harassant de plusieurs mois, et forts de cette expérience formatrice, ils rédigèrent sur un coin de table leur premier guide, *Across Asia on the Cheap*, qui se vendit à 1 500 exemplaires en l'espace d'une semaine. Ainsi naquit Lonely Planet, dont les guides sont aujourd'hui traduits en 13 langues.

Nos auteurs

Bénédicte Houdré

Aude. Après des études d'histoire et de sciences de l'information, et un passage au sein de quelques rédactions, Bénédicte opte pour l'édition. Aimant les voyages "lents", la culture et les échanges, elle entame une collaboration régulière avec Lonely Planet en 1999... Si elle travaille essentiellement comme éditrice, elle a également rédigé et collaboré à plusieurs guides : *Nantes en quelques jours*, *Lille en quelques jours*, *La Villette et le Nord-Est parisien*, *Bretagne Sud*, *Normandie*...

Carole Huon

Lozère et terres cévennoles Passionnée de voyages et férue de grands espaces et de "slow travel" qui la menèrent de pampas en déserts, Carole a trouvé en Lozère un terrain propice aux randonnées et aux échappées visuelles qu'elle affectionne tant. Carole vit en Bretagne. Elle est également éditrice et co-auteur d'autres guides de voyage et beaux-livres publiés chez Lonely Planet dont *Bretagne*, *Bordeaux, Gironde et Landes*, *Ardèche et Drôme*, *Lot, Aveyron et vallée du Tarn*, *Châteaux de la Loire*, *1 000 Idées de vacances en France*, *Partir en famille en Bretagne*, *100 week-ends nature en France* et *Les plus beaux lieux pour voir la vie sauvage en France*.

Nos auteurs (suite)

Explorer la région Languedoc et Roussillon
6e édition

92 avenue de France, 75013 Paris

Dépôt légal Mars 2023
ISBN 978-2-81619-938-3
Imprimé par Estimprim à Autechaux

En Voyage Éditions | un département édi8